UN215649

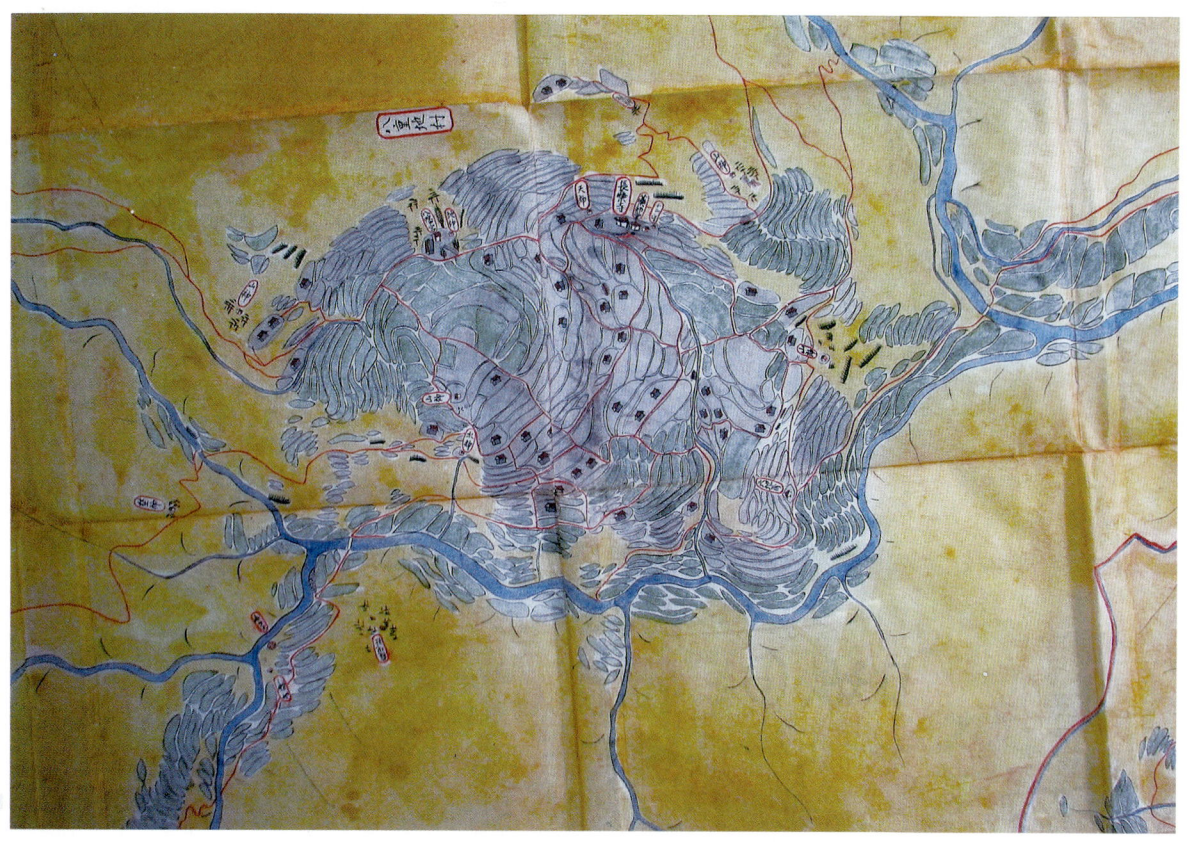

口絵1　文化10年（1813）勝浦郡八重地村市宇村分間絵図（控）（八重地村、縮尺1,800分の1、本文217頁、上勝町役場蔵、280×244cm）

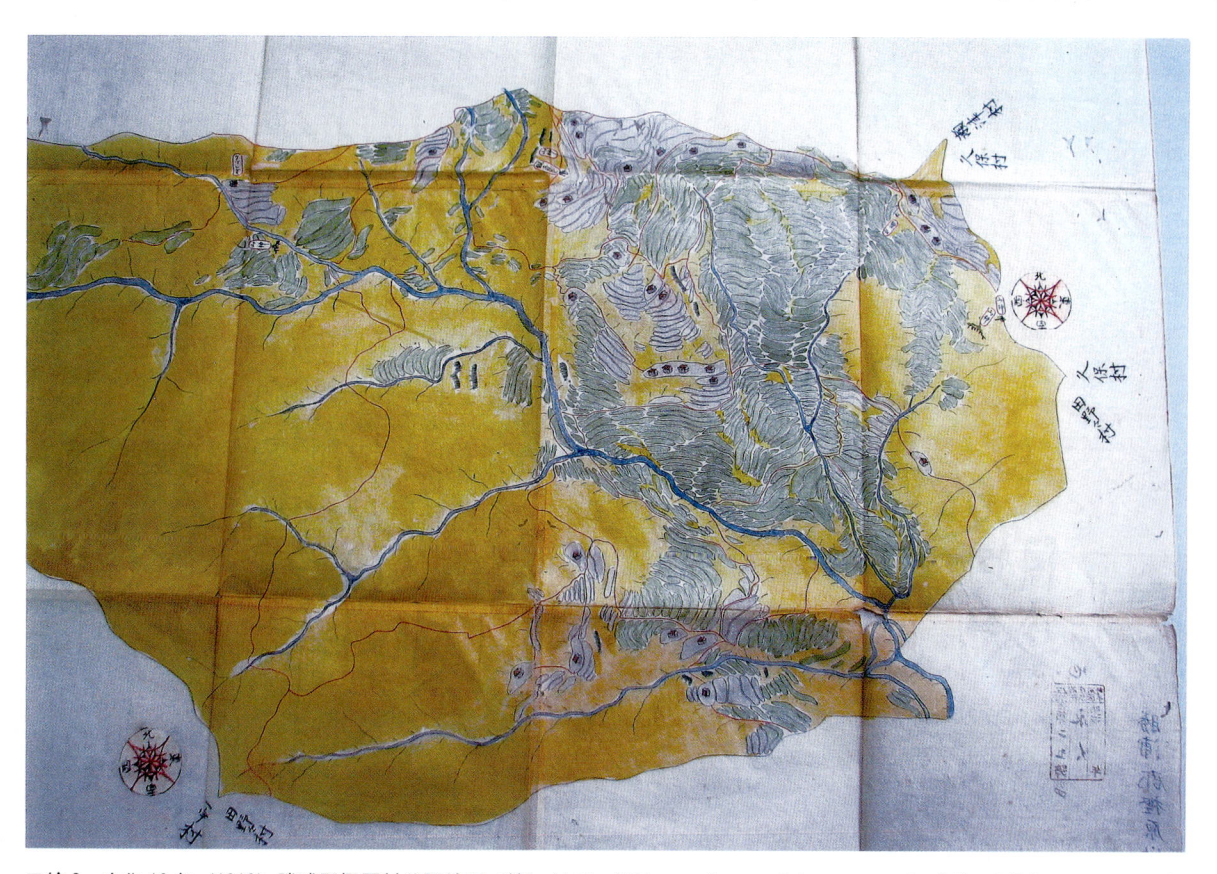

口絵2　文化10年（1813）勝浦郡樫原村分間絵図（控）（在所、縮尺1,800分の1、本文227・228頁、上勝町役場蔵、103×151cm）

口絵 3　文化 10 年（1813）勝浦郡福原村分間絵図（控）（在所、縮尺 1,800 分の 1、本文 205 頁、上勝町役場蔵、245 × 229 cm）

口絵 4　文化 10 年（1813）勝浦郡野尻村久保村分間絵図（控）（縮尺 1,800 分の 1、本文 217・218 頁、上勝町役場蔵、109 × 114cm）

口絵 5　文化 10 年（1813）勝浦郡瀬津村分間絵図（控）（在所、縮尺 1,800 分の 1、本文 214 ～ 216 頁、上勝町役場蔵、281 × 181cm）

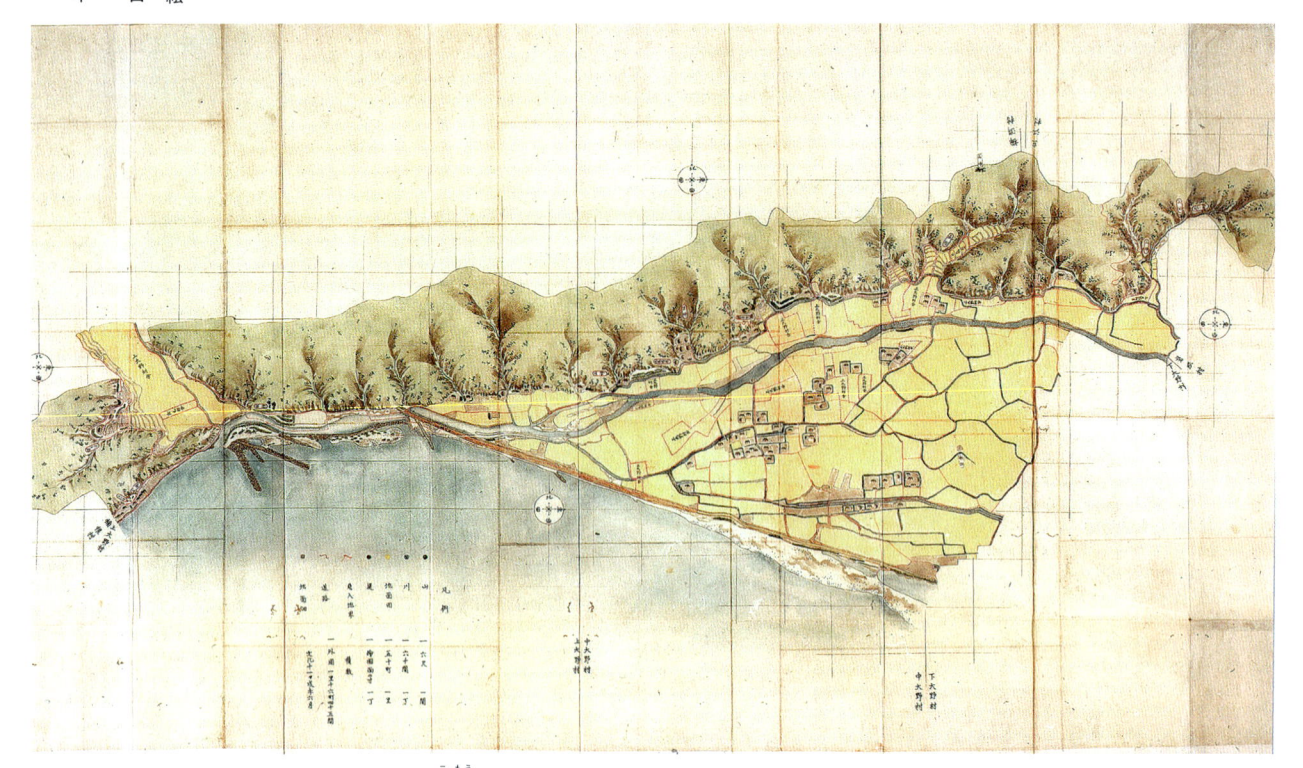

口絵6　文化11年（1814）那賀郡古毛村分間絵図（控）（縮尺1,800分の1、徳島大学附属図書館蔵・徳4、101×175cm）

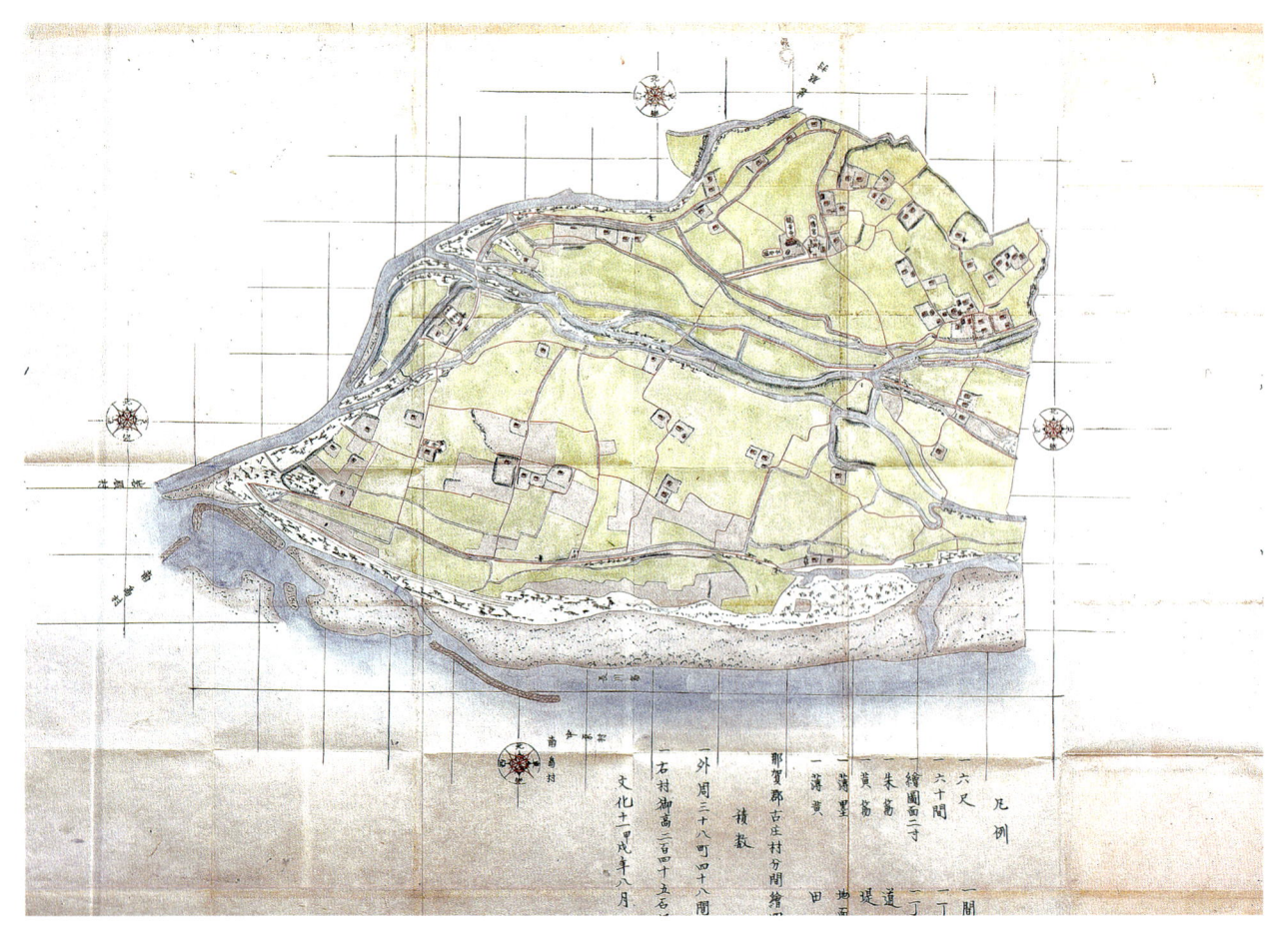

口絵7　文化11年（1814）那賀郡古庄村分間絵図（控）（縮尺1,800分の1、本文94頁、徳島大学附属図書館蔵・徳5、101×114cm）

口絵 8　文化 9 年（1812）麻植郡木屋平村分間絵図（写）（森遠名、縮尺 1,800 分の 1、本文 247・248 頁、美馬市木屋平総合支所蔵、333 × 326cm）

口絵 9　文化 5 年（1808）阿波郡伊沢村分間絵図（控）（山分、縮尺 1,800 分の 1、永井家本、本文 293・294 頁、個人蔵、355 × 202 cm）

口絵 10　美馬郡岩倉村岩倉山分間絵図（控）（岩倉山分、縮尺 1,800 分の 1、暮畑名^{くれはたみょう}、美馬市教育委員会蔵、192 × 436 cm）

口絵11 文政2年（1819）美馬郡小島村分間
絵図（控）（部分、縮尺1,800分の1、
本文307頁、美馬市教育委員会蔵、189×
205cm）

口絵12 麻植郡川田村分間絵図（控）（縮尺1,800
分の1、本文295・296頁、原田家本、個人蔵、
338×297cm）

口絵 13　名西郡神領村分間絵図（写）（在所、縮尺 1,800 分の 1、本文 262 頁、大栗家文書本、徳島県立博物館蔵、205 × 231 cm）

口絵 14　美馬郡岩倉村岩倉山分間絵図（控）（岩倉村井口谷川段丘部分、縮尺 1,800 分の 1、美馬市教育委員会蔵、192 × 435 cm）

口絵 15　天保 6 年（1835）津名郡長 畠 村分間絵図（控）（縮尺 1,800 分の 1、本文 400・420・422 頁、北淡町歴史民俗資料館蔵に加筆、179 × 150 cm）

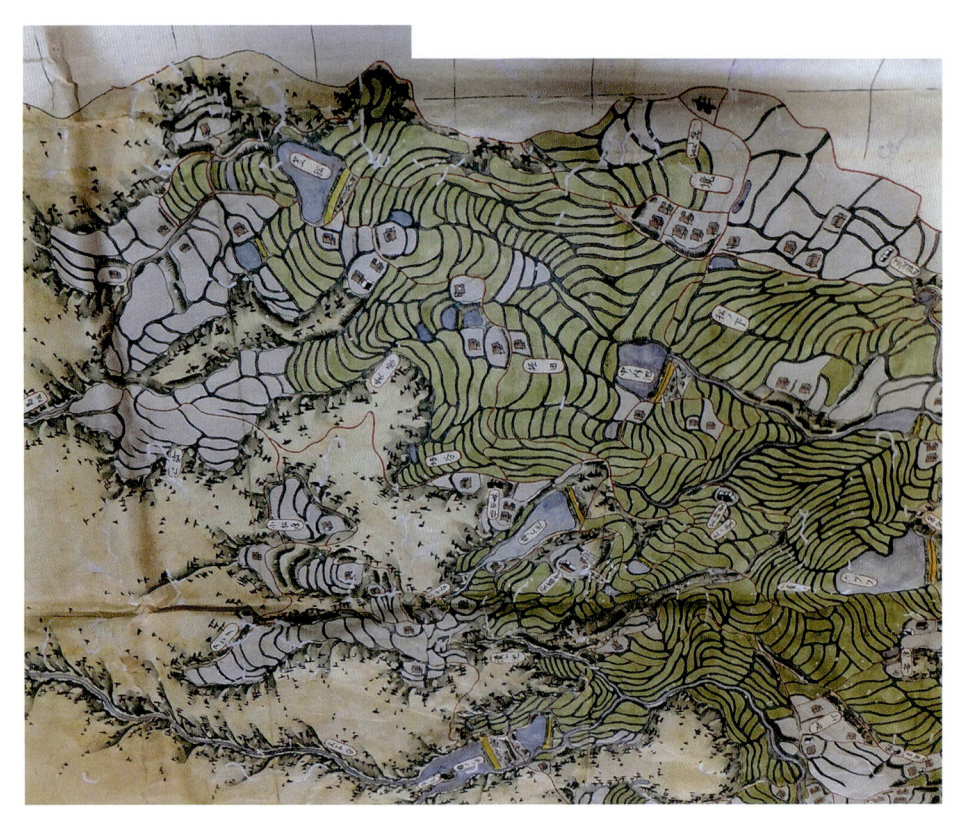

口絵 16　天保 7 年（1836）津名郡机畑村分間絵図（控）（縮尺 1,800 分の 1、本文 400 頁、北淡町歴史民俗資料館蔵、152 × 148 cm）

口絵 17　天保 2 年（1831）津名郡
　　　　机南村分間絵図（控）（縮
　　　　尺 1,800 分の 1、本文 400 頁、
　　　　北淡町歴史民俗史料館蔵、
　　　　232 × 150cm）

口絵 18　天保 4 年（1833）津名
　　　　郡斗ノ内村・斗ノ内浦
　　　　分間絵図(控)（縮尺 1,800
　　　　分の 1、本文 421・422 頁、
　　　　北淡町歴史民俗資料館
　　　　蔵、130×145cm）

口絵 19　文政 11 年（1828）津名郡塩屋村炬 口浦宇山村分間絵図（控）（縮尺 1,800 分の 1、本文 99・417 頁、洲本市立淡路文化史料館蔵）

口絵 20　文化 10 年（1813）勝浦郡分間郡図（控）（縮尺 18,000 分の 1、本文 84・201 頁、徳島大学附属図書館蔵・徳 40、129 × 191cm）

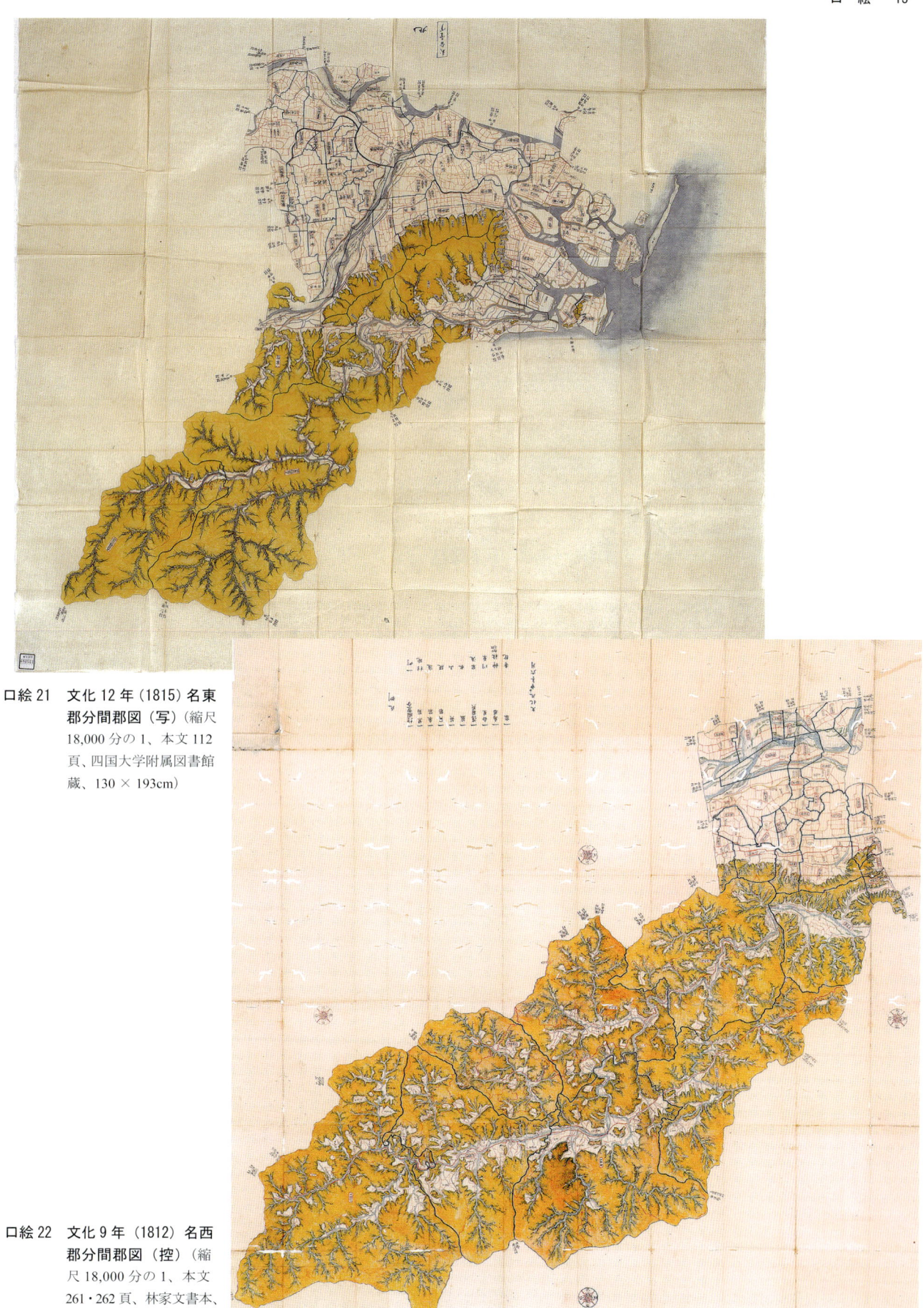

口絵21　文化12年（1815）名東郡分間郡図（写）（縮尺18,000分の1、本文112頁、四国大学附属図書館蔵、130×193cm）

口絵22　文化9年（1812）名西郡分間郡図（控）（縮尺18,000分の1、本文261・262頁、林家文書本、個人蔵、147×145cm）

口絵 23　文化 12 年（1815）板野郡分間郡図（控）
（縮尺 18,000 分の 1、本文 83・100・340 頁、
三木文庫蔵、130 × 193cm）

口絵 24　麻植郡分間郡図（写）（原田家文書本、個人蔵、縮
尺 36,000 分の 1、本文 100 頁、210 × 127cm）

口絵 25　阿波国美馬郡全図（明治初期、縮尺 18,000 分
　　　　の 1、美馬市教育委員会蔵、204 × 130 cm）

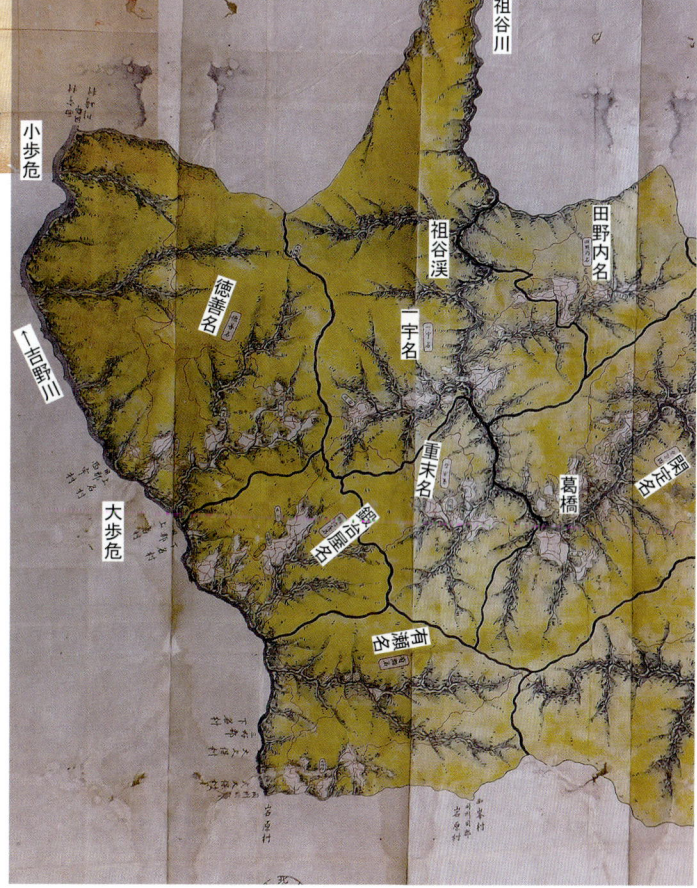

口絵 26　美馬郡祖谷山郡図（控）（縮尺 18,000 分の 1、本
　　　　文 100 頁、個人蔵、徳島市立徳島城博物館寄託、
　　　　132 × 180 cm に加筆）

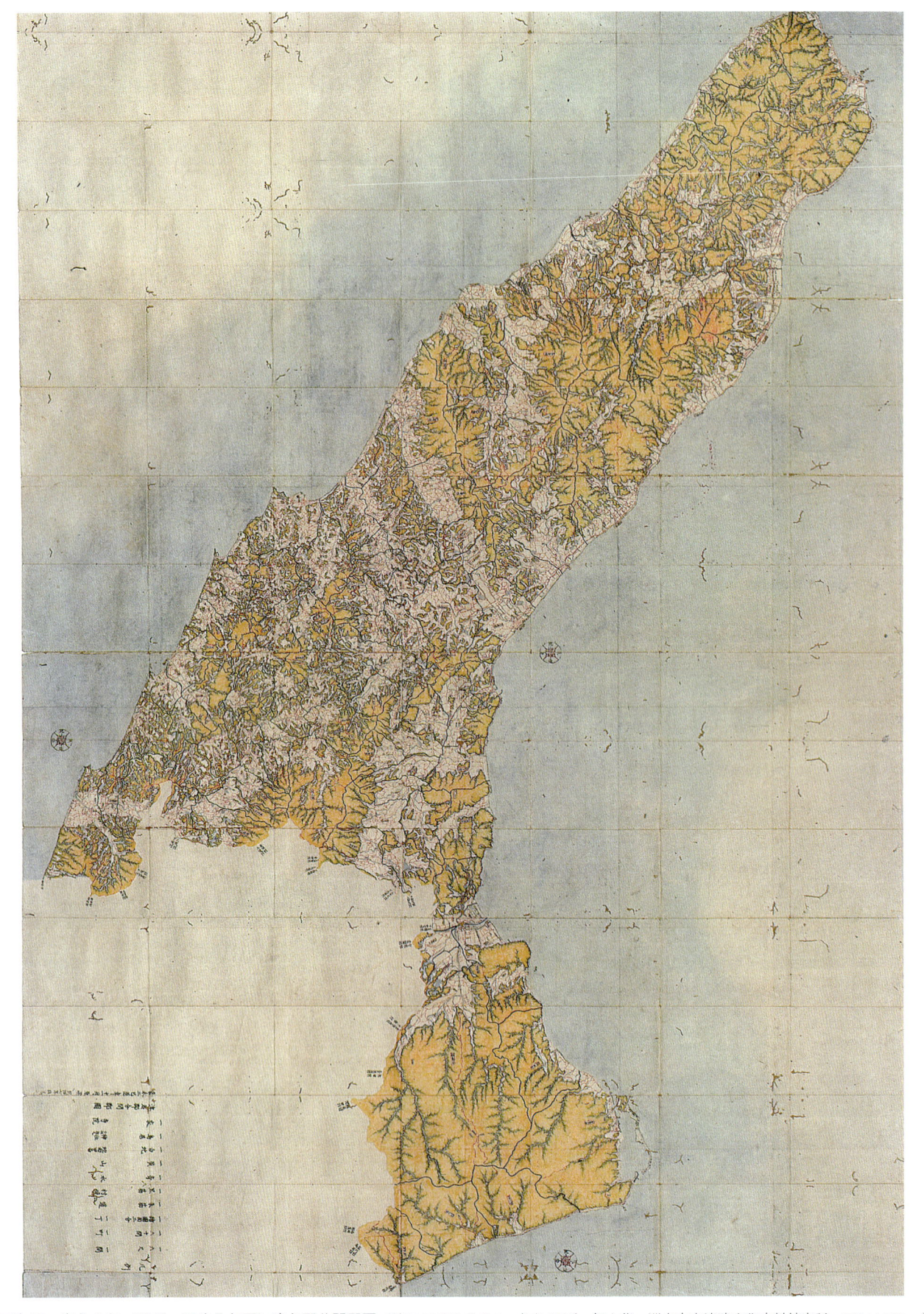

口絵 27　嘉永 2 年（1849、明治 7 年写）津名郡分間郡図（縮尺 18,000 分の 1、本文 84 頁、個人蔵、洲本市立淡路文化史料館寄託、238 × 152 cm）

口絵 28　嘉永 2 年（1849、明治 7 年写）津名郡分間郡図（津名郡北部、縮尺 18,000 分の 1、個人蔵、洲本市立淡路文化史料館寄託）

口絵 29　嘉永 2 年（1849、明治 7 年写）三原郡分間郡図
（上が東を示す、縮尺 18,000 分の 1、本文 84・393・401 頁、個人蔵、洲本市立淡路文化史料館寄託、151 × 149cm）

口絵 30　嘉永 2 年（1849、明治 7 年写）三原郡分間郡図
（三原平野部分、縮尺 18,000 分の 1、本文 401・408 頁、個人蔵、洲本市立淡路文化史料館寄託）

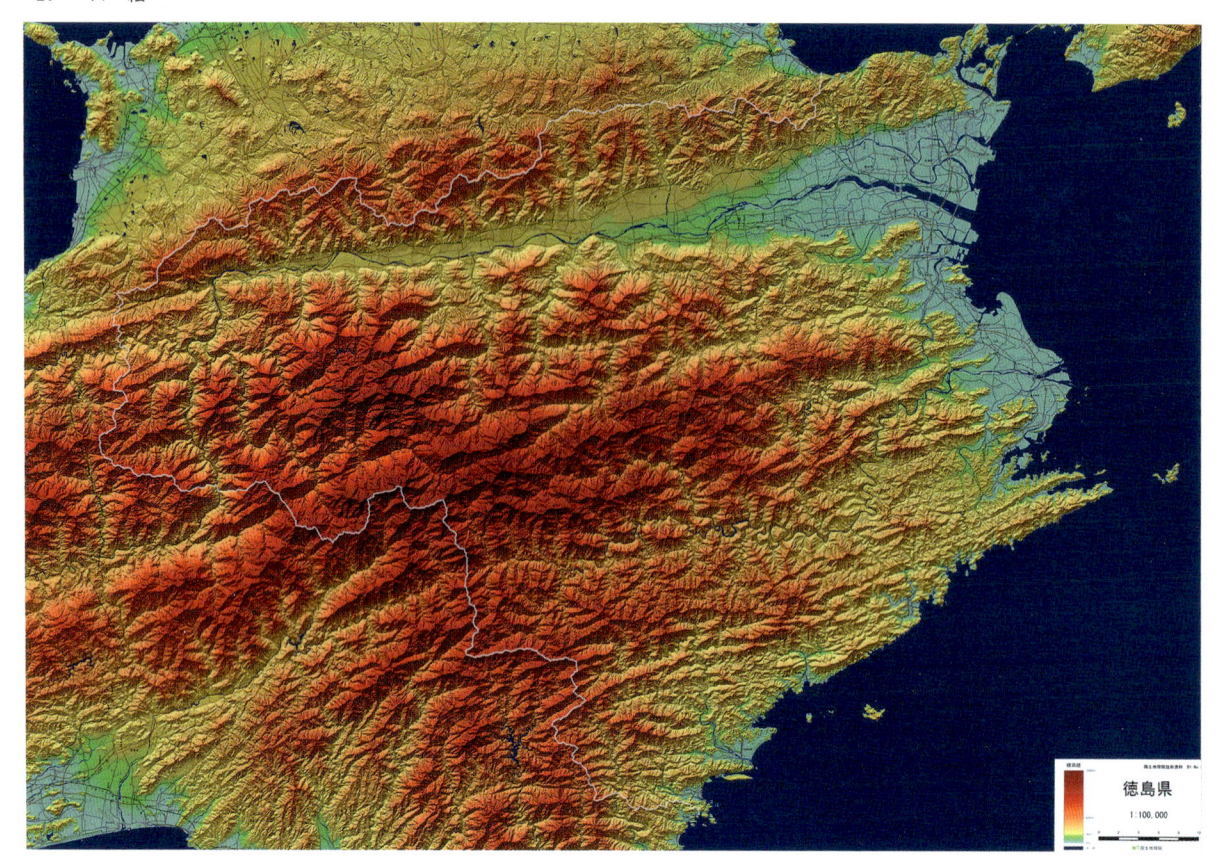

口絵31　徳島県の基盤地図（国土地理院）

口絵32　阿波国分間絵図（縮尺9万分の1、谷家文書本、本文85頁、徳島県立文書館寄託、84×119cm）

口絵 33　阿波国分間絵図（縮尺 9 万分の 1、原田家本、本文 85 頁、個人蔵、93 × 128 cm）

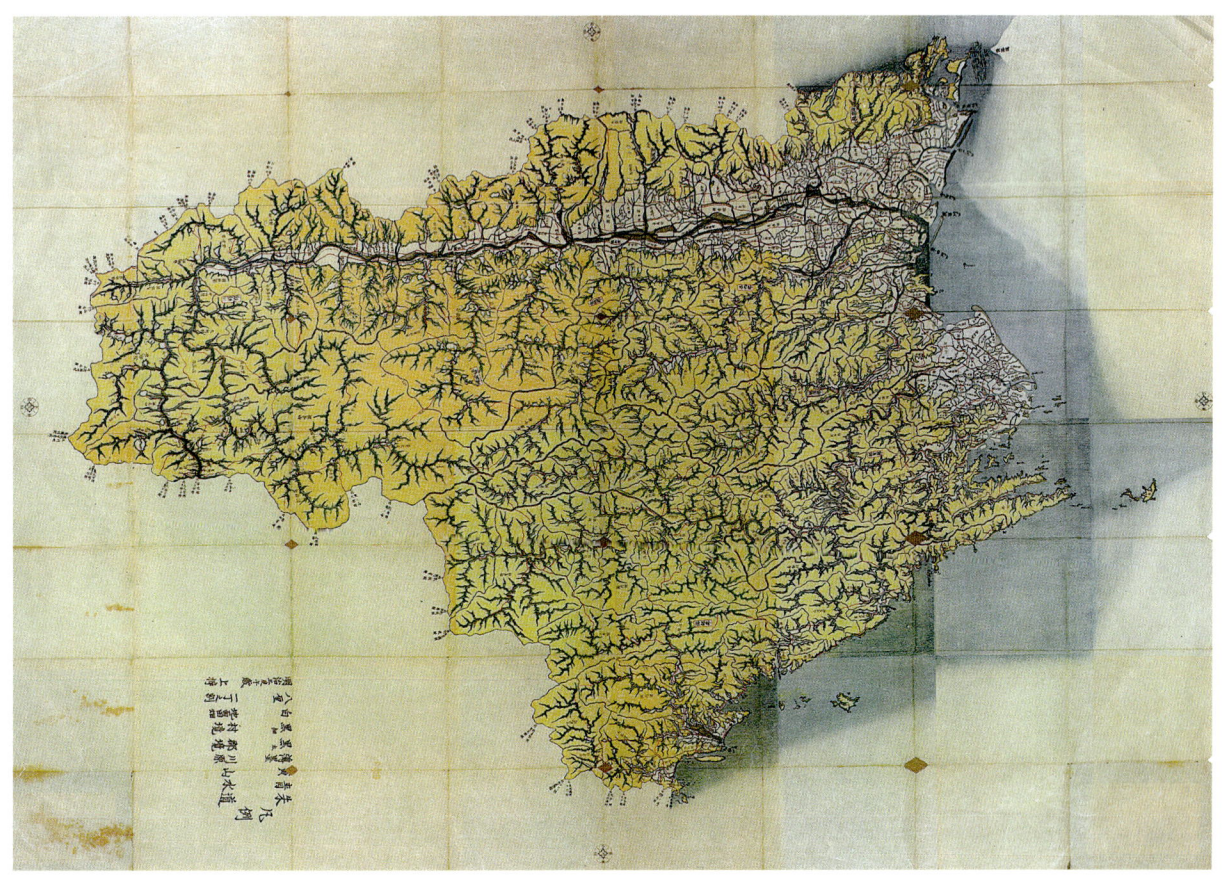

口絵 34　明治 3 年（1870）阿波国全図（縮尺 4.5 万分の 1、木版図、本文 85 頁、徳島県立図書館蔵、180 × 250 cm）

口絵 35　阿波国分間絵図（縮尺 9 万分の 1、部分、本文 85・335 頁、谷家文書本、84 × 119cm）

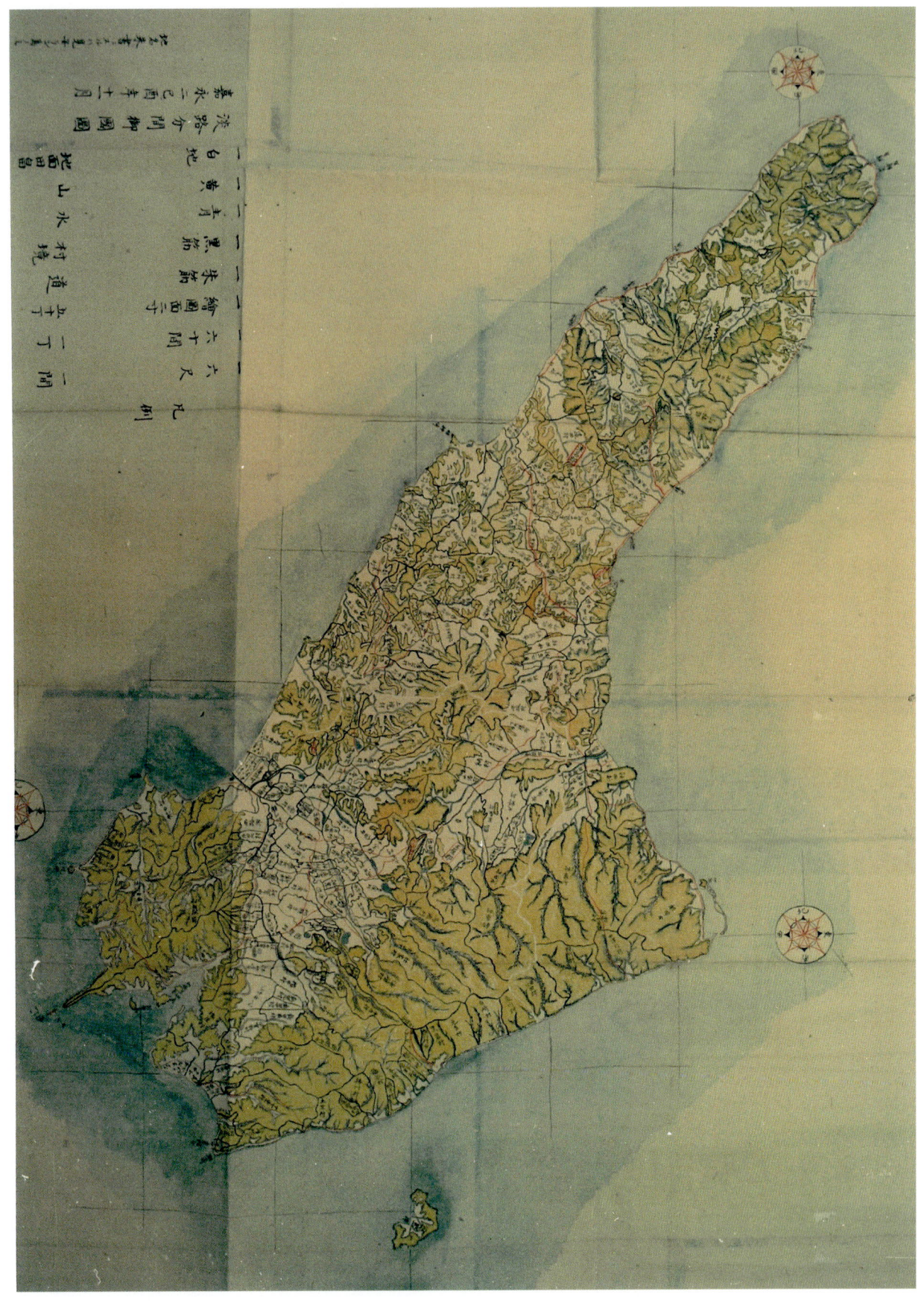

口絵 36　嘉永 2 年（1849）淡路分間御国図（縮尺 9 万分の 1、本文 85 頁、徳島県立図書館蔵、54 × 75 cm）

口絵 37　神領村野間北両名御仮御検地絵図面（一）（縮尺約 600 分の 1、大栗家文書、本文 216・265・266 頁、徳島県立博物館蔵、210 × 140cm）

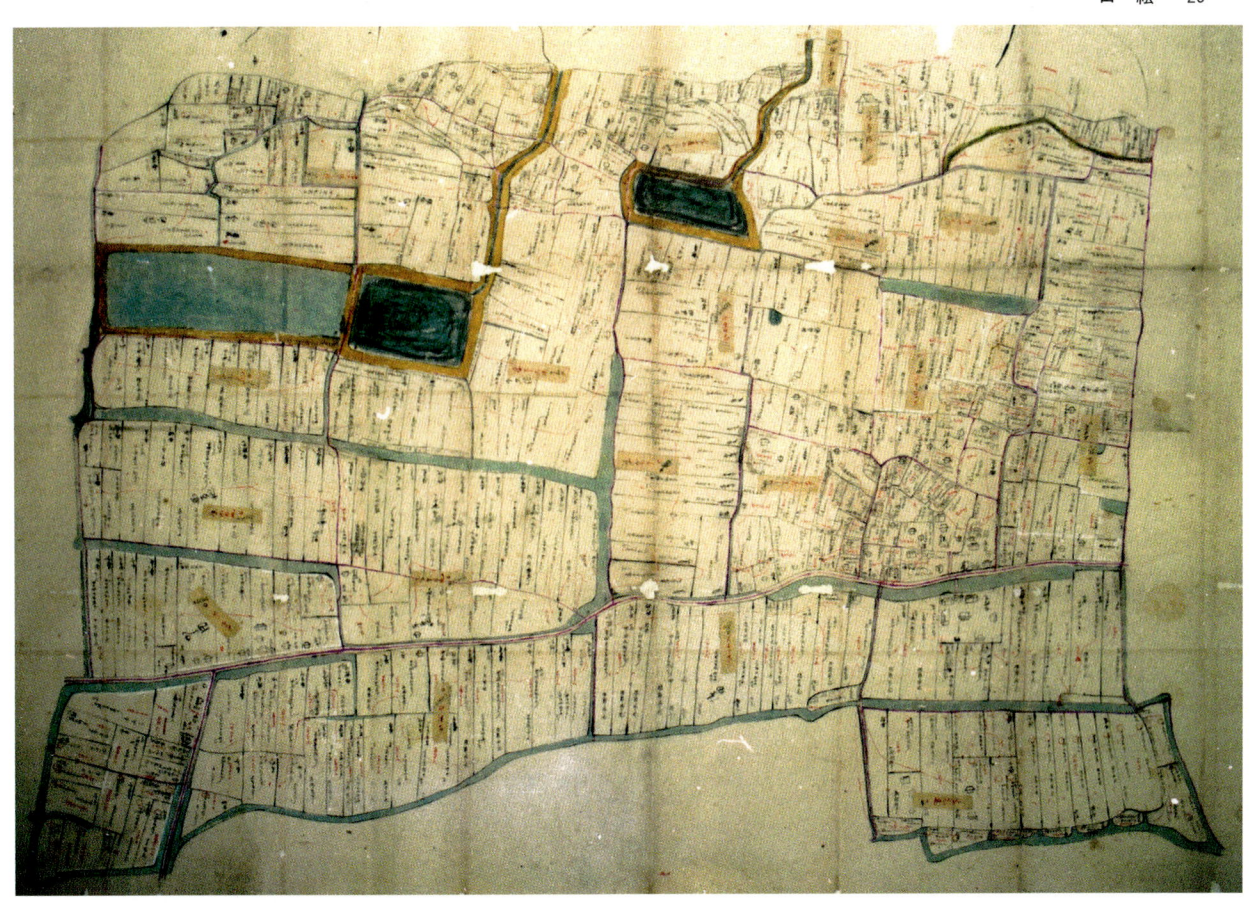

口絵 38　板野郡姫田村検地絵図（縮尺約 600 分の 1、東分、本文 317・318 頁、鳴門市立図書館蔵、234 × 222cm）

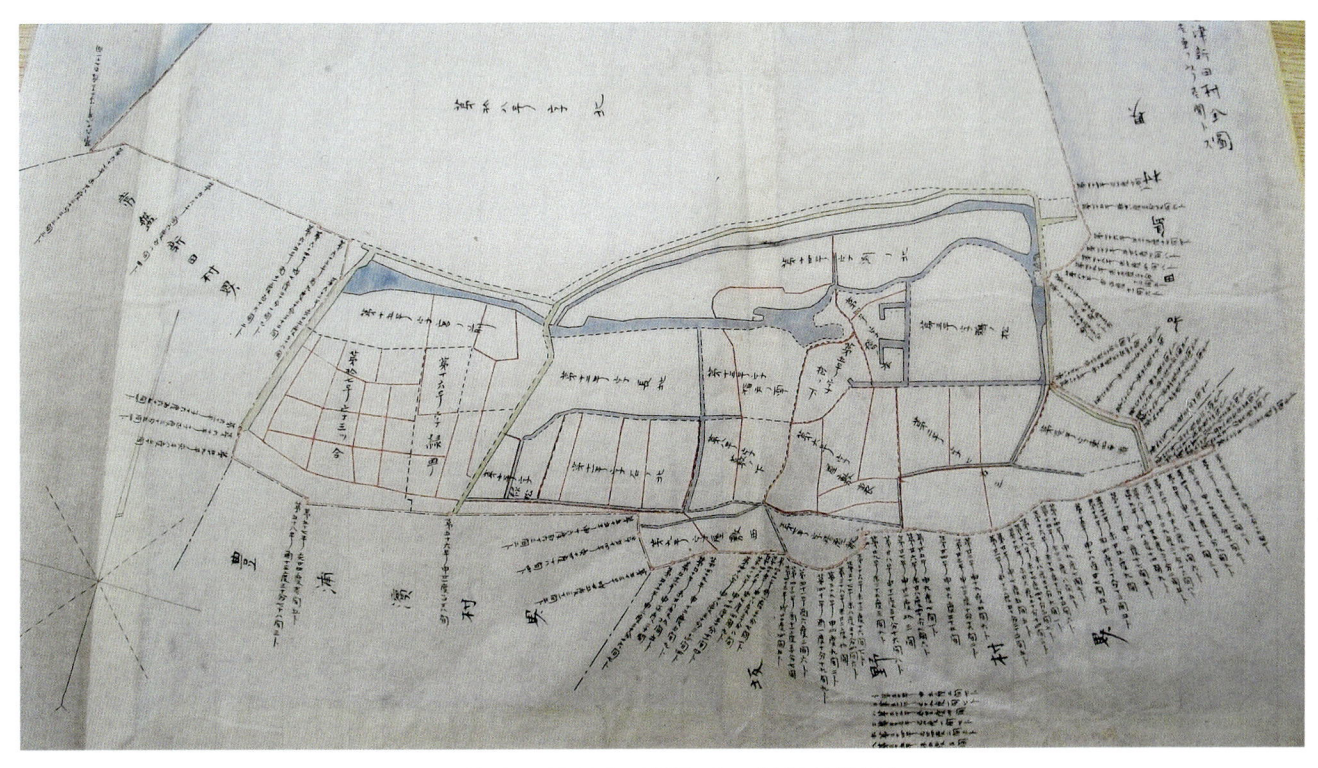

口絵 39　明治 21 年（1888）和田津新田地籍全図
（縮尺 6,000 分の 1、栗本家文書（クリモ 01007）、本文 325 頁、徳島県立文書館寄託、270 × 180cm）

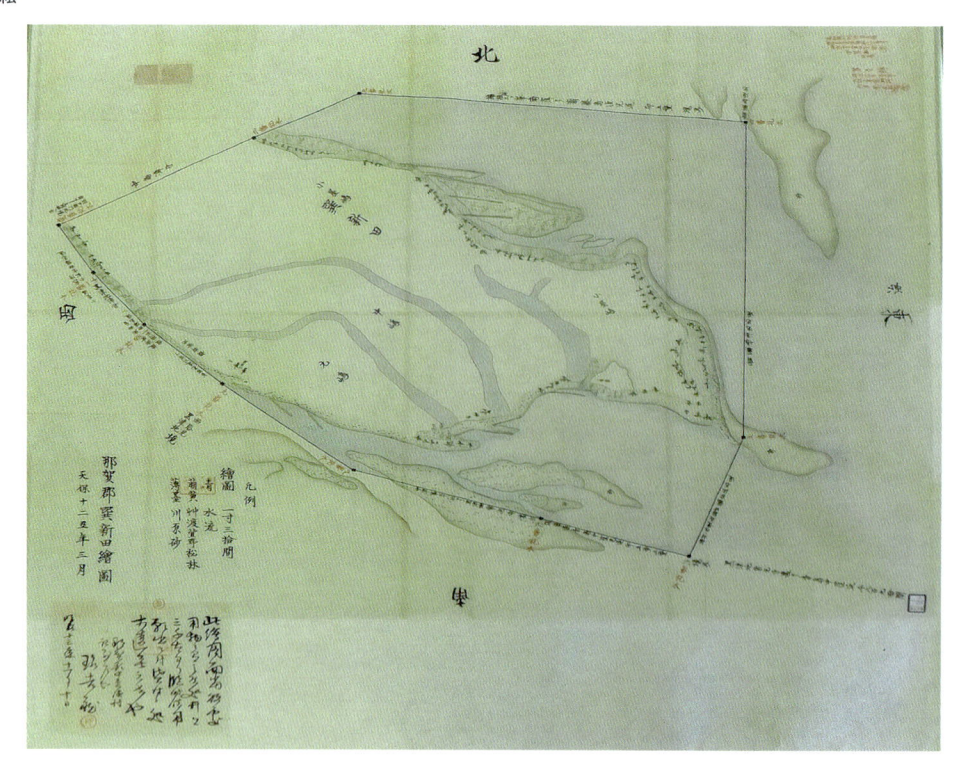

口絵 40　天保 12 年（1831）那賀郡巽新田絵図（縮尺 3,000 分の 1、井上家文書、本文 336 頁、徳島県立文書館寄託、73 × 93 cm）

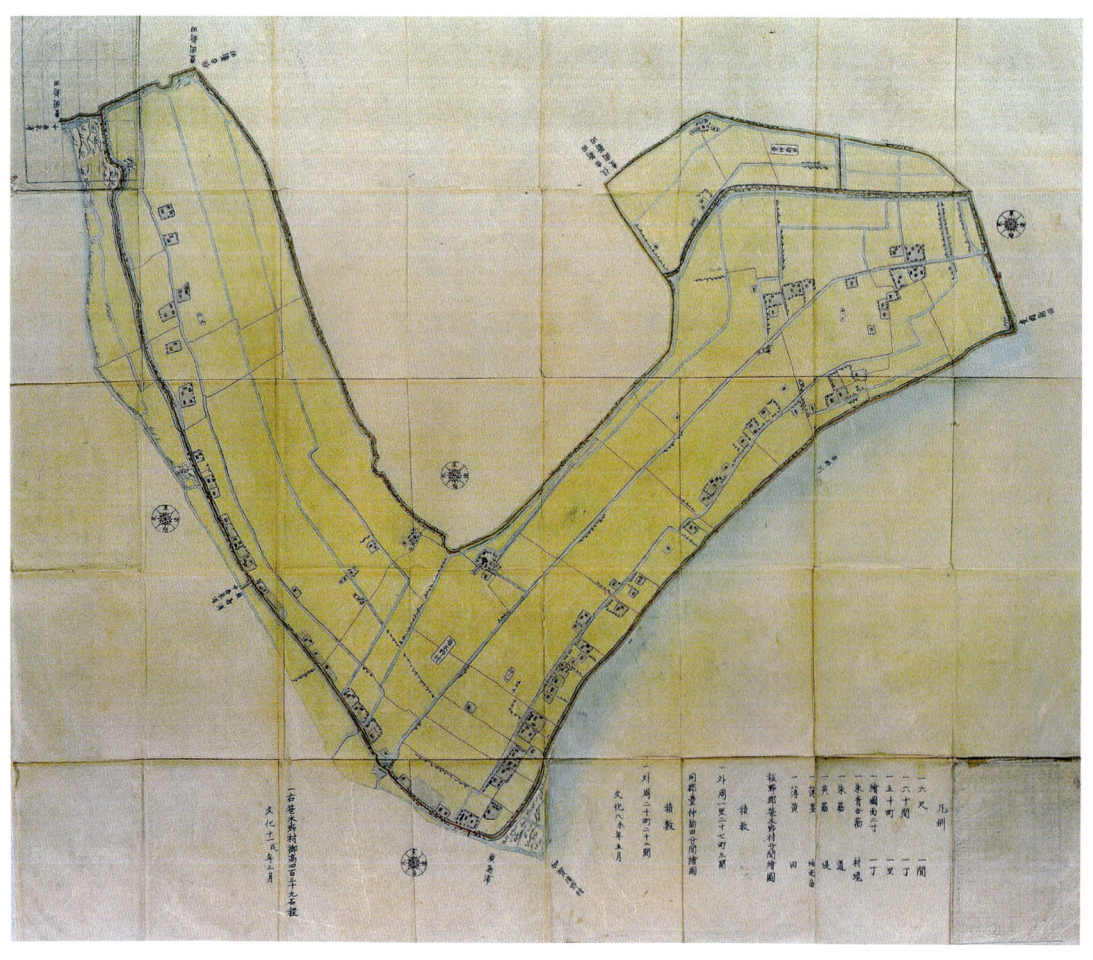

口絵 41　文化 8 年（1811）板野郡笹木野村分間絵図豊仲新田分間絵図

（縮尺 1,800 分の 1、春日神社文書、本文 342・343 頁、松茂町歴史民俗資料館・人形浄瑠璃芝居資料館蔵、131 × 151 cm）

口絵 42　文化 13 年（1816）那賀郡分間郡図（控）（縮尺 18,000 分の 1、那賀川中下流部、本文 100・382・383 頁、阿南市史編纂室蔵、179 × 414cm）

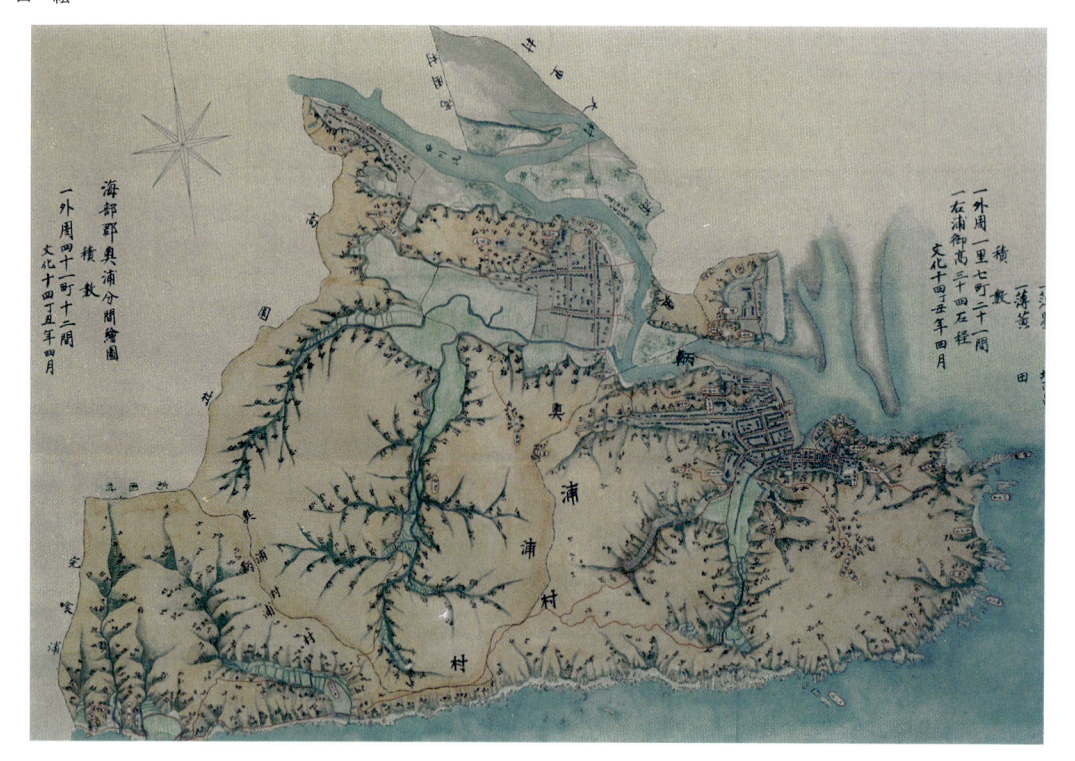

口絵 43　文化 14 年（1817）海部郡鞆浦奥浦分間絵図（写）（縮尺 1,800 分の 1、海陽町教育委員会蔵、93 × 151cm）

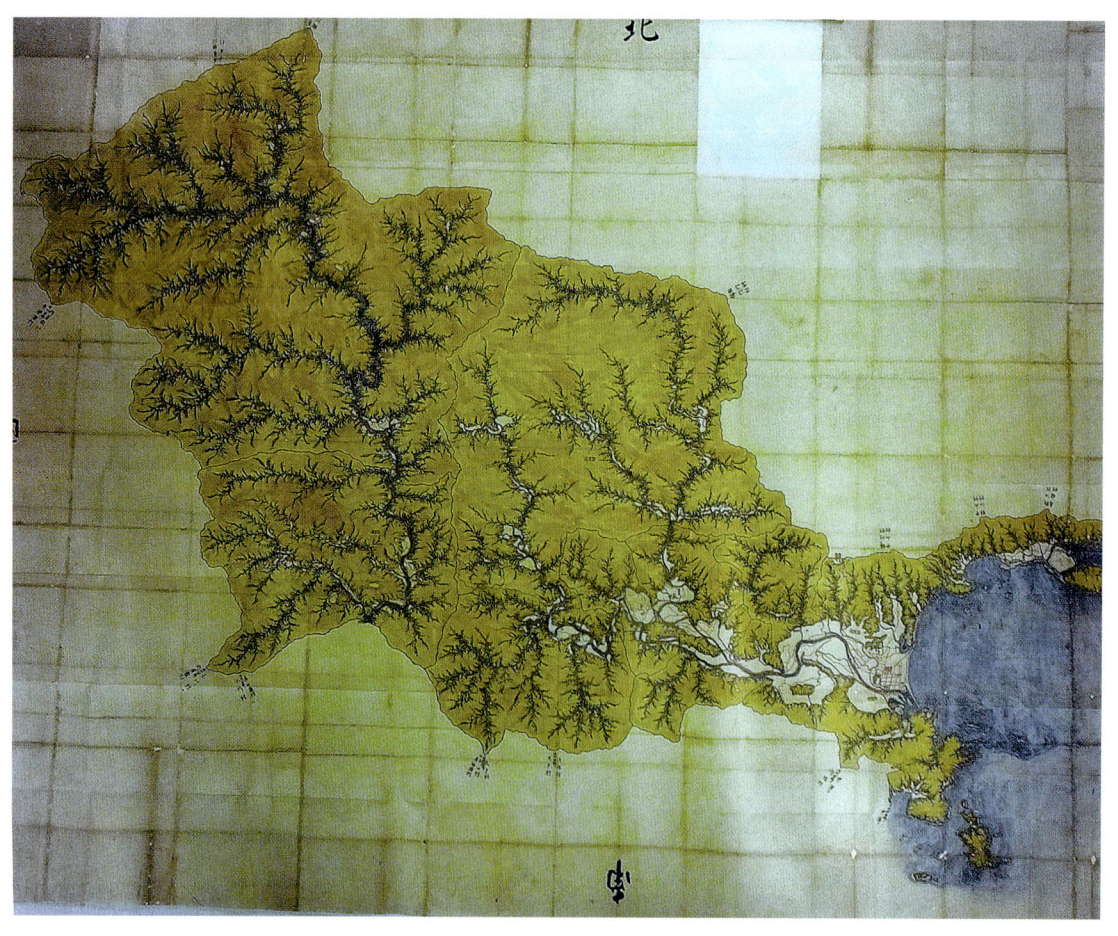

口絵 44　海部郡宍喰浦外十ヶ村絵図（縮尺 7,200 分の 1、多田家文書、282 × 190cm）

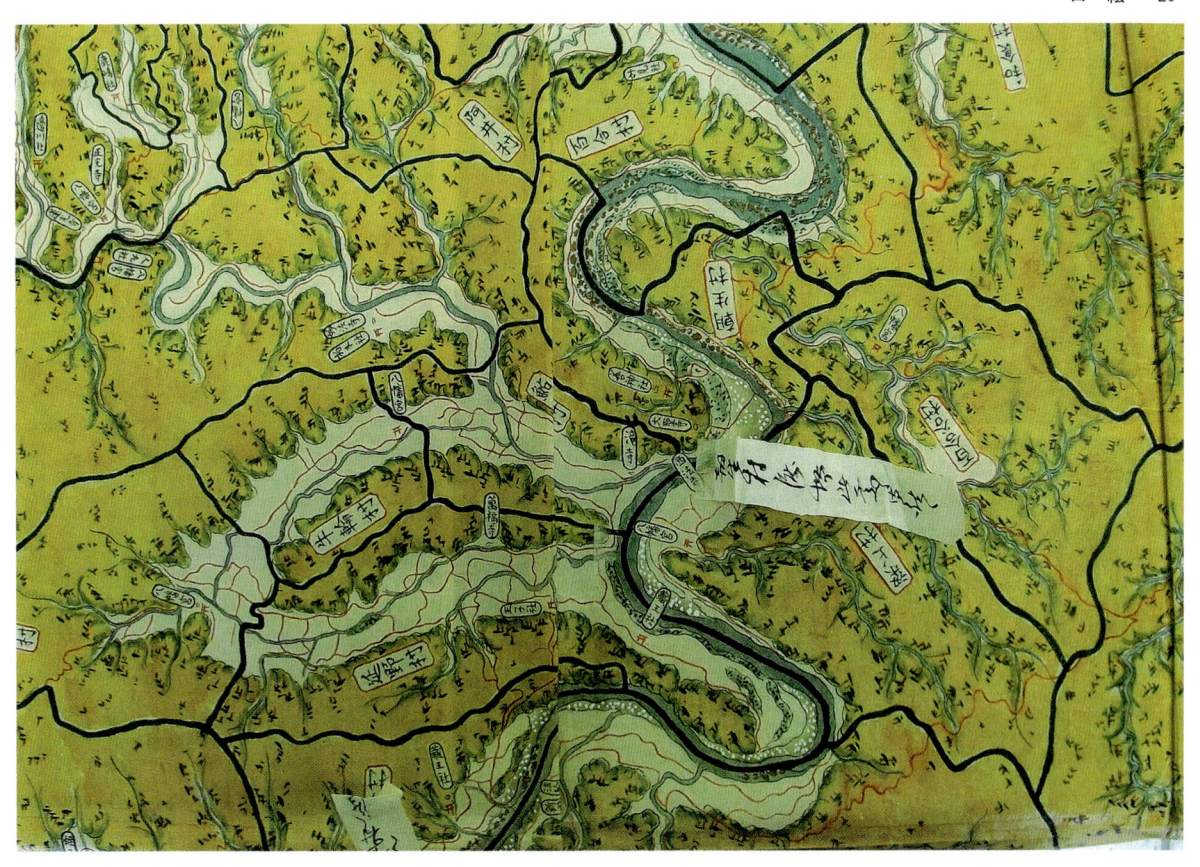

口絵45　文化13年（1816）那賀郡分間郡図（控）（那賀川中流部の穿入蛇行部、縮尺18,000分の1、阿南市史編纂室蔵）

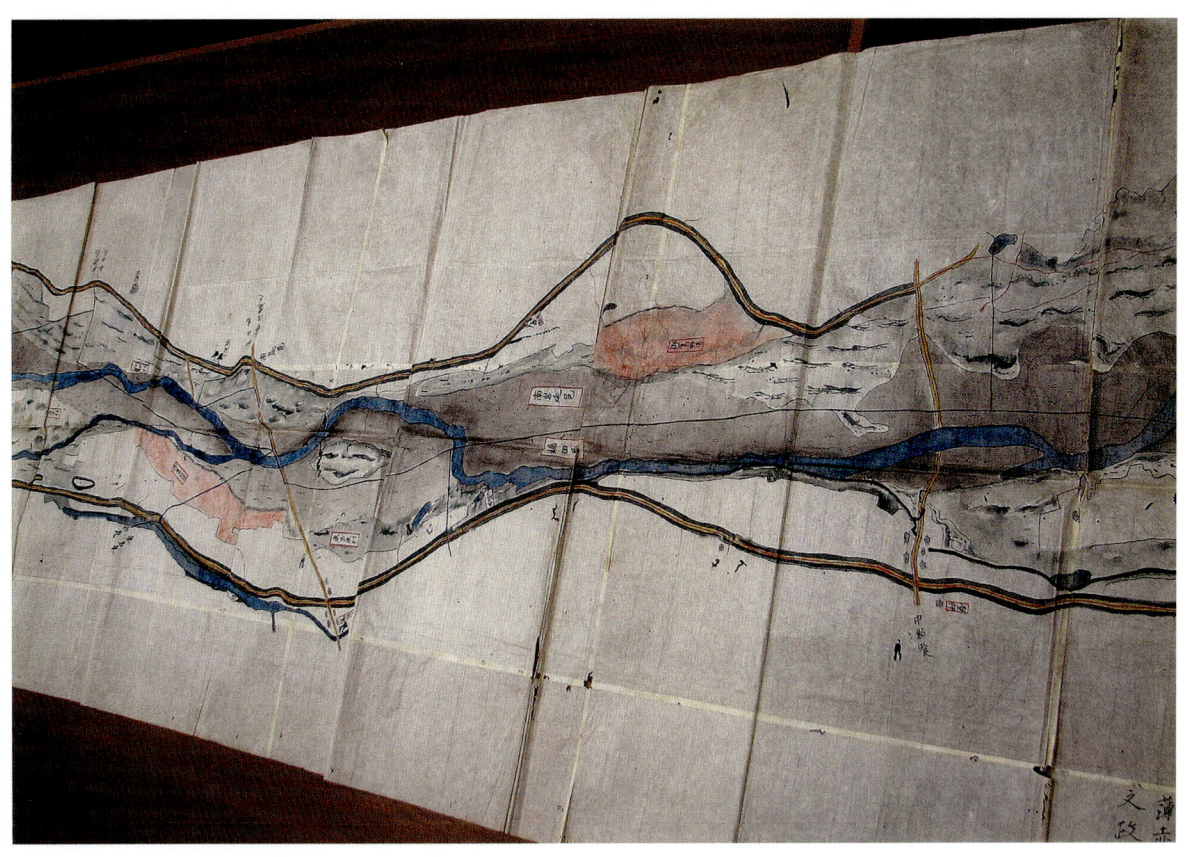

口絵46　文政7年（1824）名東郡一宮邑ヨリ南新居村不動前迄鮎喰川筋絵図
（縮尺1,800分の1、右が北、本文367・375頁、後藤家文書22-006、鳴門教育大学附属図書館蔵、65×343cm）

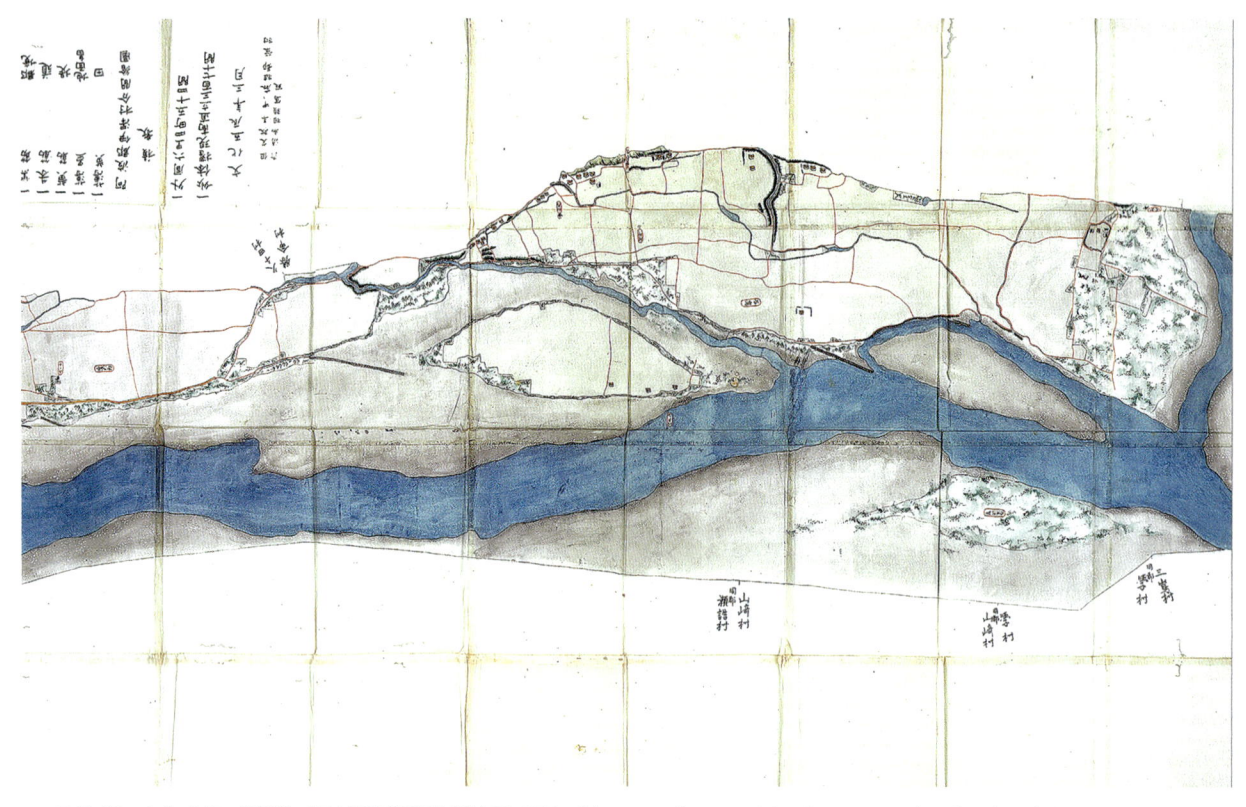

口絵 47　文化 5 年（1808）阿波郡伊沢村分間絵図（控）（縮尺 1,800 分の 1、浜分、本文 291 頁、個人蔵、永井家本、110 × 186 cm）

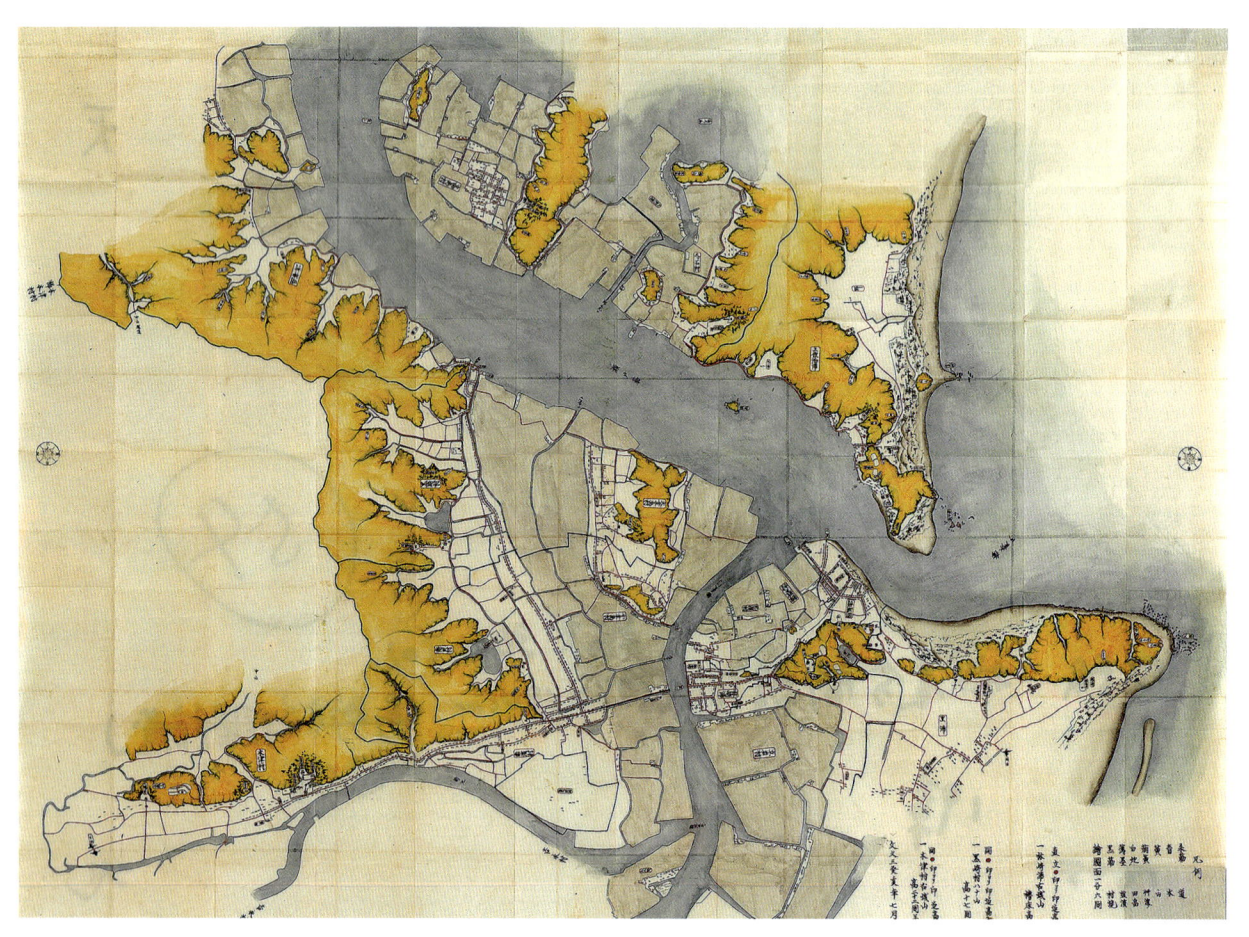

口絵 48　文久 3 年（1863）撫養分間絵図（縮尺 3,600 分の 1、本文 357・358 頁、個人蔵、徳島県立文書館寄託、174 × 180 cm）

口絵 49　那賀郡答島塩田絵図（縮尺約 600 分の 1、本文 383・384 頁、阿南市史編纂室蔵、179 × 189 cm）

口絵 50　明治 9 年（1876）改正、阿波国勝浦郡生実村第 13 号字松尾地面明細図（縮尺 600 分の 1、上勝町役場蔵、51 × 52 cm）

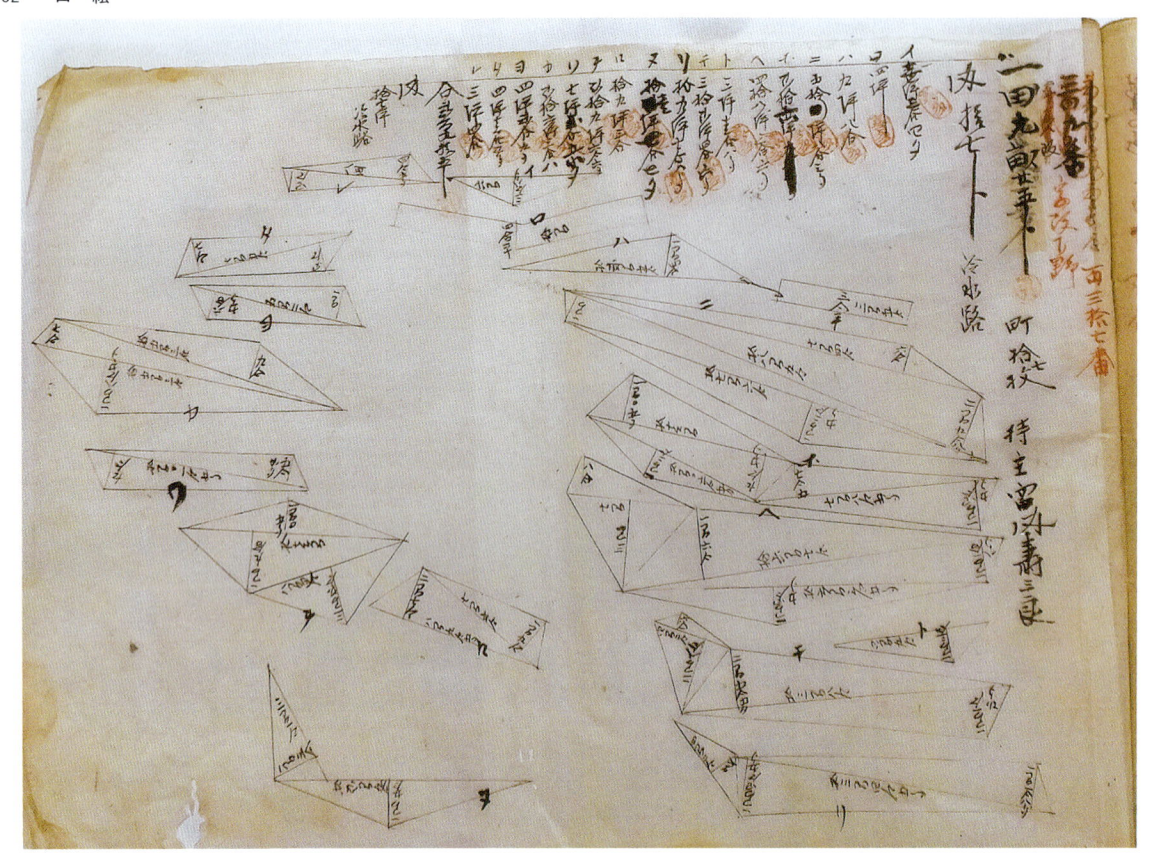

口絵 51　明治 9 年（1876）改正、勝浦郡野尻村第 2 号字下野実地丈量見取絵図
（137 番田 9 畝 25 歩、町 17 枚（イ～レ）内 17 歩冷水路、持主宮内寿三郎、上勝町役場蔵、27 × 36 cm）

口絵 52　麻植郡川田村分間絵図（控）（縮尺 1,800 分の 1、高越寺境内部分、本文 296 頁、原田家本、個人蔵、355 × 297 cm）

徳島藩分間絵図の研究

羽山 久男 著

名西郡神領村分間絵図（写）（上角・中津・大埜地・大久保名付近、中央は鮎喰川、口絵13参照、徳島県立博物館蔵）

古今書院

目　次

第Ⅲ部　徳島藩領の分間村絵図と土木・宗教的景観

第 12 章　分間村絵図と棚田景観 —————————— 199

序　章－近世測量術と実測分間絵図・歴史資料との比較研究－

　徳島藩の測量家で藩絵図方（天文方）の岡崎三蔵父子は、享和～嘉永期（1801～53）にかけて藩命を受けて、徳島藩領の阿波・淡路両国内を対象に、実測に基づく極めて精度の高い分間村絵図・郡図・国図を作製している。しかし、岡崎家の測量術や絵図仕立法・事績は、残された文書の信憑性や測量記録等が現存しない事情もあり、その実像と近世測量家の中での位置等に関しては、その一部しか解明されていない。一方、熊本藩の池部長十郎、萩藩の井上武兵衛、鳥取藩の礒岩文次郎、金沢藩（越中）の石黒信由[1] に関する研究は、岡崎の場合よりも進んでいるといえる。

　岡崎三蔵の測量術・事績の実態や、実測分間絵図の資料的価値等に関しては未解明な部分が多いが、岡崎三蔵系の分間絵図と歴史資料を比較分析することから、近世後期の阿淡両国内の自然・文化的景観や、空間・社会構造を精密に復原することができる。岡崎の分間絵図の作製は、先ず、村境を確定して村内を実測し、縮尺 1,800 分 1 の分間村絵図を作製し、村絵図から編集して縮尺 18,000 分の 1 の分間郡図、さらに、45,000 分の 1 または 90,000 分の 1 の国図を作製するというプロセスをとっている。このため、手始めに阿淡両国を構成する全藩政村の分間村絵図を作製しなければ、郡図と国図は完成しない。著者の 2018 年までの所在調査によれば、阿淡両国約 860 ヶ村の内の約 17％にあたる約 148 ヶ村の分間村絵図（171 点）と、両国 12 郡の内の阿波国の三好・海部郡を除く 10 郡の分間郡図（16 点）と両国図（少なくとも 12 点）が現存している[2]。これらの絵図資料と藩政文書および地方文書等の歴史資料との摺り合わせ（比較分析）から、近世後期の地域社会の歴史的構造を重層的に復原できる。

　本書の目的の第 1（第 I 部）は、岡崎三蔵の測量術に関して、具体的な測量の記録である野帳等が残されていないが、数冊の稿本著書の分析から、測量術の具体的方法と諸流派との関係、絵図仕立法、測量隊の組織、事前村触、文化 5 年（1808）の第 6 次伊能忠敬四国測量隊に対する藩の対応と、その影響等を明らかにすることである。

　第 2（第 II 部）は、近世測量絵図の先進藩と位置付けられる熊本・佐賀・萩・鳥取・金沢藩の実測系絵図の作製主体と、その表現内容・作製過程や、藩政改革との関係、伊能忠敬測量隊との接触の状況・影響等を明らかにし、それらとの比較から徳島藩分間絵図の特徴と意義を把握することにある[3]。

　第 3（第 III 部）は、阿波国内の分間村絵図のうち、勝浦川・鮎喰川上流域・剣山地の山村や、吉野川中下流域の平地村、淡路国内の三原・津名両郡の溜池灌漑から、山地・河川・護岸・海岸地形・干拓等の土木的景観と、文化的景観である寺社・民間信仰に代表される宗教的景観の復原に視点をおいて考察する[4]。さらに、分間村絵図を棚田・段々畑・水害・条里・新田・郷町・河川・塩田・離島・溜池の視点から分類・分析し、絵図情報と地方文書データとを絡ませて、当時の村の歴史的環境や生

活を多面的に把握することを目指している。また、絵図資料と地方文書・地籍図・役場文書等の歴史資料および空中写真・フィールド調査等との重層的分析から、時間軸・空間軸・歴史軸と位置情報をクロスさせて、村の空間構造と社会構造を総合的に明らかにすることを試みる [5]。

　次に、近世の測量術史研究を概観すると、三上義夫（1947）の『日本測量術史の研究』（恒星社厚生閣）[6] が挙げられる。三上は長崎でオランダ流規矩術を樋口権右衛門に伝授したとされるオランダ人（ドイツ人）カスハルと、岡崎家開祖の岡崎治兵衛顕祖、清水流の開祖清水貞徳や、奥州八戸藩の測量術等について論述している。また、松崎利夫（1979）は『江戸時代の測量術』（総合科学出版）[7] で村井昌弘の『量地指南　前・後編』（1733・54）、甲斐広永の『量地図説』（1852）等の測量術書を解説して、距離・高さ・面責・体積・角度を測り、位置を知る測量術を図解して詳述している。大矢真一（1983）[8] は『江戸科学古典叢書』（恒和出版）で『量地指南　前・後編』（1733）、福田理軒の『測量集成』（1856）の解題で、近世測量家と測量術を具体的に説明している。また、吉澤孝和（1990）[9] は『江戸時代中期の測量術』の中で、『量地指南　前編』で量盤術、測量器具、規矩術の基礎原理である図解三角測量を解説している。川村博忠 [10] は『近世絵図と測量術』（1992）の中で、近世測量術の進展と基本的測量術・絵図作製方法及び諸藩の地方絵図作製について実証的に考察している。堀口俊二（2012）[11] は「樋口権右衛門（小林謙貞）の南蛮流測量術と紅毛流測量術」で樋口権右衛門、村井昌弘、岡崎治兵衛、清水流規矩術等について概説している。

　さらに、本書の主要なテーマである徳島藩の測量家の岡崎三蔵に関しては、三上義夫、川村博忠（1992）[12]、佐光昭二（2007）[13]、矢守一彦（1984）[14]、平井松午（2014）[15]、著者（2018）[16] 等の研究がある。このほかに、『徳島県史　第三巻』[17]、『阿波藩民政資料　上巻』[18]、『名東郡志』[19]、『鳴門市史　中巻』[20] 等にも岡崎に関する記述があるが、『岡崎家文書』等からの引用の域をでない。

　次に、近世絵図研究史を概観すると、①歴史学による絵図目的論的研究で、作製目的・時代・主体等からの史料批判を行い、歴史学の補助史料として利用する立場がある [21]。しかし、近年の都市史や近世地域社会論における空間認識・空間編成という視点から絵図を景観史的に論じるようになってきた [22]。②歴史地理学の分野では膨大な蓄積がある景観復原的研究がある。③ 1980 年代以降の葛川絵図研究会による絵図表現の読解・意味論的研究がある [23]。④作製主体による空間認識論的研究 [24]、⑤書誌的、絵図発達史的研究で、作製過程における政治的関係を解明する [25]。⑥測量技術史・絵図作製技術史的研究 [26]。⑦歴史 GIS（地理情報システム）を駆使した実測図系絵図の精度・測量技術・空間分析的研究 [27]。⑧モノとしての絵図研究で、料紙・顔料・技法・彩色等の科学的分析等がある [28]。

　以上の①～⑧を通観してみると、「モノ」としての近世絵図そのものの精度を指標とした地図測量史・絵図史・技術史・GIS 的分析、3 次元（3D）と時間・空間軸を加えた 4 次元（4D）研究の進展が著しい [29]。これらのトレンドをみると、GIS・IT や数量化された空間データ分析に傾斜した研究が中心のように著者には感じる。さらに、歴史学・民俗学・都市学等に対し、歴史地理学から論争を挑むという視点や、歴史的地域という土着のフィールドに根ざした風土性の臭いがする研究が少なくなってきているように感じる。さらに、絵図は単なる景観復原のためのツールではない [30]。また、④でみたように、作製主体による空間認識という概念が絵図研究の中で中心的位置を占めてきた。しかし、近世後期になると、徳島藩の知行絵図や佐賀藩の郷村絵図、鳥取藩の田畑地続全図等をみると、作製目的が領主権力や村役人層が一筆（枚）の土地の現状（有姿）を把握することに重点を置いており、「空

間把握（土地把握・土地支配）」という概念を導入すべきではないかと著者は考える[31]。

　さらに、絵図の背後には近世の村・郷・郡・藩領・国が存在し、そこで生きた武士と農山漁民の生活と生業があり、藩用図、地方（村）用図[32]、主題図、行政基本図を問わず、絵図は歴史資料でもある。絵図の本質に迫るためには、藩政文書・地方文書・地籍図・役場文書・考古資料等の歴史資料と、空中写真・フィールドワーク等を重層化させた「絵図資料の総合化」が求められていると考える[33]。

　また、近年、近世社会における歴史的地域の多様な展開や、地域性の解明を中心とした歴史地理学の主要なテーマが等閑視されているのではないか。著者がこれまで進めてきた近世絵図研究の視角は、絵図と藩政文書・地方文書等の歴史資料をクロスさせた分析から、身分秩序による土地支配・所有・利用等の実態を解明し、藩政村・郡・藩領域の空間・社会構造を明らかにすることを行ってきた[34]。

　本書の構成は、第Ⅰ部では、阿波の測量家で絵図巧者である岡崎三蔵の測量術と、その事績、諸流派のなかでの位置付けと、稿本著書から測量術の絵図表現内容、仕立て法の具体的な解明を中心とした。第Ⅱ部では実測に基づく熊本・佐賀・萩・鳥取・金沢藩の実測系絵図と検地絵図との比較分析[35]を行った。第Ⅲ部では、徳島藩の分間絵図を検地・知行・条里地割・新田・郷町・地籍図・災害・川成り癒上がりと免租願い・境内・用水等との視点から、淡路では溜池景観と三原郡における独特の水利組織である「田主（たず）」[36]との関係の分析に重点をおいた。

　おわりに、徳島藩作製の分間絵図は、村・郡境・論所・飛地等の確定による行政基本図の作製が主目的で、藩政改革や地方改革の一環としての政治的意図は希薄であった。これに対し、熊本藩では手永（てなが）図・河川絵図・干拓新田図等では藩政の主要課題に対応して作製されている。また、佐賀藩の郷村図は明和4年（1767）の藩政改革を目指した「御仕組八箇条」との関連性が強い。さらに、萩藩では藩政改革の一環としての「防長地下上申」「防長風土注進案」と対応した「一村限明細絵図（地下上申絵図）」「宰判図」「開作図」等が作製された。また、鳥取藩では文化～弘化期に地方における田畑の実態を把握するための「地所大改」の一環として「田畑地続全図」が作製された。金沢藩においても、「川除図」「普請所絵図」や村ごとの「内検地領絵図」等の土木普請・年貢徴収等のための実務的な絵図が、石黒信由らにより作製されている。このような流れの中で、他藩と比較して徳島藩においては、藩を挙げての実測分間絵図作製事業がどのような政治的目的のために行われたかを明確にすることは困難である。

[註]

1) 池部長十郎・井上武兵衛・礒岩文次郎・石黒信由に関しては、第Ⅱ部第7章～11章で詳述する。

2) 拙稿（2015）: a「徳島藩領淡路国の実測分間村絵図・郡図・国図について」歴史地理学会第238回例会研究報告（日本大学文理学部），歴史地理学56-3。同（2018）: b「阿波の測量家岡崎三蔵と分間絵図」歴史地理学会第248回例会研究報告（東京学芸大学），歴史地理学58-3。

3) 拙稿（2015）:「近世後期における諸藩作製測量郡図の比較分析」人文地理学会2015年度研究大会報告（大阪大学），同予稿集。

4) 拙稿（2011）:「近世阿波の実測分間村絵図と山村景観」徳島地理学会論文集12, 1～40頁。拙稿（2008）:「文化9年分間村絵図からみた美馬市木屋平の集落・宗教景観」阿波学会紀要第54号，171～182頁。拙稿（2010）:「近世絵図でみる阿波郡と伊沢村の歴史的景観」阿波学会紀要第56号，201～210頁。

5) 拙著（2015）: a『知行絵図と村落景観－徳島・佐賀・萩・尾張藩と河内国古市郡の比較研究－』古今書院，9頁。

拙稿（2019）：b「和田津新田・金磯新田絵図と土木的景観」徳島地理学論文集 15 号（平井松午先生退官記念論文集），5 〜 24 頁。

6）三上義夫（1947）：『日本測量術史の研究』恒星社厚生閣，10 〜 13，58 〜 68 頁。

7）松崎利夫（1979）：『江戸時代の測量術』総合科学出版。

8）大矢真一（1983）：『江戸科学古典叢書　9　量地指南』恒和出版，概説・解題 3 〜 99 頁。前同（1982）：『江戸科学古典叢書　37』恒和出版，解説 3 〜 11 頁。

9）吉澤孝和（1990）：『江戸時代中期の測量術』建設省中部地方建設局天竜川上流工事事務所，17 〜 47 頁。

10）川村博忠（1992）：『近世絵図と測量術』古今書院。

11）堀口俊二（2012）：「樋口権右衛門（小林謙貞）の南蛮流測量術と紅毛流測量術」新潟産業大学経済学部紀要第 40 号，111 〜 118 頁。

12）前掲 10），290 〜 294 頁。

13）佐光昭二（2007）：『阿波洋学史の研究』徳島教育印刷，55 〜 63 頁。

14）矢守一彦（1984）：「江戸前期測量術史等剳期」大阪大学日本学報（大阪大学大学院文学研究）3 号，2 〜 3 頁。

15）平井松午（2014）：「徳島藩の測量事業と実測分間絵図」，「実測分間絵図の精度に関する GIS 検証」平井・安里・渡辺編著『近世測量絵図の GIS 分析－その地域的展開－』古今書院，77 〜 111 頁。

16）前掲 2）b。

17）徳島県史編纂委員会編（1965）：『徳島県史　第三巻』363 〜 367 頁。

18）徳島県発行（1916）：『御大典記念　阿波藩民政資料　上巻』726 〜 731 頁。

19）名東郡自治協会発行（1960）：『名東郡志』594 〜 595 頁。

20）鳴門市史編纂委員会編（1982）：『鳴門市史　中巻』379 〜 382 頁。

21）小山靖憲（1987）：「荘園絵図へのいざない」小山靖憲・佐藤和彦編『絵図にみる荘園の世界』東京大学出版会，10 頁。

22）水本邦彦（2002）：『絵図と景観の近世』校倉書房，19 〜 55 頁。

23）葛川絵図研究会編（1988）：『絵図のコスモロジー　上巻』地人書房，同編（1989）：『絵図のコスモロジー　下巻』地人書房。

24）小野寺　淳（1991）：『近世河川絵図の研究』古今書院。

25）前掲 10）川村。

26）鳴海邦匡（2007）：『近世日本の地図と測量－村と「廻り検地」－』九州大学出版会。

27）平井松午・安里　進・渡辺　誠編著（2014）：『近世測量絵図の GIS 分析－その地域的展開－』古今書院。HGIS 研究協議会編（2012）：『歴史 GIS の地平－景観・環境・地域構造の復原に向けて－』勉誠出版。平井松午編（2019）：『近世城下絵図の景観分析・GIS 分析』古今書院。

28）杉本史子他編著（2011）：『絵図学入門』東京大学出版会，212 〜 221 頁。

29）前掲 27）。

30）前掲 5），a235 頁。

31）拙稿（2017）：「鳥取藩の土地把握と田畑地続全図」2017 年度人文地理学会大会報告（明治大学），同予稿集。

32）松尾容孝（2018）：「村絵図の種類・目的と地域性についての覚え書き」専修人文論集第 102 号，1 〜 39 頁。

33）山村亜希（2009）：『中世都市の空間構造』吉川弘文館，34 〜 58 頁。

34）前掲 5）拙著，7 〜 9 頁。

35）前掲 3）拙稿。

36）京都農地事務局編（1963）：『淡路島における「田主」の水利慣行調査－兵庫県三原郡三原町の事例－』。

第Ⅰ部　岡崎三蔵の測量術

第1章 『岡崎家文書』『阿淡御両国絵図面』と岡崎家の事績

第1節 『岡崎家文書』『阿淡御両国絵図面』とオランダ人医師カスハル

　徳島藩では近世後期の享和2年（1802）から嘉永2年（1849）頃にかけて、藩領である阿波・淡路国の全域を対象とした実測に基づく極めて精密な分間村絵図や郡図と阿波・淡路国絵図が作製された[1]。その中心的役割を担ったのは、藩天文方（絵図方）の岡崎家4代の岡崎三蔵宜陳（寛保2年/1742～文政5年/1822）と5代の夫左衛門宜平（安永3年/1774～天保3年/1832）である[2]。徳島藩の測量家で絵図巧者である岡崎家の研究については、日本測量史の先駆的研究家である三上義夫[3]と、『徳島県史　第三巻』[4]、『阿波藩民政資料　上巻』[5]、『名東郡志』[6]、『鳴門市史』[7]、川村博忠[8]、佐光昭二[9]、矢守一彦[10]、平井松午[11]、羽山久男[12]等がある。

　まず、岡崎家歴代の事績を記録したものには、明治40年（1907）9月の岡本斯文手稿、大正11年（1922）に岡崎家の蔵書を高橋文平が写した『岡崎家文書集　全』[13]（日本学士院蔵、稿本、以下、『文書』とする）と、明治40年2月に國衛が書き写したとされる『阿淡御両国絵図面』（徳島県立図書館蔵、呉郷文庫、稿本、以下『絵図面』とする）[14]らに、大正5年（1916）の『阿波藩民政資料　上巻』にある「土地測量義申上書写」（以下、「申上書」とする）[15]がある。まず、『文書』は、寛永16年（1639）8月の初代岡崎治兵衛顕祖が長崎において樋口権左衛門から天文学・文学を修行することから始まり、明治20年（1887）9月までの岡崎家の事績を記している。また、『絵図面』の冒頭には「諸流諸器械伝フ年月日、阿淡御両国絵図面御出来年月日詳細書写」とあり、寛永16年8月から明治前期頃までの事績を『文書』より詳細に記しており、『文書』は『絵図面』の抄録であると考えられる。

　このように、『文書』『絵図面』ともに、明治末期に岡崎家の事績を編纂したものであり、事実関係の疑問点や、大島善右衛門（大島流）・清水貞徳（清水流）・橋本伝兵衛（橋本流）・村井昌弘（『量地指南』著者）から、伊能忠敬までの著名な測量術家を岡崎の同門と見なしていることなど、三上義夫が指摘しているように、その扱いには特別の注意を要するとしている[16]。しかし、寛永期から明治20年代頃にいたる岡崎家累代の事績や、文化5年（1808）伊能忠敬による第6次四国測量時等に関する記載は詳細である。また部分的ではあるが、享和～天保・弘化期にかけて徳島藩が全力を挙げて取り組んだ阿波淡路両国の実測分間絵図作製事業を明らかにできる史料としては貴重である。また、「申上書」は岡崎家4代の三蔵宜陳の名が文首にあり、伊能測量隊が阿波国沿岸を測量した文化5年

の記載等があるので、その時期に藩庁に提出した文書の草稿と考えられ、その内容は『文書』『絵図面』の一部と重複する。なお、三上は大正 10 年（1921）に岡崎家を訪ね、帝国学士院において『岡崎家文書　全』の若干のものを筆写したと述べている [17]。

　次に、『文書』と『絵図面』によれば、岡崎家の初代治兵衛顕祖（元和 3 年 / 1617 〜元禄 13 年 / 1700）は、紀州和歌山の人で、寛永 16 年（1639）8 月 5 日に長崎に出立し、当地の樋口権左衛門乾貞（『文書』と『絵図面』には権右衛門ではなく、権左衛門と記される）方に滞在して、樋口からから天文学と文学を修行した。寛永 18 年（1641）3 月 10 日に徳島藩家老の長谷川越前貞雄が樋口権右衛方へ修行に来て岡崎治兵衛と同宿した。また、寛永 18 年 11 月 1 日に天文学と規矩術に長じるオランダ人の外科医（一説にドイツ人）である加須波留（カスハル）なる者が長崎に来て、樋口権右衛門乾貞（謙貞とも言う）に「分度術・天文規矩元法術」を伝授した（『絵図面』では寛永 20 年（1634）11 月に樋口と岡崎に紅毛流規矩元法術を伝授したとある）。さらに樋口の弟 3 人と、長谷川越前貞雄、岡崎治兵衛顕祖に規矩元法、紅毛流元法、分度余術、町見術、規矩元法根発術を伝授した。加須波留により本邦に伝えられた紅毛流の規矩術は、その後の 180 年余にわたり伝授されたと記されることから、『文書』の前半部分の成立は文政 6 年（1823）頃と推定できる。

　ここで問題となるのはオランダ人「カスハル」なる人物である。三上は樋口権右衛門乾貞（謙貞）と長崎の天文学者小林謙貞を同じ人物であるとしている [18]。小林謙貞は正保 3 年（1646）から 21 年間、師の林　光生の異教徒の嫌疑に連座して入牢しており、樋口がオランダ人と接触出来たのは正保 3 年（1646）以前か、赦免後の延宝 4 年（1676）以後になるとして、寛永 18 年 11 月に樋口がカスハルから紅毛流規矩術を伝授されたことを疑問視している [19]。さらに、三上は大槻如電の『新撰洋学年表』[20] において伝授の時期を慶安元年（1648）にあてたのは、江戸例参の随員に医師「カスハル」が含まれていたことをとらえての恣意的選択ではあるまいかとしている [21]。また、海老沢有道は『南蛮学統の研究』[22] のなかで、「寛永末期にカスハルと名乗る蘭館医はいないこと、さらに前掲の諸書にも南蛮流の『元和航海記』の影響の色濃く検出されることから、実はオランダ流を称したのは南蛮流教学禁制下にとられた偽装であって、学統を秘しつつ権威あらしめんがために、高名なオランダ医師カスハルの名を借用したところに、一連の「誤解」が生じたであろうと推断している。」として、カスハルなる人物は存在しないとしている。さらに、矢守も「江戸前期測量術史割記」[23] においてカスハルからの伝授説を疑問視している。

　また、『文書』と『絵図面』において、正保 2 年（1645）2 月 11 日に初代岡崎治兵衛が、「蜂須賀阿波守藩家老長谷川越前雄、同人進メニ依りテ同行ス、勿論学友ノ事故当分客分トシテ滞在ス、壱ヶ年後手当トシテ高百石ヲ賜ハル、天和 2 年（1682）9 月 10 日、家名相続被仰付、二代岡崎夫左衛門宜正（寛文 6 年 /1666 〜宝暦 2 年 /1752）」と記される。この家老長谷川越前の長崎遊学と、岡崎が客分として百石を宛がわれたとすることについては疑問があり、この点に関しては後述する。

　さらに、大坂浪人で大島流の大島善左衛門や、中西流の中西十太夫正好、江戸麹町の村上佐助（後に因州侯に 200 石で仕える）、大坂の橋本伝兵衛正教・橋本平左衛門吉隆（橋本流）、京都の田中十郎吉真、喜多新七治伯等が岡崎家累代から伝授されたと記している。中でも、大島善左衛門は淡路より阿波国に来て岡崎宅で修業していたが、淡路滞在中に病死したと記されるが、この点に関しも岡崎家の『南阿測地法　巻一』（以下『測地法』とする）の「序」[24] の記載と異なる。また、享和年間（1801

〜03) に伊勢の村井昌弘が甲州流と名目を改め、長崎の樋口権右衛門次男の清水貞徳より伝習を受け、甲州流と名目を変えたとある。しかし、村井は樋口に発しながら清水流には属さなかった。享保 18 年（1733）に村井昌弘が編んだ『量地指南　前編』[25] で述べるのはオランダ流規矩術に基づく「量盤術（ばんじゅつ）」である。

　さらに『文書』では伊能忠敬に関して、寛政年間（1789 〜 1800）に「江戸留学シ、種々名目ヲ作リ替ヘ、各名称ヲ作リ其中用法或ハ絶源術或ハ他ノ名目作リ用イラレタリ」とあり、「右諸氏ハ我一流或ハ紅毛流ヲ用テ応用セシ者ニシテ我 町 見及ビ諸術ハ全国ニ於テ他ニ無之ト言伝フ、初代ヨリ他国人数十名ヲ入込伝授ス」と記され、岡崎家累代から全国の測量術家多数に伝授したとある。何れにしても著名な測量術家までを岡崎家から伝授されたとすることは粉飾であろう。

第 2 節　　家老長谷川越前の長崎遊学の検証

　『絵図面』によれば、正保元年（1644）に幕府から諸大名に国図郡図、諸城図の作製を命ぜられたとある（「正保度幕府撰国絵図」）。また、『文書』では、その前の寛永 16 年（1639）8 月 5 日「初代岡崎顕祖、紀伊国和歌山ヨリ出立、長崎樋口権左衛門方ニテ天文学兼文学修行トシテ滞在ス」とある。さらに、寛永 18 年（1641）3 月 10 日には「阿波守様家老長谷川越前貞雄、右樋口権左衛門方ニテ同修行ニ相来リ同宿ス」と記される。一方、『絵図面』には「国家老長谷川越前ヲ長崎ニ派シ教学ヲ修メシメ越前即チ長崎ニ至リ樋口権左衛門ニ就キテ学ブ、依リテ岡崎治兵衛ト相論モ得タリ」とあり、さらに、「正保元年二月越前ニ従ヒ徳島ニ入ル」[26] される。また、『絵図面』には「正保元年（1644）ノ国図編成ノ命ハ我徳島藩ヲ令製国家ノ図之ヲ感セシナタルト論ナシ、（中略）、当時各藩ノ人ヲ派遣センヲ請フ者多タリキト斯ノ如クナレハ、当時製図測量等ノ技術ヲ有スルモノハ尊重セラレタルカ知ルベシ、時ニ岡崎治兵衛長崎ニ在ル既ニ六年学、漸ク進ミ術益々精シ長谷川越前其ノ学ト術トヲ愛シ、乃チ徳島ニ来ル事ヲ勧メ治兵衛其知遇ニ感シ、正保二年（1645）二月越前ニ従ヒ徳島ニ入ル、我徳島藩始メテ測量家アリ（中略）、乃チ長谷川家ノ客分トシテ百石ヲ給セラル、当時数学測量等ノ事未タ甚ダ重ゼラレズ、然ルニ異数ノ待遇ヲ受ク（後略）」とある。

　ここで、家老長谷川越前貞雄なる人物をみよう。2 代藩主忠英治世（ただてる）下の寛永 15 年（1638）には 6 人の家老がいたが、末席ではあるが藩政の中枢を担う越前を長崎に遊学させたとする事は不自然といえる。また、2 代長谷川貞恒（さだつね）（禄高 4,000 石）は、慶長 18 年（1613）2 月 1 日に初代長谷川伊豆守貞安から家老職・御仕置御用を相続し、隠居する万治 3 年（1660）5 月 18 日まで家老職を勤めた[27]。さらに、家老・中老・物頭にいたる約 60 家の徳島藩上級家臣の事績と系譜を記録した『阿波藩幹譜』（以下『藩幹譜』とする）[28] にみえる長谷川越前貞恒をみると、寛永 18 年には長崎遊学の記録はない。2 代の貞恒は慶長 18 年（1613）2 月に家老職（家老 6 人の末席、禄高 4,007 石）・御仕置御用として長谷川家を相続し、隠居する万治 3 年（1660）5 月まで家老職を勤めており、寛永 18 年頃に長崎に藩命で遊学していたとの記録はみられない。さらに、寛永 10 年（1633）2 月に藩政を揺るがせた最

大の御家騒動である海部騒動が発生している。越前はその当事者として正保 3 年（1646）6 月までその渦中におり、寛永 18 年に長崎に遊学することは極めて不自然である。

　海部騒動について概説しよう。海部郡鞆城代で家老の益田豊後長行(藩主蜂須賀家の姻族にあたり、禄高 7,500 石で第 3 席の家老）による海部郡の知行地をめぐる藩国奉行による不正摘発を発端とする海部騒動が、2 代藩主忠英治政下の寛永 10 年（1633）2 月 25 日に起きる。豊後は家老職の解任と知行地没収の過重な処分に加え、寛永 10 年に大栗山中（現名西郡神山町）に幽閉された。その後、正保 2 年（1645）1 月に幽閉中の豊後が自己の藩政に関わる無実を訴える訴状を老中に提出した。この訴状は徳島藩と家老長谷川越前に対して、幕法の「武家諸法度」に違反を告発する内容であり、告発内容に越前が大きく関わっていた。このため、正保 3 年（1646）1 月 12・24 日の両日、幕府の評定所において老中・側御用人・大目付ら 5 名の列座のもとに、当事者である越前と豊後が対決し、豊後の虚説であることが立証され、徳島藩の勝訴で決着した[29]。『藩幹譜』によれば、正保 2 年（1645）12 月 20 日～同 3 年 2 月 1 日まで越前は事件の当事者として在府中の藩主忠英を補佐した。本事件の最終決着は正保 3 年 6 月である[30]。

　さらに、『藩幹譜』の寛永 18 年の長谷川越前の項には「同十八年二月十五日、身、痛み多く、職に堪えずと辞し申したりかば、年来、苦身の仰せあり、御刀給ハり御免あり。」と記され、遊学したとされる当時は体調不良であった。さらに、慶安 3 年（1650）8 月 25 日には阿波郡の未開原野（柿原村・興崎村・香美村）を開墾する制度の裁判役を拝命している[31]。このような状況下で多忙であった長谷川越前が長崎に遊学する余裕があったかどうか、平井松午が指摘しているようにきわめて疑問である[32]。

　次に、『阿淡年表秘録』（『徳島県史料　第一巻』、以下『秘録』とする）における寛永 10 年（1633）～正保 3 年（1646）の越前に関する記録をみよう。寛永 10 年 6 月 20 日には出府を命ぜられ、寛永 11 年 4 月には国許へ帰り、同 12 年 12 月 8 日には「江府罷越」とある。また、寛永 12 年 12 月には「淡州須本へ罷越、御普請絵図申付候様被仰付」とあり、さらに、寛永 13 年（1636）6 月 9 日には「須本絵図御用ニ付絵師召連須本江罷越」とあるので、越前が家老として須本城下の絵図に関する役目を担当していたことが窺える。また、寛永 16 年（1639）には江戸城炎上につき材木献上役を、同年 2 月には公儀役人の接待役をそれぞれ命ぜられている。また、寛永 18 年 2 月 15 日には『藩幹譜』にあるように、「願之通御政事御免御刀被下」とあり、家老職を辞したことがわかる。さらに、益田豊後事件に関して、正保 2 年 10 月 25 日には出府し、同年 12 月 27 日には評定所へ出頭している。同 3 年正月 12 日と 24 日には越前と豊後が評定所で幕閣列座のもとで対決し、2 月 3 日に落着したので、越前と坪内惣兵衛 2 名が同道して、老中目付宅にお礼の挨拶をしている。同年 4 月 4 日に藩主から盃と刀を下賜され、帰国している[33]。以上の記録から、越前が寛永 18 年 3 月 10 日に長崎に遊学したとする通説はきわめて疑問であるが、越前が須本城下の絵図作製に何らかの関与をしていた事実から、長崎の岡崎治兵衛との間に何らかの接点があったかも知れない。

　『徳島藩士譜』（宮本武史編、以下『藩士譜』とする）[34]によれば、高取藩士にあたる長谷川家は他に 7 家みられるが、禄高 112 ～ 350 石の物頭から高取諸奉行クラスで、いずれにも長崎遊学の記録はみられない。また、『絵図面』と『文書』よれば、正保 2 年（1645）2 月に岡崎治兵衛は、長谷川越前の誘いに応じて「阿波国江来ル、当分客分トシテ居リ候、壱ヶ年御手当トシテ高百石ヲ賜ル」と記され、長谷川の誘いに応じて客分として阿波に来て、100 石を給されたとある。平井が指摘するよ

うに、禄高 4,000 石で多数の家臣をかかえる越前が客分としての岡崎に本藩の高取諸奉行格（高 50 〜 100 石）に相当する 100 石を与えたということには大いに疑問である [35]。

また、岡崎治兵衛が樋口権左衛門から伝授された「規矩術」とは江戸時代初期に日本に伝えられたな南蛮流（ポルトガル流）と、紅毛流（オランダ流）の測量術で、「規」はコンパス、「矩」は定規のことで、三角術の応用であり、算法によらずコンパスと定規を使って、遠近（距離）と高低（高さと深さ）を測る術であるといわれる [36]。すなわち、それまでは中国から伝来した測量術である盤鍼術が主流で、角度を測るための磁石を用いて角度（方位）を測定する方位磐を用いて方位と距離の数値を使い、縮図を描く方法であった [37]。これに対し紅毛流測量術の中心である量盤術は平板のような量盤の上に定規を置き、各地点から見通して線を引き、板上に縮図を作る方法である。また、板を垂直にして山の高さを測るのに用いられた渾発術がある [38]。

岡崎は樋口から紅毛流の規矩元法・分度術・町見術・渾発術等 186 条余を伝授されたと『文書』に記されるが、『絵図面』には「南阿量地法術高名成」とあり、岡崎家 4 代の三蔵宜陳が寛政 11 年（1799）秋に完成させた稿本『図解　南阿測地法　七巻』[39]、（以下、『測地法』とする）に相当する可能性がある。しかし、寛政 11 年は岡崎が樋口から規矩術を伝授されたとされる寛永 18 年から約 160 年も経ている。『測地法』が寛永当時の内容を寛政年間に集大成して再録したのかは不明である。また、江戸時代には測量のことを「量地」と表現していたが [40]、『測地法』では「南阿量地」と「南阿測地」の両方の表現を使っている。

一方、オランダ人カスハルから樋口権左衛門に伝えられた測量術は、金沢刑部左衛門からその子清左衛門と勘右衛門を経て、清水太右衛門貞徳（正保 2 〜享保 2 年 /1645 〜 1717）に伝授されて規矩術を整理し、清水流測量術を確立して最大の測量流派となったといわれる [41]。その主な術は各地点を見通して平板に相当する見盤上に土地の縮図を作り、距離と規矩元器（磁石）で測った方位をもとに地図を作製する方法である。この清水流については、『測地法　巻之七』末尾に清水貞徳が「見盤術」「元器術」「根発術」「船路術」「国図用法」の 4 冊を著したと記される [42]。長崎の樋口から京都・大坂・江戸等の天文学・算術家に伝授されたようである。『文書』と『絵図面』には大坂浪人の大島善左衛門（大島流量地術）、中西十太夫の中西流町見、大坂から江戸に転居した橋本平左衛門による橋本流町見、京都二条の田中十郎兵衛と喜多新七等が記される。

また、村井昌弘の著書『量地指南　前編』に大きな影響を受けたとされる岡崎家 4 代宜陳が寛政 11 年（1799）に著した『測地法　巻之一』の「序」には、紅毛流と大島流の 2 流の影響を受けたと記している。「序」の一部を示そう。「（前略）本朝大島流の嫡伝あり、故を以て幼より此道に親好する事多年、類に触て他の量地書を覧る許多其作法千差万別有といへとも紅毛流其断ハ簡にして其妙を尽す事普世人の知る処也、大島流素より和流の法断を閲し七段の法術を著す、諸流に趣出する事又一時の論にあらす、予先に紅毛流を甲とし大島流を乙とす、後来大島流に精密深長の底縕ある事を知れり、然る時は彼斯の甲乙何れとせん二ッなく相用ひハ不測の玄妙を成というとも器械繁多也、何之試ニ二流を挟量し器械を新製し其繁を省き簡なるを標出し、私意を加へ始に盤金根の三伝を図解し、是に次に治と乱と要用の断を分ち、終に国図用法船路の断を記し、共に数冊とす（後略）」とある。「盤金根」、「国図用法」、「治と乱と要用」は、『巻之二』の「見盤術」、『巻之三』の「方針術」、『巻之四』の「根発ノ術」、『巻之五』の「武器町見」、『巻之六』の「民間町見」、『巻之七』の「国図用法」を指

すものと思われる[43]。

　さらに、『巻之七』の末尾には測量術家として、清水、武田信盛、大島善侍（大島流）、嶋田尚政、関孝和、橋本正数、中西正好の名が記され、特に紅毛流と大島流を基本として『測地法』を編んだとしている。しかし、『絵図面』によれば、「大島流ノ開祖タル大島善左衛門亦算法諸通等ノ丁見ヲ始トシ、橋本伝兵衛術正教等モ皆曾テ紅毛流ノ量地法ヲ岡崎家ニ問ヒ、大島善左衛門ノ如キハ再度岡崎家ヲ訪ハント大坂ヲ発シ淡路マテ来リシニ、途中病ニ罹リ遂ニ淡路ニ没シタリト云フ」とあり、大島と橋本が紅毛流の量地法を岡崎家に教えを乞うたとあり、岡崎が紅毛流と大島流の2流を基本としたと序文と矛盾する。

第3節　『阿淡御両国絵図面』と『岡崎家文書』にみる岡崎家の事績

1. 『賞罰帳』による検証

　次に、『絵図面』に記される岡崎家8代をみよう[44]。

- ・初代　顕祖　治兵衛　　　元和3年（1617）生　　　元禄13年（1700）没　84才
- ・2代　宜正　夫左衛門　　寛文6年（1666）生　　　宝暦2年（1752）没　85才
- ・3代　宜泰　夫左衛門　　宝永6年（1709）生　　　天明5年（1785）没　77才
- ・4代　三蔵　宜陳　　　　寛保2年（1742）生　　　文政5年（1822）没　81才
- ・5代　宜平　夫左衛門　　安永3年（1774）生　　　天保3年（1832）没　59才
- ・6代　三蔵　宜喬　　　　文化元年（1804）生　　　弘化元年（1844）没　31才
- ・7代　重家　三右衛門　　文政2年（1819）生　　　明治元年（1868）没　50才
- ・8代　三蔵

　また、享保10年（1725）10月に2代夫左衛門が神田兼之宜正と名を変えて「大島家」に入学するとある。さらに、『絵図面』によれば、岡崎家の徳島藩における測量術伝授の功績に対し、寛政9年（1797）8月15日（蜂須賀家13代藩主治昭の治政時）に長谷川家客分より「五人扶持方御支配十三石」の無足藩士に取り立てられている。この無足取り立て時期は4代三蔵宜陳の時と思われる。この際、「御手当二季ニ銀札六貫目宛、筆墨絵具料一ヶ月手当ハ六百目宛」とある。さらに、「六貫目ノ銀札ハ正米二百石ニ当リ筆墨絵具料月ハ十枚年百二十石ト成之ニ五人扶持ト御支配十三石ヲ加フレバ一年給與額正米三百四十二石ナリ」とあるが、岡崎は当時の扶持米は宛高の3分の1の価値しかならず、年正米342石の実収は114石にしかならないとしている。

　そこで、「蜂須賀家文書」（国立国文学資料館蔵）にみえる『賞罰帳』[45]を見よう。本帳には高取藩士のみならず、無足から最下層の草履取や御下男までの賞罰に関した詳細な記録が記載されている。寛政9年8月15日の無足藩士取立の記録と、享和2年（1802）の「阿波国御絵図御用被仰付」

に関しては、①「賞罰帳　寛政四〜文化一二年」（27A-578）、②「御國賞罰御帳　寛政四〜文化六年」（27A-580）には該当する記録は存在しない。さらに、『文書』にある文化 8 年 8 月 15 日に御山下分間絵図の完成に対し「蜂須賀侯ヨリ黒羽二重御召御紋付及ビ御羽織共御結構ヲ賜ハリタリ」と「蜂須賀様　西ノ丸御馬場ニテイキ御見分ニ相成、其際直々高百石ヲ賜ハリタリ」とあるが、「御国賞御帳」（27A-580）には該当する記録は存在しなかった。また、『文書』にある享和 2 年（1802）7 月 15 日に「阿波国御絵図御用被仰付」とあるが、①、②にも存在しなかった。ただ、①には「文化元子年（1804）2 月 11 日、御番人　岡崎冨左衛門　小奉行格ニ御取立三人扶持方御支配七石被下置御目付被仰付」とあるが、3 代岡崎夫左衛門宜泰が相続したのは宝暦 2 年（1752）2 月 5 日で、4 代三蔵宜陳が相続したのは天明 5 年（1785）2 月 15 日であるので、①にみえる岡崎冨左衛門は岡崎三蔵宜陳とは完全に別人物である。このように無足に対し禄高 114 石は士分の高取諸奉行格にも相当する破格の待遇であり、無足という身居（みずわり）からしても疑問が残る。

　さらに、『藩士譜』にも岡崎家治兵衛顕祖を初代とする岡崎家はみえないので、『絵図面』の記述内容には疑問がある。また、無足の岡崎家の初出は『文政十一子年（1828）御家中知行高并御役高帳六月』[46]によれば、「本〆支配御番人　三人扶持方御支配米四石　岡崎武左衛門」のみで、この岡崎武左衛門は 5 代夫左衛門宜平とは別人物と考えられる。すなわち、本〆支配下の御番人は徳島城・藩邸・門台等の番人の身分の無足であり、役方である絵図方とは異なる。また、『成立書』には 2 家の岡崎家がみえる。岡崎源右衛門（7 代）は禄高 80 石の西ノ丸御番役の高取諸奉行で、岡崎冨左衛門は文化 4 年（1807）の相続で、三人扶持方御支配七石の銀札場勘定役・奥目付役の無足である。天保 14 年（1843）2 月の「富田中屋敷割地之内借并拝借人名面帳」[47]によれば、岡崎源右衛門は「高取小姓」とあり、寛政 5 年（1793）に 6 代父民十郎（禄高 80 石、御広間加番）が「屋敷九畝余」（約 270 坪）を拝領した富田の屋敷を相続しているとあるので、岡崎冨左衛門とともに岡崎夫左衛門宜平とは別人物と考えられる。しかし、平井によれば、天保 14 年（1843）にこの岡崎冨左衛門が無足の「小奉行格」と無格から無足に昇進した可能性があり、この人物が阿波・淡路両国の絵図を作製した 5 代岡崎武左衛門宜平に相当すると推定しているが[48]、『藩士譜』ではこの冨左衛門は 3 代で、初代冨左衛門は文化元年（1804）に御作事手代から奥目付役（無足）に昇進している[49]。さらに、4 代小半太は明治 2 年（1869）に富田屋敷日帖（ひちょう）役（無足）を拝命していることから、岡崎冨左衛門は岡崎夫左衛門宜平と別人物とするのが妥当と考える。

2.『文書』『絵図面』による測量・製図の時系列展開

　1）『絵図面』によれば、文化 8 年（1811）西ノ丸において、11 代藩主治昭（はるあき）公の謁見があり、「改メテ禄百石ヲ給ストノ命アリ」とあるが、家格は上がるが、禄百石の実高は 10 石に当たるので、宜陳が御辞退を言上したところ、「職人ノ身分」として差し出がましいとして御目付の渡辺七左衛門（禄高・職不明）から厳しい叱責を受け、3 ヶ月の閉門を命ぜられたが、後に 2 ヶ月に短縮された。

　2）享和 2 年（1802）7 月 15 日に宜陳が「阿波国御絵図御用」を命ぜられ、同年 8 月 3 日に撫養地方より測量を始め、手伝人としては長男の夫左衛門宜平、次男の一作、夫左衛門弟の細六郎、田野新二朗の 4 名を召し連れ出張したとあり、同年 8 月中に終了した。

3）文化 5 年（1808）春迄に板野郡・名東郡・名西郡の測量を終了する。ちなみに、名東郡下八万村・佐古村蔵本村・富田浦・矢三村・島田村分間絵図の作製年紀は文化 5 年、板野郡笹木村分間絵図は文化 8 年（1811）の作製年紀である[50]。

4）文化 5 年 3 月 4 日〜4 月 19 日に第 6 次伊能忠敬測量隊による淡路・阿波両国の測量については、第 2 章で詳述する。

5）文化 5 年 8 月より「徳島御山下分間絵図制作ヲ命セラレ、満三年ニシテ之ヲ終リ」とあるので文化 8 年頃に完成したであろう。徳島県立図書館蔵の「徳島御山下絵図」は文化・文政年間（1804〜29）の作製と推定されているが[51]、本図の凡例には「一寸一町」とあり、縮尺は 3,600 分の 1 で、岡崎三蔵系の分間絵図の特徴を示す花形磁石方位盤も描かれるので、『絵図面』にみえる 4 代三蔵宜陳・5 代夫左衛門宜平が作製した「徳島御山下絵図」と見なしてよいであろう。

6）『絵図面』では文化 8 年（1811）8 月より麻植・阿波・美馬・三好・勝浦・那賀・海部郡の測量をする。ちなみに、作製年紀がある分間村絵図をみよう。那賀郡石塚村は文化 5 年、勝浦郡八重地村市宇村・樫原村・福原村・田野々村・野尻村・瀬津村・論田村は文化 10 年（1813）、那賀郡見能方村は文化 5 年、同南島村・古毛村・岩脇村・古庄村は文化 11 年（1814）、同郡領家村・岡村は文化 12 年（1815）、海部郡鞆浦奥浦は文化 14 年（1817）、阿波郡水田村・秋月村・香美村は文化 4 年（1807）、同郡伊沢村は文化 5 年、市場村は文化 14 年、麻植郡山崎村は文化 3 年（1806）、同郡木屋 平 村・川井村三ッ木村は文化 9 年（1812）、美馬郡脇町は文政元年（1818）、同郡曽江山は文政 2 年（1819）、三好郡中庄村は文政 6 年（1823）であり、文化 8 年以前の作成年紀をもつ分間村絵図は勝浦・那賀・麻植・阿波郡を中心に広範に現存する[52]。

7）天保 2 年（1831）10 月 15 日までに阿波国全域の絵図の製図を終了する。

8）文政 5 年（1822）8 月 15 日、三蔵宜陳が 81 才にて没し、子夫左衛門宜平が相続する。

9）阿波国内の分間村絵図・郡図・国図作製のための測量・作図は享和 2 年に開始し、天保 2 年に完了したと『文書』と『絵図面』に記載される。これに対し、阿波国内の藩政村 595 ヶ村（近世後期〜幕末期）の内、現存が確認できる分間村絵図の約 78 ヶ村にかかる約 94 点であり、藩に調進した清図の控・写・下図等である。この内、年紀が明記されるのは 58 点（約 62％）、なしは 36 点（約 38％）で、年紀の初見は文化 3 年（1806）麻植郡山崎村分間絵図で、最終は文政 6 年（1823）三好郡中庄村分間絵図である[53]。また、分間郡図は 12 点現存がするが、年紀があるのは 7 点で、初見は文化 5 年（1808）阿波郡分間郡図（縮尺約 18,000 分の 1）で、最終は文化 13 年（1816）那賀郡分間郡図（縮尺前同）である（表 5-6 参照）[54]。さらに、現存が確認できる分間阿波国図は 10 点で、年紀があるのは 4 点で、文政 11 年（1828）阿波御国図（縮尺約 90,000 分の 1）と、明治 3 年（1870）阿波国全図（縮尺約 45,000 分の 1）である。天保 2 年に阿波国全図が完了したとあるが、分間阿波国図はこれより 3 年前の文政 11 年には阿波御国図が完成していたことを示す[55]。

10）天保 3 年（1832）2 月 4 日に淡路国の製図を命ぜられる。同年 11 年 13 日に夫左衛門宜平が没し、子宜喬が相続する。

11）宜喬が弘化 4 年（1847）11 月 13 日に淡路国図を完成させる。さらに、『絵図面』には「阿淡両国ノ地図ハ全ク成ル、即、阿淡両国々図各一枚、各郡図各一枚、徳島城下図一枚、各村図各一枚、但シ小村ハ二三ヶ村ヲ合シテ一枚トセリ」とあり、「何レモ二枚宛ヲ作リ、一枚ハ蜂須賀家ニ蔵シ、

一枚ハ各郡代役所ニ備付ラレ、明治維新ノ後ハ県庁及税務署ニ之ヲ管セリ」とある。しかし、徳島県庁書庫に保管された全ての絵図類は、昭和 20 年 7 月 4 日の徳島空襲で消失した。

　12）淡路国内に現存する分間村絵図は 2014 年 6 月の確認調査によれば [56]、洲本市立淡路文化史料館に 20 点、北淡歴史民俗資料館（淡路市）に 17 点、淡路人形浄瑠璃資料館（南あわじ市）に 40 点、合わせて 70 ヶ村にかかる 77 点である（表 5-7 参照）。文政 11 年（1828）の津名郡洲本城下津田村分間絵図外 10 点を嚆矢として、天保 12 年（1841）の三原郡上八木村分間絵図でほぼ終了したと推定できる。阿波国の最終と推定できるのは文政 6 年三好郡中庄村分間絵図であるので、阿波国内終了の 5 年後には淡路国内の測量を開始し、阿波国内の 18 年後に終了したものと推定できる。また、『絵図面』では天保 3 年（1832）に淡路国の製図を命ぜられるとあるので、測量はそれより 3 年前に開始されたと推定できる。

　次ぎに、分間郡図は津名郡・三原郡ともに嘉永 2 年（1849）11 月で明治 7 年（1874）写であり [57]、阿波国分間郡図最終と推定できる文化 13 年（1816）那賀郡分間郡図よりも 33 年後になる。また、淡路国絵図は、嘉永 2 年淡路国分間絵図 [58] と明治 3 年（1870）淡路国全図 [59] の 2 点があり、阿波国の文政 11 年よりも 21 年後になり、現存する国絵図でみるかぎり『絵図面』の弘化 4 年よりもさらに 2 年後となる。

第 4 節　天保〜明治以降の岡崎家の事績

　『絵図目』で天保期から明治前期までの事績を時系列的にみよう。

　1）天保 4 年（1833）2 月に 6 代岡崎三蔵宜蕎の下役人として麻植郡桑村人夫森清助、同郡山崎村人夫妹尾又三郎、板野郡黒崎村人夫山瀬佐蔵が藩より認められ、嘉永 5 年（1852）まで相勤める。天保 5 年 11 月には手伝人として一作が、同月より山瀬佐蔵長男愛蔵が勤仕した。

　2）天保 8 年（1837）2 月、人夫妹尾又三郎に代わり田野新兵衛が手伝人になる。天保 15 年（1844）正月、7 代岡崎三右衛門重家が家督相続（明治元年 11 月まで）、弘化元年淡路国絵図完成。嘉永 5 年 11 月山瀬愛蔵は郡代同心雇となり、その後は御絵図御用の手伝人として相勤める。

　3）『絵図面』の末尾には、岡崎家が扶持米取りの無足であるため、山瀬愛蔵を岡崎家の家来ではなく、使用人としての手伝いや人夫としての身居（みずわり）になっており、山瀬愛蔵・森　清介・田野新平・妹尾又三郎等は淡路の測量・製図を担当したと記している。また、山瀬家は佐蔵・愛蔵・律蔵の三代にわたり岡崎家に仕え、律蔵は県庁に奉職した。

　4）明治 2 年（1869）6 月、8 代岡崎三蔵相続し、明治 3 年 4 月用学校より課用等局内絵図局・絵図修業を命ぜられる。同 4 年 2 月用学校分課用学校掛り附属命ぜられる。同 5 年（1872）8 月、「政校ニ付御免相成」とある。さらに、「有姿諸流諸器械全テ拙者家江速ニ伝フ、尤許状ニテ悉ク書印有之候也」として、「徳島県名東郡富田浦町四番地　士族　岡崎三蔵（印）」とある。さらに、明治 20 年（1887）9 月 28 日、右ノ通徳島県江差出候写、尤我小家ノ景図御調べニ付指出候也」と記される。

小　括

　　弘化 4 年頃までに、藩領である阿淡両国を対象に実測に基づく極めて精密な分間村絵図・郡図・国図を作製した。岡崎家の事績に関しては、日本測量史の先駆的研究家である三上義夫と、近年では平井松午の研究が特筆される。岡崎家文書は明治末期から大正期に筆写されたもので、『岡崎家文書集全』（稿本、日本学士院蔵、以下『文書』）と、『阿淡御両国絵図面』（稿本、呉郷文庫、徳島県立図書館蔵、以下『絵図面』）が現存するが、その記載内容の信憑性については疑問が大きい。特に、寛永 18 年に長崎でオランダ流測量術を学んでいた岡崎家初代治兵衛顕祖が同宿していた徳島藩家老・長谷川越前貞雄の招きで同家の客分として来徳したという通説は、『蜂須賀家文書』、『家臣成立書』、『藩幹譜』、『賞罰帳』、『忠英様御代草案』等に記載がない。また、当時、越前は 2 大藩主忠英のブレーンとして藩政の中核におり、前越の長崎遊学は極めて不自然である。しかし、寛政 9 年に 4 代三蔵宜陳が長谷川家客分から「五人扶持支配十三石」の無足藩士に取り立てられことが『絵図面』に記載されていることから、何人かの知遇により阿波に来たことは事実である。

　　三蔵宜陳は、初代治兵衛が長崎で樋口から規矩術を伝授された寛永 18 年から約 160 年後に稿本『図解　南阿測地法　七巻』（以下『測地法』）を完成させている。『測地法　巻一』序文に紅毛流と大島流の影響を受けたとしているが、同書の内容と付図はむしろ、享保 18 年（1733）に伊勢の村井昌弘が編んだ『量地指南　前編』で述べる「量盤術」と、清水流の影響が大きいと著者は考える。

[註]

1) 徳島藩の実測分間絵図に関しては羽山久男（①〜⑯）と平井松午（①〜⑨）の研究がある。羽山①（1981）:『山村地域の史的展開−徳島県勝浦郡上勝町−』教育出版センター，60 〜 61，428 頁。②（1993）:「徳島藩の分間村絵図・郡図について」徳島地理学会論文集 1，33 〜 46 頁。③（1996）:「徳島藩の分間郡図について」史窓 26 号，1 〜 25 頁。④（1994）:「江戸時代〜明治初期の阿波国絵図について」史窓 24 号，25 〜 50 頁。⑤（2004）:「江戸時代阿波国絵図の歴史地理学的研究」史窓 34 号，107 〜 148 頁。⑥（2010）:「勝浦郡上勝町樫原の棚田景観と実測分間絵図・地租改正地面明細図について」史窓 40 号，77 〜 105 頁。⑦（2011）:「近世阿波の実測分間村絵図と山村景観」徳島地理学会論文集 12，1 〜 40 頁。⑧（2015）:「徳島藩領淡路国の実測分間村絵図・郡図・国図について」，歴史地理学地第 238 回例会報告（日本大学文理学部）歴史地理学 58-3。⑨（2008）:「文化 9 年分間村絵図からみた美馬市木屋平の集落・宗教景観」阿波学会紀要 54 号，171 〜 182 頁。⑩（2010）:「麻植郡川田村・瀬詰村分間絵図と村落景観」阿波学会紀要 56 号，177 〜 186 頁。⑪（2013）:「東みよし町旧中庄村の絵図・地籍図と条里地割」阿波学会紀要 59 号，205 〜 211 頁。⑫（2015）:「那賀郡答島村塩田絵図と安政南海地震」阿波学会紀要 60 号，175 〜 186 頁。⑬（2017）:「板野郡姫田村検地絵図と堀江文書の比較分析」阿波学会紀要 61 号，207 〜 216 頁。⑭（2015）:「近世後期における諸藩作製測量郡図の比較分析」人文地理学会 2015 年度研究大会予稿集。⑮（2018）:「阿波の測量家・岡崎三蔵と分間絵図」歴史地理学 288 号，38 頁。⑯（2019）:「和田津新田・金磯新田絵図と土木的景観」徳島地理学会論文集 15，5 〜 24 頁。
平井松午①（1994）:「阿波国分間絵図に関する歴史地理学研究」平成 5 年度「文部省教育研究学内特別経費による研究報告書」。②（1994）:「阿波の古地図を読む」徳島建設文化研究会編・発行『阿波の絵図』89

〜 106 頁。③（1996）：「精緻な阿波実測図を作製した岡崎三蔵」三好昭一郎監修『江戸時代人づくり風土記 36　徳島』農山村協会，193 〜 197 頁。④（1997）：「徳島藩における測量術の展開と分間絵図作製に関する研究」平成 8 年度福武文化振興財団研究助成金報告書，110 〜 115 頁。⑤（2001）：「徳島城下の土地利用」絵図図録第 2 集『徳島城下とその周辺』徳島市立徳島城博物館，52 〜 55 頁。⑥（2001）：「徳島大学附属図書館蔵の「近世古地図・絵図コレクション」の来歴」徳島地理学会論文集 4, 179 〜 192 頁。⑦（2001）：「棚田の景観を歴史地理学的に考える－近世実測図と GIS を活用した文化的景観調査－」「日本の原風景・棚田」棚田学会誌 13，47 〜 56 頁。⑧（2014）：「徳島藩の測量事業と実測分間絵図」，「実測分間絵図の精度に関する GIS 検証」平井松午・安里　進・渡辺　誠編著『近世測量絵図の GIS 分析－その地域的分析－』古今書院，77 〜 98，99 〜 111 頁。⑨平井編（2019）：『近世城下絵図の景観分析・GIS 分析』古今書院。

2）徳島県立図書館蔵，呉郷文庫・稿本『阿淡御両国絵図面』。

3）三上義夫（1947）：『日本測量術史の研究』恒星社厚生閣，10 〜 13，58 〜 68 頁。

4）徳島県史編さん委員会編（1965）：『徳島県史　第三巻』363 〜 367 頁。

5）徳島県発行（1916）：『御大典記念　阿波藩民政資料　上巻』726 〜 731 頁。

6）名東郡自治協会発行（1960）：『名東郡志』594 〜 595 頁。

7）鳴門市史編纂委員会編（1982）：『鳴門市史　中巻』379 〜 382 頁。

8）川村博忠（1992）：『近世絵図と測量術』古今書院，63 〜 65，290 〜 294 頁。

9）佐光昭二（2007）：『阿波洋学史の研究』徳島県教育印刷，55 〜 63 頁。

10）矢守一彦（1984）：「江戸前期測量術史割記」大阪大学日本学報（大阪大学大学院文学研究）3 号, 2 〜 3 頁。

11）平井松午（2014）：「徳島藩の測量事業と実測分間絵図」平井松午他 2 名編著『近世測量絵図の GIS 分析－その地域的展開－』古今書院，77 〜 98 頁。

12）拙稿（1993）：「徳島藩の分間村絵図・郡図について」徳島地理学会論文集 1，33 〜 46 頁。同（1996）：「徳島藩の分間郡図について」史窓 26 号，1 〜 25 頁。同（2018）：「阿波の測量家岡崎三蔵と分間絵図の世界」歴史地理学会第 248 回例会報告（東京学芸大学），歴史地理学 58-3。

13）「岡崎家文書」日本学士院蔵，稿本（整理番号 5819）。

14）前掲 2）。

15）前掲 5）。

16）前掲 3），68 頁。

17）前掲 3），57 頁。

18）前掲 3），68 〜 69 頁。

19）前掲 3），62、68 頁。

20）大槻如電（1927）：『新撰洋学年表』六合館・開成館，14 頁。

21）前掲 3），35、55 頁。

22）海老沢有道（1958）：『南蛮学統の研究』創文社，201 〜 202，204 〜 205 頁。また、佐藤賢一（2011）によれば、オランダ人カスハルなる人物は、ドイツ人で測量士カスハル・シュマルカルデンか、近世初期に江戸に逗留して測量術を伝授した可能性があるとするオランダ商館に付された砲手ユリアン等を挙げているが、カスハルに関しては伝承の域を脱してはいないとしている（「広領域測量と測量術の諸流」杉本史子他編著（2011）：『絵図学入門』東京大学出版会，144 〜 145 頁）。

23）前掲 10），3 頁。

24）『図解　南阿測地法　巻之一』（個人蔵，稿本，徳島市立徳島城博物館保管）。

25）大矢真一（1983）：『江戸科学古典叢書 9　量地指南』恒和出版，解説，3 〜 14 頁。

26）『阿淡御両国絵図面』寛永 18 年 3 月の条。

27）宮本武史編（1973）:『徳島藩士譜　下巻』，19 頁。

28）中山義純輯・牛田義文訳注『訳注　阿淡藩幹譜　六』（徳島藩上級家臣録）68 〜 74 頁。『阿淡年表秘録』（『徳島県史料　第一巻』1964），120 頁。

29）山川浩實（2001）:「「益田豊後事件」に関する基本的史料について」小林勝美先生還暦記念論集刊行会編『徳島の考古学と地方文化』原田印刷出版，309 〜 322 頁。

30）前掲『阿淡年表秘録』120 頁。

31）『阿淡藩幹譜　六』86 頁。

32）『阿淡年表秘録』90 〜 94，96，104 〜 106，110，117 〜 120 頁。平井松午（2014）:「徳島藩の測量事業と実測分間絵図」平井・安里・渡辺編著『近世測量絵図の GIS 分析－その地域的展開－』古今書院，83 頁。

33）『阿淡年表秘録』120 頁。『阿淡藩幹譜 六』88 頁。

34）前掲 27）宮本，19 頁。

35）前掲 11）平井，83 頁。

36）前掲 25）大矢，3 〜 8 頁。

37）吉澤孝和（1990）:『江戸時代中期の測量術』建設省中部地方建設局天竜川上流工事事務所発行，17 頁。

38）前掲 25）『量地指南　巻三』153 〜 155 頁。

39）前掲 24）『南阿測地法　巻之一』序。

40）前掲 25）大矢，3 頁。前掲 3），2 〜 3 頁。

41）前掲 10）矢守，8 〜 9 頁。前掲 8）川村，60 〜 61 頁。

42）『南阿測地法　巻之七』。

43）『図解　南阿測地法　一〜七』による。

44）鳳霧郎なるペンネームで「徳島藩の測量術」の標題により、徳島毎日新聞の明治 40 年 12 月 3 日（第二回、12 月 2 日の第一回分は欠）から同年 12 月 26 日（第一八回）まで連載しているが、内容は『絵図面』とほとんど同一である。

45）国立国文学研究資料館蔵の蜂須賀家文書の「賞罰帳」は、岡崎家の事績と同時期のものとしては、①承応元年（1652）〜天明 8 年（1788）の「賞罰帳書抜」（五六七）、②寛政三〜八年（1791 〜 96）の「御賞罰記録假御帳」六冊（五七七）、③寛政四〜文化一二年（1792 〜 1815）の「賞罰帳」二七冊（五六八）、④天保一二〜安政二年（1841 〜 55）の「賞罰御帳」（五七九）、⑤寛政四〜文政六年（1792 〜 1823）の「御国賞罰帳」五冊（五八〇）、⑥寛政四〜文政六年（1792 〜 1823）の「御国御罰帳」七冊（五八一）、⑦文政元〜弘化二年（1818 〜 45）の「御国賞罰帳」一八冊（五八二）等が存在するが、岡崎家の事績に該当する記録は確認できなかった。

46）国立国文学研究資料館編（1984）:『史料館叢書 6　徳島藩職制取調書抜　下』東京大学出版会，587 頁。

47）蜂須賀家文書（27A-535）。

48）前掲 11）平井，84 頁。

49）前掲 45）「賞罰帳」の③に「文化元子年二月十一日、御番人岡崎冨左衛門小奉行格ニ御取立三人扶持持方御支配七石被下置奥目付被仰下」とあり、岡崎夫左衛門とは別人物である。

50）前掲 1）拙稿⑦，1，35 〜 36 頁。

51）平井松午（2000）:「15　徳島御山絵図」（徳島城博物館編図録『徳島城下絵図』収録，50 〜 51 頁）。

52）前掲 1）拙稿⑦，35 〜 36 頁。

53）前掲 1）拙稿⑦。

54）前掲 1）拙稿③，1 〜 25 頁。

55）前掲 1）拙稿⑤，120 〜 123 頁。

56）拙稿（2015）:「徳島藩領淡路国の実測分間絵図について－阿波国との比較を中心に－」歴史地理学第 238 回例会報告（日本大学），歴史地理学 56-3。

57）徳島県立図書館蔵，縮尺 90,000 分の 1。

58）洲本市立淡路文化史料館蔵，縮尺 45,000 分の 1，木版図。

59）徳島県立図書館蔵，縮尺 45,000 分の 1，木版図。

第2章　文化5年の第6次伊能忠敬測量隊と徳島藩の対応

第1節　徳島藩領の測量行程

　文化5年（1808）1月25日から同6年（1809）1月18日にわたる四国・大和路を測量した第6次伊能忠敬測量では、徳島藩領の淡路岩屋浦には文化5年3月4日に播州舞子浜から渡海してくる。それに先立つ3年前の、文化2年（1805）8月28日に『伊能忠敬　測量日記　第二巻』（以下『日記』とする）[1]によれば、大坂滞在中に「七ッ頃より関権治招きに付、阿波侯屋敷へ行」とあり、翌9月1日には関　権治が間清市郎・大岡藤二等と共に、伊能を大坂の斉藤町で見送っている。この関権治は徳島藩天文方の関　権次郎と考えられ、将来予期される伊能測量に関して藩としての事前準備等についての聞き取りのために接触したのではないか。さらに、『日記』には文化5年2月25日の大坂の呉服町会所滞在中に「阿州家士族関権次郎饅頭一箱参見、少前樋富菊郎も来る。」とあり、また、関　権次郎[2]は「坂部（坂部貞兵衛、著者註、以下同）へ立寄、淡州東海辺片側を、阿州へ渡る事を相談す。」とある。樋富菊郎[3]も藩天文方で、坂部は伊能隊の支隊長の坂部貞兵衛であり、淡路への渡海に先立ち、大坂で藩天文方と事前の打ち合わせをした事を示す。さらに、翌27日には「松平阿波守留守居森甚作[4]名代小林好之助来る。」とある[5]。

　さらに、『絵図面』では「文化三年三月四日、伊能忠敬等ノ一行淡路ニ来可キ旨前日通知アリヨリテ接待掛関樋富ノ両人ハ鯨船ニテ明日向ヒ忠敬一行ハ八ッ時（午後2時頃）岩屋ニ着ス」とあり、関権次郎と樋富菊次郎の両名が伊能測量隊の接待係を担当したことがわかる[6]。また『日記』によれば、関と樋富の両名がわざわざ播州舞子浜まで出向き、その後は淡路・阿波国内の全行程に同道している。さらに、岩屋浦から引縄手伝いとして足軽11名を差し出し、医師までを同道させている[7]。

　さらに、『秘録』の文化2年（1805）の項には、「今年、為測量御用高橋作左ヱ門手付伊能勘解由御国へ廻し来」とあり[8]、この高橋作左ヱ門至時は禄高100俵で、大坂城番同心より幕府天文方に昇進している人物である[9]。文化5より3年前に阿波・淡路測量の内示が公儀から徳島藩にあったのであろうか。

　また、『絵図面』によれば、伊能隊の構成（16人）は「天文方測量　伊能勘解由、御役人　坂部貞兵衛・下河部政五郎・青木勝次郎・柴山傳左衛門・稲生秀蔵・植田文蔵、内弟子　窪木左衛門、侍者人　神保庄助、枠取二人　佐助・善八、外ニ　小者五人、都合十六人」とある。これに対応する、『秘録』の文化5年3月21日の項には[10]、「測量方伊能勘解由同心坂部貞兵衛・柴山伝左ヱ門・下河辺政五

郎・青木勝次郎勘解由へ雁皮紙千枚鰹節一箱五十同心へ同五百枚鰹節三十充被下」とあり、柴山伝左ヱ門と青木勝次郎は、幕府天文方高橋景保の手付下役として忠敬の測量に従事し、神保庄作は伊能忠敬の実兄である。柴山伝之助という人物は[11]、禄高 30 俵、「二人扶持外御役扶持十人持」の無足で、天保 10 年 3 月 5 日に「測量御用出役、天文方足立左内手附」、さらに、安政 6 年 2 月 19 日に「暦作測量御用」を勤めている。また、『日記』では伊能測量隊に国主より「雁飛紙千枚鰹節一箱、鼻紙壱〆、刻煙草三包」が贈呈されている[12]。さらに、『秘録』では 3 月 21 日に雁皮紙 1,500 枚、鰹節 1 箱 80 等を贈呈しているが[13]、これらの贈物のうち、品によっては売却し代金を留守宅に送金している。

第 2 節　伊能忠敬との対面

　『絵図面』には、「貴藩ニハ測量家トシテ名アル岡崎氏アリ、今尚健在ナリヤト問タリ」とあり、伊能が徳島藩の測量家岡崎家を既知であったことがわかる。また、「然ルニ此ノ忠敬カ海岸測量ニ対シテハ藩ニテモ其奥意ノ在ル所ヲ疑ヒテカ将タ其測量ノ方法ヲ見ンガ為カ岡崎家ノ当主（4 代宜陳）ノ息子夫左衛門宜平ヲ船夫ノ中ニ加ヘテ暗ニ忠敬ニ従ハシムル事トシタルガ、当時ノ記録日誌ハ向岡崎家ニ存スルカ」とある。伊能隊の測量術を探るために、4 代宜陳が息子の宜平を武助と変名させて 10 名の安宅水主の中に潜り込ませ、淡州の岩屋から土州境目まで帯同させていた。

　また、「後年宜陳ガ藩主斉昌公（12 代藩主）ノ御下問ニ対シテ上リシ書面ニ曰ク、今年公儀ヨリ海岸測量トシテ伊能勘解由いたされ国元へ被罷越候節、相受候術モ御座候ヤト被存候ニ付、津田表へ御出ノ節水主ト所役人へ相交拝見仕度奉存候段郡代へ申出候、其節間数引等ノ手伝人数海岸ノ義ニ付安宅御船頭御水主ノ二男三男御差出成候ニ付、倅夫左ヱ門義右へ内ニ相加リ罷越、可然旨御郡代仰渡サレ候内武助ト改名仕、右十名へ相加リ淡州岩屋ヨリ土州御境目マテ罷越候、其節 南 方へ相掛リ候節、勘解由殿樋留菊郎（樋富菊郎ヵ、文化 3 年召出、三人扶持支配方御支配八石、徒士、天文方）へ被相尋候、（中略）」とある。那賀郡中林村（現阿南市）に止宿した時に、伊能からの武助という人物に関する問いに対し、樋口菊郎が毎日の測量等が好きで、以前から役頭として手先に参加させたと返答している。その後に夜分の天体測量にも参加してよいと伊能から話があり、忠敬測量隊の各種の器具・器械類等を見る機会に恵まれた。

　このように、『絵図面』では、「測量ノ義御伝授、御道具モ夫々拝見仕候」とあり、伊能は測量術を伝授し、測量道具をも惜しげもなく見せていた。また、藩主の問いに対して、「測量ノ致サレ方ヘ格別ノ義モ御座ナク候ドモ、御道具ノ義ハ夫々結構ニ相運ハレ候品々ニ御座候、殊ニ諸方見通ノ遠目鏡ヲ仕込候、御道具ナドハ渡リ物ト相見候、量地術ニハ里数ヲ論シ候術ニ至リ候テハ第一要用ノ物ニ御座候、日々御用ノ磁石ナドモ便利ヨロシク御座候、（中略）、忠敬カ携来リシ新器具ノ模型ヲ製作ニ従事シ、五月十日ニハ病モ怠タリタレバ之ヲ携得テ郡代速水善作（禄高 503 石、名西郡代）[14] 方迄提出シタリ、而シテ忠敬ノ測量上ノ技術ガ宜陳ノ眼ニ如何ニ映ジタルカハ既ニ記上書中ノ測量被致方ハ格別ノ義モ御座ナクト云ニテ□々知ルヲ得ベシ、以テ岡崎家ノ測量術ガ如何ニ研究ヲ居リシカヲ知ル

ベシ、又徳島藩ノ測量術ガ伊能忠敬ガ為ス所ト径庭ナカリシカヲ知ルニ至ラン、只彼ハ幕府ノ権威勢力ヲ以テ器具ヲ完備シ経費ヲ咎マズ全国ヲ測量シタリシニ、是ニハ徳島藩ノ領外ニ出ズルヲ許サレズ為メニ大ニ世ニ聞ユルニ至リケリシ而已故ニ、伊能忠敬ガ測量ノ価値ヲ知ル者ハ又我徳島藩ノ測量ノ価値ヲ認ムルヲ得シ」とある。

即ち、徳島藩の測量術と比較しても伊能忠敬の測量方法に関しては何も格別の目新しいものはない。しかし、測量器具については遠目鏡は長崎で入手した舶来品で、磁石等（小方儀のことか）は極めて便利な品であり、早速その模型を作成し郡代に提出している。また、後述では徳島藩を出て、先進地の大坂・京都で最新の器具の入手ができないことを嘆いている。すなわち、「新器具器械類ノ発明アルヲ聞キテハ必ズヤ之ガ製作使用等ニ就キ研究シタリシナル可シ、只予モ測量術ニ対シテ何ノ知識ヲナキヲ以テ規矩元法以下ノ書籍ニ記載セラレタル器具器械ガ現在ノモノニ比較シテ幾許ノ価値アリ幾何ノ差違アルヲカヲ説明スル能ハサルヲ憾トナス而已」として、新器具・器械の発明等の情報や製作・使用等に関してわからない事を嘆いている。

第 3 節　第 6 次伊能測量隊の行程

伊能忠敬は寛政 12 年（1800）の第 1 次蝦夷地測量から第 10 次江戸府内測量までの全行程について測量日記を残している [15]。文化 5 年 3 月 4 日から 4 月 18 日までの淡路から紀伊水道沿岸の土州境までと、同年 11 月 5 日から 11 月 18 日までの讃州境目から淡路北端の岩屋浦に至る測量行程をみよう（図 2-1）。同図に伊能測量隊が止宿した村・浦と交会測地点の山・島を示した。第 6 次測量隊は文化 5 年 1 月 25 日に江戸を出立し、浜松から測量を開始し、2 月 24 日に大坂に到着し、3 月 3 日に舞子浜に止宿した。前述のように徳島藩天文方で無足の関権次郎と樋富菊次郎が舞子浜まで出迎えにきて、その後は日々、同道している。さらに、岩屋浦では津名郡郡代・洲本本〆役の津田甚之助（禄高 300 石）が槍を立てて馬を引いて出迎えている [16]。これは、文化 2 年（1805）の第 5 次測量以降は幕府直轄の御用測量となり、各藩主は領内測量の御用掛を命じ、測量隊に対する接遇が遺漏のように万全な体制をしいたためである。

3 月 5 日から淡路の東浦沿いに測量を始めるが、止宿地の仮屋浦では郡代所請払役の高木津左衛門（無足）と石浜久兵衛（職不明）が出迎えている。また、『日記』には測量を実施した村・浦・浜を全て記録している。例えば、3 月 5 日では止宿した岩屋浦を出立した後に、楠本村、浦村、来馬村、仮屋浦（止宿）、6 日には谷村、下田村、釜口村、釜口浦、佐野村、佐野浦、生穂村、大谷村、志筑浜村（止宿）、7 日には志筑浦、塩屋浦、塩屋村、北谷村、下司村、安呼村、厚浜村、炬口浦、洲本（止宿）、8 日に由良浦（『日記』には「此所小湊にて可なりの湊なり。船入を新た堀立しよし」）止宿し [17]、10 日には沼嶋に渡海・止宿している（図 2-1 参照）。

阿波国内の測量ルートをみよう。まず、淡州福良浦から渡海し、16 日には板野郡岡崎村に止宿し、蓮花寺に測量隊の本陣、法宗寺に脇陣をかまえている。板野郡土佐泊浦から大毛島の鳴門海峡先端

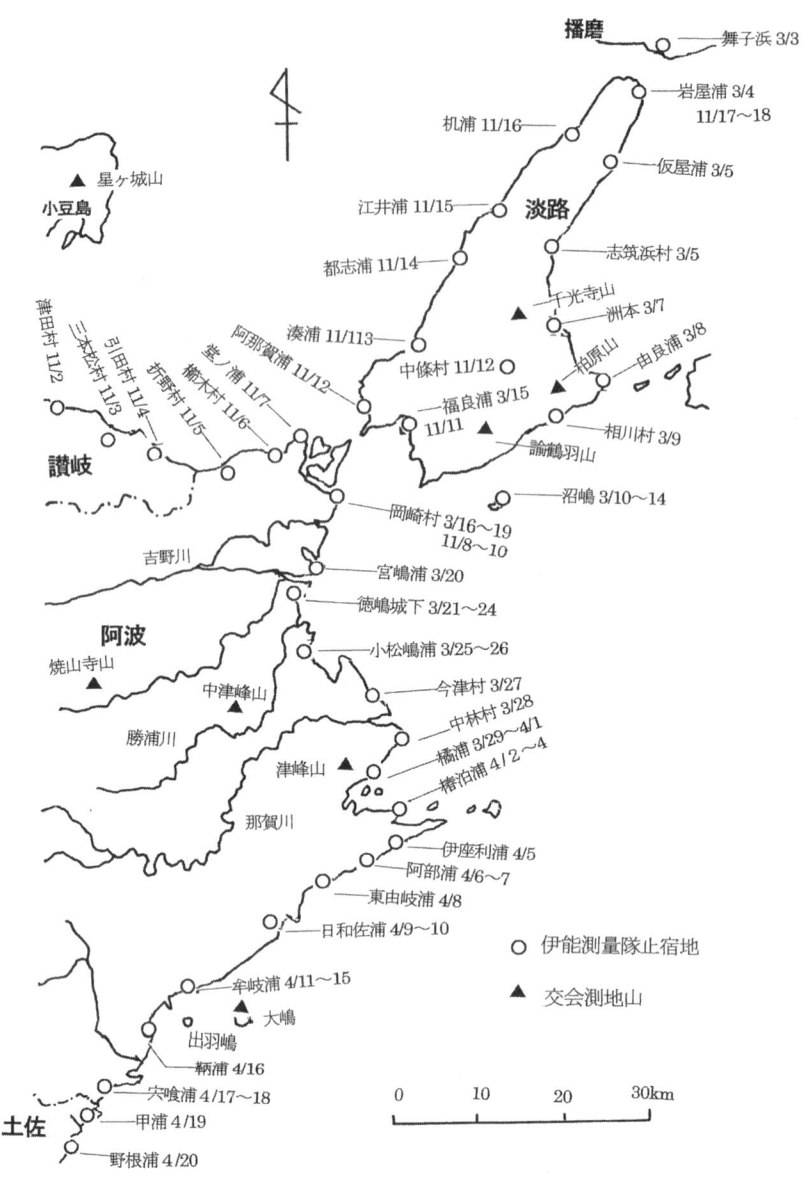

播磨

舞子浜 3/3
岩屋浦 3/4
11/17～18
机浦 11/16
仮屋浦 3/5
江井浦 11/15　淡路
志筑浜村 3/5
都志浦 11/14
星ヶ城山
小豆島
千光寺山
洲本 3/7
湊浦 11/113
柏原山　由良浦 3/8
阿那賀浦 11/12
中條村 11/12
蒲田村 11/2
三木松村 11/3
引田村 11/4
折野村 11/5
橋本村 11/6
楠木村 11/7
堂ノ浦 11/12
福良村 3/15
11/11
相川村 3/9
讃岐
諭鶴羽山
岡崎村 3/16～19
11/8～10
沼嶋 3/10～14
吉野川
宮嶋浦 3/20
徳嶋城下 3/21～24
阿波
小松嶋浦 3/25～26
焼山寺山
今津村 3/27
中津峰山
中林村 3/28
勝浦川
橘浦 3/29～4/1
椿泊浦 4/2～4
津峰山
那賀川
伊座利浦 4/5
阿部浦 4/6～7
東由岐浦 4/8
日和佐浦 4/9～10
牟岐浦 4/11～15
大嶋
出羽嶋
鞆浦 4/16
宍喰浦 4/17～18
甲浦 4/19
土佐
野根浦 4/20

○ 伊能測量隊止宿地
▲ 交会測地山

0　　　10　　　20　　　30km

図 2-1　第 6 次伊能忠敬測量隊測量日程（文化 5 年、阿波・淡路沿岸）
佐久間達夫校訂（1998）『伊能忠敬測量日記　第二巻』（大空社）による。

の孫崎、三ッ石村、里浦、長原浦、別宮浦、宮嶋浦、別宮口（現吉野川河口）で吉野川を渡り、名東郡沖ノ洲浦、津田浦、南斎田浦、安宅天文台、徳島城下新魚町（現富田町）止宿する。津田口から篭口（勝浦川河口）、勝浦郡大原浦、小松嶋浦（止宿）、那賀郡立江村、和田津新田、和田嶋村、江野嶋村、色ヶ嶋村、今津村（止宿）、芳崎村、工地村、上福井村、中嶋浦で那賀川を渡り、西路見村、中林村に止宿する。那賀郡答嶋村（『日記』[18]に「江戸へ塩積入の回船持、八軒あり」）から橘浦（止宿）、小勝嶋、高嶋、下福村、椿地村、野々嶋、舞子嶋、椿泊浦（止宿）、伊嶋、椿村、椿泊浦に止宿する。蒲生田岬より海部郡伊座利浦、阿部浦、志和岐浦、東由岐浦、木岐浦、恵比寿浦、日和佐浦に止宿す

る。海部郡灘村、東牟岐浦、西牟岐浦（止宿）、大嶋、出羽嶋、内妻村、淺川村、鞆浦（止宿）・那佐浦を経て阿波・土佐国境の宍喰浦に止宿する。宍喰浦で帯同した天文方関権次郎・樋富菊次郎と郡代手代 4 人、棹取手伝い足軽 11 人と送別し、土州郡方下役・浦方下役・甲浦庄屋等の案内で土州甲浦に着いている（図 2-1 参照）。

　また、測量ルートとなった村・浦・浜・島名や、測量交会点にあたる山や島等は縮尺 216,000 分の 1 の伊能中図（「大日本沿海図稿・南海　参」[19]（徳島大学附属図書館蔵）には全て記載されている。また、淡路における交会測地点として千光寺山（先山、標高 448m）と輸鶴羽山（標高 569.3m）があり、千光寺山からの放射線は阿波へ 4 本、播磨へ 4 本、讃岐へ 4 本の交会線が、諭鶴羽山からは阿波へ 7 本、讃岐へ 2 本がみえる（図 2-2 参照）。また、阿波国内の交会地点は名西郡焼山寺山（標高 938m、交会線 3 本）、中津峯（中津峰山、標高 773m、交会線 3 本）、津峯（津峰、標高 247.7m、交会線 5 本）、大島（交会線 7 本）である（図 2-3 参照）。

　前述のように、文化 2 年の第 5 次測量（紀伊半島・瀬戸内海の島嶼・中国沿岸）以降は、公儀御用測量となったため、各藩の御用掛は沿道の村々の村役人を集め、測量隊の送迎や、測器具の運搬・宿泊・昼食と馬・人足の用意、測量順路の案内・手伝い等、遺漏のないよう命じた。徳島藩では文化 4 年の秋頃に藩測量方の関権次郎と樋口菊郎を、江戸八丁掘にある伊能宅を訪ねさせて、翌 5 年に実施される予定の第 6 次沿岸測量の日程や方法を探り、藩あげての対策を練っていた。藩は関係する沿岸の村々の組頭庄屋へ布達を出して、その管下の庄屋より対策を記した「御答書」を提出させていたが、那賀郡和田島村庄屋の森家文書[20]には事前調査に対する「御答書」が残されている。その内容は村明細帳にある村高・田畠畝数・家数・村の長さ・神社等であるが、伊能隊に対する昼食の賄費、人足、関係する家々の障子の張り替え、畳の表替、台所用品、野風呂や仮便所の設置等にまでおよぶ。このように、支度に要した諸費用、賄費用およびその郡中割賦等に関するものがあり、伊能隊に対して藩と村が、具体的にどのように対応したのかがわかる貴重な史料である。

　藩に提出させた「御答書」で注目されることは、和田島の村高を実際の 595 石余（文化期）を 78.871 石ときわめて過小に報告していることである。これに対し、家数 105 軒（実際 101 軒）、村長（「和田津新田境より江野嶋境迄五拾参丁弐拾間」）（813m）、4 社（春日大明神・若宮大権現・恵美須両社）、遠山見通しとして紀州山寅卯方（東北東）20 里（78.5km）、淡路山丑方（北北東）8 里（31.4km）、沼島丑方 7 里（27.5km）、湊の深さ（船懸 4 ～ 5 間）等は正確に報告している。さらに、漁獲高の賦課税である口銭については、「村役人ハ請持ニ而無御座候、役人へ相尋可申と可申上候」として、藩役人が返答するとして箝口令をしいている[21]。

　伊能測量隊 16 人と藩天文方 2 人・測量縄引等 16 人、郡代手代 1 人・組頭庄屋 2 人、さらに撫養で雇った人夫 20 人等、総勢 59 人が 3 月 27 日に小松嶋浦から船で島和田島村につき、昼食をとった。和田島村が要した賄費は、伊能測量隊だけでなく、藩測量方に随伴した家来と人足と、関係する村々の人夫分、さらに、小松島までの船の加子賃や飛脚人夫賃など多岐にわたる。伊能測量隊の来村から 1 ヶ月後の 4 月 25 日に和田島村庄屋森瀬左衛門と五人組 3 人が、坂野村組頭庄屋森孫太郎に提出した決算書である「測量方御役人様御昼休所諸入目約帳」[22]によれば、賄（食事代）266 人分・229 匁（1 食平均 8 分 8 厘）、人夫賃 126 人分・277 匁 2 分（当時の人夫賃は 1 人 1 日 2 匁）、昼食家々の修理費や大工賃 208 匁 3 分 3 厘（大工賃は 2 匁 4 分）、魚の買付費等 172 匁 5 分等を合わせると銀 887 匁で

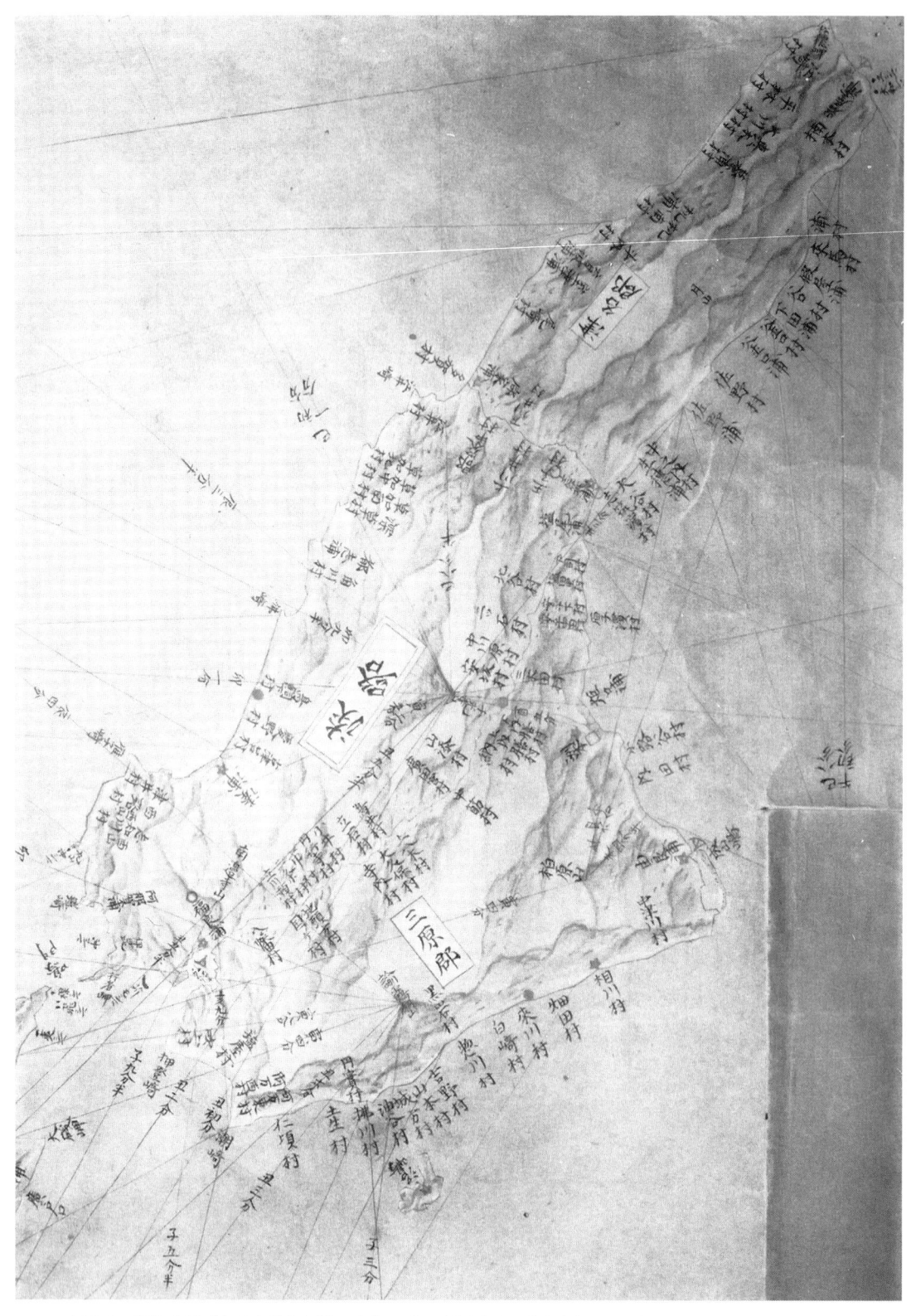

図 2-2   伊能中図「大日本沿海図稿   南海   参」（淡路部分、徳島大学附属図書館蔵・全 13、115 × 151 cm）

図 2-3　伊能中図「大日本沿海図稿　南海　参」（阿波・淡路部分、徳島大学附属図書館蔵・全 13、115 × 151 cm）

ある。銀1匁を5千円に換算すると約444万円にもなる。さらに、賄代では上は1食銀2匁、中は銀9分、下は7分5厘としており、上は伊能測量隊16人分、中は藩天文方や郡代手代・村役人分7人分、下は人夫等20人分と考えられる。測量隊諸経費のうち、6人の那賀郡組頭庄屋が協議した結果、887匁から202匁7分2厘が減額となり、684匁2分8厘を藩に報告する総費となったが、藩からの支給分が76.2%にあたる521匁9分5厘あり、残りの162匁5分3厘が地元負担分となった。これに送り人夫賃・船の加子賃等を加算して、388匁4分を関係する村々が負担することになった。「郡中銀」として組内の坂野村・和田嶋村・大林村・和田津新田村・間新田と、黒地村・島尻村・桑野村・古毛村の11ヶ村で割り、和田島村が73匁8分8厘を負担した。以上のように、測量隊諸経費の約75%は藩が負担したが、残りの25%は沿岸諸村の重い負担となった[23]。

小　括

　第6次伊能忠敬測量隊は、文化3月4日〜4月19日に阿波の撫養から土州境の宍喰までの測量を行うが、これに先立ち、同年2月28日に藩天文方の関権次郎が大坂滞在中の伊能忠敬を表敬訪問し、事前の打ち合わせをしている。また、阿波沿岸測量中には宜陳の息子夫左衛門宜平を助手として測量隊に同道させて、伊能隊の測量術・測量器具等を探らせている。後日の12代藩主の下門に対し、宜平は測量術に関しては目新しいものはないが、特に長崎で入手した舶来品と推定できる方位を測る小方儀や強盗式磁石台等の最先端の測量器具に注目したことを報告している。さらに、伊能測量隊の総員は16人であるが、徳島藩は天文方、郡代手代、組頭庄屋、医師、撫養からの人夫20人を帯同させ、さらに、関係村々の人夫、船の加子を動員している。このように、公儀測量隊である伊能に対する接遇に遺漏なきよう万全の体制で臨んでいることがわかる。

[註]

1) 佐久間達夫校訂（1998）:『伊能忠敬　測量日記　第二巻　紀伊半島・瀬戸内海の島々・中国沿岸/四国沿岸・大和路』発行者相川仁達、21頁。

2) 前掲1)，21頁。関　権次郎は三人扶持方御支配八石、歩士・天文方御用、文化3年12月13日召出（『徳島藩士譜　中巻』151頁）。

3) 三人扶持方御支配八石、歩士・天文方、文化3年12月13日召出（『藩士譜　下巻』95頁）。

4) 禄高350石余、大坂御留守居役。

5) 前掲1)，21頁。

6) 前掲1)，24〜25頁。

7) 前掲1)，25頁。

8) 徳島県史編さん委員会編（1964）:『徳島県史料　第一巻　阿淡年表秘録』560頁。

9) 石井良介監修・小川恭一編集（1989）:『江戸幕府旗本人名辞典』原書房，233頁。

10) 前掲8)，564頁。

11) 熊野保編（1997）:『江戸幕臣人名辞典』新人物往来社，528 ～ 529 頁。

12) 前掲 1)『伊能忠敬測量日記』29 頁。

13) 前掲 8)，564 頁。

14) 『徳島藩士譜　下巻』，寛政 5 年 5 月相続，64 頁。

15) 『伊能忠敬測量日記』（28 冊）は寛政 12 年 4 月 19 日の第 1 次測量（蝦夷地）から、文化 13 年 10 月 23 日の第十次測量（江戸府内）の 3,753 日の測量日記が国指定重要文化財として千葉県佐原市の伊能忠敬記念館に収蔵されている。

16) 『伊能忠敬測量日記』24 頁。

17) 『伊能忠敬測量日記』25 頁。

18) 『伊能忠敬測量日記』30 頁。

19) 伊能中図「大日本沿海図稿　南海　参」徳島大学附属図書館蔵、整理番号全 13、114 × 152 cm。

20) 徳島県立文書館蔵、森家文書（那賀郡和田島村庄屋）には文化 5 年 3 月 26・27 日両日の伊能沿岸測量隊に関係する文書が残されている。主なものを示すと、①文化五辰年三月廿四日　測量方御奉行様御出之節割本宿賄出帳　和田嶋村　徳蔵（モリ 3、02004）、②測量関係各地への里程書上（モリ 3、02014）、③伊能勘解由測量に付準備の件（モリ 3、02010）、④役割（測量方役人対応の件）（モリ 3、02011）、⑤覚（測量関係備品の納入・支払の書上）（モリ、02012）、⑥覚（測量方受入れ準備、畳表替えの件）（モリ 3、02013）、⑦文化五辰年　天文方諸造用割賦帳（モリ 3、02015）、⑧文化五辰年四月廿九日　測量方御役人御通行御昼休所諸入目約帳　和田嶋村）（モリ 3、01996）、⑨天文方御役人様御宿入目帳（モリ 3、01997）等がある。

21) 鷲敷町古文書研究会編（2000）「文化五辰年　伊能忠敬沿岸測量隊と阿波国村々の対応（小松島市森家文書）」74 ～ 75 頁。

22) 前掲 21)。

23) 前掲 21)。

第3章 『図解　南阿測地法　七巻』にみる岡崎家の測量術

第1節　大島流との関係

　岡崎家の測量術書には、『図解　南阿量地法国図附録　全』（徳島県立図書館蔵、稿本、呉郷文庫、以下『図解』とする）と、『紅毛流　規矩元法図解　下巻』（徳島県立図書館蔵、稿本、呉郷文庫、以下『紅毛流』とする）、『図解　南阿測地法　七巻』（個人蔵、徳島市立徳島城博物館保管、以下『測地法』とする）がある。『図解』末尾には岡崎三蔵（印）が、『紅毛流』には岡崎逸作悦貞（花押）で、共に著作年紀はない。『図解』の冒頭には「享和二壬戌七月一五日国図ノ命令有リ板野郡撫養へ出張」とあるので、享和2年（1802）以後の著作と考えられる。また、『紅毛流』の末尾に「右規矩元法図解三冊文化九壬申三月、岡崎宜陳七十有一歳模写之守」とあることから、文化9年（1812）頃の著作であろう。さらに、『測地法』には岡崎宜陳書（印）とあり、岡崎家4代の三蔵宜陳で、作製年紀は寛政11年末巳年秋（1799）とある。このことから、『図解』『紅毛流』『測地法』とも岡崎三蔵宜陳が寛政11年から文化9年頃に著作した稿本である。

　前述したように、『測地法』の「序」によれば、紅毛流（オランダ流）と大島流の2流の影響を受けたとしている。しかし、前述のように『絵図面』では、大島流の開祖である大島善左衛門と、橋本流の開祖である橋本伝兵衛も紅毛流の量地法を岡崎家に教えを乞うたとしており、「序」の内容とは矛盾する。

　まず、大島流の稿本としては、享保9年（1724）9月の稿本である『遠候書　乾』[1]（以下『乾』とする）と『遠候書　坤』[2]（以下『坤』とする）ともに日本学士院蔵がある。大島流は「見盤丁見（けんばんちょうけん）」の規矩術であり、樋口権右衛門を祖とする平板を用いる測量法で、享保8年（1723）に『量地指南』を著した村井昌弘や、清水貞徳を祖とする清水流、橋本流、中西流もほぼ同じ流派に属する。『乾』の見盤丁見と岡崎の『測地法』と比較すると、半盤で距離を測る『乾』の「平見」は、『測地法』の「平町術」と同じ法である。さらに、村井昌弘の『量地指南』[3]（以下『指南』とする）の「左右正開方」、正徳5年（1715）に荒木彦四郎が著した『規矩元法』[4]（日本学士院蔵、稿本）の「平町」、越中の石黒信由が著した『測遠要術　巻之一』の「見盤術窺法」、さらに、『清水流規矩術町間　本伝　春』（以下『本伝　春』とする）[5]（日本学士院蔵、稿本）の「五　平町之事」、甲斐駒蔵広永編の『量地図説』[6]の「町見之図」等と同じ法である。さらに、『乾』の「斜見」は『測地法』の「斜開術」、『指南』の「左右斜開方」、『規矩元法』の「両斜進退」、『本伝　春』の「筋違左右進退之事」と同じ法である。八代

将軍吉宗の享保時代は新田開発が盛んに行われたために、多くの測量術書が編まれたこともあり、岡崎が大島流の影響を強く受けたとする事よりも、むしろ『量地指南』や清水流等の諸流の影響の方法が大きかったのではないかと考える。

第 2 節　清水流・『規矩元法』・『量地指南』との関係

　清水流の測量術書としては、何れも日本学士院蔵の稿本で、前出の『清水流規矩町間　本伝　春』、『清水流規矩術町間　別伝　夏上』[7]、『清水流規矩術町間　別伝図解　夏下図録』[8]、『清水流規矩術町間　国図枢要　秋』[9]、『清水流規矩術町間　国図要録　冬』[10]、『補足　清水流規矩術　本伝全』[11]、『正校　清水流規矩術　国図枢要』[12] 等がある。

　まず、『本伝　春』にみえる「規矩元法町間絵目録」を『測地法』目録と比較すると、『本伝　春』の「空眼之事」（くうがん）は『測地法』の「眼精目算」（がんせい）、以下同じく、「分数之事」は「開地分数」（かいち）、「度量之事」は「地形度量」、「平町之事」は「平町術」、「筋違左右進退之事」は「斜開術」、「不動向知遠事」は「不動知開町術」、「隔沼河開事」は「隔沼河開地術」、「極中不中事」は「極中不中術」、「三四五之矩之事」は「三四五之矩」とあり、ほとんど同じ内容である。さらに、『測地法　巻之七』の冒頭の「国図用法」に「古伝規矩元法中興ノ祖清水元□（不明）翁ノ所者図法三部集ノ書国図ノ記スト丁寧反復誠ニ至レリ尽セリ」とあり、清水流の「図法三部集」から多くを学んだこと事が記される。このように、清水貞徳が貞享 3 年（1686）に著したとされる上記の稿本と、岡崎の測量術が一致する事からしても、ほぼ100 年後の寛政 11 年（1799）に著した『測地法』は、清水流の影響が大きかったと考えるのが妥当であろう。

　次に、『規矩元法』（以下『元法』とする）と『測地法』の目録を比較する。『元法』の「空眼付目的眼精」（めあて）は『測地法』の「眼精目算」、以下同じく、「分数」は「開地分数」、「度量」は「地形度量」、「見込」（みこみ）は「目的定様」、「平町」は「平町術」、「両斜進展」は「両斜開術」、「前後進退術」、「隔沼河分数」は「隔沼河求開地術」とあるように、ほとんど同じ術である。『元法』が正徳 5 年（1715）、『測地法』は寛政 11 年の著作であるので、『測地法』は『元法』の影響もあるのではないか。

　さらに、『量地指南』（以下『指南』とする）と比較する。『指南』の「左右正開方」は『測地法』の「平町術」、以下同じく、「左右斜開方」は「斜開術」、「前後当開方」は「前後進退術」、「残子一開方」は「隔沼河求開地術」に相当する。『測地法』は享保 18 年（1733）に編まれた『指南』と清水流の影響を強く受けたのでないかと考える。

第 3 節　『図解　南阿測地法　七巻』の構成

　『絵図面』には「四代宜陳に至りて測地法七巻の著述をなすに至れり、（中略）、右七巻は既に散逸せしが、見当たらず僅かにその附属たる南阿測地法国図附録一冊を存するのみなるか」と記されるが、これがまさに個人蔵で徳島市立徳島城博物館で保管されている『図解　南阿測地法　七巻』そのものである（図 3-1）。その構成は次のようである。

　巻之一：三格（眼精目算・開地分数・地形度量）

　　　　　八式（目的定様・盤居様・空的・望開・開定・再望・四品標・種縄）

　　　　目録・器械

　巻之二（四二条）：見盤術（三四五之矩・平町術・前後進退術・斜開術・不動知開町術・隔沼河救地術・知山之高・知谷之深術他）

　巻之三（三八条）：方針術（平町術・進退術・斜開術・前後進退術・不動知間町術・隔沼河救開地来術・知前面広狭術・両面斜開術他）

　巻之四（三二条）：根発術（進退根口術・前面広狭因平町種術・因測種術・斜見術・量山之高術・量谷之深術・望間之術・横斜他）

　巻之五（四六条）：武器町見（平町・進退術・前面広狭術・斜開数知術・望之開町術・斜見術・不動間術・隔沼河求開地術他）

　巻之六（三一条）：民間町見（量川幅術・二縄平間術・南蛮矩術・堤之内外高低術・知池之深術・継竿之事・山林検地法・川筋量高昇術他）

　巻之七（五四条）：国図用法（程量ノ事・時察ノ事・真行草之事・分間之事・人数積之事・行程之事・案内者并可尋問事・知道規之順逆損益之事）

　七巻合　二四三条

　まず、巻之二の見盤術（量盤術）は板（盤）上に定規で本座・開地・目的の間を見通しまた見返して、

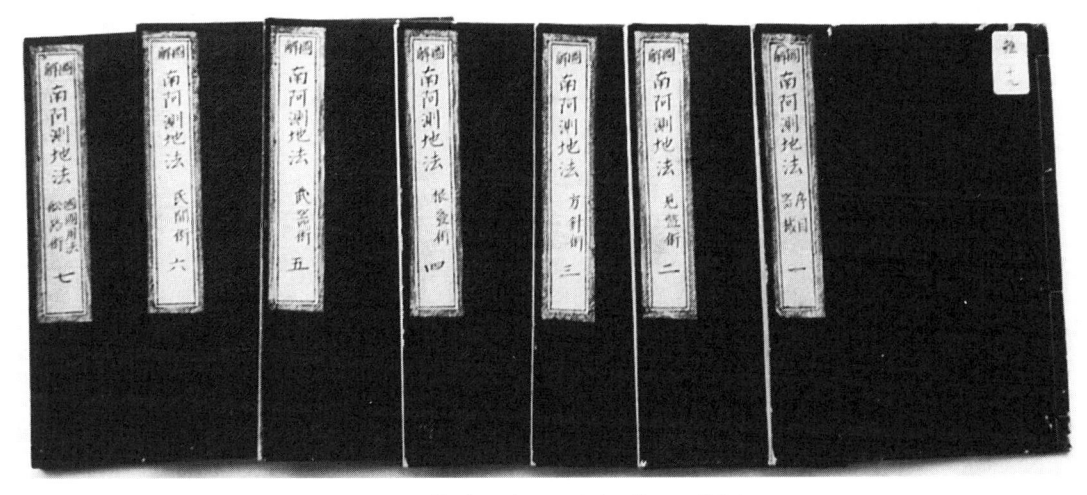

図 3-1　『図解　南阿測地法　巻一～巻七』

定規を使って盤面に墨を引くことにより、現地と相似する三角形を作図し、その三角形の辺長さを測ることにより、距離・高低を求める術で、磁石によって方位を測ることはない法である。次に、方針術は盤針術とも言われ本座・開地に大丸・小丸（小放儀）と称される磁石を用いて方位を測る法である。根発術（渾発術）はコンパスを持って手を伸ばし、長さの分かった先方の種を、コンパスの足を開いてはさんで、その足の開きから先方までの距離を測る法である [13]。根発術は遠近・広狭・高低などの概略を敏速に把握するには便利で、広域の絵図作製に利用された [14]。渾発術に関しては『指南　巻一』の「渾発用の事、渾発用法之図」に詳述されている [15]。

また、武器町見は戦場において鉄炮・弓等を鉄炮盤・弓盤・矢倉台を用いて敵城・敵船までの距離、高低等を測る法である。民間町見は山林原野田畠等の勧農普請等の民間で用いられた法で、川筋の高低、川幅、土地の水平を測り、また、道の絵図作製する法や堤の内外高低を測る法である。国図用法はその国の広域の地域や村の絵図作製時に関する具体的な方法を記したもので、分間（縮尺）、測量に要する人・馬数、役割、行程、案内、料紙、測量器具、村触等を記したものである。

第4節　測量器具

『国図附録』と『測地法　巻之一』には岡崎三蔵が使用した測量器具が図示されている。図3-2、3-3、3-4には『測地法』の付図を示した（各器具の説明は『測地法』による）。平板測量の図板となる見盤は四角形であるが、図3-3・4・5に示される測量器具をみよう。まず、測地盤は4本の支柱を

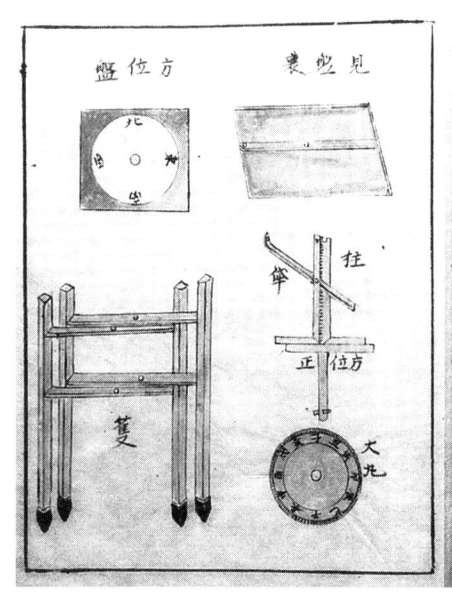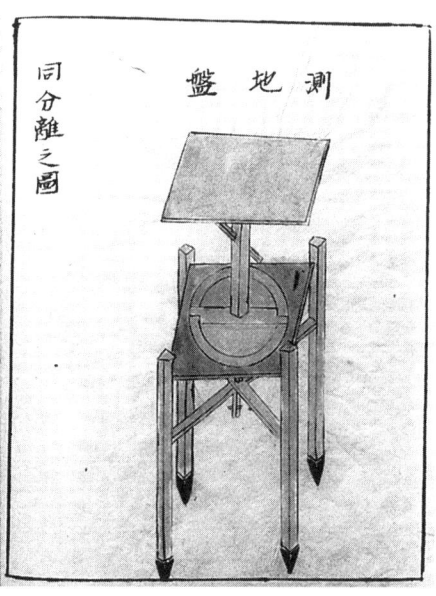

図3-2　測量器具（一）（『南阿測地法　巻之一』）

もつ簐というものに乗っており、寛政期には三脚はまだ使用されていなかったようだ。簐の上には東西南北を記した方位盤（方 9 寸、）の上に大丸（真鍮製で径 8 寸の磁石）を乗せる。測地盤（惣高 2 尺 5 寸より 7 寸まで、長 2 尺横 1 尺 2 寸）は中心をなす柱と、簳と呼ばれる棒で支えられる。この測地盤は垂直の立盤と水平の平盤を使用し、現在の測量用の平板と同じで、盤面上に実際の縮図を描いており、村井昌広は『指南』で量盤と称している。

　図 3-2 〜 5 にみえる器具をみよう。方針桁（長 2 尺、幅 1 寸 5 分、高 2 寸）の正中に小丸（径 2 寸

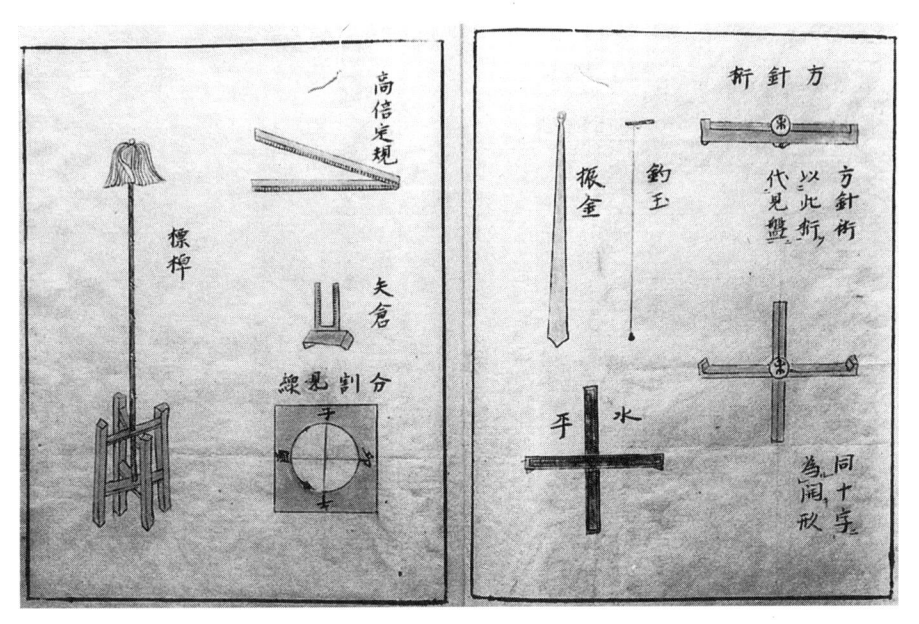

図 3-3　測量器具（二）（『南阿測地法　巻之一』）

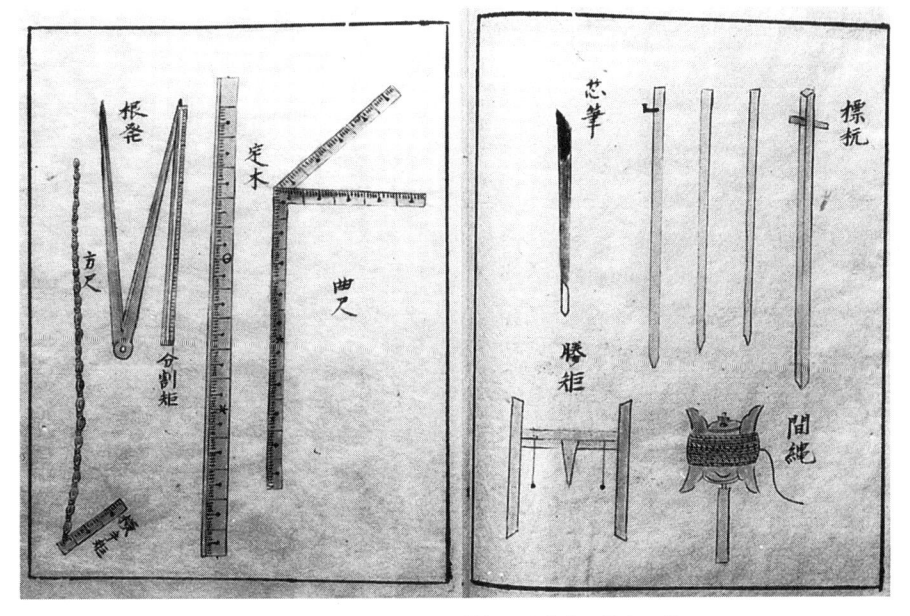

図 3-4　測量器具（三）（『南阿測地法　巻之一』）

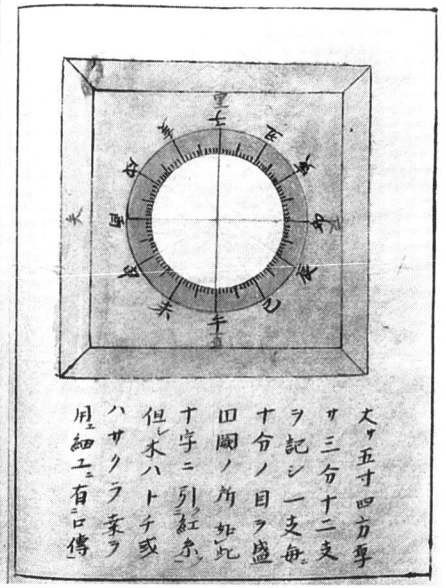

図 3-5　虎放器（『南阿測地法　巻之七』）

5 分、磁石）を入れる。大丸には十二支の干支を書し、一支（30 度）ごとに 10 分の目盛りを刻むので、1 分は 3 度である。しかし、伊能忠敬はすでに文化 8 年（1811）以降には 1 分 1 度の精密な小放儀（小丸磁石）を使用していた。この方針盤は清水流の「規矩元器」[16] と同じものである。釣玉（糸の下端に鉄球をつり下げて量盤との垂直を測る）、定規（長 1 尺 5 寸、2 尺、幅 1 寸、厚さ 6 分、曲尺の寸分の目盛りをし、対象の長さを測ったり、直線を引く器具）が描かれる。

　次に、矢倉（真鍮で高台ともに 3 寸、幅 1 寸 5 分、下 1 寸を残し上 2 寸の所を左右まで残し中を切り抜く）、分割見線（方 5 寸、厚さ 5 分の桜板の正中に径 4 寸の穴をあけ、東西南北を記して糸で十次を作り、小丸の方位を決める）、高倍定規（傾斜と勾配を測る）、標棹（草木が繁り見紛しき時に用いる）、標杭（四品印に用い、数は無数、全て台は簍を用いる。場所によっては竹木を切って用いる）、間縄（渋などを塗った麻糸に 1 間ごとに印をつけた長さ 60 間の縄）、勝矩（真鍮製で長さ 5 寸、7 寸幅、土地の高低を正し、方針盤を用いる時に風吹くことにより磁石の揺れをふせぐ）、曲尺（匠が用いる曲尺、5 寸矩を鋲留めに締めて屈伸するようにし、量高桁、量低術、割盤術に用いる）、根発（2 本の棒針の開いた角度と基準物とを比較して図上の大きさや距離を測定する）、方尺（鎖を延ばし、端の板で対象の長さを測り、比較して測定する器具）がみえる。

　また、岡崎三蔵が『測地法　巻七』の「虎放器之事」の条で（図 3-5）、虎放器の使い勝手の良さを述べている。虎放器の大きさは 5 寸四方、厚さ 3 分、十二支を等分した 30 度を 10 分の目盛りを刻むので、3 度が最少単位である。また、『測地法　巻之七』の「線香・芳香・漏尅」の条には「海磁尅盤」（図 3-6）が示されるが、これは伊能忠敬が使用した「小丸磁石（小方位盤）」と同じである。また、『指南　後編巻二』の「随川器之用」（図 3-7）と、『規矩元法町見弁疑』[17] みえる「小丸」ともに円周を 120 度で表し、1 分を 3 度としている。また、嘉永 5 年（1852）の甲斐駒蔵広永著の『量地図説　巻下』[18] の「盤面之図」と、『指南　後編　巻き二』の「小丸之用・中丸之用」「小丸并方

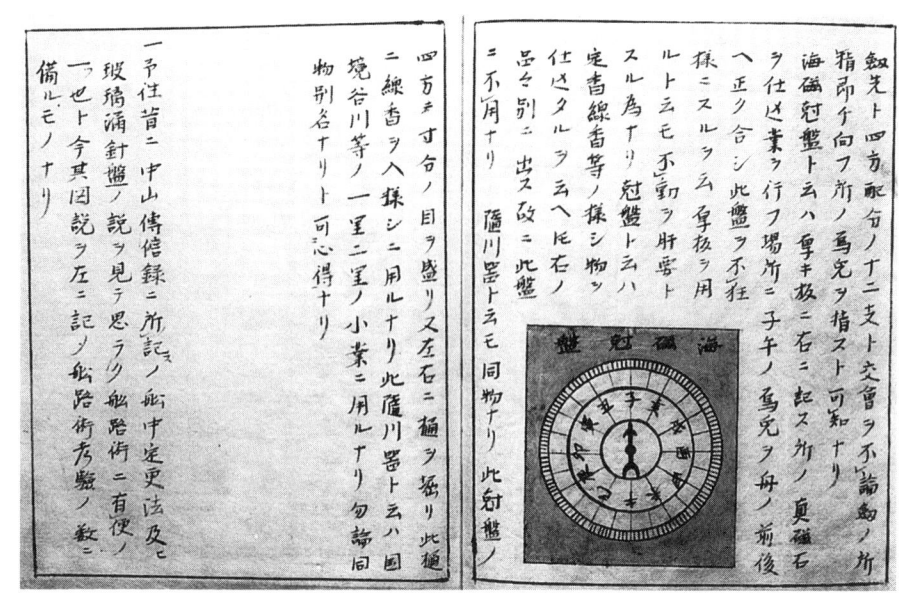

図 3-6　海磁剋盤（『南阿測地法　巻之七』）

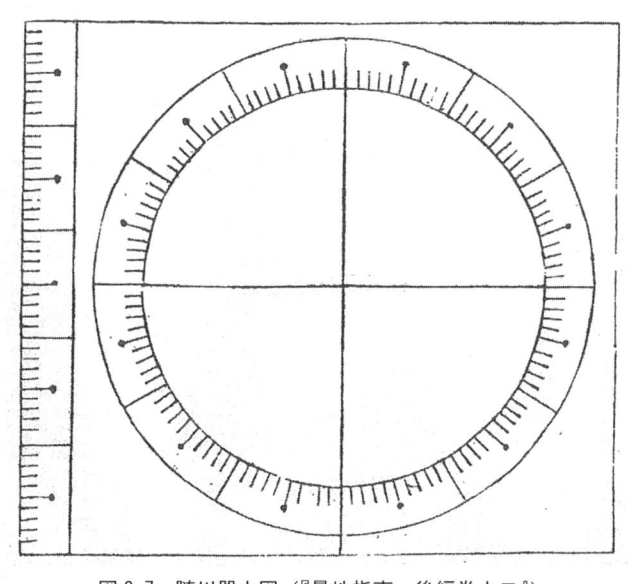

図 3-7　随川器之図（『量地指南　後編巻之二』）

（大矢真一解説（1978）：『江戸科学古典叢書 9　量地指南』恒和出版、264 頁より転載）

維大圓」[19] ではともに一支 30 度を 10 等分して 1 分を 3 度としている。

　さらに、伊能忠敬の高弟の一人である渡辺　慎編の『伊能東河先生流量地伝習録』[20] にみえる小放儀（図 3-8）（別名、彎窠羅針、方位を測る器具で、自動的に水平が保たれるようになっている）や、大方儀（方位と高さを同時に測る器具で、高さを水平に出すために微調整する装置がある）には大方儀台がある。伊能の小放儀は軸心磁石台と呼ばれ、十二支（円周）を 120 度・240 度・360 度の目盛りで等分にした 3 種類があるが、文化 8 年（1811）から伊能忠敬や越中の石黒信由は、360 度目盛りでの強盗式磁石台を使うようになった [21]。強盗式磁石台を使用すると、絵図全体の精度は非常に高

くなり、岡崎や村井の『指南』、甲斐の『図説』・『町見弁疑』よりも精度が高い。岡崎家の測量器具では360度目盛りの磁石台は使用しなかったようである。

　さらに、図3-9に『量地図説　下』に掲載される「地方測量器具畧図」[22]を示した。図にみえる小放儀・

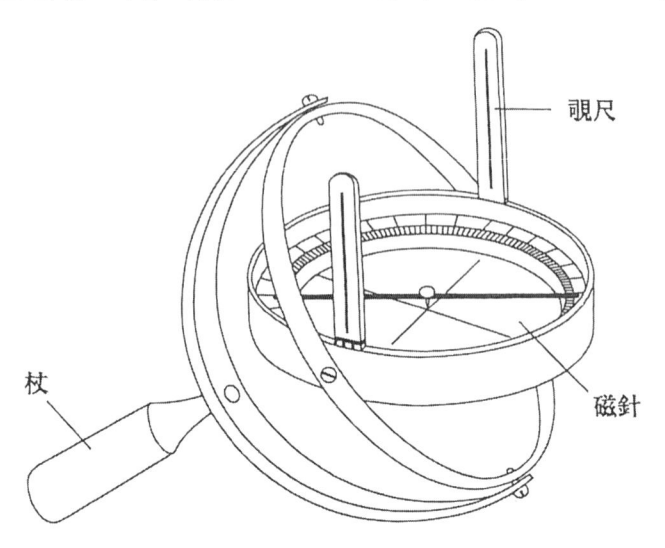

図 3-8　小放儀（杖先羅針）
徳島県立博物館編（1999）：『伊能忠敬が描いた日本』6 頁の図 3 より転載。

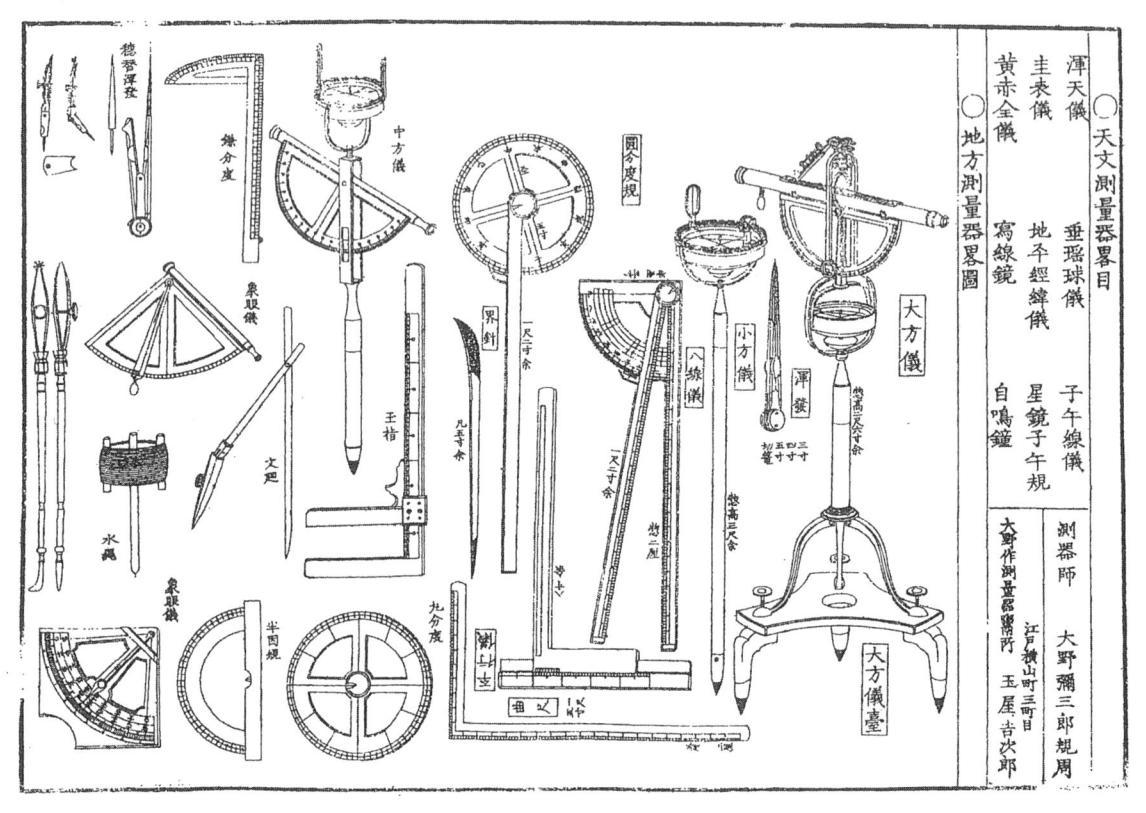

図 3-9　地方測量器具畧図（『量地図説　下』）
（青木國夫他編（1978）：『江戸時代古典科学双書 9　町見弁疑・量地図説・量地幼学指南』恒和出版、379 頁より転載）

中放儀・大放儀・八線儀・円分度規・象眼儀・穂替渾発等のうち、天保期に岡崎の測量斑の一員であった森清介（天明 3 年 /1783 〜文久 2 年 /1862）が使用した小放儀（図 3-10）と、象限儀・根発等が同家に伝存している。

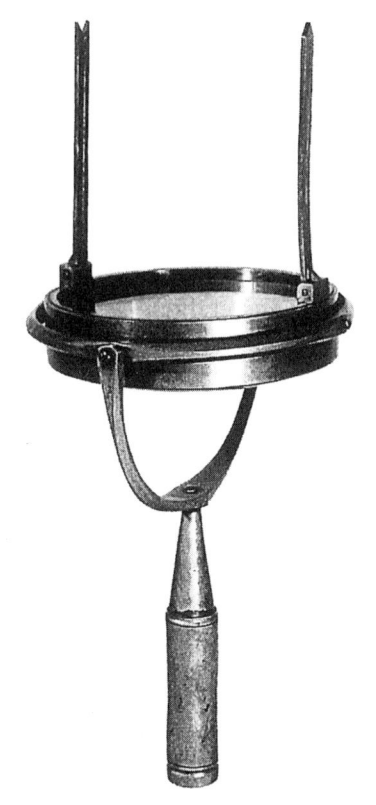

図 3-10　小放儀（森　茂彰氏蔵）
徳島県立博物館編（1999）:『伊能忠敬が描いた日本』21 頁より転載。

第 5 節　三角測量の基本原理

　『測地法』と『指南』は紅毛流の流れをくむ規矩術であり、見盤（量盤）術と称しており、見盤上に現地を縮小した相似三角形を作図することを基本としている。『測地法　巻之二』の「左右正開方」があるが、『指南』の規矩術の手順作業を示した図 3-11 から、三角測量の基本原理を説明しよう。まず、測量は測定すべき目標（目的）として樹木・大岩・寺社等を定め、目測による距離測量である先量に始まる。測量の第 1 基準となる原点である「本座」（A）ヨリ目的（B）マテノ眈視ヲトモ、是ハ本座ヨリ目的マテノ求程ノ地ナリ」と記されるように、目測によって本座から目的までの距離を求める。『測地法』では見込みを「望的」と称している。

　次に、開地（C）の位置を定める。開地の位置は本座の右が基本であるが、地形的な条件によって前後・

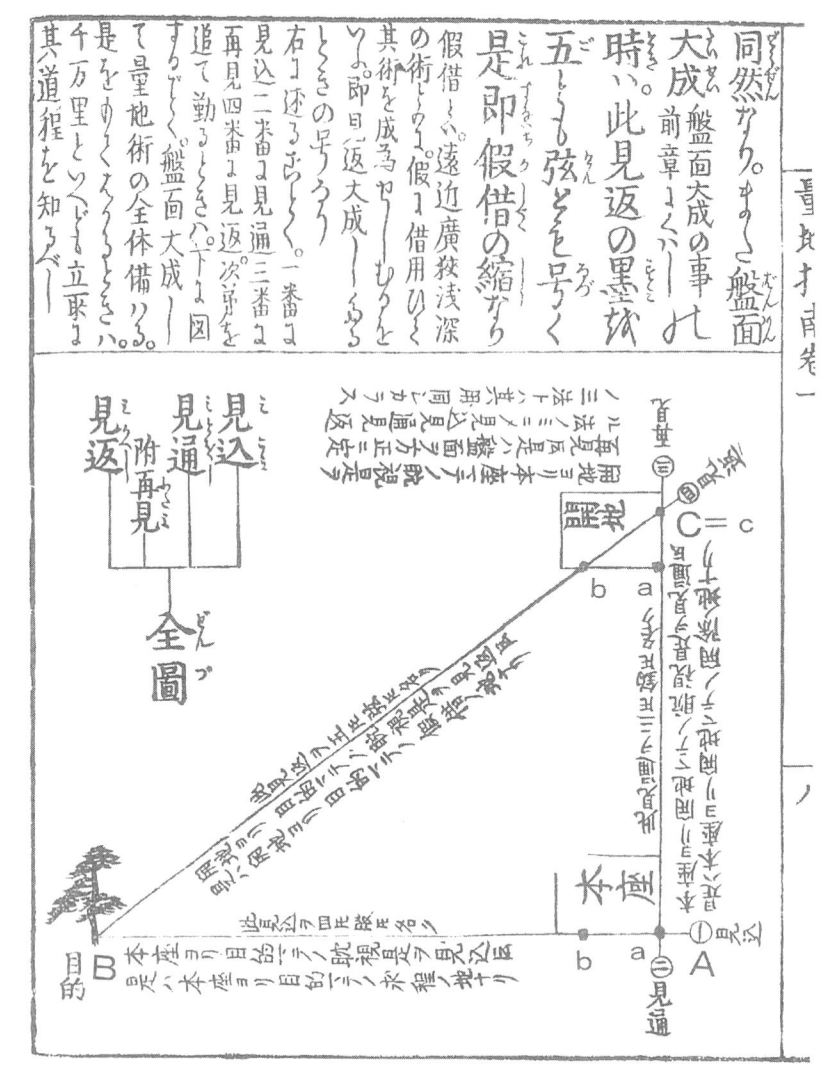

図 3-11　見返井假借の事（『量地指南　巻之一』）（42 頁、図中のアルファベットは著者記入）

左右でもよい。本座より直角に見通して開地決め、前後方向と左右方向とは直交させる。本座と開地の距離は本座から目的までの距離の 30 分の 1 に取るのが基本である。『測地法』では「開種縄 30 間」（54.5 m）が記され、見通しを「再望」と称している。

　次に、量盤の左縁 ab に定規を正確に合わせ定規の前端と、後端を結んだ延長線と目的の B とを一致させる。図 3-11 では abB が一直線上にあるように量盤を据えつける。次に、第 2 基準点である開地を設置し、本座から観測して開地 C 点を見通す。また、開地から本座までの「眈視」を「再見」というが、『測地法』では「望開」と称している。開地では盤面を方正に据え、直角の線と開地盤面との交点を a とする。さらに、開地より目的までの「眈視」を見返しといい、『測地法』では「再望」と称している。盤面左と目的を見返して交点を c とする。このようにして、直角三角形 ABC と開地の直角三角形 abc は相似となる。根発を使って△ abc で辺長 ab ＝ z と辺長 ac ＝ x を比較すると、x は z の n 倍で、x ＝ nz になる。次に、実際の AC の距離 X は X ＝ nz として得られるので、根発でそれを

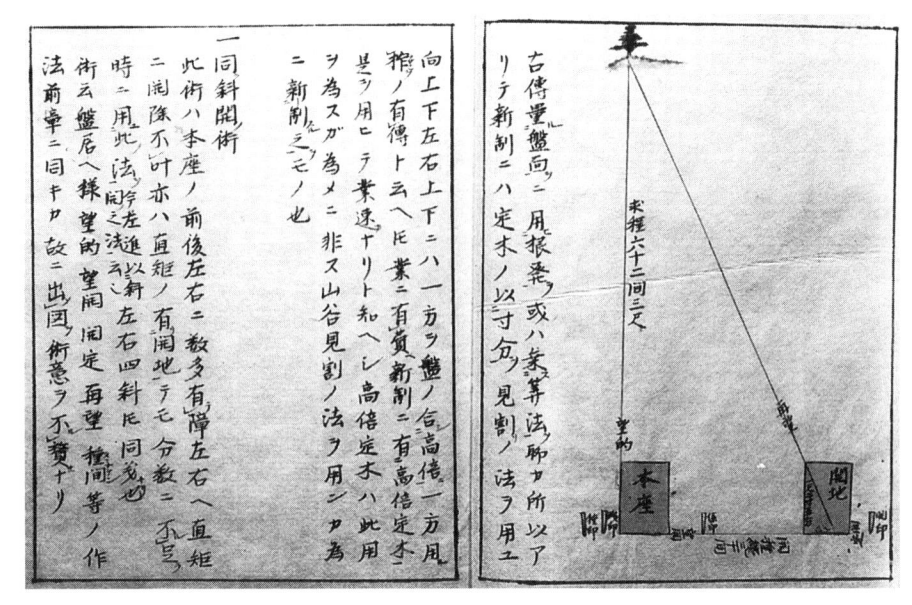

図 3-12　平町術（『南阿測地法　巻之二』）

計測すればよい[23]。『測地法』では「求程六十二間三尺（113.3 m）」としている（図 3-12）。

第 6 節　距離を測る

1. 目的までの障害物がない場合の距離を測る（左右正開方）

　『測地法』では「平町術」の条で図示され、（図 3-13）、『指南』[24] では「左右正開方」の条で説明されており、第 5 節で述べた。この術は『測地法』では「広野平易ノ地ニテ左右前後聊カ障リ是ナク直矩ニ開地ヲ求メ遠程ヲ量レル法ナリ」とある。本座から目的（樹木）を望的し、開程縄 30 間（54.5 m）の地に開地を設定し、目的を再望することにより求程 62 間 3 尺（113.2 m）を得る。本座には種印・係 印、開地には開印がみえる。前述のように本座と開地の距離（AC）は、本座から目的までの距離（AB）の 30 分の 1 に取るのが基本である。基本線 AC が AB に比して短くなるにつれて、B 点に対する位置決定の誤差が大きくなることを述べている。この術は『規矩元法』の「平町」[25]、『清水流規矩術本伝　全』の「進退之事　平見」、大島の『遠候書』の「見盤丁見」でも同じ事が図示されている。

　また、『測地法　巻之三』の「方針術」「平町術」の条でも、本座と開地に磁石（小丸）を置き、開地から酉（真西）30 間に望開して開地を設定し、開地から目的へ磁石（小丸）を置き、開地から目的を巳 2 分（真北から 156 度、以下同）に再望し、本座から午（真北）に望的して求程 70 間（127.3 m）を得ている（図 3-13）。

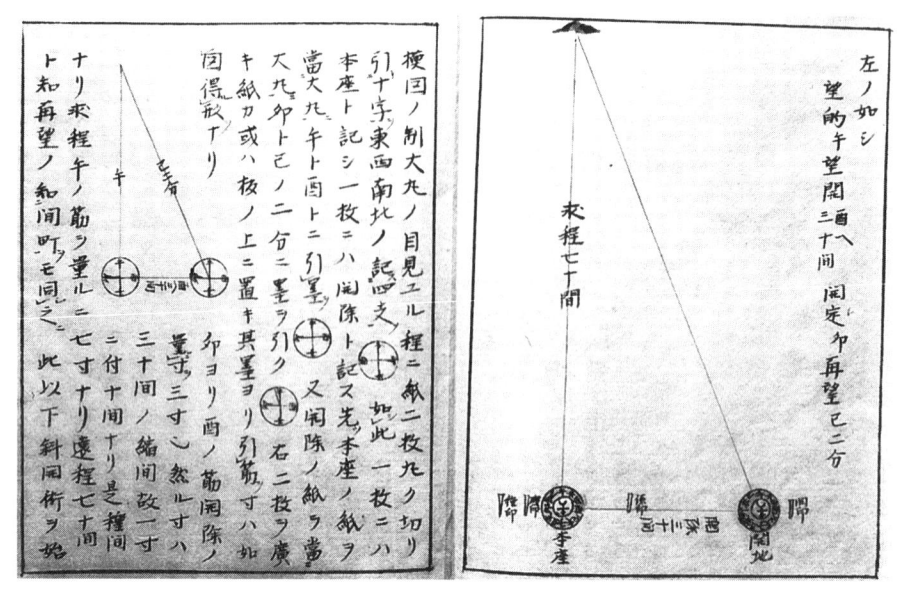

図 3-13　左右正開法（『南阿測地法　巻之三』）

2. 左右前後に障害物がある場合（平町術斜開術・左右斜開方）

　『測地法』の「斜開術」、『指南』の「左右斜開方」[26] の条では、本座の地形や前後左右に障害物があり、開地をもとめ難き場合に、仮目的を設けて開地を設定する方法である（図 3-14）。まず、①測量開始の計画（始計）をした後、本座の盤を方正に据え、盤東より本目的を見込んで（望的して）、墨を引く。②本座の盤艮（右角）を要にして定規を斜めにのせて仮目的を望的して墨を引き、そこより本目的を見通して 25 間（『指南』では 30 間）を測って開印を立てて、開地より残印を設定する。③本目的か

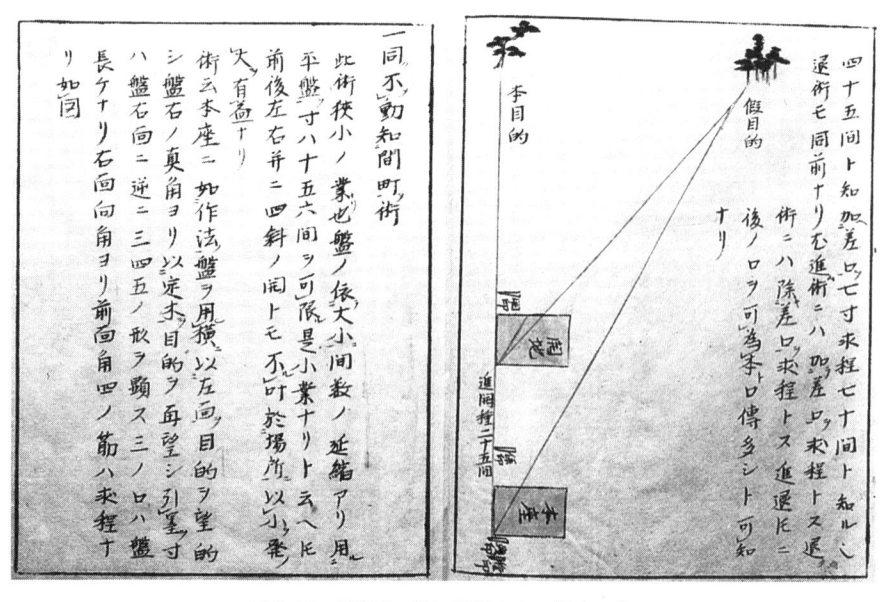

図 3-14　斜開法（『南阿測地法　巻之二』）

ら一直線上に本座盤艮（右隅）に残印を立てて、開地より残印を再見して盤を方正に据え、仮目的を見通して定規に従い墨を引く。本座から開地まで 25 間（45.5 m）を測っており、これを 2 寸 5 分に縮めているので、1 寸が 10 間の縮尺（600 分の 1）であるから、開地から本目的までの図上距離が 4 寸 5 分は 25 間＋ 45 間で、本座から本目的までの距離を 70 間（127.3 m）と求程できる。この法は『規矩元法』の「両斜進退」、『遠候書』の「斜見」[27]、『清水流　本伝　春』の「斜開進退之事」[28] と同じである。

3. 目的まで沼河などの障害がある場合（残子一開方）

　『測地法』では「沼河を隔て開地を求むるの術」の条（図 3-15）、『指南』の「残子一開方」の条である（図 3-16）。『測地法』よりも『指南』[29] と『江戸時代中期の測量術』（吉澤孝和 1990）の方がわかりやすいのでそれによって説明する[30]。①まず、本座に量盤を正方に据え、盤東より正方に目的 B を望的して線 ab を引く。②その盤東の正中よりも少し下方に河を隔てて右の方にある開地 C を見通して、開地で適当な目印を設定できない場合は本座に係印 E を残して、定規に従い ac 線を引く。③直線 AB の延長線上で本座の後に 15 間ほど離して種印 D をおき、b 辺と AB 辺が直線上に一致させ、半分または 3 分の 1 がよい。④量盤上の a 点に定規を合わせ、AB と直行する方向にあって河を隔てた位置にある開地 C を望開して ac 線を引き、本座に残印を立てる。⑤開地 C に量盤を移し、定規の縁の延長線が残印 A と一致するように一直線上に見通せる様な場所に C を探す（図 3-16 では 30 間）。⑥開地の量盤上の c 点に定規の縁を合わせて種印 D を見通して線を引き、本座で引いた直線 ad との交点を d とする。開地の量盤をみると。△ acd と△ ACD は相似である。

　AD 間の距離はすでに測定しているので、量盤上の図形について、辺 ad と辺 ac の比 r を根発を用いて求めた後に、AC ＝ AD × r として本座と開地の距離を求める。⑦開地 C に据え量盤が動かぬようにして量盤上の c 点に定規の縁を合わせて目的 B を見通して線を引き、量盤上の線 bg との交点を f

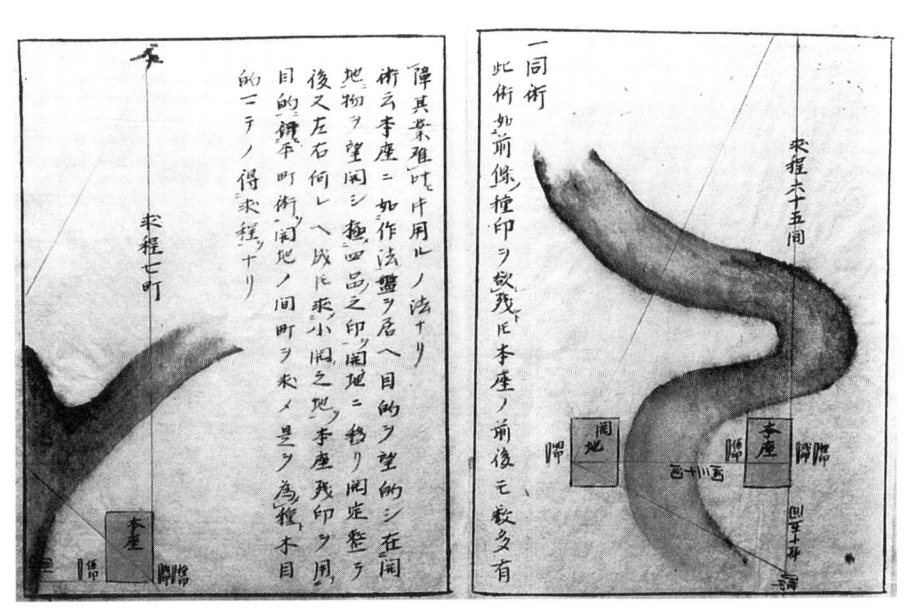

図 3-15　沼河を隔て開地を求むるの術（『南阿測地法　巻之二』）

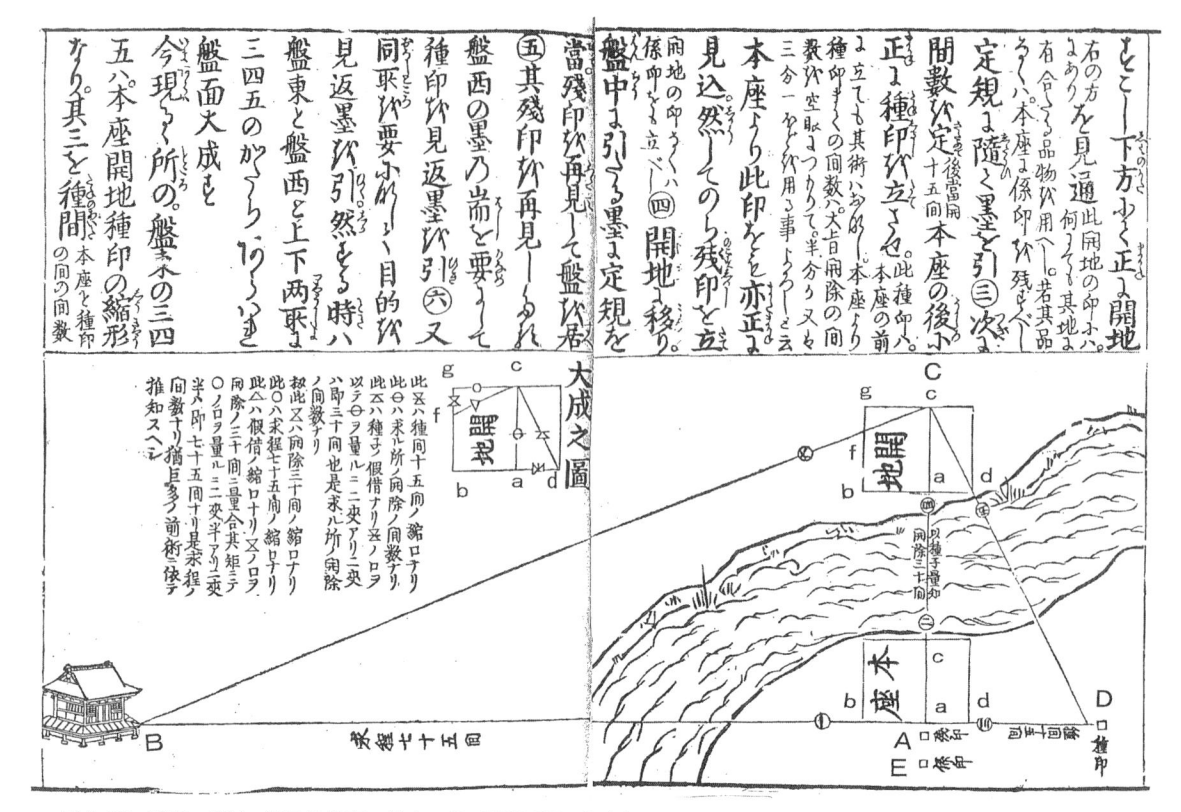

図 3-16　残子一開方（『量地指南　巻之二』）（前掲『量地指南』80 〜 81 頁より転載。図中のアルファベットは著者記入。）

とする。⑧△ ABC と△ gcf は相似であるで、根発により辺長比 s ＝辺 gc / 辺 gf を求めると、本座 A と目的 B との距離は辺 AB ＝辺 AC × s として求めることができる。⑨図 3-15・16 では本座より種印まで 15 間、量盤上では 1 寸 5 分で、1 寸＝ 10 間の縮尺（600 分の 1）である。本座より開地までの距離 30 間の種で、本座より目的までは 6 寸 5 分を測るから、求程は 65 間（118.2m）となる（『測地法』では 65 間、『指南』では 75 間）。この方は『規矩元法』、『遠候書　乾』[31]、『清水流　本伝　春』[32]にも図示されている。

4.　二重開術（二地重開方）

　本座の左右前後や山林竹叢等があり、1 〜 2 町、3 〜 4 町の間に開地を求めることが出来ない場合に、遠程を求める術である。『測地法』には「二重開術」、『指南』には「二地重開方」[33]の条である。まず、①本座に量盤を方正に据え、盤東より目的を望し、本座に残印を立てる。②右の方へ斜めに間数を定めて 3 町（『指南』では 2 町）の初開の地を求める。③初開の盤東の中程より少し下の方に少し斜めに初開の地を見通して定規をあてて線を引き、本座に残印を立てる。④開地を移して残印を再見して盤を方正に据えて、斜めに 4 町（『測地法』では 3 町）の間数を定めて、後開の地を求め見通しの開印を立てる。後開の残印から後開の開印を見通して定規で線を引く。⑤後開の地に初開の残印とし、再見した後開の盤西の端を要にして、本目的に線を引き、求程の間数である 9 町（981 m）（『指

南』では 5 町）を得る。この方は『清水流　本伝　春』[34) にも図示される。

5. 三重開術・五重開術

屈曲等の障害物が多い地形に用いる術である。三重開術（図 3-17-1）では、①本座から望的して卯（真東）の方向の 3 町に一開（初開）を据える。一開から寅 1 分（真北より 63 度）の 3 町半（382 m）に二開を据える。②二開から酉 4 分（真北より 282 度、以下同）に 4 町（436 m）に三開を据え、三開

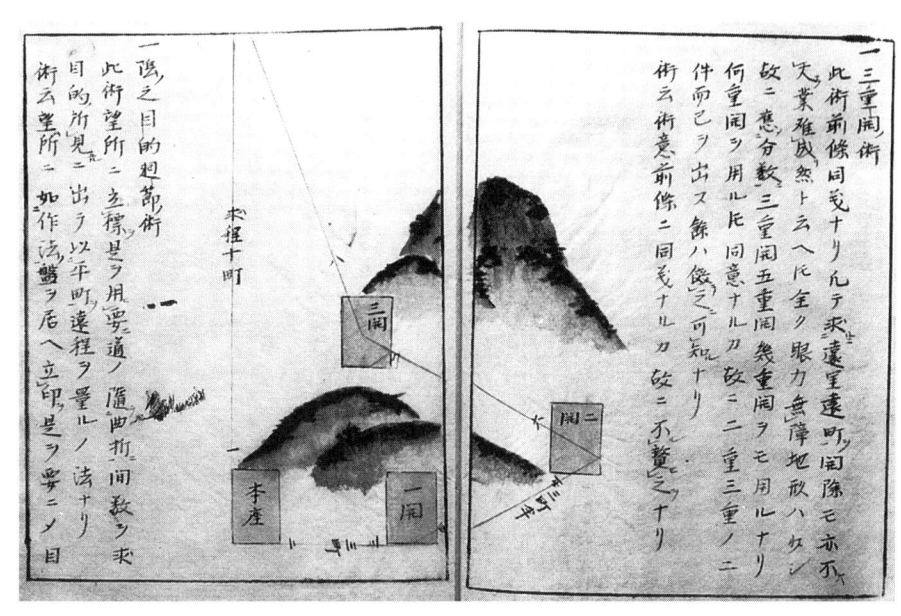

図 3-17-1　三重開術（『南阿測地法　巻之二』）

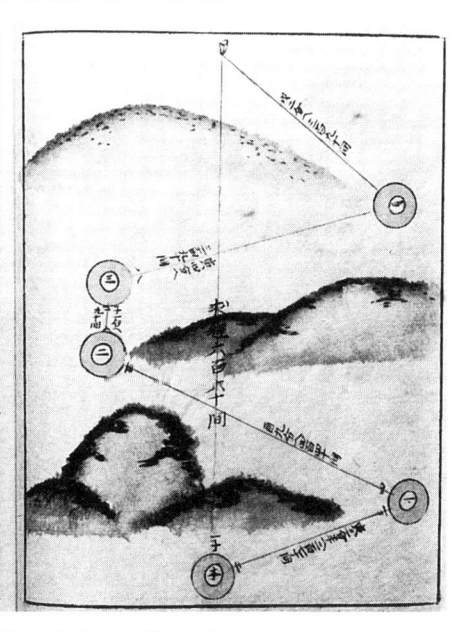

図 3-17-2　五重開法（『南阿測地法　巻之三』）

から亥3分（339度）に目的を再望する。③本座から子1分（真北）に目的を望的して求程10町（1,090m）を得る。『測地法　巻之三』の「五重開術」をみよう（図3-17-2）。初めから広い紙を用いる術で、本座に小丸（磁石）をおいて、烏兎（方位）と分間（縮尺）を使い、野帳に描く寸（図形）は自然に目的までの三角形を顕（あらわ）し、これを虎放器を使う術であるとしている。まず、①本座から初開として寅3分半（70度）へ270間（491m）に一座を据える。②一座から酉9分（297度）へ440間（727m）に二座を据える。③二座から子1分（3度）へ90間（164m）に三座を据える。④三座から寅4分（72度）へ390間（709m）に四座を据える。⑤四座から戌2分（306度）へ390間に目的を望的し、本座から目的までの求程660間（1,200m）を得る。この方は『指南』の「三地重開方」と同じである。

6.　道の遠近・曲折や村郷のランドマークを記す

　『測地法　巻之七』の「製覧趾之事」の条をみよう（図3-18）。村里内の道の遠近・曲折や村の入口・出口・屋敷・神社・仏閣、山野・海岸・川沢・大石・大木、一里塚等のランドマークを目的とし、虎放器（小丸）を用いて、具体的に導線法で作図する方である。例えば、道の両側の景観として、「甲村ヨリ乙村迄村数家数道矩（みちのり）」「何村庄屋、村数十八軒、村入口橋、左右松林アリ、左右畠、塩原、川右へ松林、ヤブ、是迄野道、木戸入口、何村出口」等の記載により、導線法で描いている。この法は『清水流規　秋』の「国図枢要」[35]で地図仕立ての中心として、方位と距離を計測していく導線法と同一である。

　村内の道の曲がり目、辻（交差点）、村の入口、河岸（かし）、橋等に測点を設け、順次に竿を立て、規矩元器で方位を、距離は種竿をコンパスで挟んで測る。短い距離では方位を杖石で、距離を間縄で測るとしており、岡崎三蔵と同じ方法である。『遠候　坤』の「絵図」[36]、『清水流　本伝　春』の「国

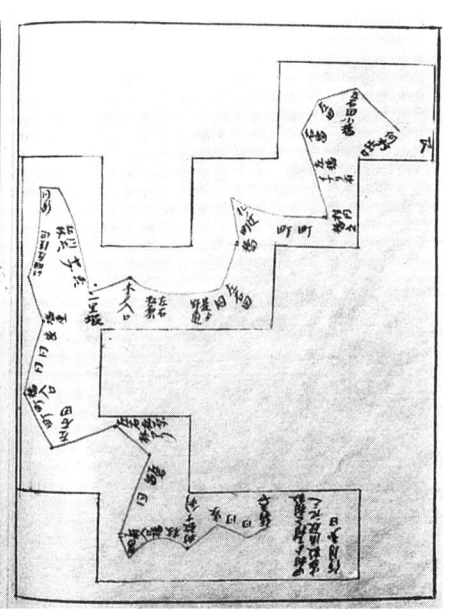

図3-18　製覧趾之事（『南阿測地法　巻之七』）

図仕様之事」[37] にも図示されている。

第 7 節 高低浅深を測る

1. 木の高さを測る

　『測地法 巻之四』の「量諸高下術」の条に城・宮室・堂塔・竹木等の高さを測る術がある（図3-19-1・2、図 3-20）。まず、比高を知る術として、本座より木の根までの間数を 40 間（72.7m）と計測し、40 間は盤上では 2 尺で、縮尺 120 分の 1 となる。本座から木の頂きを見通して、盤上の直角三角形の垂直辺は 6 寸 2 分（18.79cm）となり、これに縮尺倍を乗ずれば樹高の 12 間 2 尺 4 寸（22.54m）を得る。さらに、『測地法 巻之六』の「知木高術」の条では、本座から木根までの 13 間を測り、これを図上に 3 寸 3 分に縮めて縮尺を 236 分の 1 となる。これを盤上の矢倉で垂直辺の 2 寸 5 分を測るので、縮尺倍を乗ずると木高は約 10 間弱となる。また、『測地法 巻之二』の「土手隠知木高術」の条（図 3-20）では、樹木の前方にある土手がある場合に木高と土手の馬踏敷数（幅）を知る法である。この術は盤を堅に据えて、土手上角を見通した勾配（勾倍）と、木頂を見通した勾配が同じになる場合に、分間（図面縮尺）を乗じて求程する法である。まず、本座を据えて木頂と土手角（見込み50 間）と、土手根（地幅 40 間）を望的して墨を引く。開地を立てて開印し、土手上角までの平町（高さ）を盤面にとり、木頂までの空の規（直角三角形の斜辺、80 間）と土手の上角を求めて土手の馬場幅（5間）を知る。この法は『指南』の「土手陰知木高」[38] にも図示される。

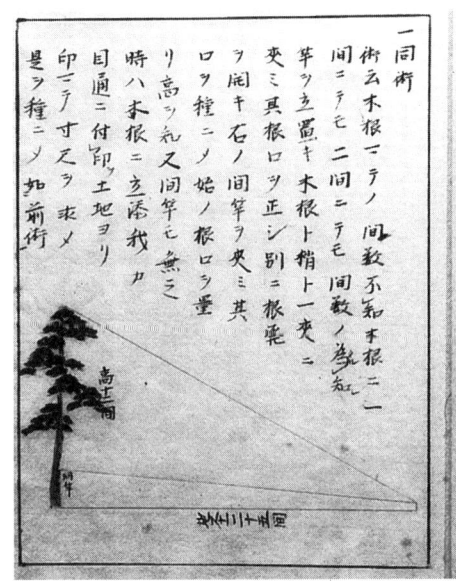

図 3-19-1　量地高下術（『南阿測地法　巻之四』）

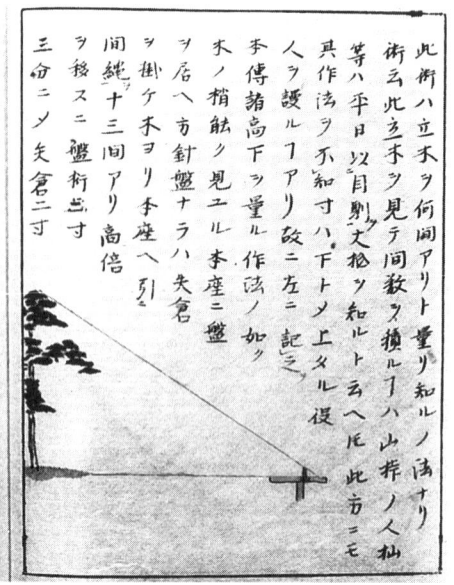

此術ハ立木ヲ何間アリト量リ知ルノ法ナリ
術云此立木ヲ見テ間數ヲ摸ルニ山桙ノ人杣
等ハ平日以目別丈松ヲ知ルト云ヘヒ此方ニモ
其作法ヲ不知寸ハ下トメ上ヲメ役
人ヲ護ルフアリ故ニ左ニ記ス
本傳諸高下ヲ量ル
木ノ梢觔ヲ見ユル
ヲ居ヘ方針盤ナラハ矢倉
ヲ掛ケ木ヨリ本座ヘ引
間縦十三間アリ高倍
ヲ移スニ盤術ナリ
三命ニメ矢倉二寸

一同術
此術同術ナリト云
故ニ一例ヲ出ス
尤木高ヲ量ルノ法ハ本傳
此所ニ山間術ノ法ヲ恐ルカ
故ニ一一二ニ示ス
可知ナリ
術云　知葡條　本座ヨリノ木根ニテノ
間數ヲ量リテ

一同術
五命十リ三寸三分十三間ニ除キ二分五厘強
ト成ル然ルナ八木高十間弱ト成ルテ可知木高ラ
量リ知ルニ　橦ケ作活アリト云ヘヒ南蠻ニヲ
用ルフ得ルナリ其法平間ヲ得テ勾配ニ
移シ末活ヲ用レハ怱チ木高間數ト戈ナリ

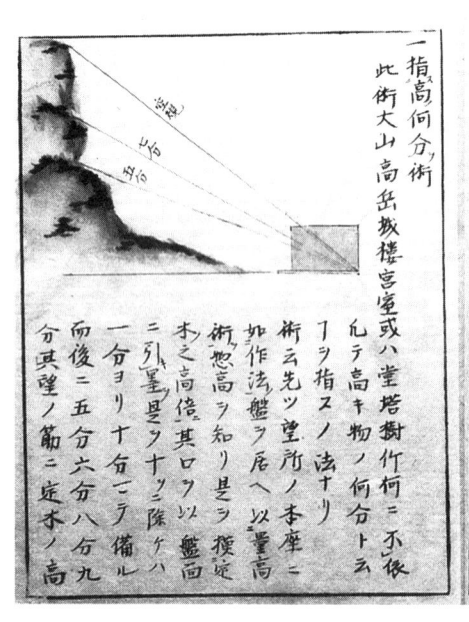

一指高何分術
此術大山高岳敷樓宮室或ハ壺塔樹竹何ニ
尤テ高キ物ノ何分ト云フヲ指ツメ法ナリ
術云先ツ望所ノ本座ヲ
如作活盤ニ居ヘ以量高
術ニ惣高ヲ知リ其ロ以擇定
其ノ高倍ヲ知ル
其ロニ備ヘ
一分ヨリ十分ニ除キヲ
而後二五命六分八分九
分其望ノ節ニ近木ノ高

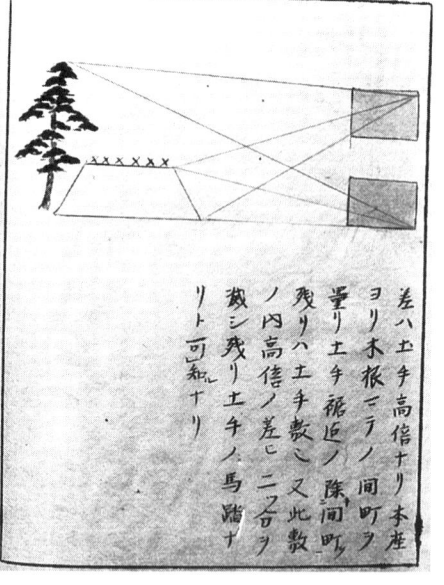

差ハ土手高倍十リ本座
ヨリ木根ニテノ間町ヲ
量リ土手禰近ニ陳間町
殘リハ土手敷ニ又此敷
ノ内高倍ノ差ニ二命分
敷シ殘リ土千ハ馬踏ト
リト可知ナリ

図 3-19-2　知木高術（『南阿測地法　巻之六』）

図 3-20　土手隠知木高術（『南阿測地法　巻之二』）

2. 山の高さを測る

　山の高さを測る時と、木の高さを測る時の大きな違いは、本座から山の根元まで距離が計測できな
いことである。そこで古くから重差法や進退法が用いられて来た。『江戸時代の測量術』[39]と、『測地法』
の見盤術（巻之二）・方針術（巻之三）・根発術（巻之四）では山の高さを測る法が図示されている。
『測地法』見盤術では「山嶺を目的として望的し盤に定規の高倍（勾配）に合せて墨を引く。矢倉の

量高（直角三角形の垂辺）は山高を、矢倉の所までの寸分（直角三角形の斜辺）は空規なり」とあるが、山高の間数は記されない。『測地法』方針術（図 3-21-1・2）では矢倉を用い、「曲尺を柱の寸分を当てて図形を模し、高倍定規を用いる。本座に盤を据え、山上を望的し方位と高倍を極める。山上の望的は子（真北）の高倍 5 寸、卯（真東）へ 20 間（36.4m）を図上 2 寸（6.06cm）縮尺 600 分の 1 とし、山上目的まで地径を 100 間（181.8m、直角三角形の底辺）と、山高を 50 間（90.9m）と求程できるとしている。なお、山の高さを知る測る術としては、『指南　巻之四』、『規矩元法』、『遠候書　坤』、『清水流　本伝　春』にも図示されている。

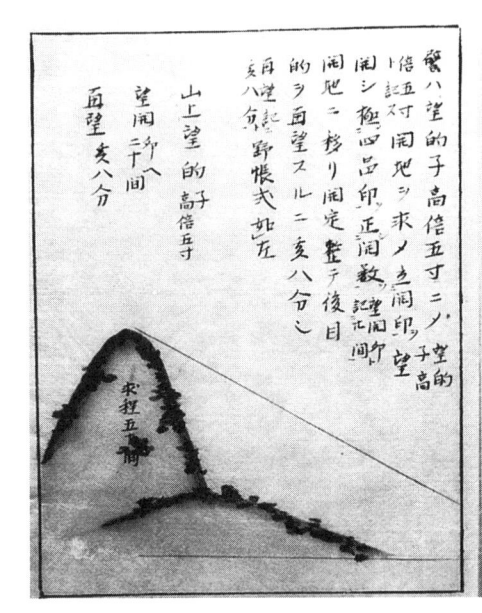

図 3-21-1　量山高術（『南阿測地法　巻之三』）

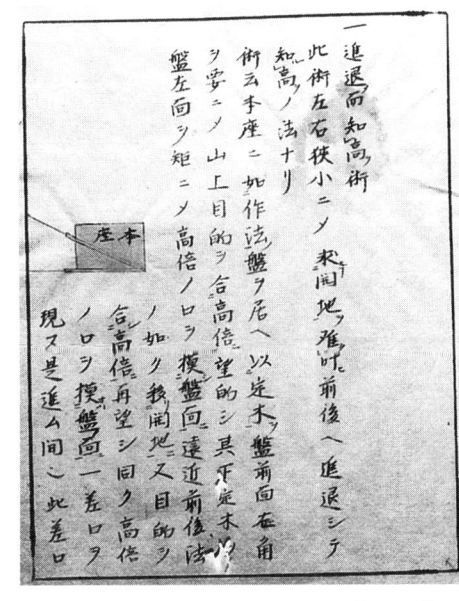

図 3-21-2　知谷深術（『南阿測地法　巻之二』）

3.　谷の深さを測る

　谷の深さを測る術としては、『測地法』の「山谷一知法術」・「模谷浅深知間町術」・「知谷深術」（巻之二・三）、「谷知浅深広狭術」「山谷一知術」「量深二術方」（巻之三）、「量谷之深術」（巻之四）の条がある。まず、「知谷深術」（図 3-22）をみよう。この術は谷の浅深さのみならず、城楼の郭外の里程、山河に橋をかける時、崖岸の井楼を登る等の軍事的技術にも利用された。まず、①山頂に盤を直立に据え、谷底目的を望的して方位と高倍（勾配）を記し、開印を立てる。②望開して直立盤に定規に針を刺し、盤艮（北東・右上隅）を要にして斜めに谷底の目的へ見込みの墨を引く。③「三四五」の矩（ピタゴラスの定理における直角三角形の辺長の比が３：４：５である）を利用する。三は求程直立の深程の縮め（50 間）、四は地径（底辺）の縮め（80 間）を求める。「山谷一知法術」（図 3-23-1・2・3）をみよう。①山頂に盤を据えて、対象となる対岸の山腹地点に対応して定規を高倍（勾配）に合わせて望的して墨を引く（この墨引きは左右の差を知るためである）。②その墨の目的の名と定規・矢倉の寸分を正して開地を求めて開印を求めて開印を立てる。③開地に移り、各々に再望して墨を引いた後に定規を横にしておいて、矢倉の寸分を正して墨を引く。④盤面にできた図形が町間を示す。

　「山谷一知法術」が向側に谷を隔てて望的して求程する法であったが、「山谷一知法術」（図 3-23-3）は谷の中腹から屈曲が激しく、左右・前後・四斜の開地を設置する余裕がない場合に用いる法である。まず、①山の嶺と谷心とを見通せる場所に盤を据え、山谷の目的に桁の高倍を合わせて鳥兎（方位）を正す。②山の方と谷の方へ 10 間、20 間の間隔で間縄を引立て、本座に残印を立てておき、双方がみえる場所に出る。③山の目的である３本の標杭（印杭２本、残杭１本）と谷心の目的とを見通して方位を正し、野帳に記す。野帳で墨を引く寸が図形を作る。④目的より目的までは１尺あり、印杭と印杭間は２寸で、40 間の縮めで縮尺は 1,200 分の１で、5 分が 10 間をあらわす。１尺を種間

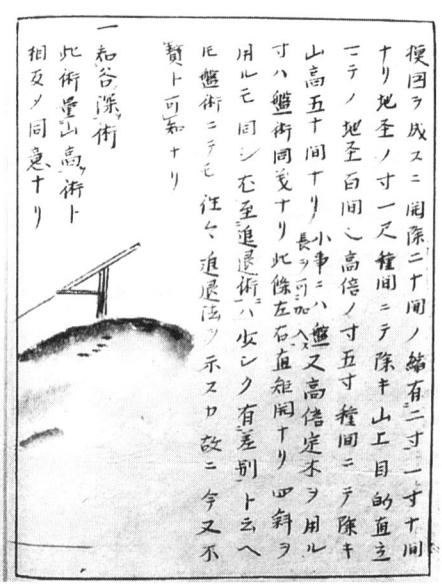
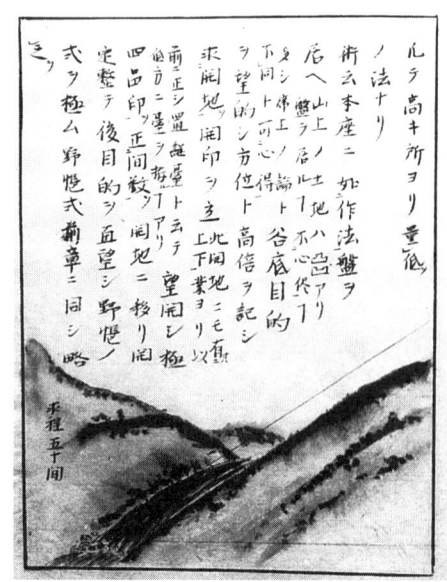

図 3-22　知谷深術（『南阿測地法　巻之三』）

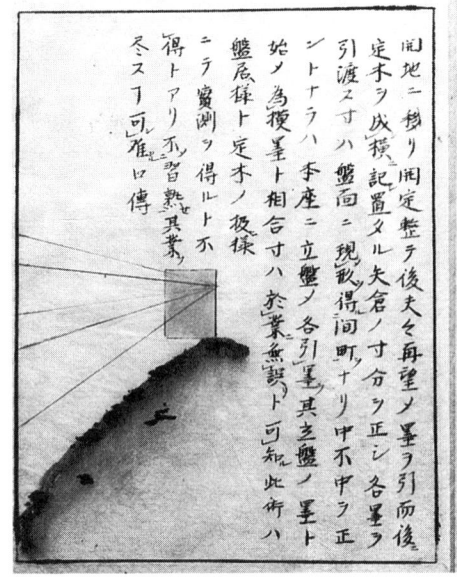

図 3-23-1　山谷一知法術（『南阿測地法　巻之二』）

図 3-23-2　山谷一知法術（『南阿測地法　巻之二』）

にして山上より谷底までの斜辺は 200 間を知る。⑤山谷直立の間町を知るには 1 尺の墨を高倍に合わせて直矩（直線）に墨を引くと、地径の間町（距離）を示す。⑥山谷の双方が見えない寸や、山でも谷でも一方の目的と平町術を行う寸は間町を正して、本座に残印を立てて、脇の所へ出て、図のように双方の目的を見通して、その縮口の内の一方の間町が分かるため、残りの一方の間町を知ることができる。

　「谷知浅深広狭術」は山上において谷川の浅深・広狭や山城の縄張り等の郭を知る法である（図

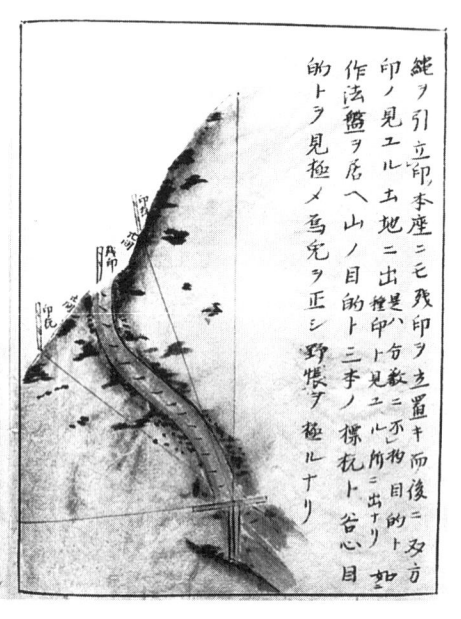

図 3-23-3　山谷一知法術（『南阿測地法　巻之三』）

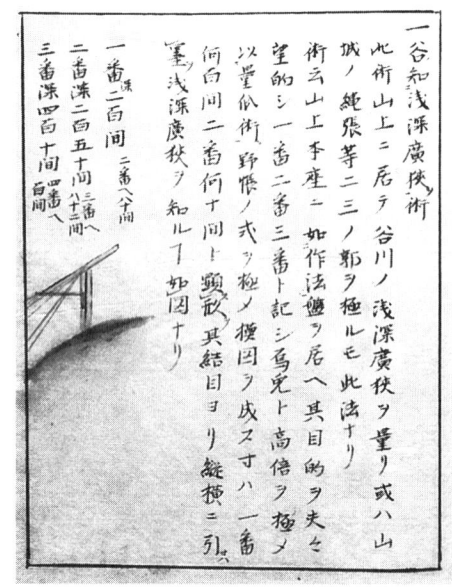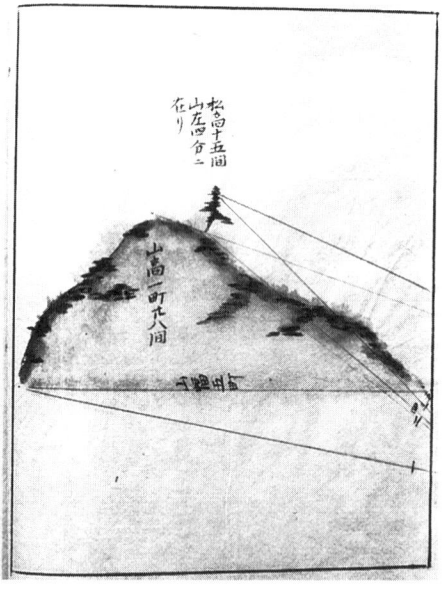

図 3-24-1　谷知浅深広狭術（『南阿測地法　巻之三』）

3-24-1・2）。①山上の本座に盤を据え、目的を各々に望的して1番・2番・3番と記し、鳥兎（方位）と高倍を測り、野帳でその数値を求める。②結び目を縦横に墨を引き、浅深・広狭を知る。③1番深(直立辺) 200間、2番へ80間、2番深250間、3番へ82間、3番深410間、4番へ100間、4番深380間、5番へ125間、5番深240間。④本座より谷へ（空径斜辺）、1番へ580間、2番へ530間、3番へ510間、4番へ425間、5番へ370間となる。この法は『指南』の「知谷深」、『規矩元法』の「知谷深事」、『量地図説　巻下』の「低き所を量る術」[40]にも図示されている。

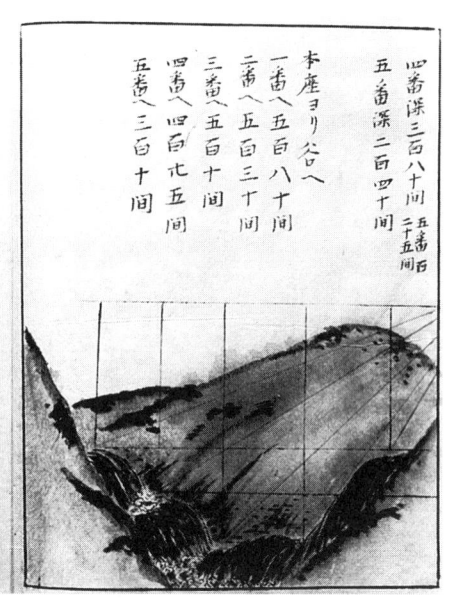

図 3-24-2　谷知浅深広狭術（『南阿測地法　巻之三』）

第 8 節　地形の高低差を測る術

『測地法　巻之三』の「知地形高昇術（ちぎょう）」の条（図 3-25）を見よう。見通せる地形で少しの高低を

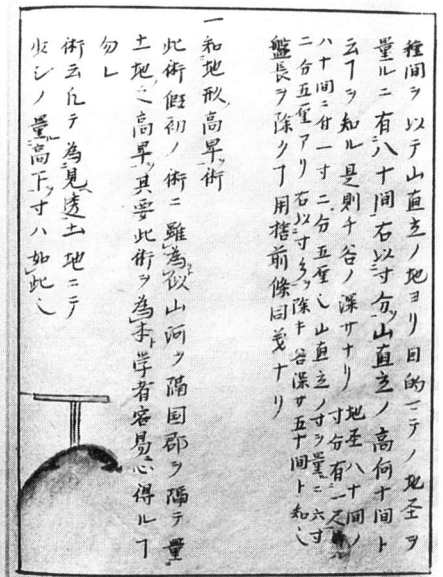

図 3-25　知地形高昇術図（『南阿測地法　巻之三』）

測る法である。①盤を据え、方位を測り、50間、100間の地点であれば、間縄を用いる。②間縄が使えない所は平町術を用いて高下差（比高）を測る。③遠境を隔てた場所では高下差を計測する。まず、山の術を用いて高く見える物を仮目的として、その高さを使う。さらに、50間の先の仮目的山の術を用いて高さを測定し、60間先も知ることができる。このようにして、先の地点より次の地点までの比高を10間と知る。この術を用いると日本国中の高度差を求めることができる。なお、『指南　巻之三』の「地形高低」、『規矩元法』の「地形高低」、『補足　清水流規矩術　本伝　全』[41]の「求地形之高下事」にも図示される。

第 9 節　位置を知る

1.　目的までの道が屈曲して見通しできない位置を知る

　『巻之二』の「陰之目的廻節術」（図 3-26）の条をみよう。この術は目的までの道が屈曲し、村落などがあり、見通しできない場合には見盤を曲がり目ごとに移していき、方位と縮尺に対応した間数を引く法である。初めと終わりの地点を結んでその線の長さを測れば距離がわかる。この法は近世の測量術において伊能忠敬以外にも多くの測量家が用いており、導線法と呼ばれる。

　まず、①本座に盤を正しく据え、目的を望的して要印を立て、この要印より再開し、角印（開印）を一の開地に立てて定規で墨線を引き、屈曲の形を図に表してその間数 15 町を測る。②一の開地か

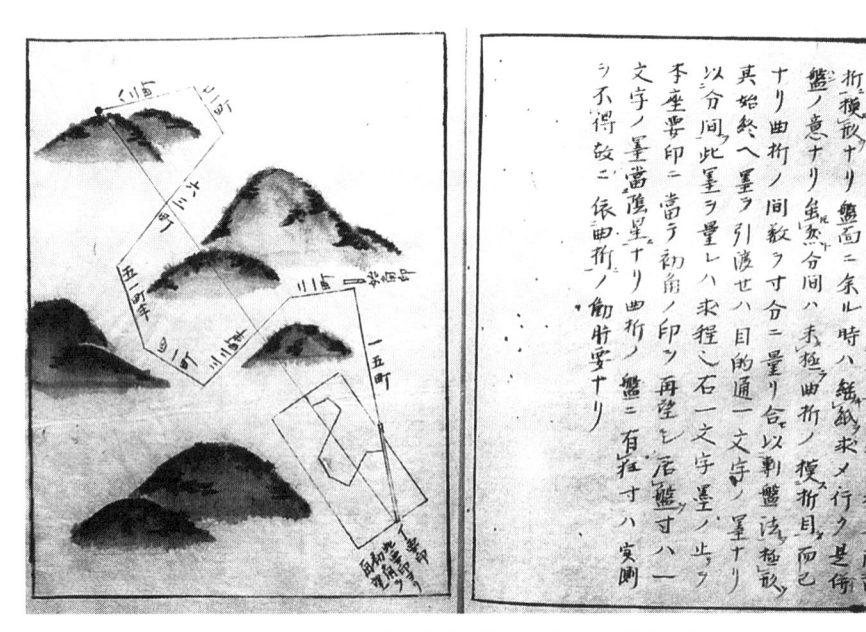

図 3-26　陰之目的廻節術（『南阿測地法　巻之二』）

ら二の開地に移り、一の開地の開印を再見して 21 町を測る。③同様に三の開地に移し、二の開印を再見して 32 町半を測る。同様に四の開地から再見し 41 町を測り、順次、五の開地までの 51 町半、六の開地までの 63 町、七の開地までの 71 町を、七の開地から目的までの 82 町を測る。最後に本座要印から図面上で目的までの一文字墨を引けば、目的までの距離を求程できる。この術では屈折地点ごとの方位と間数を正確に測ることが肝要である。

2.　見通しのきく左右の地点間の距離を知る

『巻之三』も「知前面広狭術」の条（図 3-27）と『指南』の「正面正開方」[42] は、見通すのに障害物がある場合の左右の目的（石垣）間の距離を知る交会法と呼ばれる法である。一定の距離を離れた 2 地点から目的を見通し、その方位を図上で引くと、目的の位置は 2 線の交点となる事を使った法である。目的までの距離を測る必要がないことに特徴がある。まず、①本座に盤を据え望的するに、石垣の左目的を申 5 分（245 度）、石垣の右目的を酉 7 分 7 厘（293.1 度）に望的し、墨を引く。②子方（真北）の 1 町に開地を求め、開印を立て、左目的を申 1 分 8 厘（245.4 度）に、右目的を酉 4 分 3 厘（282.9 度）に再望し、墨を引く。コンパスで距離を測ると求程の 3 町 42 間（403.596 m）を得る。

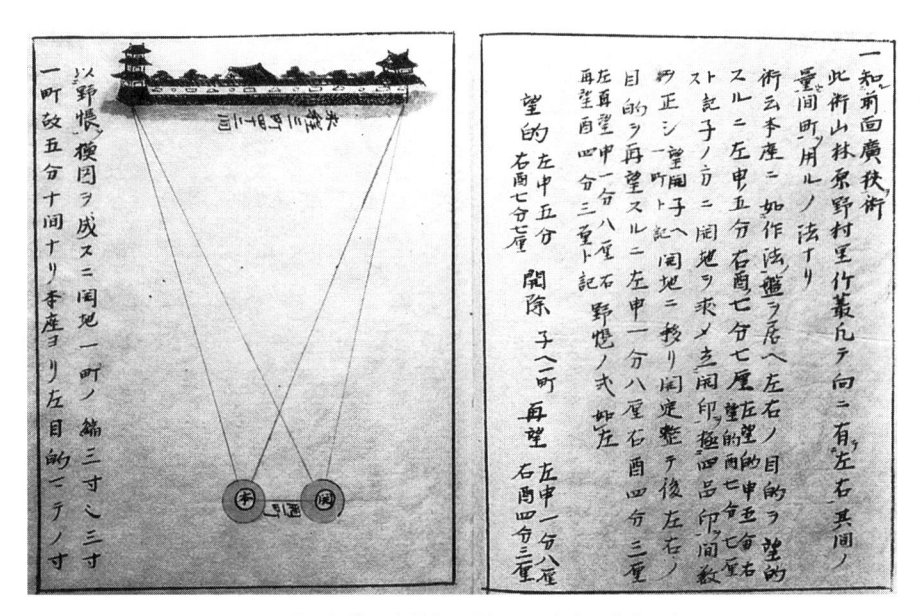

図 3-27　知前面廣狭術（『南阿測地法　巻之三』）

3.　前面にある複数の斜面屈曲の位置・距離を知る

『巻之二』の「同数知斜開術」の条（図 3-28）と、『指南』の「四知一開方」[43] の条は、見通しのきく前面の曲折れた斜面の位置・距離を知る法で、前者では遠近術としているが、一般には交会法と呼ばれる。図では 7 ヶ所の石垣の曲折れ目を目的とする。①本座を横に方正に据え、盤乾（北西）を要にして墨を引き（図では一〜七の線、但し一の線が垂直に左端の目的を見通せる様に線を引く）、

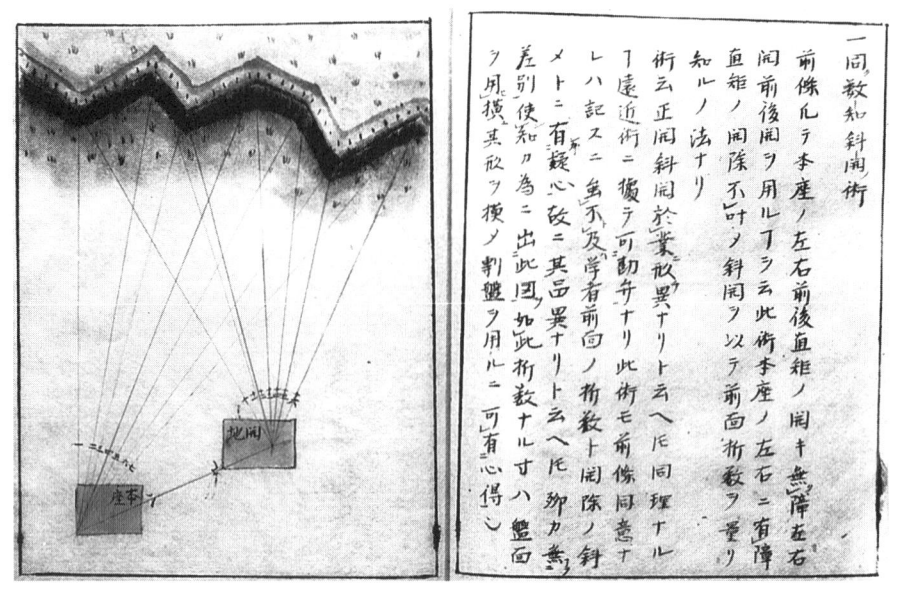

図3-28　同数知斜開術（『南阿測地法　巻之二』）

要に残印を立てる。②本座から残印を見通して、図の八と九の線の延長線上に開地を据えて要を設定し、7ヶ所の目的を見通して十～十六の線を引く。③一と十、二と十一の様に各線の交点の位置を盤上に描く。図上の各目的間の距離をコンパスで測り、縮尺倍すれば石垣間の距離を求程でき、盤上で描いた縮図が石垣や城郭図等の縄張りが得られる。

第10節　池の面積・体積・深さ・周り・土量を測る

1．池の面積と土量を測る

　『巻之六』の「大池坪積術」の条（図3-29）では、「この術は池に限らず堤の切れ口、あるいは川成等大なる場所にて周りは間町あれとも、中は縄引けずとも坪数を求める法なり、普請はその坪数を知り深さを知りて立坪して、造用を積り善悪を知るか故に、この術と下の池の深さを知るの二術を挙げてその法を示す」とある。まず、池の周りの曲折れに従って竹を立て、一番より五番までを用い、本座に板を置いて正平をただし、その立竹を番付けの順に本座の要印から見通して墨を引く。盤上の要より一番竹までの距離の17間を1寸7分に印をつける（縮尺600分の1）。同様に二の竹より三の竹までは16間：1寸6分、三の竹より四の竹までは17間：1寸5分、四の竹より五の竹より一の竹までは22間：2寸5分を測る。別紙に図形を模すと3つの三角形で構成されるので（三角分割法）、三斜法で面積を測り、縮尺600分の1の分間をもって乗ずると、池の総坪数は897坪となる。これに

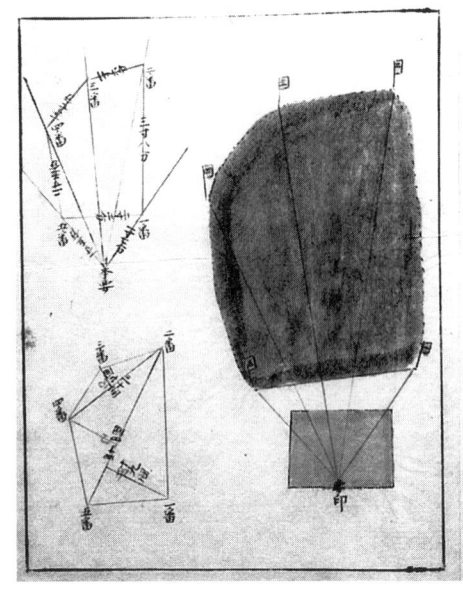

図 3-29　大池坪積術（『南阿測地法　巻之六』）

深さの 1.5 間を乗ずれば 1,305.5 立方坪（立方間）となり、これが池の総土量となる。この法は『遠候書　乾』の「大池坪数」の条にも図示される。

2. 池の深さを測る

『巻之六』の「知池之深術」の条（図 3-30）は、池の深浅を測る術である。池の向こうに杭を立て、

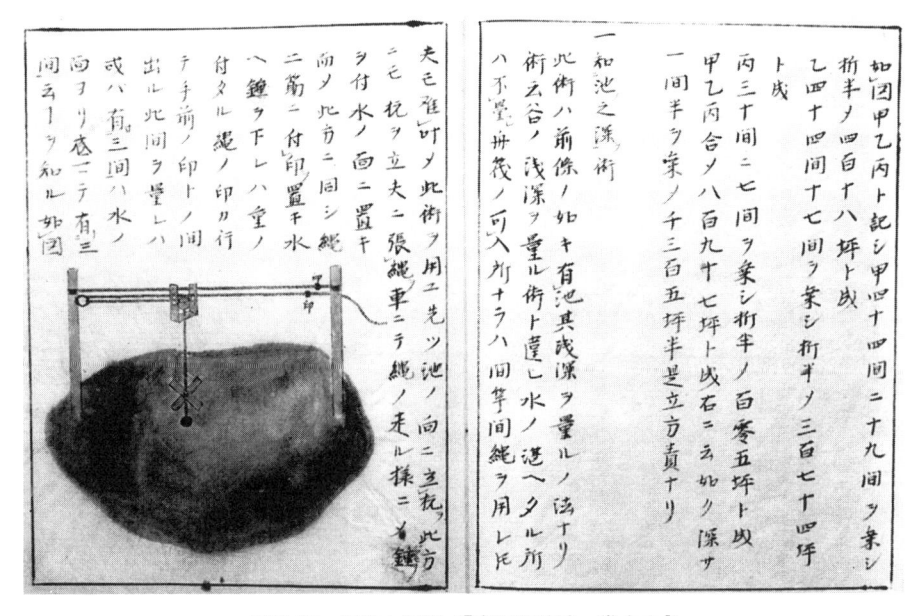

図 3-30　知池之深術（『南阿測地法　巻之六』）

こちら側にも杭を立て、それに縄を張り、縄張り車（滑車）に錘をつけて水面におき、手前の印と間数が出るので、これを測れば池の幅がでる。さらに滑車から錘を池底へ下ろすと池の深さがでる。『遠候書　乾』の「池之深」も同じである。

3.　池の円周を測る

『巻之二』の「周圓知術」の条（図 3-31）は、海中の島嶼や村里の沼・池等の円径と円周を前面術で測る。本座の盤を据え、島・池の両端を望的し、本座の右に開地を求め、開地から両端を再望する。開地の図では両端が 100 間を表す寸は 1 寸 10 間（縮尺 600 分の 1）とすると、図に 1 尺の円を周して墨を引いて切り抜き出し、平円を一転すれば円径を知ることができる。縮尺 1 分 1 間を種としている。『指南　後編巻五』の「円理」、「径矢弦」[44)] で円周と半径・直径を知る術が記される。

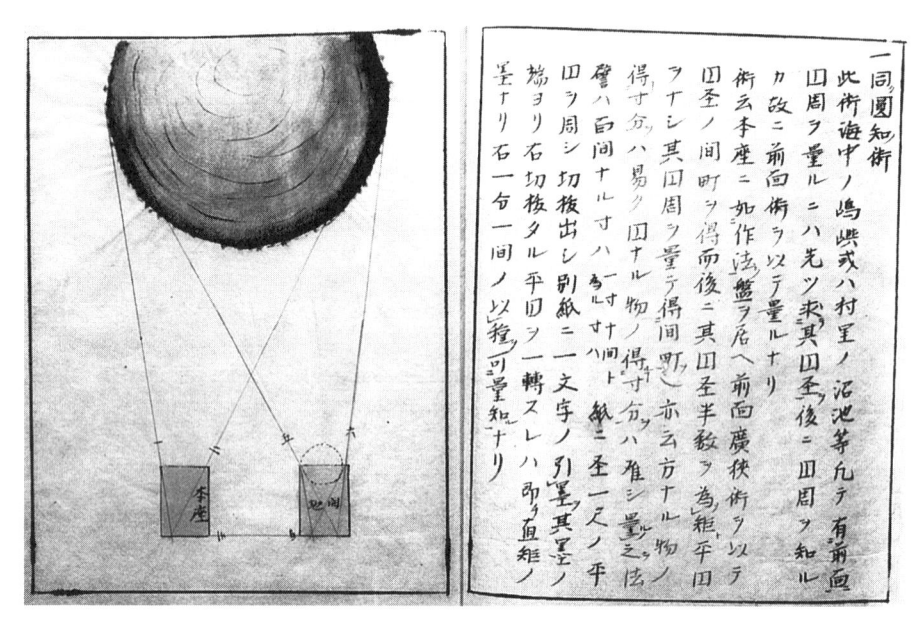

図 3-31　周圓知術（『南阿測地法　巻之二』）

第 11 節　堤の切口の間数・坪数、法面の間数・根置・馬踏の間数を測る

1.　堤の切口の間数を測る

『巻之六』の「縄向切術」の条（図 3-32-1・2）は、間縄を使うことができない場合における堤防の破損箇所の間数を知る術である。本座を正中に据え、要印をつけて、切口の左右に竹を立て、要印よ

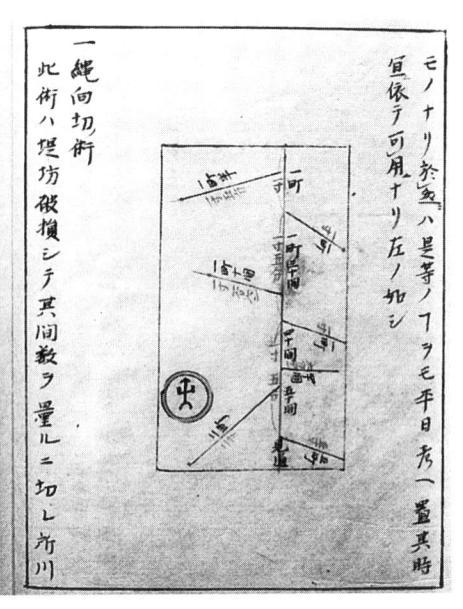

図 3-32-1　縄向切術（『南阿測地法　巻之六』）

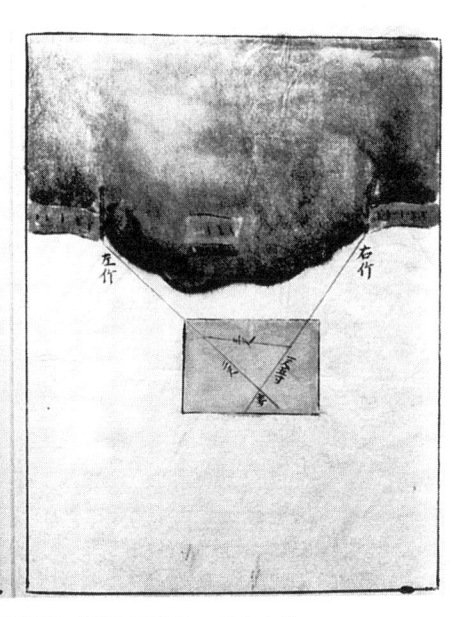

図 3-32-2　縄向切術・堤内外高低術（『南阿測地法　巻之六』）

り見通して盤上に墨を引くと、図が表れる。間縄で右竹までの間数は 200 間を測り、図面の左筋に 2 尺に印をつける（縮尺 600 分の 1）。同様に右竹までの間数は 150 間で、右筋 1 尺 5 寸に印をつける。左右の印間に墨を引き、その図上距離は 3 尺であるので、向切口は 300 間（545.4 m）となる。この術は森林等を隔てた 2 地点間の距離を測る時にも用いられる。『指南　後編巻五』の「坪詰（つぼづめ）」と「歩詰角形（つめかくぎょう）」[45)] の条で示される。

2. 南蛮矩で堤の坪数、法面の勾配・間数・根置・馬踏の間数を測る

　『巻之六』の「南蛮矩術」の条（図3-33）に、「この南蛮矩は古傳の秘器にて仕立に口傳あり、水盛あるいは堤防坪積等に用いるなり」とある。さらに、「土地の高低を正すには夫々町間（距離）を得、乗法を乗る、寸は立所に知るなり。また、堤防を積る寸に大なる堤の下およそ三十間ともこれある堤の上より坪数を積るには根置高（堤の底辺高）を知らずば積がたく、これを南蛮矩にて積る。寸は軽捷なること左（図）のごとし。長き堤の高さ三十間にも餘りたる様に見えて、根置知らずは百目玉程の錘りに間縄をつけた堤の規りを傳ひ何間という事を知り、堤の上にかの南蛮矩を置き高倍（勾配）を計れば、たちまち何寸勾配という事知れるなり。而後に勾配あり弦ありて高を知るの乗法を弦の間に乗れば高を知る。また、高倍あり、弦ありて股を知るの乗るを乗り南蛮矩直立の土地より弦を求めたる方の平間なり、これを二つ合し馬踏（堤の上辺）を加れは根置の間と馬踏の間を合し二つに除き高を乗る堤の長を切取りたく程の間数を乗れは右堤の坪数を知るなりや」と記す。南蛮矩は坪数、法面やその勾配（傾斜度）、根置と馬踏の間数を知るために使われた器具である。

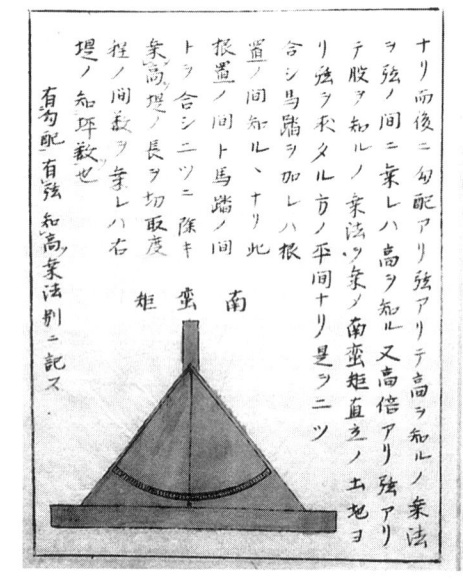

図3-33　南蛮矩術（『南阿測地法　巻之六』）

3. 矩で堤内と堤外の高低を知る

　『巻之六』の「堤内外高低術」の条（図3-34）は、堤防の高さを基準に堤内と堤外の高低を南蛮矩を用いて知る法で、川除や川浚の際に使われた。堤防の上に南蛮矩を置き、堤内外の地に図の様に竹を立て、南蛮矩で高倍法を用いると、堤内外の土地の高低を知ることができると記される。

図 3-34 堤内外高低術（『南阿測地法 巻之六』）

第 12 節 船までの距離と船速を知る

1.「度数」を使う

　航海術に関して船がどれくらい湊から離れてかを知る器具をみよう。『巻之七』は「国図用法」と「航路術」からなる。「航路之術」の条（図 3-35）では湊から船で距離や船速等を知る術が記されている（『指南』では「線路之積」）。湊までの距離を知るための「度数」と呼ばれるものをみよう。出船する前には湊の種取りとして山があれば、山高を種に量地法（平町・斜平等）をもって湊の町間（距離）を知る。その距離をもとにして「度数」を作り、船中に「度数」をおく。岡崎三蔵は「度数」の作製方法についてはまちまちであり、『指南』等の説明は「旧制」と断じている。「船中之度数」（図 3-36）のように、盤厚板長 3 尺 5 寸、幅 2 尺四方に寸分の目盛りをして真中の縦に墨を引き、一番上に湊種の方位を知るために小丸（磁石）を据える。「度数」紙を長さ 3 尺、幅 1 尺にして、横に 2 つ折りにし、斜めに切り捨てて図の様な細長い二角形を作る。三角形の真中の長さは卜から下に、1 尺、6 寸 7 分、4 寸とする。その後に薄板に高さ 1 寸ばかりの縁をつけ、湊の両種がよく見通せるように作ることが肝要である。また、上（大）の三角形に合わす種間を 20 町：1 尺とし、5 分：1 町（縮尺 7,200 分の 1）となる。中の三角形の種間を 3 分 3 厘：1 町とし、1 尺：30 町（縮尺 10,800 分の 1）となる。下（小）の三角形の種間を 2 分：1 町とし、1 尺：50 町（縮尺 18,160 分の 1）となる。また、100 町は小の三角形で 2 分の種をもって 100 町を知ることができる。「度数」の要は三角形の底辺の幅が狭くなるほど湊から遠く離れていることになる。また、船の航行の方位と距離を知る法として『指南後編巻之三』

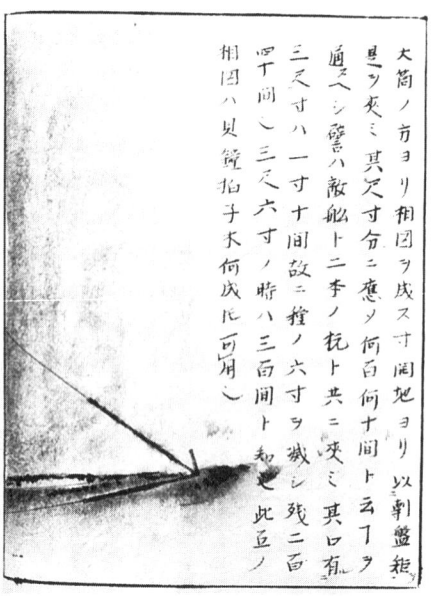

図 3-35　航路之術（『南阿測地法　巻之七』）

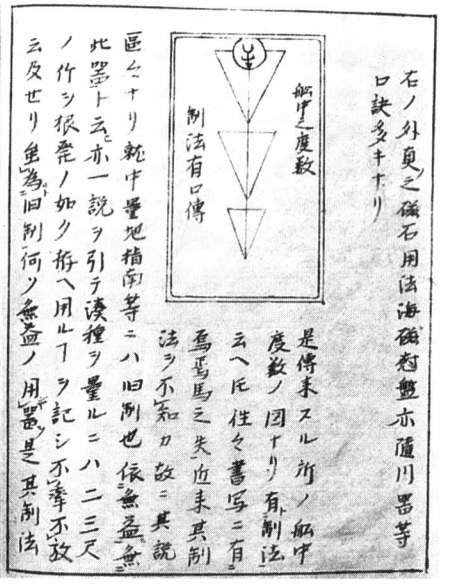

図 3-36　船中之度数（『南阿測地法　巻之七』）

の「船路之積」[46]と『補足　清水流規矩術本伝　全』の「船路之事」がある。

2.「香時計」を使う

　『巻之七』の「線香・定香・漏尅（ろうこく）」の条（図 3-37）は、香時計か砂を入れた四角錐の漏斗（じょうご）を用いて、船の航行距離を測る法である。この法は『町見弁疑』の「香曲尺之図」にも図示されているが、船速

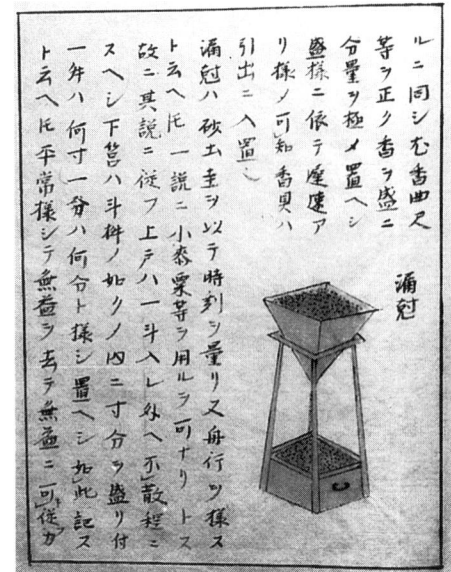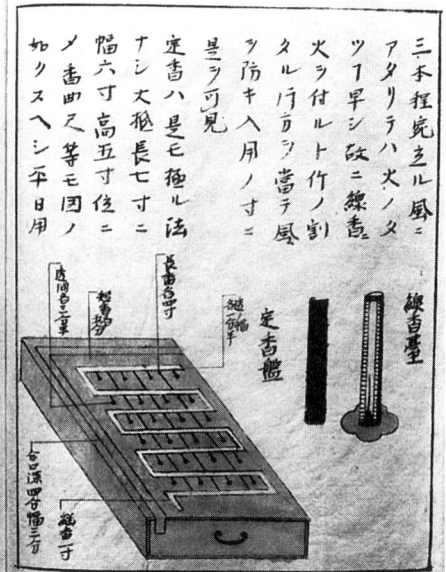

図 3-37　線香定番漏剋（『南阿測地法　巻之七』）

は天気・風・波等の影響を大きく受けるので、この法の効果については大いに疑問であるとしている。まず、線香台図の様に筒状に丸竹を 2 つに割り、片方に寸分の目盛りを盛り、木製の台に倒れないように取り付け、内に線香を立てる。湊の種で計測した何十町に何分燃えたかを測り、線香が燃えた寸分の時間をもって航行距離を測る法である。但し、風がある時は竹筒の片方で風を遮るようにする。図にはないが、『指南後編　巻之三』にも「竹筒をこしらえ寸分を目盛りつけ線香を立て置き、右に湊の種をもって何十町に何分燃えとみて、これを元にして一分に何町走り、一寸に何里走ると定め置き、線香の寸分をもって海上の道程を知る。火刻というもこれをいうなり」とある。

　「定香盤」は図に示したように、「香曲尺」を納めた台で下には香を入れておく引き出しがついている。長さ 7 寸、幅 6 寸、高さ 5 寸の香曲尺台には透き間の幅が各 1 分半の溝が直角に折れ曲がるジグザグに刻まれ、長香は各 4 寸、短香は各 5 分の目盛りがつけられている。溝に香を山盛りに入れ板で平らにして、その端にひもをつけて燃えていく長さで時間を測る術である。さらに、「漏剋」は図の様に、1 斗ほどの砂土を四角錘の上絽に入れて、寸分の目盛りをつけた下の四角枡に何寸 1 分は何分という様にして時刻を測る法である。

3.　真磁石

　『巻之七』の「真磁石」の条（図 3-6、本書 37 頁）は船の進行の鳥兎（方位）を知る法である。図の「海磁剋盤」は厚い板に「真磁石」をはめ込んだもので、干支の十二方位の卯（真東）と、酉（真西）は逆（逆目方針）に示されている。盤の中央に据えられた磁針（剣先）は、常に子（真北）を示しており、航路の方位がすぐわかる。剋盤の周囲に寸分の目盛りを刻み、また、左右に樋を掘り、この樋に線香を入れる。この随川器は国境谷川等の一里二里の小業に用いる。

第13節　航行する敵船を砲撃する法

『巻之五』の「走船江大筒火矢之術」の条（図3-38-1・2）をみよう。まず、航行する敵船を大筒で砲撃するには、海辺の大筒を設置する砲座に印杭を立て、それより直線で1町か2町離れた場所に開地を求めて印杭を立てる。この2つの杭をコンパスで挟んで寸分を正す。6寸である寸は1寸：10間

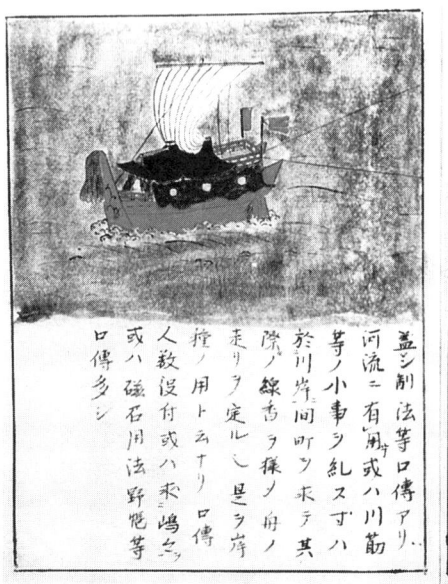
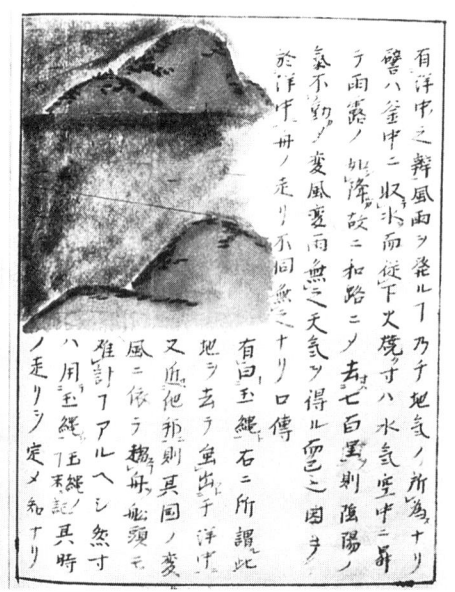

図 3-38-1　走船江大筒火矢之術（『南阿測地法　巻之五』）

図 3-38-2　走船江大筒火矢之術（『南阿測地法　巻之五』）

（縮尺 600 分の 1）の割を種として敵船を沖に見て、大筒の発射方向に敵船が航行する時に、大筒より開地へ合図する。開地をコンパスでその寸を測り、それに応じて敵船までの距離を測る。例えば、3 尺寸は種の 6 寸を減じて 2 尺 4 寸となるので、距離は 240 間となり、3 尺 6 寸の時は 3 尺となるので 300 間となる。

　また、著名な砲術家である高島秋帆の影響を受けて大坂の算家の福田理軒が、安政 4 年（1857）頃に著した『測量集成　巻之三』の「砲口位置勾配の度数を求むる法」[47]によれば、砲座から距離 300 間離れた敵船を丸行薬力 200 間の大砲で砲撃する場合に、実丸（砲弾）の勾配を計測する事例が図示されている。これによると、直射丸行を縮して図面で 2 寸とし、距離 300 間縮めて 3 寸とすると、空丸勾配は 65 度、実丸勾配は 45 度で発射するが、弾道は途中から 25 度になるとしている。但し、風波・大気の希薄状況や天気の状態等の影響を受けるとしている。

小　括

　岡崎三蔵宜陳は寛政 11 年（1799）～文化 9 年（1812）頃に稿本『図解　南阿測地法　七巻』（以下『測地法』）、『図解　南阿量地法図附録　全』、『紅毛流　規矩元法図解　下巻』を著している。『測地法』の「序」によれば、紅毛流（オランダ流）と大島流の影響を受けたとされるが、『測地法』の内容をみると、むしろ、享保 8 年（1723）に村井昌弘が著した刊本『量地指南』と、清水貞徳を祖とする清水流の影響が強いと著者は考える。越中の測量家石黒信由は、享和 2 年（1802）に稿本『測遠要術　巻之一・二・三・四・五』を著しており、寛政 11 年の宜陳の『測地法』とほぼ同一の時期にあたり、川村博忠[48]は、宜陳が清水貞徳の流れをくむとしている。また、享保 9 年（1724、同 11・13 年写）の大島流の稿本『遠候書　乾』（日本学士院蔵 6113）や、『清水流規矩術町間　別伝図解、国図枢要』（日本学士院蔵 6266）、甲斐駒蔵広永編の『量地図説』等の測量術書の内容と、『測地法』とはよく類似しており、宜陳は近世中期のこれらから多くを学んだのではないか。

　『測地法　七巻』243 箇条は、巻之一の三格・八式・器械、巻之二の見盤術、巻之三の方針術、巻之四の根発術、巻之五の武器町見、巻之六の民間町見、巻之七の国図用法からなる。見盤術（量盤術）は磁石で方位を測ることをせず、板（盤）上に本座・開地・目的間を見通し、現地と相似する三角形を作り、辺の長さを測り距離・高低を求める術で、方針術は本座・開地に大丸・小丸と称される磁石で方位を測る法である。根発術はコンパスで距離を測る法で、遠近・広狭・高低等の概略を敏速にするのには便利で、広域の絵図作製に使われた。武器町見は戦場において鉄砲・弓等を鉄砲盤・弓盤・矢倉を用いて、敵城・船までの距離・高低・方位を測る法である。民間町見は山林・原野・田畠等の勧農普請等の民間で使われた法で、川筋の高低・川幅・土地の水平を測り、道の絵図や堤の内外高低を測る土木的測量法である。国図用法はある国の広域・村域や村絵図作製に関する実用的な法を記したもので、分間・測量に要する人数・馬数、役割・行程・案内・料紙・測量器具・村触等を記している。

[註]

1) 享保九甲辰歳九月吉日　浪華隠士　大嶋喜侍芝蘭識『遠候書　乾』（整理番号 6113，日本学士院蔵）。

2)『遠候書　坤』整理番号 6113。

3) 大矢真一解説（1978）:『江戸科学古典叢書 9　量地指南』恒和出版。

4) 正徳 5 年（1715）荒木彦四郎著『規矩元法』、日本学士院蔵，稿本（整理番号 5811）。

5)『清水流規矩術町間　本伝　春』，日本学士院蔵，稿本（整理番号 6266）。

6) 青木國夫他編（1978）:『江戸時代古典科学双書　10　量地図説』恒和出版。

7)『清水流規矩術町間　別伝　夏上』，日本学士院蔵，稿本（整理番号 6266）。

8)『清水流規矩術町間　別伝図解　夏下』（整理番号 6266）。

9)『清水流規矩術町間　国図枢要　秋』（整理番号 6266）。

10)『清水流規矩術町間　国図要録　冬（整理番号 6266）。

11)『補足　清水流規矩術　本伝　全』（整理番号 6268）。

12)『正校　清水流規矩術　国図枢要』（整理番号 6265）。

13) 川村博忠（1992）:『近世絵図と測量術』古今書院，104 頁。

14) 松崎利雄（1979）:『江戸時代の測量術』総合科学出版，14 〜 15 頁。

15) 前掲 3)，49 〜 52 頁。

16) 前掲 8)。

17) 青木國夫他編（1978）:『町見弁疑・量地図説・量地幼学指南』恒和出版，47 頁。

18) 前掲 17)，351 頁。

19) 前掲 3)，244 〜 246 頁。

20) 保柳睦美編著（1974）:『伊能忠敬の科学的業績』古今書院，337 〜 338 頁。

21) 射水市新湊博物館, 高樹文庫,「石黒信由関係資料」, 軸心磁石盤（120 度目盛）, 軸心磁石盤（360 度目盛）。

22) 前掲 17)，379 頁。

23) 吉澤孝和（1990）:『江戸時代中期の測量術』建設省中部地方建設局天竜川上流工事事務所，32 〜 35 頁

24) 前掲 3)，69 〜 73 頁。

25) 前掲 4)。

26) 前掲 3)，73 〜 75 頁。

27) 前掲 1)。

28) 前掲 5)。

29) 前掲 3)，79 〜 82 頁。

30) 前掲 23)，38 〜 40 頁。

31) 前掲 1)。

32) 前掲 5)。

33) 前掲 3)，105 〜 109 頁。

34) 前掲 5)。

35) 大島喜侍写, 享保 9 年『遠候書　坤』日本学士院蔵，稿本（整理番号 6113）。

36) 前掲 5)。

37) 前掲 3)，304 〜 307 頁。

38) 前掲 14)，88 〜 97 頁。

39) 前掲 14)。前掲 17)，318 〜 319 頁。

40) 前掲 11)。

41) 前掲 3），125 〜 127 頁。

42) 前掲 3），148 〜 152 頁。

43) 前掲 3），375 〜 378 頁。

44) 前掲 3），378 〜 381 頁。

45) 前掲 3），277 〜 283 頁。

46) 前掲 3），278 頁。

47) 大矢真一（1982）:『江戸科学古典叢書 37 測量集成』恒和出版，84 〜 86 頁。

48) 川村博忠（1992）:『近世絵図と測量術』古今書院，294 頁。

第4章 『図解　南阿量地法国図附録　全』にみる絵図仕立て法

　近世では様々な使用目的を持つ主題図や藩用の行政目的、領域把握のために作製された一般図がある。徳島藩では享和〜弘化期に藩領の阿波・淡路両国を対象とした実測の分間村絵図・郡図・国図・城下絵図の作製が藩の事業として行われた。また、村絵図や郡図と国図では描く範囲に広狭があるので、分間（縮尺）は異なる。

　絵図の仕立法に関して具体的に述べた測量術書の稿本を徳島藩で見ると、『南阿測地法　巻之七』（以下、『測地法七』とする）の「国図用法」[1] の条と、『図解　南阿量地法国図附録　全』[2]（以下、『国図附録』とする）がある。他藩では越中の測量家・石黒信由が享和2年（1802）に著した『測遠要術五巻』[3] のうち、「巻之三　縄張町見領形仕立之法」、「巻之四　磁石術領形仕立之法」と、五十嵐孫作が、享和2年に著した『領絵図仕様之事』[4] と、石黒信由が文化9年（1812）に著した『御検地領絵図仕立様』[5] がある。また、清水流の伝書で、享和2年に編まれた稿本である『清水流規矩術町間　秋　国図枢要』[6] や、渡辺慎述編『伊能東先生流量地伝習録』[7] がある。本章では『測地法七』と『国図附録』を中心に論述する。

第1節　村触と絵図御用指出帳

1. 事前の村の情報収集

　岡崎三蔵宜陳は寛政9年（1797）に藩天文方を命ぜられ、享和2年に撫養より阿波国内の測量を開始するが、測量をするにあたって、あらかじめ道筋村々に対する人馬と人夫等の徴用、事前の準備と周知のための村触を庄屋・五人組に対して行った。まず、『測地法七』の「村触之事」には「朝幾日天気よく候は何村ヨリ何村迄見分に罷り越し、人足何人馬ならびに庄屋案内者村境迄罷り出候に付、道筋左右近辺村々庄境道筋へ相詰め申すべく候、段々村継ぎを以て相触るべくものなり」とあり、測量する村では案内する庄屋は村境で出迎え、次村へは村継ぎを以て触れるようにと布達している。

　次に、『国図附録』がより具体的である。最初に「岡崎家よりその沿道の庄屋五人組・伝馬才判方へ左の書面を送付す」として、「五人扶持方御支配十三石」で無足藩士格の岡崎三蔵が、「御国絵図御用」

としての格付の岡崎三蔵名で、沿道の村役人共に村触を出している。すなわち、「御用指一指・槍持一人・駕一挺・送夫（荷物を運ぶ人夫）十一人（後に「絵図方之者」にも一人宛、合わせて十四人）・馬一疋口付共」を差し出すように命じており、岡崎の宿を徳島城下住吉橋東土手詰め（現住吉一丁目、蓮華寺西付近）であるとしている。

　さらに、測量を開始して初期の享和2年から文化5年頃には「御郡代」よりの布達として、「この度岡崎三蔵義御国絵図御用として何郡村へ罷り越し候条申し聞え次第役人共罷り出で、人夫仕立てその余諸事差し支えざる様達すべき候なり」と、郡代名で村役人共に命じて徹底を図っている。また、「壱村相済し候へは、次村へ罷り越へ候節、一両日間前にその村呼びかけ諸事申し渡し候（中略）、役人共の内明何日何村へ罷り出で候」とあり、次村へは測量が終わる1～2日前に先触し、次村役人共が出迎えるように命じている。さらに、測量予定の庄屋五人組へは、四方詰め村境、石高、物成、神社佛閣名所旧跡、家数その他の品書を記した指出帳を提出するように命じている。このような「絵図御用指出帳」の内容は村明細帳と同じものであり、特に、隣村との境や河川、寺社と小祠等に関しては詳細に報告しており、伊能測量隊に対する事前回答とほぼ同じ内容である。文化5年（1808）の伊能忠敬第6次測量に際して藩が、那賀郡和田島村々庄屋に対する事前調査に対応した「御答書」では、村高・田畠畝数、家数、神社、村の長さ、主要地点間の距離、紀州方面の遠山見通し、湊の深さ等を報告している。

　また、山・沢に分け入る時は猟人・山奉行等で沢の合流点（出合）等の諸事を案内できる者を事前用意にするように触れておく事や、川の遠近、水流の源、沢入れの尾根境、海辺の高下、他領の境等をよく知るも者を準備させるとしている。

　文化8年（1811）の板野郡笹木野村（現松茂町）、文化14年（1817）の海部郡塩深村（現海陽町）、文化5・6年（1808～09）名東郡19ヶ村（芝原・桜間・和田・南岩延・日開・池尻・川原田・西高輪・東高輪・井戸・花園・北岩延・府中・中・観音寺・敷地・矢野・延命・早淵村、いずれも現徳島市国府町）8) 等がみられる。

2.　板野郡笹木野村絵図御用指出帳

　文化8年5月に板野郡笹木野村庄屋本十郎と、五人組磯五郎他4名の岡崎三蔵に対する指出帳控をみよう。本村は吉野川（現旧吉野川）河口部のラグーンが発達する新田開発地帯に位置する。

　「板野郡笹木野村絵図為御用被仰付諸品指出帳控」9) をみると、まず、笹木野村の開拓事蹟が記されている。本村は往古では一円萱野であったが、明暦年中（1655～57）に他国より来た永丸屋と申す者が、本村と板野郡平石村・加々賀須野村（現徳島市川内町）3村を開地し、延宝5年（1677）に年貢成となり、その後は御蔵一円となった。笹木野村高539.33石、畠合せて86町1反3畝21歩の内、29.068石（5.4％）が川成并損田引きで、さらに、田畠12町1反6畝18歩（14.1％）が荒地高であった。また、田畠19町5反5畝（22.7％）が「空地開御積米」と「麦年貢」で、産物は米麦雑穀とある（藍作は反平均15貫で板野郡の平均より低かった）10)。家数は83軒で、内6軒は士分、1軒は郡付浪人、64軒が百姓、10軒が来人（他村出身の出稼人）、2軒が部屋（本家の別棟に住む家族等）その他である。神社や民間信仰（小祠）は10社で、春日社・若宮・祇園・地神・山神が各1社、地蔵堂3社である。

村境では東は板野郡住吉新田・豊中新田・豊岡新田、西は広島浦、南は加々須野村、北は中喜来浦で、川向は新田（現鳴門市）である。

次に、芝原村庄屋栄之丞と、同村五人組善太夫が岡崎三蔵に提出した「文化六巳年四月　名東郡芝原村御高田畠町数神社佛閣寺院人家数村境旧蹟相記奉指上帳」[11] をみよう。村高 1,206.4841 石で、内川成 192.41747 石（15.9%）、有高 1,014.0666 石、田畠は 112 町 8 反 9 畝 6 歩で御蔵給地相給、一円畠にて産物は一面藍作（反平均 33 貫で名東郡の上位）・菜種・雑穀である。村境では東は川原田村・日開村境、南は東西桜間村・加茂野村境、西は高畠村境、北は佐野塚村・西（東の誤記）覚円村・第十村境とある。家数は 240 軒で、内、235 軒が百姓と先規奉公人、5 軒が諸士譜代家来である。寺社としては本村と佐野塚村、西覚円村・東覚円村（名西郡）、祖母ヶ嶋村を氏子とする八幡宮、諏訪大明神、地神（3）、清勇宮、野神、若宮八幡宮、天神宮、牛頭天王、村域は北の第十村境まで続く。

さらに、名西郡加茂野村との間に板橋 1 ヶ所があるが、加茂野村と本村との御普請處真言宗威徳院、山伏（実相院）と、久米安芸守古城跡（芝原城跡の事蹟）を記す。また、南に辨財天、天満権現、卯ノ宮、薬師堂、観音堂（2）、地蔵蔵（2）、阿弥陀堂と、真言宗蔵珠院、ノ木川筋（現飯尾川）で、麻植郡飯尾村谷川筋より流れる。西川筋は吉野川支流で、名西郡西覚円村・中島村の新宮浦川筋（現神宮入江川）の枝川、北は第十堰がある第十村吉野川本流である。本村の西の高畠村との間には龍蔵堤があり、また、西の中島村との間の新宮浦川筋には御普請所土手堤があると記す。最後に、「右は御絵図御用として当村之御蔵御給御高田畠町数神社佛閣高請人家村境并旧家旧跡等有之候ハ〻委曲相記、其後相違等有之候ハ〻是亦相記指上候様被仰付奉畏候、右之通右認帳面ニ相認奉指上候以上」とある。

次に、海部郡塩深村庄屋清右衛門、同村五人組文右衛門が、岡崎三蔵宛に指し出した「文化十四丑年八月　御国絵図御用ニ付海部郡塩深村田畠反高其餘共相調帳」[12] をみよう。村境では東は角坂村・芥附村・尾崎村、南は土州境目山尾通、西は船津村、北は小谷村境との原左右切、田畠 12 町 5 畝 12 歩、高合 109.971 石（有高）、成米 16.546 石、延米 3.392 石、弍口合 19.8552 石、米 3.88468 石（麦間米畠田成増御年貢御竿不当田地御積御年貢共）と記す。さらに、御林（藩有林）9 畝 28 歩（7 ヶ所）、牛飼野山 1 町 2 反、稼山塩深山（1 ヶ所）、大山権現、御崎明神、真言宗 成福寺、産物米麦、家数 21 軒、内、1 軒五人組、16 軒百姓、6 軒見懸人（村へ移住してきた浪人・職人・商人等）、1 軒郷鉄炮、1 軒庄屋、2 軒庄屋小家とある。

第2節　野　帳

村絵図作製に際して、岡崎三蔵の測量法は測点から次の測点までの方位と、距離を測って進める導線法をとり、方位は規矩元器（虎放器（小丸）・小放儀等）で、距離は種竿をコンパスを挟んで測る。まず、測量の現場で得た測定値や、側線の左右に表れる村里、道の辻、集落・民家、森、橋、堂社、大岩、大木、浜、田畠等を野帳に記録しなければならない。この野帳に基づいて絵図の大枠が仕立てられた。

野帳に関する術書としては、『測地法七』の「野帳并弧径之事」の条に、『国図附録』には「野帳之式」に例示がある。さらに、石黒信由の稿本『測遠要術』[13]五巻の内の巻三の「縄張町見領形絵図仕立之法」と、巻四の「磁石術領形絵図仕立之法」および、島田道恒が享保 19 年（1734）に著した『町見弁疑』の「巻之四」[14]、『清水流規矩術町間　秋　国図枢要』（以下『国図枢要』とする）[15]等がある。

　まず、『国図枢要』によれば、川岸・橋・村の入口・交差点等に測点を設ける。「験棹」「繋棹」「開棹」「送棹」「遠的并高下」の条によれば、第一の方法は、測点①から②へ、②から①へ方位・距離を導線法と交会法で測る「磁石順逆」の法を採っている。第二の方法は、「送棹」によるもので、測点②に元器を置き、①の棹までの方位と距離を測る。②に棹を立てて元器を新しい③に移す。次に②までの方位・距離を測定している間に、①の棹を③に持ってくる。④地点に元器を移し、③をみている間に②の棹を④に移す。以下、同じ作業を繰り返す方法である[16]。

　平井松午[17]も論述しているが、この法を『国図附録』の「方示立様ノ事」をみる。「盤ヲ一番一番居エテ見込見返ヲ成ス事作法ナレトモ、左様ニ致シタルトキハ隙取、且ツハ念入タル益モナシ故ニ一番ノ所ニ印竹一本立、二番ノ所ニ盤ヲ居ヘ針ノ鳥兎（方位、著者註）七ヲ向ニ成シ見通ス［七ハ午也］。然ルトキハ一番ニ盤ヲ居タルト同断ナリ。而シテ針ノ方法ヲ極メ画師ニ其通リヲ申聴ク、画師虎放器ヲ罫紙ニ合シ其順ニ間町二筋ヲ引、其土地ノ模様ヲ書ナリ、野帳ニ何月何日何村何所ヨリ一番何々何ノ何分へ何十間ト記シ、此盤ヨリ一番マデノ間何之番迄ノ間タ左右近辺ニ方角間町ノ入用有之トキハ、一ヲ向ニ成シ［一ハ子之］鳥兎ト間町トヲ極メ一字下ケニ帳面ニ記シ、扨三番ノ所ニ印竹ヲ立向ニ成シ見通シ三番何々ノ何分へ何十間ト記ス。何十番モ即チ左ノ通ナリ、」この方法は前述の第一の方法を採っているのではないか。

　次に、『測地法七』の方法を示す。

　一　何月何日　　何村出口ヨリ
　　卯ノ五分（真北より 105 度以下同）一町半（164m）　右田印（印棹、著者以下同）、左ニ一里〇立
　　卯ノ三分（99 度）三町五〇間（418m）　左田右畠
　　卯ノ二分（96 度）一町廿間（145m）　左右同断
　　　　　　　望的　　甲村　辰五分（135 度）
　　　　　　　　　　　乙村　寅八分（84 度）
　　　　　　　　　　　丙村　未三分（219 度）
　二　同月同日
　　卯へ（90 度）一町四十間（151m）　左右田印（印棹）右ニ橋有
　　辰へ（120 度）　四十間（73m）　左松木右野
　　辰三分（129 度）五町　（545m）
　　　　　　　　再望　甲村　寅ノ七分（81 度）
　　　　　　　　　　　乙村　寅ノ三分（69 度）
　　　　　　　　　　　丙村　申ノ五分（255 度）
　　巳ノ三分（159 度）二町十八間（251m）　西村入口十八軒
　三　同月同日
　　巳ノ五分（165 度）廿六間（47m）　村内左ニ明神有

申ノ五分（255 度）　一町半（164 m）　村内三辻印（印棹）札場（御制札）

巳ノ四分半（163.5 度）廿五間（45 m）　是村迄径リ左ニ流

午ノ二分（186 度）　五町八間（560 m）　左右野原

午ノ五分（195 度）　四十八間（87 m）　左右木立上坂

未ノ二分（216 度）　五十二間（95 m）　径左右野原所々木有

午ノ九分（207 度）　一町半（164 m）　左右同断

四　同月同日

巳ノ六分（168 度）　一町半（164 m）　下坂径リ

辰ノ五分（135 度）　四町（436 m）　左浜右岩高シ

卯ノ一分（93 度）　十一間（20 m）　左右同断

巳ノ八分（174 度）　二十間（36 m）　左右同断垣蔵三軒有

午ノ二分（186 度）　五十間（91 m）　高浜村入口十五軒

未七分（231 度）　十六間（29 m）　村内南側

五　同月同日

午六分（198 度）　十八町（1,962 m）　右村左内浜

未ヘ（210 度）　一町半（164 m）　是迄村右浜左岩多シ

申ヘ（240 度）　五町（545 m）　此間野山上リ印（印棹）右一町ニ八幡有リ

酉ヘ（270 度）　二町（218 m）　左右同断戌ヘ道岩山有印小橋

同方（270 度）　四十間（73 m）　左浜右野山印（印棹）境屋一軒

六　同月同日

午ノ二分（186 度）十八町（1,962 m）　径左右小字リ横野山

午ノ五分（195 度）三十六間（65 m）　同断左右岩有未ノ一町村一軒

巳ノ八分（174 度）四町（436 m）　左川添右浜印（印棹）二軒右ノ内

午ノ一分（183 度）一町半（164 m）　北村入口三十軒南側

申ノ八分（264 度）廿五間（45 m）　村内橋八間川左二軒庄屋喜右衛門

　上の野帳は恐らく 1 日分の測量を記録したものの雛型と推定されるが、一から六に分割されている。一では 3 測点を設け、3 測点から甲乙丙 3 村への方位を望的している。まず、村の出口に最初の起点の 1 を置き、卯の 5 分の方位（105 度）の 1 町半の距離は左右が田であり、2 の測点から卯の 3 分の方位（99 度）の 3 町 50 間では左は田、右は畠となっている。野帳では合せて 30 測点を設け、1 日でこなせる測点数と推定できる。また、甲乙丙 3 村を 6 回望的・再望する交会法で村位置の正確さを求めている。さらに、側線に沿う左右の万物である田畠、橋、松木、民家、祠、制札場、木立、隣接村入口、垣蔵三軒、大岩、野山、岩、砂浜、下坂等のランドマークや、景観までの方位・距離を記している。

　また、小板に紙を張って板の端に月日と番付を記し、上段に鳥兎（方位）、中段に間町（距離）、下段に左右万物の品事を記し、脇道に入る道は一段下げて記す。板数は 30 枚ごとに箱に入れるとしている。板の大きさは 7 寸（21 cm）四方、厚さ 2 分（0.6 cm）の檜板とする。

　『測地法七』の「弧径之事」の条では、「弧」は道の曲、「径」は指し渡しを、「矢」は横の幅をいう。

野原、田畠、海岸、道筋等では少しの「うねり」（屈曲）は無視して、「径」の直線距離を求める。しかし、屈曲が多い折道に折目ができるので、側線の中程で曲がる道筋の幅を目算で求める。例えば、径百間の場合、横幅を10間と見て、1寸の「弧」と野帳に記す。

また、『測地法七』の「行程之事」の条では、凡そ一日に3・4里あるいは、沢入れ越え難所は日に2里の内外とし、野道平地で左右に事物が少なく見通しのよい所では5・6里までと、諸事を考慮して計画することとしている。

第3節　測量隊

『国図附録』によれば、測量隊の編成は次のようである。

○頭役1人：この才判役は土地を廻見し、その里村の長短広狭高低等の見積り、係の取様絵図仕立の引合を考え置き、野図の砌は方示の配り間町の積り、山の高昇を積り、間縄間竿行ざる所にては、一本術を以て間町を求め始終の仕立諸事才判致すべき事なり、見分先要用の事は看板に記して宿に帰り之を改。

○針見役一人：この役人は鳥兎を見極め方法間数を野帳に記す役なり、右の品々受持取落さる様に盤持に心を付、頭人の下知を受け見通し見返し、業を丁寧に勤め鳥兎と間丁を画師に申付野帳に記し、時々画師と引合い致すべきなり。

○画師一人：この役人は頭人の差図を受け、山川野景家居等その所々の模様を見て、針見より鳥兎と間丁とを計り、虎放器を以てその品々の有姿を野図に書き記すなり。

○盤持二人：この役人は針見のケ条に出たる盤に添え、小道具夫々針見役より受取り盤に仕掛け、針見の側を不離針見の指図受、盤に居へ針見方法を極る内には間縄等の才判致すは事なり、小道具多き事故取落さる様に心得へし、就中小窄は紛失多きものと心得へし、砂入台を用る寸は振荷ひ昇行くべし。

○人夫七人：内二人間縄持、同二人小突所持縄引、同一人諸道具持、同一人弧股棹持

この役人は画師針見の指図を受け、間縄間竿を使い印竹を立様等に根発の種竿持等、丁寧に致すべき事なり。

○村役人一人：庄屋五人組の内、この役人は土地の案内、人夫使い、その外諸事才判致すべきなり。

また、『絵図面』によれば、岡崎宜陳が寛政9年（1797）8月に撫養の測量を行った際は、長男夫左衛門・次男一作・細六郎・田野新兵衛の4名を手伝人として同道させている。さらに、天保2年（1831）10月の淡路国図作製の際には、手伝人として一作を、人夫として田野新兵衛・三蔵・清助の4名を同道させている。また、天保4年（1833）2月には麻植郡桑村の森清助、同郡山崎村の妹尾又三郎、板野郡黒崎村の山瀬佐蔵の3名は、藩命で人夫から下役人としての格付になっており、一作は天保5年11月まで手伝人として勤めている。また、同年11月より山瀬佐蔵の長男愛蔵も勤めるようになった。さらに、天保8年2月には妹尾又三郎が御役御免となり、田野新兵衛は同年8月まで勤めた。天保15年（1844）2月まで6代三蔵宜喬が勤め、弘化2年（1845）正月には7代岡崎重家三右衛門

が岡崎家の家督を相続し、明治元年（1868）11 月まで勤めた。また、嘉永 5 年（1852）11 月には山瀬佐蔵は御役御免となり、山瀬愛蔵は郡代同心役を拝命し、絵図御用の節は手伝として勤めた。

第 4 節 絵図作製の実務

1. 分 間

分間とは本来は何分が何間を表すことで、縮尺の意味である。例えば、絵図面 1 分（0.303 cm）を 1 間（181.8cm）の割で表せば、縮尺は 600 分の 1 となる。分間は描こうとする絵図の広狭により異なる。すなわち、岡崎三蔵系の分間村絵図は「絵図面二寸一町」の割で、縮尺 1,800 分の 1、分間郡図は「絵図面二分一町」の割で、縮尺 18,000 分の 1、阿波・淡路国は「八厘一丁之割」すなわち、縮尺 45,000 分 1、または「八厘二丁之割」の 90,000 分の 1 である。また、徳島城下絵図（御山下絵図）は「絵図面二寸二町」の割で縮尺 3,600 分の 1 である。

2. 図取の方法

『国図附録』の「図取之大法」によれば、「夫レ真ノ図取ハ先ッ其土地廻見シテ図取ノ始終ヲ考へ、其土地ノ内、何方ヨリモ能ク見ユル高キ処シ引付相成ハ印旗ヲ二三所立、其間トノ鳥兎ト間町ヲ正シ置キ、夫ヲ諸方ノ係ニ用ルナリ、又其土地ニ存ル所ノ神社佛閣或ハ大木等ヲモ係事アリ、不然トキハ図取ノ内シカト振違間縄等ノ相違有之トキ図形不都合ニ相成事アリ、其時此係へ引付ヲ其誤ヲ正スヘシ、是其大法ナリ、此義ヲ得ト考へ用捨ハ其人ノ才器ヲ以テ了簡有ヘシ、修シ得テハ是荷ニモ不及ナリ」とあり、測量にあたっては、四方がよくみえる基準点に印旗を立てて、鳥兎（方位）と間町（距離）を計測する。

さらに「遠的ト云フ事アリ、其土地ヨリ見エル高山等ヲ其所々ヨリ鳥兎ヲ付置くヘシ、又高配（勾配）ヲ正シ置ヘシ、郡図国図大成ノ時引付ニ用ヒ或ハ土地ノ入用ノ才相分リ旁々相記シ置ヘキ事ナリ」とあり、測点から見通しのよい高山への方位と勾配（傾斜）を計り（遠的という）、郡図・国図作製に利用する。また、残印といって、日々の諸測点に采竹を残し置き、方位の間違いか絵図の書き誤りを正す。誤りがあるときは残印を見て絵図に白線を引いて、方位と合わせるとただちに誤りを正すことができる。

3. 山地・高山・河谷の測量

平井 [18] も指摘しているように、阿波国では山地が 80% を占めるので、側線の斜辺距離と平面距離には差があり、勾配（傾斜）の計測が重要である。『国図附録』には、「惣テノ業ハ本術作法ノ通ト云

ヘトモ平地ハ其通ナレトモ、山坂峯続キ抔ノ間町ハは席上ノ論ト大ニ違ヒアリ、絵図面ハ平等突貫ノ図ニ相成ルナリ、然ルニ山ノ峯ニハ高低アル故、間町延テ絵図ノ引合齟齬アリ、山ニ不限高低アル所色ハ同義ナリ、夫故高配矢倉ニ引出シテ絵図ヲ作ルナリ、此高配付様ハ矢倉定木ヲ高配ノ矩間トシ、下ノ桁ヲ平地トシテ、譬ヘバ桁一尺（平面）矢倉定木（斜辺）一尺二寸（のびは2寸）アルトキハ、高配ノ間百五十間ナルトキハ、一尺二寸ヲ百廿五間ニ除クトキハ、八分十間ト成ル、此八分ニテ桁一尺ヲ除クトキハ、百廿五間ナリ、帳面ニハ百五十間内二十五間引ト書シ置ヘシ、画師ニハ百廿五間ト申聞、其通リニ絵図ヲ認ル也、此本数ヲ記シシ置事。相違ノ出来タルトキハ引合ノ為ナリ、右様ニシテモケ様ノ土地ハ業不自由ナル故、齟齬アル事多シ故ニ、山峯ヲ極ル寸ハ肝要ノ所々ニテ里ニアル人家在物慥ニ知ルタル者ヲ左右ニ引付置ナリ、如此到ル物種間ニ成ル故ニ山ノ居リニ成ナリ、夫故山尾筋分ハ里後ト心得ヘシ」とある。すなわち、底辺1尺：斜辺1尺2寸の勾配から平面距離125間：斜辺距離150間である直角三角形の相似から平面距離を算出している。図4-1には寛永3年（1626）に吉田光由が著した『塵却記』[19]の「こうばいのびの事」の条で表した勾配の図で、多くの測量術に利用された。岡崎三蔵の測量術では勾配を「矢倉」または「高倍定規」を用いて求めていた。

　さらに、『国図附録』の「山之高昇ヲ量ル事」の条には、「山ノ峯境ハ左右ヘ曲折アリテ出入多下ヨリ山ノ高ミヲ見ル山鼻ヲ目的ニ用ル故、絵図面ヒラハ不合モノ之山ノ高ミヲ量ハ前條ニ記ス如ク、山ノ高丸高丸ニテ里ヲ係ヲ取リ山上ニテ高配ヲ極メ置キ、絵図出来ノ上高配ヲケハ付タル里ヨリ山迄ノ間町ヲ正シ高配ヲ剰余スレハ高低知ルナリ、又、入用ノ山峯ヨリ里ノ低ミ見ヘス、又、里ヨリ

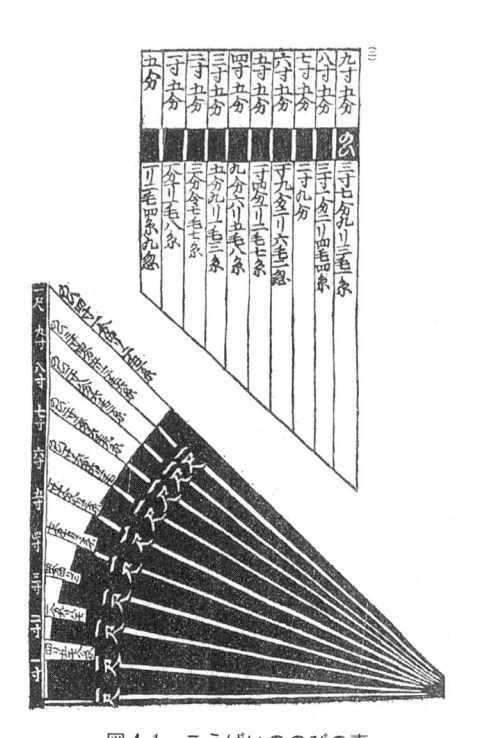

図4-1　こうばいののびの事

（吉田光由著・大矢真一校注（1977）:『塵劫記』岩波文庫，167頁より転載）

モ高ミ不見トキハ、脇ノ山ヨリ山ノ峯ト里トヲ見テ高配間丁ヲ正シ置ケハ高昇相分ナリ、是則谷一知法、両山差ヲ知ル術ナリ」とある。山の標高（高さ）を計測するには、里に係印（つなぎしるし）となる地点から頂上への方位と斜面距離（間町）を求め、勾配で除すれば垂直距離（山の高さ）が求まるとしている。

このことを、文化10年（1813）勝浦郡八重地村市宇村分間絵図（控）[20]でみよう（図4-2、口絵1参照）。本図は八重地村の集落部分と、旭川に合流する支谷と集落を取り囲む里山（稼山、焼畑、伐畑区域）部分を示している。また、図4-3には1986年2月に撮影した、八重地の集落部分と里山（八重地山、標高950m）と高丸山（標高1,232m）である。集落部分の西には北谷、南には西谷とその支谷である奥岐谷、高野谷、仁義谷が流れ、八重地村の東は市宇村の小西谷川である。絵図では山地は一面黄色の平面で示され、棚田（薄緑）、段々畑（地面畠、鼠）と萱葺きの民家と、曹洞宗長楽寺、八幡宮、地神、野神、水神等の小祠がみえる。凡例には「一高山直立四百九十間（891m）」と記される。凡例の高山は八重地山か高丸山のどちらかを指すと推定されるが、本図測量の起点場所の標高が問題となる。近世の測量絵図では標高ゼロメートルである海水面を基準とはしていない。貞享3年（1686）の八重地村検地帳によれば、検地を標高約450mの市宇村境の字「水谷」付近から始めている。凡例が検地測量起点からの直立高を示しているのであれば、八重地山の標高を約392mもオーバーする。高丸山とすれば、450m＋891m＝1,341mとなり、標高1,232mよりも、約109mオーバーする。また、測量地点の標高を考慮しなければ、直立高891mは八重地山950mの近似値でもある[21]。

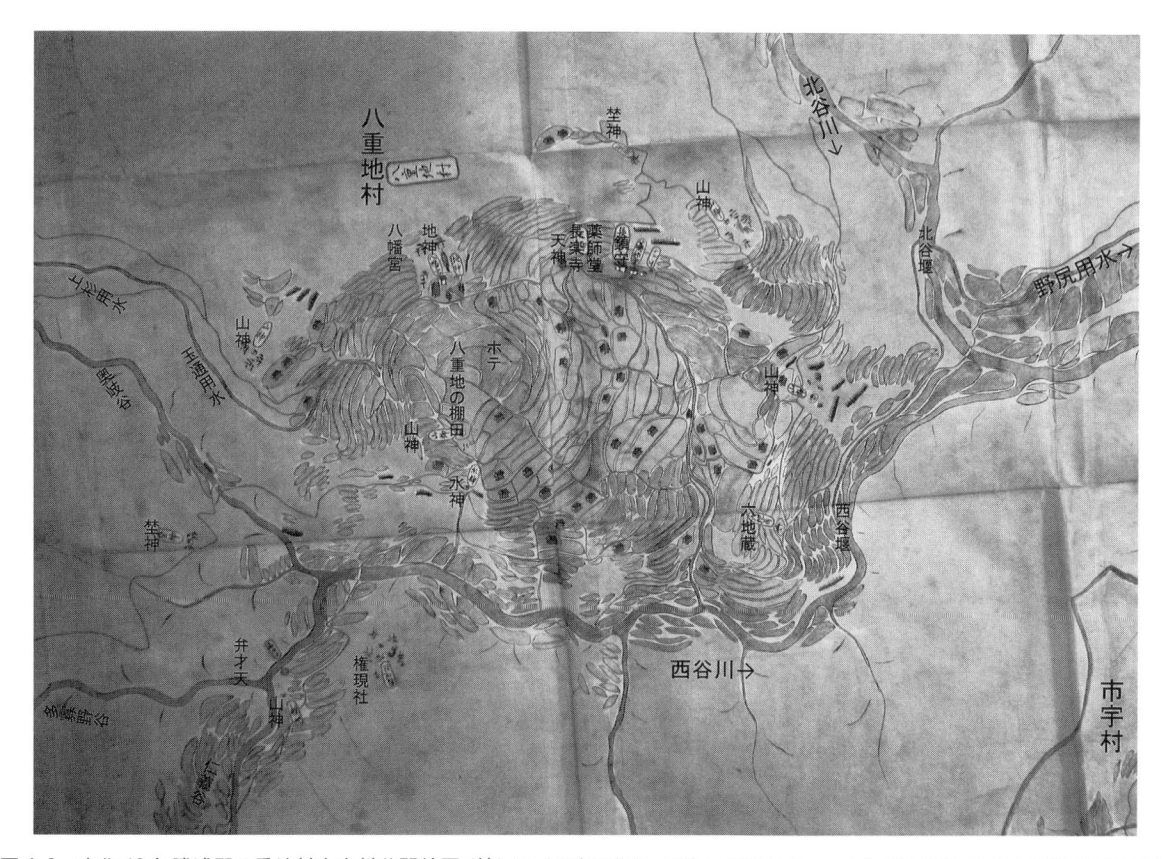

図4-2　文化10年勝浦郡八重地村市宇村分間絵図（控）（八重地在所部分、口絵1、280×244cm、上勝町役場蔵、図中の文字は著者記入）

図 4-3　八重地村の集落と里山・奥山の景観（1986 年）

　また、文化 10 年の勝浦郡瀬津村分間絵図（控）にも、「行者直立高四百間（727m）」と記している[22]。「行者」は修験の業場で、おそらく瀬津村の北にあり、元禄 14 年（1701）に大崩壊を起こした山犬岳（標高 997m）を指すと考えられるので、貞享検地を開始した測量地点の標高を、府殿谷川の底部標高約 250m 付近とすれば、250m ＋ 727m ＝ 977m で山犬岳の標高とほぼ一致する。いずれにしても、分間村絵図の凡例に記される直立高は、その測量地点の標高を加味したものであるかははっきりできない。

4.　隣村との境

　徳島藩の分間村絵図には凡例に、「積数」として「外周」の里・町・間数が記されている。八重地村絵図では、まず、村境を確定するために、村境を「回見」して、「廻検地」を使って外周を測量しており、絵図では「積数」として村の「外周二里二十四町四十二間」が示されている。徳島藩の分間絵図では 1 里は 50 町（5,454m）としているので、外周は 12,992m となる。『図解附録』の「隣村係ノ事」の条には、地点ごとに「係」印を置く事の重要性を述べている。すなわち、「山里回見の砌、其村所々係モ入ル事ハ勿論ナリ、隣村モ係ニ可成物品、又ハ谷合等有之トキハ、絵図ニ書添置ヘシ、山峯続キ林ハ猶以ノ義ナリ、其時ニハ手間ノ費アリト云ヘトモ隣村回見ノトキハ大ナル益アリ、左ナクシテ隣村平地ヲ極メ行クトキ、其境ヘ引付絵図ヲ成シテモ不都合多ク、又々其峯筋ヲ再ヒ回見セサレハ、絵図不合事アリ、分間術ハ山里同断ナリ云トモ、山中ハ広険難ノ場処多ク分間尽シ難シモノ故心付ヘシ」記す。

　さらに、村の早絵図を作製する術が『測地法　巻之三・四』にみえる。まず、見通しのよい高い場所から、村境にある主要なランドマークである山端、独立樹、村入口、印杭、宮、橋、川、池、森等への距離・方位を測定して、村の早絵図を作製する術（図 4-4 参照）と、逆に村の中心場所から村境の主なランドマークへの距離・方位を測定して村の早絵図を作製する術（図 4-5）がある。

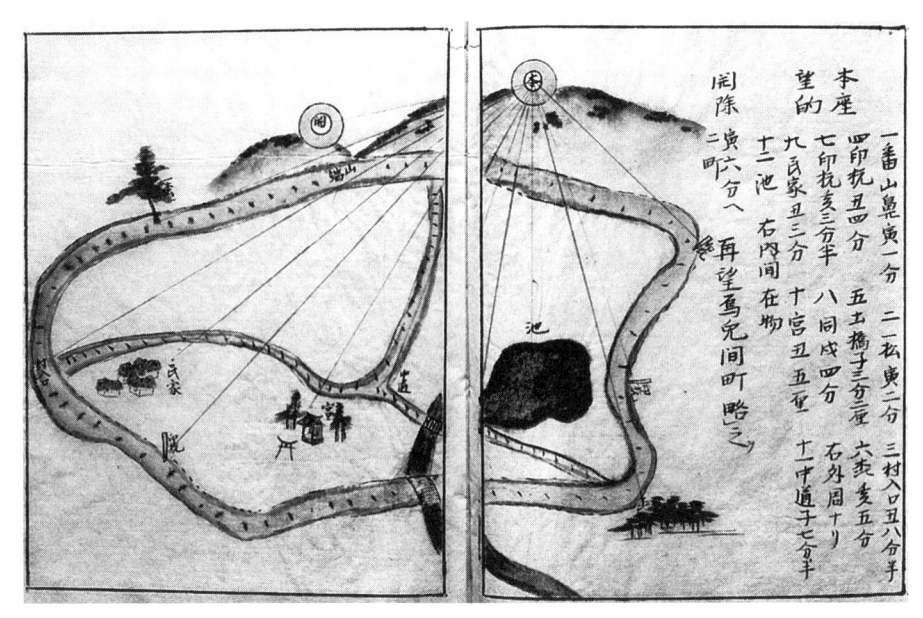

図4-4 早絵図ノ術『南阿測地法 巻之三』

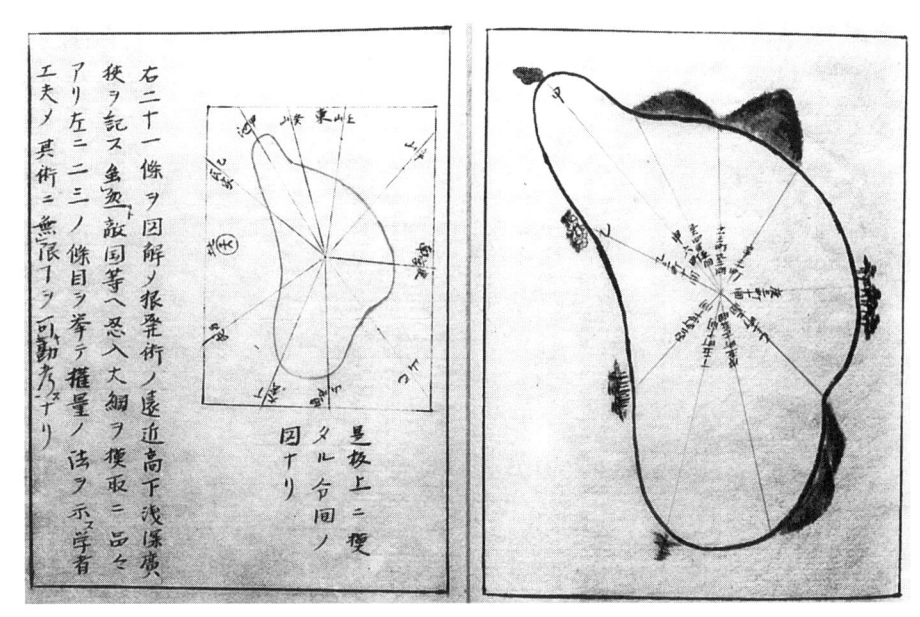

図4-5 早絵図法ノ術『南阿測地法 巻之四』

5. 山谷を隔て絵図作製と谷合分間

『図解附録』の「山谷ヲ隔絵図ノ事」の条には、「山分回見ノトキ、谷合ノ人家同谷ヲ隔道筋分間モ不調、田畠等ノ絵図ヲ作ルニ、其所ヘ行キテハ却テ見隠シ多ク隙取ノミナラス、絵図モ不委事有リ、然寸ハ一町或ハ一町半モ隔タル向ヨリ其模様ヲ見積テ、其所ヘ人ヲ遣シ要用ノ所ニ印ヲ立サセヘシ、此印立様の先ッ此方ニテ印ヲ立ニ行人ニ其処々ヲ能ク指揮メ、先ハ遣シ猶又此方ヨリ指図メ、其所々ヘ印立

サセ、而後々、其印ヘ鳥兎ヲ極メ、根発ニテモ盤ニテモ間町ヲ求メ、絵師ニ其所々ハ白界ヲ引スヘシ、其上ニテ画師其所ヘ行絵図ヲ書ク、其近辺ハ画師杖石ヲ以テ間数ヲ諸分絵図ヲ書ヘシ」と記される。すなわち、田畠を回見する時は、1町か1町半隔てた場所から見積し、その場所に人を行かせて印を立て、こちらからの方位と根発で距離を求めて、白線を引かせる。その上、画師にその場所へ行かし絵図を書き、腰杖石で距離、絵図を書くとある。

この腰杖石については、「脇持ノ指添ニ成ル様ニイタシ上ノ小丸ニ磁石ヲ入、磁石ノ仕立作法ノ通リ磁石ハ小丸ヨリ少シ低ク入レ、南北ノ筋ニ挽目ヲ入置キ目的ヲ見通ス寸、虎放器ヲ横ヘ〆、挽目ニ入見通ナルル様製スヘシ、画師此杖石ヲ腰ニ指シ見隠シノ土地ニ入ルトキハ、此杖石ヲ以テ方法ヲ極メ間ヲ踏分絵図ニ書ナリ、故ニ此器モ便利ナリ」と記される。小丸に磁石を組み込んだ腰杖石は軽く携行しやすく、山間の踏分絵図作製に重宝されたことが分かる。

さらに、「追々山分ハ入込地盤製立盤ニテハ重キモノ故、持板不自由ナリ、文化九申春（1812）、工夫シテ三足三角盤ヲ製ス、手軽ク居リモ宜敷甚便利ナリ、以後此盤ニ極ム、惣長二尺二寸、上ノ三角板厚七分、三角面ヘ寸三ッノ足方一寸角上幅四寸五分、下幅八寸五分、三角ナリ、上ヘ下三寸五分宛中ヘヨリ柱入、籆アリ、中柱惣長一尺九寸」とある。

文化9年より従来から使用していた「製立盤」を改良して、「新製立覚器」として「三角盤」（現代の三脚台）を開発し、「小丸十二官線ヲ引、一支毎に十分ノ目（3°）ヲ盛書付ナシ、東西南北ニ心覚ノ印ヲ入ゝ、是ニテ盤傾キテモ小丸直直ニ居ル、此三角盤傾カス居リ、早ク前述ヨリ業至リテ速ナリ、矢倉モ工夫アレトモ、先ッ有掛ノ矢倉ヲ前後ニ仕掛、外ニ遊ヒ矢倉一ッ持高下ノ土地ニハ是ヲ用ルナリ」とある。従来から使用されてきた四角籆の測地盤を改良して、傾いても使用できる三脚台を開発して、測地作業の進捗を図っている。

また、「山峯筋庄境ヲ極メ行区クトキハ、谷合等ハ上ヨリ書下シ行ク故ニ里回見ノトキハ可成ホドハ谷筋ヲ追入リ、其谷々ノ絵図ニ其谷ノ上ハ何谷ノ何ト書付、野絵図ニ大綱ノ形ヲ書キ峯置キ、峯筋ヨリ書合サレハ不都合ノ事有ト可知ナリ」とあり、谷の合流地点の絵図は上方より書き、谷底に入り、谷名を記して、野絵図に峯々の大まかな形を書くとある。

6.　分間村絵図の作製と凡例・山直立高

『国図附録』によれば、

凡例

一	六尺	一間
一	六十間	一丁
一	五十丁	一里
一	絵図面	一町
一	郡筋	郡境
一	朱青合筋	村境
一	朱筋	道
一	黄筋	堤

　　　一　薄墨　　　　地面畠

　　　一　薄黄　　　　田

　　　一　藍墨　　　　塩浜

　　何郡何村分間絵図

　　　　　積　　数

　　　一　外周何里何町何十何間

　　　一　何山高直立何十間

　　　一　何村江渡何百何十間

　　　　年号支月

　分間絵図の縮尺は「絵図面二寸一町」の割で、1,800 分の 1 であるが、他藩の実測の村絵図の縮尺と比較しよう [23]。熊本藩の文政 5 年（1822）「飽田郡五町手永図」[24] は縮尺 6,000 分の 1、佐賀藩の寛政 7 年（1795）「神埼下郷上神代村・林慶村絵図」[25] は縮尺 600 分の 1、享和 2 年（1802）の「三根郡下村郷絵図」[26] は縮尺 1,800 分の 1、萩藩の「一村限明細絵図」[27] は縮尺 3,600 分の 1、同藩の「吉敷郡山口宰判図」は縮尺 3,600 分の 1 等がある。この内、佐賀藩の「神崎下郷」が 600 分の 1 の小字図に相当する大縮尺で、「三根郡下村郷」が徳島藩の分間村絵図と同縮尺で、他は 3,600 〜 6,000 分の 1 である。

　また、岡崎三蔵系の実測分間村絵図の全てに「積数」としての村落の外周が里・町・間単位で示しており、他藩の実測絵図では類例をみない特徴である。また、50 町・1 里（5,450 m）としている点にも特徴がある。文化 10 年の（1813）の浦郡勝八重地村市宇村分間絵図（控）[28] や同年同郡瀬津村分間絵図（控）[29] のような山分の分間村絵図の場合では、地域の主要なランドマークとなる高丸山

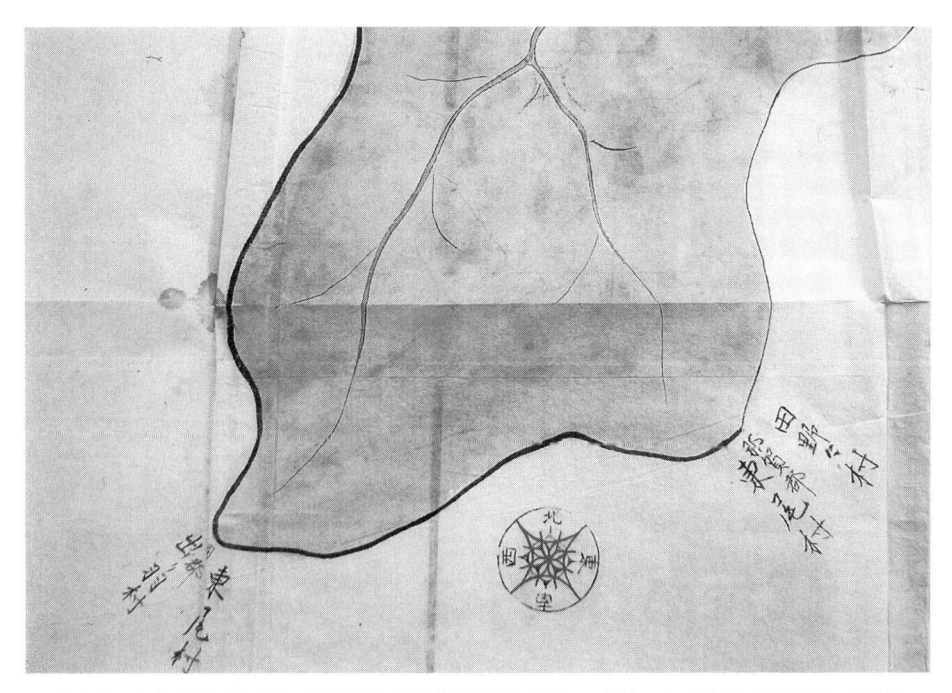

図 4-6　文化 10 年勝浦郡八重地村市宇村分間絵図（控）の南境にある花型（磁石型）方位盤

や山犬岳が存在する関係から、「山直立」の間数が記載されている。さらに、文化 6 年（1809）名東郡冨田浦分間絵図 30) では外周 1 里 25 町 57 間（8,279m）と、徳島城下のランドマークである眉山の直立高は 185 間（336m）と記されるが、眉山の標高は 276.7m であるので、約 59m の誤差がある。

　しかし、文化 6 年の名東郡佐古村・蔵本村分間絵図の佐古村凡例には「臨江寺上高丸直立百二十七間」と、蔵本村凡例には「産宮上高丸直立百五十七間」とある。この高丸は現徳島市南佐古 1 番町の標高約 2m にある「臨江寺」からの直立約 267m は眉山山頂 276.7m と、眉山山麓の「産宮」（現産八幡神社、現徳島市加茂名町字庄山）よりの直立約 285m は、西部公園直上の三角点 282.9m をそれぞれ指すものと見なしてよいであろう。また、佐古・蔵本村平地の地盤高は 1 ～ 2m であるので、測量起点からの眉山山頂に対する勾配と平面・斜面距離を計測すれば、垂直距離は簡単に求めることが出来る。

　また、『国図附録』によれば、「控絵図」として、「美濃紙ヲ続キ東西南北ヲ正シ、野帳ニ張付ケ、家蔵等ヲ夫々本式ニ写シ、外周にハ二寸町ノ系（罫著者註）ヲ入レ、所々ニ東西南北ヲ磁石ノ形ヲ花形ニ致シタル判ヲ押ス、此判ヲ押スニハ鍋墨ヲ酢ニテ解キ、其墨ヲ付テ押スナリ、畢 竟 是ヲ中彩色ニ仕立レシモ、始メヨリ彩色ヲシテハ本清書相済、彩色イタスヘシ」とある。図 4-6 は勝浦郡八重地村市宇村分間絵図に見える東西南北 4 ヶ所の「花形方位盤」（16 方位）記号 31) で勝浦郡田野々村・那賀郡東尾村・出リ羽村境にある。

　分間村絵図の「清書」として、「山ハ赤黄ニ〆、松ヲ植ヘ、田ハ薄青黄ニ〆、稲ヲ植ヘ畑ハ鼠ニ〆、畝ヲ付ケ物ヲ植ヘ、川谷用水凡テ水ハ藍ヲ入、萱家・瓦家・土蔵・神社・佛閣・草渡・荒川原、夫々

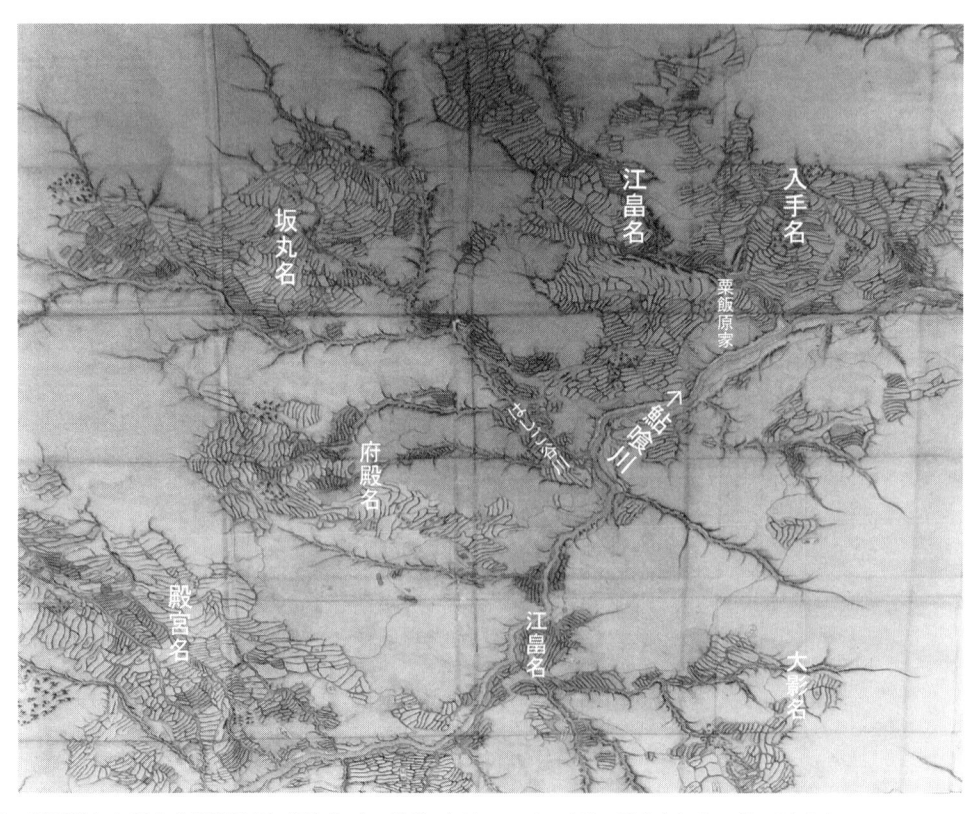

図 4-7　名西郡上山村上分分間絵図（控）（江畠・柿道・坂丸・入手・府殿・殿宮名部分、粟飯原家文書、322 ×377cm に加筆）

彩色分ケアリ、絵図ヲ見テ可知シ、尤モ一村一枚ナシトモ、里分小村ハ二三ヶ村一枚、大村ハ二枚三枚切、合紋シ可置シ」とある。

　図 4-7 は鮎喰川の最上流に位置する、名西郡上山村上分分間絵図（控、文化文政期作成）[32] の内の、江畠・入手・柿道・坂丸・府殿・殿宮・大影名（名は中世起源の集落を意味する）付近を示している。三波川破砕帯の地辷り地帯に沿う南斜面の標高 280 〜 630m に立地しており、平均傾斜は 19 〜 21 度に及ぶ。上分は万治元年（1658）には 25 の名からなり、江畠名の名主である粟飯原家（万治期 22.32 石の高持）が明治維新期まで当地を支配した。慶長 13 年（1608）検地帳（粟飯原家文書）によれば、江畠・柿道・坂丸・野不路 4 名の田畠面積の 98.8%、石高の 94.6% が畠で占められ、切畑（焼畑）は 9 町 9 反 2 畝（田畠面積の 53.1%）、11.6145 石（同 17.9%）あり、粟・稗・蕎麦・小豆等が重要な食料源であった。本図から近世後期のミクロな山村景観を復原できる。

7. 分間郡図の凡例と表現内容

　徳島藩の分間郡図は縮尺 1,800 分の 1 の分間村絵図から編集して、縮尺 18,000 分の 1 の郡図に縮図編集して作製している。『国図附録』の「郡図約」には、「二分（0.606cm）一町（109.08m）ナリ（縮尺 18,000 分の 1）、二寸町ヲ二分一町ニ約ニハ道理ハ十分一ナレトモ、実ニ百分一ナリ、郡図ハ山里仕分川谷河原草渡荒等派ハ彩色、田畠彩色ナシ、道ハ往還道并ニ一里塚（一里松）ヲ記シ、村々ヘ要用ノ道マテ、其余略ノ地名モ村名ノ外ハ要用ノ場処ノミ記ス、大社寺古城等ハ書出等ニモ相成モ、之有ニ付記ス、尤モ一分ニ書ケハ一町ニ成ル故、神社ハ随分小サキ鳥居ヲ書キ神号ヲ書シ、寺院ハ小サキ家ノ形ヲ書、寺号ヲ記スナリ」とある。郡図では小地名や小谷名、民間信仰である小社は省略されるが、主要な集落名と寺社名は記される。また、往還（街道）は太朱線で示されるが、主な里道は細朱線で示される。地形変換点である段丘崖や、扇状地と氾濫原は総描されて地形的な区別はない。さらに、土地利用区分としての田と畑の区別は村絵図にはあるが、郡図では総描されている。また、文化 12 年（1815）の板野郡分間郡図（口絵 23）[33] では、紀伊水道沿岸の現鳴門市里浦、板野郡松茂町、現徳島市川内町の新田地帯に発達する砂丘と松林、沿岸洲や干潟であるラグーン等の描写は極めて精緻である。

　郡図凡例として

　　一　絵図面二分　　　一町
　　一　黒筋　　　　　　村境
　　一　朱筋　　　　　　道
　　一　黄筋　　　　　　堤
　　一　黄　　　　　　　山
　　一　藍　　　　　　　水
　　一　薄墨星　　　　　川原
　　一　鳥居　　　　　　神社小社除之
　　一　家　　　　　　　寺院

　　　年号干支何月

　また、文化 12 年の板野郡分間郡図と、文化 10 年（1813）の勝浦郡分間郡図（口絵 20）[34] では「薄萌黄・草渡萱野」、「白地・地面畠」が、文化 5 年（1808）の阿波郡分間郡図 [35] ではこれに「紫筋・御国境」が加わる。また、嘉永 2 年（1849）、明治 7 年（1874）写の津名郡分間絵図（口絵 27）[36] と三原郡分間郡図（口絵 29）[37] の凡例は、阿波国郡図のそれと同一である。

　図 4-8 には阿波郡分間郡図の内の中央部にあたり、吉野川の本流と、大久保谷川（東）と伊沢谷川（西）扇状地部分を示している。分間村絵図と同じ「花型方位盤」があり、東 林 村に見える隆起扇状地の段丘崖は描かれるが、扇状地と吉野川氾濫原との地形的区分はない。阿讃山脈の河谷線は濃い緑線で明瞭に描かれているが、山地は一面に黄で着色され、分間村絵図では田畠の区別は色分けされるが、分間郡図では一面の白地である。また、吉野川北岸には撫養街道が太朱線で東西に走り、一里松が街道の両側に黒二点で描かれる。また、吉野川の北岸の伊沢村と南岸の麻植郡瀬詰村を結ぶ渡は「こ

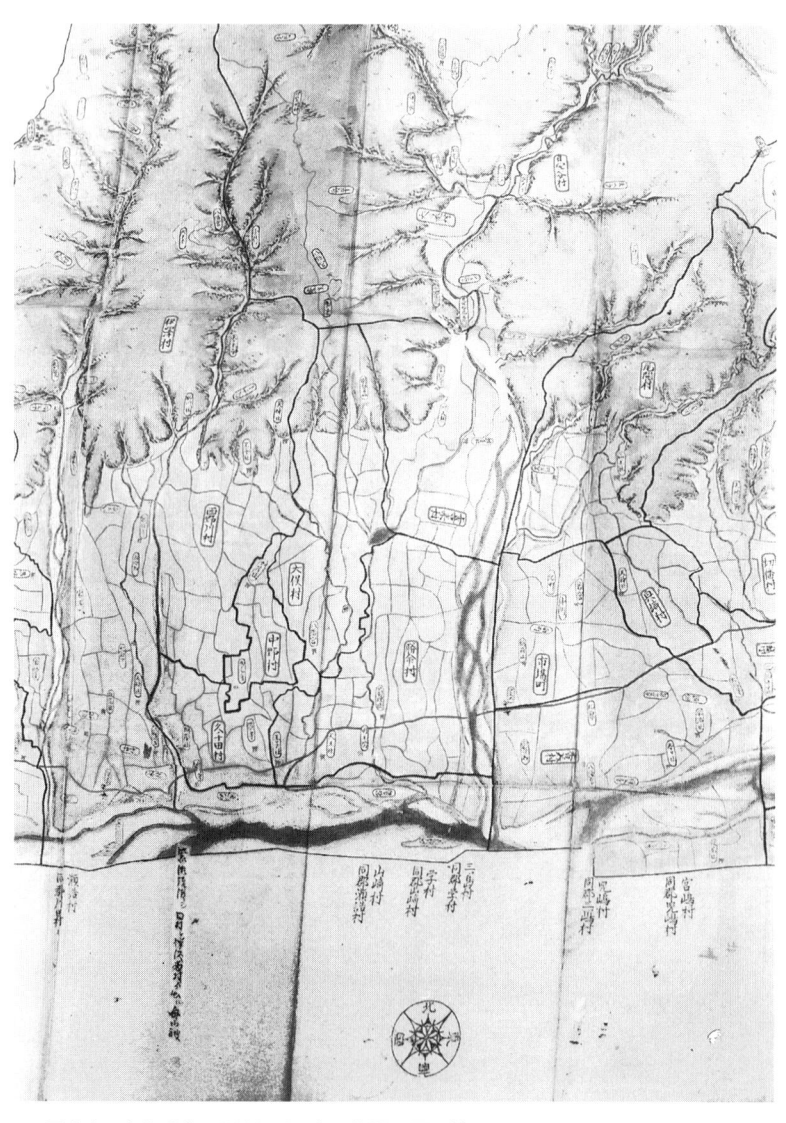

図 4-8　文化 5 年（1808）阿波郡分間郡図（控）（部分、個人蔵、97 × 111cm）

の処、瀬詰渡し、同村と伊沢両村より出る舟弐隻」と記される[38]。

　さらに、分間村絵図から分間郡図への縮図の方法は、「右約様内矩方二尺ノ籅ヲ拵ヘ外周リ二寸宛ニ鋲ヲ打カヌハ穴ヲ明、其ヘ渋引ノ壺糸ヲ引渡ス、是二寸丁碁盤糸ナリヌ、内矩三分ノ寸ヲ拵ヘ、右同断宜キ釣糸カ水糸ニ用ユル針金カヲ張ヘシ、是ニ二分ニ分町ノ碁盤糸ナリ。其業村絵図ヲ開キ、一方ノ端ニ虎放器ヲ置、其絵図ノ四方曲折ノ所々ヘ糸ヲ引、鳥兎（方位）ト間町（距離）トヲ記シ置キ、而後ニ其大籅ヲ本紙ニオイテ、小ワクヲ新絵図ニ置キ、針先ニテ図ヲ極ルナリ、其始引タル糸筋角々程ヨク合タルトキハ形ヲ能ク約リタルト知ヘシ、修シ得テハ、種々了簡アリ、如此記ストキハ道理ハ能ク分リタレトモ業成難シ、勤メテ可知ナリ」と記される。すなわち、二尺の枠の外周に二寸（6.06cm）ごとに鋲穴を明けて二寸の碁盤壺糸を張り、これに二分（0.606cm）ごとの碁盤目の糸を張る。村絵図の一方の端に虎放器を置いて、四方の折れ曲がり箇所に糸を引いて、方位と距離を測り、針穴を刺して大枠（村絵図）の本紙に小枠に新絵図（郡図）を作製するという方法である。

8. 国　図

　『国図附録』には、国図に関する記述はない。しかし、文政期頃作製の縮尺 90,000 分の 1 の「阿波国図」[39] と、同年頃作製の「阿波国図」（口絵 32・35、谷家本）[40] の凡例には、「黒筋・村境、紫筋・郡境、朱筋・道、白地・地面田畠、絵図面二寸一里（約 90,000 分の 1）、但し五十町、文政十一戊子年出来」と記され、郡図の凡例を継承している。また、天保から安政期作製と推定される縮尺 90,000 分の 1 の「阿波国分間絵図」（口絵 33・原田家本）[41] と、三木文庫蔵の「阿波国画図」[42] の凡例には、「朱筋・道、青・水、黄・山、薄墨・川原、絵図面二寸一里（但し五十町）」とあり、山地は全面に黄色で彩色、郡境は太墨線、砂丘・松林、山麓線、谷線の描写の精緻である。さらに、縮尺 45,000 分の 1 の木版図である、明治 3 年（1870）の「阿波国全図」（口絵 34）[43] と、嘉永 2 年（1849）「淡路分間御国図」（口絵 36）[44] は徳島県立図書館・同博物館蔵、明治 3 年の「淡路国分間全図」（木版図）は洲本市立淡路文化史料館等に収蔵される。明治 3 年の両国図の凡例には、「朱・道、青・水、黄・山、薄墨・川原、黒太・郡境、黒細村境、白・地面畑、八厘一丁之割、明治三年上梓」と記される。また、縮尺 45,000 分の 1 の嘉永 2 年（1849）の「淡路国分間絵図」[45] は同一で、「絵図面二寸五十丁」とある。

小　括

　『国図附録』によれば、測量を始める前の事前準備として、阿波国では享和 2 年から文化 5 年頃以降は、郡代からの村触である「岡崎三蔵義御国御用」が沿道筋の村々に出されており、人夫・送夫等 14 人や馬が徴発されていた。また、文化 5 年の第 6 次伊能忠敬測量隊とほぼ同様の村の概要を記した明細帳を事前に提出させていた。測量隊の編成は頭役・針見役・画師・盤持・人夫・村役人等 13 人であり、1 日の行程距離は 3 〜 4 里、山地では 2 里内外、障害物に少ない平地では 5 〜 6 里であっ

た。『測地法　巻之七』では野帳に記録した 1 日の測量地点は約 30 ヶ所で、内、2 ヶ所の測地点で近隣村との望的と再望をして方位を交叉させることにより、現位置の誤差が出ないようにしている。また、1 日の測量距離は約 9,400m で、方位・距離や左右の景観・ランドマーク等を野帳に記録している。

　さらに、阿波国は急峻な山地が多いために、図取りの方法では、山地・高山・河谷や山谷を隔てての絵図作製と、谷合の測量には様々な工夫をしている。さらに、山地の分間村絵図の凡例では、ランドマークとなる主要な山の直立高を町間単位で示しているが、これは測地点からの比高である。

[註]

1) 岡崎三蔵宜陳著，寛政 11 年（1799）『南阿測地法　七巻』（稿本，個人蔵，徳島市立徳島城博物館保管）のうちの『巻之七』。

2) 岡崎三蔵著『図解　南阿量地法国図附録　全』（稿本，徳島県立図書館蔵，呉郷文庫）。

3) 射水市新湊博物館蔵，高樹文庫「石黒信由関係資料」（目録番号一（二）827）。

4)・5) はいずれも金沢市立玉川図書館・近世史料館蔵の稿本。

6) 日本学士院蔵，整理番号 6266。

7) 東京地学協会伊能忠敬記念出版編集委員会編（代表　保柳睦美，1997）:『伊能忠敬の科学的業績』古今書院，333 〜 361 頁。

8) 『徴古雑抄続編附録』所収「御国絵図指出帳」国文学研究資料館蔵。

9) 松茂町歴史民俗資料館・人形浄瑠璃芝居資料館編（2005）:『笹木野村春日神社文書史料集』50 〜 53 頁。

10) 徳島県発行（1916）:『御大典記念　阿波藩民政資料　下巻』1748 頁。

11) 前掲 8）。

12) 徳島県立文書館蔵（岡部文書，オカへ 00004000）。

13) 前掲 3）。

14) 青木國夫他編（1978）:『江戸科学古典叢書 10　町見弁疑　量地図説　量地幼学指南』（恒和出版）所収「規矩元法町見弁疑巻之四」204 〜 205 頁。

15) 前掲 6）。

16) 松崎利雄（1979）:『江戸時代の測量術』総合科学出版，295 〜 296 頁。

17) 平井松午（2015）:「徳島藩の測量事業と実測分間絵図」平井松午・安里進・渡辺誠編『近世測量絵図の GIS 分析－その地域的展開－』古今書院所収，86 〜 87 頁。

18) 前掲 17）平井，88 頁。

19) 吉田光由著・大矢真一校注（1977）:『塵劫記』岩波文庫（寛永 20 年度版），167 〜 168 頁。大矢真一の校注によれば、「わが国には角度の観念がなかった。したがって傾斜は水平に 1 尺進む間にどれだけ高くなるかを表した。すなわち勾配である。ここでは、各勾配ごとに斜面がいくらに余分になるかを表した。」とある。

20) 文化「十葵酉年十一月　勝浦郡八重地村市宇村分間絵図」（控）（上勝町役場蔵，280 × 244cm）

21) 拙稿（1978）:「近世の阿波山村における耕地の復原的考察－勝浦郡八重地村の場合－」藤岡謙二郎先生退官記念事業会編『歴史地理学研究と都市地理研究・上』大明堂。

22) 拙稿（2011）:「近世阿波の実測分間村絵図と山村景観」徳島地理学会論文集 12，7 頁。

23) 拙稿（2015）:「近世後期における諸藩作製測量郡図の比較分析」2015 年度人文地理学会大会報告（大阪大学）。

24) 前掲 23）。

25) 拙著（2015）:『知行絵図と村落空間－徳島・佐賀・萩・尾張藩と河内国古市郡の比較研究－』古今書院，172 〜 175 頁。

26) 川村博忠（1992）:『近世絵図と測量術』古今書院，201 頁。

27) 山口県文書館蔵，前掲 23）。

28) 上勝役場蔵，281 × 181cm。

29) 同上蔵，絵図二枚之内在所，281 × 181cm。

30) 徳島県立図書館蔵，150 × 189cm。その他に、絵図凡例に記載される事例としては、文化 5 年名東郡下八万村分間絵図（徳島県立図書館蔵・森文庫）には「黒岩権現上山高直二百十間（381.7m）、扇谷上山高直百三十四間（243.6m）」とあり、黒岩権現山上の標高は 282.9m であるので、約 100m の差がある。また、文化 5 年阿波郡伊沢村分間絵図（控，浜分，個人蔵）には「妙体権現高直立三百七十間（672.6m）とあり、妙体山の標高 785m とは約 112m の差が見られるが、測量基準点を伊沢谷川扇状地の扇頂部標高 112m とすれば、一致する。

31) 平井松午（2014）:「徳島藩の測量事業と実測分間絵図」平井・安里進・渡辺誠編著『近世測量絵図のGIS 分析－その地域的展開－』91 頁。

32) 粟飯原家文書（個人蔵）。

33) 「板野郡分間郡図」，三木文庫蔵，130 × 193cm。

34) 「勝浦郡分間郡図」，徳島大学附属図書館蔵　徳 40，129 × 191cm。

35) 「阿波郡分間郡図」，個人蔵，97 × 111cm。

36) 個人蔵・洲本市立淡路文化史料館寄託「津名郡分間郡図」238 × 152cm。

37) 同上「三原郡分間郡図」151 × 149cm。

38) 拙稿（1993）:「徳島藩の分間村絵図・郡図について」徳島地理学会論文集 1 集，38 〜 44 頁。拙稿（2010）:「近世絵図でみる阿波郡と伊沢村の歴史的景観」阿波学会紀要第 56 号，201 〜 210 頁。

39) 洲本市杉本家本，個人蔵，89 × 122cm。

40) 美馬郡端山の組頭庄屋谷家旧蔵，徳島県立文書館寄託，手書き，84 × 119cm。

41) 個人蔵，98 × 129cm。

42) 三木文庫蔵，89 × 123cm。

43) 180 × 250cm（八〇・F・二八）。

44) 54 × 75cm（W・二九一・三・アワ三）。

45) 徳島県立図書館森文庫蔵，54 × 75cm（W 二九一・三・アワ一二）。

第5章　分間絵図の精度の検証

第1節　絵図と大縮尺地図との比較

　実測の阿淡両国絵図や郡図・村絵図の精度に関する GIS 的検証は、平井松午による研究がある[1]。また、塚本章宏による文化・文政期に作製された鳥取藩の藩用の因幡・伯耆国図や邑美郡図等の精度に関する GIS 研究がある[2]。

　平井の那賀郡岩脇村分間絵図を使用した精度検証は、先ず、村絵図を GIS ソフト上に読み取り、ジオリファレンス機能を用いて位置補正した上で、絵図中の各地点の相対的な精度を測定する方法である。絵図上と 5,000 分の 1 の国土基本図との同一地点を固定し、残差値が 20m 以下の 51 地点にコントロールポイント（CP）を設定した上で、村絵図の画像データを GIS ソフト上でアファイン変換を用いて位置補正（幾何補正）している。この結果、51 地点の CP に関して、絵図上と地図上の距離の誤差を差に応じてそれぞれ平行移動させて、CP 間の相対的位置を補正した上で、全 CP の標準偏差と各 CP 間の相対的距離（誤差）を以てズレを測定している。なお、CP は地図と絵図上で同定が可能な道とその交差点、道と水路の交差点等を設定している。この結果、51CP 地点での誤差の最少値は 3.21m、最大値は 17.73m で、平均誤差（ズレ）は 10.18m としている[3]。さらに、平井は文化 10 年勝浦郡樫原村・野尻村久保村・田野々村分間絵図の凡例に記される絵図の「外周」積数と GIS 計測値を比較し、誤差は 2.63 ～ 5.17% としており、近世後期における岡崎三蔵系の測量分間村絵図の正確さを実証している[4]。

　本章では、著者の方法に基づき、主として文化～天保期の徳島藩が作製した阿波・淡路両国内の岡崎三蔵系の分間村絵図、郡図、国図合わせて 51 点に関して、その精度の検証を行う。まず、絵図原本を熟覧して距離尺・定規等を用いて、測定地点間の距離、方位の誤差を測定する方法は、資料保存の点からも問題が多く、また、所蔵機関の多くは原本の閲覧を停止している。このため、18 点の絵図は所蔵機関が専門業者に依頼して作製した高精細画像を利用した。すなわち、徳島県立文書館蔵の高精細画像の分間村絵図（2 点）・郡図（2 点）と、美馬市教育委員会蔵の町絵図（1 点）・郡図（1 点）、洲本市立淡路文化史料館蔵の村絵図（8 点）・郡図（2 点）・国図（2 点）等である。絵図写真と比較する地図としては、昭和 30 年～ 40 年代撮影の空中写真（縮尺 5,000 分の 1 程度）、都市計画図（2,500 ～ 5,000 分の 1）、自治体全図（5,000 分の 1、1 万分の 1）、2.5 万分の 1 の旧版地形図、現 2.5 万ないし 5 万分の 1 の現地形図等を利用した。

表 5-1　阿波国内の分間村絵図の精度（誤差）

絵図の名称	測点ポイント数	南北方向の誤差（%）	東西方向の誤差（%）	対角線方向の誤差（%）	方位の誤差（%）
1.　板野郡大代村分間絵図（森文庫本）	13 箇所	1.16 〜 7.19	3.34 〜 4.16	2.71 〜 3.48	1°〜3°
2.　* 文化 5 年阿波郡伊沢村分間絵図（在所）	20 箇所	0.28 〜 0.74	1.43 〜 1.65	0.75 〜 2.30	0°〜1°
3.　* 文化 5 年阿波郡伊沢村分間絵図（山分）	11 箇所	1.27 〜 1.68	0.85 〜 0.99	2.05 〜 2.71	1°〜2°
4.　文化 4 年阿波郡水田村秋月村分間絵図	18 箇所	3.96 〜 6.61	1.45 〜 2.37	2.19 〜 5.73	1°〜3°
5.　* 文政元年美馬郡脇町分間絵図	16 箇所	2.03 〜 5.62	0.36 〜 2.10	6.36 〜 7.62	1°〜3°
6.　* 文政元年美馬郡脇町分間絵図（郷町部分）	21 箇所	8.41 〜 9.34	2.34 〜 6.77	2.11	1°〜6°
7.　麻植郡川田村分間絵図（原田家本）	16 箇所	3.81 〜 7.72	4.29 〜 6.36	6.45 〜 9.31	1°〜3°
8.　麻植郡瀬詰村分間絵図（原田家本）	15 箇所	2.30 〜 6.24	2.88 〜 7.45	1.31 〜 2.75	1°〜3°
9.　文政 3 年美馬郡小島村分間絵図	23 箇所	5.38 〜 6.49	3.78 〜 4.72	0.62 〜 5.18	
10.　文化 5 年名東郡下八万村分間絵図	18 箇所	0.48 〜 3.48	0.87 〜 2.02	0.85 〜 2.48	0°〜2°
11.　文化 6 年名東郡富田浦分間絵図	20 箇所	0.48 〜 2.17	0.37 〜 1.58	0.39 〜 2.27	2°〜4°
12.　文化 6 年名東郡佐古村蔵本村分間絵図	18 箇所	0.44 〜 4.90	0.22 〜 1.60	0.85 〜 3.53	1°〜3°
13.　文化 11 年那賀郡古毛村分間絵図	16 箇所	0.24 〜 4.99	0.90 〜 4.04	4.83 〜 5.24	1°〜3°
14.　文化 11 年那賀郡岩脇村分間絵図	21 箇所	2.23 〜 4.32	0.61 〜 3.05	3.37 〜 4.93	1°〜5°
15.　文化 11 年那賀郡古庄村分間絵図	13 箇所	2.04 〜 7.77	1.67 〜 3.00	3.72 〜 7.14	2°〜5°
16.　文化 10 年勝浦郡八重地村市宇村分間絵図	14 箇所	2.86 〜 4.80	0.86 〜 4.80	1.66 〜 4.15	2°〜5°
17.　同上、八重地集落部分	18 箇所	3.39 〜 4.16	3.48 〜 5.22	1.97 〜 3.39	1°〜7°
18.　同上、市宇集落部分	25 箇所	0.97 〜 5.98	0.38 〜 5.44	2.01 〜 5.58	1°〜4°
19.　文化 10 年勝浦郡樫原村分間絵図（在所）	17 箇所	0.33 〜 6.61	0.91 〜 6.54	0.32 〜 0.61	4°〜5°
20.　文化 10 年勝浦郡田野々村分間絵図	16 箇所	0.09 〜 1.31	1.93 〜 3.44	3.13 〜 4.60	1°〜2°
21.　文化 10 年勝浦郡野尻村久保村分間絵図	21 箇所	2.65 〜 8.33	0.80 〜 4.08	7.08 〜 9.97	2°〜5°
22.　文化 10 年勝浦郡瀬津村分間絵図（在所）	16 箇所	1.73 〜 6.16	3.78 〜 5.62	0.10 〜 0.34	1°〜2°
23.　文化 10 年勝浦郡福原村分間絵図（在所）	18 箇所	8.28 〜 9.16	9.16 〜 9.72	3.64 〜 4.27	2°〜5°
24.　海部郡宍喰絵図（多田家本）	18 箇所	2.22 〜 5.98	1.78 〜 6.37	1.65 〜 6.35	1°〜4°

註）＊印は高精細画像、1 〜 24 の分間村絵図の精度を検証するために、使用した分間村絵図と比較した行政全図・地形図・空中写真を以下に記す。① 1 は著者が撮影した絵図を明治 29 年測図の縮尺 2 万分の 1 地形図と平成 24 年度測図の縮尺 2,500 の 1 の鳴門市全図と比較。② 2・3 は四国写真工業（株）撮影の CD（徳島県立文書館蔵）を縮尺 1 万分の 1 の阿波市全図と比較。③ 4 は著者が撮影した絵図を縮尺 1 万分の 1 の土成町全図（昭和 44 年調整）と比較。④ 5・6 は四国写真工業撮影絵図（美馬市教育委員会蔵）の CD を縮尺 2,500 分の 1 の脇町都市計画平面・同地形図と比較。⑤ 7・8 は個人蔵（吉野川市山川町）の川田村分間絵図（3 枚よりなる）・瀬詰村分間絵図を著者が撮影し、縮尺 1 万の 1 の山川町全図と比較。⑥ 9 は著者撮影の絵図（美馬市教育委員会蔵）を縮尺 5,000 分の 1 の穴吹町平面図と比較。⑦ 11 〜 12 は図録「徳島市史別巻、地図絵図集」収録（昭和 53 年）の絵図を縮尺 5,000 分の 1 の徳島市都市政策課地図と比較。⑧ 13 〜 15 は著者が撮影した徳島大学附属図書館蔵の絵図を縮尺 2,500 分の 1 の阿南市全図（昭和 52 年測量）及び縮尺 25,000 分の 1 の「立江」図幅（大正 6 年測図）、「阿波富岡」（大正 6 年測図、昭和 9 年修正測図）と比較。⑨ 16 〜 23 は著者が撮影した上勝町町役場収蔵の絵図を縮尺 5,000 分の 1 の上勝町全図とそれぞれ比較。⑩ 24 は著者が撮影した絵図を縮尺 25,000 の地形図「宍喰」と比較した。

　前記 18 点の高精細画像に対して、残りの 33 点は著者が撮影したフィルムネガや SD カードから A4 版にカラープリントし、さらに、A3 版に拡大コピーした。それと前記の地図と、絵図 1 点について 11 〜 25 の測定地点間を設定し、南北方向、東西方向、対角線方向に直線を引き、距離と方位の同定地点間の地図と比較してその誤差の最少・最大率を測定した結果を表 5-1 〜 5-4 に示した。ただ、この方法では、絵図の保存状態、破損箇所、折りたたみ目、皺、絵図 1 枚片の貼り付け状態等による誤差があり、比較する行政地図にも縮尺等による誤差が考えられる。

　さらに、著者が撮影した絵図では、縮尺 1,800 分の 1 の山村絵図の法量は、文化 10 年勝浦郡田野々村分間絵図では縦横が 253 × 243 cm、新田村である板野郡笹木野村分間絵図では 131 × 151 cm とかなり大きい。また、縮尺 18,000 の 1 の文化 11 年勝浦郡分間郡図では 129 × 191 cm、さらに、縮尺 9 万分の 1 の文政 11 年阿波国図（森家本）では 97 × 129 cm、同 4.5 万分の 1 の明治 3 年阿波国図（木版図）では 273 × 394 cm もある。このため、全体図の撮影の際には脚立を利用して、出来るだけ垂直平面に近い地点から撮影したが、どうしても斜視点になるので、高精密画像に比較して精度はやや落ちる。

　また、著者は精度を検証するために、絵図上でも明瞭な村や郡の境、山麓線等の地形変換点、半島や岬等の地点、河川や支谷の合流地点、主な山の頂、村の主な寺院や神社、現存する小祠、家屋、溜池を測定地点に選んだ。しかし、前記の野尻村久保村や樫原村・福原村分間村絵図等では、絵図の村境（大字界）と、現大字界が一部で一致しない箇所もみられる。さらに、絵図の里道や地割・家屋の配置等の経年変化があり、現行政地図上で確定するのが困難な場合が多い。

　表 5-1 に阿波国内の 24 点の分間村絵図の東西・南北・対角線方向と方位の誤差を示したが、文化 10 年勝浦郡福原村分間絵図を除いて、おおむね、1 〜 6% 程度の誤差に収まっており、岡崎三蔵系の分間村絵図が高精度を有していたことが証明できる。また、表 5-1 において、高精細画像である 2・3（伊沢村）の誤差は 0.2 〜 2.7% と、著者撮影画像と比較してかなり小さい事がわかる。

第 2 節　阿波国内の分間村絵図の精度

1．文化 10 年勝浦郡野尻村久保村分間絵図の精度

　ここでは、図 5-1 に示した文化 10 年勝浦郡野尻村久保村分間絵図（控）（表 5-1 の 21）を見よう。両村の村域は最大で南北約 800 m、東西約 2,000 m と狭い。図 5-1 では A 〜 T の 20 ヶ所の測定ポイントを設定した。本図で特に、福原村との境が現行の大字界とかなり異なる。外周のポイント以外に、現存する八幡社・薬師堂・権現・観音堂・鎮守・白山大明神・弁才天等の小社と、野尻谷川とその支流の合流点等のポイントを地図上に落とすことが可能である。図 5-1 に示した直線間と方位の誤差を縮尺 5,000 分の 1 の上勝町全図と比較し、その誤差を測定した。その結果、誤差の

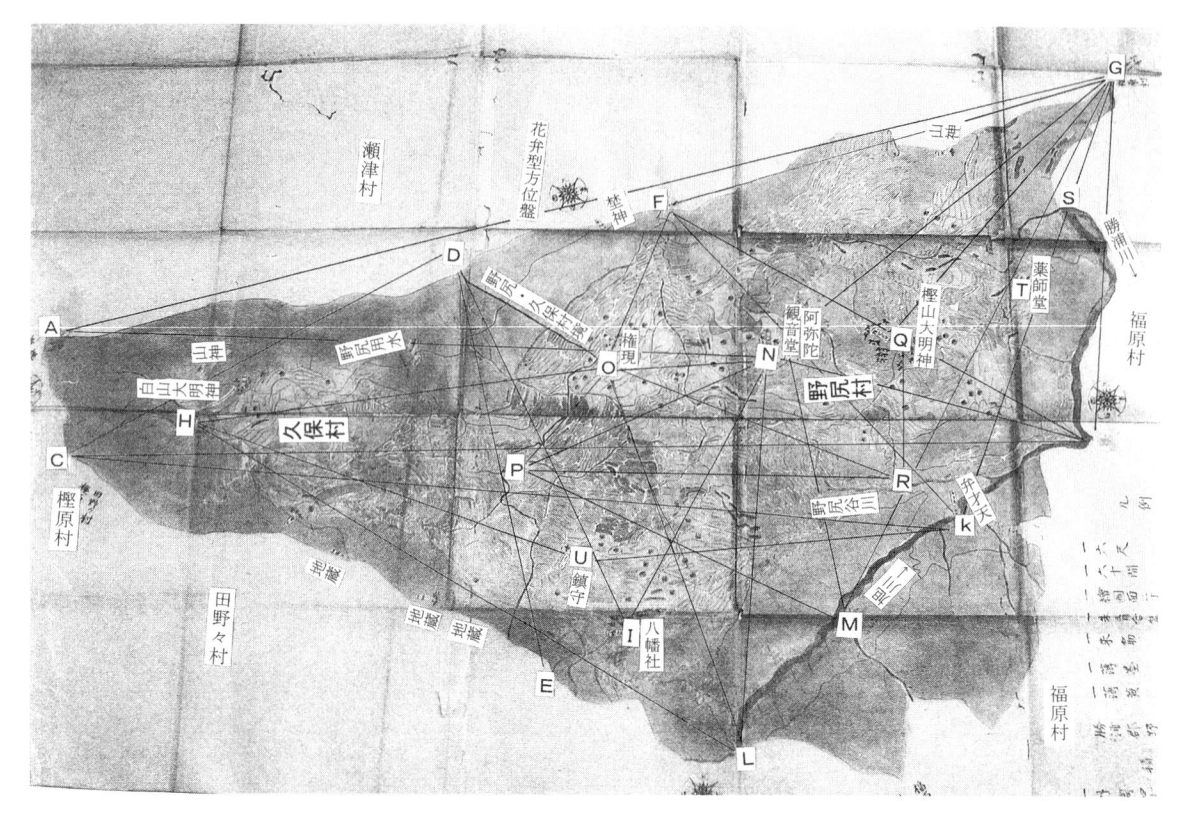

図 5-1　野尻村久保村分間絵図の測定ポイント（A～T）

幅は南北方向で 2.86 ～ 8.33%、東西方向で 0.80 ～ 4.08%、対角線で 7.08 ～ 9.97%、方位で 2° ～ 5° であった。前記の平井が測定している野尻久保・樫原・田野々村の外周積値の誤差 2.63 ～ 5.17% とは、対角線方向を除いて同程度の誤差率内である。著者は GIS による絵図と地図の重ねあわせが出来ないので、正確にはわからないが、美馬郡脇町分間絵図の対角線誤差も 6.36 ～ 7.62% もあり、野尻村久保村と脇町絵図は 5,000 分の 1 全図と比較して、村境の外形にやや歪みがあるように思われる。さらに傾斜地が多く、村域の広大な山村の測量では一般的に誤差が大きくなる。表 5-1 に示したが、八重地市宇・樫原・野尻久保・瀬津村は、誤差はやや大きいが、福原村よりもやや小さい。両村図では対角線上における誤差が大きいが、方位のそれは小さく、矛盾した結果となっている。

2.　八重地集落部分の精度

次に、図 5-2 と表 5-1 の 17 で八重地村市宇村分間絵図の内の八重地集落部分の誤差を見よう。集落部分は、勝浦川の支流、旭川の上流部の標高約 500 ～ 700m の南斜面に立地する。測定ポイント（A ～ N）は支流の北谷川と西谷川の支流である奥岐谷・高野谷・仁義谷の合流点や、長楽寺・八幡宮と現存する六地蔵・山神とした。方位の誤差は 1° ～ 7° であるが、南北・東西・対角線方向は 3.4 ～ 5.2% 程度で、正確性は保持している。絵図に描かれる民家は 34 棟で、棚田を薄緑、地面畠（常畑と屋敷地）

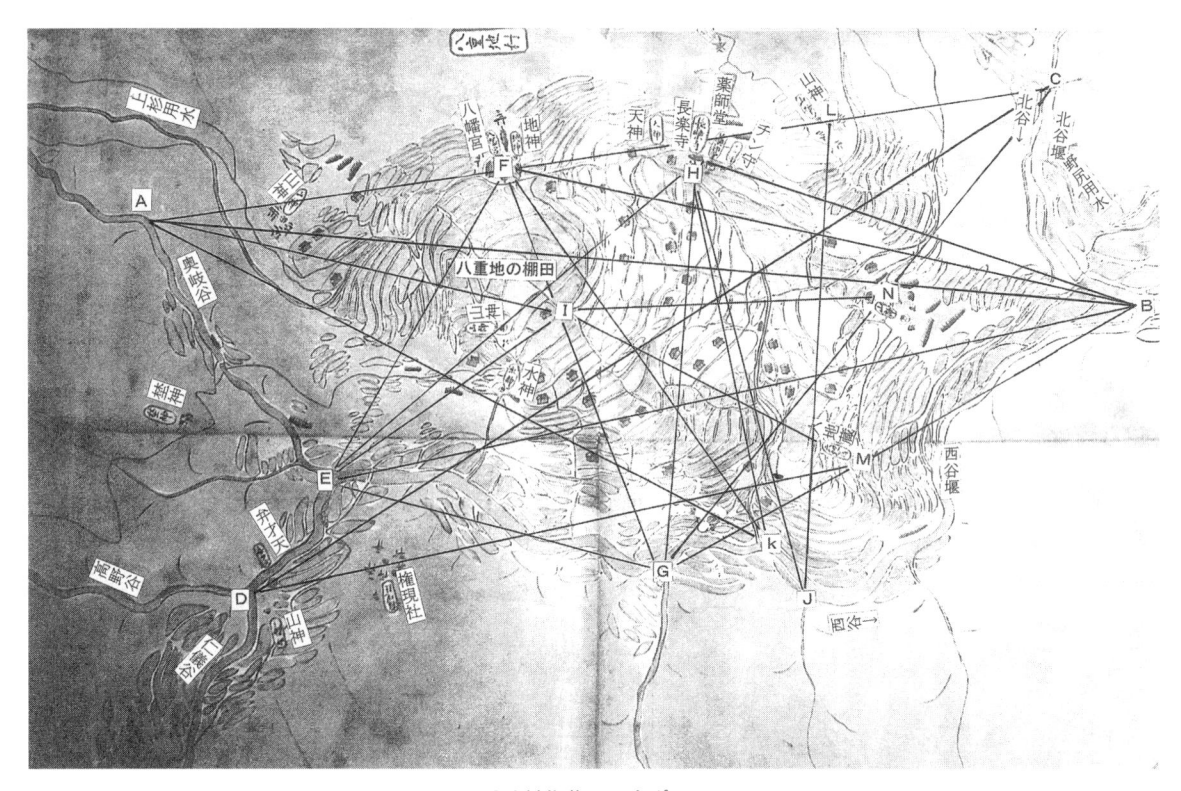

図 5-2　八重地村集落の測定ポイント（A〜N）

図 5-3　八重地村の棚田景観（字ホテ付近、2015 年、標高約 570m）

は薄鼠、山は黄、川・用水は青で表現している。

　集落北西部の字「ホテ」付近にはいわゆる「八重地の棚田」として、2001 年〜 2002 年の八重地地区圃場整備事業[5] おいても、お椀状の棚田地割りの原型保存をし、土や石垣で畦を作っている（図5-3）。絵図では北谷・西谷付近を含む集落部分の棚田と地面畠は 752 枚を数えるが、「明治 18 年勝浦郡旭村地籍」[6] によれば、686 筆・1766 枚で、絵図棚田枚数の約 2.3 倍もある。また、「地籍」では1 筆ごとに、所在小字・地番・地目・地積・所有者・地価額が記載されており、1 筆の土地は約 2.6枚の地片で構成されている。このように、縮尺 1,800 分の 1 の分間村絵図では、棚田と段々畑を正確に 1 枚ごとに表現するのには困難であり、分間村絵図では棚田の表現は、実際の枚数の約 43％程度であることがわかる（図 5-3 参照）。

3.　文化 11 年の那賀郡岩脇村と古庄村分間絵図の接合

　著者が撮影した岩脇村と古庄村分間絵図（徳島大学附属図書館蔵　徳 7・5）を表 5-1 に示したが、誤差率は 0.61 〜 7.77％と、南北方向と対角線に誤差率が高い。そこで、両図を接合すると（図5-4 参照）、那賀川の旧河道に沿う岩脇村の「畷」地区付近から北東方向の村境が、ほぼ完全に一致する。前記したが、平井は岩脇村絵図の高精細画像からの平均誤差率を東西で 0.39％、南北で 0.78％としている[7]。著者撮影絵図の誤差率は平井の計測よりも高いが、村境が一致したことは両絵図の精度が高

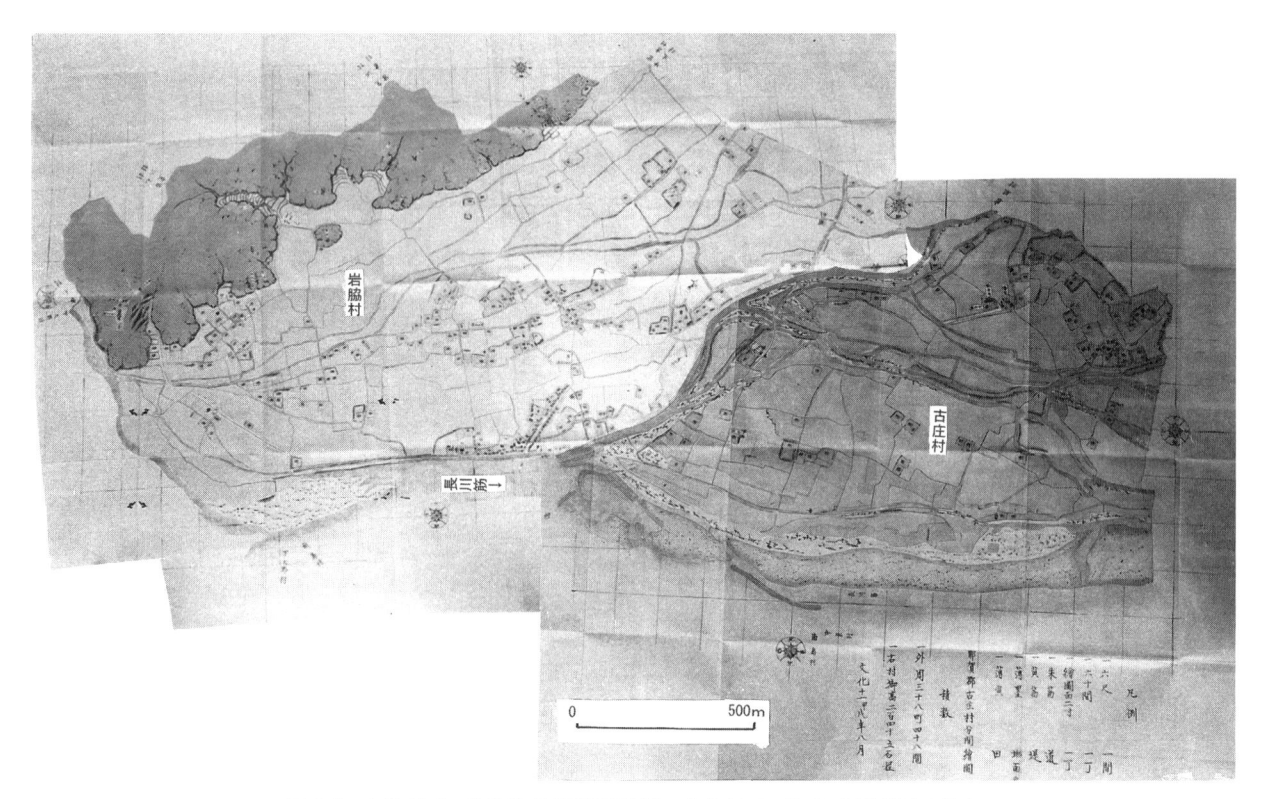

図 5-4　文化 11 年（1814）那賀郡岩脇村・古庄村（口絵 7）分間絵図の接合

いことの証左となる。

第 3 節　淡路国内の分間村絵図の精度

1. 文政 12 年（1829）三原郡上物部村下物部村分間絵図の精度

　筆者の所在調査で管見している淡路国内に現存する分間村絵図は 70 ヶ村にかかる 77 点である [8]。表 5-2 に 9 点の誤差率を示したが、1 の津名郡斗ノ内村・斗ノ内浦分間絵図と 2 の三原郡上内膳村・下内膳村分間絵図（図 5-5）以外は高精細画像で、洲本市都市計画課の 10,000 分の 1 カラー空中写真（2010 年撮影）と同課の 5,000 分の 1 の地図（2010 年）と比較した。1 と 2 は著者が撮影した絵図で、1 の誤差率は 1.19 ～ 7.32%、2 は 0.32 ～ 4.71% で、1 の対角線を除いて高精細画像と比べても低くない。図 5-5 の凡例には「先山高直立二百五一間」とあり、先山千光寺のある先山の高さを 456.3m と記しているが、2.5 万分の 1 地形図「洲本」によれば 448m で、約 8m の差がある。また、下内膳村から千光寺までの参詣道が描かれている。さらに、本図には 49 ヶ所に溜池が描かれており、縮尺 5,000 分の 1 の洲本市地図に描かれる池数とほぼ同じで、下内膳村の雲華池、上内膳村の野良田大池が描かれている。また、高精細画像絵図では表 5-2 に示したように、灘地方にある津名郡畑田村（9）の南北方向の誤差最大値 5.90% と、千草村東部の山地部（7）の 6.74 ～ 7.81% を除いて、0.20 ～ 4.71% と

表 5-2　淡路国内の分間村絵図の精度（誤差）

絵図の名称	測点ポイント数	南北方向の誤差（%）	東西方向の誤差（%）	対角線方向の誤差（%）	方位の誤差（%）
1* 天保 7 年津名郡斗ノ内村斗ノ内浦分間絵図	15 箇所	1.38 ～ 6.00	1.19 ～ 6.25	3.00 ～ 7.32	1°　～ 2°
2 文政 12 年三原郡上内膳村下内膳村分間絵図	16 箇所	0.32 ～ 3.60	0.27 ～ 2.48	1.08 ～ 4.71	0°　～ 1°
3* 文政 11 年津名郡塩屋村炬口浦宇山村分間絵図	20 箇所	0.46 ～ 1.96	2.76 ～ 5.12	3.10 ～ 4.17	2°　～ 6°
4* 文政 11 年津名郡下物部村分間絵図	19 箇所	1.76 ～ 2.30	2.30 ～ 3.64	0.54 ～ 3.84	2°　～ 3°
5* 文政 11 年津名郡上物部分間絵図	15 箇所	0.53 ～ 3.69	0.20 ～ 2.93	1.48 ～ 1.74	0.5°～ 2°
6* 文政 11 年津名郡千草村分間絵図（西部）	14 箇所	0.96 ～ 1.65	1.30 ～ 3.91	0.87 ～ 2.94	0°　～ 0.5°
7* 同上（東部、山分）	17 箇所	1.24 ～ 6.74	3.66 ～ 7.81	2.23 ～ 6.32	2°　～ 4°
8* 文政 11 年津名郡内田村分間絵図	14 箇所	1.22 ～ 4.58	2.36 ～ 4.16	1.69 ～ 2.42	1°　～ 4°
9* 文政 11 年津名郡畑田村分間絵図	16 箇所	2.86 ～ 5.90	0.92 ～ 2.90	1.23 ～ 3.59	0°　～ 1°

註）＊印は高精細画像。①1 は著者が撮影した淡路市北淡歴史民俗資料館蔵の絵図を縮尺 2,500 分の 1 の北淡町都市計画図（平成 12 年測図）及び縮尺 5,000 分の 1 の国土地理院空中写真（1968 年、ｋｋ-63-5、ｃ6-5）、縮尺 5,000 分の 1 の淡路市のカラー空中写真（2010 年撮影）と比較。②2 は著者が撮影した南あわじ市淡路人形浄瑠璃資料館収蔵の絵図を縮尺 5,000 分の 1 の洲本市都市計画課図（2010 年）と比較。③3 ～ 9 は洲本市立淡路文化史料館収蔵史料目録　第 5 集（フィルム番号 1998-5 ～ 12）の絵図画像データ（DVD、平成 17 年 12 月 14 日、徳島大学総合科学部地理学研究室　平井松午教授提供）を縮尺 5,000 分の 1 の洲本市都市計画図（平成 22 年）及び同縮尺の洲本市都市計画課カラー空中写真（平成 22 年）と比較した。

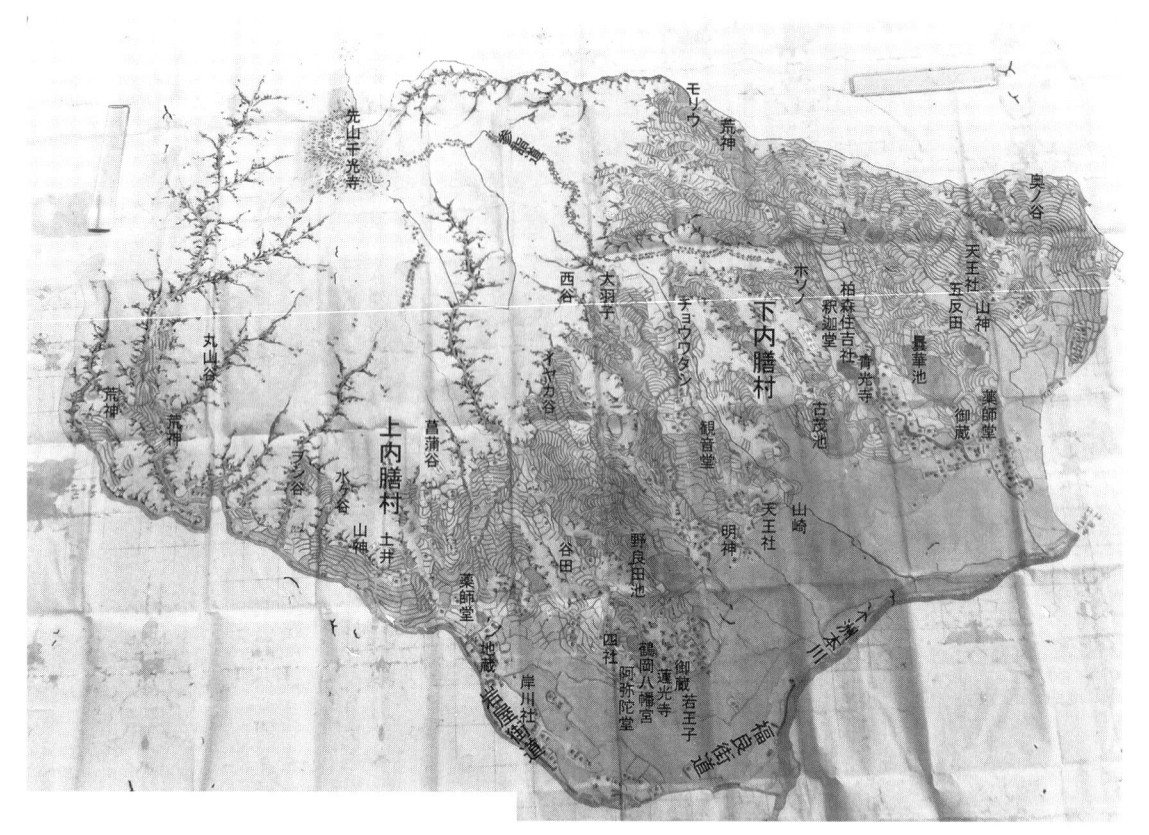

図 5-5　文政 12 年（1829）三原郡上内膳村下内膳村分間絵図
（洲本市立淡路文化史料館蔵、171 × 20 cm、文字は著者が記入）

低い。

2. 宇山村・下物部村と下物部村・上物部村、千草村・内田村絵図の接合

　また、津名郡の高精細画像図から隣接する分間村絵図の接合が出来ることが判明した。後述のように、淡路国内の分間村絵図作製事業は、現存する絵図年紀から推測すると、文政 11 年（1828）〜天保 12 年（1841）で、阿波国内の文化 3 年（1806）〜文政 6 年（1823）より 5 〜 20 年ほど遅いので、その間の測量技術の進歩が窺える。

　次に、図 5-6 に、共に山村である文政 11 年津名郡内田村と、千草村の山分の接合部を図示した。A〜G に至る村境の尾根筋では A・B・C・F・G 間と、D・E 間（幅約 60 m、長さ約 350 m）のみで接合できなかったが、大部分では接合可能である。また、図 5-7 に津名郡宇山村と上物部村の接合は完全に可能である。さらに、図 5-8 をみると、洲本川を挟んで津名郡下物部村と宇山村の接合が完全にできる。以上のことから、淡路の分間村絵図の精度は極めて高いことが検証できた。

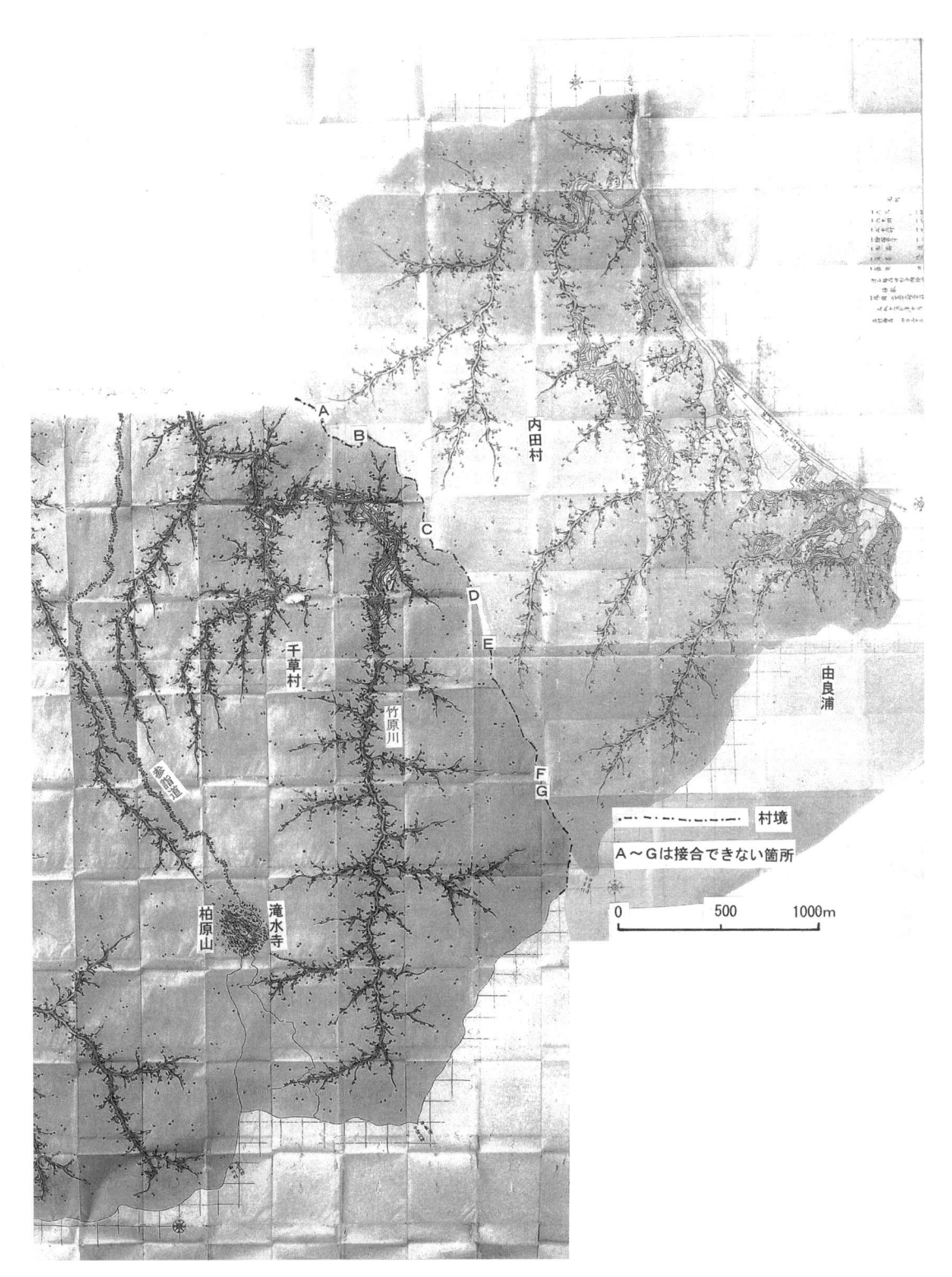

図 5-6　文政 11 年（1828）津名郡千草村と内田村分間絵図（洲本市立淡路文化史料館蔵）の村境接合部

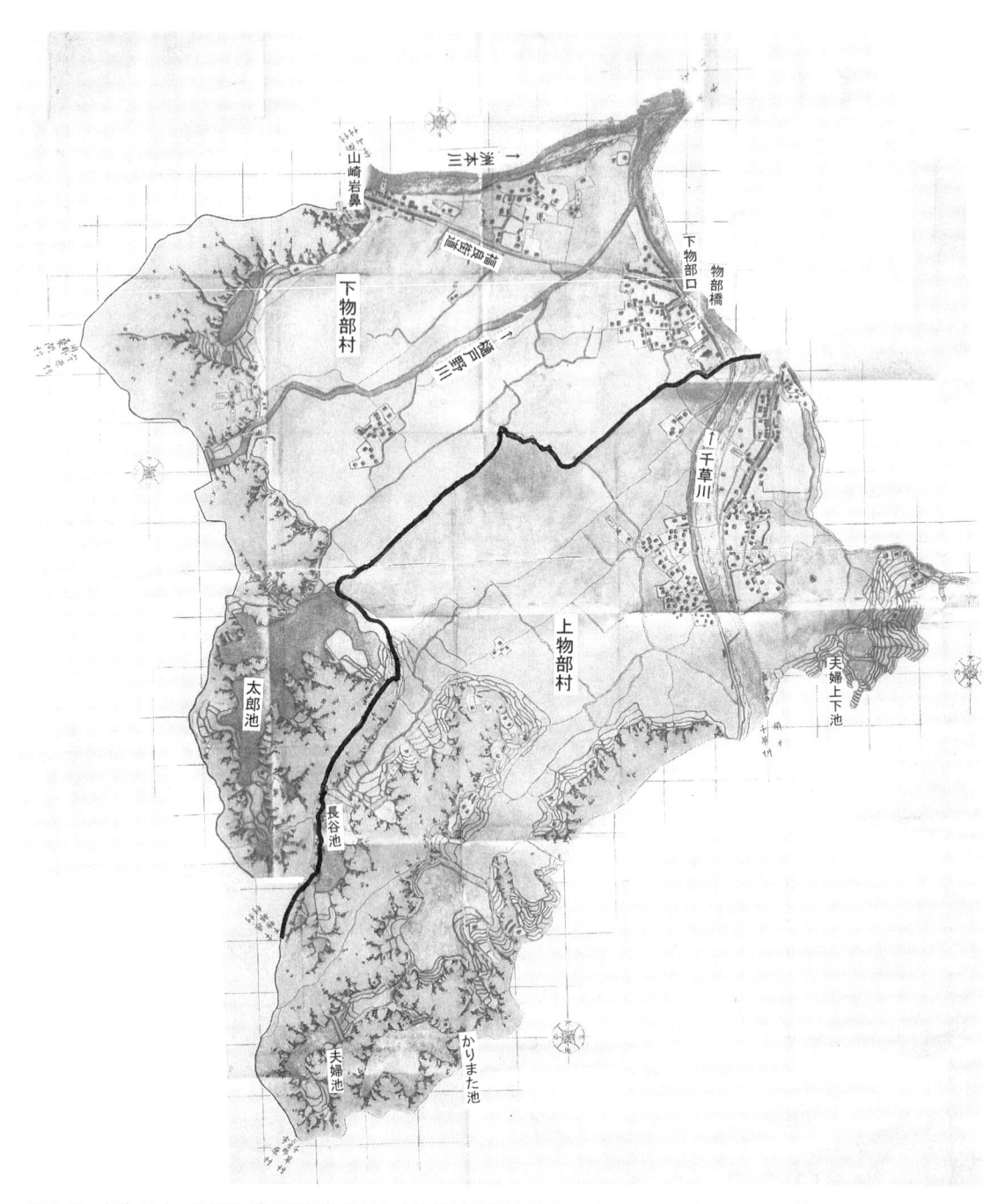

図 5-7　文政 11 年（1828）津名郡下物部村と上物部村分間絵図（洲本市立淡路文化史料館蔵）の接合（本文 417 頁参照）

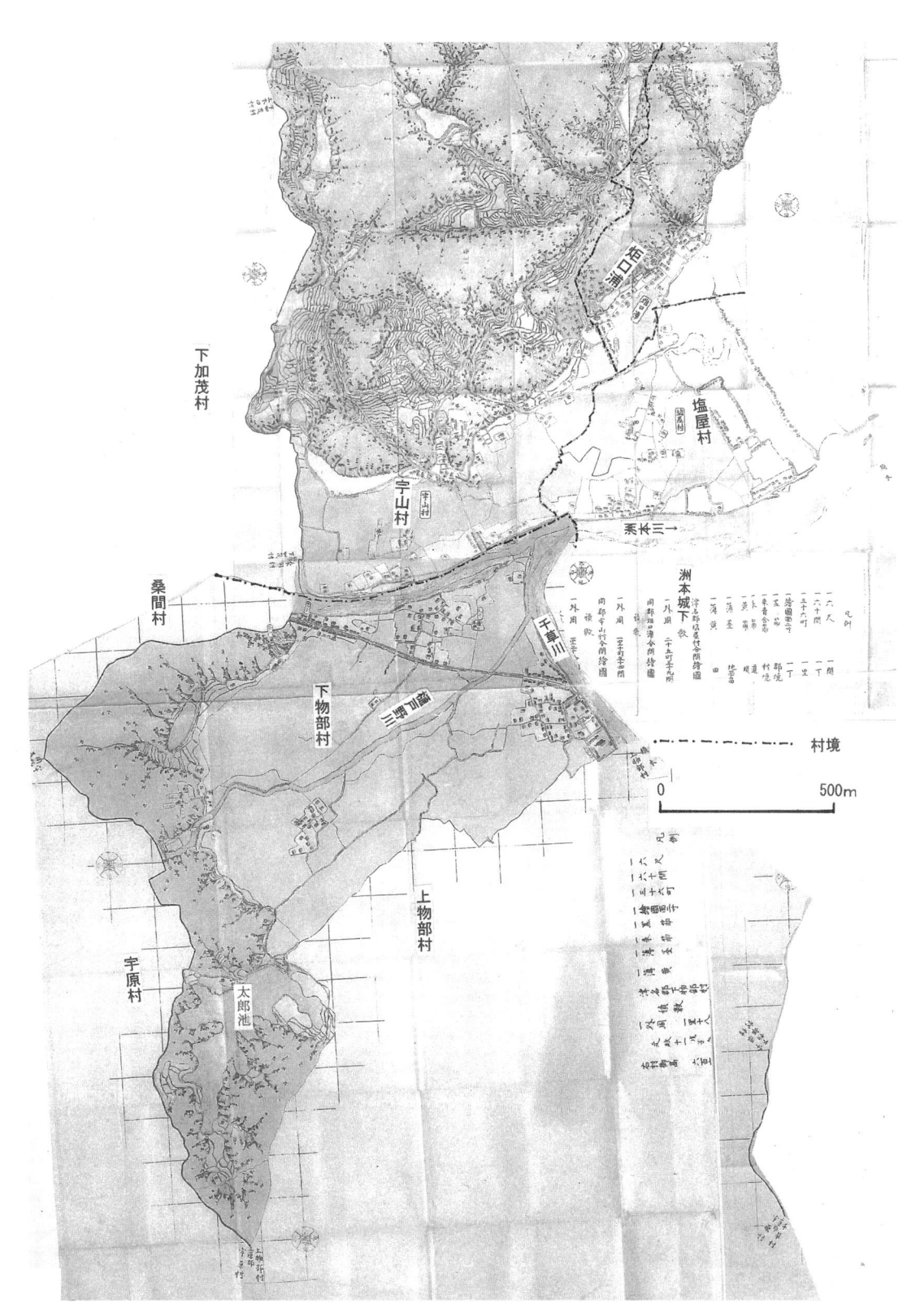

図 5-8　文政 11 年（1828）津名郡宇山村と下物部村分間絵図（洲本市立淡路文化史料館蔵）の村境接合部

第4節　分間郡図の精度

　分間郡図は「絵図面二分・一町」の割で縮尺 18,000 分の 1 であるが、縮尺 1,800 分の 1 の分間村絵図から編集している。表 5-3 に示した 11 郡図の内、高精細画像が 6 点、著者撮影が 5 点である。また、図 5-9 に文化 12 年（1815）板野郡分間郡図（三木文庫蔵、口絵 23）の A 〜 T の測定ポイントを示した。本図は地形変換線である讃岐山脈の山麓線、村境、吉野川下流デルタにおける河川流路、新田の状況、干潟・ラグーン、川原・草渡地等の自然地形や、街道・里道、主要な寺社、一里松、塩田等が精密に表現されている。高精細画像である板野郡・名東郡・名西郡図の誤差は 0.14 〜 5.87% と精度が高い。麻植郡分間郡図（原田家本、口絵 24）のみが縮尺は 36,000 の 1 であるが、誤差率は山地部の対角線方向を除いて低い。また、郡域の全部が山地で占められる美馬郡祖谷山郡図（口絵 26）の誤差は、東西・南北方向の最大誤差率が 6.47 〜 8.81% と高く、広大で急峻な傾斜地が多い四国山地での測量の困難さを示している。

　また、分間郡図の精度は総じて、分間村絵図よりも高い事が表 5-3 から読み取れる。9 の文化 13 年（1816）那賀郡分間郡図は縦 179cm、横 414cm の大型の郡図（口絵 42 参照）であるため、那賀川下流デルタ部分で誤差を測定したが、誤差は小さい。一方、淡路の津名郡と三原郡図は淡路文化史料館蔵の高精細画像であるため、誤差率 0.37 〜 4.34% と精度が高い。

表 5-3　阿波・淡路国内の分間郡図の精度（誤差）

絵図の名称	測点ポイント数	南北方向の誤差（%）	東西方向の誤差（%）	対角線方向の誤差（%）	方位の誤差（%）
1* 文化 12 年板野郡分間郡図（三木文庫本）	23 箇所	0.55 〜 3.67	0.84 〜 2.84	2.43 〜 4.46	1° 〜 2°
2* 名東郡分間郡図（四国大学附属図書館蔵）	18 箇所	0.22 〜 4.91	0.79 〜 2.46	0.38 〜 1.39	1° 〜 3°
3* 文化 9 年名西郡分間郡図（個人蔵）	13 箇所	0.14 〜 4.40	0.22 〜 5.87	0.23 〜 0.74	1° 〜 2°
4. 麻植郡分間郡図（原田家本）	18 箇所	2.60 〜 5.99	0.42 〜 5.57	5.83 〜 6.19	1° 〜 2°
5. 美馬郡分間郡図（徳島城博物館寄託本）	16 箇所	1.86 〜 2.89	2.42 〜 8.78	0.69 〜 3.84	1° 〜 2°
6. 美馬郡祖谷山郡図（同上）	21 箇所	1.24 〜 6.47	3.66 〜 8.81	2.23 〜 6.32	2° 〜 4°
7. 文化 5 年阿波郡分間郡図（寺井家本）	16 箇所	1.77 〜 4.97	1.42 〜 4.23	1.31 〜 2.65	1° 〜 4°
8. 文化 10 年勝浦郡分間郡図（徳島大学附属図書館蔵）	19 箇所	1.53 〜 4.78	1.63 〜 3.12	1.83 〜 3.59	1° 〜 2°
9. 文化 13 年那賀郡分間郡図（阿南市史編纂室蔵）	16 箇所	1.13 〜 4.36	2.19 〜 4.97	2.81 〜 5.18	1° 〜 2°
10* 嘉永 2 年・明治 7 年写津名郡分間郡図（淡路文化史料館寄託本）	17 箇所	0.58 〜 2.74	1.50 〜 3.53	0.60 〜 2.39	1° 〜 2°
11* 嘉永 2 年・明治 7 年写三原郡分間郡図（同上）	17 箇所	0.37 〜 6.86	0.40 〜 1.93	0.63 〜 4.34	1° 〜 3°

註）＊印は高精細画像。①1 〜 3 は四国写真工業撮影の CD（写真は徳島県立文書館蔵）を、5 万分の 1 地形図「徳島」「鳴門海峡」「石井」「川島」「脇町」「雲早山」と比較。②4 は著者が撮影した絵図を 5 万分の 1 地形図「脇町」「剣山」と比較。③5 は四国写真工業撮影の CD（美馬市教育委員会蔵）を 5 万分の 1 地形図「脇町」「剣山」「雲早山」と比較。④6 は著者が撮影した絵図を 5 万分の 1 地形図「川口」と比較。⑤7 〜 9 は著者が撮影した絵図を 5 万分の 1 地形図「雲早山」「剣山」「阿波富岡」「北川」「桜谷」「日和佐」と比較。⑥10 〜 11 は洲本市立淡路文化史料館撮影の津名・三原郡図 CD を 5 万分の 1 の地形図「須磨」「明石」「洲本」「由良」「鳴門海峡」と比較した。

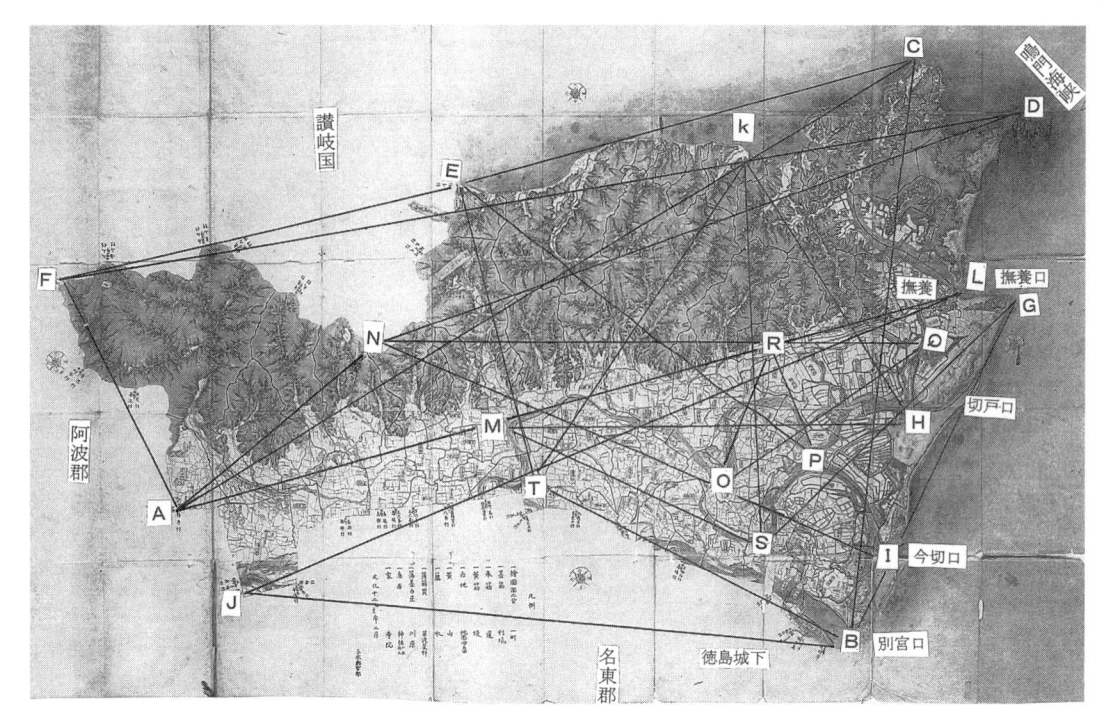

図 5-9　板野郡図（三木文庫蔵）の測定ポイント（A〜T）

第5節　阿波・淡路国図の精度

　図 5-10 に「八厘・一丁之割」で縮尺 4.5 万分の 1 の明治 3 年阿波国全図（木版図、淡路文化史料館蔵の高精細画像）の A〜S の測定ポイントを示した。誤差率 0.99〜4.58％で、著者撮影で、縮尺 9

表 5-4　分間阿波国・淡路国図の精度（誤差）

絵図の名称	測点ポイント数	南北方向の誤差（％）	東西方向の誤差（％）	対角線方向の誤差（％）	方位の誤差（％）
1* 明治 3 年阿波国全図（淡路文化館本）	16 箇所	1.25〜4.58	2.37〜4.55	0.99〜1.85	1°〜2°
2. 阿波国分間絵図（原田家本）	13 箇所	1.29〜6.43	2.59〜5.26	1.47〜5.26	1°〜3°
3. 阿波国分間絵図（谷家本）	19 箇所	1.47・4.63	1.03〜1.71	0.70〜2.56	3°〜5°
4. 阿波御国画図（三木文庫本）	17 箇所	0.53〜4.87	0.42〜3.62	0.23〜2.74	3°〜4°
5. 文政 11 年阿波御国図（杉本家本）	14 箇所	1.60〜5.90	1.18〜4.76	1.52〜4.73	1°〜3°
6* 明治 3 年淡路国全図（淡路文化館本）	19 箇所	0.56〜2.77	0.84〜1.24	0.54〜1.85	0°〜3°
7* 嘉永 2 年淡路分間御国図（徳島県図書）	14 箇所	0.61〜2.09	1.05〜2.47	0.28〜1.75	1°〜2

註）＊印は高精細画像。①1 は淡路文化史料館撮影の絵図 CD を縮尺 15 万分の 1 の「徳島県総図」（平成 24 年版）と比較。②2〜5 は著者撮影の絵図を「徳島県総図」（徳島県発行）と比較。③6 は洲本市立淡路文化史料館撮影の絵図 CD を 5 万分の 1 地形図「須磨」「明石」「洲本」「由良」「鳴門海峡」と比較。④7 は徳島県立図書館撮影の絵図を③の地形図と比較した。

万分の1の文政11年作製の阿波国分間絵図（原田家本・谷家本・三木文庫本・杉本家本）と同程度の精度を示す。また、明治3年淡路国全図（縮尺4.5万分の1）と、嘉永2年淡路分間御国図（縮尺9万分の1）は特に精度が高い。徳島・洲本城下絵図の精度は、分間絵図に比べてやや低い（表5-5）。

表5-5　徳島・洲本城下絵図の精度（誤差）

絵図の名称	測点ポイント数	南北方向の誤差（％）	東西方向の誤差（％）	対角線方向の誤差（％）	方位の誤差（％）
1* 寛政8年御山下絵図（個人蔵・城博本）	21箇所	0.63 ～ 3.72	0.62 ～ 2.90	0.33 ～ 3.38	2° ～6°
2* 徳島御山下絵図（徳島県立図書館本）	22箇所	0.65 ～ 3.92	3.20 ～ 6.90	1.15 ～ 3.06	1° ～4°
3 洲本御山下画図（徳島大学図書館本）	20箇所	3.01 ～ 7.14	2.51 ～ 8.56	2.71 ～ 5.04	3° ～5°
4 洲本御山下画図（徳島県立図書館本）	15箇所	2.15 ～ 5.50	3.19 ～ 7.78	6.45 ～ 7.74	6° ～8°

註）＊は高精細画像。① 1は縮尺1,200分の1、2は縮尺3,600分の1で、徳島市都市政策課地図（2012）縮尺5,000分の1と比較。② 3・4は著者が撮影、洲本市都市計画課地図（2010年）縮尺5,000分の1と比較。

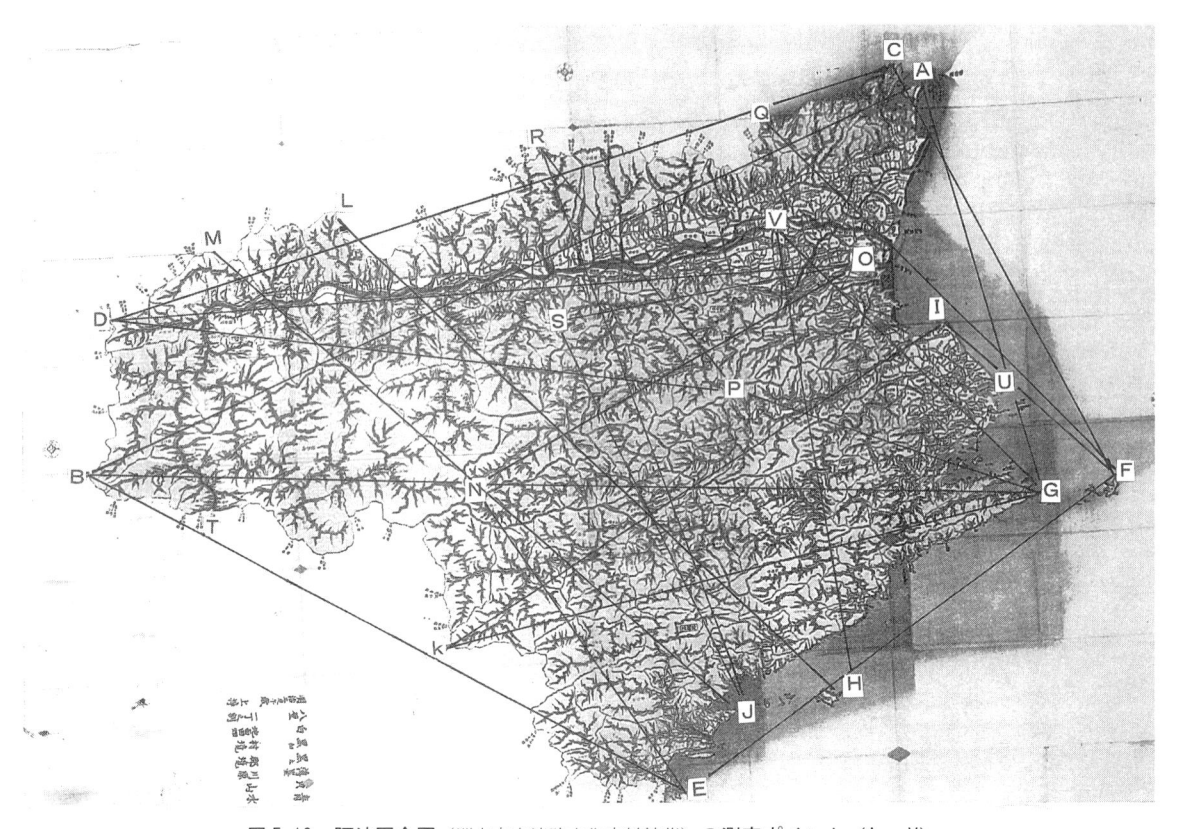

図5-10　阿波国全図（洲本市立淡路文化史料館蔵）の測定ポイント（A ～ V）

第6節　阿波・淡路国内に現存する分間村絵図・郡図・国図の一覧表（表5-6・7）

表 5-6　阿波国内に現存する分間村絵図・徳島城下絵図・郡図・国図（2018 年現在）

番号	絵図表題	作成年紀	法量（縦・横）	縮尺	収蔵先	備考
1	勝浦郡八重地村市宇村分間絵図控	文化 10 年（1813）	280×244cm	1,800 分の 1	上勝町役場	
2	勝浦郡田野々村分間絵図控	文化 10 年（1813）	254×244	1,800 分の 1	上勝町役場	
3	勝浦郡樫原村分間絵図控	文化 10 年（1813）	103×151	1,800 分の 1	上勝町役場	
4	勝浦郡野尻村久保村分間絵図控	文化 10 年（1813）	109×114	1,800 分の 1	上勝町役場	
5	勝浦郡瀬津村分間絵図控（二枚之内在所）	文化 10 年（1813）	281×181	1,800 分の 1	上勝町役場	
6	勝浦郡瀬津村分間絵図控（二枚之内山分）	文化 10 年（1813）	—	1,800 分の 1	上勝町役場	
7	勝浦郡福原村分間絵図控（二枚之内在所）	文化 10 年（1813）	281×181	1,800 分の 1	上勝町役場	
8	勝浦郡福原村分間絵図控（二枚之内山分）	文化 10 年（1813）	—	1,800 分の 1	上勝町役場	
9	勝浦郡鯰田浦分間絵図写	文化 7 年（1810）　文化 10 年	106×164	1,800 分の 1	徳島市立徳島城博物館	
10	勝浦郡鯰田浦論家墓図	明治初期か	—	1,800 分の 1	徳島市立徳島城博物館	
11	勝浦郡大谷村分間絵図	文化 7 年（1810）　文化 10 年	—	1,800 分の 1	徳島市立徳島城博物館	明治 15 年写
12	勝浦郡西須賀村分間絵図写	文化 7 年（1810）　文化 10 年	—	1,800 分の 1	徳島市立徳島城博物館	明治期写
13	勝浦郡大原浦分間絵図写	文化 7 年（1810）　文化 10 年	164×510	1,800 分の 1	徳島市立徳島城博物館	
14	勝浦郡金磯新田絵図	近世後期	130×93	1,800 分の 1	徳島県立文書館	金磯新田文書
15	那賀郡南島村分間絵図控	文化 10 年（1813）	—	1,800 分の 1	阿南市史編纂室	
16	那賀郡領家村分間絵図控	文化 12 年（1829）	107×72	1,800 分の 1	阿南市史編纂室	
17	那賀郡岡村分間絵図控	文化 12 年（1829）	79×108	1,800 分の 1	阿南市史編纂室	
18	那賀郡芥原村中島浦見横方村西路見村絵図写	近世後期	179×189	1,800 分の 1	阿南市史編纂室	
19	那賀郡見能方村分間絵図控	文化 5 年（1822）	—	1,800 分の 1	個人蔵（栗飯原家文書）	
20	那賀郡上大野村全図	近世後期	—	1,800 分の 1	阿南市上大野支所	
21	那賀郡石塚村分間絵図控	文化 5 年（1822）	—	1,800 分の 1	個人蔵	
22	那賀郡和食村分間絵図写	近世後期	—	1,800 分の 1	鷲敷町史口絵（現所在不詳）	
23	那賀郡古毛村分間絵図控	文化 11 年（1827）	101×175	1,800 分の 1	徳島大学附属図書館（徳 4）	
24	那賀郡岩脇村分間絵図控	文化 11 年（1827）	101×152	1,800 分の 1	徳島大学附属図書館（徳 7）	
25	那賀郡古庄村分間絵図控	文化 11 年（1827）	101×114	1,800 分の 1	徳島大学附属図書館（徳 5）	
26	那賀郡中庄村絵図	近世後期	114×129		徳島県立図書館（森文庫）	
27	那賀郡赤池村分間絵図	近世後期	67×77	1,800 分の 1	徳島大学附属図書館（徳 9）	
28	那賀郡和田津新田絵図	近世後期	130×93	1,800 分の 1	徳島県立文書館寄託（栗本家文書）	岡崎三蔵改銘
29	那賀郡和田島村分間絵図写	近世後期	—	1,800 分の 1	徳島県立文書館寄託	森家文書
30	那賀郡立江村分間絵図写	近世後期―	227×159	1,800 分の 1	徳島県立文書館寄託	小松島市蔵
31	那賀郡辰巳新田絵図写	天保 12 年（1841）	136×79	1,800 分の 1	徳島県立文書館寄託	井上家文書
32	那賀郡富岡町石塚村絵図写	近世後期	140×140	1,800 分の 1	個人蔵	
33	海部郡宍喰絵図	近世後期	282×190	7,200 分の 1	個人蔵	多田家文書

No.	絵図名	年代	法量	縮尺	所蔵	郷町
34	海部郡奥浦鞆浦分間絵図写	文化14年(1817)	93×151	1,800分の1	海陽町教育委員会	
35	名東郡下八万村分間絵図控	文化年(1808)	231×345	1,800分の1	徳島県立図書館	
36	名東郡富田浦分間絵図	文化6年(1809)	152×153	1,800分の1	徳島県立図書館	
37	名東郡佐古村蔵木村分間絵図	文化6年(1809)	150×189	1,800分の1	徳島県立図書館	
38	名東郡矢三村分間絵図	文化5年(1808)	114×115	1,800分の1	徳島県立図書館(森文庫)	
39	名東郡島田村分間絵図写	文化5年(1808)	124×104	1,800分の1	個人蔵(明治2年山瀬佐蔵写)	
40	名東郡中村村之絵図	近世後期	—	1,800分の1	徳島県立図書館(森文庫)	
41	名東郡西名東村分間絵図写	近世後期	—	1,800分の1	四国大学附属図書館	
42	名東郡一宮ヨリ南新居村迠鮎喰川絵図	文政7年(1824)	65×343	1,800分の1	鳴門教育大学附属図書館	後藤家文書
43	名東郡早渕村堤外地面有姿絵図(鮎喰川河川絵図)	天保元年(1830)	120×420	1,800分の1	鳴門教育大学附属図書館	後藤家文書
44	名東郡西名東村鮎喰川筋図	近世後期	52×191	1,800分の1	個人蔵(吉田家文書)	
45	御山下絵図(徳島城下絵図)	寛政8年(1796)	342×491	1,200分の1	個人蔵(徳島城博物館保管)	
46	徳島御山下絵図	文化・文政期(1804~27)	229×229	3,600分の1	徳島県立図書館	
47	徳島藩御城下絵図	明治2~3年頃(1869~70)	176×179	3,600分の1	徳島県立博物館	
48	板野郡笹木野村分間絵図	文化8年(1811)	131×151	1,800分の1	松茂町人形浄瑠璃芝居資料館	
49	板野郡引野村分間絵図写	近世後期	154×115	1,800分の1	上板町立歴史民俗資料館	
50	郡板野郡大代村分間絵図写	近世後期	257×149	1,800分の1	徳島県立図書館(森文庫)	
51	板野郡唐園村絵図写	近世後期	81×80	1,800分の1	徳島県立図書館(森文庫)	
52	板野郡板東村絵図写(在所)	天明8年(1788)	230×309	1,800分の1	個人蔵(近藤家文書)	
53	板野郡板東村絵図写(山分)	天明8年(1788)	206×401	1,800分の1	個人蔵(近藤家文書)	
54	板野郡竹瀬村絵図	近世後期	144×96	1,800分の1か	徳島県立図書館(木内家文書)	
55	板野郡徳命村絵図	近世後期	—	1,800分の1か	藍住町藍の館	
56	撫養分間絵図	文久3年(1863)	174×180	3,600分の1	徳島県立図書館寄託(岩村家文書)	
57	名西郡神領分間絵図写(在所)	近世後期	205×231	1,800分の1	徳島県立博物館(大栗家文書)	
58	名西郡神領村分間絵図写(山分)	近世後期	—	1,800分の1	徳島県立博物館(大栗家文書)	
59	名西郡上山村下分間絵図写	近世後期	—	1,800分の1	神山町教育委員会	
60	名西郡上山村上分分間絵図写	近世後期	322×372	1,800分の1	栗飯原家文書	
61	名西郡西覚円村之絵図	近世後期	—	1,800分の1か	徳島県立図書館(森文庫)	
62	名西郡石井村之絵図	近世後期	—	1,800分の1か	徳島県立図書館(森文庫)	
63	阿波郡水田村秋月村分間絵図写	文化4年(1807)	167×124	1,800分の1	個人蔵(寺井家文書)	
64	阿波郡切幡村分間絵図写	文化4年(1807)	129×177	1,800分の1	個人蔵(松永家文書)	
65	阿波郡土成村分間絵図写	近世後期	—	1800分の1	徳島県立図書館(森文庫)	
66	阿波郡市場町分間絵図写	文化14年(1817)	115×132	1,800分の1	阿波市場町歴史民俗資料館	明治12年写
67	阿波郡香美村分間絵図写	文化4年(1807)	180×200	1,800分の1	阿波市場町歴史民俗資料館	
68	阿波郡東林村分間絵図写	近世後期	122×190	1,800分の1	徳島県立図書館(森文庫)	
69	阿波郡大俣村分間絵図写	近世後期	230×111	1,800分の1	徳島県立図書館(森文庫)	

No.	名称	年代	法量(cm)	縮尺	所蔵	備考
70	阿波郡大影村分間絵図写	近世後期	241×127	1,800 分の 1	徳島県立図書館（森文庫）	
71	阿波郡大藪村分間絵図写	近世後期	－	1,800 分の 1	個人蔵	
72	阿波郡伊沢村分間絵図控（在所）	文化 5 年（1808）	260×189	1,800 分の 1	個人蔵（永井家文書）	
73	阿波郡伊沢村分間絵図控（浜分）	文化 5 年（1808）	110×186	1,800 分の 1	個人蔵（永井家文書）	
74	阿波郡伊沢村分間絵図控（山分）	文化 5 年（1808）	355×202	1,800 分の 1	個人蔵（永井家文書）	
75	阿波郡伊沢村分間絵図写（一之部）	文化 5 年（1808）	－	1,800 分の 1	個人蔵（富永家文書）	
76	阿波郡伊沢村分間絵図写（二之部）	文化 5 年（1808）	－	1,800 分の 1	個人蔵（富永家文書）	
77	阿波郡伊沢村分間絵図写（三之部）	文化 5 年（1808）	－	1,800 分の 1	個人蔵（富永家文書）	
78	麻植郡木屋平村分間絵図写（三枚之内北分）	文化 9 年（1812）	333×326	1,800 分の 1	美馬市木屋平総合支所	明治 12 年写
79	麻植郡木屋平村分間絵図写（三枚之内西分）	文化 9 年（1812）	262×306	1,800 分の 1	美馬市木屋平総合支所	明治 12 年写
80	麻植郡木屋平村分間絵図写（三枚之内南分）	文化 9 年（1812）	260×476	1,800 分の 1	美馬市木屋平総合支所	明治 12 年写
81	麻植郡三ツ木村川井村分間絵図写（三ツ木分）	文化 9 年（1812）	273×378	1,800 分の 1	美馬市木屋平総合支所	明治 12 年写
82	麻植郡三ツ木村川井村分間絵図写（川井分）	文化 9 年（1812）	223×372	1,800 分の 1	美馬市木屋平総合支所	明治 12 年写
83	麻植郡桑村分間絵図写	近世後期	185×178	1,800 分の 1	徳島県立図書館（森文庫）	
84	麻植郡森藤村分間絵図写	近世後期	－	1,800 分の 1	徳島県立図書館（森文庫）	
85	麻植郡飯尾村分間絵図写	近世後期	178×114	1,800 分の 1	徳島県立図書館（森文庫）	
86	麻植郡川島町分間絵図写	近世後期	202×204	1,800 分の 1	徳島県立図書館（森文庫）	
87	麻植郡山崎村分間絵図写	文化 3 年（1806）	177×149	1,800 分の 1	吉野川市山川公民館	
88	麻植郡瀬詰村分間絵図写	近世後期	205×151	1,800 分の 1	個人蔵（原田家文書）	
89	麻植郡川田村分間絵図写（東川田分）	近世後期	225×153	1,800 分の 1	個人蔵（原田家文書）	
90	麻植郡川田村分間絵図写（西川田分）	近世後期	355×144	1,800 分の 1	個人蔵（原田家文書）	
91	美馬郡脇町分間絵図控	文政元年（1818）	141×126	1,800 分の 1	美馬市教育委員会	郷町
92	美馬市小島村分間絵図控	文政 2 年（1819）	189×205	1,800 分の 1	美馬市教育委員会	
93	美馬市岩倉村分間絵図控	近世後期	192×435	1,800 分の 1	美馬市教育委員会	
94	美馬市岩倉山絵図控（二枚之内一）	近世後期	231×187	1,800 分の 1	美馬市教育委員会	
95	美馬市岩倉山絵図控（二枚之内二）	近世後期	231×290	1,800 分の 1	美馬市教育委員会	
96	美馬市曽江山絵図控（三枚之内曽江）	文政 2 年（1819）	258×268	1,800 分の 1	美馬市教育委員会	
97	美馬市曽江山絵図控（三枚之内東俣）	文政 2 年（1819）	402×228	1,800 分の 1	美馬市教育委員会	
98	美馬市曽江山絵図控（三枚之内西俣）	文政 2 年（1819）	428×216	1,800 分の 1	美馬市教育委員会	
99	三好郡中庄村分間絵図写（部分）	文政 6 年（1823）	110×194	1,800 分の 1	東みよし町立歴史民俗資料館	
100	三好郡芝生村分間絵図（下図）	近世後期	395×255	1,800 分の 1	三好市川口支所（2010 年復製図有）	無彩色図
1	名東郡分間部図	文化期か	114×129	18,000 分の 1	四国大学附属図書館	
2	名西郡分間絵図	文化 9 年（1812）	147×145	1,8000 分の 1	個人蔵（林家文書）	
3	板野郡分間部図	文化 12 年（1815）	130×193	18,000 分の 1	三木文庫	
4	阿波郡分間部図	文化 5 年（1808）	97×111	18,000 分の 1	個人蔵（寺井家文書）	
5	麻植郡分間全図	文久 2 年（1862）	76×87	36,000 分の 1	個人蔵（森茂彰氏）	

6	麻植郡分間郡図	近世後期	98×54	36,000 分の 1	個人蔵（原田家文書）	
7	阿波麻植両郡絵図	文化・文政期か	210×127	18,000 分の 1	徳島県立図書館（森文庫）	
8	美馬郡郡図	文化・文政期か	214×152	18,000 分の 1	個人蔵（徳島市立徳島博物館寄託）	
9	美馬郡祖谷山郡図	文化・文政期か	132×180	18,000 分の 1	個人蔵（徳島市立徳島城博物館寄託）	
10	阿波国美馬郡全図	明治初期	―	18,000 分の 1	美馬市教育委員会	
11	勝浦郡分間郡図	文化 11 年（1814）	129×191	18,000 分の 1	徳島大学附属図書館（徳 16）	
12	那賀郡分間郡図	文化 13 年（1816）	179×414	18,000 分の 1	阿南市史編纂室（渡場・峠付箋有）	
13	那賀郡海部郡海邊絵図	文化・文政期か	306×101	18,000 分の 1	四国大学附属図書館	
14	阿波国那賀海部二郡全図	文化・文政期か	42×80	96,500 分の 1	徳島大学附属図書館（徳 16）	
15	北方新田分彊地図	明治 10 年（1877）	―	18,000 分の 1	四国大学附属図書館	
16	阿波国海部郡従橘村至牟岐浦絵図全	文化 10 年（1813）	39×350	―	徳島大学附属図書館（徳 39）	道程図
17	徳島及周辺絵図	文化・文政期か	128×246	18,000 分の 1	徳島大学附属図書館蔵（徳 42・43）	名東・板東
18	御鷹野御場所絵図	文化 13 年（1816）	156×122	36,000 分の 1	個人蔵（杉本利太郎氏）新留野記	
1	阿波御国図	文政 11 年（1828）	104×125	90,000 分の 1	個人蔵（杉本利太郎氏）	
2	阿波国全図	明治 3 年（1870）	180×250	45,000 分の 1	個人蔵（杉本利太郎氏）	
3	阿波御国画図	文政期か	89×123	90,000 分の 1	三木文庫	
4	改訂阿波国全図	明治初期	101×75	90,000 分の 1	三木文庫	
5	阿波国図（下図・仮称）	文政 11 年（1828）頃か	97×129	90,000 分の 1	個人蔵（森茂彰氏・森清助作図）	無彩色
6	阿波国図	文政 11 年（1828）頃か	105×122	90,000 分の 1	個人蔵（湯浅家文書）	
7	阿波国図（仮称）	文政 11 年（1828）頃か	84×119	90,000 分の 1	徳島県立文書館（谷家文書）	
8	阿波国全図	明治 3 年（1870）	180×250	45,000 分の 1	徳島県立図書館	木版図
9	阿波国全図	明治 3 年（1870）	180×250	45,000 分の 1	洲本市立淡路文化史料館	木版図
10	阿波国図（仮称）	文政 11 年（1828）頃か	93×128	90,000 分の 1	個人蔵（原田家文書）	

表 5-7　淡路国津名郡・三原郡の現存する分間村絵図・郡図・国図（2014 年 6 月現在）

番号	絵図表題	作製年紀	縦・横（cm）	縮尺	収蔵先	備考
1	津名郡分間絵区ノ内洲本城下津田村	文政 11 年（1828）10 月	—	1,800 分の 1	洲本市立淡路文化史料館	
2	津名郡分間絵区ノ内塩屋村柜口浦宇山村絵図控	文政 11 年（1828）10 月	—	1,800 分の 1	洲本市立淡路文化史料館	
3	津名郡分間絵区ノ内下物部村	文政 11 年（1828）10 月	—	1,800 分の 1	洲本市立淡路文化史料館	
4	津名郡分間絵図ノ内下物部村分間絵図控	文政 11 年（1828）10 月	—	1,800 分の 1	洲本市立淡路文化史料館	
5	津名郡分間絵図ノ内上物部村	文政 11 年（1828）10 月	—	1,800 分の 1	洲本市立淡路文化史料館	
6	津名郡分間絵図ノ内上物部村分間絵図控	文政 11 年（1828）10 月	—	1,800 分の 1	洲本市立淡路文化史料館	
7	津名郡分間絵図ノ内内田村	文政 11 年（1828）		1,800 分の 1	洲本市立淡路文化史料館	
8	津名郡分間絵図ノ内千草村其ノ一	文政 11 年（1828）10 月	—	1,800 分の 1	洲本市立淡路文化史料館	
9	津名郡分間絵図ノ内千草村其ノ二（西）	文化 11 年（1818）10 月	—	1,800 分の 1	洲本市立淡路文化史料館	
10	津名郡分間絵図ノ内千草村其ノ三（東）	文化 11 年（1828）10 月	—	1,800 分の 1	洲本市立淡路文化史料館	
11	津名郡上山村分司絵図控	天保 6 年（1835）5 月	266×220	1,800 分の 1	淡路市北淡歴史民俗資料館	北淡 16
12	津名郡上山村分間絵図控二枚之内二	天保 6 年（1835）5 月	—	1,800 分の 1	淡路市北淡歴史民俗資料館	
13	津名郡上山村分團絵図控二枚之内二控	天保 6 年（1835）5 月	94×128	1,800 分の 1	淡路市北淡歴史民俗資料館	北淡 14
14	津名郡室津浦分間絵図	天保 7 年（1836）4 月	221×147	1,800 分の 1	淡路市北淡歴史民俗資料館	北淡 15
15	津名郡黒谷村分間絵図控	天保 7 年（1836）3 月	180×186	1,800 分の 1	淡路市北淡歴史民俗資料館	北淡 13
16	津名郡大坪村分間絵図	天保 7 年（1836）4 月	129×111	1,800 分の 1	淡路市北淡歴史民俗資料館	北淡 12
17	津名郡机南村分間絵図控	天保 7 年（1836）4 月	232×150	1,800 分の 1	淡路市北淡歴史民俗資料館	北淡 11
18	津名郡江崎村分間絵図控	天保 5 年（1834）4 月	179×188	1,800 分の 1	淡路市北淡歴史民俗資料館	北淡 10
19	津名郡大川村平林村分間絵図控	天保 5 年（1834）4 月	103×151	1,800 分の 1	淡路市北淡歴史民俗資料館	北淡 8
20	津名郡長畠村分間絵図	天保 5 年（1834）5 月	179×150	1,800 分の 1	淡路市北淡歴史民俗資料館	北淡 6
21	津名郡平林村検地絵地図（検地・耕地絵図）	近世後期	170×185	1,800 分の 1	淡路市北淡歴史民俗資料館	北淡 5
22	津名郡机畑村分間絵図	天保 7 年（1836）3 月	152×149	1,800 分の 1	淡路市北淡歴史民俗資料館	北淡 5
23	津名郡机畑村分間絵図控	天保 7 年（1836）3 月	152×145	1,800 分の 1	淡路市北淡歴史民俗資料館	北淡 3
24	津名郡斗ノ内和田原検地図	嘉永 6 年（1853）3 月	130×230	不詳	淡路市北淡歴史民俗資料館	北淡 1
25	津名郡斗ノ内村ニノ内浦分間絵図	天保 7 年（1836）3 月	179×168	1,800 分の 1	淡路市北淡歴史民俗資料館	北淡 1
26	津名郡斗ノ内村斗ノ内浦分間絵図控	天保 7 年（1836）3 月	179×148	1,800 分の 1	淡路市北淡歴史民俗資料館	北淡 1
27	津名郡田野村尻村分間絵図	天保 7 年（1836）4 月	153×146	1,800 分の 1	淡路市北淡歴史民俗資料館	北淡 2
28	三原郡宇原村分間絵図	文政 12 年（1829）11 月	173×107	1,800 分の 1	洲本市立淡路文化史料館	部分欠損有
29	三原郡大野村分間絵図	文政 12 年（1829）11 月	177×85	1,800 分の 1	洲本市立淡路文化史料館	部分欠損有
30	三原郡木戸村木戸新村池田村分間地図	文政 12 年（1829）11 月	164×115	1,800 分の 1	洲本市立淡路文化史料館	部分欠損有
31	三原郡金屋村分間絵図	文政 11 年（1828）11 月	172×73	1800 分の 1	洲本市立淡路文化史料館	部分欠損有
32	三原郡前林村池田村分間地図	文政 12 年（1829）11 月	122×121	1,800 分の 1	洲本市立淡路文化史料館	部分欠損有

No.	絵図名	年代	寸法	縮尺	所蔵	備考
33	三原郡下加茂村上加茂村分間絵図	文政12年(1829)4月	120×106	1,800分の1	洲本市立淡路文化史料館	部分欠損有
34	三原郡上内膳村下内膳村分間絵図	文政12年(1829)4月	171×202	1,800分の1	洲本市立淡路文化史料館	
35	三原郡桑間村分間絵図	文政12年(1829)4月	88×172	1,800分の1	洲本市立淡路文化史料館	部分欠損有
36	三原郡奥畑村分間絵図	文政12年(1829)4月	191×135	1,800分の1	洲本市立淡路文化史料館	部分欠損有
37	三原郡山本村城方村分間絵図控	天保9年(1838)12月	149×105	1,800分の1	洲本市立淡路文化史料館	
38	三原郡中島村分間絵図控	天保6年(1835)11月	155×113	1,800分の1	南あわじ市淡路人形浄瑠璃資料館	
39	三原郡市蕃光寺村小井村分間絵図控	天保2年(1831)11月	—	1,800分の1	南あわじ市淡路人形浄瑠璃資料館	
40	三原郡十一ヶ所村徳久村分間絵図控	天保2年(1831)11月	—	1,800分の1	南あわじ市淡路人形浄瑠璃資料館	
41	三原郡新村難波村分間絵図	天保2年(1831)11月	74×103	1,800分の1	南あわじ市淡路人形浄瑠璃資料館	
42	三原郡青木村圓行寺村分間絵図控	天保2年(1831)11月	98×87	1,800分の1	南あわじ市淡路人形浄瑠璃資料館	部分欠損有
43	三原郡掃守村分間絵図控	天保6年(1835)10月	121×104	1,800分の1	南あわじ市淡路人形浄瑠璃資料館	
44	三原郡掃守村分間絵図控	天保6年(1835)10月	126×112	1,800分の1	南あわじ市淡路人形浄瑠璃資料館	
45	三原郡大榎並村分間絵図控	天保6年(1835)10月	126×149	1,800分の1	南あわじ市淡路人形浄瑠璃資料館	
46	三原郡大榎並村分間絵図控	天保6年(1835)10月	122×142	1,800分の1	南あわじ市淡路人形浄瑠璃資料館	
47	三原郡小榎木村西川村分間絵図	天保6年(1835)10月	156×120	1,800分の1	南あわじ市淡路人形浄瑠璃資料館	
48	三原郡小榎並村西川村分間絵図控	天保6年(1835)10月	126×148	1,800分の1	南あわじ市淡路人形浄瑠璃資料館	
49	三原郡下八太村分間絵図	天保6年(1835)10月	99×83	1,800分の1	南あわじ市淡路人形浄瑠璃資料館	部分欠損有
50	三原郡上八太村分間絵図控	天保6年(1835)10月	144×101	1,800分の1	南あわじ市淡路人形浄瑠璃資料館	部分欠損有
51	三原郡松田村分間絵図	天保6年(1835)10月	102×95	1,800分の1	南あわじ市淡路人形浄瑠璃資料館	
52	三原郡松田村分間絵図控	天保6年(1835)10月	127×110	1,800分の1	南あわじ市淡路人形浄瑠璃資料館	部分欠損有
53	三原郡立石村国分村分間絵図	天保2年(1831)11月	76×111	1,800分の1	南あわじ市淡路人形浄瑠璃資料館	部分欠損有
54	三原郡立石村国分村分間絵図控	天保2年(1831)11月	75×110	1,800分の1	南あわじ市淡路人形浄瑠璃資料館	
55	三原郡鳥飼村分間絵図	天保2年(1831)10月	75×69	1,800分の1	南あわじ市淡路人形浄瑠璃資料館	部分欠損有
56	三原郡鳥飼村地図	明治初期	76×61	1,800分の1か	南あわじ市淡路人形浄瑠璃資料館	所有者地番
57	三原郡大久保村分間絵図	天保2年(1831)10月	147×96	1,800分の1	南あわじ市淡路人形浄瑠璃資料館	部分欠損有
58	三原郡馬廻村分間絵図（在所）	天保6年(1835)10月	198×158	1,800分の1	南あわじ市淡路人形浄瑠璃資料館	
59	三原郡馬廻村分間絵図（山分）	天保6年(1835)10月	225×167	1,800分の1	南あわじ市淡路人形浄瑠璃資料館	部分欠損有
60	三原郡馬廻村分間絵図（山分）	天保6年(1835)10月	198×142	1,800分の1	南あわじ市淡路人形浄瑠璃資料館	部分欠損有
61	三原郡新主村徳野村分間絵図	天保6年(1835)10月	95×115	1800分の1	南あわじ市淡路人形浄瑠璃資料館	
62	三原郡中八木村分間絵図	天保5年(1834)11月	119×103	1,800分の1	南あわじ市淡路人形浄瑠璃資料館	部分欠損有
63	三原郡上八木村分間絵図	天保5年(1834)11月	117×196	1,800分の1	南あわじ市淡路人形浄瑠璃資料館	
64	三原郡新村分間絵図	天保12年(1841)12月	117×200	1,800分の1	南あわじ市淡路人形浄瑠璃資料館	部分欠損有
65	三原郡入田村分間絵図（在所）	天保5年(1834)10月	119×103	1,800分の1	南あわじ市淡路人形浄瑠璃資料館	部分欠損有
66	三原郡浦壁村分間絵図控（在所）	天保2年(1831)11月	217×140	1,800分の1	南あわじ市淡路人形浄瑠璃資料館	
67	三原郡浦壁村分間絵図控（在所）	天保2年(1831)11月	195×144	1,800分の1	南あわじ市淡路人形浄瑠璃資料館	

68	三原郡浦壁村分間絵図（山分）	天保 2 年（1831）11 月	161×172	1,800 分の 1	南あわじ市淡路人形浄瑠璃資料館	
69	三原郡社家村分間絵図	天保 2 年（1831）11 月	232×290	1,800 分の 1	南あわじ市淡路人形浄瑠璃資料館	
70	三原郡社家村分間絵図控	天保 2 年（1831）11 月	220×284	1,800 分の 1	南あわじ市淡路人形浄瑠璃資料館	
71	三原郡国衙村分間絵図	天保 2 年（1831）11 月	196×225	1,800 分の 1	南あわじ市淡路人形浄瑠璃資料館	部分欠損有
72	三原郡国衙村分間絵図控	天保 2 年（1831）11 月	178×217	1,800 分の 1	南あわじ市淡路人形浄瑠璃資料館	
73	三原郡喜来村富田村黒道村分間絵図	天保 2 年（1831）11 月	112×112	1,800 分の 1	南あわじ市淡路人形浄瑠璃資料館	
74	三原郡喜来村冨田村黒道村分間絵図控	天保 2 年（1831）11 月	90×91	1,800 分の 1	南あわじ市淡路人形浄瑠璃資料館	
75	三原郡地頭方村分間絵図	天保 2 年（1831）11 月	114×140	1,800 分の 1	南あわじ市淡路人形浄瑠璃資料館	
76	三原郡地頭方村分間絵図控	天保 2 年（1831）11 月	102×145	1,800 分の 1	南あわじ市淡路人形浄瑠璃資料館	
77	三原郡地頭方村地籍図	明治 7 年（1874）	109×114	1800 分の 1 か	南あわじ市淡路人形浄瑠璃資料館	
1	津名郡分間郡図	嘉永 2 年（1849）明治 7 年写	―	18,000 分の 1	洲本市立淡路文化史料館	
2	三原郡分間郡図	嘉永 2 年（1849）明治 7 年写	―	18,000 分の 1	洲本市立淡路文化史料館	
3	淡路御国図	嘉永 2 年（1849）	54×75	90,000 分の 1	徳島県立図書館	
4	淡路国全図	明治 3 年（1870）	126×90	45,000 分の 1	徳島県立図書館	木版図

註）上表記載の分間絵図は著者の所在調査による（2014 年 6 月現在）。

小　括

　本章では阿淡両国で現存する約 200 点の分間村絵図・郡図・国図の内の 51 点について、1 点の絵図中に 13 ～ 25 ヶ所の測定ポイントを設定して、ポイント間の東西・南北・対角線の距離と方位を、大縮尺の都市計画図・自治体全図・地製図・地形図等と、縮尺 5,000 分の 1 程度の空中写真と比較することにより、分間絵図の精度（誤差）を検証した。その結果、誤差は概ね数パーセントであり、極めて精度の高いことを確認できた。さらに、那賀郡岩脇村と古庄村、津名郡千草村と内田村、同郡下物部村と上物部村、同郡宇山村と下物部村絵図との接合は、山間部の一部を除いて完全に可能であることが判明し、その高い精度が実証された。

[註]

1）平井松午（2014）：［実測分間絵図の精度に関する GIS 検証］平井・安里進・渡辺誠編著『近世測量絵図の GIS 分析－その地域的展開－』古今書院，99 ～ 111 頁。

2）塚本章宏（2014）：「文化・文政期の鳥取藩における測量図の精度」前掲 1），131 ～ 143 頁。

3）前掲 1）平井，101 ～ 102 頁。

4）前掲 1）平井，106 頁。

5）中山間地域総合整備事業として、八重地集落字ホテ付近の棚田約 1.4ha を対象に、事業費 3,426 万円（国 50%、県 32.5%、町 6.25%、改良区 6.25%の負担）で実施された。

6）上勝町役場旧蔵。

7）前掲 1）平井，102 頁。

8）洲本市立淡路文化史料館蔵 20 点、淡路市北淡歴史民俗資料館蔵 17 点、南あわじ市淡路人形浄瑠璃資料館蔵 40 点である。

第6章　岡崎家以外の徳島藩の測量家と
徳島御山下絵図の精度

第1節　御山下絵図作製関係者の存在

　『阿淡御両国絵図面』[1]によれば、文化5年（1808）8月より「徳島御山下分間絵図」の作製を拝命し、同8年（1811）に完了したと記される。また、『図解　南阿量地法国図附録　全』[2]（以下『国図』とする）によれば、「御山下絵図ニハ御殿御用場白、拝領地桃色、市中紫ナリ」と記される。一方、「文化六年、名東郡富田浦分間絵図」[3]の凡例には、「桃色拝領地、紫市中」とあり、富田浦の町屋は紫、無足組屋敷は桃色で示される。また、「文化六年、名東郡佐古村蔵本村分間絵図」[4]の凡例には、「桃色拝領地、紫市中、御殿并御役所類白地」とあり、蜂須賀氏の下屋敷である富田御屋敷は白地で示めされる。

　平井松午[5]と根津寿夫[6]は、実測分間絵図である「寛政八年、御山下絵図」（図6-1）の凡例に記される内容から、文化5年よりも12年前の寛政8年（1796）には、すでに岡崎三蔵以外に高度な測量と製図技術を有する複数の人物がいたと推定している。本図の精度の誤差を表5-5の1（本文102頁）でみると、南北方向 0.63 ～ 3.72%、東西方向 0.62 ～ 2.90%、対角線 0.33 ～ 3.38、方位 2° ～ 6° であり、極めて精度が高い城下絵図である。

　まず、本図の凡例には、「赤 / 御郭、緑 / 土手、鼠 / 石垣、黄 / 道路、朱 / 市中、赤丸 / 拝借屋敷、黄緑短冊 / 御年貢建家、薄朱短冊 / 御作事奉行構割地」とある。平山城である徳島城を中心とした島普請の縄張りや、侍屋敷、町屋（郷町）、周辺部の名東郡奉行支配地に点在する「建家」（高取藩士による家の建設か）等が詳細に描かれる。

　さらに、凡例には、

一　府下土地ノ広表詳ニ校定シテ新ニ之ヲ製ス、及地面ヲ方罫ヲ設ク、遠近方位一覧シ度リ知ルベシ
一　此図曲尺壱分ヲ以テ土地ノ長サ貳間ニ準ス、道路屋鋪川筋等此ヲ以之ヲ量ル、寸ハ長短広狭図ヲ開テ瞭然タリ
一　此図屋鋪ノ間数歩積ハ享保年中考定ノ図記ニ據リ、寺社ノ境内ハ明和年中考定ノ図記ニ據テ各之ヲ録ス

　　　　総裁　　　　平瀬藤太長貞
　　　　鑑定　　　　樋口藤左衛門貞久

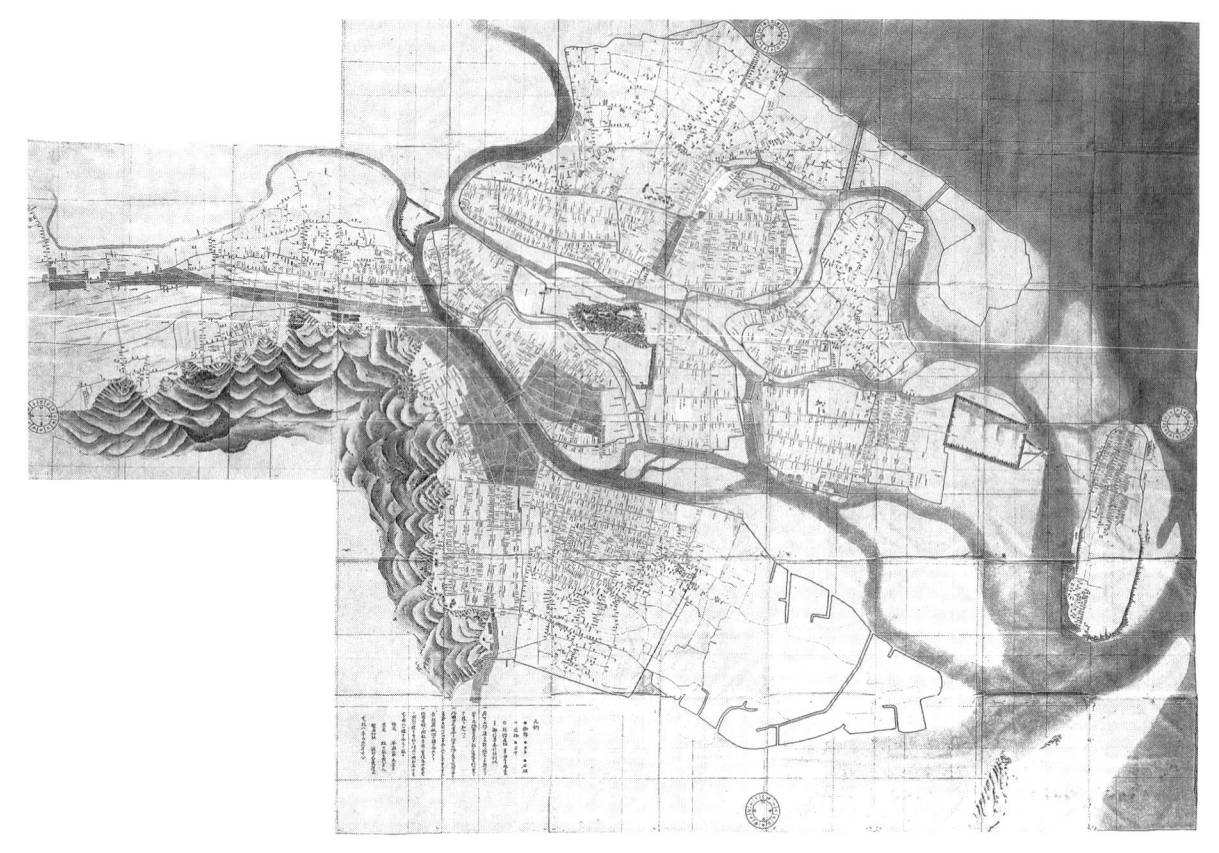

図 6-1　寛政 8 年（1796）「御山下絵図」（個人蔵、342 × 491cm）徳島市立城博物館編（2000）:『徳島城下絵図』20 頁より転載。

　　　製図併録　　渡部久右衛門慶良
　　　寛政八年丙辰六月二十八日

　本図の北・南・東の 3 方位には内円に東西南北の文字、外円に十二支を記した円形方位盤を配し、図面に方眼罫線を引いて、距離と方位を測量して作図したようである。縮尺は曲尺 1 分（0.303cm）2 間（3.636m）の割で、約 1,200 分の 1 で、岡崎三蔵系の「徳島御山下絵図」の約 3,600 分の 1 とは異なる。また、家臣屋敷の間口・奥行・坪数に関しては、天保 14 年（1843）の「惣解御屋鋪拝借人名面帳」（蜂須賀家文書 541）があるが、享保 17 年（1732）の「御家中屋敷坪数間数改御帳」（個人蔵、徳島市立徳島城博物館寄託）を基準にして、侍屋敷の測量・製図したようである[7]。

　さらに、本図作製の総裁として記される平瀬藤太長貞については、『蜂須賀家家臣成立書幷系図』（以下『成立書』とする。徳島大学附属図書館蔵の製本版による）には見えない。鑑定の樋口藤左衛門貞久（高400 石）に関しては、『成立書』（製本版 36-505・506、以下同）には、樋口家 7 代で、「同辰（寛政 8 年）七月十二日、御山下御絵図御用相勤候ニ付、御上下壱式被下置候」とあり、「御山下画図」完成の 14 日後である。

　さらに、御山下絵図の「製図併録」を担当した渡部久右衛門慶良（佳明、渡部家初代）については、平井[8] が『成立書』を引用して、その事績を詳述している。次に、長文になるが『成立書』（49-397 ～ 399）の内容を見よう。

寛政三亥年月日相分不申候御普請奉行手代御役替被　仰付、同四子年月日相分不申候御普請諸積役被　仰付、同九年巳年月日相分不申候御山下御絵図御用相勤候ニ付金弐百疋被　下置、同年月日相分不申候御用方出精相勤候御趣ヲ以已後年頭

御目見被　仰付候旨被　仰出、同十二申年月日相分不申候須本御城御石垣損之場処見分御見分御石場絵図御用ニ付彼地同年二月日相分不申候罷越三月日相分不申候罷帰リ候、然処同四卯年ニ至リ勝手方極々困窮仕日勤之御用難相勤御座候処、御慈悲ヲ以惣領栄次儀御用方見習被　仰付三人御扶持被　下置、文化五辰年月日相分不申候御用方出精数代相続無間断相勤候ニ付一代諸事御目見手代同様ニ被　仰付、同六年巳年　公義御役人天文測量為御用御出之 砌 兼而御絵図御用相手懸候ニ付、右側量仕方茂見及可申候旨被　仰付、則那賀郡灘筋側量場処江罷量リ并御道具扱等見及等見及御道具細工向等委曲密ニ写取罷帰御役処ニ於いて右形之通夫々出来被　仰付、翌巳年月日相分不申候迷試として南方江出郷被　仰付那賀郡椿村海部郡境ヨリ勝浦郡大原浦迄之灘筋丁数歩割之絵図面相仕立指上申候、其已来入組候御普請積絵図等出来之筋者、右御道具ヲ相勤夫々相仕立指上申候、天保三辰年四月惣領栄次儀出奔仕候、同四年月日相分不申候年来御用向無間断出精相勤候ニ付御褒美として金三両被　下置、同七申年月日相分不申候数年御用方心得宜、彼是出精相勤候ニ付、此後小奉行格ニ立身被　仰付三人御扶持方御支配六石被　下置御普請奉行手許役被　下仰付、随而地盤勤懸リ御用之儀茂、彼是之通申継相勤候様被　仰付、同十三寅年十月十八日御用方年来出来出精相勤候ニ付、御支配一石御増被　仰付只今迄五拾七ヶ年相勤罷在候処、同十四卯年九月十三日病気大切ニ相及申候ニ付、櫻井平六二男一太郎養子奉願置同日病死仕候

渡部久右衛門は寛政3年（1791）に普請奉行手代を、同9年（1797）に御山下絵図御用、文化6年（1809）に天文方御用を拝命し、さらに、同年には海部郡灘筋から那賀郡椿村、勝浦郡大原村（勝浦川河口の籠口、著者註）までの海岸筋の分間絵図の作製に従事している。本図はおそらく、作者不詳で文化文政期作製の「那賀郡海部郡海邊絵図（縮尺18,000分の1の分間図、四国大学附属図書館蔵）を意味すると推定される。また、注目すべきは、文化6年の伊能忠敬第6次測量時（淡路・阿波）には、「絵図御用相手懸」を拝命しており、その際には、伊能の測量方法や測量器具を密かに詳しく写し取ることまでしていることである。いずれにしても、渡部久右衛門は、寛政3年から天保13年（1842）までの約45年間にわたり実測絵図作製に関与している。岡崎三蔵父子が分間絵図作製にあたったのは享和2年（1802）から嘉永2年（1849）頃であり、時期的に岡崎父子の事績とほぼ重なる。岡崎よりも6年ほど前に精密な徳島城下絵図を完成させ、海部・那賀・勝浦郡の海岸筋の実測分間絵図作製に関与している。平井が指摘しているように、徳島藩には岡崎父子以外にも精密な測量術と絵図作製能力を有した3名ほどの人物が存在していた事は注目される。

第2節　徳島・洲本城下絵図の精度

鳴海邦匡 [9] は安政6年（1859）「鳥取城下全図」の作製技術について、平井松午 [10] は同図のGISデータ化による精度と土地利用の実態を、塚本章宏 [11] は同図の道程の精度を、渡辺　誠・野積正吉・平

図 6-2　文化・文政期「徳島御山下絵図」（徳島県立図書館蔵、229 × 229cm）
徳島市立城博物館編（2000）：『徳島城下絵図』22 頁より転載。

井松午 12) は金沢往還筋分間絵図の精度を、出田和久・南出眞助 12) は佐賀城下町絵図の歪みと精度を、渡辺理絵・小野寺　淳 13) は鶴岡城下絵図の精度に関する GIS 分析をそれぞれ行っている。また、平井と根津 14) は「徳島御山下画図」で、縮尺 1,200 分の 1 の精度に関して検証を行っている。

　本節では徳島と洲本城下絵図のうち、実測図とされる表 5-5 の 1 に示した文化〜文政期作製とされる「徳島御山下絵図」（徳島県立図書館蔵、図 6-2）の精度をみる。本図は呉服尺による縮約 3,600 分の 1 の精密な絵図で、花弁型方位盤を東西南北に配しており、岡崎三蔵系絵図と推測できる。その距離の誤差は 0.65 〜 6.90％で、東西方向の誤差がやや大きい。また、表 5-5 の 4 の「洲本御山下画図」（徳島県立図書館蔵）の縮尺は 1,200 分の 1 で、誤差は 2.15 〜 7.78％で、東西方向の誤差がやや大きく、洲本図の精度が徳島図よりもやや落ちる。

小　括

　平井も指摘しているように、渡部久右衛門佳明が藩絵図作製に関わった事績が明らかになった。天明 4 年（1784）の渡部家家督相続、寛政 3 年（1791）の御普請奉行手代役を拝命し、天保 13 年（1842）までの 57 年間にわたり職務に出精した。その内、寛政 9 年（1797）に御山下御絵図御用を拝命したとあるが、「御山下絵図」の完成は寛政 8 年であるので、年にズレが見られる。寛政 12 年（1800）に須本御城御石垣積之場処見分御用、文化元年（1804）に備前田井村御石場絵図御用を拝命し、同 6 年（1809）に伊能忠敬の第 6 次測量隊の御絵図御用相手懸として同道し、同 4 年から藩の御山下絵図御用を拝命している。以上の事実から、徳島藩には岡崎父子以外にも高度な測量術と分間絵図作製能力を有する人物がいたことは注目される。

［註］
1)　徳島県立図書館蔵稿本・呉郷文庫。
2)　徳島県立図書館蔵稿本・呉郷文庫。
3)　徳島県立図書館蔵、手書き・彩色・実測図（縮尺 1,800 分の 1）。
4)　徳島県立図書館蔵、手書き・彩色・実測図（縮尺 1,800 分の 1）。
5)　平井松午（2014）：「徳島藩の測量事業と実測分間絵図」，平井・安里　進・渡辺　誠編著『近世測量絵図の GIS 分析－その地域的展開－』古今書院，77 〜 79 頁。
6)　根津寿夫（2000）：徳島市立徳島城博物館編『図録　徳島城下絵図』，20，49 頁。
7)　鳴海邦匡（2014）：「「鳥取城下全図」の作製技術について」平井松午他編『実測分間絵図の精度に関する GIS 分析－その地域的展開－』古今書院，151 〜 164 頁。
8)　前掲 5)，175 〜 197 頁。
9)　前掲 5)，139 〜 143 頁。
10)　前掲 5)，167 〜 174 頁。
11)　前掲 5)，236 〜 239 頁。
12)　前掲 5)，225 〜 238 頁。
13)　前掲 5)，77 〜 79 頁。
14)　前掲 5)，77 〜 79 頁。前掲 6)『図録　徳島城下絵図』根津，49 頁。

第Ⅱ部　熊本・佐賀・萩・鳥取・金沢藩の実測絵図

第7章　熊本藩

第1節　文化14年（1817）「御領内街道海辺測量分見地図」の特徴

　熊本藩における実測分間絵図については、藩士の池部長十郎とその子啓太や孫弥一郎により、測量に基づいた藩領内街道海辺図・郡図・手永図等が作製された。本図の凡例には、「此図以曲一分為町、以三寸六分為里、量地之時以曲尺六尺為間」と記され、一分（0.303 cm）・一町（109.08 m）の割であるので、縮尺は 36,000 分の 1 で伊能大図と同縮尺である。本図は肥後国の内、熊本城府より西手の有明海沿岸にあたり、北の肥後国境の玉名郡から南の薩摩国境の八代郡までを描いた領国図である。しかし、原本は、寄託先の熊本大学文学部附属永青文庫研究センターにおいて、閲覧が停止されているので、『永青文庫叢書　細川家文書　絵図・地図・指図編 II』[1]（以下『細川家文書』とする）掲載の図版を分析の対象とした。

　本図の山地は文化 8 年伊能中図（縮尺 216,000 分の 1）と同じく絵画的に描かれており、海岸線と街道筋を表現した伊能図とよく似ており、伊能図の影響が強く見られる。すなわち、図 7-1 は本図の北部にあたる菊池川流域の玉名郡と、山鹿郡の山鹿道と高瀬道筋の手永と村名と集落名を記している。伊能図は豊前街道筋（小倉道）と、三池往還筋の村々を描いているが、本図は伊能図よりも村名の記載が詳しい。

　また、本図の凡例には下記のような 15 の区分がある。すなわち、△此形御高札、●同郷郡境、●同手永境、▲同村境、同村、○御番所、□社、○此色街道、×此形古城跡、○此色町、●此形寺院、○此色海川、○同石垣、○同巌岩、○同他領（印等の色は不明）と、郡境・手永境・村と主要街道、番所、巌岩の等ランドマークの表現が詳細である。本図は伊能中図と同じく、主要街道筋の村と集落名（小判型）を線的に表現しており、徳島藩の分間国絵図や郡図のような面的な表現はない。菊地川沿いで高瀬川沿い村や集落は、小判型で（例、玉名郡南関手永岩村と山鹿郡山鹿手永鍋田村）、また、▲で境を接する村と集落（例、玉名郡高野村と焼米村）を、それぞれ示している。また、熊本城下よりの里程を道の両側の黒 2 点で、町並みについては道筋に太筋で示している。しかし、伊能図にあるランドマークとなる山と測地点を結ぶ方位線がない点と、本図の主眼が藩領の行政区画である手永や村境を確定することであるとされる。

　また、図の上部の端書は「此図以分度針正方以間竿正町以里尺縮之以分度之規矩図写所、附属之分度記十二冊、量地一一記方位里数郡境手永境村境其他寺社山川之類者、他者記規矩御国図毫里不在也」

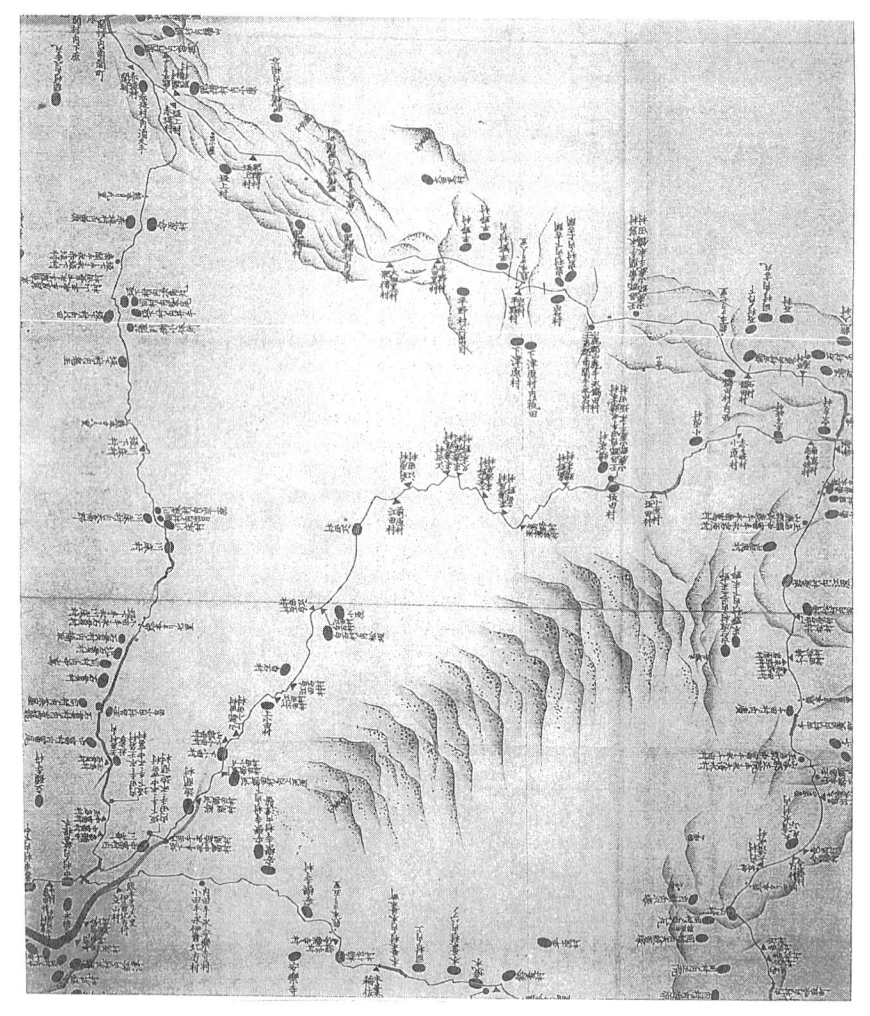

図 7-1 文化 14 年（1817）「御領内街道海辺測量分見地図」
（永青文庫蔵、熊本大学附属図書館寄託、玉名・山鹿郡部分、327 × 119cm）（『菊水町史』16 頁より転載）

と記される。また、「文化十四丁丑年六月、池部長十郎・池部啓太・小原吉郎助」とある。池部家は代々、熊本藩の天文方を勤め、長十郎は五人扶持方十五石の藩士で、天文数学師であったとされる[2]。さらに、礒永和貴と鳴海邦匡[3]が指摘しているように、池部長十郎・啓太・弥一郎とその弟子によって作製された測量帳である「分度記」167 帳が現存し、その内、本図に関係するのは、文化 13 年（1816）8 月～ 10 月に測量された「分度記十二冊」とされる。

第 2 節　池部長十郎らと伊能忠敬との出会い

『伊能忠敬　測量日記』によれば、文化 7 年(1810)11 月～ 12 月の九州第 1 次測量[4]と文化 9 年(1812)

2 月の九州第 2 次測量 5) で、池部長十郎らは伊能測量隊に同道している 6)。

　次に、郷図を納めた木箱には図暦を記した「覚」7)があるのでその内容を示す。文化 7 年の正月以来、第 7 次伊能隊に対する領内測量の案内をしてきたが、伊能隊は街道と海辺筋の地点ごとに細かく距離を測り、磁石を使って正確に方位を記している。藩命で 1 町を 6 分の割で縮尺 6,000 分の 1 の手永限大絵図を作製するように指示されたが、文化 13 年（1816）には、1 里を 3 寸 6 分の割の縮尺 3,600 で御国分間絵図を仕立てるように命ぜられ、2 枚に仕立てて藩府に上納した。本図は熊本城下より西手の海辺を描いたものである。

　また、城下より東手の街道から海辺までの絵図は境目等の確定が出来ていないので、追々、領国の全体図を作成し、上納する。さらに、宇土郡から玉名郡の海辺は伊能隊の測量帳を写し作製したので、粗目の仕上げになっている。また、玉名郡の小代山（観音岳・筒ヶ岳）については山の所在する位置を記したのみで、山容を絵画的に描いたものである。山の頂と尾根筋を測量したが、見分する山容とは相当異なるようであるので、いずれは山容を正しく描きたい。測量器具を使用し絵図を仕立て、絵師が清図を作成したと記される。

　次に、池部長十郎らと伊能忠敬との出会いを『伊能忠敬　測量日記』8)でその一部を見よう。まず、文化 7 年 11 月 13 日に伊能隊は島原御領天草より肥後国芦北郡佐敷町へ上るが、同日に池部長十郎は当所にて侍居して案内している。同月 14 日には佐敷町より球磨郡人吉領界迄測るが、同日は池部長十郎と佐敷手永大庄屋が案内した。同月 17 日には球磨川に乗船し、八代城下に着くが、熊本領界で池部長十郎と日奈久手永大庄屋が待ち合わせた。さらに、同月 18 日に八代郡徳淵村より古関村、街道と閑道追分迄を測り、池部長十郎門人小田藤右衛門、平野角次、遠田銀右衛門、豊田只八が同道する。同月 25 日には宇多郡網田村より枝口浦、長浜浦迄測り、同日午前に広義暦局宛て書状一封を池部長十郎に託す。さらに、12 月 12 日には熊本城下の測量を行い、池部長十郎仮宅に立ち寄っている。翌 13 日には池部門人島原藩家中中村吉之助に会っている。同月 27 日には豊後国野津原、延岡藩領、臼杵藩領、島原領を測量するが、止宿本陣の島原領預所で池部長十郎と、同手付人足立津右衛門が見送りに来た。同月 29 日には池部長十郎取次の内弟子が測量隊の侍・笠取・小者に対し木綿 12 反を持参している。

　また、文化 9 年（1812）2 月 6 日〜20 日までの九州第 2 次測量を見ると、2 月 6 日には久留米藩領松崎駅から筑後川渡場まで測量するが、暮れに肥後熊本勘定吟味方役河崎林助と池部長十郎、宮原嘉右衛門が来た。同月 10 日には肥後国玉名郡井手村で河崎林助・池部長十郎が出迎えた。同月 20 日には日奈久から大口街道を測量、止宿地の田ノ浦村で手分先手の差添池部長十郎、後手差添川崎林助、宮原嘉右衛門、佐敷大庄屋赤沢丑右衛門らが出迎えた。以上のように、池部長十郎、その門人と伊能忠敬との接触は頻繁であった。

　また、『細川家文書　II』9)に掲載される文化 7 年（1810）の「八代郡之絵図」は文化 7 年 9 月 18 日、九州第 1 次測量中の伊能忠敬が天草上島大多尾村に上陸、12 月 9 日、伊能忠敬一行熊本城下に止宿すとある 10)。本図の貼紙註記には「先年測量方御役人伊能勘解由殿領内測量之節も付廻り到候御門人同様之者測量到候」11)とあり、池部長十郎の門人が東岸の八代地先（八代町・植柳村）、西岸の維維新和島と天草上島の金比羅山（標高 258 m）から八代海に浮かぶ大築島・高島・白島・大島・加賀島・舟瀬・三島を測量し、その距離を里・町・間までを記している。

第3節　八代郡測量分見図と手永

　熊本藩領内の郡図や広域図のうち実測しないものは主に永青文庫に収蔵されており、慶安4年頃 (1651)「阿蘇郡絵図」、同年頃「阿蘇谷絵図」、貞享4年 (1687)「小国久住絵図」、貞享2年 (1685)「五家庄絵図」、文政6年 (1823)「天草島全図」等がある [12]。しかし、実測した郡図は少ないようである。図 7-2 に示した「八代郡測量分見図」（熊本県立図書館蔵）をみよう。本図の縮尺は約 36,000 分の 1 と推定できる。凡例には、郡内の黒小判型で高田手永、同朱で野津手永、同桃色で種山手永が示される。熊本藩の地方支配の行政区画は「手永」（てなが）とよばれ、佐賀藩の「郷」（ごう）、鳥取藩の「構」（かまえ）、萩藩の「宰判」（さいばん）、金沢藩の「十村」（とむら）と同じで、本藩では郡図よりも手永図が多く作製された。「手永」は 1 手永で構成される山本郡、10 手永でなる益城郡があるが、文化期には平均して 32 ヶ村を束ねて 1 つの手永を置いた [13]。手永を差配したのは惣庄屋で、中世以来の土豪の系譜をもつ階層とされる。

　八代郡図の凡例をみよう。まず、本郡を構成する高田・野津・種山手永が小判型で、八代海沿岸の干拓地である「新地」が朱○で示される。図からは不知火海（しらぬい）・八代海地先には広大な新地が干拓され、

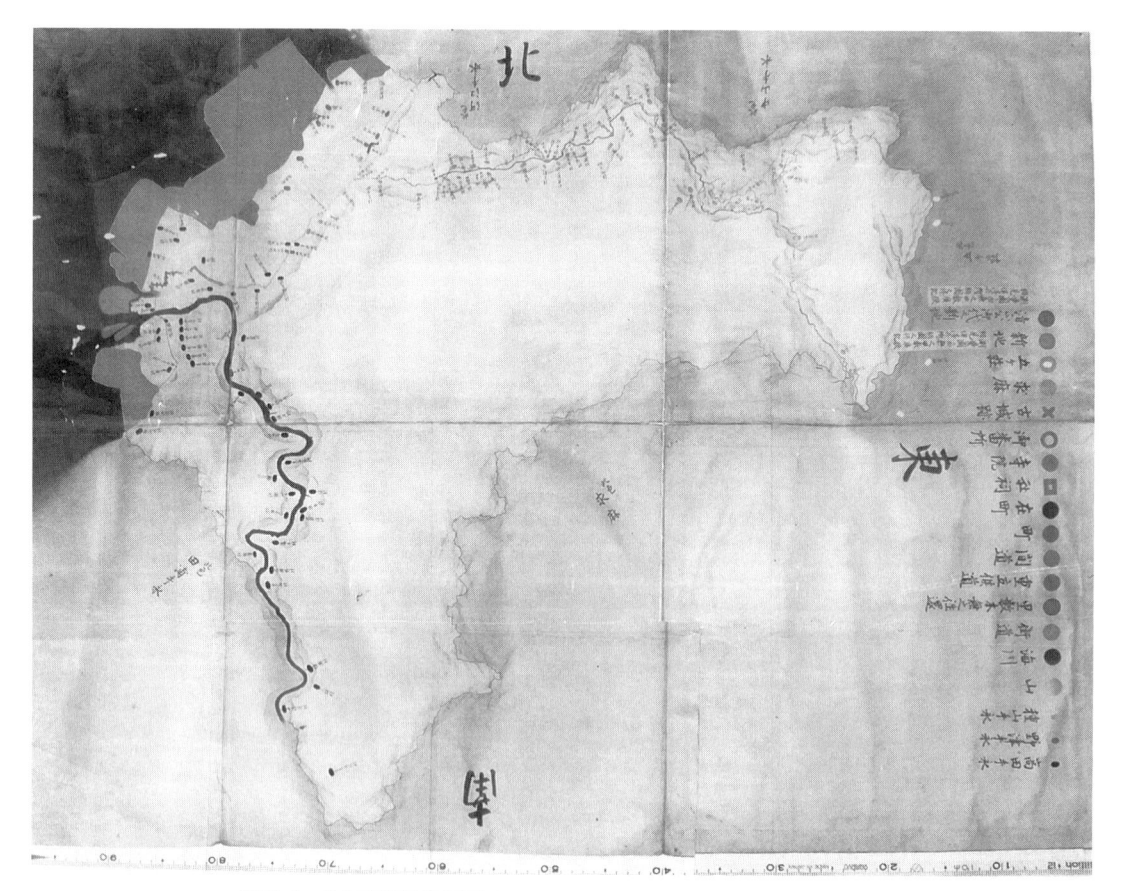

図 7-2　八代郡測量分見図（チエ / 340、119 × 75cm、熊本県立図書館蔵）

現在に見る八代平野が造成されたことがわかる。特に、氷川と大鞘川に挟まれる八代郡鏡（現八代市）には四百町新地があり、七百町新地は八代郡吟味役鹿子木量平が、文政 4 年（1821）に 5 万人の人夫を動員して築造したといわれる[14]。

　凡例には海・街道・里数木無之往還・重立候道・間道・町・在町は色違いの〇、社祠は朱□、寺院は朱〇、御番所は外朱〇、古城跡は朱×、求麻（球磨郡）・五ヶ荘は○、新地と清正公御代之新地には「測量図ニ而無之町数廣狭相見候得共所柄圖之侭記」とある。本図の新地と加藤清正時代の新地については測量していないことがわかる。本図で球磨川と八代平野、干拓地、氷川沿いの手永と村を結ぶ線が描かれるが、その他は伊能図と同じく空白であり、伊能図の影響が強い。伊能図では八代町から北・南の薩摩街道と、佐敷手永から人吉城下に到る人吉街道筋しか描かれていない。

　まず、本図では肥後細川藩の五ヶ町である八代町から球磨川に沿って冷水峠（標高 680m）を経て人吉を結ぶ高田手永の村と集落が記される。すなわち、古田・今泉・小川・横石・原女木（はらめき）・生名子・下代瀬・坂本・荒瀬・破木・鎌瀬・中津等である。また、八代町から北東に薩摩街道に沿う宮原・野津・鏡の野津手永と、氷川の流域にあたる種山手永の村々が記される。すなわち、赤山・西原・塩平・松の原・犬山・古屋敷・沢無田・土生（いとばる）・矢山・白岩戸・野添・糸原・深山・木場・横手・内桑の村である。

　さらに、本図では八代海の島々が北から南に産島・犬島・大島・三ッ島（弁天島・北島・中島・南島）・小築島・大築島・観音島・高島・白島・加賀島・舟瀬等の小島名が詳細に描かれている。また、氷川河口部が築立てられた。

第 4 節　飽田郡池田（あきた）手永図

　本図（熊本県立図書館蔵、図 7-3）は飽田郡 4 手永（五町・池田・横手・銭瑭）のうちの 1 つであり、現在の熊本市の北西一帯にあたり、東は熊本府中と境を接する。白川と坪井川流域と北には金峰山（標高 665m）があり、縮尺は約 10,800 分の 1 と推定され、文化 4 年（1807）〜文政 8 年（1825）の製作とされている[15]。本図の凡例には、道・水・山の色分け区別と村は桃色〇、町は紫、新地は橙色で、手永境線、社・祠は□、寺院は朱〇で示される。絵図の北西に位置する坪井川口以北の新地「イ」は、文化 3 年（1806）に築立てられた梅洞新地（現松尾町）とされる。また、白川川口より南の新地「ト」「リ」の沖合には文政 9 年（1826）から始まった御側開新地（現沖新町）は描かれていない[16]。

　また、絵図の白川北岸には小島町・小島村と在町でも特に重要な肥後藩五ヶ町の 1 つである高橋町があり、町奉行が管轄し、会所・御作事所・御茶屋が見える。その南の下代町には鍛冶屋屋敷が、また、図の北西部の京町村（現熊本市京町）付近には会所が見え、大木弥助野屋敷（寛政 10 年 7 月家督相続『先祖附』（永青文庫蔵））[17]がある。

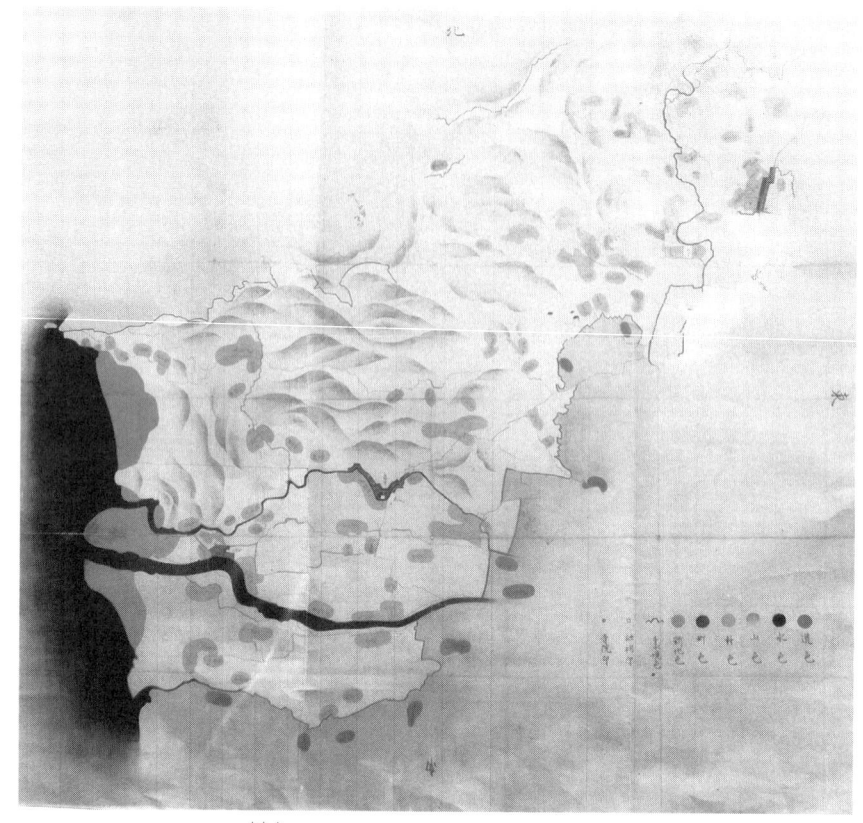

図 7-3　飽田郡池田手永図 （チエ / 317、熊本県立図書館蔵）

小　括

　熊本藩では藩天文方・西洋砲術師範の池部長十郎とその子啓太、孫弥一郎により、測量に基づいた藩領内街道海辺図・郡図・手永図等が作製された。池部長十郎は文化 7 年と同 9 年の伊能忠敬第 1 次・2 次九州測量時の肥後国内測量に同道している。文化 14 年（1817）に池辺父子が作製した「御領内街道海辺測量分間絵図」（縮尺 36,000 分の 1）では、薩摩街道筋と有明湾沿岸の新地の測量が中心で、伊能中図の影響が認められる。熊本藩では郡と藩政村との中間的な支配領域としての「手永」がある。「詫間測量分間図」（縮尺 36,000 分の 1）と「文政 5 年飽田郡五町手永図」（縮尺 10,800 分の 1 程度）では、山地は絵画的表現、街道と河川筋の藩政村を桃色小判型で、在町、新田である新地、手永境、主要な社・祠、寺院は描かれている。肥後五ヶ町の 1 つである高橋町では町奉行、会所、作事所、茶屋、鍛治屋敷が描かれる。また、豊前街道と氷川・球磨川筋の本村と枝村・集落名までを記しているが、それ以外の内陸部は空白で、伊能中図と酷似している。

　また、安政 2 年（1855）の「菊池川全図」（熊本県立図書館蔵）は、菊池川流域の河口から源流ま

での幅 88cm、長さ 30m の長大な実測図で、菊池川の曲流地点に正確な方位を入れて、現地で方位
磁石を北にして、菊池川の沿岸の景観・ランドマーク等を極めて精密に描いた河川絵図である。両
岸の川成荒地、河川敷に形成された干出（中州）、測地間の距離（間数）、田畑面積、堰、井手尻、
杭刔、石垣護岸、寺社、菰田舟（川平田舟）、継所等を両岸の庄屋、会所の立ち会いの上で作製して
いる[18]。

　また、縮尺 2,000 分の 1 の「緑川絵図」では両岸を数十間毎に細かく区切り、その間数と塘、道、
手永境、村境、刔、新地、石樋用水、芝地・霞場の間数と七嶋潟面積、新地の面積・間数、諸開畝物、
御番所、新開境よりの山麓までの間数や集落等が精密に記されており、極めて精密な河川絵図であ
る[19]。さらに、安政 6 年（1859）に池部長十郎門人の池辺啓太・池辺冨次・若林宗右衛門の 3 人が
作製した「宇土松山手衛江緑川築地より分水新手井手筋高低測量分見絵図」は縮尺 6,000 分の 1 の精
密な実測図である。本図では緑川沿いに多数の測地点を設定してその間の距離と高低差を記してい
る。濱戸川から尻川までの距離は 5,972 間 3 尺（10,857.64m）、高低差は 10 間（18.181m）につき 2
分 1 厘 9 毛（0.663cm）と精密に計測している[20]。さらに、文化 7 年（1810）9 月 18 日の伊能忠敬
の天草測量時に参加した池部門人によって測量・作製されたとされる「八代郡之絵図」（縮尺 6,000
分の 1）には、八代海に浮かぶ三島・大築島・小築島と八代地先、大矢野島の双方からの放射線と距
離が記された実測絵図でる。本図の測量方法は伊能忠敬の測量法（交会法）そのものであり、熊本
藩の測量技術の高さの証左である[21]。

[註]
1) 熊本大学文学部附属永青文庫研究センター編（2013）:『永青文庫叢書　細川家文書　絵図・地図・指図編Ⅱ』
　　吉川弘文館，27 頁。
2) 礒永和貴・鳴海邦匡（2001）:「分間図・測量帳・測量器具」，荒尾市史編纂委員会編『荒尾市史　絵図・地図編』
　　129 〜 136 頁。
3) 前掲 2）131 頁。
4) 佐久間達夫編著（1988）:『伊能忠敬　測量日記　第三巻　九州第一次測量編の二』170 〜 185 頁。
5) 佐久間達夫編著（1998）:『伊能忠敬　測量日記　第四巻　九州第二次の一』47 〜 55 頁。
6) 前掲 2），129 頁。
7) 前同，郷 0090，393 × 195cm，縮尺 1 / 1,800。
8) 前掲 1），31，193 頁。
9) 前掲 1），31 頁。
10) 前掲 4），172，180 頁
11) 前掲 1），7 頁。
12) 前掲 1），6，21 〜 25 頁。
13) 平凡社編（1985）:『歴史地名大辞典　熊本県』41 頁。
14) 前掲 13），45 頁
15) 新熊本市史編纂委員会編（1993）:『新熊本市史　別編第一巻　絵図・地図　上　中世・近世』214 〜 215 頁。
16) 前掲 15），245 頁。
17) 前掲 15），245 頁。
18) 菊池町史編纂委員会編（2005）:『菊池町史　絵図・地図編』32 〜 58 頁。

19) 宇土市史編纂委員会編（1999）:『新宇土市史　資料編第一巻　絵図・地図』30 〜 35 頁。

20) 前掲 19)，64 〜 66 頁。

21) 前掲 1)，6，31，193 頁。

第8章　佐賀藩

第1節　「竈帳」と「村絵図・郷図」の作製

　佐賀藩では享保の飢饉後に藩財政の建て直しのために、第9代藩主治茂により藩政改革の一環として、明和4年（1767）に行われた「御仕組八箇条」に基づき、農村の再建が図られ、その中の農村政策として一村ごとに「竈帳」と「村絵図」が作製された[1]。前者は一村ごとに個々の百姓の屋敷、田畠の畝数、地米（年貢米）、作人の名前、牛馬の有無、拝借銀の額等を調査し、代官から請役所へ収めるとした。また、後者は一村ごとに屋敷、田畠、堀、川、畔、林、寺院等を描いて、その畝数等を記入し請役所へ提出するとした。しかし、「竈帳」では、「配分入交之分りも帳面書載之、毎年正月十五日限代官ヨリ請役所相納候事」とあり、「村絵図」についても「配分入交候所於有之者、分り書入候事」とある。これは代官が支配する蔵入地の「竈帳」と、「村絵図」の作製を前提としている。その上で配分地の処理の仕方を指示しているものであり、郡代が支配する配分地（知行地）そのものの「竈帳」と、「村絵図」の作製については触れていない[2]。つまり、「竈帳」と「村絵図」作製は田畠畝数と、耕作人数を調査することによって、不耕作田の解消を図ることを目論んだが、蔵入地と小配分地（下級家臣の知行地）を対象としており、自治権の強い大配分地（重臣の知行地）は除外された。

　佐賀藩では1〜20ヶ村を単位とした地域を「郷」と称し、その配下の村とともに、地方支配の基本絵図として郷村絵図が作製された。五十嵐　勉[3]によれば、『佐賀県立図書館蔵　古地図絵図録』には、郷絵図90点と村絵図272点の総数362点が収録され、天明期（1781〜88）から寛政期（1789〜1800）に作製されたものが多い。佐賀・神埼・杵島郡の郷村絵図は、嘉永期（1848〜53）から安政期（1854〜59）に作製されたものが多いとされる。川村博忠[4]によれば、この2時期に本藩領と支藩領において組織的に村絵図が作製され、嘉永・安政期の村絵図と、天明・寛政期の絵図様式を継承したものとしている。ここで問題となるのは、郷図と村絵図の作製を担当した佐賀藩の天文測量方や、地方に在住した測量・絵図巧者等の名前が解明されていないことである。この点は今後の課題である。

　佐賀県立図書館の古地図・絵図のデジタルデータベースには665件（2016年6月16日最終更新）の高精細画像が収録される[5]。その内容は、江戸後期や天明・寛政期から安政期、明治前期の作製の郡図・郷図・村図・河川絵図等から構成されるが、大部分は近世後期と明治前期作成の村絵図である。

佐賀藩領の郡別では杵島郡、松浦郡、佐賀郡、小城郡、養父郡・三根郡、藤津郡・神埼郡等である。この内、郡図では天保 8 年（1837）の基津郡養父半郡絵図 6)、郷図では享和 2 年（1802）の三根郡下村郷図 7)、文化 4 年（1807）佐嘉郡太俣郷図 8)、近世後期の小城郡山内郷図 9)、安政 6 年（1859）の松浦郡有田郷図 10)、安政 6 年藤津郡七浦郷図 11)、嘉永 4 年（1851）藤津郡能古見郷図 12)、嘉永 7 年（1854）小城郡多久郷図 13)、安政 4 年（1857）杵島郡須古郷図 14) 等がある。

　近世後期の村絵図の内、三根郡・佐嘉郡・杵島郡・小城郡等の筑後川下流部の水郷地帯や、有明海沿岸の干拓地に位置する村絵図と、背振山地の小城郡・松浦郡等の山村の村絵図とでは、表現内容等に大きな違いが見られる。佐賀藩の郷図の縮尺は 1 町 2 寸の割で、約 1,800 分の 1 に、村絵図 15) は 2 間 1 分の割で、約 1,200 分の 1 にそれぞれ統一され、両図ともに規格化した凡例がみられる。

　しかし、明治 14 年（1881）に作製した「長崎県管轄肥前国基津津郡図」16) の縮尺は 1 町 1 分の割の約 36,000 分の 1 で、法量も 10 分に 1 程度に縮小化されている。その凡例は水（川・池の区別）・山・道路（大道と枝道の区別）・原野・街駅・人家（黒横線）・流勢・国郡村境と、近世後期と比較すると表現内容に緻密さを欠き、簡略化されている。また、明治 14 年作製の「長崎県管轄肥前国小城郡織島ヶ里図」17) は 1 町 6 分の割の縮尺約 6,000 分の 1 で、凡例も水（河・潟）・山・道路（大道・枝道）・村境・人家（黒横は民家、△は学校）・社寺・流勢の 7 区別で、朱点の字界、池堤等がみえるが、表現内容は簡略化されている。

第 2 節　伊能忠敬九州第 2 次測量

　『伊能忠敬測量日記』18) によれば、第 8 次測量（第 2 次九州測量）で佐賀藩領内の測量を、文化 9 年（1812）8 月 18 日から 10 月 8 日まで行った。同年 8 月 17 日には筑前・肥前国境を越え、止宿地の浜崎村で唐津領唐津村大庄屋桜井庄蔵・唐津城下年寄草場太郎左衛門と、測量掛名古屋大庄屋世戸与市らの出迎えを受けている。翌 18 日の唐津湾一帯の測量では唐津領掛役永尾や大庄屋屋世与市とあり、同月 21 日の日記にも唐津領付回案内屋世与市とあることから、この人物は伊能測量隊に対する唐津藩内の案内世話掛であったと推測される。その後、名護屋城跡と東松浦半島部を、9 月 9 ～ 15 日には伊万里付近を測量し、同月 19 日には測量本隊が佐嘉城下に達し、20 日まで城下を測量した。同月 23 日には肥後国三根郡内を、24 日には養父郡内を測量した。同月 25 日には肥前国基津郡田代町を出立し、その後、肥前・筑前・筑後国境を測量し、翌 26 日には福岡領原田町に達している。

　注目すべき点は、肥前国内の伊能測量隊を出迎えた面々は、いずれも測量地にあたる止宿本陣大庄屋・下役宿組頭・大庄屋・庄屋等であり、藩の天文方や測量方の出迎えの記載がみられない点で、熊本藩の対応と異なることである。

第3節　郷図における村と町の表現

　佐賀藩の郷図で村や集落、町をどの様に表現しているかを見よう。図 8-1 は小城郡山内郷図[19] の内の古場村（現佐賀市富士町）の集落部分を示している。古場村は背振山地の南部、喜瀬川支流古場川下流域に位置し、山内郷に属し、明治初期では上無津呂村や下合瀬村の枝村で、近世村高は 200〜298 石とされる[20]。郷図では畠地と屋敷地は黄色で「ハタ」、田は白地に「タ」とあるが、一枚ずつ図示する徳島藩の分間村絵図の棚田表現とは異なり、地類界が大きな面で示される。村境は白点、道は朱線、同図には肥後田・下古場・くだり道・しだの木山・またの木谷・かりあつまり等の小地名がある。本図には 26 棟の家屋が描かれるが。家屋表現は家型で画一的で、徳島藩の分間村絵図では家屋の表現に瓦葺・萱葺、母屋・長屋門・土蔵等の区別とは異なる。しかし、集落の景観表現は精緻である。

　次に、安政 3 年（1856）杵島郡須古（すこ）郷図を見よう（図 8-2）[21]。須古郷は佐賀平野西部の杵島郡の白石平野（しろいし）にあり、佐賀本藩領に属した。絵図には神遍村・川津村・今泉村・馬洗村・小嶋村・堤村・馬田村・新町・横町・黒木町・白川町等の須古郷を形成する村・町が見える。図の中東端には標高 41.7m の独立丘陵上に天文年間（1532〜1555）に須古城が築城され、近世初頭に須古鍋島氏の祖（親類同格の鍋島氏 11,000 石の大配分領地）となった龍造寺信周（もうらい）の知行地になり、居住地の須古城を中心に小城下町の町場が形成された。城趾には天満宮が鎮座し、その東には小島城趾がある。須古城の北・

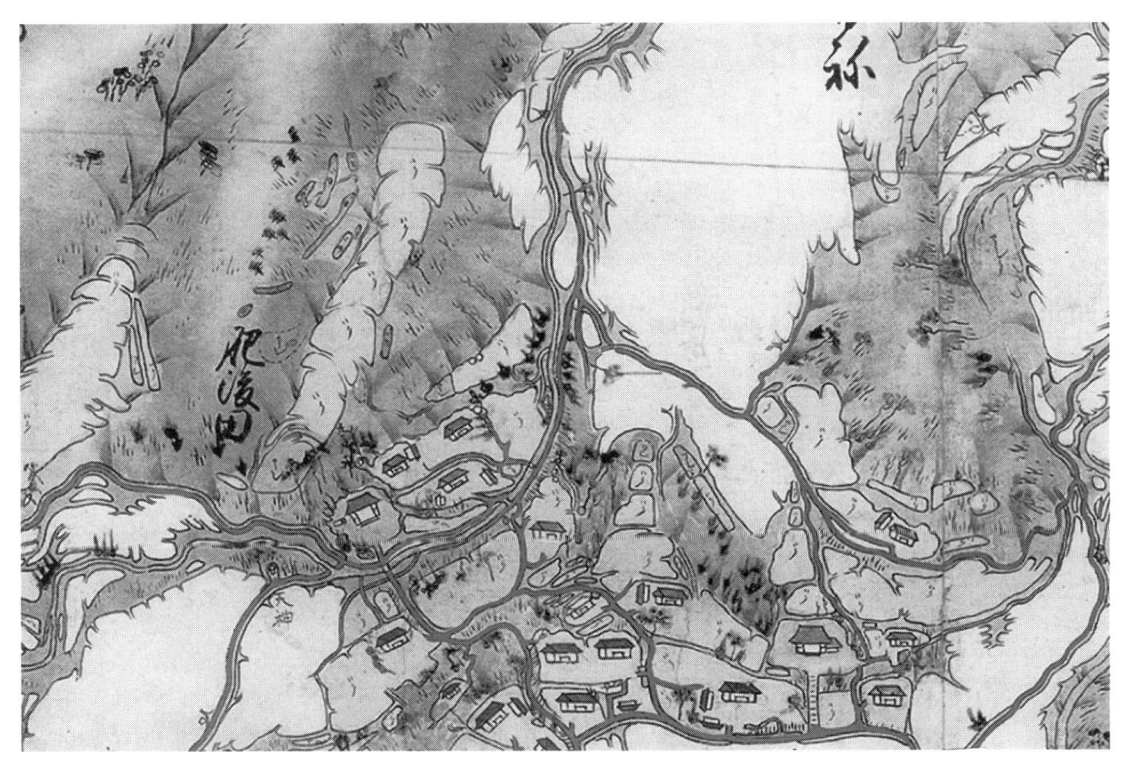

図 8-1　小城郡山内郷図（部分、近世後期、郷 0020、古場村松義古賀付近、佐賀県立図書館高精細画像、297 × 286cm）

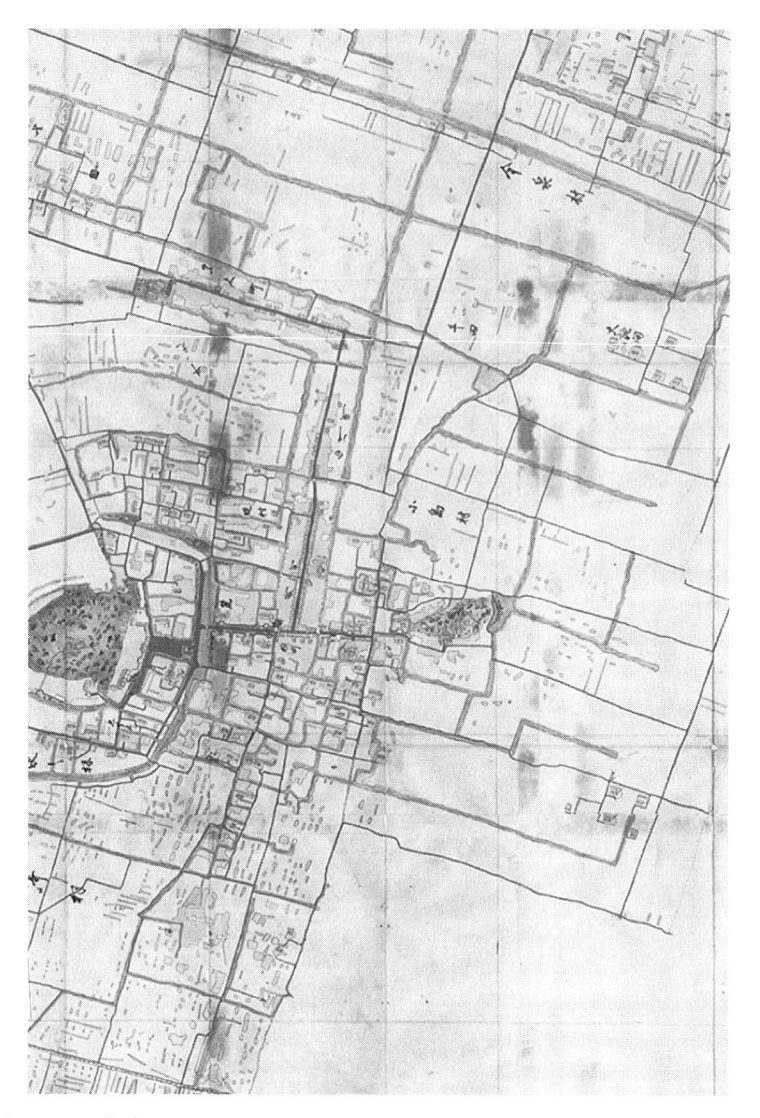

図 8-2 安政 3 年（1856）杵島郡須古郷図（部分、郷 0578、、小島城址付近、佐賀県立図書館高精細画像、270 × 246 cm）

東・西には二重の堀割の名残があり、絵図では新町には 52 棟、横町には 32 棟、黒木町には 26 棟の町屋が軒を連ねる。特に新町には旅籠屋・雑貨店・呉服店・米屋・酒屋等が中心郷街を形成した[22]。須古城の廻りには一向宗明福寺・普門寺・正行寺・光明寺があり、西の大平山（標高 269 m）山麓の船埜村には安福寺・権現社・天満宮・念仏堂が鎮座する。南の馬洗村・川津村、東の小嶋村、北の今泉村・神遍村には田の中に島畑状の細長い畑が多く分布し、水郷景観を形成するクリークも発達する。また、出水法要にちなむ「水堂」が見える[23]。

　次に、安政 6 年（1859）松浦郡有田郷図（図 8-3）を見よう[24]。図はいわゆる有田皿山の中心部を示している。有田郷（ありた　さらやま）は有田川の上流域に位置し、現在の有田町と西有田町の区域を占める。有田は陶磁器生産地として有名であるが、豊臣秀吉の朝鮮出兵の際に鍋島直茂が、朝鮮半島から連れてきた陶工が始めたとされる[25]。図の北部にある黒髪山（標高 516 m）から有田町至る山地は流紋岩に覆わ

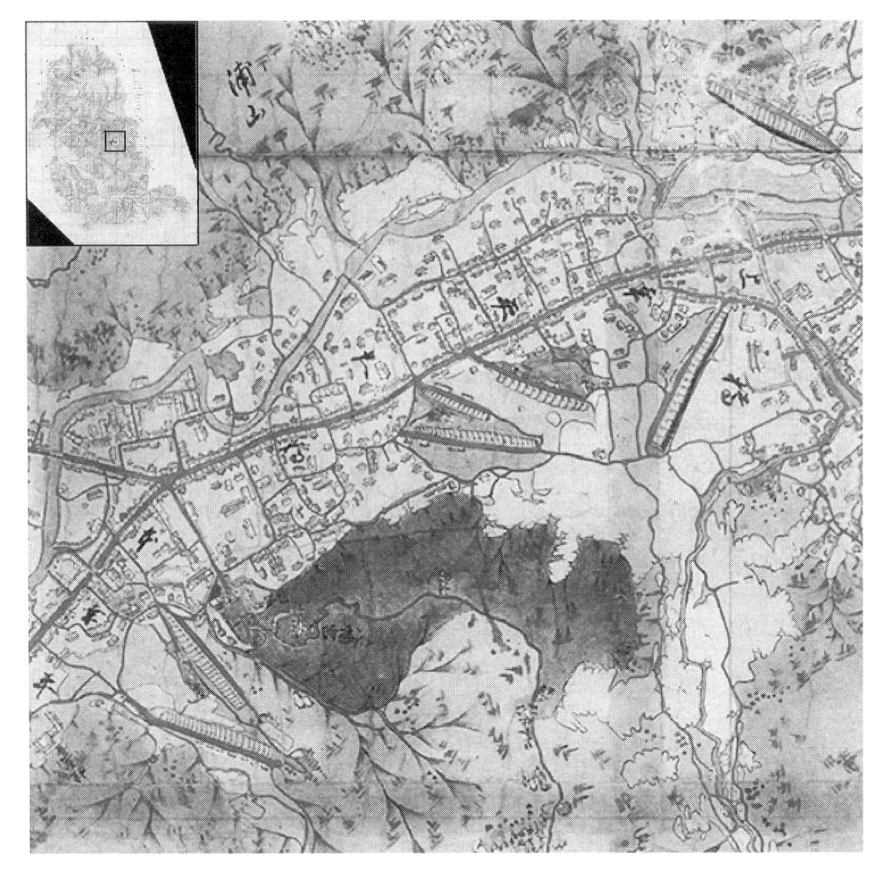

図 8-3　安政 6 年（1859）松浦郡有田郷図（部分、郷 0992、佐賀県立図書館高精細画像、330 × 345cm）

れ、磁器の原料となる陶土に恵まれた。郷図には黒髪山一帯に分布する白い露岩や奇岩が多く描かれている。図では標高 40 ～ 100m の有田川の谷底には密集した街村状の町並みが形成され、絵図には1棟ごとの民家を描き、表現も精緻である。明治 11 年（1878）の「戸口帳」[26] によれば、戸数 1,348、人口 5,662 であった。

　図は有田川に沿う有田陶業地の中心地区を示しており、東から西に上幸平、東幸平、稗場、白川等にある 8 ヶ所の登窯が傾斜地に描かれている。登窯は全体を「登」といい、図では 1 登は、8 ～ 26 の窯からなる。例えば、本幸平山は 2 登・46 窯（上が白焼窯・21 窯、下が谷窯・25 窯）、小樽山（小樽 2 合新窯は 14 窯）、上南川原山（樋口 3 合窯・6 窯）、中樽山（1 登・20 窯）、泉山（1 登・25 窯）・上幸平山（3 登・44 窯）・大樽山、白川山（1 登・20 窯）、稗古場山（1 登・18 窯）、黒牟田山（2 登・19 窯）、外尾山（2 登・19 窯）、広瀬山（1 登・16 窯）、応法山（1 登・20 窯）、岩谷川内山（1 登・18 窯）が描かれる [27]。また、1 つの窯を一間または一軒と呼び、下方から一番、二番と数えた [28]。文化 11 年（1814）における登数と窯数は、23 登・417 窯であった [29]。

　中央部の朱色部分は八幡宮とその社叢林山を示している。本図には外尾山・広瀬山・応法山・黒牟田山・泉山等という地名が多いが、山は登窯の所在を指す。有田川沿いの本町通りに面する所を町、裏通りを村と称し、山には庄屋、町には別当が任命された。図の西北部にある白川には「代官所」が

あり、いわゆる有田皿山を統括する皿山代官[30]が置かれ、皿山代官の下に郡目付・取納役・役者が所務を取り仕切り、その下に口番屋・土場番・下目付・下役が配置されたという[31]。

第4節　郷図の精度

　近世後期に作製された佐賀藩の郷図の縮尺は1町2寸の割、縮尺は1,800分の1で、徳島藩の分間村絵図と同縮尺であり、表現内容は精緻である。まず、郷図の東西・南北・対角線距離と、方位の誤差を縮尺25,000分の1の地形図と対比して検証する[32]。文化4年（1807）の佐嘉郡太俣郷図の精度を見る[33]。東西距離の誤差は1.46〜3.34%、南北は0.17〜1.41%、対角線は1.35〜3.04%、方位は0°〜1°である。さらに、前掲の安政3年の杵島郡須古郷図（図8-2）の誤差を見ると、東西1.47〜4.95%、南北1.62〜3.39%、対角線2.04〜2.43%、方位1°と、両図とも、徳島藩の分間郡図・村絵図と比較しても、佐賀藩郷図の方の精度がやや高いといえる。

小　括

　佐賀藩では、明和4年（1767）に藩政改革の一環として行われた「御仕組八箇条」に基づき、農村政策として一村ごとに「竈帳」と「村絵図」が作製された。「村絵図」は一村ごとに屋敷、田畑、堀、川、畔、林、寺院等を描いて、その畝数を記入して請役所へ提出させ、不耕作地の解消を図ることを目論んだが、蔵入地と下級家臣家の知行地を対象としたもので、自治権の強い重臣の知行地である大配分地は除かれた。さらに、佐賀藩では1〜20ヶ村を単位とした領域である「郷」を単位として、配下の村とともに地方支配の基本絵図として、郷村絵図が天明期から寛政期に多く作製された。佐賀県立図書館には郷絵図90点と村絵図272点が収蔵され、665点の高精細画像が公開されている。しかし、郷図と村絵図を作製した佐賀藩の天文方・絵図方、在郷した測量・絵図巧者等の名前が記載されていない。また、伊能忠敬の第8次測量である第2次九州測量が、文化9年8月から10月8日まで行われたが、測量隊に対応したのは止宿地の本陣大庄屋・下役宿組頭・庄屋等である。徳島・熊本・鳥取・金沢藩では、藩の天文方・絵図方が直接対応しているが、萩藩ととに佐賀藩では接見すらしていない点に特徴がみられる。

　一方、郷図の景観表現は極めて精密である。文化4年（1807）の「佐嘉郡太俣郷図」では、郷内の7村と宿場町（窪田）にある寺社、小社、1棟単位の家屋、堀、江湖、土居、畔、搦・揚地（上り知行）等のミクロな村落景観を精密に表現していることに特徴がみられる。

[註]

1) a 藤野　保編著（1978）:『続佐賀藩の研究－藩政改革と明治維新－』吉川弘文館, 468 頁。b 藤川保（1980）:
　　『佐賀藩における三支藩の成立過程（一）』九州文化史研究 25 号, 1 ～ 8 頁。

2) 前掲 1) a, 376 ～ 377 頁。

3) 五十嵐勉（1990）:「佐賀藩における藩製郷村絵図に関する一考察－肥前国神埼郡を事例に－」立命館地理
　　学 2 号, 23 ～ 36 頁。

4) 川村博忠（1992）:『近世絵図と測量術』古今書院, 235 ～ 236 頁。

5) 佐賀県立図書館の古地図・絵図データーベースによる。

6) 前掲 5) 郷 0226, 72 × 81cm, 縮尺 18,000 分の 1。

7) 前同, 郷 0219, 210 × 168cm, 同。

8) 前同, 郷 0090, 393 × 195cm, 同。

9) 前同, 郷 0020, 297 × 218cm, 同。

10) 前同, 郷 0992, 330 × 345cm, 同。

11) 前同, 郷 0784, 547 × 170cm, 同。

12) 前同, 郷 0791, 238 × 313cm, 同。

13) 前同, 郷 0262, 473 × 232cm, 同。

14) 前同, 郷 0578, 270 × 246cm, 同。

15) 前同, 一例として、郷 0089, 安政 3 年佐嘉郡佐保河嶋郷今山村大願寺村絵図, 218 × 300cm と、郷
　　0798, 能込郷本城山絵図, 基津郡図（明治前期）, 211 × 162cm がある。

16) 前同, 郷 0972, 基津郡図（明治前期）, 39 × 32cm。

17) 同前, 郷 0275, 92 × 54cm。

18) 佐久間達夫校訂（1998）:『伊能忠敬　測量日記　第四巻　九州第二次の一』大空社, 120 ～ 154 頁。

19) 前同 6), 郷 0020（江戸後期）, 297 × 286cm。

20)「角川地名大辞典」編集委員会編（1982）:『角川地名大辞典　41　佐賀県』302 ～ 303 頁。

21) 前掲 5), 郷 0578, 270 × 246cm。

22) 前掲 20), 383 頁。白石町史編纂委員会編（1974）:『白石町史』に須古城を囲む外堀は「三十三間堀」,
　　南は土手と嘉瀬川が流れ、北には「火城戸越」、白川町、黒木町の町屋がみえる（「須古高城, 平井氏居城
　　配置図」による、144 ～ 148 頁）。

23) 佐賀県史料刊行会編（1973）:『佐賀県立図書館蔵　古地図絵図録』137 頁。

24) 前掲 6), 郷 0992, 330 × 345cm, 縮尺 18,000 分の 1。

25) 有田町史編纂委員会編（1988）:『有田町史　通史編』29 ～ 42 頁。

26) 前掲 25), 87 ～ 88 頁。

27) 前掲 25),（1988）:『有田町史　古窯編』371 ～ 394 頁。

28) 平凡社編『日本歴史地名大辞典　佐賀県』367 頁。

29) 前掲 28)。

30) 前掲 25), 39 ～ 43 頁。

31) 前掲 28), 367 頁。

32) 郷図は法量が大きい絵図であるので、高精細画像を縮尺約 2 万分の 1 の A3 プリントし、これをさらに 2.5
　　万分の 1 の地形図と比較した。

33) 前掲 5), 郷 0090, 393 × 195cm。久保田町史編纂委員会編（2002）:『久保田町史』34 ～ 48, 321 ～ 325 頁。

第9章　萩　藩

第1節　一村限明細絵図（地下上申絵図）の作製

　萩藩では防長両国の全藩領550ヶ村において、享保12年（1727）から宝暦3年（1753）までの26年間にわたり、絵図方頭人井上武兵衛、絵図方平田仁左衛門・同四郎左衛門、郡方地理図師有馬喜惣太と、その下の手子等により、村絵図群が作製された。村絵図作製事業の中心を担ったのは有馬喜惣太で、山口県立博物館編の『防長の古地図』(1984)によれば、有馬は藩絵師の雲谷等達の弟子であったが、元文2年（1737）に藩絵図方に雇われて一村限明細絵図の作製に携わった。宝暦4年（1754）に絵図事業が終了した後、絵図巧者として引き続き雇用されて、同12年（1762）には禄高15石で藩士に登用され、寺社組郡方に配属された。宝暦13年以降の「分限帳」によれば、職名は「郡方地理図師」で、以降それが有馬家の家業となった[1]。

　この村絵図群は「一村限明細絵図」（「地下上申絵図」、以下「上申絵図」とする）と呼ばれる。絵図方は両国の各庄屋・畔頭に対して、村絵図と石高帳・境目書・由来書の提出を命じ、その後に絵図方おいて統一的規格で清書して村絵図を作製した。この村絵図群は各村から絵図方に調進された「地下図」（地下絵図）と、絵図方が地下図をもとに規格的に清書した清図の2種類がある[2]。縮尺は全て1町1寸の割の3,600分の1で、地下図・清図ともに村境界に沿う白線で切り抜かれた形状である。清図は最大郡単位まで接合が可能で[3]、熊毛郡樋口村清図（図9-1-2）の村境には朱書きの「に」「ち」「ほ」文字が大きく記される。

　一村限明細絵図（地下上申絵図）に表現された内容は、享保12年〜宝暦3年の『防長地下上申』に記された、田畠石高、給人別給領石高、小村名、家数とその階層構成、人数、牛馬数、舟数、社寺堂宇、山川、井手、堤、一里塚、米蔵、里程、隣村境目と道程等の村明細帳に基づいている。また、天保13年（1842）〜弘化年間（一部は嘉永）に編纂された藩撰の村別地誌である『防長風土注進案』は、上記の外に竪横里数、地勢、下草、寒暖気、植生、立山（藩有林）、預山（藩から給領主へ預けた山）合壁山（百姓持山）、山野（百姓入会山）、橋、溝、物産、風俗等である。この村絵図は近世中期の防長両国内の藩政村の空間・社会構造である自然景観と、文化景観を緻密に描いた貴重な地誌的絵図といえる。この村絵図から郡単位の行政図としての郡別図が作製され、さらに、防長全図が作製された。また、天保11年（1840）には絵図方平田弥次兵衛により、「防長両国明細地図」が作製され、さらに、これを3郡ごとにまとめた図を4枚継ぎ合わせた切り型図行政図である「防長両国郡別地図」が作製

された⁴⁾。この「防長両国明細地図」は幕府撰改定絵図である天保国絵図や伊能図の影響を受けている⁵⁾。

第2節　一村限明細絵図（地下上申絵図）の精度

　表9-1で示したように、萩藩の一村限明細絵図（地下上申絵図）の東西・南北・対角線距離と、方位の精度を25,000分の1の地形図と比較すると、清図（地下図）の内の一部で距離誤差が1.15％（見島郡見島地・浦清図）、1.81％（佐波郡牟礼村清図）、2.10％（吉敷郡井関村地下図）、2.38％（熊毛郡樋口村清図）、3.23％（吉敷郡小郡新開作名田島絵図）、3.94％（美祢郡秋吉村地下図）で精度が高い。しかし、絵図の最大誤差が43.35％（美祢郡大田村地下図）、31.40％（美祢郡秋吉村地下図）、28.6％（大島郡安下庄地下図）、22.00％（大島郡小松村清図）、18.93％（熊毛郡室積村地下図）もある。また、方位の誤差は南北1km、東西が1.25kmと狭小な小郡新開作絵図で1°〜2°と非常に精度が高い。しかし、樋口村清図で2°〜16°以外は、49°（大島郡小松村清図）、42°（大島郡安下庄地下図）、36°（室積村清図）、35°（秋吉村地下図）、32°（見島郡見島地・浦明細図）と、誤差が極めて大きい。

　しかし、村絵図よりも広地域である三田尻惣絵図や、山口宰判図の距離誤差は3〜20％、方位誤差は2°〜20°と、部分的に大きい。また、防長両国宰判支藩別地図や、防長両国明細図・郡絵図を20万分の1の地勢図と比較すると、部分的には2〜4％と小さい箇所もあるが、距離最大では7〜24％、方位は8°〜20°と誤差率が大きい。このように、総じて萩藩の村・郡・宰判図や防長両国地

表9-1　萩藩の一村限明細絵図（地下上申絵図）・宰判図・郡図・防長両国図等の精度

絵図の名称	所蔵先	法量（cm）	東西・南北・対角線距離の誤差	方位の誤差
1 地下上申絵図（見島郡見島地・浦明細図）	山口県文書館	91×132	1.15〜11.63％	24°〜32°
2 大島郡屋代村清図	山口県文書館		6.69〜22.00％	28°〜49°
3 大島郡安下庄地下図	山口県文書館		3.29〜28.6％	36°〜42°
4 元文3年熊毛郡樋口村清図	山口県文書館	130×90	2.38〜10.36％	2°〜16°
5 佐波郡牟礼村清図	山口県文書館		1.81〜5.23％	14°〜20°
6 熊毛郡田布施村地下図	山口県文書館		6.86〜19.59％	16°〜31°
7 熊毛郡室積村地下図	山口県文書館	137×120	6.66〜10.10％	11°〜36°
8 吉敷郡井関村地下図	山口県文書館		2.10〜18.93％	21°〜28°
9 美祢郡太田村地下図	山口県文書館		13.16〜43.35％	18°〜24°
10 美祢郡秋吉村地下図	山口県文書館		3.94〜31.40％	2°〜35°
11 吉敷郡小郡新開作絵図（名田島）	山口県文書館	103×130	3.23〜8.17％	1°〜2°
12 吉敷郡山口宰判図	山口県文書館	166×155	3.17〜19.59％	2°〜11°
13 佐波郡三田尻惣絵図	山口県文書館	193×213	4.53〜14.03％	4°〜20°
14 防長両国宰判支藩別地図	山口県文書館	205×356	2.50〜7.48％	6°〜18°
15 防長両国明細図	山口県文書館		3.68〜24.32％	7°〜12°
16 防長両国郡別絵図（厚狭・吉敷・佐波・都濃）	山口県文書館		2.76〜10.42％	3°〜8°
17 防長両国十二郡絵図	山口県文書館		2.46〜12.09％	1°〜20°

図等の精度は、徳島藩や佐賀藩のそれと比較すると精度はかなり低い。

第 3 節　伊能忠敬の防長両国測量

　前述のように、藩絵図方による一村限明細絵図（地下上申絵図）の作製は、享保 12 年～宝暦 3 年に行われた。これに対し、伊能忠敬測量隊による防長両国の測量は、第 5 次測量である紀伊半島・瀬戸内海の島々・中国沿岸の測量時で、文化 3 年（1806）4 月 3 日に安芸国境に位置する周防国玖珂郡和木村から測量を始めている。和木村では同郡岩国大庄屋村田儀兵衛、同手付仁左衛門が伊能隊を出迎えており、翌 4 日に岩国一帯を測量している。

　岩国では郡代役黒杭惣左衛門、町奉行東三郎左衛門、代官長控孫右衛門、止宿岩国宿屋岩根六郎兵衛、御用達鉄屋徳右衛門等が、6 日には岩国付回佐々木六左衛門、中野郷代官中村市左衛門等がそれぞれ出迎えている。また、5 月 5 日の長府領宇部村本陣の止宿では、舟木宰判郡代遊佐喜兵衛、同勘定役斎藤七郎兵衛、同付回下瀬弥五郎、吉田宰判代官役手代矢田弥吉、同大庄屋大橋三郎左衛門、萩より医師 2 名がそれぞれ出迎えている。同月 6 日赤間関（あかまがせき）を経て北浦を回り、6 月 5 日に長門国阿武郡江崎村から長州石州国境を越えて岩見国美濃郡飯ノ浦で止宿している [6]。

　また、九州第一次測量の帰路にあたる文化 8 年（1811）10 月 20 日から翌 9 年（1812）2 月 9 日まで、赤間関から長府城下、赤間関街道中道筋を経て萩城下を測量した。また、別隊は厚狭（あさ）郡吉田、吉敷郡小郡（おごおり）・山口、阿武郡篠目・鷹ノ巣・徳佐を経て、石州津和野に向かった。さらに、九州第二次測量の帰路では、文化 10 年（1813）10 月 14 日より 11 月 3 日まで、豊浦郡小月から内陸部の赤間関街道（北道筋）を通り、豊浦郡西市、大津郡俵山・正明市、阿武郡三津浦を経て萩城下に達している。

　文化 10 年 10 月 14 日の『測量日記』[7] によれば、伊能隊を出迎えたのは、長府毛利甲斐守郡下役小野甚蔵、下関大年寄中野九兵衛、小年寄柴野伝左衛門、長府城下惣年寄村田彦右衛門等である。さらに、清末領小月宿では毛利讃岐守人馬役方北村源右衛門、年寄吉村吉兵衛、郡方手代や同領大庄屋井上茂兵衛・庄屋田中源五右衛門、西市駅本陣中野新左衛門等の大部分が伊能測量隊の世話役の勘場役人である下士役人や、庄屋層であり、藩絵図方等は出迎えていない。

　以上のように、萩藩では佐賀藩・鳥取藩と同様に、藩の接待役人や庄屋等が伊能測量隊を出迎えているが、伊能忠敬測量日記によれば、地元の天文方・絵図方等の測量家・絵図巧者との出会いや同道の記述は全く見られない。これに対し、徳島藩・熊本藩・金沢藩では、伊能測量隊と地元の測量家・絵図巧者との出会いと、領国内での同道があり、伊能隊の測量術や先進の測量器具等に触れる機会があった。

　萩藩では前述のように、享保 12 年（1727）から宝暦 3 年（1753）に一村限明細絵図が作製されたが、伊能測量隊が最初に防長を測量したのは、この半世紀後の文化 4 年（1807）4 月であり、最後は文化 10 年（1813）11 月であった。萩藩では絵図方により享和期から文政期、天保期にかけて実測の開作図等が作製されており、伊能測量隊との出会いと接触の記録がないのは、藩が禁じたのかどうかは不明である。

第4節　熊毛郡樋口村絵図

　「上申絵図」作製の最大の目的は、藩政村の境を明確にするとであった[8]。このため、境目書は村（大部分は現在の大字）の境界で、隣村の庄屋・畔頭・給庄屋等の立合いのうえで順々に記してしる。次に、元文3年（1738）熊毛郡樋口村地下図（図9-1-1）[9]と清図（図9-1-2）[10]を見よう。両図ともに村域の南西部を示しており、凡例はない。清図では「熊毛郡宰判、高水之庄内樋口村」と白枠で記さ

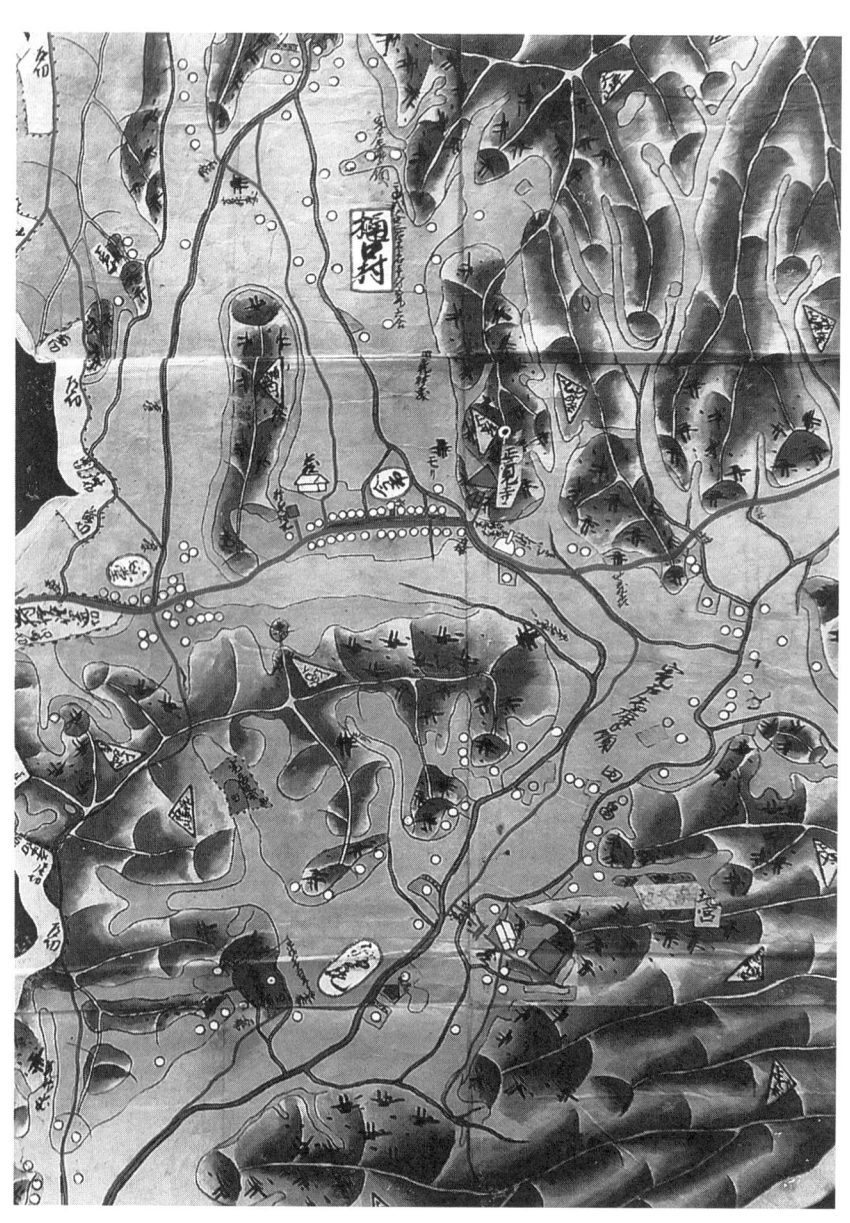

図 9-1-1　元文 3 年（1738）地下上申絵図・熊毛郡樋口村地下図
（部分、130 × 90cm、山口県文書館蔵）

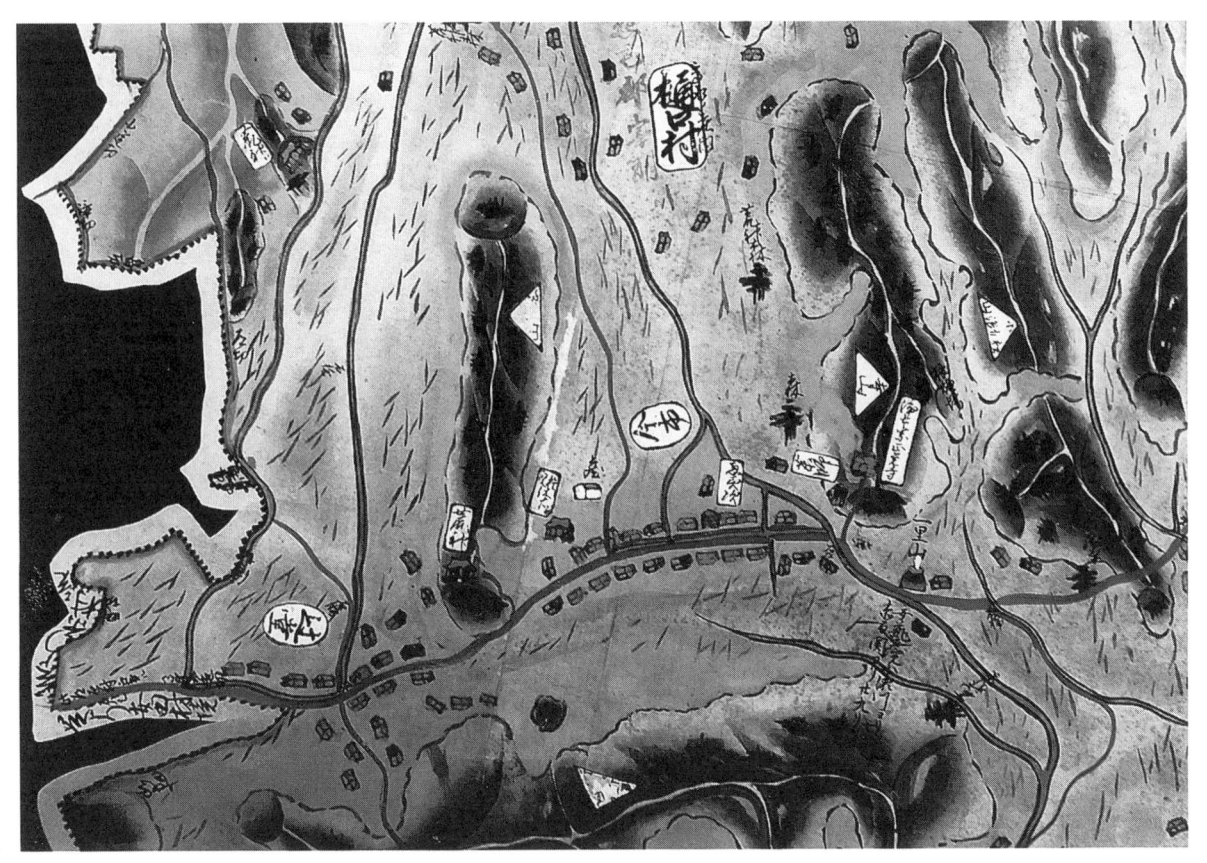

図 9-1-2　元文 3 年（1738）地下上申絵図・熊毛郡樋口村清図
（部分、130 × 90cm、山口県文書館蔵）

れ、平面的表現で山を描くが、山麓の山は丸い絵画的表現で、尾根筋は白線、山陽道は太朱線、里道
は細朱線、山は鼠、田畠は黄、川筋は鼠、集落部分と山麓は青（地下図では茶）、家屋は家型で示さ
れ、民家は総描ではなく、地下図では白丸で 1 棟ずつ描かれる。百姓の持山である「合壁山」（村内
30 町 9 反）と入会山である「山野」（30 ヶ所）は白三角形で示され、「寺山」「山浴」（「浴」は谷の意味）
が見える。山陽道に沿う「今市」の街村の東に一里山があり、絵図には「安芸境小瀬川ヨリ七里、赤
間関ヨリ廿九リ」と記され、浄土宗正覚寺と薬師、御蔵、恵比寿、荒神、地蔵森、荒神森等が描かれ
る。また、「今市」の家数は地下図で 31 棟、清図では 23 棟と異なり、『防長風土注進案』[11] によれば、
中心集落の今市は「今市駅」で、人足 40 人、馬 5 疋が配置され、家数 43 軒あり、九州諸大名の小休
憩・泊地でもあった。また、両図には樋口村を構成する 20 〜 30 戸の「小村」（Weiler）[12] として、「今
市」「清尾」「辻堂」が白丸で記され、今市にある「蔵」は「今市御蔵」で寛政年間には囲米籾 19 俵（5
斗入）が備蓄されていた [13]。

　『防長風土注進案』（1753）[14] によれば、樋口村高 2,177.317 石の 4.6％御蔵で、95.4％が毛利氏一
門の宍戸志摩の給領であり、両図には「宍戸志摩領」と記される。田畠面積は 57 町 3 反 8 畝 22 歩で、
内、田面積は 6.4％に過ぎず、畠作卓越の村であり、免率は「四ッ成」であった。

第5節　浜島宰判見島明細図

　現萩市に属する見島は南北約4.7km、東西約2.7kmで、萩川口より日本海の沖約44kmの孤島で、萩藩の浜崎宰判の管轄下に置かれた。『防長地下上申』[15]による島周回は約14.4kmである。見島は地方と浦方に2分され、惣高1,056.943石は全て御蔵で、92.4%が地方、7.6%が浦方である。地方の惣家数は255軒、人数は1,251人、牛数433疋で、見島牛の産地で牧牛が盛んであった。また、浦方

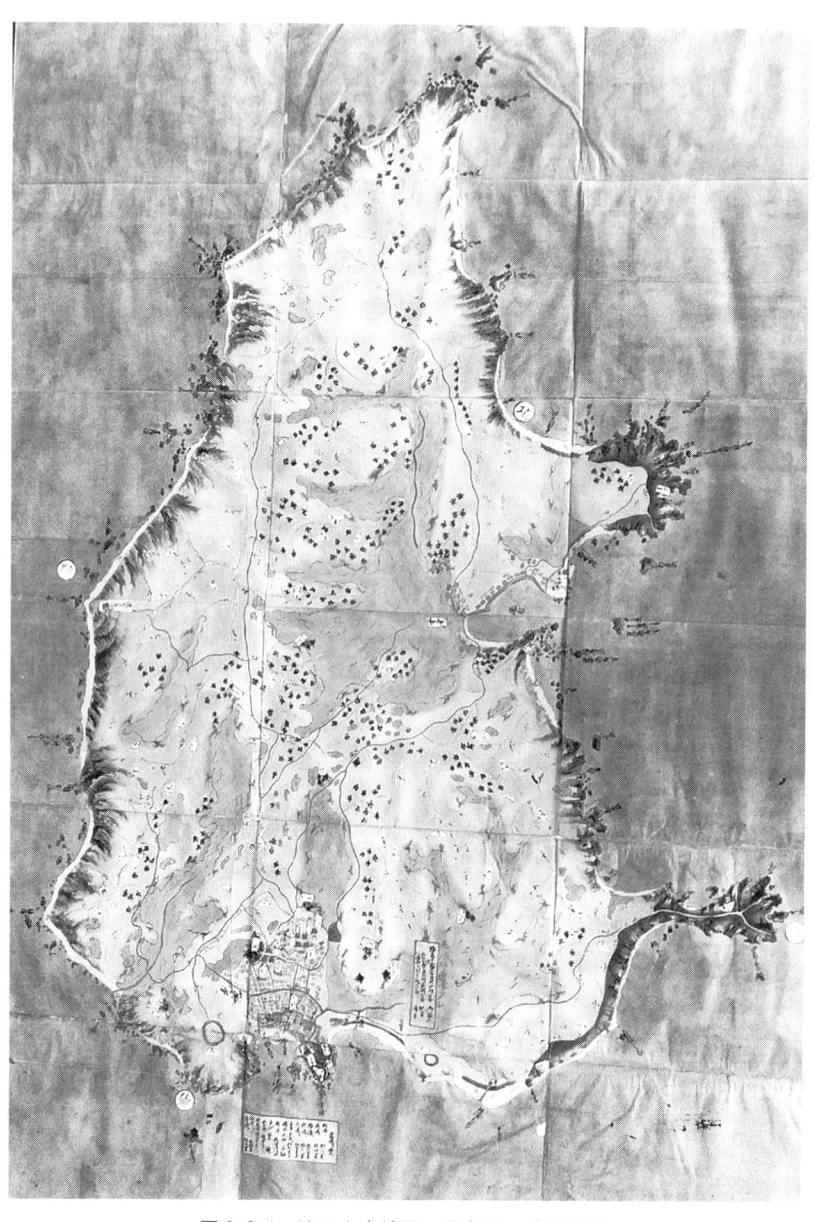

図 9-2-1　地下上申絵図・見島地・浦明細図
（91 × 132cm、山口県文書館蔵）

の惣高 80.316 石の 96.3% が海上石、3.7% が浦屋敷石で、家数 91 軒、人数 376 人である。浦方の船数は 31 隻で（内、15 ～ 50 石積 12 隻、猟船 19 隻）であった[16]。

　浜崎宰判見島地・浦地下図（図 9-2-1）をみよう。本図の縮尺は法量から計測すると約 4,000 ～ 4,200 分に 1 と推定できる。田畠は黄、山・草地は薄緑、岩礁は濃茶で示される。見島は標高 50 ～ 170m の玄武岩質の溶岩層からなる丘陵性の地形で、西から東へ低くなる。西岸は比高約 150m の断層海岸を形成する。東岸の海食洞のある観音崎から日崎にいたる比高約 60m の岩礁海岸の絵図表現は精密である。また、田は本村の西にあるラグーン（潟湖）が陸化して形成された八反八畝と称される沖積低地がある。

図 9-2-2　地下上申絵図・見島地・浦明細図
（前濱湊部分、91 × 132cm、山口県文書館蔵）

　地方の中心集落である本村（見島）は見島の南端に位置し、絵図に描かれる家数は 149 棟で、内湾の前浜湊内には瀬と岩礁があり、当浦より萩浜崎川口・相島・羽島等までの里程が記される（図 9-2-2）。本村には鎮守の八幡社の外、天神・大日・地蔵・毘沙門・薬師・勢至・観音・釈迦堂、若宮・住吉・恵比寿等が見える。また、本村の西には円形石積の見島郡城山趾が描かれる。また、島の北東部の観音崎の湾頭には浦方の中心集落である宇津がある。絵図には 52 棟の民家が見え、住吉大明神・弁才天・恵比寿・天神等が鎮座する。

　本図の地形表現は地形図に見られる地形の特徴を精密に描いている。しかし、南北距離の誤差は 1.15％と極めて小さいが、東西と対角線距離は 11.63％とかなり大きく、また、25,000 分の 1 地形図（図 9-2-3）と比較しても、方位は 24º〜 32º と誤差が大きい。特に、東海岸の日崎と南端の中心集落

図 9-2-3　2.5 万分の 1 地形図「見島」（2013 年発行）

である本村を結ぶ線、南西端の鯨浦と北東部の観音崎を結ぶ線、北端の長尾ノ鼻と本村を結ぶ線の方位誤差が大きい。特に、本村の位置が大きく東にずれており、また、日崎と本村の位置関係のずれが大きい。

第 6 節　三田尻惣絵図と三田尻宰判大浜御開作絵図

　萩藩領の内、支藩領を除いて地方支配区分として、慶安 3 年（1650）に代官支配地域として 18 の宰判が設置され、その役所を勘場とした。佐波郡三田尻宰判は佐波川河口左岸に位置し、その勘場を三田尻村に置いた。三田尻惣絵図（図 9-3）[17] はその管内図で、一村限明細絵図清図からの編集とされている。本図の法量から計測すると、縮尺は約 5,400 分の 1 程度と推定できる。本図の誤差は 3%〜 14.03％と比較的小さいが、東西方位の誤差は 4º 〜 11º に対して、大海湾の向島や地蔵鼻と北の萩往還を結ぶ南北方位の誤差が 17º 〜 20º と大きい。

　本絵図の区域内には、周防国府の政庁である「国衙」があり、牟礼村清図が山口県文書館に現存する。本宰判区域は古代の周防国府地であり、慶長 16 年（1611）に御船手組が下松より三田尻に移転し、藩水軍の根拠地として三田尻中関に御船倉を置き、三田尻港から江戸・大坂・長崎への米・塩・紙等を輸送して、瀬戸内水運の港町として大いに栄えた。安政 2 年（1855）の三田尻港を根拠地とする廻船数は 43 隻（『郡中大略』）であった。また、御船倉の西方に三田尻町が形成されて、御船方勘場・御米蔵や藩主の宿所である御茶屋（三田尻御殿）、川口番所、高札場が置かれた [18]。

　また、『地下上申』によれば、萩往還に沿った 5 町余の細長い町並（約 350 軒）が形成された。寛保 2 年（1742）に有馬喜惣太が 6 代藩主宗広の領内巡視に随行して景観を筆写した道中絵図 [19] によれば、三田尻村付近には警護町・中町・片河町・御茶屋小路・本丁の町並みと、寺院群（10 寺）が描かれる。

　本図には防府平野における近世中期以降の干拓地である塩田群が細かく描かれている。また、三田尻湾から三田尻中関にいたる海岸部と、大海湾岸の面積約 230 町歩の三田尻塩田の位置と区画区分がわかる。先ず、開発主体をみると、①横入川塩田は築立年元禄 12 年（1699）、面積 24 町 5 反（12 軒浜）、公儀開作、②古浜塩田は元禄 12 年、60 町（27 軒浜）、公儀、③中浜塩田は享保 2 年（1717）、20 町（13 軒浜）、厚狭毛利氏、④鶴浜塩田は宝暦 2 年（1752）、36 町（22 軒浜）、撫育方、⑤大浜塩田は明和 4 年（1767）、127 町 2 反（74 軒浜）、撫育方、⑥勝間開作は安永 5 年（1776）36 町 1 反、撫育方、⑦鋳物師開作は享保年間・以降、16 町 8 反、山内宏通、⑧三田尻大開作は元禄 12 年、270 町（古浜合わせ）、公儀、⑨三田尻自力開作は元禄元年（1688）、25 町 5 反、百姓開作、⑩中野村開作・古土地開作は享保 2 年（1717）、110 町、厚狭毛利氏、⑪江泊塩田は宝暦 6 年（1756）、28 町、右田毛利氏（撫育方）、⑫江泊開作は寛延元年（1748）、67 町 4 反、右田毛利氏である。また、古浜・中浜・鶴浜・大浜・江泊浜・西浦浜を三田尻六ヶ所浜と称している [20]。

　図 9-4 は享和元年(1801)の三田尻宰判大浜御開作絵図である [21]。縮尺は法量から計測すると約 1,600

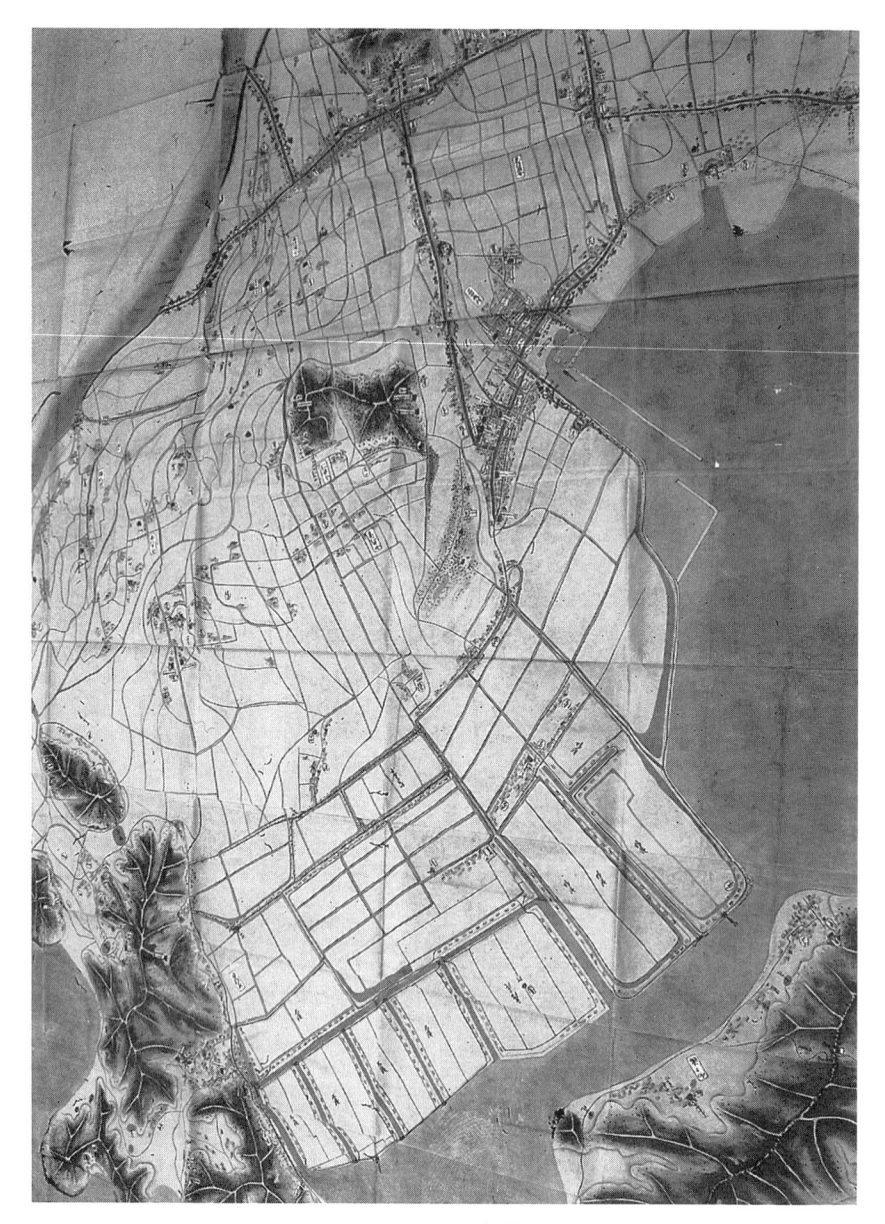

図 9-3　三田尻惣絵図
（部分　近世中期、193 × 219cm、山口県文書館蔵）

分の1と推定できる。面積127町余の大浜塩田の開作主体は、宝暦13年（1763）に宝暦検地で増収を得た4万石を基金に設置された撫育方によって開作された塩田で、それ以降の公儀開作を撫育開作と称している[22]。明和元年（1764）11月に塩田造成に着手し、同4年（1767）正月に築立を終了し、潮留した。大浜は絵図からも分かるように「枡築浜」で、東から西に一ノ枡、二ノ枡、三ノ枡、四ノ枡と北の北浜からなる。総面積は127町2反2畝（内、畑が8町7反4畝、絵図では赤色で示す）で、塩戸は一〜四ノ枡合わせて75軒、北浜28軒である。また、瀬戸内の諸浜においても1軒前（1浜作人）の経営規模はおおむね1町5反を基本としていた[23]。

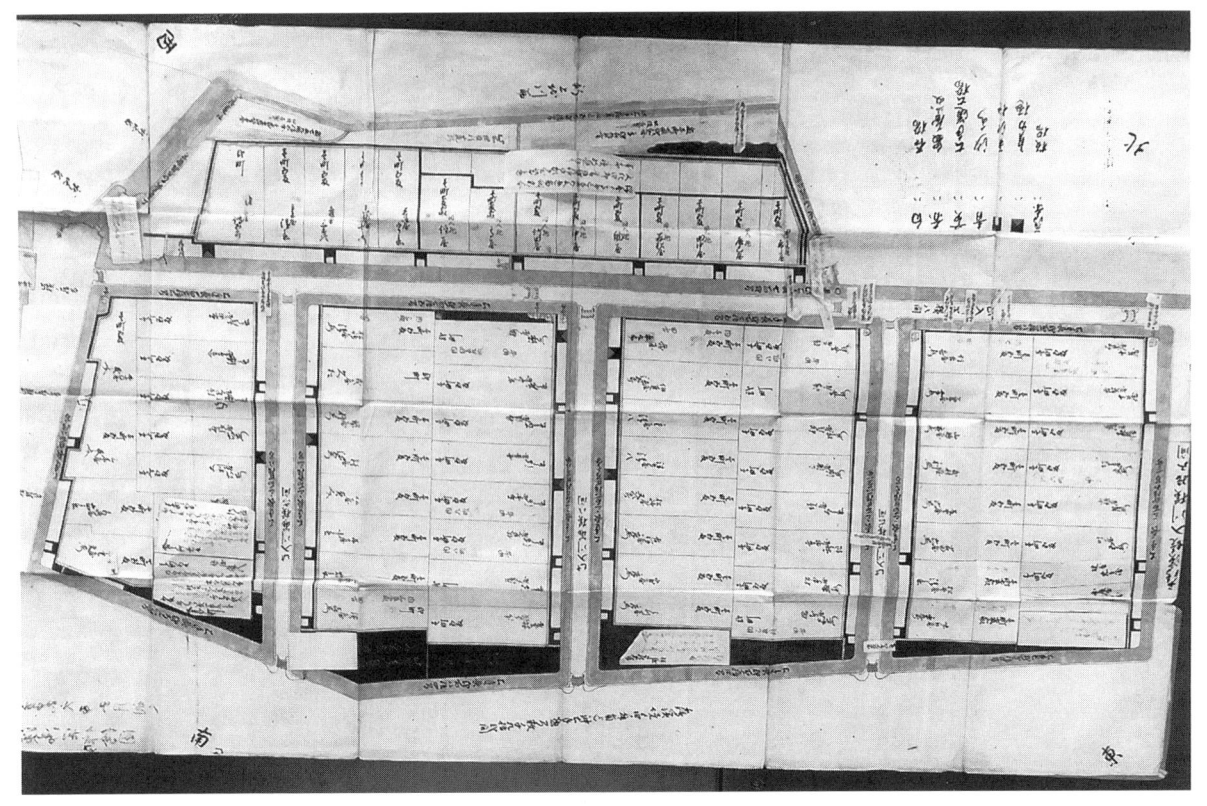

図 9-4　三田尻宰判大浜御開作図
（83 × 142cm、山口県文書館蔵）

　絵図凡例には、石橋・畠屋敷・土手道土橋・汐水・用水樋・自力樋・板橋が色分けで示される。絵図をみると、1 町 5 反に区画された枡築浜数は 64 枚、1 町 7 反 5 畝は 2 枚、2 町が 9 枚は、5 反は 1 枚で、絵図面積では 122 町 7 反 4 畝、塩戸は 72 軒である。また、西の「鶴境浜ヨリ四ノ枡角迄沖土手惣員数千九拾弐間（1,860m）」と記される。一ノ枡は縦の土手長 325 間 7 歩と 314 間、横土手長 268 間と 274 間に囲まれており、17 枚に地割され、1 町 5 反が 14 枚、1 町 7 反 5 畝が 2 枚で、4 用水樋門と 1 自力樋門が見える。

　絵図で一ノ枡に記載される浜作人には、岩見屋十兵衛・吉賀屋十蔵・長崎屋兼兵衛・竹重屋文右衛門・小槌屋茂右衛門・叶屋五左衛門・礒屋忠兵衛・国広屋伊兵衛・住吉屋兵左衛門・菊屋幸左衛門・山方屋一郎右衛門・武村屋利右衛門・藤野屋六右衛門・岩田屋六右衛門・松野屋清兵衛・味取屋平九郎の 16 名が見える。

　続いて二ノ枡は縦土手長 346 間 6 歩・364 間 1 歩、横土手長 294 間・275 間で、勝屋平九郎以下 17 名が記され、6 用水樋門・3 自力樋門が描かれる。また、三ノ枡は 353 間・364 間 8 歩、横土長 284 間・275 間、礒ノ屋源右衛門以下 16 名で、6 用水樋門・2 自力樋門が見える。また、南側で四ノ枡から鶴浜境迄の沖土手惣員数は 1,092 間（1,985m）とある。また、四ノ枡は縦土手長 348 間・280 間で、横土手長 260 間・176 間で、原田屋彦兵衛以下 9 名で、6 用水樋門が見える。さらに、北浜は土手縦長 152 間・□□ 18 間、横土手斜長 280 間、北側の土手横長 520 間で、□□同人抱辰巳屋以下 9 名、
（付箋で隠れる）　　　　　　　　　　　　　　　　　　　　　　　　　（付箋で隠れる）

亀屋清兵衛以下 5 名が記され、6 用水樋門と 1 自力樋門が見える。四ノ浜の西端は 28 〜 30 間の新地畠で中関町筋と接し、浜鎮守である明神社が描かれ、北浜の北は新上地川筋とある。

第 7 節　吉敷郡小郡新御開作絵図（名田島新開作絵図）

　吉敷郡の山口湾（旧小郡湾）に流入する甚野川左岸に位置する名田島地区は、古代の八千代郷で鋳銭司・陶・名田島が所在したが、正徳年間（1711 〜 1715）に陶村の一部であった名田島地区は陶村から分かれ、名田島村となり、小郡宰判に属するようになった。名田島村は西を甚野川、東を南若川に挟まれ、面積は約 715 町歩に及び、近世前期〜昭和初拝領開作である長妻開作、さらに、その南沖には、慶安 3 年（1650）に萩藩による公儀開作である慶三開作が、元禄 3 年（1690）には慶三開作の沖に公儀開作である元禄開作が築造された。また、安永 3 年（1774）に田畠面積 95 町 7 反余の安永開作が、昭和 5 年（1930）に面積 136 町歩の昭和開作が造築され [24]、北の山麓部から山口湾まで南北約 5,500m、東西約 1,200 〜 2,500m の穀倉地帯となった。

　名田島新開作絵図（勘場絵図、図 9-5-1）[25] は安永開作を一筆ごとに田畠の区画・面積、石高、名請（耕作農民）、民家、道、潮留口、用汐樋と、史跡周防灘干拓遺跡である名田島新開作南蛮樋および鎮守三神社等を詳細に描いており、近世の地籍図（Cadastral Map）[26] というべき絵図で、近世中期の開作地景観を詳細に復原することができる貴重な史料である。さらに、本図は安永 3 年（1774）毛利藩の撫育開作として築堤開作された後に、1 筆ごとに地目・面積・石盛・名請を決めた際に作製され、小郡宰判において行政資料として使われた検地絵図である。また、本図は小郡宰判の大庄屋秋本七右衛門が作製したされる [27]。

　本図の縮尺は法量の計測から約 1,200 分の 1 と推定でき、本開作は縦西側 389 間（709m）〜東側 441 間（802m）、横北側 700 間（1,274m）〜南側 662 間（1,203m）の台形である。また、開作は幅 10 間（19m）〜 13 間（24m）の堤で囲まれており、東側は幅約 19 間（34m）の南若川筋、西側は小郡川筋で区切られる [28]。本図の精度を見ると、距離の誤差は 3.23 〜 8.17%、方位は 1° 〜 2° と、精度が極めて高い。

　絵図では中央部には南北 396 間（720m）、幅 10.4 間（19m、『注進案』では 4 間）の中川が流れ、3 つ石橋が見える。また、中川は南端には 1996 年に国指定史跡に指定された「名田島新開南蛮樋」（図 9-5-2）がある。「南蛮樋」は正三角形の形をして（底辺 165 間（300m）、高 62 間（113m）、面積 2 町 2 反 4 畝 9 歩）、南に接する昭和開作との境水路に、花崗岩造の幅 16 間（29m）の四挺樋と、幅 10 間（19m）の三挺樋が築造されている。また、南蛮樋の上流には水田への悪水流入を防ぐ小規模の内水樋門（唐樋）が南蛮樋の左手に 3 ヶ所、右手に 2 ヶ所築造されている。この唐樋は潮位が高い時には水圧により樋門が自動的に閉じ、海水の進入を防ぎ、潮位が低い時には自動的に開く悪水樋である [29]。さらに、その東に半円形の用汐樋があり、樋守小屋が描かれている。さらに、絵図には南蛮樋の西に石唐樋（悪水樋、面積 1 反 7 畝 18 歩）が、小郡川筋には面積 4 反 3 畝 22 歩の遊水池である汐留口が描かれる。

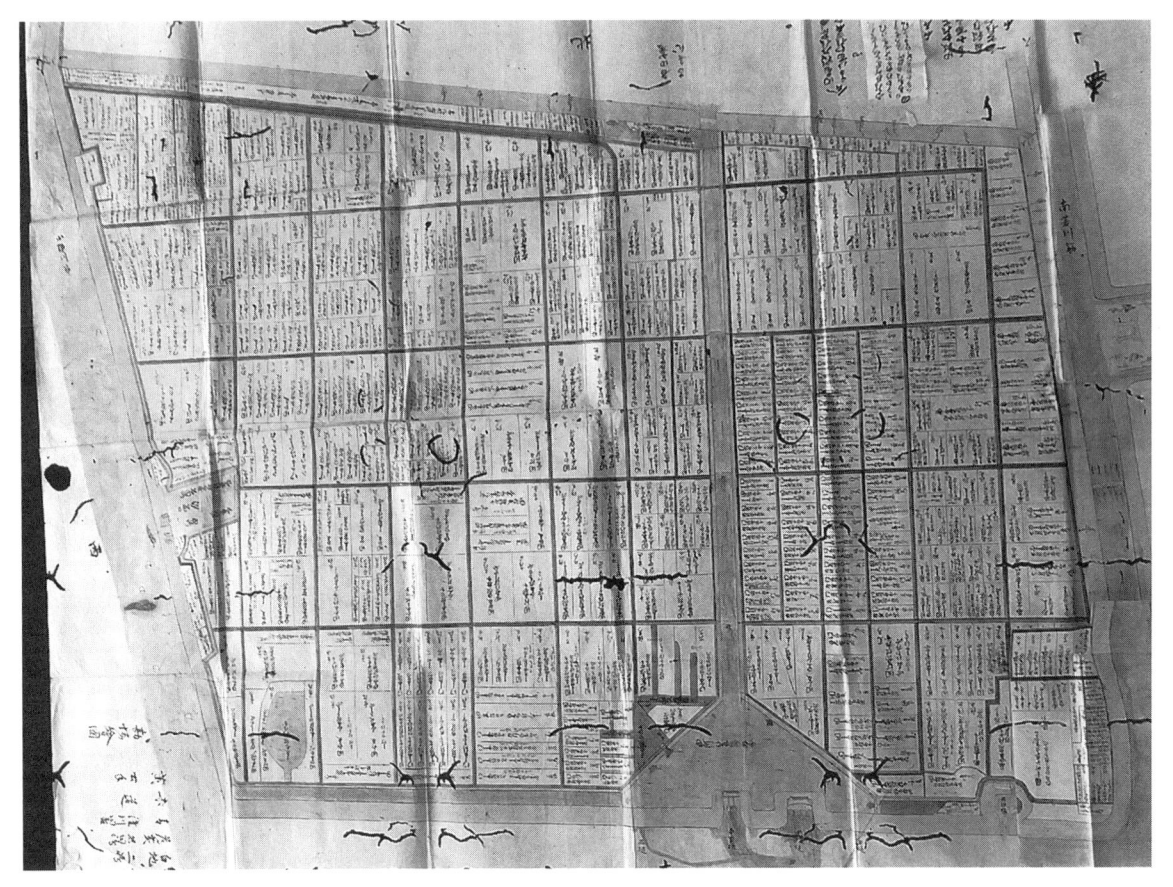

図 9-5-1 吉敷郡小郡新御開作絵図
(103 × 130cm、山口県文書館蔵)

また、本図では中央の中川から東西に6溝、南北に15溝の用排水路（田吞）[30]が碁盤目状に掘られている。

本図の凡例には、弐島（白地）、名田島（薄黄）、溝・川・田吞（青）、道（赤）、土手（黄）とあり、薄黄で示された西北部の二島と、大部分を占め白地で示しされる名田島に2分される。この二島は安永開作後に名田島庄屋が管轄した西村分で、名田島は秋穂二島庄屋が管轄する東村・沖島分を示しており、明治6年（1873）に山口県内行政区域改正により西村分は名田島、東村・沖島分は二島として色分けしたものである[31]。

添書によれば、田畠数95町7反6畝10歩、高856石5斗9合、その内、名田島分として、田数25町2反2畝3歩、高245石8斗9升3合、畠数1町4反7畝24歩、高10石8斗6升9合である。しかし、絵図で集計すると、670筆、92町0反2畝12歩、795石4斗8升2合となる。また、二島分として、田数57町8反4畝24歩、高730石2斗3升8合、畠数11町2反1畝19歩、高65石2斗4升4合である。すなわち、面積では名田島分が約28%、二島分が72%、石高では、名田島分が約30%、二島分が約70%であり、田面積は約87%、畠面積は約13%で、田方が卓越する開作地である。

本図の東南端の南若川筋に貼り紙の新図がある。南若川の流路は東側に張り出して川幅が狭められ水害が発生していたので、これを直線状に変更したことがわかる。貼り紙部分は旧図では17筆全て

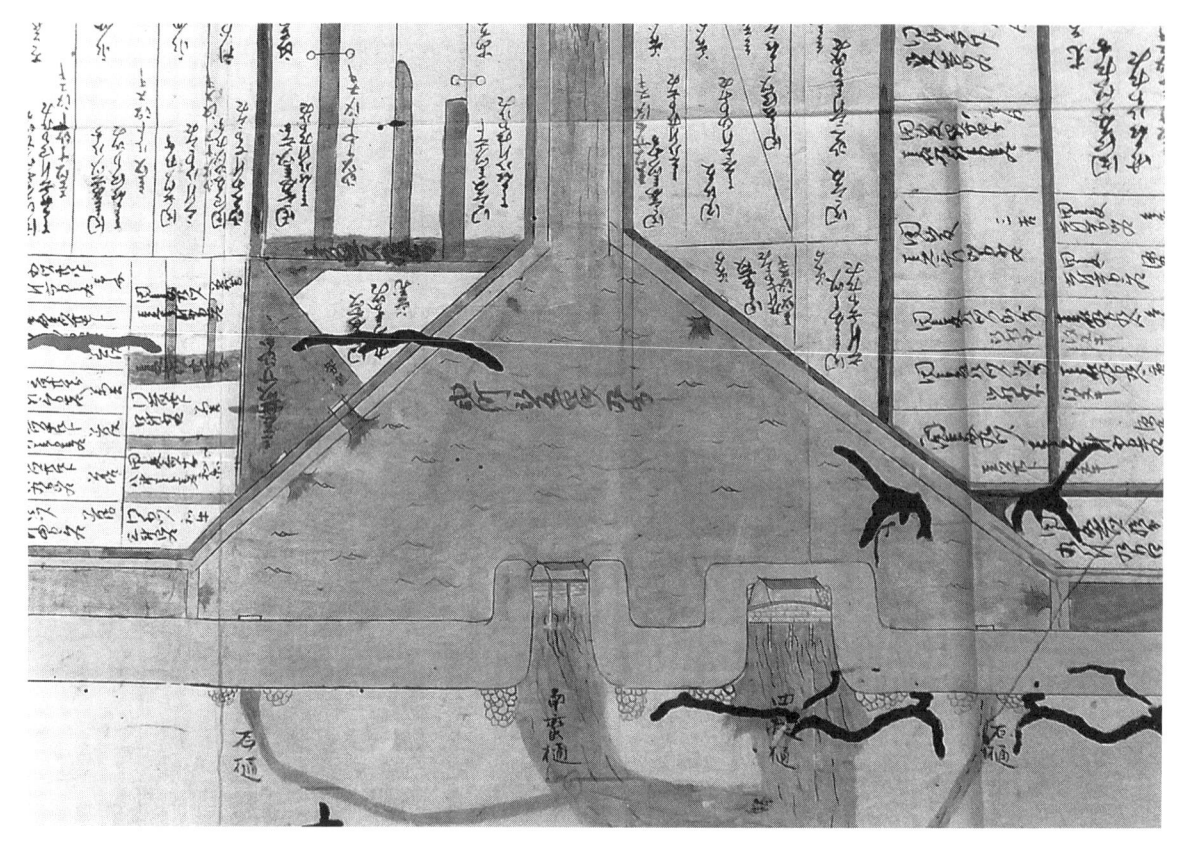

図 9-5-2　吉敷郡小郡新御開作絵図と石樋
（南蛮樋（三挺樋・四挺樋）と石樋（悪水樋）部分）

畠であったが、新図では 17 筆、1 町 7 畝 20 歩、高 9 石 4 斗 6 升の浜（塩田）に変わり、全てが 1 筆 6 畝 10 歩、高 4 斗〜6 斗 3 升である。絵図では 1 筆ごとに、地目・面積・高・名請（耕作農民）が記されている。1 筆の平均面積は約 1 反 3 畝で、最少は 16 歩、最大は 5 反 9 畝 18 歩と開きが大きい。また、田 1 反あたりの斗代（石盛）をみると、田は 6 斗 1 升〜1 石 1 斗で、天保〜弘化期の三田尻宰判の撫育方開作である西浦新開作（面積 150 町 2 反、現防府市内）の 4 斗 8 升よりかなり高い。畠は 5 斗 8 升〜6 斗 9 升で、西浦新開作の 1 斗 5 升の 3 〜 5 倍である。また、名田島の浜（塩田）のそれは 4 斗 2 升〜1 石 3 合である。

　また、名請 1 人あたりの面積は約 5 反 3 畝である。これを文政 9 年（1826）作製の佐波郡富海浦八ッ崎開作絵図 [32] で見ると、田 1 筆の開作面積は 4 畝〜1 反 9 畝で、耕作農民 1 人あたりの田面積は 2 反 9 畝〜3 反 3 畝と開きが小さい。

　天保期から幕末期における新開作は約 60 〜 70 軒程度とされている [33]。また、昭和 33 年（1958）作製の「名田島基板整備前耕地平面図」[34] に描かれる民家数は約 100 軒である。これに対し絵図に記載される名請で判読可能な人数は 183 人である。この 183 人別の面積と石高の階層をみよう（表 9-2）。面積では約 11 町（1 人）が最大で、5 〜 10 町 1 人、1 〜 5 町 13 人が本軒にあたり、5 反〜1 町 28 人が半軒で、門男にあたる 1 〜 5 反が 97 人（52.3%）で最大部分を占め、無縁にあたる 1 反未満が 43 人（23.9%）である。すなわち、5 反未満の門男と無縁が約 76% を占める。これに対し、石

高では約 54 〜 75 石 2 人、10 〜 50 石 10 人が本軒、5 〜 10 石 25 人が半軒、門男にあたる 1 〜 5 石 91 人（49.7％）で最大で、無縁にあたる 1 石未満は 55 人（30.0％）である。このように、下層にあたる門男と無縁が全体の約 4 分の 3 を占める。

また、名請の内、面積 1 町以上の 15 人（a）と石高 10 石以上の 12 人（b）を表 9-3 に示した。名田島全体に占める比率は a が 53.9％、b が 51.6％で、5 割強を上層が所有する集中ぶりを見せる。個

表 9-2 吉敷郡小郡新御開作絵図（名田島）にみる名請の階層

面積	人数	％	石高	人数	％
10 〜 11 町	1		50 〜 80 石	2	
5 〜 10 町	1		40 〜 50 石	-	
4 〜 5 町	-		30 〜 40 石	3	6.6
3 〜 4 町	3	8.2	20 〜 30 石	3	
2 〜 3 町	3		10 〜 20 石	4	
1 〜 2 町	7		5 〜 10 石	25	
5 反〜 1 町	28	15.3	4 〜 5 石	7	28.4
4 〜 5 反	12		3 〜 4 石	20	
3 〜 4 反	16	38.8	2 〜 3 石	22	
2 〜 3 反	26		1 〜 2 石	42	47.5
1 〜 2 反	43		5 斗〜 1 石	23	
5 畝〜 1 反	31	47.0	3 〜 5 斗	20	17.5
5 畝未満	12		3 斗未満	12	
計	183 人	100.0	計	183 人	100.0

表 9-3 吉敷郡小郡新御開作絵図（名田島）にみる面積 1 町・石高 10 石以上の名請

番号	名請	筆数	面積	石高
1	善次	51	10 町 9 反 7 畝 22 歩	75 石 4 斗 3 升 1 合
2	二郎右衛門	34	5 町 0 反 5 畝 07 歩	54 石 7 斗 4 升 2 合
3	伊助	13	2 町 6 反 4 畝 02 歩	32 石 1 斗 0 升 5 合
4	助右衛門	40	3 町 9 反 8 畝 00 歩	30 石 1 斗 0 升 5 合
5	彦右衛門	18	3 町 2 反 4 畝 19 歩	30 石 7 斗 0 升 2 合
6	伊三郎	19	2 町 5 反 5 畝 06 歩	24 石 8 斗 6 升 6 合
7	文右衛門	22	2 町 5 反 4 畝 20 歩	24 石 1 斗 1 升 7 合
8	善右衛門	10	3 町 8 反 6 畝 09 歩	21 石 1 斗 1 升 9 合
9	文蔵	11	1 町 8 反 9 畝 02 歩	16 石 1 斗 2 升 3 合
10	利右衛門	12	1 町 7 反 6 畝 02 歩	15 石 2 斗 7 升 8 合
11	忠兵衛	15	1 町 3 反 1 畝 08 歩	14 石 1 斗 3 升 1 合
12	庄助	3	1 町 2 反 8 畝 29 歩	12 石 5 斗 0 升 3 合
13	源三郎	10	1 町 2 畝 4 畝 11 歩	12 石 1 斗 7 升 6 合
14	勇吉	8	1 町 0 反 6 畝 02 歩	11 石 1 斗 0 升 2 合
15	善蔵	10	9 反 0 畝 04 歩	10 石 8 斗 9 升 5 合
16	清右衛門	9	8 反 6 畝 24 歩	10 石 0 斗 1 升 8 合
17	藤右衛門	5	1 町 9 反 7 畝 03 歩	8 石 1 斗 6 升 1 合
18	彦九郎	4	1 町 2 反 4 畝 23 歩	8 石 7 斗 9 升 0 合
19	藤太郎	2	1 町 5 反 0 畝 11 歩	6 石 3 斗 5 升 0 合
計	計	296	49 町 6 反 4 畝 27 歩	410 石 1 斗 9 升 1 合
	（対全体比）	（46.1％）	（53.9％）	（51.6％）

別にみると、最上位の善次は 51 筆 / 10 町 9 反 7 畝 22 歩（全体の 11.9%）/ 75 石 4 斗 3 升 1 合（同 9.5%）、第 2 位の二郎右衛門は 34 筆 / 5 町 5 畝 7 歩 / 54 石 7 斗 4 升 2 合と続き、8 位の善右衛門までが 3 町以上、20 石以上を所有する。萩藩の開作地へ入植する農民の本軒・半軒・門男・無縁等の階層構成について著者は不知であるので、名田島の階層構成が一般的な事例かどうかは分からない。

第 8 節　文政 8 年（1825）頃富海浦八ッ崎開作図

　文政 9 年（1826）9 月に徳山藩は佐波郡富海浦（現防府市）の地先を潮留して造成した「八ッ崎開作」しており、同 11 年（1828）に畝石究をした。全体面積は 13 町 1 畝余で、当初は塩浜として開作されていたが、その後に田 5 町 6 反 1 畝 5 歩、畠 1 町 4 反 4 畝 15 歩、塩浜 3 町 3 反 7 畝 1 歩、釜屋地 2 反 27 歩、潮入り 1 町 8 反 1 畝余、荒地 5 反 6 畝余と地割りされた[35]。本図は『防長の古地図』[36] と、川村博忠著『近世絵図と測量術』[37] で概説されている。

　本図（図 9-6-1）には「富海浦八ッ崎□□町反御窺　御絵図方　松村文右衛門」と記される。八ッ

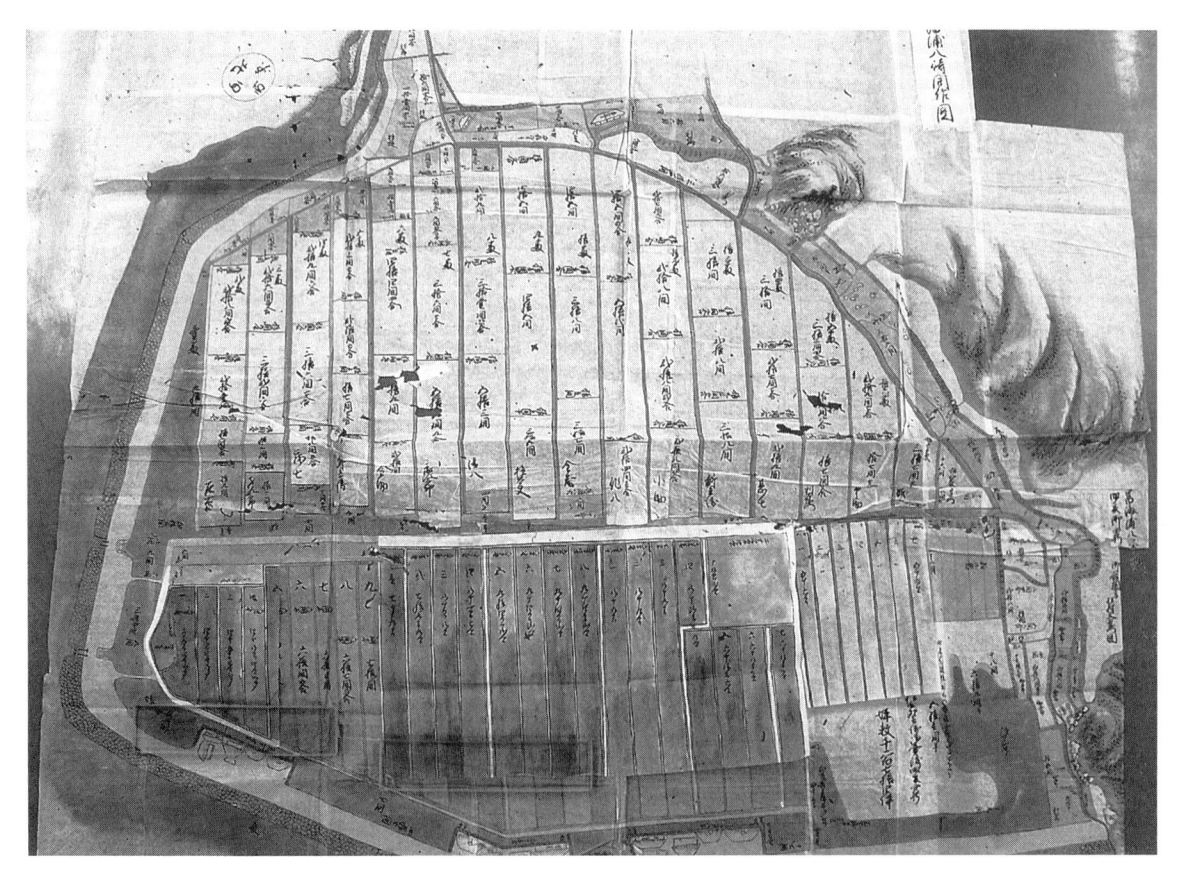

図 9-6-1　文政 8 年（1825）頃富海浦八ッ崎開作図（89 × 93cm、山口県文書館蔵）

崎開作図では、西と南の川沿いは石垣護岸と内側に土手（黄色）に囲まれ、西には2ヶ所の排水樋門が見え、北と東は細長い畠と古田（薄茶色）で区切られる。開作地の北半は田（薄鼠）、南半が浜（塩田、灰色）、その東に畠があり、田・畠・塩田は全て短冊状に地割りされ、1枚ごとに縦・横の間数が記される。

　先ず、田は17枚の縦長短冊状に地割りされ、14人の名請けに分割されており、田地割の中に方形の畠が分布する。東から西に礒一（1反3畝）・卯之助（1反7畝27歩）・利右衛門（1反3畝4歩）・甚七（3反3畝24歩）・新兵衛（3反4畝6歩）・小助（3反1畝28歩）・作八（3反5畝25歩）・金蔵（4反5畝）・権太夫（3反9畝14歩）・清八（畠1畝1歩・田2反3畝14歩）・亀次郎（畠1畝3歩・田4反2畝9歩）・金助（畠2畝20歩・田2反6畝）・卯兵衛（畠5畝16歩・田2反9畝23歩）・茂七（5畝19歩・田3反2畝19歩）・才次郎（畠3畝2歩・田3反3畝14歩）・庄太（畠2畝15歩・2反9畝10歩）の名請田が縦長短冊状に地割りされている。また、各名請に与えられた面積には名田島新開作に見られるような大きな格差は存在しない。

　さらに、北東の道の外側には（図9-6-2）、藤蔵（7畝23歩）・市之助（8畝29歩）・助五郎（5畝9歩）・八郎右衛門（16.2間×34間の変形畠）・利右衛門（変形畠）・弥七郎の名請畠が分布し、南端の助五郎畠に隣接して「浜持人江被下候、三間、井戸」と記され、井戸が見える。また、北半の田部分と南半の主として塩田部分の間には、幅3〜5間の排水路が設けられている。さらに、南東には長38間×幅4間、5畝歩の短冊状の畠地5枚、合わせて2反5畝10歩の畠地（拾九番と記される）と、長56間×幅8間、1反4畝28歩の短冊状の7枚の畠（一〜七と記される）1町4畝16歩がある。さらに、その西に長15.2間×幅24.5間、1反2畝12歩の畠が見えるが、これらの畠には名請は付されていない。

　また、南半には一〜七（九）の地番を付して、7〜9枚を1単位とした短冊状の25枚の塩田があるが、名請は付されてない。1枚は長38.45間〜94.2間、幅4.8間〜6.8間で、1枚面積は5畝25歩〜2反1畝16歩で、東・中・西浜の単位で構成される。東浜（8枚、約1町2反5畝）、中浜（8枚、約1町6反7畝）西浜（9枚、約1町3反5畝）である。また、東浜・中浜・西浜の3ヶ所にはそれぞれ煎熬小屋等4〜5棟が描かれている[38]。

　また、絵図の塩田の大部分には貼紙が付されており、浜を地割りする際に縦・横の間数を調整したようである。まず、東浜では浜の中に縦19.2間×24.4間、1反5畝18歩の畠地を造成するために、1枚の幅を7間から6.3間に、縦を約83間から56間に短くしている。中浜では幅は6.3〜6.8間で同じであるが、縦を72・87間から79・94間に長くしている。さらに、西浜では幅は6.8間と変わらないが、縦を4・5間程短くしている。

　さらに、絵図南東部には、18間×69.5間、約4反1畝の「汐舞」と記された干潟があり（図9-6-1）、「此朱引迪境開作御勢立世話人中江被下候分、五拾壱間半」と記される。さらに、「此所未（文政6年ヵ）四月廿三日若松屋卯兵衛御賣渡畝反窺、坪数千六百七拾四坪（約5反5畝24坪）」と記される。『防府市史　通史　Ⅱ　近世』[39]によれば、「富海八崎御開作之内、塩浜三枚、富田新町若松屋卯兵衛得ヘ此内開立御免被仰付候」とあり、若松屋卯兵衛が塩浜を仕立てたとされる。また、塩浜の鍬下年季は10年とされ、塩浜の年貢は塩浜と釜屋地1反に付1石5斗で、塩浜の1反の斗代に対して高率であったようだ。

図 9-6-2　文政 8 年（1825）頃富海浦八ッ崎開作図
（西浜・中浜部分）

第 9 節　山代宰判中山村岩国領釜ヶ原浮草境絵図

　文化 9 年（1812）作製の「山代宰判中山村岩国領釜ヶ原村浮草境絵図」（図 9-7-1）は、周防・安芸国境にある小瀬川と生見川の間に位置し、二代木山（標高 686 メートル）の南斜面一帯の中山村（西）と、釜ヶ原村（東）との境の尾根筋に広がる浮草刈場（現玖珂郡美和町）を巡る争いがあり、その境を決めた矩定書に基づいて作製された論所絵図である。本図の縮尺は法量から計測すると 2,600 分の 1 程度と推定される。絵図には南の風呂の野を磁石座一番から北上し、七・八・十番で囲まれた三角形の区域を両村の入相刈場とし、27 の大カタキノ首峠まで詳細に明示された論地細見絵図である。

　まず、中山・釜ヶ原両村による境界争いは文明年間（1469 ～ 86）に起きるが、大内氏の調停により決着したが、慶長 12 年（1607）検地時と元和 5・6 年（1619・20）、万治元年（1658）にも争いが惹起した。さらに、寛文年間（1661 ～ 72）に釜ヶ原村人が、薪炭材を求めて中山村内へ入り込む様になり、安永 2 年（1773）にも境界争いが起きた。さらに、文化 9 年（1812）2 月 20 日には中山村人が草刈場に火を付けたことに対し、釜ヶ原村が岩国藩府に出訴した。また、中山村の大峠・二ッ野

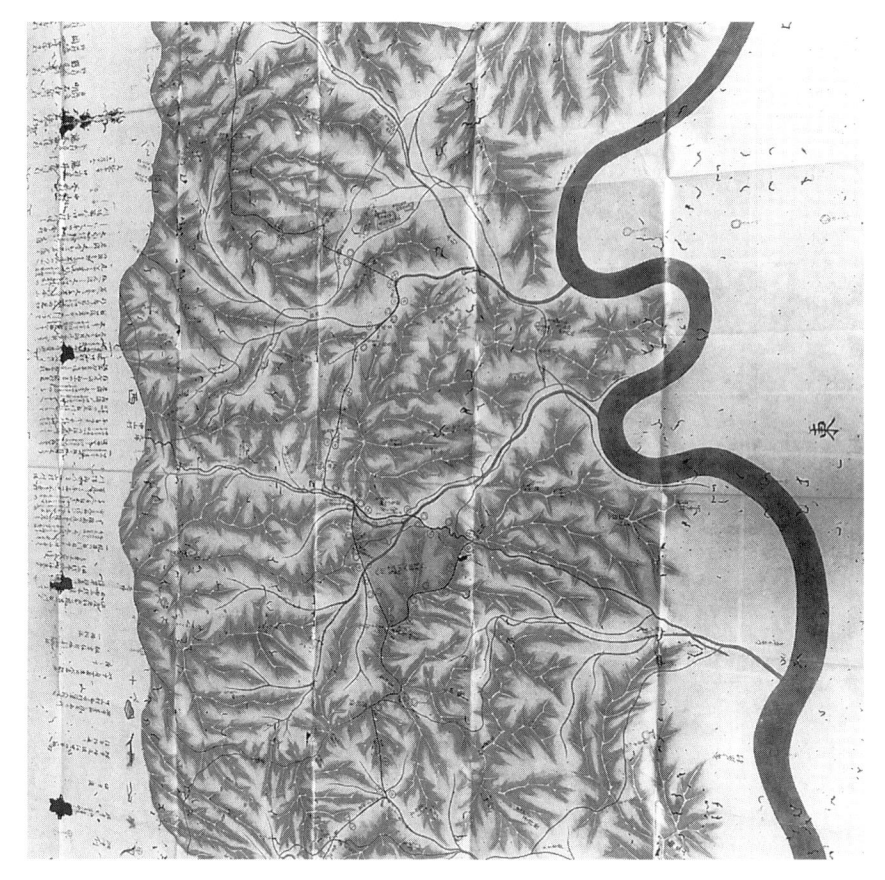

図 9-7-1　文化 9 年（1812）山代宰判中山村岩国領釜ヶ原村浮草境絵図
（155 × 200cm、山口県文書館蔵）

　両組が山代勘場に愁訴し、両村に緊張が高まった。これまで決めていた境目はおおざっぱであり、多少の出入りはどちらでも取れるような内容であった[40]。

　以後に境目紛争が起きないように、文化 9 年 11 月 15 日作製の絵図添書の「目録」には、山代代官から次のような指示が記されている。すなわち、浮草境入相の地境は双方が申談して、立ち合った庄屋全員の印鑑を地境と絵図紙の継目にも押し、さらに、庄屋の署名の上に「おもん」（家紋）を押すことを命ぜられている（図 9-7-2 参照）。連署奥印しているのは、中山村側は中山村庄屋藤井平左衛門・広瀬村庄屋大林右源太・市郷村庄屋明石猪左衛門・野谷村庄屋鶴岡七郎右衛門、釜ヶ原村側は釜ヶ原村庄屋藤本市兵衛・野口村庄屋岡宇兵衛・川上村庄屋田中庄兵衛・新庄村庄屋岩政伊三郎の 8 名であり、山代代官役人等の奥印は見られない。

　本図の凡例を見ると、川（青）、尾根筋（白）、浮草場境（墨筋）、墨筋内の黄色（中山・釜県ヶ原村入相場所）、＋印（1 番から 27 番までの磁石座）とある（図 9-7-2 参照）。先ず、凡例に記される境場を次に示す。

　　　此度見切相成候風呂の谷川ヨリ土打二代木境 [欠損] 尾まて浮草場通リ [欠損] 通

　　　　但二代木之儀ハ勿論先年ヨリ之廻不相替入相之事

　一風呂の谷川目印より中山方まてマテ馬のセたるミ釜ヶ原方まて廻り尾の首峠へ、上リ夫ヨリ中山方登浴すし

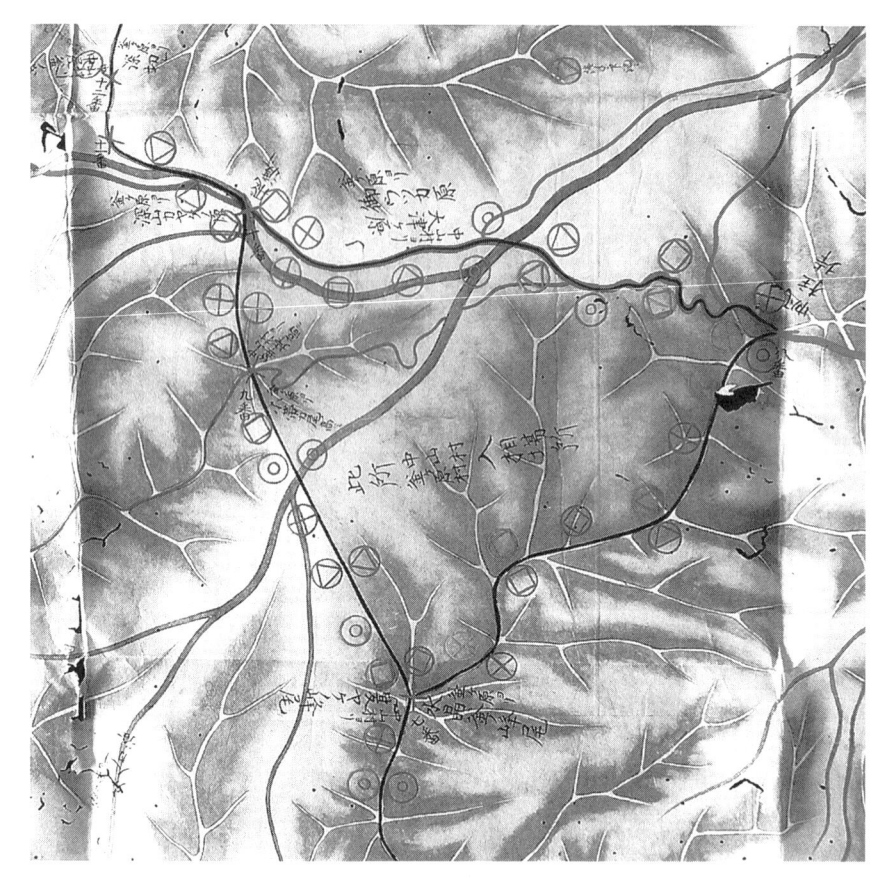

図 9-7-2　文化 9 年山代宰判中山村岩国領釜ヶ原村浮草境絵図
（中山村釜ヶ原村入相場所付近）

　エ下リ、猿飛の尾を登り猿飛の尾より少し尾筋へ伝ひ、中山方にて岩石釜ヶ原にてカガラ尾の高ミへ取付、夫より中山方にて夏やけ釜ヶ原方にて水晶の峯尾廻リ迄、東南の方ハ釜ヶ原村刈場西北の方ハ中山村刈場

一中山方にて夏焼釜ヶ原方にて水晶釜の頭ヨリ帆柱峠夫より道筋を下リ、中山方にて大津ヶ原釜ヶ原方にて御ウツカ原道を登りまて、東南の方ハ釜ヶ原村刈場中山方にて釜ヶ原にて中屋釜深切の浴尻谷川伝ひ少し下リ、飛渡リヨリ中山方にて笹ヶ峠釜ヶ原方にて小帯の尾の高ミへ見渡し、夫より中山方にて夏焼釜ヶ原にて水晶釜の高精を見渡し、西北の方ハ中山村草取場、右双方草取場之真凡三角形の所中山村釜ヶ原村入相にして、中山方にて刈取及釜ヶ原方にて源切の浴□□廻り、見付瀧へ見当て見付瀧尾筋打越へ登り、夫より中山方にて深浴釜ヶ原方にて臼の固屋谷筋を下リ、谷口流廻岩ヨリ少し谷川を下り打廻りの取ヨリ中山方にて横山釜ヶ原方にて横尾の見切岩へ凡登り、夫ヨリ平岩廻り修合山精へ見渡し、夫ヨリ中山方にて尻なし釜ヶ原方にてぬめりの尾の頭よりのそき岩尾尻のつぶへ見渡し、夫より出口いしい岩へ見渡し、夫より中山方にて熊穴の大たるミへ釜ヶ原方にて□谷大熊の首峠迄見渡しにして、東の方ハ釜ヶ原村刈場西の方中山村刈場とし候事

　　　　　　　已上

　　　　文化九年壬申

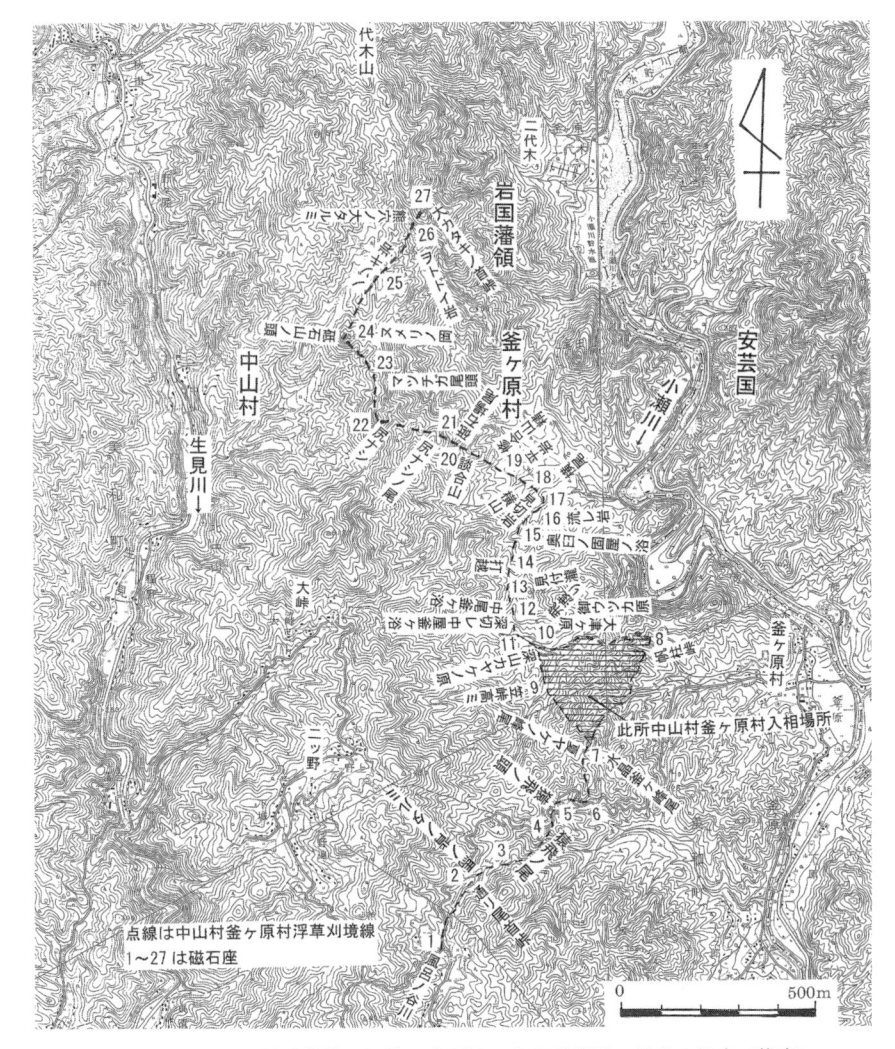

図 9-7-3　釜ヶ原村浮草絵図記載の草刈境・入相刈場所・地名の比定（推定）

　　　　　十一月十五日
　上文に記された刈場境地点の地名については、地形図（9-7-3）に明示したが、各尾根や谷筋（浴）
の地点は 1 〜 27 の磁石座に基づいた推測である。1 の風呂の谷川から北上し、7 から 8、10 を頂点と
する三角形が見られるが、ここが中山村釜ヶ原村両村の入相刈場を形成していたことが絵図に明示さ
れている。

小　括

　萩藩では享保 11 年（1726）〜宝暦 4 年（1754）に、藩絵図方頭井上武兵衛と有馬喜惣太により、

縮尺 3,600 分の 1 の「一村限明細絵図（地下上申絵図）」が作製され、本図から郡図と宰判図が編集された。さらに、一郡仕立ての「防長郡別図」「防長両国郡別絵図」と、三郡仕立ての「防長両国明細地図」「周防長門十二郡絵図」が作製された。三郡仕立ての「周防長門十二郡絵図、豊浦郡厚狭郡美祢郡絵図」（縮尺 51,840 分の 1 程度）では三郡の村方を色分けて、藩政村内の小村名、三郡内における宰判別区分、赤間関からの海上里程を記している。また、萩本藩領では行政上の 18 区の宰判を編成しており、「吉敷郡山口宰判図」では御立山（藩有林）・会壁山（百姓山）・山野（入会山）や給人名と、端書に主要地点間の詳細な里程、山口付近では屋形・茶屋・兵学講・明倫館・寺社等を詳細に描いている。萩藩の郡図・宰判図の精度はやや粗いが、行政上の基本図しての機能を重視して作製されている。

　さらに、伊能忠敬の文化 5・8・9・10 年の瀬戸内海の諸島や中国沿岸諸島、中国沿岸測量では、郡代役・町奉行・代官・宰判代官・勘定役・惣年寄役・大庄屋・医師等が測量隊に対応しており、絵図方等は接見していない。

　さらに、「浜島宰判見島明細図」「三田尻惣絵図」では主要なランドマークを中心とする村落景観の表現は精細である。また、「三田尻宰判大浜開作絵図」では一之枡～三之枡までの浜作人 16 人の名が記され、64 枚の枡築浜と塩戸が精密にに描かれる。さらに、「吉敷郡小郡新開作絵図（名田島新開作絵図）」では、一筆ごとに田畠区別・面積・名請（耕作農民）・民家・道・潮留口・用汐樋が詳細に描かれており、近世の地籍図（Cadastral Map）というべき絵図である。

［註］

1) 山口県立博物館編（1984）:『防長の古地図』（三浦　肇・川村博忠執筆）。有馬喜惣太の経歴については、山田　稔（2013）:「萩藩郡方地理師の職務と地位－有馬家の筆並騒動を巡って－」山口県文書館紀要 40 号，41 ～ 42 頁。同（1986）:「萩藩絵図方の沿革（一）」山口県文書館紀要 13 号，45 ～ 56 頁。

2) 山田　稔（1997）:「一村限明細絵図清図の図用と全体構成」山口県文書館紀要 26 号，1 ～ 36 頁。

3) 川村博忠（1992）:『近世絵図と測量術』古今書院，196 ～ 208 頁。川村博忠教授退官記念事業会編（1197）:『防長の近世絵図史研究』114 ～ 124 頁。山口県立文書館編『地下上申絵図の概要』。現存する一村限明細絵図（地下上申絵図）は地下図 458 点、清図 377 点の計 831 点である。

4) 前掲 2）1 ～ 36 頁。山田（2007）:「「一村限明細絵図」清図の記号について」山口県立文書館紀要 34 号，31 ～ 55 頁。

5) 前掲 1）『防長の古地図』「まえがき」。

6) 佐久間達夫（1998）:『伊能忠敬　測量日記　第二巻　紀伊半島・瀬戸内海の島々・中国沿岸 / 四国沿岸・大和路』112 ～ 127 頁。

7) 前掲 6）。

8) 拙著（2015）:『知行絵図と村落空間－徳島・佐賀・萩・尾張藩と河内国古市郡の比較研究－』古今書院，189 頁。

9) 元文 3 年熊毛郡樋口村地下図，130 × 90cm，山口県文書館蔵。

10) 元文 3 年熊毛郡樋口村清図，130 × 90cm，同上。

11) 山口県文書館編（1966）:『防長風土記注進案　第二十二巻　研究要覧』29，33，42，84 ～ 85 頁。

12) 山澄　元（1983）:『近世村落の歴史地理』柳原書店，159 ～ 161 頁。

13) 山口県文書館（1963）:『防長風土記注進案　第七巻　熊毛宰判』396 頁。

14) 山口県文書館（1980）:『防長地下上申　第四巻』429 頁。

15）地下上申絵図・見島地・浦明細図（山口県文書館蔵，91 × 132 cm）。

16）「角川日本地名大辞典」編集委員会編（1988）：『角川日本地名大辞典　35　山口県』785 〜 786 頁。

17）三田尻惣絵図（山口県文書館蔵，193 × 219 cm）。

18）前掲 16）794 〜 797 頁。

19）「御国廻御行程記」道中絵図（国衙・三田尻村部分，山口県文書館蔵）。

20）防府市史編纂委員会編（1999）：『防府市史　通史　II　近世』422 〜 424，562 〜 568，580 〜 583 頁。同編（1996）：『防府市史　史料 II』704 〜 710 頁。

21）享和元年三田尻宰判大浜開作絵図（83 × 142 cm，山口県文書館蔵）。

22）前掲 20）『通史　II　近世』550 〜 551 頁。

23）前掲 20）『通史　II　近世』428 頁。

24）a 山口市教育委員会編（1998）：『史跡周防灘干拓遺跡名田島新開南蛮樋保存管理計画策定報告書』13 〜 15 頁。b 石川卓美（1963）：「長州藩における新田の開発－主として給人知行新田と農民的土地利用の展開－」山口地方史研究 9 号，1 〜 8 頁。

25）吉敷郡小郡新御開作絵図（勘場絵図，103 × 130 cm，山口県文書館蔵）。

26）前掲 8），1 頁。

27）木村義雄（2000）：『名田島地下研究』名田島地下研究会，345 〜 353 頁。

28）前掲 24），a25 〜 67 頁。

29）前掲 24），a43 〜 44 頁。

30）「田否」については「ふるさとの新田を堀り起こす」第 4 号（1993），「山口県方言辞典」マツノ書店，「日本国語大辞典　第 8 巻」小学館によれば、「水たまり・沼・池・用水路・湿地・沼地・溝・淵」等を意味するとある。

31）前掲 20）『通史　II　近世』353 頁。

32）富海浦八ッ崎開作絵図（絵図方松村文右衛門図，80 × 93 cm，山口県文書館蔵）。

33）内田　悟（2004）：「開作築立の歴史に学ぶ（その一）－名田島新開作を中心にして－」ふるさと山口 24 号，41 〜 42 頁。

34）前掲 24），a。

35）前掲 20）『通史　II　近世』425 頁。

36）山口県文書館編『防長の古地図』。

37）川村博忠『近世絵図と測量術』50 〜 51 頁。

38）前掲 37），51 頁。

39）前掲 20）『通史　II　近世』425 頁。

40）美和町編（1985）：『美和町史』269 〜 271 頁。

第 10 章　鳥取藩

第 1 節　鳥取藩における絵図作製事業

　鳥取藩における実測による絵図作製事業は、文化 10 ～ 12 年（1813 ～ 15）に始まり、弘化 2 年（1845）頃に終了していたようで、実質的な担当者であった磯岩文次郎と、文化 2 年 8 月に行われた第 5 次伊能忠敬測量隊と接触するには 8 ～ 10 年のタイムラグがある。『測量日記　第二巻』[1]によれば、文化 2 年（1805）8 月 10 日に雲州から伯州米子城下に、同月 16 日に鳥取城下に着き、同 19 日には因州から但州国境に出ている。同 16 日には鳥取家士山本仁右衛門・吉田治助と町年寄 4 人、附廻り郷役人らの出迎えを受けているが、磯岩文次郎等の藩測量・絵図面担当者の名は見えない。また、後述する会見郡和田村は 8 月 11 日に、邑美郡湯村（浜村）は同月 15 日に測量している。

　鳥取藩の各村における土地把握の基本は、寛永 10 年（1633、または元和 4 年・1618）作製の「御図帳（水帳）」であったが、近世後期になると「御図帳」に「腰張」をして訂正しても土地所有や田畑の現状を把握することは困難になっていた[2]。このような中で、文化 10 年（1813）5 月に土地の異動と、耕作関係の把握のための「大地改・地欠改」を行うことし、この事業の最高責任者として加藤主馬を御用人・郡代兼務に命じた。その推進には下僚の在吟味役兼帯郡奉行が担当していた。鳥取藩の地方法令や地方の諸記録を収録した藩政資料である『在方諸事控』（以下、『諸事控』とする）[3]の同 12 年（1815）8 月の内容をみると、これまでの因伯両国絵図面は測量により作製されたものでなく、山・谷・林・藪等の地形や、山藪間の田畑・道等が不明であった。この度の絵図面では、山谷林藪等を絵画的ではなく平面に表現し、測量に基づき方位を定め、町間（距離）を正して、山谷の田畑や諸方への往還等までを詳細に記した絵図面を仕立てる様に命じた。加藤主馬の下僚として在吟味役に磯岩文次郎、その仕人に善蔵、在下奉行に文四郎・権蔵・藤右衛門と、邑美郡大庄屋手代覚寺村利兵衛を命じたとある。なお、磯岩文次郎・善蔵・利兵衛等は奉行宮城善兵衛叔父の毛利有より算術の教授を受け、絵図面の仕立法や測量術を学んだという。

　さらに、文化 12 年 8 月 19 日の『諸事控』[4]には、「一邑美郡大庄屋入江善兵衛手代覚寺村利兵衛義、御国絵図面懸り被仰付、御用差支之義も有之ニ付、吉方村要助と申者内手代ニ相願、御郡代え申談承届候」とあり、前出の邑美郡覚（かく）寺（じ）村利兵衛を両国絵図懸に命じ、邑美（おうみ）郡吉方（よしかた）村要助を内手代とすることが郡代に報告され、承認を得たとある。また、文化 12 年 8 月 29 日の『諸事控』[5]によれば、磯岩文次郎が「御両御絵図御用懸」を命ぜられ、誓文に血判を押して、次のように記し

ている。

　一此度御両国在中御絵図面御用懸り被仰付、右御用相勤候義、年月を経廻在之儀ニ付、兼て在出中
　　御法御定之儀は申迄も無之候得共、猶又此度左之ヶ条之趣行届候様、無怠相勤可申事。
　一御絵図面の義は<u>理術</u>に付き、色々論儀有之義ニ候得は、右様懸り之輩は、別て和順一致ヲ本とし、
　　伝法之通丁実に相守、追々鍛錬有之共、仮りニも便利之仕法無之様、一統熟談大切ニ可相守事（下
　　線著者）。
　一村々ニて右御用ニ罷出候人歩之者共ハ転役之儀ニ候得は、成丈致省略、<u>非道之遣イ方無之様可致</u>
　　<u>事</u>（下線著者）
　一在出先ニて、差懸り御用之品々有之之節、僅之品ニても御買上相成候義ニ付、追て売上手形を以
　　夫々勘定承候事。
　一在出中不時ニ止宿致し、不自由之事而巳も可有之候得共、諸事致勘弁、村方しつつ無之様心を用
　　ひ、勿論宿々諸払兼て御定之通厳重ニ可致、何れも猥成義無之様相慎セ、村々ニて買懸り不致、止
　　宿所御定諸払為致、夫々庄屋請取手形取之、見届置候様可致事。

　また、文化13年（1816）2月3日の『諸事控』[6]には、両国絵図面作製に関しては、「此度御両国
御図面出来ニ付ては、左之所々町裏村方境組入居申場所、不残御絵図面ニ記シ候ニ付、其段御家老中
え、御郡代より噂ニおよび置候事。委細別帳ニアリ、米子町、倉吉町、八橋町、松崎町」とあり、町・浦・
村で境が入り組んでいる場所については、絵図面に描き、別帳に詳細を記すことが、在御普請助役の
田淵磯右衛門から命ぜられている。

　また、文化13年5月4日の『諸事控』[7]には、「御絵図面御用」として、因州分西村五兵衛と伯
州磯岩文次郎の名が記される。さらに、7月18日の項[8]では西村五兵衛と磯岩文次郎に関して、「邑
美郡宮長村ニおいて御両国絵図面清書被仰付置候所、此節追々皆出来ニおよひ、右ニ付御前上り御城
へ相納候御絵図」とある。また、文政元（1818）12月16日の項[9]では、在吟味役の宮城善兵衛を
初め絵図面作製に出精した西村五兵衛・磯岩文次郎らに銀5枚宛が下賜されている。また、御用場仕
事人久八、下奉行文四郎・藤右衛門・吉蔵らに銀50匁宛が、仕人利蔵、下奉行権蔵・柳蔵らに銀20
匁がそれぞれ下賜されている。また、邑美郡手代覚寺村利兵衛と、法美郡立川村十左衛門に米2石宛
て下賜されている。

　さらに、文政元年12月22日[10]には、家老より郡代への達しでは、同年に完成した両国絵図面は、「方
位を定メ、里程を量り、往還筋間道村々田畑傍示境迄悉取分之、分間を以図ヲ起し有之事ニ付、郡絵図・
古城跡絵図共、御用之外堅相用申間敷旨可被申渡置事」とあり、同年完成の絵図面は測量に基づく縮
尺により、方位を決め・距離を測定し、田畑や小字の境を悉く決めているので、郡図・古城趾図とも
に公用の外には絶対に使用してはならないと厳しく命じている。

　この様にして、文政元年に田畑・道・畔の境を詳細に記載した絵図が完成した。翌2年には各村か
ら「あざ名寄作高帳」を提出させ、翌3年には「地所大改」と「地欠改」を命じ、土地を詳細に調べ
て帳簿を提出するように各大庄屋に命じた。文政3年には「地所大改・地欠改」の15条目を布達するが、
文政4年（1821）に加藤主馬が病気を理由に辞職を願い出て退役すると調査は中断した[11]。しかし、
天保10年（1839）に郡代に任命された野間鹿蔵は「天保大地改」として、まず、現実の土地・耕作
関係の正確な実態把握を第一に進めるために、因伯両国の各郡大庄屋を呼び出し、複雑に入り組んだ

土地関係の実態調査を命じた[12]。先ず、村境を確定し、字の境、道筋・川筋や田畑の一枚ごとの畔境、堤敷、池・井戸、荒地、民家、古田か新田等の区別を入念に調べ、それを帳簿にして、字限絵図、全村絵図を作製して提出させた。このため、天保 12 ～ 15 年（1841 ～ 44）には新田方手伝増井清蔵・北沢直次郎両名を因伯両国の村々を巡廻させ、また、藩の新田・郡役人や在方役人を総動員して、4 年の歳月をかけて調査を完成させた。弘化 2 年（1845）に両国村々の改めは終了し、絵図・諸帳簿を御用場に提出させた。天保の「地所大改・地欠改」の結果、因伯両国で 1 万 5,761 石余の増高が見られ、4,821.511 石の年貢増高となった。まず、藩領内全村の字ごとに一冊にまとめた「田畑字寄地続帳（土地台帳）」を作製し、これをもとに字ごとに一枚の絵図にまとめた「田畑地続字限絵図」を作成した。さらに、縮尺約 600 分の 1 の一村全図である「田畑地続全図」を完成させ、年貢徴収の基礎資料とした[13]。

　「田畑地続全図」は鳥取県立博物館において、331 点が所蔵されており、郡別には岩井郡 2 点、法美郡 41 点、高草郡 56 点、八上郡 34 点、八東郡 67 点、智頭郡 65 点、気多郡 63 点、会見郡 1 点、日野郡 2 点である[14]。天保 13・14 年作製が中心であるが、天保 4・11・12 年もあり、弘化 2 年が最も遅い。また、「田畑地続字限絵図」は 11 点である。さらに、米子市立山陰歴史館所蔵の「田畑地続全図」は全て会見郡の 18 点で、天保 13・14 年が 13 点、弘化 2 年が 1 点である。また、「田畑地続字限絵図」は全て会見郡 10 点である[15]。

第 2 節　天保 14 年（1843）気多郡湯村田畑地続全図

　先ず、天保 14 年（1843）9 月気多郡湯村田畑地続全図（部分、現気高町）をみよう（図 10-1）。湯村は気多郡浜村川西岸にあり、伯耆街道の宿駅であり湯村宿とも云われ、温泉があり藩主の休憩所である御茶屋が設けられていた[16]。湯村は大庄屋西屋敷原田平兵衛の「構（かまえ）」で、気多郡は大庄屋 2 人で分担していたのであろう。本図では湯村以外の改人小別村善九郎、同今市村治郎右衛門、同飯量村政平、同村惣四郎、同今市村清左衛門と、湯村庄屋の宇三郎、年寄松右衛門、年行司周助が連署捺印している。このように、田畑の面積の測量や地目等級の判定、土地の名請人等の確認に公平を期するために、他村の庄屋が連署している。

　次に、「見出シ目録」（凡例）にあたる「認方（したためかた）」をみよう（図 10-2）。
　　一　壱間壱歩之積
　　一　道筋朱引
　　一　川井手藍色
　　一　山大岸薄黄染
　　一　畔形雌黄引切
　　一　持人境墨引切
　　一　筆境墨ツツき

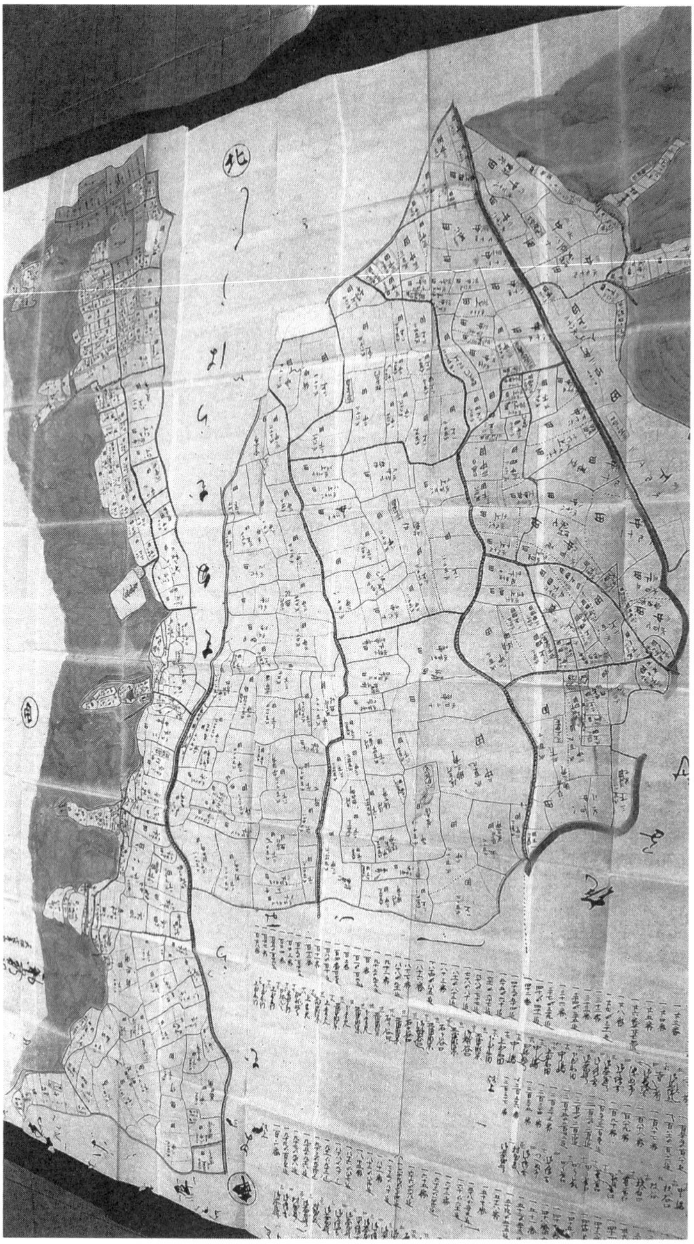

図 10-1　天保 14 年（1843）気多郡湯村田畑地続全図
（鳥取県立博物館蔵、176 × 166cm）

- 一　字越之筆繋き
- 一　畑田成元畑との繋き
- 一　あさな見出シ
- 一　字見切境
- 一　家形朱へ
- 一　御図帳初番黒〇

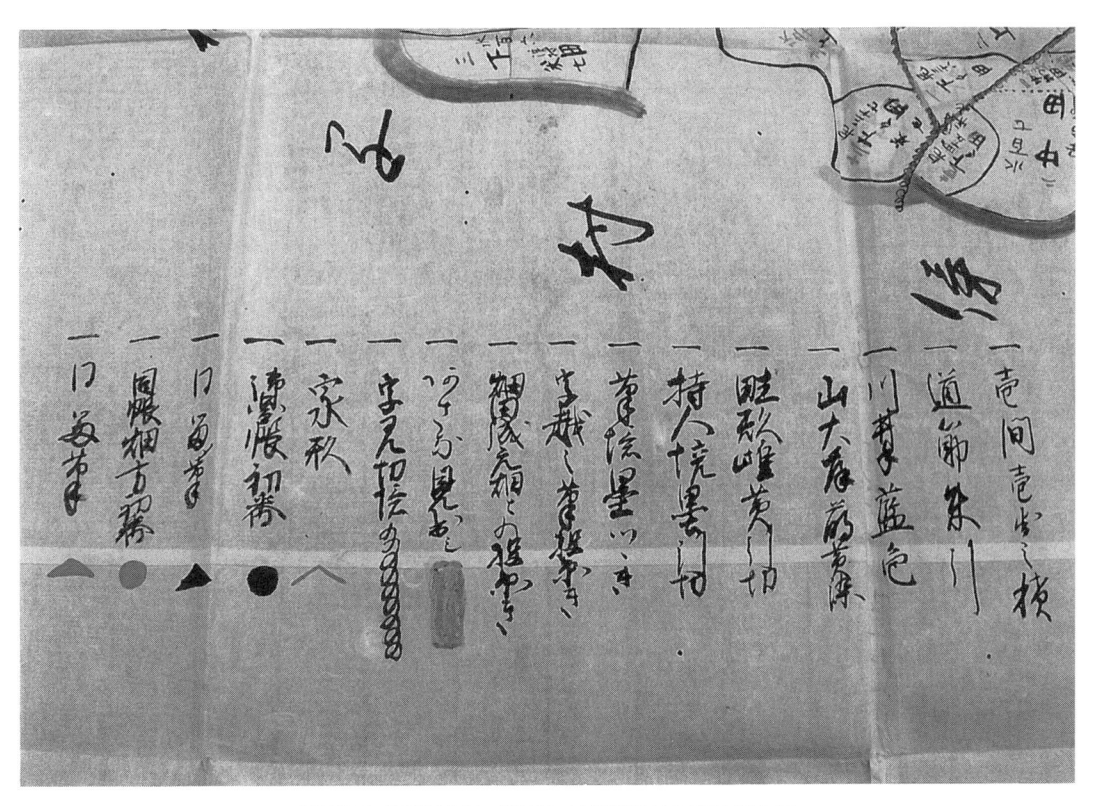

図 10-2　天保 14 年（1843）気多郡湯村田畑地続全図
（「認方」部分）

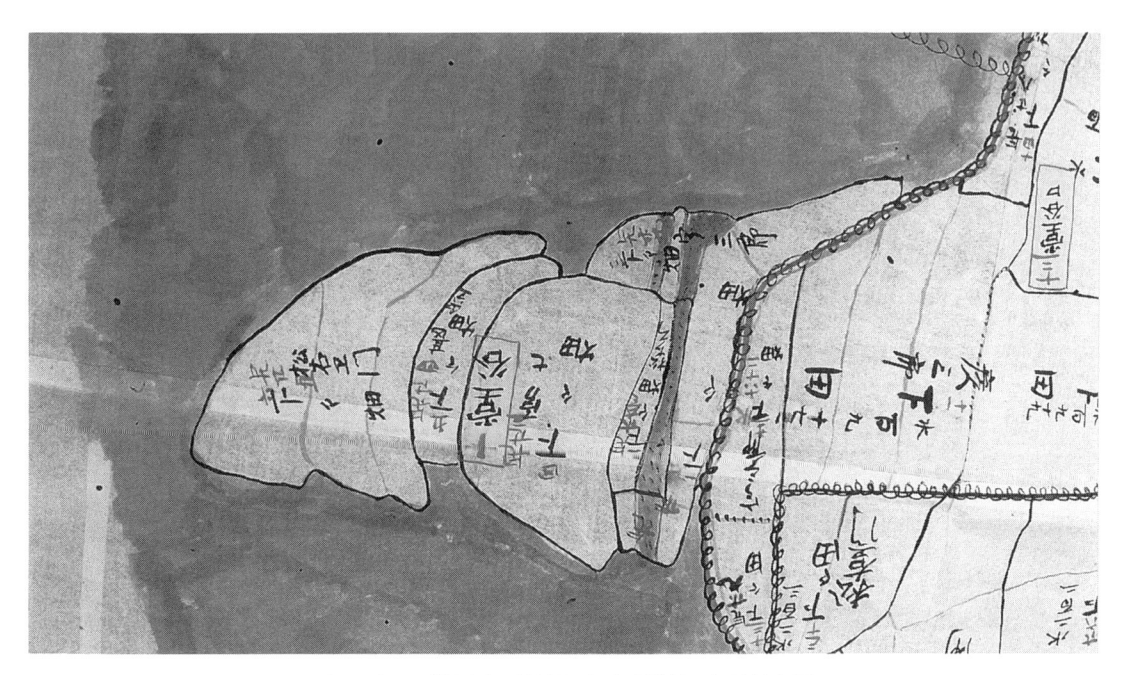

図 10-3　天保 14 年（1843）気多郡湯村田畑地続全図
（十字堂谷、十三字堂谷口部分）

　一　同留〆筆△
　一　同帳畑方初番朱○
　一　同留筆朱△

　縮尺は600分の1で、色と記号を組み合わせて、1筆ごとの土地の属性を表現している。凡例には、田畑の畔、道筋、川・井手筋、筆境、持主境、筆の繋ぎ、字名、字境、畑田成りで元畑との繋ぎ等が詳細に絵図で描かれている。また、図の枠外に「水帳」に記される「御図帳」（「御水帳」）の田方1番から237番までに対応する字名と、朱書の字番号が一覧でまとめられている。また、同様に「御図帳」

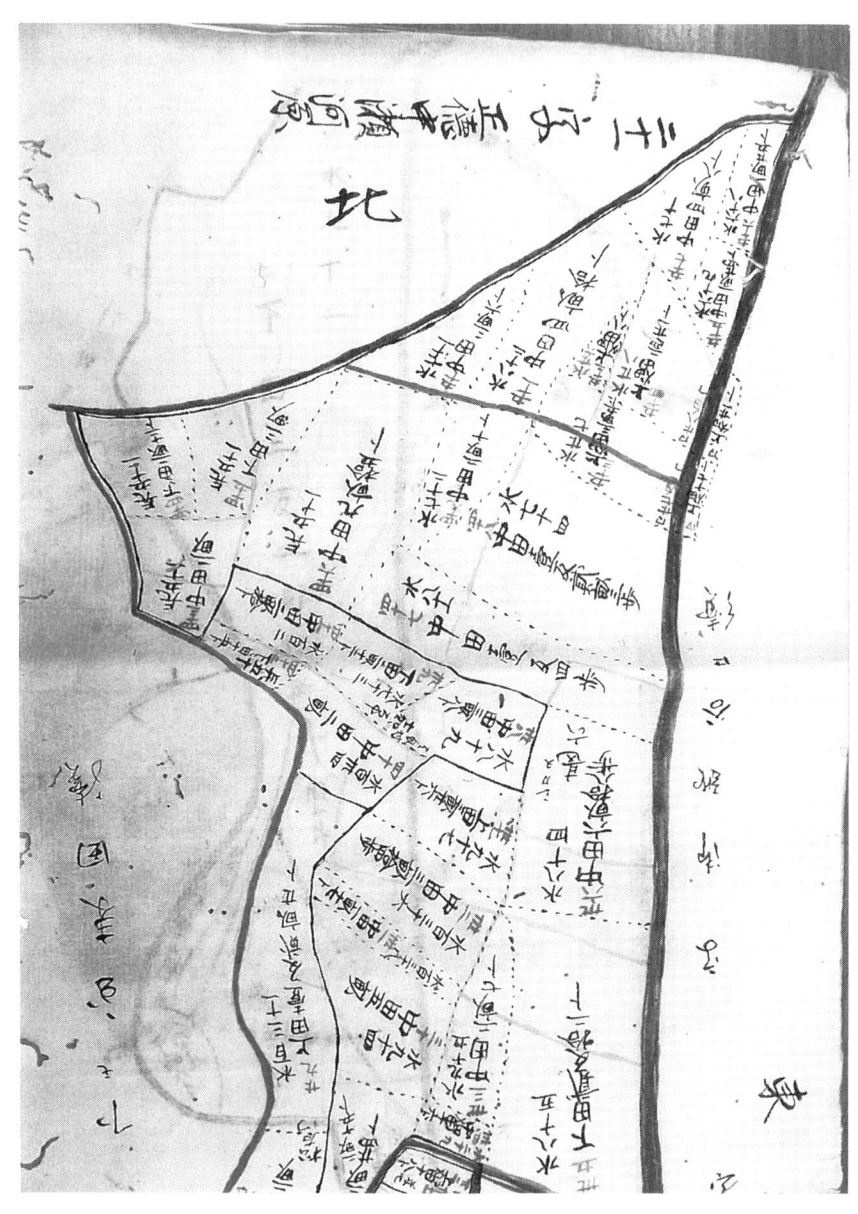

図 10-4　天保 14 年（1843）気多郡湯村田畑地続字限絵図
（二十一字正徳中瀬河原の北部分、鳥取県立博物館蔵）

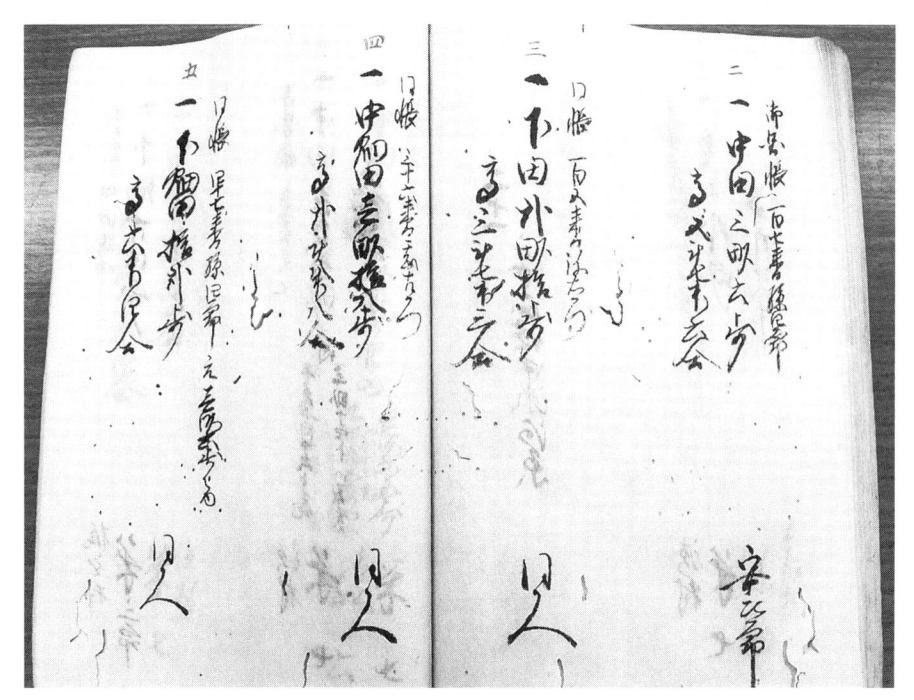

図 10-5　天保 15 年（1844）気多郡湯村田畑地続字寄帳
（二十一字正徳中瀬河原の二～五番安次郎持部分、鳥取県立博物館蔵）

の畑方 1 番から 102 番までが一覧でまとめられている。また、1 筆の田畑が字を越えている地所には繋ぎ印で示したている。また、畑の一部が田成した箇所は、最初の筆が分かるように繋記で示される。また屋敷地は家形で、田畑の畔は雌黄筋で示しいる。このように、「田畑地続全図」は一村内の全田畑を 1 筆ごとに所在する字、持主（耕作者）、品等、畔や井手筋等を詳しく表しているので、下田が荒れ田であるのに上田が荒田であるようにして年貢をのがれる「引替えあらし」や、「隠田」等の不正をなくす狙いがあった[17]。

　さらに、湯村南西部のラグーン（湖）の西岸にある 10 字「堂谷」と、13 字「堂谷口」を示す（図 10-3）。字堂谷の「開廿参　四下々畑　勇七」、字堂谷口の「水百九十七下田　彦三郎」とあり、前者は開墾した畑を、後者は 1 筆が 3 枚に分かれている。「水百九十七」は「御図帳」（「水帳」）の田番号で、一覧では 191 ～ 201 が「堂谷口」に属しており、付近一帯は生産性の低い下田畑が多い。また、図 10-4 は「天保 14 年気多郡湯村田畑地続字限絵図」のうちの 21 字「正徳中瀬河原」の北半部を、図 10-5 は「天保 15 年気多郡湯村田畑地続字寄帳」のうちの同字二～五番（朱書）、安次郎持の田畑をそれぞれ示している。二番は「御図帳百七番、孫四郎、一中田　三畝六歩、高五斗七刋六合、安次郎」と記され、孫四郎打出検地時の名請人と推定できる。天保十四年改時の安次郎持は 1 筆で、4 枚に分かれており、合わせて 7 畝 16 歩、高 1 石 2 斗 4 升 1 合である。三は下田 2 畝 10 歩 / 御図帳 105 番 / 弥右衛門、四は中畑田 1 畝 18 歩 / 御図帳 36 番 / 甚左衛門、五は下畑田 12 歩 / 御図帳では 47 番 / 孫四郎 / 元 1 畝 6 歩之内と記される。

第3節 天保13年（1842）会見郡和田村田畑地続全図

　会見郡和田村は弓ヶ浜（夜見ヶ浜）半島の中央部の外浜に位置し、美保湾に望む。本村は北に隣接するもともと大篠津村の枝郷で、『伯耆志』[18]によれば、貞享年間（1684〜87）開発の村とあるが、当地の伝承では延宝年間（1673〜80）から天和年間（1681〜83）の佐斐神村と小篠津村の住民により上和田地区の開発が行われたと言われる。元禄11年（1698）10月の「会見郡和田村新田下

図 10-6　会見郡和田村付近の空中写真
（1962 年、国土地理院 MCG-62-2 C10B-4、地名等記入）

札之事」[19] によれば、元禄 8 年（1695）に朱高 36.602 石は全て御蔵入で、内畑高 23.711 石（64.7%）、外に 12.506 石の別帳開、7.971 石の際開添・新開があり、村高は 57.132 石、物成は 11.432 石の「免弐ッ」で、和田新田村と命名された。さらに、正徳 4 年（1714）の村高は 69.314 石、宝暦 4 年（1754）は 92.876 石、寛政 11 年（1799）は 148.321 石、嘉永元年（1848）は 220.073 石であった [20]。また、正徳 4 年（1714）の下札で和田村と改められたが、享和 3 年（1803）に新田村として分村され [21]、『伯耆志』では家数 253 戸、1,494 人とある。本村は外浜境往来が南西から北西に走り、天保 6 年（1835）には境港までの中継所として馬数頭の保有が認められた。安政 3 年（1856）には会見郡の 7 ヶ村とともに宿送継場に指定され、『伯耆志』[22] によれば駅馬三疋とある。また、安政 7 年 6 月には和田村には会見郡 13 ヶ村とともに繰綿寄場問屋が設置され、繰綿 1 本につき冥加銀 1 匁 8 分の上納を命ぜられている [23]。また、明治 20 年（1887）に県道米子線（外浜街道）が新設され、起点の米子から境港までを直線でつなぐようになった。

　弓ヶ浜の砂丘の新田開拓は藩政中期以降に急速に進展し、開拓の主体は分村移住農民による村方請負新田によるものと、米子城下在住の回船問屋や商人資本によるものであると言われる [24]。1962 年撮影の空中写真（図 10-6）を見ると、本村の集落は外浜砂丘上にある上和田と下和田にわかれるが、初めに下和田から、次に上和田へ、さらに、南部の中浜に開拓が進んだとされ、上・下和田には外浜境往来がはしる。縮尺 2,500 分の 1 の都市計画図 [25] によれば、上和田の標高は 3.6 ～ 3.9m、下和田

図 10-7　天保 13 年（1842）会見郡和田村田畑地続全図
（米子市立山陰歴史館蔵、『新修米子市史　12 巻　資料編絵図・地図編』2004 より転載、地名等記入）

は 3.8 〜 4.2m、その南の JR 境線付近は、戦後の土地改良事業による盛土のため 4.1 〜 4.6m、さらに南の浜堤列間にある米川沿いは盛土のため 4.7 〜 5.4m である。

　保水力の乏しい弓ヶ浜砂丘地帯を開拓するために、日野川下流左岸の観音寺村付近から導水し、境港に至る約 20km の米川用水開削事業が、元禄 14 年（1701）に米子郡代米村所平により開始され、後に村請けとなるが、宝暦 9 年（1759）に完成した。米川用水は水田と畑地約 3,900 町歩を灌漑し、新田村約 10 ヶ村を生み出した[26]。本用水は浜堤間の田の造成を目指したものであったが、沿線の地下水位面が上昇した結果、砂丘畑地の地下灌漑が可能となり、米川から直角に 25 間（45m）おきに平行した用水路から分水することにより、宝暦 9 年以降に有数の綿作地帯となった[27]。

　幕末期の鳥取藩では米以外に、鉄とともに最も重要な産物は綿と木綿であり、特に会見郡の弓ヶ

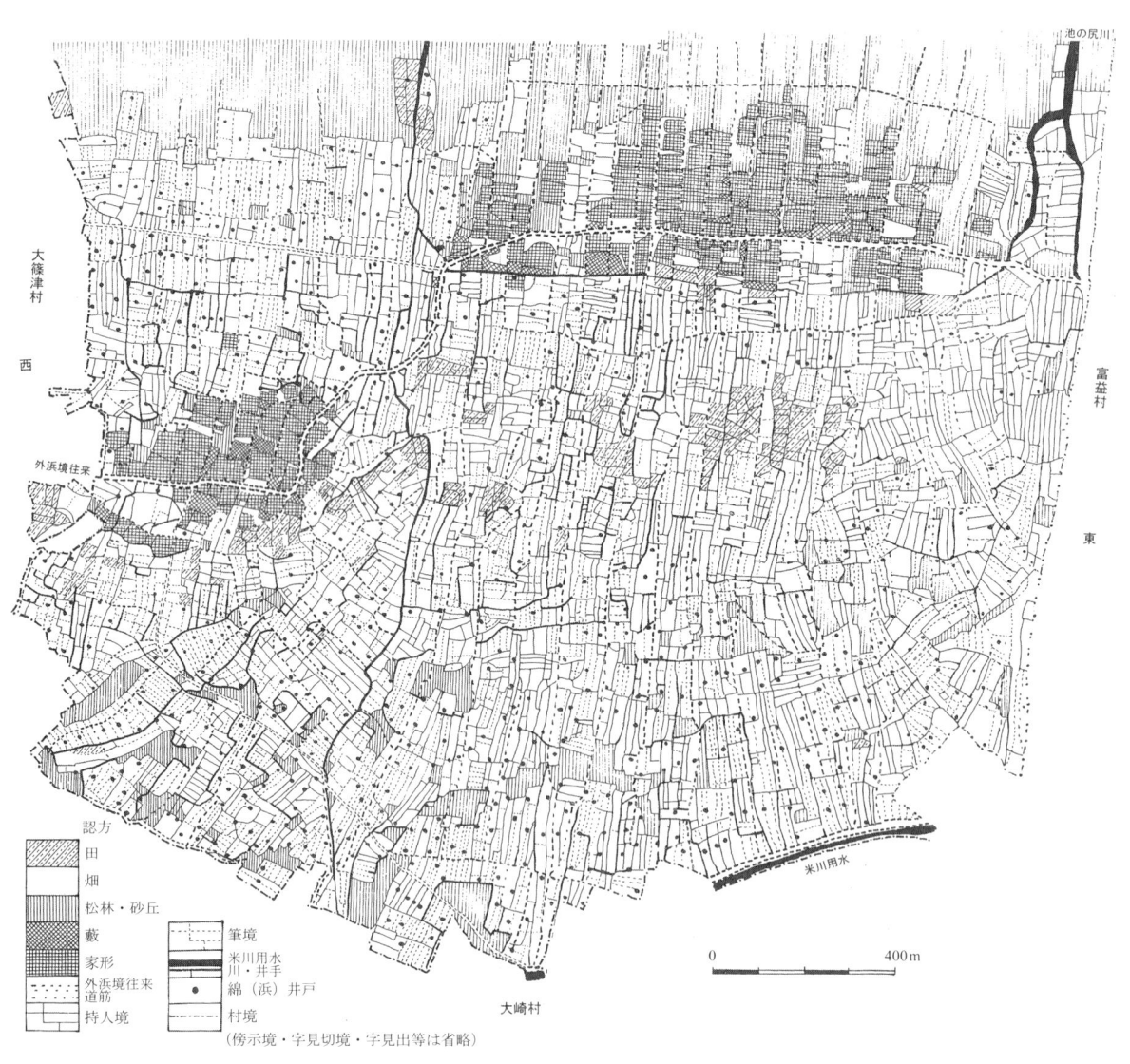

図 10-8　天保 13 年（1842）会見郡和田村田畑地続全図（トレース図）
天保 13 年（1842）会見郡和田村田畑地続全図（米子市立山陰歴史館蔵）より作成。

浜が中心であった。天明〜寛政期（1781 〜 1800）に畿内先進綿作・木綿生産が衰退するにともない、播州や瀬戸内諸地域を経て山陰に伝播し、文化〜天保期（1804 〜 43）には伯耆を中心に年 80 〜 100 万反を生産するようになった[28]。嘉永 6 年（1853）2 月の『在方諸事控』[29] によれば、「会見郡綿作之儀、日野川より境村迄之間内外三拾余ヶ村之内、別て下モ浜之儀は米穀仕不相成、砂斗之村々ニて綿作・麦作之場所御座候」と記される。弓ヶ浜の 30 数ヶ村では砂地であるため、米作をせず、麦の収穫後の春に綿を播種して秋に収穫していた。日野川より境村迄の 5 里の会見郡の村々では、安政 3 年の繰綿産額の約 5 万本を出津・駄越していた[30]。また、綿作の肥料には中海の藻葉が大量に用いられていたが、干鰯も使われ、安政年間には会見郡が伯耆国全体の約 85％を占めていた[31]。

　しかし、弓ヶ浜の沿岸浜堤砂丘地帯では、米川用水が水田帯を隔てた畑綿作地には導水が及ばないため、高い地下水面を利用した綿（浜）井戸に依存した灌漑が行われていた。

　天保 13 年（1842）「会見郡和田村田畑地続全図」（図 10-7、トレース図は図 10-8）[32] は縦 262 cm、横 255 cm の大型の絵図である。「認方」を見ると、「邑美郡湯村田畑地続全図」と異なる点は、「持人境」の小書きとして「但し壱人之内ニ而も前々ヨリケ所分ヶ之所墨引仕置」、また、「筆境」の小書きに「但しケ所限掾人境墨引有之所ハ別ニ墨ひき不仕」、「畔形畑溝」では「但し境墨引有之所ハ別ニ雌黄引不仕」等である。すなわち、「田畑地続全図」作製の狙いが錯綜した土地関係を明らかにすることにあるの

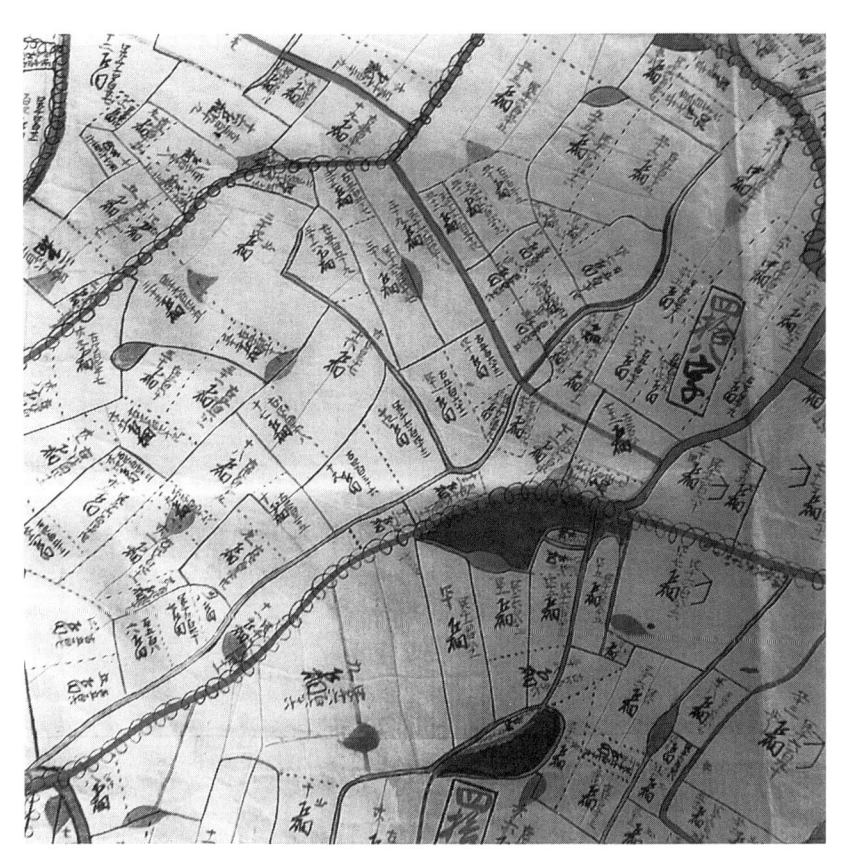

図 10-9　天保 13 年（1842）会見郡和田村田畑地続全図
（部分、四拾八字付近の綿井戸群）

で、これを反映した内容になっている。すなわち、破線は1筆境、黒実線は持人境、畔・溝は黄線で、田成畑は元畑と朱鍵の繋でそれぞれ区分している。さらに、田方元帳の地番は墨で、畑方元帳地番は朱で示している。本図には壱字から六拾九字の境を蛇腹状の線で示すが、字名は記載されない。図の南西部に見えるのが米川用水で、北に幅15間（45m）の用水路が見える。絵図では米川用水から上和田に向かって6筋の水路が見える。また、下和田・上和田の西には、約82ヶ所の松林が見えるが、1962年撮影の空中写真ではほとんど全てが消滅している。

　下和田から上和田に走る太朱線は外浜境往来で、西端の大篠津村境には御崎川が中央部に和田川が、東端の富益村境には池の尻川が美保湾それぞれ南に走る。図の緑は砂丘の松林を示し、美保湾沿いには幅約750mの外浜砂丘があり、そこには砂防林が植林されている。外浜境往来から幅約30〜55mの道が18筋見え、美保湾に対して直角に短冊状の地割に特徴がある。また、上和田から西の下畑地帯にも18筋の道があり、おおむね短冊状の地割になっている。

　昭和28年の『和田村郷土誌』[33]では、和田村面積約220haのうち、畑が130ha（60.5%）、田が5ha（2.3%）、山林（松林）23ha（10.7%）、原野（藪等）25ha（11.6%）、宅地19ha（4.2%）、その他13ha（6.0%）で、畑が田畑の96.3%を占める。「地続全図」でも大部分が畑であり、その大部分が低品等の下畑で綿畑であったと考えられる。浜堤間の低湿地を除いてほとんど全村にわたり綿畑には綿（浜）井戸が掘られている。絵図からは765ヶ所が確認でき、絵図では紡錘形や半円形で描かれる。

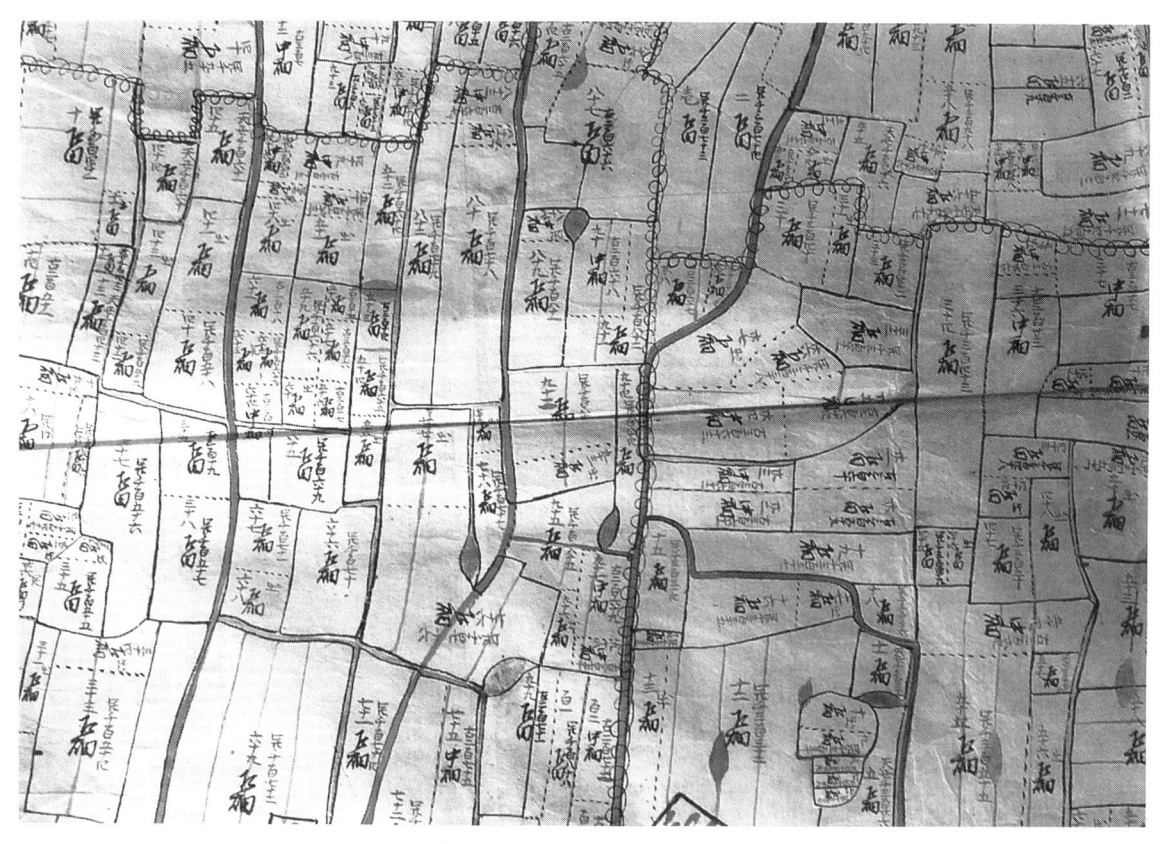

図 10-10　天保 13 年（1842）会見郡和田村田畑地続全図
（村中央部、三拾弐字付近、三拾七字付近）

1962 年撮影の空中写真でも黒点に見える綿（浜）井戸が、また、2013 年作製の 2,500 分の 1 米子市都市計画図においても確認できる。また、綿（浜）井戸が用水路に連結しているものも見える。

　図 10-9 は 48 字付近の綿（浜）井戸 20 ヶ所と 1 筆ごとの筆境、持人境、畔・溝（用水路）、道と下畑・田等を示している。下畑の中に「天丑年千六百五十四」が見えるが、これは天保 12 丑年（1841）に水帳に登録されたことを意味する。また、下畑には「開」と「古」があるが、「開」は新たな開墾地、「古」は古くからの畑を意味する。また、図 10-10 には「八十七（朱書）下田古二百六十六」と「壱（朱書）下田開千三百七十三」が見えるが、前者は古くからの下田で、後者は新たな新田であることを意味する。絵図全体には 294 枚の田があるが、全て下田である。下田はトレース図では下和田と上和田の西・東部にかけて分布するが、現在は客土されて高くなっており、これは旧浜堤列間の「曲がり沢」「イガラ沢」と呼ばれる低湿地にあたる。また、集落を形成する下和田には 59 軒、上和田には 125 軒、合わせて 184 軒の民家が描かれている。屋敷地は全て下畑で、屋敷地に隣接した藪が下和田で 8 筆、上和田で 17 筆見られる。

第 4 節　伯耆国会見郡全図

　鳥取県立図書館には明治 20 年（1887）に縮写された因伯両国 14 郡の郡全図が所蔵されている。これらは文政年間（1818 〜 29）に作製された縮尺 3,150 分の 1 の伯耆・因幡両郡の郡切図を 4 分の 1 に縮小して、縮尺 12,600 分の 1 の郡全図が作製された[34]。すなわち、伯耆国の会見郡全図・日野郡全図・汗入郡全図・八橋郡全図・久米郡全図・河村郡全図と、因幡国の高草郡全図・気多郡全図・智頭郡全図・八上郡全図・八東郡全図・邑美郡全図・法美郡全図・岩井郡全図の 14 舗である。

　図 10-11 は会見郡全図のうち弓ヶ浜中央部の和田村付近を示している。その裏書には

　　爰ニ山田県知事ノ命ヲ奉ジ鳥取藩ニ於テ、文政年度中製調スル所ノ各郡切図ニ撚リ、原図ノ四分
　　ノ一ニ縮写スルモノ也
　　鳥取県庶務課長属　　　　稲垣　豊　　印
　　鳥取県庶務課地理係属　　沿道　弘毅　印
　　鳥取県庶務課地理係属　　中村　真一　印
　　原図ハ五間（六尺三寸竿 190.89 cm）ヲ一分（0.303 cm）ト為スモ（縮尺 12,600 分の 1）、本図ハ
　　其ノ縮写ナルヲ以テ四分ノ一即チ廿間一分トス（縮尺 3,150 分の 1）、凡、例其他都テ原図ニ拠
　　ル

とあり、文政年間作製の郡切図を 4 分の 1 に縮写し、原図の表現内容を一切変更せず、作図したとある。また、明治 22 年（1889）にはさらに、

　　但シ、文政年度中調整ノ各郡測量切図ハ其調整ノ方法記録ナキヲ以テ詳ナラズ・・・調整以来七
　　十余年ノ久シキヲ経過スルヲ以テ河川道路池沼耕地山野等ノ変換及分合村名ノ更正等アルモ、訂
　　正為サザルニ拠リ現今活用スルニ足ラザルト雖モ、追テ管内地図ノ調整スルノ計画アリ、其材料

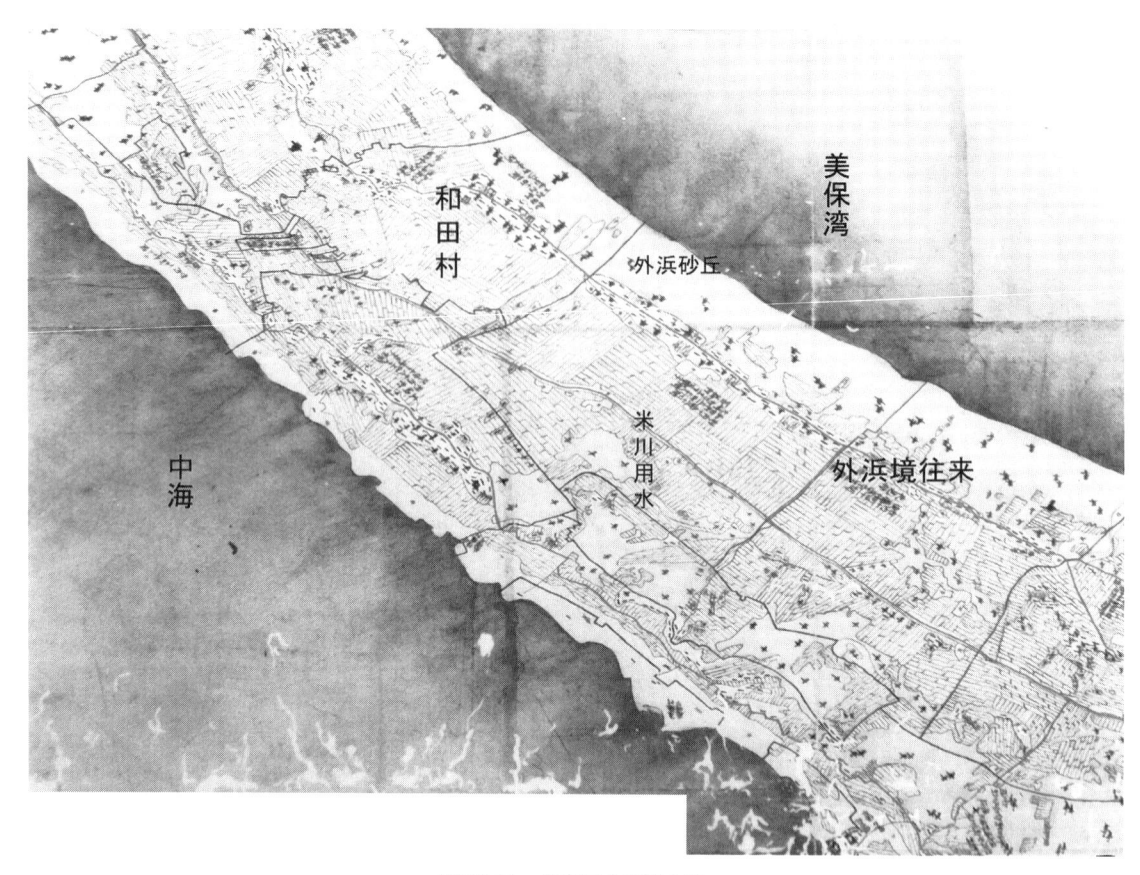

図 10-11 伯耆国会見郡全図

(弓ヶ浜中部・和田村付近、安政期作図、明治 22 年縮図、縮尺 12,600 分の 1、鳥取県立図書館蔵、地名等記入)

二要スル為ニ原図ノ侭ヲ縮写シ置クモノナリ

とあり、鳥取県地理係では縮写された郡切図をさらに縮小して 1 分 150 間（縮尺 91,000 分の 1）の因幡伯耆両国全図を調整している [35]。この縮写・図を中心的に担当した者は、鳥取藩の測量家で、鳥取県租税課地理掛の中村真一であったとされる。明治 5 年（1872）5 月の「鳥取県各課事務取扱」[36] のうちの「租税課地理掛」によれば、

　　一管内山海ノ地形、島嶼ノ大小、港湾ノ広狭、湖沼川渠池沢谿谷林園ノ景況、邨落市街駅逓ノ気
　　象等、尽ク測量シ、経緯度ニ計算シ図籍ヲ作リ、及ヒ水利通船ノ便ヲ謀リ、出圃開墾ノ利ヲ興シ、
　　地味適応ノ物産ヲ培殖シ、地力ヲ盛ニスル等ノ事務ヲ掌ル。

とある。

　また、会見郡全図の精度を見るために 50,000 分の 1 地形図と比較すると、南北距離の誤差は 1.9 〜 2.0%、東西距離は 1.9 〜 4.3%、対角線は 3.8 〜 4.0%、方位は 2° 〜 3° で、徳島藩郡図と同程度の誤差で極めて精度が高いと言える。

　次ぎ、会見郡全図の凡例を見よう。

　　一　田畑ハ　　　　　　白地　但シ畑ハ萌黄ニテ段々筋

　　一　道ハ　　　　　　　　朱

一　間道ハ　　　　　　稈圓子（こげ茶、著者）

一　水ハ　　　　　　　藍

一　兀山ハ　　　　　　タイシャ石

一　山ハ　　　　　　　萠黄

一　濱ハ　　　　　　　黄

一　傍示境ハ　　　　　墨

一　平図ニ付坂越道ハ歩間ニアワス（平面で表現しているので、坂道の実距離を表してない、著者）

　本図では河川の流路・海岸・砂丘・谷間の山麓線や、溜池の分布等の表現や砂防林、田畑の土地利用、村の境、集落（黒棒線で示す）、平地林や天井川の川原等の表現は極めて精密である。特に地形変換点にあたる谷間の山麓線付近の集落・畑・溜池・樹林地の表現は極めて精密である。また、集落の北・西には防風林が、平地には独立樹が描かれる。さらに、山地には藩有林である御建山を樹林の印で描いており、御番所、山城、飛地（朱の△で示す）、制札場、小谷の地名等も見える。また、出雲国境や隣する郡村との距離（里程）の端書きが詳細である。例えば、前述の和田村では「下和田、村ノ内、三丁廿四間、大篠津村迄四丁四十五間、和田村、村ノ内、七町四間、下和田迄一町四十五間」とある。また、米子城下西端と出雲国境（出雲街道）では「国境雲州能儀郡吉佐村迄凡十町位、同所より陰田村ノ門口陰田村迄三町二十五間半牛馬道有」とある。

図 10-12　天保 14 年（1843）会見郡尾高村上市田畑地続全図
（石田部分、中央は精進川、米子市立山陰歴史館蔵）

　さらに、外浜往来・内浜往来・日野往来・出雲街道・新出雲街道・法勝寺往来等の主要街道を太朱線で、その他の集落を結ぶ里道（間道）を細朱線で示す。このように、本図は近世後期の村落景観を復原できる貴重な資料である。

　会見郡全図のうち、日野川下流では左岸の法勝寺川、右岸の大山山麓から流下する精進川、佐野川付近が精密に描かれている。また、日野川の両岸のほとんどが無堤であるが、屈曲部あたる左岸の八幡村と右岸の馬場村・水濱村には水害防備林や藪が見える[37]。さらに、図の北西部に位置する左岸の観音寺村は米川用水の取水口が描かれている。前述のように、元禄14年（1701）に本村の戸上山（とかみ）下から法勝寺川の水を取水し、弓ヶ浜へ引く米川用水路が起工され、宝暦9年（1759）には境まで通水している。また、図10-12は精進川右岸に位置する尾高村のうち、天保14年（1843）「会見郡尾高村上市田畑地続全図」のうちの「石田」付近を示している。図を流れる川は精進川で、右岸の太朱線は大山道（尾高道）で、近世には本村は前市と上市に分かれており、西伯耆の要害であった中世城郭の尾高城（泉城）と城下集落が形成された。絵図には「石田屋敷」「石田西屋敷」「石田中屋敷」「石田丸」「樋ノ口」「建中」「才ノ木貮」等の小字が見える。精進川の北岸の地目は中畑であるが、道筋には家屋が連なっており、在町を形成していた[38]。

小　括

　伊能忠敬の第5次測量（山陰）は文化2年8月に行われるが、鳥取藩における実測絵図作製事業は、文化10～弘化2年に終了したので、伊能測量隊と接見するには8～10年のタイムラグがある。鳥取城下で伊能を接遇したのは藩士や町年寄りで、磯岩文治郎等の絵図方は接見していない。

　鳥取藩における近世後期の村における土地把握（支配）と「田畑地続全図」の作製課程について概観する。本藩では元和4年～寛永10年（1618～33）に作製された「水帳」が土地把握の基本台帳であったが、近世後期になると原状との乖離が大きく、これを是正するため、実測による因伯両国絵図作製事業を、文化10年～天保15年（弘化元年）頃（1813～44）に行った。鳥取藩の地方の諸記録を収録した『在方諸事控』（以下『控』）によれば、文化10年に御用人・郡代兼帯の加藤主馬を中心に、その下僚で在吟味役の礒岩文次郎等が担当して、村の地形や藪間の田畑・道等を平面で表現するために測量に基づき、町間（距離）、方位を正した。文化13年2月の『控』では、町・浦・村で境が入り込んでいる場所については、絵図面に描き、別帳に詳細に記すことを命じている。このようにして、文政元年（1818）には田畑・道・畦を詳細に描いた村絵図が完成し、同2年に各村から「あざ名寄作高帳」を提出させ、同3年に「地所大改」と「地欠改」を命じ、土地を詳細に調べて帳簿を提出するように「構」である大庄屋に命じた。

　しかし、加藤の病気・退役により、調査は中断するが、天保10年（1839）に郡代の野間鹿蔵は「天保大地改」として、因伯両国の各郡大庄屋に対し、村境を確定し、各字の境、道筋、川筋や田畑一枚ごとの畦境、堤地、池、井戸（綿井戸等）、荒地、民家、古田・新田の区別等を入念に調べ、それを

帳簿にして、「字限絵図」「全村絵図」を作製、提出させた。

　さらに、天保 12 〜 15 年（1841 〜 44）に新田方手伝増井清三・北沢直次郎に両国の村々を巡回させ、藩の新田・郡役人・在方役人を総動員して 4 年の歳月をかけて調査を完了させた。弘化 2 年（1845）に両国村々の地改は終了し、絵図・諸帳簿を提出させた。

　このようにして、領内全村の字ごとに一冊にまとめた「田畑字寄地続帳」を作製し、これから一枚にまとめた「田畑地続字限絵図」を作製し、さらに、縮尺 600 分の 1 の村全図である「田畑地続全図」を完成させ、年貢徴収の基礎資料とした。鳥取県立博物館には、天保 13 〜 14 年（1842 〜 43）作製の 331 点が収蔵されている。

［註］

1)　佐久間達夫（1998）:『伊能忠敬　測量日記　第二巻』143 〜 147 頁。

2)　a 川村博忠（1992）:『近世絵図と測量術』古今書院, 221 〜 234 頁。b 鳥取県編（1979）:『鳥取県史　第 3 巻　近世　政治』468 〜 473 頁。

3)　a 鳥取県博物館編（1997）:『資料調査報告書　第二十四集－鳥取県立博物館所蔵土地関係絵図類－』20 〜 26 頁。鳥取県史編纂委員会編（1979）: b『鳥取県史　第十巻』803 〜 804 頁。前掲 2), a 川村。

4)　前掲 2) b, 804 頁。

5)　前掲 2) b, 808 〜 810 頁。

6)　前掲 2) b, 875 〜 876 頁。

7)　前掲 2) b, 915 頁。

8)　前掲 2) b, 1126 頁。

9)　前掲 2) b, 1,160 頁。

10)　前掲 2) b, 1,160 頁。

11)　前掲 2)『鳥取県史』472 〜 473 頁。

12)　前掲 2), 470 〜 471 頁。

13)　前掲 2), 472 〜 473 頁。

14)　前掲 3) a,『資料調査報告書』。

15)　米子市立山陰歴史館の調査による。

16)　角川書店編地名大辞典（1982）:『鳥取県』810 頁。

17)　前掲 4), 22 頁。北条町歴史民俗資料館編（1997）:『北条歴民文庫　第四集　古地図は語る』4 〜 12 頁。前同（1996）:『北条歴民文庫　第三集　砂丘開拓のあゆみ』24 〜 26, 32 〜 36 頁。

18)　景山粛擁編輯（1982）:『伯耆誌資料』312 頁。

19)　和田尋常小学校編（1915）:『郷土誌資料』（米子市立山陰歴史館蔵）。

20)　和田小学校文化部編（1953）:『和田村郷土誌　第一部』20 〜 38 頁。平凡社日本歴史地名大辞典編（1992）『鳥取県』729 頁。前掲 19)『郷土誌資料』。

21)　鳥取県編（1979）:『鳥取県史　第十二巻　近世資料』993 頁。

22)　前掲 21), 1350 頁。

23)　平凡社編歴史地名大系（1992）『鳥取県』729 頁。

24)　景山粛擁著（1982）:『伯耆志』（世界聖典刊行協会翻刻）312 頁。

25)　「米子境港都市計画図（米子市）（2013 年測図, Ⅴ－LB, 85 － 4, 縮尺 2,500 分の 1）による。

26) 岩永　實先生記念論文集刊行会編・岩永　實著（1978）:『鳥取県地誌考』94 〜 95 頁。

27) 前掲21)，6 頁。

28) 前掲21)，136 〜 137 頁。米子市史編さん協議会編（2004）:『新修　米子市史　第二巻　通史編　近世』404 〜 410 頁。

29) 鳥取県編（1979）:『鳥取県史　第 3 巻　近世・政治』437 〜 438 頁。

30) 鳥取県編」（1979）:『鳥取県史　第 12 巻　近世資料』738 〜 1352 頁。

31) 米子市史編さん協議会編（2004）:『新修　米子市史　第十二巻　資料編絵図・地図』125 頁。

32) 天保 14 年「会見郡和田村田畑地続全図全図」（米子市立山陰歴史館蔵，261 × 255cm）。

33) 前掲20)『和田村郷土誌』1 頁。

34) 岩佐武彦（2013）:「会見郡全図（文政年間）を読む−絵図を通して藩政期の村落景観をさぐる−」伯耆文化研究会編『伯耆文化研究　第十四号』1 〜 2 頁。前掲31) 38 〜 39 頁。

35) 前掲2) 川村，228 頁。前掲34) 岩佐，2 頁。

36) 前掲30)，47 〜 48 頁。鳥取市歴史博物館編（2010）:『鳥取市歴史博物館開館十周年記念特別展図録　ここはご城下でござる　まるごと歴史遺産・因州鳥取の城下町再発見』資料解説，106 〜 108 頁。

37) 前掲34) 岩佐，4 頁。

38) 平凡社編歴史地名大系（1992）『鳥取県』752 〜 753 頁。

第11章　金沢藩

第1節　石黒信由と高樹文庫

1. 実学の測量家・絵図巧者の石黒信由

　金沢藩では寛政から文化、文政期にかけて測量に基づく絵図類が数多く作製された。例えば、金沢・富山城下町絵図を除いて、加賀・越中・能登国の加越能三州図（縮尺360,000分の1）や、国図（同72,000の1）、郡図（同36,000分の1）、および郡内村々の検地絵図である内検地領絵図（同1,200分の1、2,000分の1）、川除之図、普請所絵図、山野新開所切分領絵図、往還筋見取絵図、領境論所絵図、潟絵図、往還道筋見取絵図、江筋絵図等がある[1]。これらの絵図は、金沢藩の領国図や越中四郡の村の位置、村名、街道十組別に分類した組分絵図、射水郡分間絵図で十組別村と駅・家町立所、城跡、街道等を表し、山地と平地と地形区分を示した行政絵図と主題図である。

　これらの絵図類は越中国射水郡高木村(現射水市高木)の肝煎・石黒藤右衛門信由が測量し、作製した。信由は寛政7年（1795）に射水郡縄張役を命ぜられ、寛政11年（1799）～享和2年（1802）には検地手始・内検地縄張方御用を勤め、越中・加賀両国で検地を実施した村々の内検地領絵図、分間絵図を作製した[2]。また、金沢藩の地方支配を担う御扶持人十村・縄張人に信由を命じた。この縄張人は測量方巧者で、検地の節に分間・縄入れを行い、担当郡の御扶持人より人選するが、村方の肝煎や組合頭や平百姓等が勤める場合もあった。また、改作奉行が立ち合いの上で縄張人誓詞検地所での宣誓を義務づけられていた[3]。寛政12年（1800）の射水郡の内検地での縄張人は信由の外に、西広上村四郎右衛門、磯部村長兵衛、宮袋村茂兵衛、守山町文助、二塚村伝兵衛、伏木村三之丞の7名であった[4]。

　寛政7年から文政2年（1819）までに信由は、川除・検地・内検地・郡境・潟廻・新開内検地等の62件（88ヶ所）の測量・絵図作製事業に従事している[5]。以後、文化14年（1817）に新田裁許並・諸郡分等御用を拝命するまでの22年間にわたり、領国加越能三州の測量を担当した。この内、新開地の内検地が24ヶ所、村の内検地・検地が35ヶ村で、射水郡が最も多い[6]。

2. 高樹文庫と『測遠要術』・『測遠用器』

　信由は天明2年（1782）に富山町の中田高寛から関流の和算を、寛政年間には金沢藩藩校明倫堂の

算学師範で、山崎流の測量術家の宮井安泰から測量術を、さらに天文暦学や西洋数学、時法を金沢町の西村太沖から学んだ[7]。信由の学問は新田開発や検地・用水測量、山野の開拓測量、河川の修築、山論絵図作製などに応用される実学として展開した。信由の測量法は基本的には伊能忠敬の測量法と同じで、道が大きく曲がる地点を測点とし、測点間の距離・方位と道の勾配を測る道線法と、道筋の見通しのきく地点で磁石盤により目印となる山・神社等のランドマークへの交会点との方位を測る交会法である。道線法で生じた誤差を修正する交会法と、さらに、広域を測量する場合には、外周を順番に廻り距離と方位を量り、一周して元の地点にもどる方法である廻分間（『測遠要術之二』「廻検地」）を用いた。『射水市新湊博物館「高樹文庫」』には、1984 年に国指定重要文化財に指定された石黒信由関係資料 3,764 点がある[8]。

　信由の測量と絵図作製事業に従事した時代は、寛政・享和・文化・文政期で、徳島藩の岡崎三蔵宜陳が活躍した時期とほぼ重なる。尾張および越前以東の第 4 次測量は、享和 3 年（1803）2 月 25 日〜同年 10 月 7 日間に行われた。忠敬測量隊は『日記』によれば、8 月 1 日に能登から越中射水郡に入り、2 日に氷見町（現氷見市）を、3 日には放生津（現射水市）、4 日に新川郡富山町（現富山市）、5 日に同郡滑川（現滑川市）、6 日に生地（現黒部市）、7 日に泊（現朝日町）に宿泊し、8 日までに越中沿岸全部の測量を終えて越後国の糸魚川沿岸の測量を行った[9]。金沢藩と越中藩は忠敬の測量を国内の視察と情報収集とを警戒して、忠敬と藩役人との接触を避けたとされる[10]。例えば、2 日の氷見村の宿では十村大庄屋扇沢兵衛が、3 日の富山町宿では十村庄屋高橋庄右衛門が見舞いの挨拶に出ており、十村庄屋やその手代が世話係を担当していた[11]。野積正吉[12]によれば、この高橋庄右衛門は高島の誤りで、公儀から派遣された忠敬に信由は単独で面会出来るとは考えられず、五十里村十村庄屋高島庄右衛門が信由を伴い、内々に忠敬に引き合わせたとするのが自然であるとしている。

　「高樹文庫」には現地の測量記録を記録した野帳や日記、持ち帰った記録から絵図化した下図や完成図、着色した清図等が収蔵され、測量から絵図作製までの過程と、絵図作製技術を知ることができる、全国に類ない貴重な資料である。伊能忠敬と地方測量家である信由との出会いは、享和 3 年（1803）8 月 3 日の夜、法生津町宿の柴屋彦兵衛宅であったとされるが、『測量日記』にはこの記述はない。しかし、信由の著書『測遠用器之巻』[13]には享和 3 年 8 月 3 日に面会した記述がある。以下にそれを記す。

> 右者稲生先生ト我如何ナル因縁ヤアルラン、古明神村（現射水市）ヨリ婦負郡四方町（現富山市）マデ同道シテ暫ク地理天文算學ノ事ヲ隔意ナク遊談シテ名残リ別レケリ、
>
> 伊能勘解由先生ハ下總国香取郡佐原ノ宿ノ百姓ナリ、麻田先生ノ門ニ遊ビ當暦ノ源法ヲ発ク、今ハ隠者ナリ東都深川黒江町八幡一之鳥居ノ左ニ居住シ天學ノ師範セリ、
>
> 此度公義ノ御用ニ依テ江戸旗本高橋作左衛門弟子ト諸国御触コレアリヨシ実ハ高橋氏ト同門ナリ、
>
> 右亥八月三日放生津四十物町柴屋彦兵衛方ヒ宿、其夜雲暗レ各座敷ノ庭ニ天文ノ道具ヲ飾リ衆星ノ度数ヲ測リ所ヲ我モ見物イタシケリ、翌四日ノ明六ッ時出立婦負郡へ移ラルル、右手傳トシテ門人五人外ニ小者二人都合八人ナリ、

信由は放生津から婦負郡まで忠敬に同道しており、二人が胸襟を開いて熟談したとあり、同じ農民出身の階層に属することにも親近感を抱いたのであろう。

　さらに、「測遠用器之巻」には伊能忠敬測量隊が使用した「彎窠羅鍼」（杖先方位盤）等の進んだ磁

石台が図示されている。この「彎窠羅鍼」を参考にして信由は、「強盗式磁石台」を考案した。これは、地面に凹凸ある箇所でも、上に乗せる磁石盤だけは水平枝を保つような強盗仕掛けである。さらに、精度を高めるために、従来は和算の師中田高寛から伝授された 240 度目盛と、磁石 2 個の軸心磁石盤であったが、西洋数学の三角関数を利用するために軸心を改良して、360 度目盛とし、磁石大小 2 個を有する手提盆型した。信由は測点間の方位のみならず、遠方の方位を正確に測ることにより、絵図の精度を高めようとしたので、測量器具の中でも磁石類を最も重要と考え、改良工夫に精力を注いだ。このため、寛政 7 年（1795）〜享和 2 年（1802）までは 120 度目盛りを、同 3 年〜文化 7 年（1810）までは 240 度目盛の磁石盤を使用したが、文化 8 年（1811）から 360 度目盛りを使った。さらに、磁石針を長くし、黄銅製の目盛盤を大きくして方位読み取り精度を高めた。また、軸心式磁石盤の持手部分の両面には幅 3 厘程（1mm）のすき間（スリット）を開けて目標物の見通しをよくした [14]。

　この点に関しては『測遠用器之巻』に次の様に記している。

　　東都天文伊能勘解由北国測量御用之時分持参之磁石二品如左

　　一順目ノ磁石形右ノ如ク（図省略）寸法左ニ記ス

　　正方位項目周七百二十度外径四寸六分是ニ右目盛ナリ内径三寸四分是ニ三百六十度目盛ナリ深サ七分陳水晶石ナリ

　　右磁石ハ予カ製スル所ノ軸心ノ如ク十二支ノ方位廻ルヤウ仕掛タルモノナリ、子午ハ上ニ髪毛ヲ張ルナリ

　　右二品ノ磁石ノ製ハ享和三年癸亥八月四日放生津浦測量ノ時伊能氏ニ対面ノ上熟覧スル所ナリ

（著者下線）

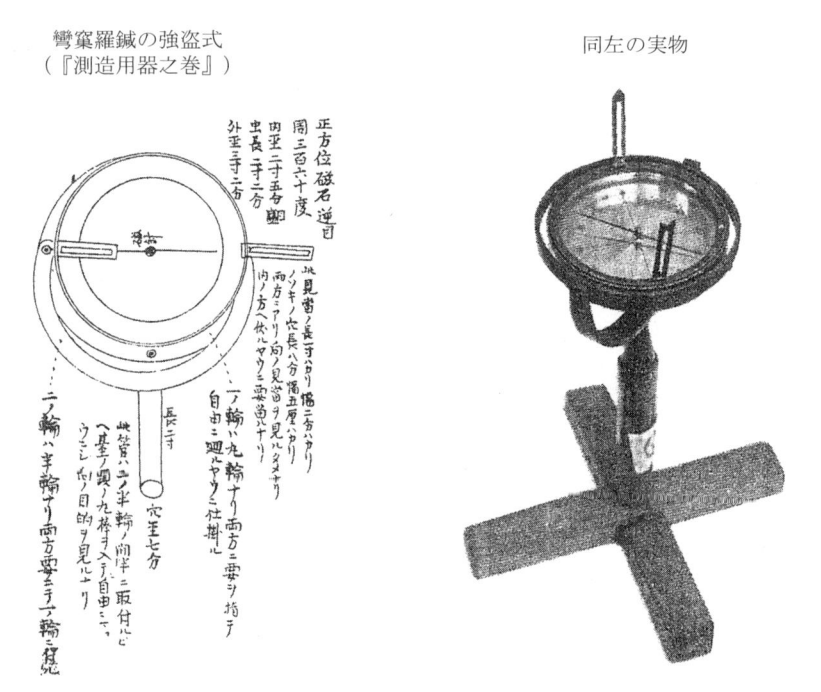

彎窠羅鍼の強盗式　　　　　　　　　　　同左の実物
（『測造用器之巻』）

図 11-1　彎窠羅鍼の強盗式（強盗式磁石台）
石黒信由『測遠用器之巻』（楠　頼勝「江戸時代末期の郷紳の学問と技術の文化的・社会的意義－石黒信由遺品等高樹文庫資料の総合的研究－」130 頁を転載。

　　磁石盤ニ丸輪一ッ半輪一ッ錯互ニ要ヲ以テ付タリ、故ニ墓斜ニナルモ磁石盤ハ正直ニナルヲ以テ
　　記ス置クモノナリ（中略）、
　　其平圭器ト云モノ持参ナリ、其製作ハ径一尺計リノ<u>磁石盤面ヲ三百六十度ニ割リ其一度ヲ又厘尺</u>
　　<u>ノ如ク六ッニ割リ磁石ハ片隅ニ虫長三寸ハカリナルヲ伏セ前ニシルス所ノ先師中田氏ヨリ傳ル隅</u>
　　<u>伏磁石盤ノ如クナリ</u>（著者下線）
　伊能は信由に「彎窠羅鍼」を自由に観察させたのであろう。図 11-1 に示したように、正確な見取
り図を付している。また、先師中田氏とは中田高寛である。

第 2 節　「惣高廻り検地」と「仮絵図」・「領絵図」の作製方法

1.　惣高廻り検地

　加賀・越中・能登 3 国を藩領とした金沢藩では、天正 13 年（1585）以降は各村の田畑・屋敷地を
筆ごとに測量し、1 筆ごと所在小字・地目・等級・面積・石高・名請（負）人等を記載した検地帳を
作製して、年貢を徴収する一般的な検地制度を行っていないようである [15]。すなわち、1 筆ごとに
丈量する検地ではなく、計測した村の惣歩数（面積）から山・川・道・屋敷・宮・三昧（墓地）・用水・池・
藪・原野等の検地の抜物（引物）を指し引いた「惣高廻り検地」であった [16]。特に越中国 4 郡では
1 間＝六尺三寸竿を使用し、1 反＝ 360 歩制であった。さらに、1 石当に付 240 歩に定め、1 石× 360
歩 /240 歩＝ 1 石 5 斗の「草高」（村高）を定めて、藩から村に「検地打渡状」を発給していた [17]。
　この「惣高廻り検地」による村絵図作製方法として、宝永 4 年（1707）頃に、加賀国石川郡御供田村（現
金沢市）の十村庄屋役土屋又三郎が著した『耕稼春秋』[18] がある。本書には土地測量に関する村絵
図や田地の測量図が描かれている [19]。土屋は一般的な村形を「一之村定成検地法」として 6 つの村
形を示し、さらに、形状別の村の検地絵図（領絵図）として 3 つを提示している。その①は「一ヶ村
定成」として周囲が 1 つの長方形の村で、村の中に所在する川・池・道・大岩などが記入されて、朱
線の大部分を占める「大縄」と、左縁の小さな「縁端」で村面積を計測している。②村形がやや複雑で、
川・道は書き込まれるが、「大縄」1 つ、「小縄」が 2 つと「縁端」で区分される。③は「大縄」が 3 つ、
「縁端」が 2 つ、「下リ立用」「上リ立用」の註記で面積から相殺して「大縄」を形成している。
　さらに、「一ヶ村惣高廻検地」の際には、奉行 1 名が足軽 2 名を連れて現地へ出役し、該村と境を
接する村々の百姓全員に誓約させて、翌日には「定廻り」と「本検地」をして境界や縄を張る地点を
確認して測量にとりかかる。その際、他郡の御扶持人十村が 1 名ずつ付きそう。畠（畑）面積の求積
を正確にするためには、1 つの畑を 2 つ〜 7 つに分割して各畑折部分の歩数を合計して本歩数を求め、
残りを「折捨歩」として用捨する役である「畠折役」を十村が勤めた。また、惣歩数から控除する川・
江・堤・潟・往還・道・居屋敷・堀・石塚・竹藪・宮・塚・三昧等の「抜物」を確認した。

2. 検地領絵図仕立様

　石黒信由が文化 9 年(1812)に著した『御検地領絵図仕立様』から検地絵図作製の過程をみよう。まず、村の領域を確定する測量から始める。「領境廻リ分間野帳調様」には「野帳調大躰如此見通ハ虚点ヲ用領形少々之屈曲之見取リ二記ス也、領ノ内何レヨリモ能ク見ユル宮等ノ大木ヲ杭毎ニ何ノ何分ニ当ルト支分ヲ付置ク也、其外何ニテモ杭四五本程ノ間見ユルモノアラハ支分ヲけ付置ヘキナリ、村中ニ在ル道川ナトモ屈曲ノ所々ニ杭ヲ立支分間数ヲ記事、領境廻リ分間同様也。針盤目盛リ三百六十度ヲ用ユ」とある。さらに、「領ノ長短ヲ見計リ先ッ南北東西ノ筋ヲ入白罫ニテ碁盤ノ目ノ如引也、其方面ハ地割加紙ノ大サニ随フ也、此罫ニ随テ地割紙ヲ置キ図之事也」と記される。文化 9 年には 360 度目盛りの磁石盤を使用し、「廻り分間法」で測量していた。

　まず、北方向に 1 杭を置き、「此當リタル所宮ト定ム、午廿五度見通白罫ヲ引也」とあり、お宮が真北より 25 度西の見通にある事を確認して、辰 25 度（真北より 145º 以下同）、方向で 250 間（約 455m）に 2 杭を設定する。さらに、2 杭から申 20 度（260º）にあるお宮に白罫を引き、2 杭から巳 25 度（175º）に 3 杭を置く。3 杭からお宮への見通しが戌 9 度（309º）に当たらない時は、2 杭より 3 杭までの間数（距離）を伸縮して双方よりの見通し線が合うように調整する。また、3 杭より申 5 度（245º）に三昧（墓地）を確認し、未初度（210º）に 4 杭を置く。さらに、4 杭から三昧の見通しが戌 15 度（315º）に当たらない場合は、3 杭より 4 杭までの距離を調整して合わせる。実際の各杭間の村境は曲線であるが、杭間を直線で引き、その間数を測定して、村の領域を確定した。確定した絵図を「下絵図」または「仮絵図」と称し、600 分の 1 または 1,200 分の 1 の縮尺図を作製した。また、「下絵図」には測量点となる道・川・屋敷・宮・三昧を描き、交会法から各杭からの方位と距離を確定した。ただし、磁石だけでは方位に誤差が生じるので、「地割紙」を使って確認していた。

　まず、「下絵図」の「一番角縄」から始まり「二十三番縄」までの 23 の大小の地形が書き込まれている。図の「一番」縄は最も大きな四角形で、十字法で歩数を計測し、また、縦横の長さを十字法で測ることができない周辺部の屈曲した小さな土地は「縁端」や「見込」と称して「角縄」を張らなくてよい場所とした。また、「享和二年仕法」により千歩（1,000 坪）以上の土地で縄を張る場合には、四角形の角縄とすることが命ぜられた。この「領絵図」を「惣高廻り検地」でいう「検地絵図」に相当する。

第 3 節　縄張人石黒信由作製の射水郡下余川村内検地領絵図

1. 改作法と手上免

　金沢藩では慶安 4 年（1651）に農政の大改革である「改作法」の実施により、寛永末期の大飢饉を契機とする農村の疲弊、藩財政の破綻、給人の困窮を乗り切ろうとした。「改作法」の中心は、年貢率の基準となる村の草高と村免（年貢率）を増加申告させる「手上免」「手上高」を村に迫り、草

高・村免を上げて年貢の増徴を図ることであった。このため、藩は農村統治の要となる十村を御扶持人十村に格上げして、地方支配の強化を図った。また、金沢藩では天正13年（1585）以降の作製の検地帳は確認されておらず、「検地打渡状」が村方に発給されている[20]。また、貞享3年（1686）に藩は検地を実施する前に領内の田畑・飛地・他村領境・用水・道等を記した絵図等の提出を命じている[21]。野積正吉によれば、村高の変更につながる検地引高は、内検地で打ち出されたとされ、当初は藩の検地を願い出る前の十村・百姓中の事前の検地として実施されたが、後に御扶持人十村らの立ち合いのもとに、縄張人を測量の担当として行われるようになった[22]。縄張人は御扶持人十村が郡中より選んで改作奉行・定検地奉行に申請し、定検地奉行が任命した。このように、内検地で中心的役割を担ったのは和算と測量術に長けた在村の縄張人であり、この時には御扶持人・組村十村は打立時と決算時に立ち合っただけであった[23]。しかし、内検地の実施により村高に対する実高の不足である「地不足」が顕在化し、寛政末〜享和期における射水郡16ヶ村の地不足高率は、プラスの1村を除いて、マイナス6.6〜37.9％にも及んでいる[24]。

2.　内検地領絵図

　「高樹文庫」絵図資料目録に収録される金沢藩内検地領絵図は45点あり、内、越中国射水郡35点、砺波郡3点、新川郡3点、加賀国能美郡4点である[25]。作製年代は寛政11〜12年10点、享和元〜2年4点、文化2〜12年20点、文政2〜11年7点、天保4点であった。先ず、射水郡北部の氷見町（現

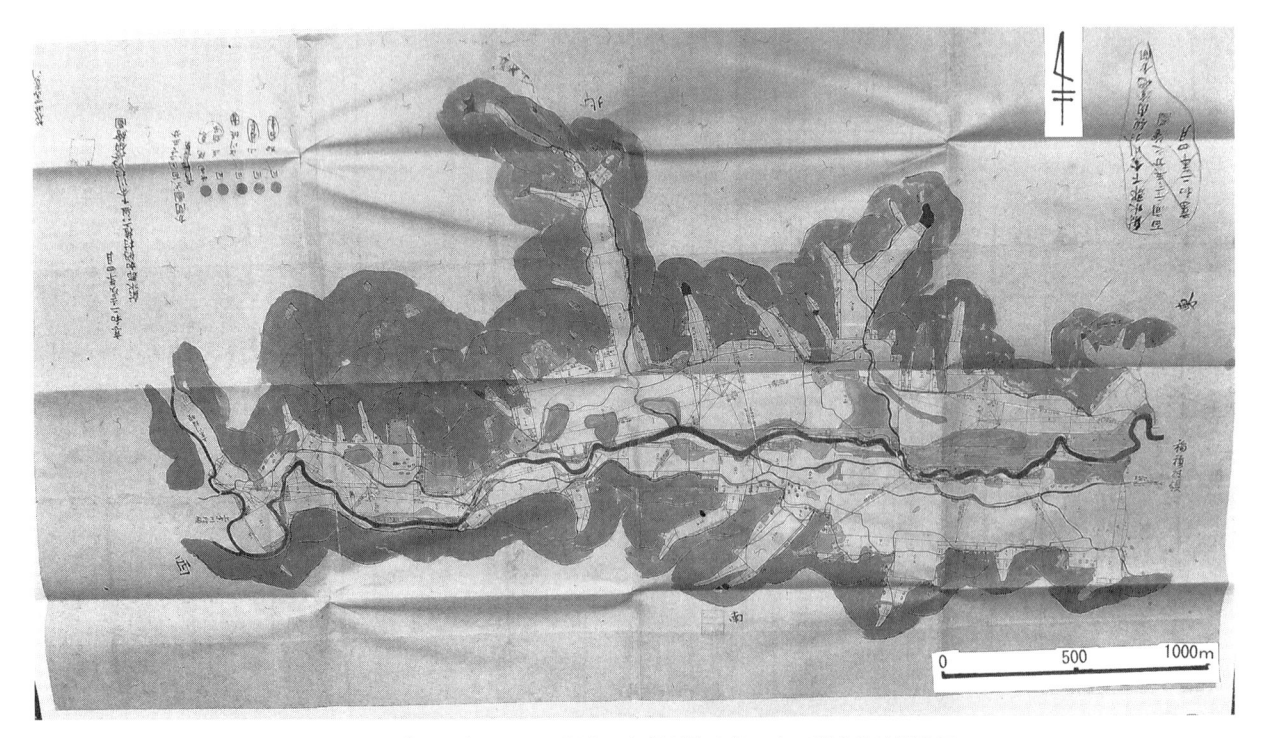

図11-2　享和2年（1802）射水郡加納村権六組下余川村内検地領絵図
（射水市新湊博物館・高樹文庫蔵、94×165cm）

氷見市）の北西に位置し、冨山湾に注ぐ余川川中流にある下余川村内検地領絵図をみよう（享和二壬戌四月年　射水郡加納組権六組下余川村内検地領絵図（目録 B131）（図 11-2）。本村は正保郷帳では高 1,869 石余、田方 116 町 7 反余、畑方 7 町 8 反余、免三つ七歩、天保 4 年（1833）の家数 199 の大村で、東西約 3.3km、南北約 2km ある。本村には余川川右岸の稲積村境から西へ高柳・百谷・片畑から、左岸（北岸）に上余川村の境の目谷・谷村・古戸・京地・田地・金谷の 9 垣内（集落）が散在する [26]。

　本図の凡例には「分間図式弐百間二寸五分」、1 間 6 尺 3 寸竿では 2,520 分の 1（6 尺竿では 2,400 分の 1）で、朱色・縄、雄黄・道、青・江川堤、鼠・山、茶・畑を示す。また、本図に関連する、①［野帳］下余川村内検地領方角野帳（二（二）30、高樹文庫資料、以下同）、②［日記］享和二年二月二日、下余川村内検地諸事覚帳（（二）二 29）、③［記録］享和二年二月、下余川村検地下縄しらべ帳（B 二（二）31）、④［野帳］享和二四月十二日、下余川村内御検地領絵図（二（二）34）、④［記録］寛政十一年巳未三月より内検地地方留帳（二（二）21）がある。

3.　野　帳

　先ず、前記①の［野帳］をみよう。信由は野帳に関しては、「高樹文庫」の文政 11 年（1828）の『測量法実用　巻二』（目録番号一（二）835）と、享和 2 年（1802）の『測遠要術　巻之二』と『巻之三』、および『巻之四』（一（二）827）で述べている。『巻之二』では「假如ハ分間野帳」として 6 葉の図と「切下絵図」があるが、内容は概略的ある。『巻之二』は本座より領境までの方位・距離を測る「廻り分間」法を、『巻之三』は分間絵図の凡例の色分けと面積を計測するための角縄の、『巻之四』は村領を北領・南領と領の中筋に分割して測量する方法を図示している。①の［野帳］の内容とほぼ同じなのは『巻之四』である。

　先ず、本村の縄張測量は、寛政 11 年 3 月「下余川村内検地下縄しらへ帳」（高樹文庫資料、以下「しらへ帳」）の末尾には「下余川村二月六日（享和 2 年）ヨリ同十八日迄下絵図、同十九日ヨリ廿七日迄下縄張、同廿八日同村仕立候、右下縄張縦立申候、右下縄張立申候得共内検地地方縄張仕立御改千歩以上之場所ハ角縄張ニ可張被仰渡候ニ付、右大縄取除四月十一日御縄張人様方御出役之上ニ而御検地被成候」とある。すなわち、本村の下絵縄張図は、享保 2 年（1802）2 月 6 〜 28 日までに完了していたが、千歩以上の場所には四角形の角縄を張る仕法改が藩から指示があったため、4 月 11 日に縄張人が本村へ出役して検地絵図を作製した。本図には 5 寸毎の方位線が引かれ、作製者は縄張人の石黒藤右衛門と、西広上村の筏井四郎右衛門である [27]。

　次に、享和 2 年 2 月 8 日の「下余川村内検地領方角野帳」（高樹文庫資料、以下［野帳］、二（二）30）と②「下余川村等内検地諸事覚帳」（高樹文庫資料、以下「覚帳」、二（二）29）を平行してみよう。測量は 2 月 8 〜 18 日に実施された。野帳（47 丁）をみる。図 11-3・4・5 をみると、8 日に村東端の稲積村との境に位置する余川川沿いに最初の測点を置き、稲積村とは巳（真北より 150°）方位へ 15 間である。2 測点は「四十間申八分、四十間」、2 測点から戌卯方位（315° から 90°）へ西に 33 間に 3 測点を置き、五社宮の南方向を測量した。4 測点は「戌四半」（313.5°）に 42 間に設置している。また、3 測点から未（210°）、4 測点から巳（150°）に集落（高柳）を遠望している。また、5 測点から「亥

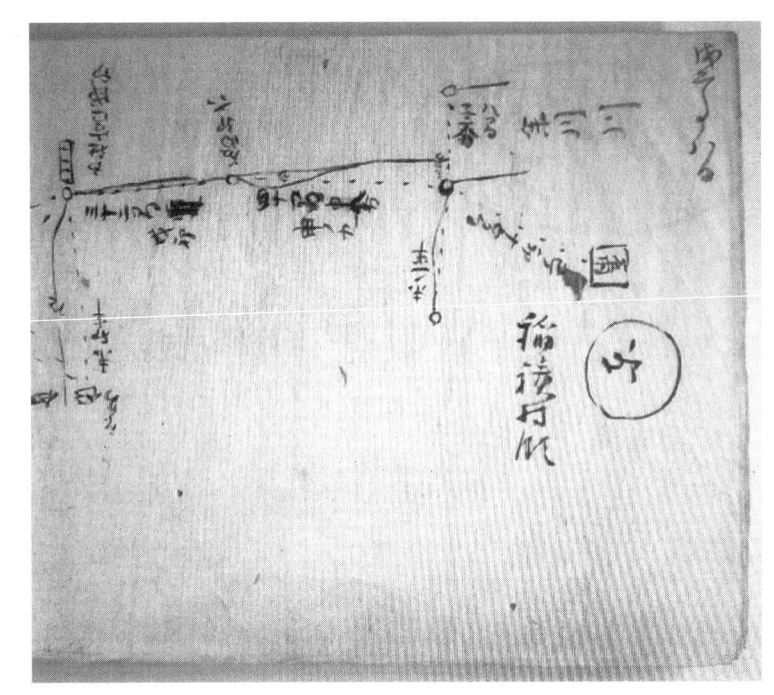

図 11-3　下余川村内検地領方角野帳二（二）30
（稲積村境付近、享和 2 年 2 月 8 日開始分、射水市新湊博物館ウェブサイトによる）

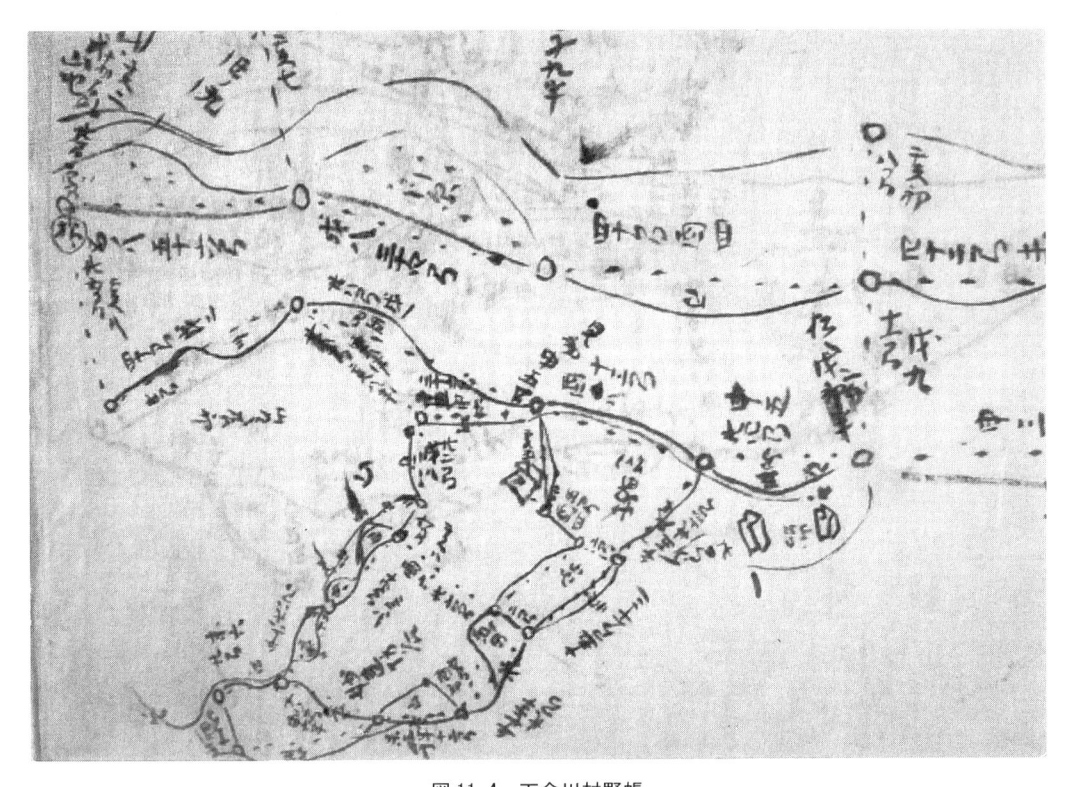

図 11-4　下余川村野帳
（片柳付近、享和 2 年 2 月 8 日分、射水市新湊博物館ウェブサイトによる）

ノ二半」（真北より 337.5°）38 間に余川川の川原に 6 測点を、そこから「未ノ半」（225°）に「藤田杭」
を、「子九半」（15°）脇測点を設置しており、6 地点付近は余川川の川原が描かれている（図 11-3・4・
5）。8 日の測点数は 64 ヶ所で、延測量距離は 1,887 間（3,450 m）である。

4.　覚　帳

　「覚帳」の「下余川村勤」によれば、武兵衛・藤右衛門（信由）・長兵衛・伝兵衛・四郎右衛門・
茂平衛・長兵衛倅・茂吉・三之丞の 9 人と、配下の五人組・人足で構成した。2 月 7 日には稲積村
役人が村境の検分に出て、論田の場所については双方が確認した。2 月 8 日の項よれば、2 班に分か
れて、武兵衛・藤右衛門等五人組が余川川の南縁を、伝兵衛・四郎右衛門・長兵衛・組合頭小三郎
等五人組が同川北縁と、稲積村領境より南縁一帯、五社宮の南縁一帯まで測量し、夜には下絵図を
作製した。8 日の延測量距離は 1,887 間、64 測地点であった。9 日の測量は稲積村から余川川のすぐ
南に平行して、東西に延びる加納村稲積村出合用水沿いに西へ始め、余川川の北領にあたる松木・
田地を測量したようだ。

　同日の「覚帳」によれば、2 班に分かれて、伝兵衛以下の 5 人と五人組が、稲積村領より北領（余
川以北）を分間測量し、夜中に下絵図を作製し、藤右衛門等 3 名は加納稲積出合用水筋と大道筋を測
量した。9 日の延測量距離は 1,336 間、42 測地点である。さらに、「覚帳」によれば、10 日には 2 手
に分かれて、伝兵衛以下 4 人と五人組が北領を測量し、夜下絵図作製した。藤右衛門以下 5 人と人足
5 人は南領境（舟塚・百谷）を測量し（図 11-5）、夜下絵図を作製した。10 日の延測量距離は 1,977 間、

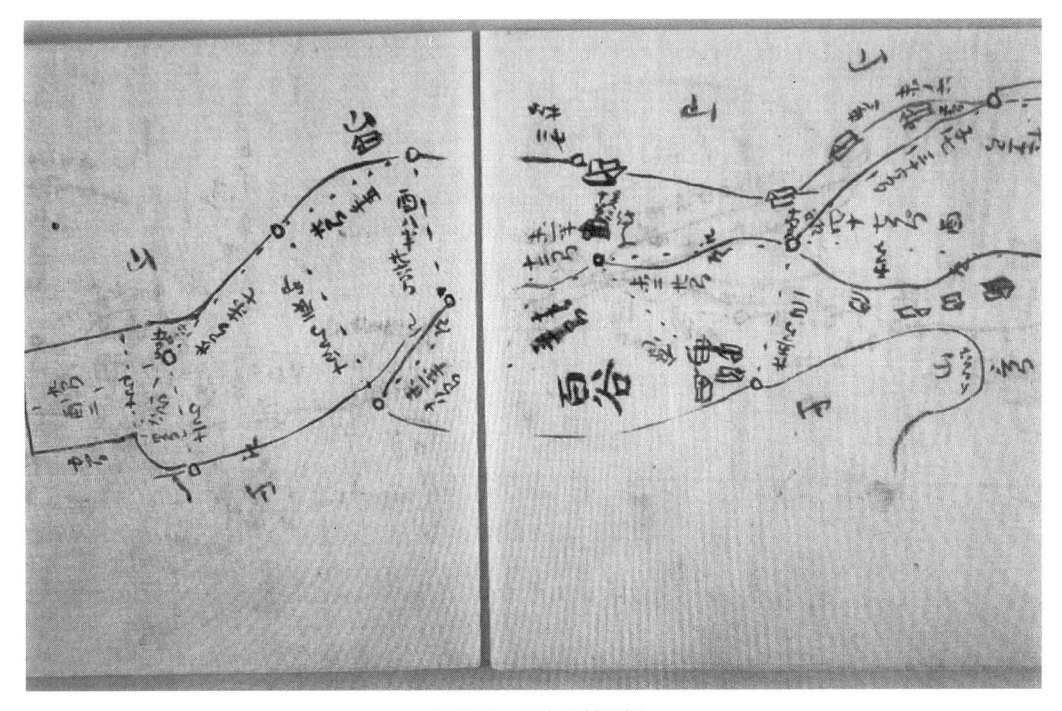

図 11-5　下余川村野帳
（百谷・南領付近、享和 2 年 2 月 10 日分、射水市新湊博物館のウェブサイトによる）

測地点 87 であった。

　11 日は 2 班に分かれて、北領（半野谷）と南領の分間を野帳に記した。同日の延測量距離は 1,342 間、測地点 76 であった。12 日は南廻（百谷・片畑）を分間した。延測量距離は 540 間、測地点 24 であった。13 日は風雪のため測量を中止し、下絵図を作製した。14 日は上余川村境の西領興 聖 寺（光西寺、臨済宗国泰寺派、図 11-7 参照）・目谷・味川・「一夜橋西領卯六ヒア光西寺栂木子七半境松戌三」と、上余川村境付近は分かりにくかったので、両村役人が示談の上、見解の異なる地点は、等分に二分割して双方の了解を得た。同日の延長距離は 1,321 間、測地点 47 であった。15 日は降雨のため中止。16 日には西領の杁谷川より東の広讃寺（浄土真宗大谷派）・五 柱 宮と、東目谷・亀谷・谷村付近を測量した（図 11-7・8 参照）。延測量距離は 1,690 間、測地点 100 であった。17 日は五柱宮より南の「一夜橋」（現市谷橋）から田中橋付近と應福寺（浄土真宗本願寺派）と、杁奥谷付近を測量（図 11-7 参照）、延測量距離は 1,170 間、測地点 88 であった。18 日には北領の杁谷入口と谷村・古戸付近を測量、延測量距離は 329 間、測地点 27 であった。8 日より 18 日のうち、実働の 9 日間の延測量距離は 13,091 間（23,799m）、測地点は 632 であり、測地点間の平均距離は 20.7 間（37.6m）であった。

5.　しらべ帳

　下余川村の「しらべ帳」の末尾には、惣縄数 184（南領 38 縄、北領 111 縄、西領 35 縄）、惣歩数 39 万 7,878 歩、田方 32 万 8,719 歩、畑方 6 万 9,161 歩、抜物（惣歩数から指引く箇所）1 万 1,526 歩等を除くと、打立て歩数は 34 万 285 歩である。越中国では 1 反＝ 360 歩制であったので、1 反あたりの歩数は 1 石 5 斗の標準石高とされていたので、草（村）高は 1,417 石 8 斗となり、定免「五つ一分」としての本村の惣高 1,680 石 5 斗に対し、263 石、率にして 15.7％の地不足である。

　この地不足に関して、寛政元年（1789）7 月に本村肝煎伝兵衛以下の惣百姓が、加納村十村権六に対し「洪水により高不足につき内検地願書」[28] を出している。その内容は、「私共在所惣高千六百八拾石五斗之処、宝永年中ヨリ享保年中迄度々之洪水ニ而御領内所々山抜川崩仕、御田地石砂入等ニ罷成、御高不足仕百姓中及難渋候ニ付、年々御歎申上候所、享保年中被仰渡候ハ、右変損所先内縄立候而しらへ方委細可申上旨被仰渡候（中略）、当時大体弐百石高程御田地不足ニ相見（下略）」とある。享保 2 年より 12 年前の寛政元年に内検地願を上申している。また、地不足を解消するために、嘉永 4 年（1851）4 月には、本村の野田・小京地・田屋之谷内・小坂都合 4 ヶ所で 4 石程の新開願いを出している[29]。さらに、天保 10 年（1839）には下余川村南川伝兵衛以下 11 名から余川右岸（南岸）の片畠・百谷・舟越（舟塚）・高柳までの草高 360 石 6 升 1 合、50 軒、230 人の分村願いを出している[30]。

　また、「しらべ帳」には、172 の下縄について縦・横間数と歩数（面積）が記されている。2 ～ 3 万歩は舟越谷、角縄東用水の 2 ヶ所、1 万～ 2 万歩は角縄東八郎左衛門前、角縄ノ北、古川江高砂田等 8 ヶ所、5 千～ 1 万歩 13 ヶ所、3 ～ 5 千歩 15 ヶ所、千～ 3 千歩 15 ヶ所、千～ 2 千歩 49 ヶ所、4 百～千歩 30 ヶ所、百～ 4 百歩 43 ヶ所、百歩未満 14 ヶ所で、最少は谷金屋前大毛の 18 歩である。

第4節　下余川内検地領絵図仕立法と目谷前・古戸前分間絵図

1. 下余川村内検地領絵図の仕立法

　享和 2 年（1802）2 月の石黒信由作製の「射水郡加納村権六組下余川村内検地領絵図」をみよう（図 11-2）。本図は縦 94 ×横 165cm の手書き彩色の実測絵図で、縮尺は 6 尺 3 寸＝1 間竿で 2,520 分の 1 である。射水郡内の内検地領絵図の縮尺は 6 尺 3 寸竿では、小村で 600 分の 1、新開で 1,260 分の 1、中村で 2,100 分の 1、大村で 2,520 分の 1 である[31]。しかし、内検地領絵図と大縮尺の国土基本図や都市計画図との精度比較は行われていない。そこで、本図と昭和 47 年測量の縮尺 5,000 分の 1 の国土基本図（V11-GD74・75）と距離・方位を比較した。その結果、誤差率は南北距離 2.16 〜 9.20％、東西距離 0.51 〜 2.78％、対角線距離 1.35 〜 3.63％、方位 7° 〜 18° であり、比較する距離や方位に関して、かなりのばらつきがあることが判明した。南北距離は最大 9％で、方位に関しても誤差がかなり大きい。図 11-6（第 1 角縄付近）、図 11-7（第 2 角縄付近）、図 11-8（第 3 角縄付近）は、1967 年撮影の空中写真に村境と主要なランドマーク（ポイント）を記したものである。絵図と比較すると、余川川の流路、山麓線、道筋、角縄ポイント等について絵図の精度はかなり高い。

　また、絵図を子細にみると、東の稲積村境から余川川の右岸の地区で、1 番角縄（図 11-6）から金田宮、2 番角縄（図 11-7）、五柱宮に至る東西約 2.2km には、1 番縄から 154 番縄がみえる。また、

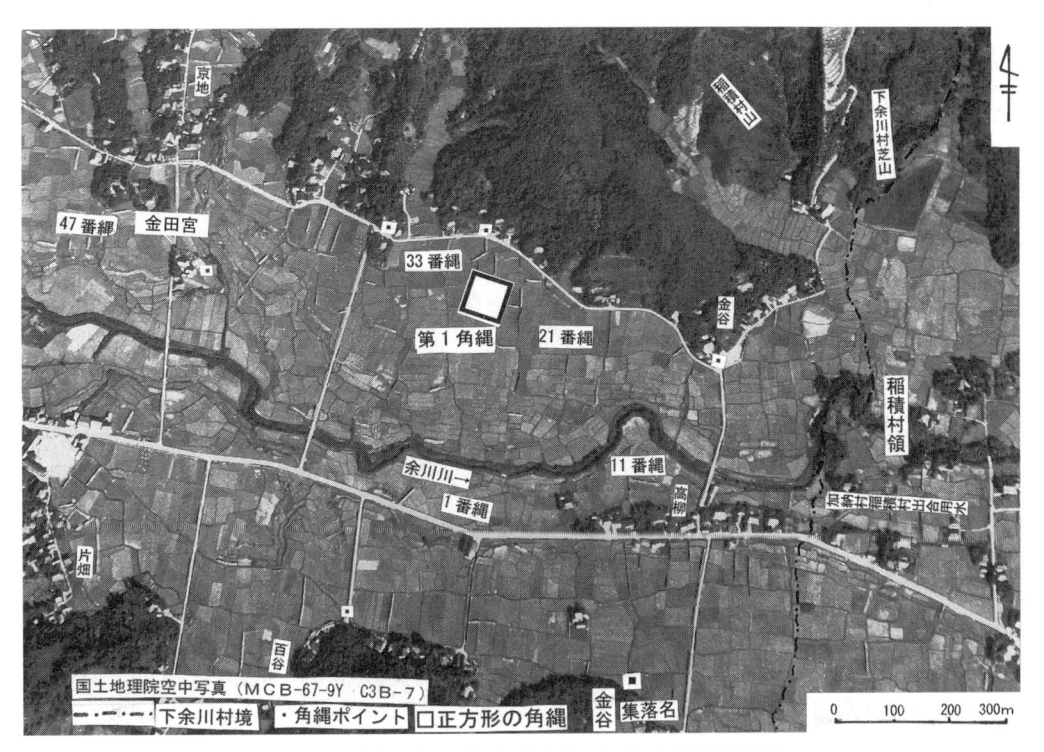

図 11-6　享和 2 年（1802）射水郡下余川村内検地領絵図
（第 1 角縄、金田宮付近、空中写真上にポイントを示す）

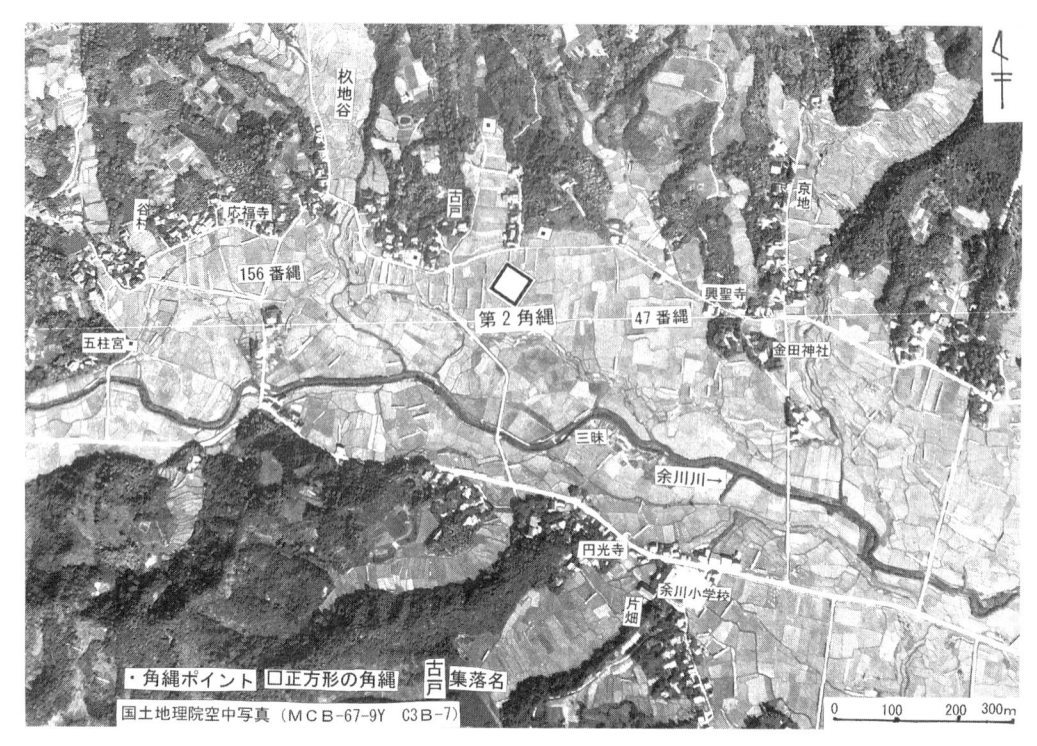

図 11-7　享和 2 年（1802）射水郡下余川村内検地領絵図
（第 2 角縄、五柱宮付近、空中写真上にポイントを示す）

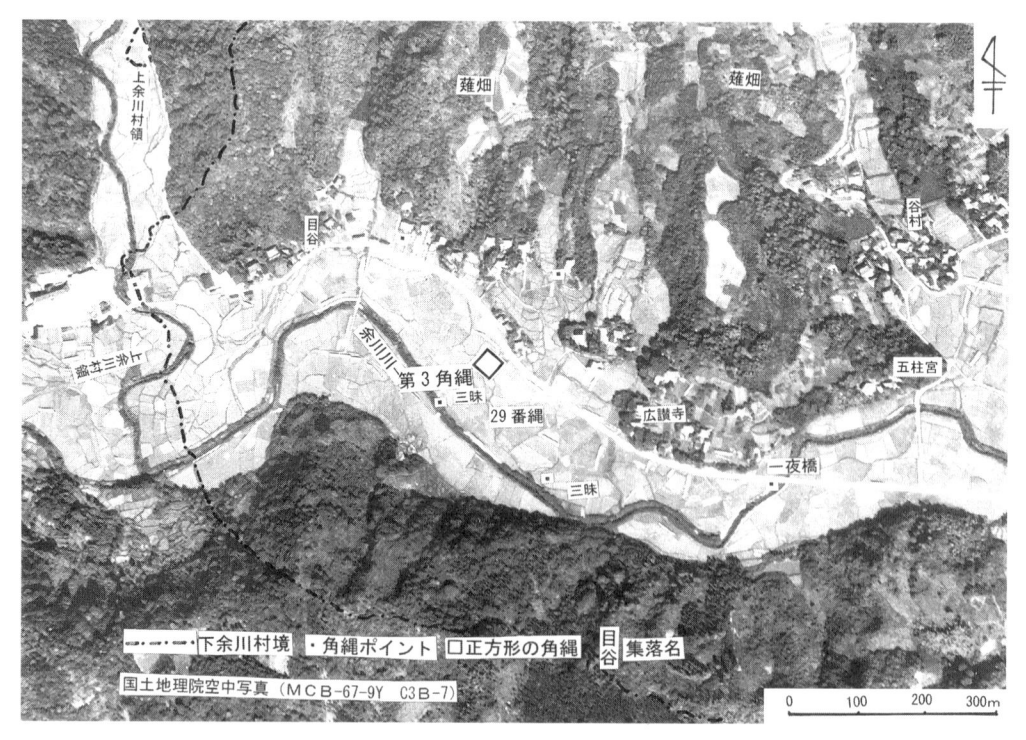

図 11-8　享和 2 年（1802）射水郡下余川村内検地領絵図
（第 3 角縄、広讃寺、薙畑、五柱宮付近、空中写真上にポイントを示す）

杁谷西方の谷村の標高約 60 〜 130m の山地斜面には、11 筆の畑（現在は田）の縄張りがある。さらに、余川左岸（南岸）の舟塚・向谷内・百谷・片畑から五柱宮南方の東西約 1.8km には、1 番縄から 106 番縄がみえる。一方、五柱宮から上余川村境迄の東西約 1.3km には、1 番縄から 79 番縄があり、本図には合わせて 339 縄がある。また、広讃寺北側の目谷の標高約 150m の山地斜面には 3 筆の畑がみえる。さらに、天保 9 年（1838）の本村肝煎清兵衛ら 4 人が十村扇沢弥八郎・予三兵衛に報告した「蕎麦蒔増歩数書上」[32] によれば、山地薙畑（焼畑）の蕎麦蒔付面積は、2,155 歩（7 反 1 畝 25 歩）とあり、前記の山地斜面 14 筆の畑はこの薙畑にあたると推定できる。

2. 第 1 角縄

　次に、第 1 角縄（図 11-6）は絵図では 33 番縄にあり、40 間の四方の正方形で、40 間を 1 寸で示しており、1 間 = 6 尺 3 寸で縮尺 2,520 分の 1 である。四隅から 8 ヶ所の測点に朱線が引かれ、その実距離と絵図上の寸法が記されている（図 11-2）。右上隅からは稲積村境の余川右岸へ、228 間 7 分 7 厘（5 寸 7 分 1 厘）、左下隅から余川小学校へ、350 間 8 分 8 厘（8 寸 7 分 7 厘）、百谷へ 218 間 9 分（5 寸 4 分 7 厘）、左上隅から金田宮へ、208m 間 6 分 9 厘（3 寸 2 分 3 厘）、松木へ 55 間 1 分（1 寸 3 分 8 厘）の朱線が引かれる。図 11-9 は第 1 角縄北側の 33 番縄の田地付近を示している（図 11-6 参照）。

図 11-9　下余川村、第 1 角縄北側の景観
（33 縄付近、2015 年）

3. 第 2 角縄

　次に、古戸集落南にある第 2 角縄（40 間四方）付近をみよう（図 11-7）。西には金田宮が鎮座し、図 11-10 は金田宮西側の水田景観である。各角縄隅から 7 地点への朱線が引かれる。右上隅から古戸

集落へは、46間5分3厘（1寸1分6厘）、片畑へは、222間8分8厘（8寸7分7厘）、右下隅から
金田宮へは、132間6分（3寸6厘）、余川川の古戸橋・三昧（墓地）付近の南地点へは、149間9厘
（3寸7分2厘）、左下隅から五柱宮へは、348間3分5厘（8寸4分）がみえる。第2角縄に関しては、
享和2年2月信由作製の「下図、下余川領古戸前分間絵図」（三（二）k仮155）[33]がある。図には
金田宮（図11-11）と五柱宮（図11-12）の外4地点（長左衛門家脇、山岸、伊右衛門、山岸）を結

図 11-10　下余川村、第2角縄、金田宮西側の景観
（47縄付近、2015年）

図 11-11　下余川村、金田宮（2015年）

図 11-12　下余川村、五柱宮（2015 年）

ぶ線が引かれ、地点間の間数・寸法が記されるが、この数値は内検地領絵図のそれに一致する。

4.　第 3 角縄

　次に、目谷前の余川川左岸の 29 番縄にある第 3 角縄付近をみよう（図 11-8 参照）。角縄から 5 地点への朱線が引かれる。右上隅から余川川左岸へは、84 間（1 寸 1 分）、右下隅から広讃寺へは 57 間 2 分（2 寸 4 分 3 厘）、伝馬付近へは、108 間 1 分（2 寸 7 分）、上余川村境の松へは、275 間 6 分 4 厘（6 寸 8 分 9 厘）、左上隅から一夜橋へは、168 間（4 寸 2 分）の朱線が引かれる。第 3 角縄に関しては、享和 2 年 4 月信由作製の「下図、下余川村目谷前分間之図」（三（一）B Ⅱ 154）では 5 地点への線が引かれ、記される間数・寸法は内検地領絵図と一致する。

第 5 節　射水郡一町一分分間絵図

　野積[34) よれば、藩主側近の御次田辺吉平は、石黒信由を文政 2 年（1819）に諸郡道程調理方等御用に推挙した。信由は文政 2 年から同 5 年まで三州測量を行い、同 7 年までに三州 12 郡の縮尺 1 町曲尺 1 分（3 万 6,000 分の 1）の実測郡図を完成させた。文政 6 年（1823）9 月作製の「射水郡一町一分分間絵図」（図 11-13）とその凡例部分（図 11-14）をみよう[35)。本図は信由が文化 7 年に完成させた縮尺 1 町 1 分（1 万 2,000 分の 1）の下図「射水郡大絵図」を 3 分の 1 に縮図したものである。「射

図 11-13　文政 6 年（1823）射水郡一町一分分間絵図

（高岡・二上山・氷見部分、高樹文庫蔵、BⅢ19、縮尺 36,000 分の 1、99 × 121 cm）

水郡大絵図」では、千間（1,818m）5 寸（15.15cm）ごとに方各線があるが、本図では 3 里（11.78km）

1 尺 8 分（54.0cm）の間隔の方各線を、三州の国境に位置する三国山（標高 323.6m）を基準とした。

5 万分の 1 地形図と比較することにより、本図の精度をみる。誤差は南北距離 0.2 ～ 6.4%、東西距離 1.1

～ 2.6%、対角線距離 0.28 ～ 4.1%、方位 1° ～ 2° であり、精度は「下余川村内検地御絵図」よりも高い。

本図では、山地・平地の地形区別が絵画的ではなく、平面的に描かれ、山麓線は薄緑、海岸線や放

生津潟や十二町潟、用水路・川を青で示す。また、村の位置は○で表し、各村が属する郷 2、庄 9、

保 1 合せて 12 の郷庄保名の頭文字で示し、村に属する垣内も記され、無家村は黒点で示す。凡例で

図 11-14　射水郡分間絵図の凡例部分
（縮尺 36,000 分の 1）

は下余川村は、囲で中世の「阿努庄」（13 ヶ村）に属したことを示す。下余川村の垣内では目谷・金田・百谷が示さ、12 の郷庄保には合わせて 355 ヶ村があった。徳島藩の分間郡図（縮尺 18,000 分の 1）には村境が示されるが、加賀藩の郡図では村境はない。

　道は朱線で示され、北陸街道は二筋朱線で、氷見道、氷見町から羽咋に至る子浦往来、氷見町から放生津町に至る浜往来、その他の道は細朱線で示される。また、郡境の道には隣接郡の村名が記され、高岡・氷見・伏木・放生津・小杉・下村等の駅家町立である城下・郷町は黄の長方形で示す。中小河川の橋は黒線、小矢部川・庄川の様な大河には「舟渡」の文字がある。高岡・氷見の年貢米を収納蔵のある御収納御蔵所は黒三角、高岡・二上山・阿尾（現氷見市）等の城跡・館屋敷跡は、朱枠四角形で、主要な神社・仏閣、御高札も示される。このように、本図は藩の地方支配のための行政基本図である。

第 6 節　　仙台藩における測量術書と実測絵図作製仕法

　徳島・熊本・佐賀・萩・鳥取・金沢藩以外でも、測量法や実測系絵図の作製仕法等に関する著書がある。一例として、金沢藩の地理学者である有沢武貞が著した絵図作製の解説書である『宝永八年（1711）町見便蒙集』（東北大学附属図書館蔵）では、磁石の使い方や測量の仕方、様々な測量道具などについて解説している。また、東北歴史博物館編図録（2009）の『町絵図・村絵図の世界－絵図の時代・

江戸時代』では、実測図系の村絵図として、①文政7年（1824）「宮城郡国分村全図」、②文政期の「本吉郡北方気仙沼本郷分間絵図」（熊谷家文書、縮尺3,000分の1）、③文政期の「本吉郡北方松崎村絵図」（同3,000分の1）では村境廻検地測量をし、測地地点には針穴がある。④「名取郡北方袋原村絵図」では6尺5寸竿を使い、1丁1寸2分の割の同3,000分の1、⑤文政期の「名取郡北方鈎取村絵図」（3,000分の1）、⑥文政6年（1823）の「名取郡北方境野村絵図」（3,000分の1）では村境の測量点を示すが収録されている。

小　括

金沢藩では越中国射水郡高木村の肝入・十村の石黒信由は藩命で、寛政から天保期にかけて測量に基づく加賀・越中・能登の加越能三州図（縮尺360,000分の1）・国図（同72,000分の1）、加越能12郡図（同36,000分の1）、および検地絵図である内検地領絵図（同1,200分の1、2,000分の1）や、川除図・普請所絵図・山野新開絵図・往還筋見取絵図等を作製した。石黒信由は関流和算・山崎流測量術・天文学・西欧数学を学び、導線法・交会法により主要街道と、海岸線を測量する方法は基本的には伊能忠敬と同じで、新田開発、河川改修、山論絵図作製等などに応用される実学として展開した。また、石黒信由が測量野帳・測量日誌・調帳等から絵図化した下図や完成図、着色した清図等が高樹文庫に収蔵され、測量から絵図作製仕法の課程と絵図作製技術を知ることのできる、全国に類ない貴重な資料である。特に、新田開発・検地用水測量・山野の開拓測量等に大きな業績を残している。

また、享和3年（1803）8月には伊能忠敬第4次測量に同道し、伊能の測量器具である強盗式磁石台・彎窠羅鍼に注目し、測量器具を改良して、文化9年には360度目盛とし、磁石2個を持つ小方位盤を作製し方位測量の精度を高めた。文化6年射水郡一町一分分間絵図（高樹文庫蔵）では、315ヶ村の郷・庄・保別の十村別区分、村・駅家町立之所（氷見・高岡・伏木・放生津（ほうしょうづ）・小松・倉）・蔵御蔵・高札・往還・婦負郡（ねい）飛地・街道筋の藩政村の区分等が詳細で、行政基本図としての特徴がある。しかし、山地・山麓線・谷筋・村境等の表現はかなり粗い。また、文政8年（1825）の越中四郡村々組分絵図（高樹文庫蔵）では、射水郡・砺波郡・婦負郡・新川四郡の2,336ヶ村の十組分と、街道・道筋の配置状況が詳細に図示されている。

さらに、石黒信由は寛政11年から享和2年まで金沢藩の内検地縄方御用を勤めた。射水郡北部にある享和2年の余川村内検地領絵図（縮尺2,400分の1）では、1間6尺3寸竿を使用している。正方形の第1・2・3角縄を設定して、その縄角からの縄角ポイントまでの下縄で方位と距離を測定している。さらに、村境の廻検地から得た村の地積（惣歩数）から川・山・垣内にあたる抜物（惣歩数から引く箇所）を除いた田方・畑方面積を求め、1反あたり1石5斗の標準石高から村高を算出する仕法を採用していること点は、他藩に見られない特徴である。

［註］

1) 射水市新湊博物館編（2012）:『石黒信由絵図集』。

2) 楠瀬　勝（1983）:「江戸時代末期の郷紳の学問と技術の文化的・社会的意義－石黒信由遺品等高樹文庫資料の総合的研究－」トヨタ財団助成研究報告書所収，2 ～ 6 頁。

3) 野積正吉（2016）:「石黒信由の測量図と地域社会・加賀藩」『冨山史壇』179，2 ～ 4 頁。

4) 石井良介編（1966）:『藩法集VI　続金沢藩』創文社所収，河合録，三之巻，一一九，854 頁。

5) 野積正吉（2004）:「村絵図・検地分間絵図」，氷見市史編さん委員会編『氷見市史 8　資料編六　絵図・地図』188 頁。

6) 前掲2)，2 頁。

7) 射水市新湊博物館資料 No32。

8) 射水市新湊博物館編（2001）:『越中の偉人　石黒信由－改訂版－』4 ～ 11 頁。

9) 佐久間達夫校訂（1998）:『伊能忠敬　測量日記　第一巻　尾張及越前以東測量編』大空堂 82 ～ 85 頁。

10) 前掲2)，13 頁。

11) 野積正吉（2016:「石黒信由の測量図と地域社会・加賀藩」『冨山史壇』179，4 頁。

12) 前掲3)，82 ～ 83 頁。

13) 射水市新湊博物館（ウェブサイト）「高樹文庫・石黒信由関係資料」目録番号一（二）827。

14) 木越隆三（2000）:「貞享三年宮腰検地と惣高廻り検地」，金沢市市史編さん委員会編『市史かなざわ』6 号，17 ～ 18 頁。

15) 前掲14) 木越，65 ～ 67 頁。前掲9) 解説。

16) 田上　繁（1989）:「検地絵図を読み解く－加賀藩の検地を事例として－」神奈川大学非文字資料研究センター，95，98 ～ 102 頁。

17) 田上　繁（1993）:「前田領における検地の正確について」『史學雑誌』102-10，51 ～ 60 頁。

18) 前掲11) 100 頁。田上　繁（1996）:「地租改正における土地測量の技術的前提－『耕稼春秋』の測量図を中心にして－」「商経論叢集」32 巻 -1，182 ～ 187 頁。

19) 堀尾尚志・岡光男校訂・執筆（1980）:『日本農業全集　4　耕稼春秋』農村漁村文化協会。

20) 前掲11)，97 ～ 99 頁。前掲12)，183 ～ 184 頁。木越隆三（2002）:「縄張人石黒信由の惣高廻り検地」「冨山史壇」137 号，1 ～ 2 頁。

21) 金沢市立図書館蔵，加越能文庫資料「領絵図製法二種」（16.87-6）。

22) 前掲11)，109 頁。

23) 木越隆三「貞享三年宮越検地と惣高廻り検地」『市史かなざわ』6 号。

24) 野積正吉（2004）:「氷見の村絵図と内検地」氷見市史編さん委員会編『氷見市史 8　資料編六　絵図・地図』301 ～ 302 頁。

25) 前掲24)，303 ～ 304 頁。

26) 平凡社編歴史地名大系（1992）:『冨山県』793 頁。

27) 氷見市史編さん委員会編（2003）:『氷見市史 4　資料編二　近世（二）』168 ～ 169 頁。前掲24) 野積，190 ～ 191 頁。

28) 前掲27)，174 ～ 175 頁。

29) 前掲27)，171 頁。

30) 高樹文庫資料，二（二）31。この外に、「寛政十一年内検地方留帳」（二（二）21）と「川口村宮袋村内検地下縄調理帳」（二（二）33）にも 2 月 27 日迄に測量が終了したとの記載がある。

31) 高樹文庫資料（射水市新湊博物館蔵のウェブサイトによる）。

32）高樹文庫資料（前同）。

33）高樹文庫資料（前同）。

34）野積正吉（2004）：「江戸時代後期加賀藩における領国絵図の作製」『富山史壇』142・143合併号，28～
　　33，40～42頁。楠瀬勝（2004）：「郡絵図」前掲『氷見市史8，資料編六，絵図・地図』168～171頁。

35）高樹文庫資料，BⅡ19。

第Ⅲ部　徳島藩領の分間村絵図と
土木・宗教的景観

第12章　分間村絵図と棚田景観

第1節　分間村絵図の資料的意義

1．分間村絵図の分析視点・方法

　徳島藩の阿波・淡路における実測分間絵図の作製事業は、19世紀初期の享和期から前期の文化期・文政期・天保期、中期の嘉永期（1801〜53）にかけて行われた。徳島藩の分間絵図は、藩用の行政基本図として作成された縮尺約1,800分の1（絵図面2寸1町）の手書き・彩色の精密な絵図で、統一された様式（凡例）で近世後期の村落景観を描いた一般図[1]である。これに対し、様々な村政に関する必要性に応じて村役人層が作成したいわゆる村絵図（主題図）[2]とは、作成目的・作図法・表現内容・精度等がことなる。これまでの歴史地理学における村絵図研究の主流は、見取り図系の主題図を対象とした景観復原や空間認識、耕地開発や地域像等の考察が中心であった[3]。徳島藩以外にも、佐賀藩では天明〜寛政期に実測による600分の1（1分1間）の精密な郷村絵図が作成されており、五十嵐　勉[4]や川村博忠[5]により紹介されているが、徳島藩の分間村絵図に関する研究としては著者[6]のほかに平井松午[7]の論考がある。

　次に、徳島藩の分間村絵図をみると、近代の実測図のさきがけとなる村域の確定[8]、さらに平面的な地形区分や田畑の土地利用区分[9]、1棟ずつ描かれた民家[10]や屋敷林、寺社・堂宇等の宗教的景観、街道、一里松（山）、制札場、護岸、用水、堤、里道等の自然・文化的な景観構成要素を細密に表現している。この絵図から近世後期の自然・文化景観や、生活空間等をミクロ的視点から復原することが可能であると考える。さらに、阿波山村を対象とした山分の分間村絵図では、1筆（1枚）ごとの棚田・段々畑や、1棟ごとの民家・宗教的施設、集落内の里道や用水等を微細に描いており、資料的価値はきわめて大きいと考える。

　徳島県中東部を流れ、紀伊水道に注ぐ勝浦川上流の上勝町は葉っぱビジネス「彩」が有名である。同町の西半にあたる旧福原村（明治22〜昭和30年）を構成した勝浦川最上流域に位置する近世の八重地・市宇・田野々・樫原・野尻・久保・瀬津・福原村の福原八ヶ村域（図12-1）をカバーする面積約5,000町歩（明治20年「地籍」）を対象とした文化10年（1813）作成の8鋪の分間村絵図（控）（町役場蔵）[11]が現存する。この村絵図を素材として近世山村の景観変化と地域像を明らかにしたい。その際、次の諸点に分析の視点をおいた。

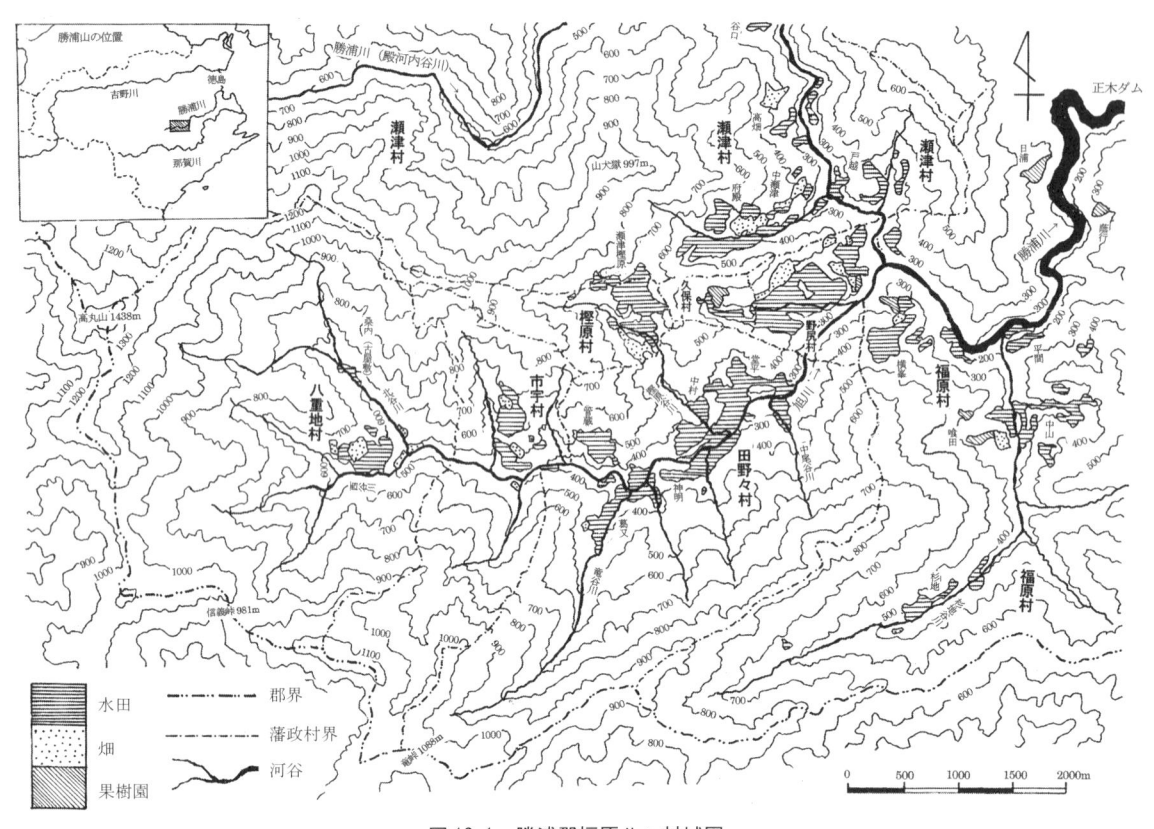

図 12-1　勝浦郡福原八ヶ村域図

土地利用と等高線は 25,000 分の 1 地形図「雲早山」（平成 16 年発行）・「阿井」（平成 19 年発行）による。

　絵図は単独で存在するのではなく、①絵図の背景にある地域の人々の生活空間や社会との関係でみることが重要であり、絵図で表現された歴史空間と、地域史を絡ませる分析視点が必要である。このためには絵図に描かれた 1 筆（枚）ごとの棚田・段々畑や、1 軒ごとの民家、ランドマーク等を地方文書・明治役場文書・地籍図・新旧の空中写真・現地調査等を摺り合わせて分析することにより、山村景観の変化の過程や、地域像を時系列的、総合的、ミクロ的にとらえる。②絵図を空間軸（景観や空間構造）と時間軸（近世前期→近世後期→明治地租改正期→ 1968 年空中写真→ 2005 年空中写真→現地調査）からみる。③旧福原村域は西南日本外帯の地すべり地帯（秩父帯）という地形的環境にあり、集落や耕地と自然災害との関係を明らかにする。④絵図には村人の精神生活と深く結びついた寺社・堂宇・小社等の宗教的景観が多数描かれている。宗教的景観と山村社会や集落との関係をみる。⑤分間村絵図と地租改正期の実地丈量見取絵図・地籍図等にみる 1 筆（枚）耕地の把握方法の違いをみる。⑥歴史地理学における絵図利用を中心とした絵図資料論と、地域史と融合させた歴史地誌学への試みを行う [12]。

2.　村絵図と山村景観に関する研究

　小野寺　淳 [13] によると絵図研究の流れは、①地図史的研究→②景観復原研究→ 1980 年代以降に③絵図解読研究にあるとされる。また、小山靖憲 [14] は絵図に対する分析視点として歴史学では資料批判を踏まえた作成目的論的アプローチであるが、歴史地理学では図像・記号論的アプローチが

1980 年以降中心となり、作成主体の空間認識や地域像を求める方向になっているとしている。

　次に、絵図と山村景観に関する主な研究をみよう。米家泰作 [15] は大和国川上郷井戸村現存の 11 点の見取り絵図から村人の山形（山塊）に対する空間認識を、五十嵐　勉 [16] は越後国頸城郡下平村における棚田開発を明治初期の耕地絵図と地籍図からそれぞれ明らかにしている。松尾容考 [17] は大和国吉野郡川上村の延宝 5 年の旱魃損毛場絵図から景観を復原し、窪田涼子 [18] は伊那谷虎岩村絵図に記載される小地名を、六本木健志 [19] らは秩父山地の検地帳小字の比定をそれぞれしている。一方、鳴海邦匡 [20] は北摂の実測の山論裁許絵図から、近世在地社会における地図測量技術と伝播を明らかにしている。

　これに対し、平井 [21] は勝浦郡樫原村分間絵図と、名東郡観音寺村給地絵図を用いて古地図における GIS 分析の可能性や 3D 化を試みている。一方、著者 [22] は文化 10 年の旧福原村の八重地村・野尻久保村・福原村分間絵図を用いて地方文書との比較から、山村景観や耕地の開発過程、山畠・焼畑の存在形態、水論・山論等について復原的な分析を行った。さらに、文化 10 年の樫原村分間絵図と地租改正期の地面明細図・実地丈量見取絵図等との比較分析から、棚田景観の形成過程と所有・利用状況を復原した。上記のように、鳴海・平井と筆者を除いては見取り図を対象としており、鳴海は「廻り検地」に関して測量技術史的視点から分析している。

　次に、徳島藩の分間村絵図の特徴と地図史における意義についてみよう。いわゆる伊能図は大・中・小図とも沿海や主要街道筋の線的実測図 [23] であり、村単位の精密な絵図ではない。このように、徳島藩の分間村絵図は村の外周や内部を実測したものであり、前出の佐賀藩の天明〜寛政期の精密な郷村図 [24] と、萩藩の「開作絵図」「一村限村明細図」 [25]、と鳥取藩の「田畑地 続 全図」 [26]、金沢藩の「内検地 領 絵図」 [27] とともに、絵画的表現を脱して近代的な平面的視点から実測した村絵図として近代的地図のさきがけとしての意義がある。

第 2 節　徳島県における棚田と傾斜畑の分布

　小出　博 [28] によれば、日本の主要な棚田地帯は新潟・長野県と能登半島、山形県を中心とする第三紀層地辷り地帯と、西南日本外帯の紀伊半島、四国に分布する三波川帯・秩父帯・四万十帯を中核とする破砕帯地辷り地帯の緩斜面に立地している。山間に分布する水田は棚田だけでなく、谷筋の谷底水田や河岸段丘・山麓の洪積面等がある。図 12-2 にみる徳島県における棚田分布の中心は、勝浦川・坂州木頭川流域にあたる御荷鉾構造線と、仏像構造線に挟まれる秩父帯で、剣山地の中でも勝浦川上流の秩父帯に属する上勝町の八重地・市宇・樫原・田野々・瀬津・福原・野尻・久保村の 8 つの集落は有数の棚田地帯を形成する（図 12-2 参照） [29]。

　重要なことは上記 8 ヶ村の文化 10 年（1813）作製の縮尺 1,800 分の 1 の精密な「分間村絵図」が現存することであり、当時の精密な村落景観を復原することが可能である。上勝町樫原地区の棚田が1999 年には農林水産省から「日本の棚田百選」に指定され、さらに、2010 年に文化庁は上勝町の「樫原の棚田」を重要文化的景観に選定した [30]。さらに、那賀川・海部川・日和佐川・牟岐川流域を中

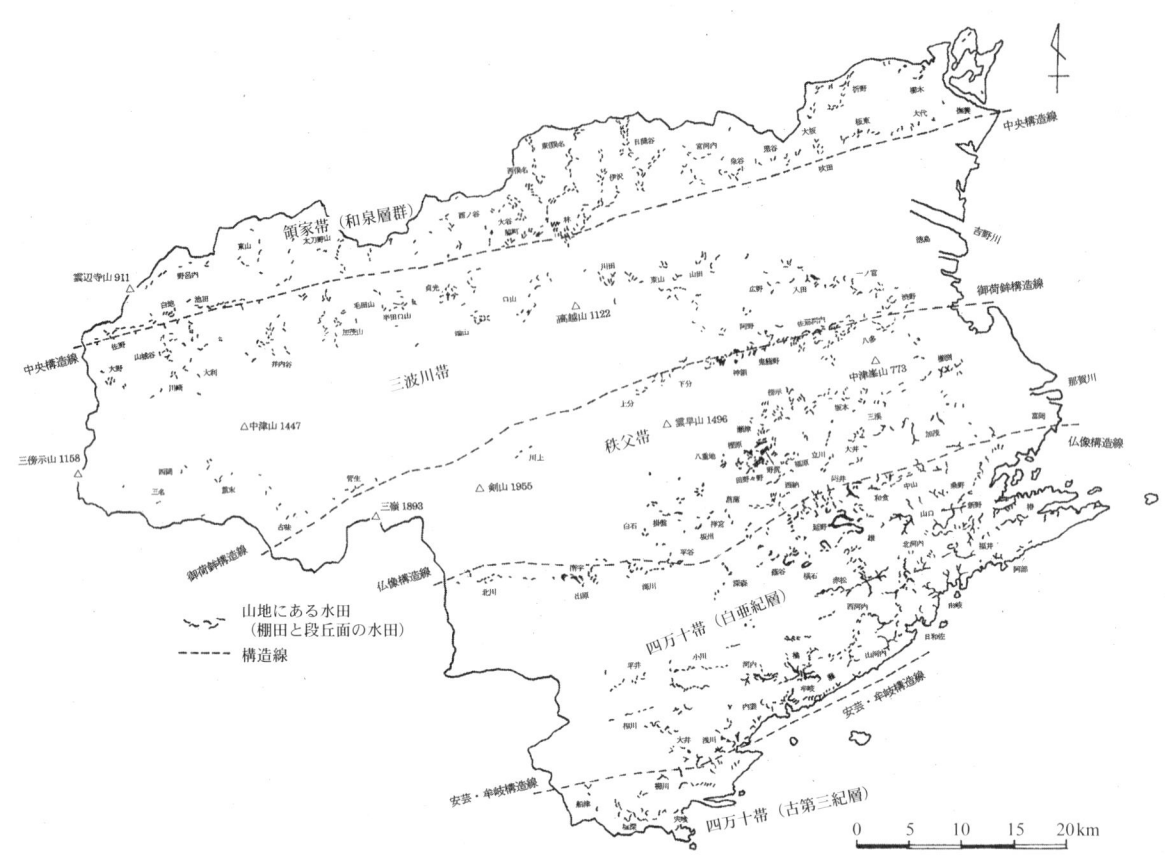

図 12-2　徳島県における山地水田（棚田・段丘面）の分布（図中の地名は近世村を示す）

　　　　1.　水田の分布は平成 16 〜 19 年発行の国土地理院 25,000 分の 1 地形図による。

　　　　2.　構造線は徳島県土地保全図（国土庁土地局・平成元年発行）による。

心とする仏像構造線と、安芸・牟岐構造線に挟まれる白亜紀の四万十帯で、延野・和食・雄・横石・蔭・赤松等（現那賀町）の谷低平野・河岸段丘面・旧河道は有数の棚田地帯を形成する。讃岐山脈南麓にある中央構造線より北斜面の和泉層群よりなる領家帯、四国山脈に属し御荷鉾構造線上に位置する名西郡佐那河内村から同郡神山町の鬼籠野・神領等に分布の中心がみられる。

　これに対し、図 12-3 に徳島県における傾斜畑（段々畑）の分布を示した。傾斜畑分布の中心は棚田の空白地帯にあたる、三波川帯に属する上郡（美馬・三好郡）山地の「そら」と呼ばれる山村である。すなわち、吉野川上流の三好郡山城谷（現三好市）、祖谷山（現三好市）、井の内谷（現東みよし町）、一宇・半田山・端山（現つるぎ町）、木屋平・口山（現美馬市）、および讃岐山脈南斜面の岩倉山・曽江山等（現美馬市）も有数の傾斜畑地帯である[31]。この「上郡」における傾斜地農業に関しては、現在、徳島県と三好・美馬市とつるぎ町・東みよし町が「にし阿波の傾斜地農業システム」のテーマで推進協議会を結成し、2018 年にユネスコの世界農業遺産の認定を受けた。

　明治 9 年（1876）に勝浦川最上流の八重地村・市宇村・田野々村が合併して大字旭村が、瀬津村・樫原村・野尻村・久保村が合併して大字生実村が成立し、福原村は 1 村で大字福原村となった。さらに、明治 22 年（1889）に旭村・生実村・福原村が合併し福原村（旧福原八ヶ村）が成立した[32]。昭和 30 年（1955）に福原村が高鉾村と合併して上勝町が成立し、現在に至る。表 2-1 をみると、旧福

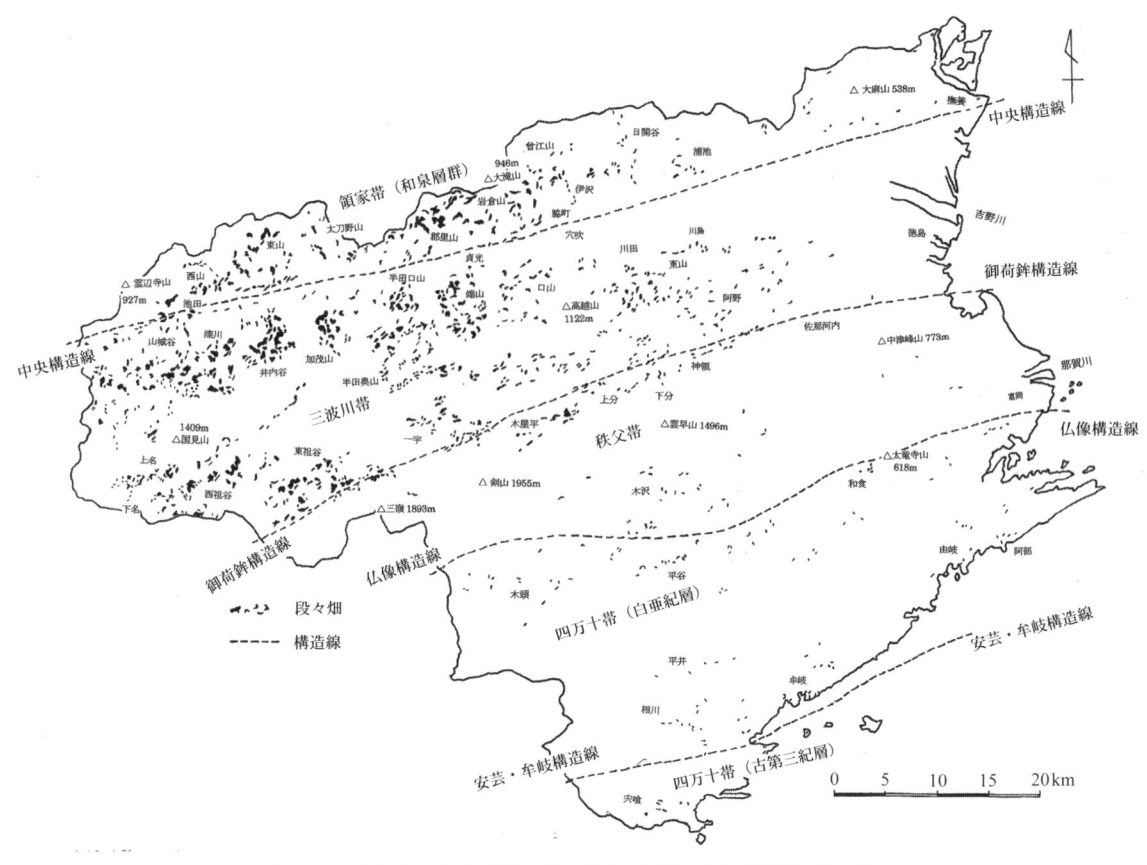

図 12-3　徳島県における段々畑の分布（図中の地名は近世村を示す）
1. 段々畑の分布は平成 10 ～ 19 年度発行の 5 万分の 1 地形図（国土地理院発行）による。
2. 構造線は徳島県土地保全図（国土庁土地局・平成元年発行）による。

原八ヶ村は貞享 3 年（1686）検地帳では、田は 46 町 0 反 0 畝、畑は 49 町 9 反 1 畝、田畑合わせて 95 町 9 反 1 畝、石高 773 石 5 斗 5 升 5 合、大豆・小豆・楮・茶・桑等の上毛高 111 石 8 斗 7 合を合わせて 882 石 1 斗 7 合である。田畑面積比率は田が 48.0%、畑が 52.0% であるが、寛政期の田畑面積[33] は 148 町 8 反で、貞享期よりも 55.2% も増加しており、また、文化期の石高は 1,349 石 3 斗で貞享期よりも約 47 パーセント増加している。旧福原村域の棚田はいずれも湧水や小渓谷の表流水に依存する「小井手懸」である。明治 3 年（1870）[34] では戸数 478 戸、人口 2,461 人、田畑面積 110 町 5 反 1 畝で、焼畑を意味する山畑・切畑が 40 町 1 反 7 畝ある。

第 3 節　文化 10 年（1813）福原村分間絵図と「廻り検地」

福原村分間絵図（控）は「在所」と「山分」からなるが、「在所」部分をみよう（口絵 3、図 12-4）。「凡例」をみると、「絵図面二寸一丁」の割りで縮尺は約 1,800 分の 1 で、50 町を 1 里（5,454m）としている。

表 12-1　文化 10 年（1813）瀬津村分間絵図にみる田畠・居屋敷・民間信仰・谷地名と貞享 3 年（1686）検地帳、明治 13 年（1880）地籍

集落名（標高）	田	地面畠	田畠計	居屋敷		民間信仰（小祠）	地名・谷地名
府殿（250〜610m）	579 枚	325 枚	904 枚	32 枚	32 棟	権現 2、若宮 3、地蔵 2、樫山大権現・八幡・八幡宮・	府戸野
明治 13 年地籍	822 筆	761 筆	1583 筆	44 筆	—	聖大明神観音院・観音・大師堂・愛宕社・天王社・龍	
同田畠面積（畝）			532.12			王・行者各 1　（18）	
樫原（650〜690m）	118 枚	92 枚	210 枚	8 枚	8 棟	大西権現・山神各 1　（2）	—
明治 13 年地籍	124 筆	193 筆	317 筆	11 筆	—		
同田畠面積（畝）			382.24				
戸越（240〜400m）	200 枚	132 枚	332 枚	12 枚	12 棟	若宮 2、地蔵堂・チン守・鎮守・山神各 1　（7）	トゴエ・堂谷
明治 13 年田畠面積			597.12				
高畑（250〜450m）	316 枚	201 枚	517 枚	14 枚	17 棟	山神 2、薬師堂 1　（3）	—
明治 13 年田畠面積			178.26				
谷口（250〜550m）	294 枚	115 枚	409 枚	9 枚	9 棟	山神 4、カヤ権現・大師堂各 1　（6）	アイノ谷
明治 13 年田畠面積			248.28				
若木（350〜500m）	120 枚	78 枚	198 枚	3 枚	9 棟	山神 1　（1）	アイノ谷・カヤゴヤ
明治 13 年田畠面積			290.19				
大北（400〜600m）	106 枚	75 枚	181 枚	6 枚	6 棟	山神 1　（1）	アイノ谷・カヤゴヤ
明治 13 年田畠面積			289.18				
雄中面（450〜650m）	126 枚	35 枚	161 枚	5 枚	7 棟	十二社権現・山神各 1　（2）	オナカズラ・コヤケン・キヨシドチ・
明治 13 年田畠面積			514.25				杉サコ・ホソゴエ・ヤゲン谷
分間絵図計	1928 枚	1053 枚	2981 枚	89 枚	107 棟	山神 10・権現 6・若宮 5・地蔵 3・観音 2・鎮守 2・	谷地名 4・地名 6（峠 2）
明治 13 年地籍	182 筆	129 筆	311 筆	7 筆		八幡宮 1・明神 1・大師堂 1・天王社 1・龍王 1・行	
同田畠面積（畝）			3035.14			者 1　（40）	
貞享 3 年検地帳	323 筆	畠 527 筆	850 筆	76 筆	—	山畠 71 筆・切畑 181 筆	—
畝・歩	487.16	1701.21	2189.07	71.29	—	山畠 3 町 2 反 9 畝 06 歩・切畑 8 町 1 反 5 畝 00 歩	
高（石）	49.588	48.408	97.996	8.258	—	山畠 3 石 8 斗 7 升 2 合・切畑 5 石 2 斗 4 升 9 合	

註）地籍は「明治十三年勝浦郡生実村地籍」（上勝町役場蔵）、検地帳は「貞享三年勝浦郡瀬津村検地帳、元禄十四年写」（同蔵）より作製。
　　田畠居屋敷枚数・棟数・民間信仰（小祠）・地名谷地名は文化 10 年瀬津村分間絵図（控）による。

絵図では山地は黄色、田は薄緑（凡例では薄黄）、地面畠は薄墨で、外周の積数は四里十八町二十七間（29,932m）とある。この外周積数は「廻り検地」[35)]により求められた村境の総延長距離である。

　村の外周は村境であるため、村境の曲がり目である屈曲点に杭（梵天）を立てて、そこから次の屈曲点までの方位角（「間盤で方角を見込み」）と、距離（間数）を測量することを意味している。測量結果を野帳に記して絵図を作成するのであるが、図 12-5 は分福原村分間絵図の北西部にあたり、勝浦川左岸の「日浦」集落付近で、勝浦郡傍示村（旧高鉾村分）と瀬津村境付近を示している。絵図の瀬津村境付近には「山神」と民家 2 棟がある「髪四良」の集落（標高約 400m）が描かれる。そこで、村境に沿って屈曲間の方位と距離を記載して絵図である「阿波国勝浦郡福原村全図」（図 12-6）[36)]を示す。本図は、大字生実村境に位置する日浦集落付近を示す。本図の縮尺は「一里一間」で約 6,000分の 1 である。図では「第三百三十七号杭」から「第三百七十三号」杭までが示される。

　本図によれば、福原村境の測量はまず村最北部の「蔭行」集落と、正木村（旧高鉾村）の「柳谷」集落との尾根線上の村境に、「巳十四度廿一間」の「第一号」杭（標高約 370m）を打っている。第 1号杭からみた次の「第一号ノ一」杭は「巳十四度廿一間」、すなわち第 1 号杭より磁北から 149 度の方角（巳は磁北より 135 ～ 165 度の 30 度の間で、巳の 14 度は磁北より 149 度にあたる。）で、距離は 38m の地点に「第一号ノ一」杭を打っている。さらに、「第一号の一」の杭から「辰廿一度四十一間」地点すなわち、磁北より 131 度の方角（辰は磁北より 110 ～ 140 度の間、辰 21 度は 131 度にあたる。）で、距離 74.5m の地点に「第一号ノ二」杭を打っている。このように、正木村境から時計回りに杭を順次打っており、最終杭の第 417 号（標高約 360m）で終わる。すなわち、勝浦郡境に接する勝浦郡棚野村（同約 700 ～ 830m）→那賀郡内山村（同約 700 ～ 740m）→同郡竹ヶ谷村（同約 740～ 990m）→勝浦郡田野々村（同約 990 ～ 180m）→同郡野尻村（同約 450 ～ 180m）→同郡瀬津村（同約 200 ～ 660m）→同郡傍示村（同約 660 ～ 300m）→同郡正木村（同約 180 ～ 300m）にいたる。その総距離は凡例にあるように「四里十八町二十七間」（23,812m）であり、杭間の平均距離は 31.4 間（57m）になるが、その比高は約 810m にも及ぶ。

　次に、岡崎三蔵著（稿本）『図解　南阿量地法国図附録　全』[37)]には、「東西南北ヲ正シ野帳ニ張リツケ家蔵等夫々本式ニ写シ外周ニハ二寸町故ニ二寸ノ系ヲ入レ所々ニ東西南北ヲ磁石ノ形ニ花形ニ

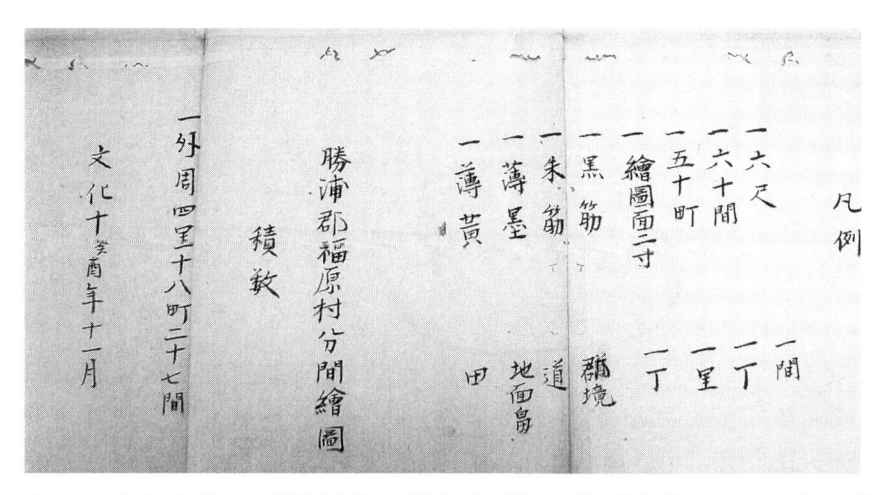

図 12-4　文化 10 年（1813）勝浦郡福原村分間絵図（控）（上勝町役場蔵）の凡例（口絵 3 参照）

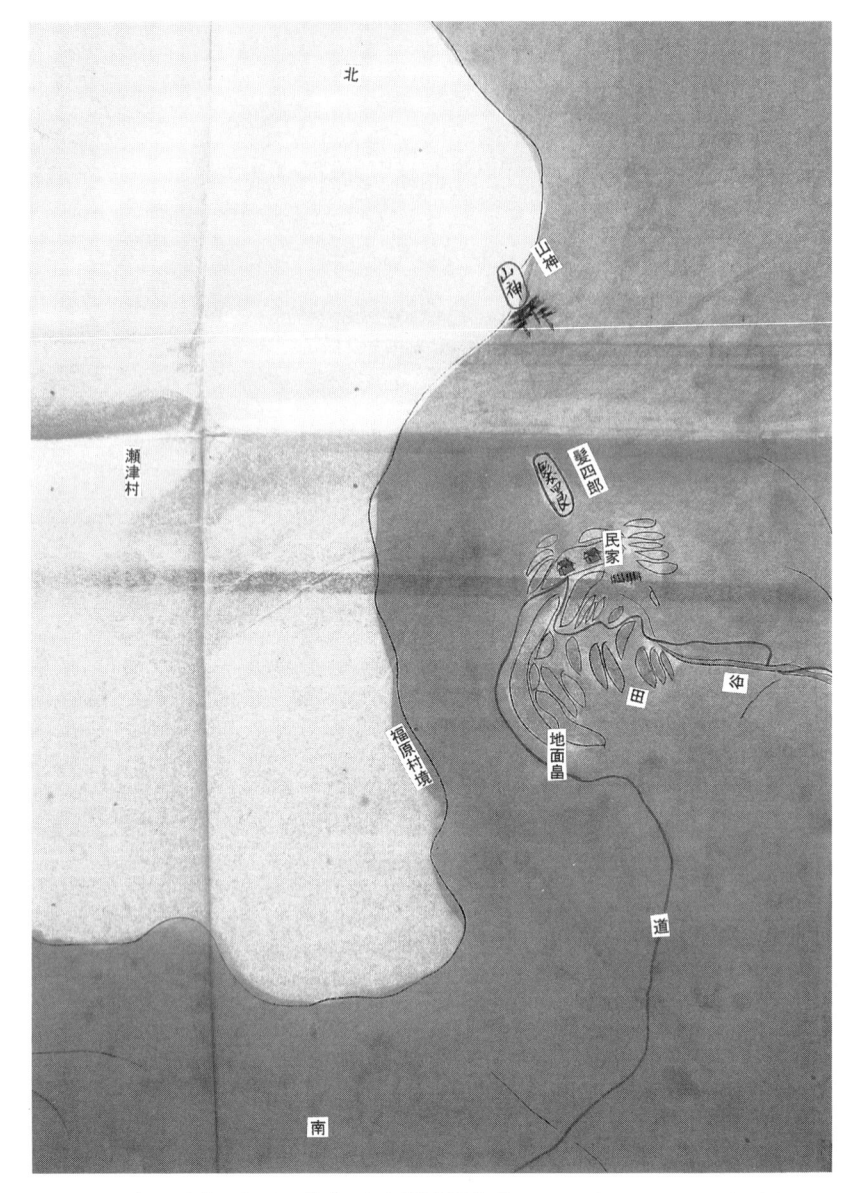

図 12-5　文化 10 年（1813）勝浦郡福原村分間絵図（（控）に加筆）（北西部髪四郎付近）

致シタル判ヲ押ス」とあり、絵図の外縁部分に二寸（6cm）の方眼を書き込み、花形磁石の方位判を押すように指示している。二寸の方眼は絵図面二寸が一町にあたる分間のためであるが、里分の分間絵図（例えば、「文化十一年那賀郡古毛村分間絵図」（口絵 6、徳島大学附属図書館蔵））には引かれるが、旧福原村分のように山村絵図にはない。また旧福原村分絵図には東西南北に 4 個の 16 方位の花形磁石方位盤がみえる（図 12-7）。

　一方、瀬津村分間絵図の凡例には「行者直立四百間」とあるが、「行者」は絵図にある山犬嶽山頂付近の修験行場を指す。絵図標高は 727m であるが、実際の標高は 997m で、その比高差の約 270m は、実測の基準地点と推測される府殿谷川最下流の標高約 250 〜 270m 付近であり、その比高差にあたるものと推定される。

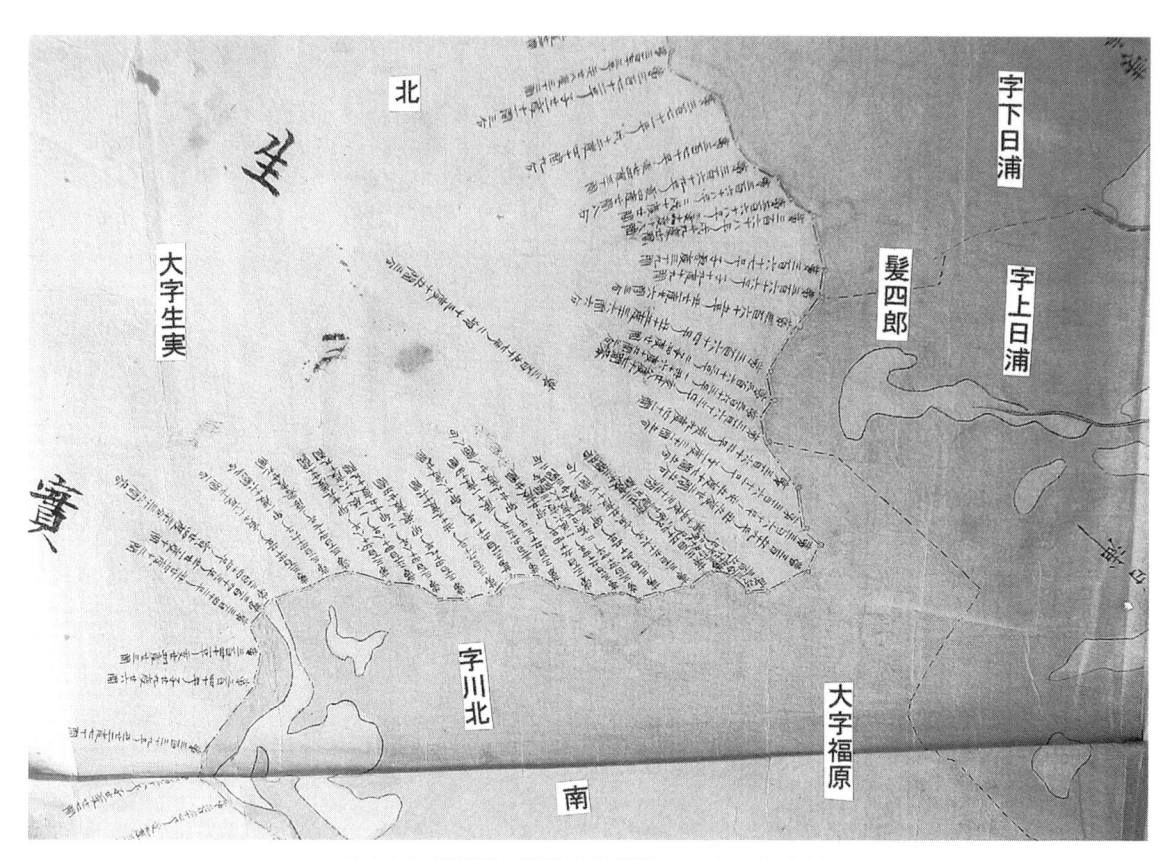

図 12-6　勝浦郡福原村全図（縮尺 6,000 分の 1 に加筆）

（北西部髪四郎付近）

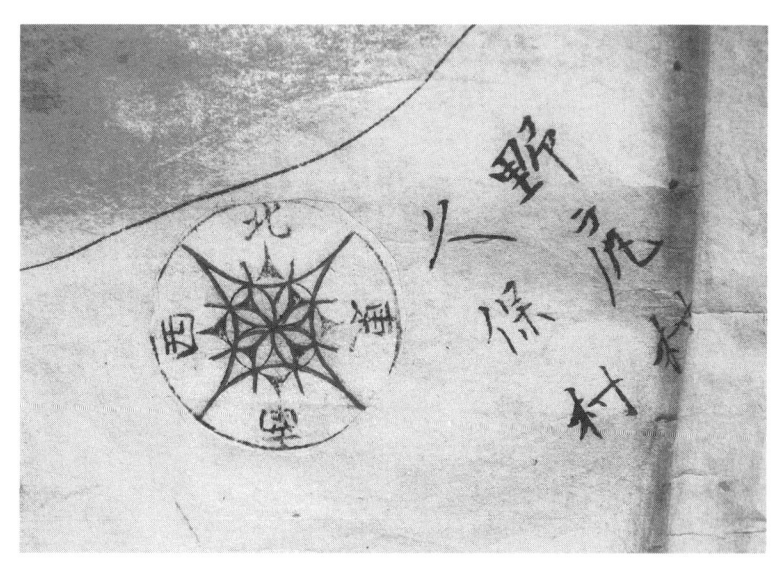

図 12-7　文化 10 年（1813）勝浦郡福原村分間絵図の花形磁石方位盤

第4節　文化 10 年（1813）瀬津村分間絵図と集落の空間構造

1．絵図に描かれる棚田・傾斜畑と貞享 3 年（1686）検地帳との比較

　文化 10 年瀬津村分間絵図（控）（図 12-8）には、棚田と地面畠（傾斜畑）と居屋敷が 1 枚ごとに描かれる。表 12-1 に瀬津村を構成する 8 つの集落（府殿・瀬津樫原・戸越・高畑・谷口・若木・大北・雄中面）の田畠・居屋敷・民間信仰（小祠）数と、貞享 3 年検地帳（元禄 14 年写）、明治 13 年地籍[38]との比較を示した。8 つの集落の標高は約 250 ～ 690 m で、集落内の比高は約 160 ～ 300 m と破砕帯地辷り斜面に立地している。絵図に描かれる田・畠・居屋敷の総数は 3,177 枚で、内訳は田 1,928 枚、畠 1,053 枚、居屋敷 89 枚・民家 107 棟である。これに対し貞享検地帳の総数 1,178 筆／34 町 2 畝 12 歩、田 323 筆／4 町 8 反 7 畝 16 歩（14.3%）、畠 527 筆／17 町 1 畝 21 歩（50.0%）、居屋敷 76 筆／7 反 1 畝 29 歩（2.0%）、山畠 71 筆／3 町 2 反 9 畝 6 歩（9.6%）、切畑 181 筆／8 町 1 反 5 畝歩（23.9%）である。すなわち近世前期の貞享期[39]では畠卓越型の山村で、山畠・切畑は田畑面積の 52.3%、上毛高を含む村高の 5.5% に相当する。また、貞享期では田畠に占める田率は約 38% であったが、文化期には約 65% となり、「畠田成」（水田化）が進展したことを物語る。

　棚田の開発（開田）には水と肥草の確保が不可欠であるが、検地帳には「畠田成」の付箋が多数み

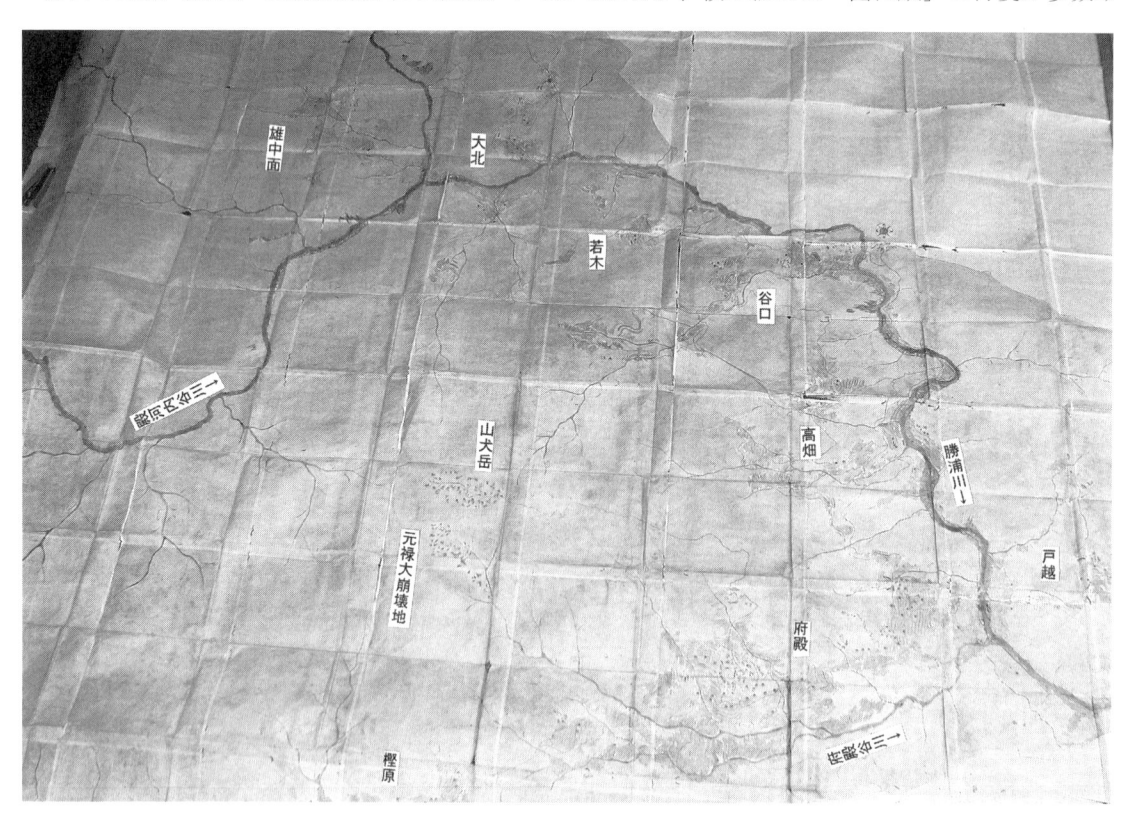

図 12-8　文化 10 年（1813）勝浦郡瀬津村分間絵図（控）（在所、地名加筆）
（府殿以北の集落部分、281 × 181 cm）

表 12-2　旧福原八ヶ村の貞享 3 年・元禄期・明治 3 年の石高・耕地面積

村落名	貞享 3 年（1686）						文化期	明治 3 年（1870）							
	田（畝）	畑（畝）	田畑計（畝）	高計（石）	上毛高（石）	高計（石）	高（石）	戸数	人口	田（畝）	畑（畝）	田畑計（畝）	山畑・切畑（畝）	茶（坪）	楮（畔）
福原村	906.00	1709.15	2615.15	144.967	12.363	155.319	203.5	120	648	1609.29	599.04	22009.18	—	667	319
瀬津村	551.27	233.15	2888.12	123.984	41.745	165.129	399.5	95	536	1187.12	925.03	2113.16	799.27	2823.5	916.5
野尻村	452.21	508.09	961.00	84.741	15.339	100.08	148.6	55	231	1146.09	431.14	1577.25	3.03	791	287
久保村	—	—	—	—	—	—	41.0	6	22	69.00	70.18	139.18	—	58	5
樫原村	436.18	251.18	688.06	57.171	0.583	57.754	62.2	27	140	490.22	205.29	696.21	5	55	6
田野々村	1533.06	1091.03	2624.09	247.281	16.723	264.044	320.3	97	485	2117.01	451.15	2568.16	529	876	427
市宇村	421.15	564.12	976.27	56.503	12.348	68.851	76.4	33	170	525.24	223.07	749.01	362	1039	427
八重地村	285.00	388.11	673.11	53.933	12.706	66.006	97.8	45	229	652.09	342.06	996.06	570	—	505
計	4586.27	4746.23	9333.00	768.58	111.807	880.387	1349.3	478	2461	7799.10	3250.27	11051.24	4017.23	7342.5	2820.5

註）貞享 3 年は検地帳、文化期は『阿波藩民政資料』大正 3 年版、明治 3 年は「戸籍下調」（町役場旧蔵）。

られる事からも伺われる。すなわち字「桧木」では 8 畝（4 斗 8 合）の切畑のうち、1 畝が畠となり、さらにその内の 18 歩が「田成」になったことが付箋に記される。しかし逆の事例もある。字「あいノ谷」では天明 5 年（1785）に下田の 3 筆 / 2 畝 21 歩 / 1 斗 8 升 9 合が、「無水」のため「田畑成」と付箋に記される。

　注目すべきは貞享検地帳の田 323 筆から分間絵図の田数は 1,928 枚、同じく畠は 527 筆から 1,053 枚になっていることである。これは検地帳の 1 筆は絵図 1 枚でなく、複数の田畠群から構成されていることを示している。

　貞享検地帳記載の田畑・居屋敷・山畠・切畑の 1 筆面積はきわめて小さい。すなわち、田は 1 筆平均 1 畝 15 歩で、畠 3 畝 7 歩、居屋敷 29 歩、山畠 4 畝 18 歩、切畑 4 畝 15 歩である。また、前述のように、絵図には棚田・段々畑が 1 筆ではなく、1 枚ごとに描かれている。これを「明治 13 年（1880）勝浦郡生実村地籍」（上勝町役場蔵）によれば、「府殿」では絵図田畑 904 枚に対し、「地籍」は 1,583 枚、「雄中面」では絵図田畑 161 枚に対し、「地籍」は 311 枚で、「地籍」は絵図の 1.75 倍（府殿）、1.93 倍（雄中面）である。

2. 山畠と切畑（焼畑）

　貞享検地帳には前述のように、山畠が 71 筆 / 3 町 2 反 9 畝 6 歩 / 3 石 8 斗 7 升 2 合と、切畑が 181 筆 / 8 町 1 反 5 畝 0 歩 / 5 石 2 斗 4 升 9 勺が記載される。明治 13 年の「地籍」には山畠・切畑の区分はなく、田、畑、宅地、柴草山、雑木林の地目になっている。『地方凡例録』[40] によれば、「一　山畑と云は村居に離れたる山方に畑地ありて、本村下々畑よりも地面宜しからず、作物も生立あしく、禽獣も荒しも強く、下々畑の高請等成がたき分、又ハ畑の名目はありといへども、作物も仕付ず、楢・櫟などを植え、薪に伐出し、或ハ松・杉・檜等材木になる木を植置もあり、又柿・栗などの果実を仕立るもありて、下々畑の位は受がたく、依て山畑と云名目を附け、無位にて石盛取箇とも低く附るなり、」と記される。さらに、「一　焼畑と云ハ里方にハなく、山中にあることにて、信州に尤も多く、上州榛名山・赤木山などの様なる処、畑地にてハなく山の片岨の小柴草の処を、小柴萱草とも焼て一雨受させ、灰の湿りたる処へ蕎麦・粟・稗等を蒔付け、肥養も用いず、灰許りにて生立たる作物ゆえ、実入りも宜しからず、実に夫食間で仕付ることなり、之を切替畑とも薙畑とも云ひ、石盛等も至て低く、山畑よりも下々なり、然し蕎麦許りハ焼畑の分を極上とす、夫ゆへ信州・上州の山中の蕎麦ハ格別宜し、勿論年々同処に作付けハ為し難く、当処へ、来年ハ草萱立置たる場処の草立の様子に随ひ、翌春・翌々春焼畑いたし、一年或ハ二年替りに仕付をいたすゆへ切替畑と云、（後略）」とある。すなわち、「山畑」は集落から離れた里山で作目の栽培よりもむしろ薪炭や用材・果樹等を植えつけるもので、下々畑よりも斗代の低い土地を「山畑」と称している。

　それでは、旧福原村では「山畠」をどのように把握していたのであろうか。次に示す資料は明治 4 年（1871）に瀬津村惣代から民政掛宛の「乍恐奉願上覚」（美馬家文書）[41] である。本文は勝浦川最上流の「奥河内（殿河内）御林内」の山畠 4 反に、毎年冥加として杉を 250 本ずつ植付ける条件で、瀬津村の稼山としてほしい旨の願いである。その中で「右山畠与申上候其土地ニ相生候本草払焼捨跡ヘ稗粟小豆ノ雑穀物蒔付仕、両三年之内相作仕候後ハ、荒置直又拾五年弐拾年間経候得ハ、已前之通切

払作付仕義ニ御座候、依而山畠与相名付置申義ニ御座候」とある。すなわち、ここで云う「山畠」は「焼畑」とほとんど同じ内容である。貞享検地帳では区別をしているが、明治初期では区別していない。

　次に、貞享検地帳で山畠と切畑が所在する小字をみよう。田畠がなく山畠・切畑のみしか所在しない小字は 220 の内の 39（約 18%）もあり、山犬嶽北斜面や勝浦川最上流の殿河内谷川一帯に分布が偏る傾向が見られる。1 反以上の小字は「上りノうね」6 反、「かミ谷」1 反、「木やしき」4 反 1 畝、「高はり」1 反 4 畝、「にいつく」5 反、「山下」2 反 8 畝、「とち平間」1 反 8 畝、「うるしのさこ」2 反、「やしきノさこ」1 反 1 畝、「瀧山」2 反 1 畝、「とくろ上」1 反 3 畝、「東うら」1 反、「杉ノ木せ」1 反 1 畝の 12 小字である。しかし、1 筆面積は山畠 4 畝 18 歩、切畑 4 畝 15 歩で、田 1 畝 15 歩、畠 3 畝 7 歩よりも大きい。また、「いじノ本」では田 2 畝 15 歩 / 畠 6 畝 3 歩 / 居屋敷 1 畝 27 歩と山畠 2 畝 / 切畑 3 反 7 畝があり、屋敷地・田・常畑周辺では山畠や切畑が配置されていたことがわかる。

　図 12-9 に旧福原八ヶ村における明治 20 年（1887）の小字別の焼畑面積[42]を示した。分布の中心は勝浦川の支流殿河内谷川流域の瀬津村と、旭川最上流の八重地村である。瀬津村では山犬岳北斜面の「肥ノ谷」（11.78 町）、東斜面の「高畑」（8.83 町）、薬研谷の「松畑」（10.01 町）、「雄中面」（6.17 町）、北斜面の「北若木」（6.83 町）、「管小屋」（7.52 町）が中心である。瀬津村では標高 300 〜 700 m の集落周辺の山里から奥山で行われていた。また、明治 20 年の瀬津村の焼畑面積は 88 町 3 反 6 畝（297 筆）あり、山地面積 2,395 町歩の約 4% であったが、田畑面積 98 町 2 反 9 畝の約 90% にも達していた[43]。

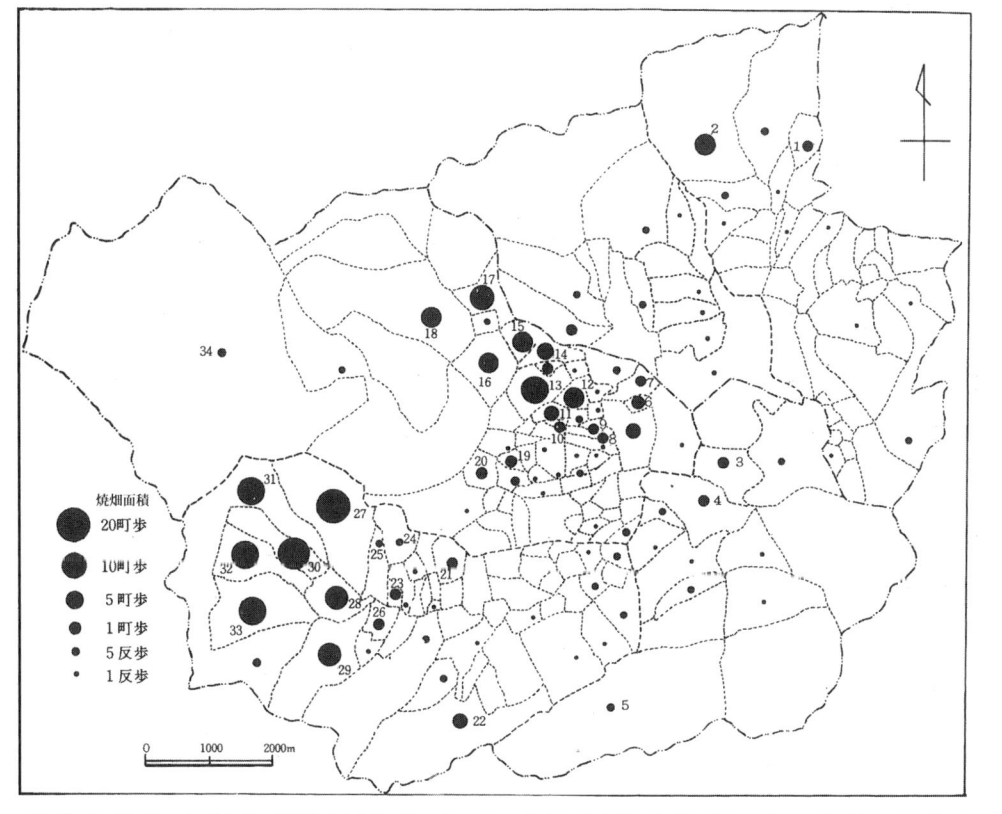

凡例（地名リスト）
1．灌頂瀧
2．西槻地
3．上日浦
4．川　北
5．西戸越
6．松屋敷
7．古　屋
8．椎ノ太尾
9．細　根
10．下樫地
11．上樫地
12．高　畑
13．肥　谷
14．若　木
15．北若木
16．菅小屋
17．松　畑
18．雄中面
19．細　根
20．樫　原
21．灰　谷
22．龍　谷
23．西ノ谷
24．中　峯
25．川　口
26．和佐尻
27．転　石
28．炭ノ向
29．茶地の本
30．茶蔵本
31．古屋敷
32．道　辻
33．日浦峯
34．殿河内

図 12-9　焼畑の字別分布（明治 20 年）（「明治 20 年、勝浦郡生実村・旭村、焼畑地編入願毎筆帳」（上勝町役場蔵）による）

　また、貞享 3 年検地帳によれば、名負人 94 人の内、切畑・山畑を所有しない農民はわずかに 18 人（19.1％）に過ぎない。2 反未満の零細名負人が 17 人（18.1％）おり、切畑・山畑は本田畑を補う重要な食料生産地で、蕎麦・粟・稗・大豆・小豆等を約 3 年間植え付けた後に山に返していた。さらに、瀬津村の字「肥ノ谷」（山犬岳南斜面）の土地利用（民有地 105 筆、38 町 2 反 3 畝 21 歩）を、明治 9 年「地面明細図」[44]、同 13 年「地籍」[45] と同 20 年の「生実村焼地編入願筆帳」[46] からみれば、宅地 1 筆（1 枚 3 畝 2 歩）と、23 筆（197 枚）の田（1 町 5 反 4 畝）、2 筆（32 枚）の畑（1 反 4 畝 27 歩）の外縁部に焼畑 20 筆（11 町 6 反 7 畝）と、雑木山林 59 筆（33 町 4 反 8 畝 12 歩）が配置されている。

3.　雄中面集落における棚田・傾斜畑の所有状況

　図 12-10 は瀬津村分間絵図の内の「雄中面」部分を、図 12-11 は同中心部における明治 20 年代の作成の地籍図[47]（縮尺約 1/600）と、明治 13 年「地籍」による耕地の所有状況を示した。雄中面には 41 筆 / 182 枚 / 3 町 7 反 17 歩の棚田と、25 筆 / 129 枚 / 9 反 6 畝 5 歩の傾斜畑、田畠合わせて 66 筆 / 311 枚 / 4 町 6 反 6 畝 22 歩がある。これに対し、畦畔は 3 町 5 反 21 歩で田畠面積の約 75％に及ぶ。さらに、肥草用の柴草山が 7 筆 / 21 町 4 反 7 畝 6 歩、用材・薪炭用の雑木林が 45 筆 / 101 町 3 反 3 畝 27 歩である。K 家の 27 番宅地の東裏山には同家の墓地と雄中面の森神である「十二社権現」が鎮座する。さらに、図 12-11 には E・M・K・S・T・Y 家の 6 戸の宅地 6 筆と、各戸が所有する棚田・段々

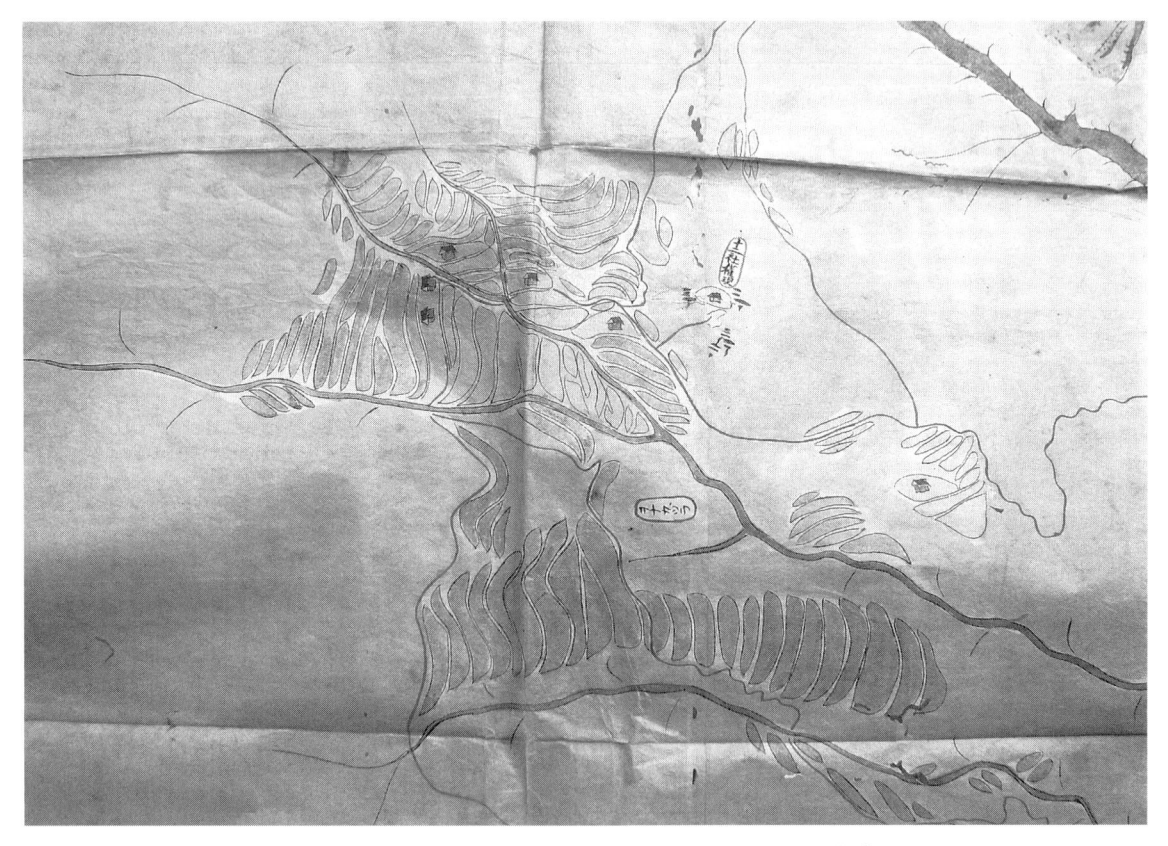

図 12-10　文化 10 年（1813）瀬津村分間絵図の内の雄中面集落

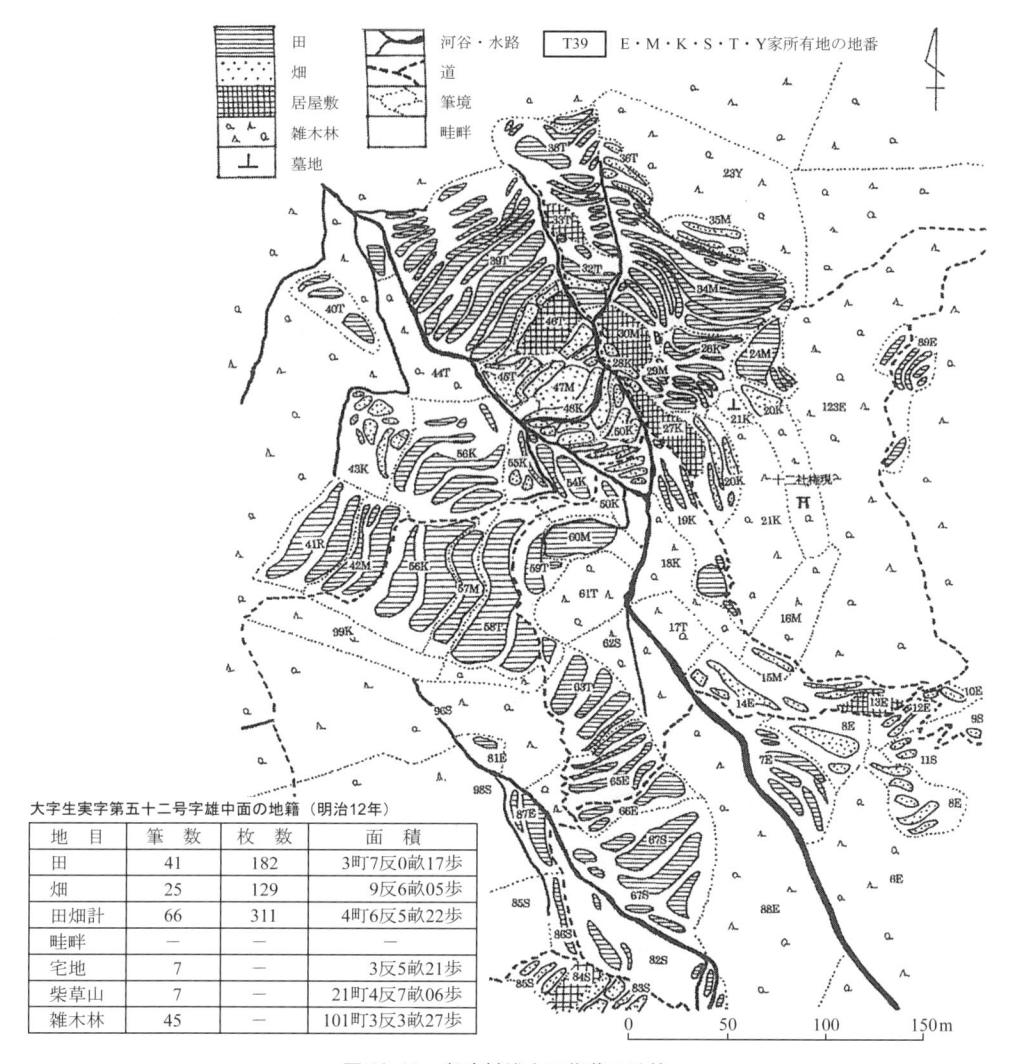

地　目	筆　数	枚　数	面　積
田	41	182	3町7反0畝17歩
畑	25	129	9反6畝05歩
田畑計	66	311	4町6反5畝22歩
畦畔	—	—	—
宅地	7	—	3反5畝21歩
柴草山	7	—	21町4反7畝06歩
雑木林	45	—	101町3反3畝27歩

大字生実字第五十二号字雄中面の地籍（明治12年）

図 12-11　瀬津村雄中面集落の地籍

「大字第五十二号字雄中面地籍図」と「明治十三年徳島県生実村地籍」（上勝町役場蔵）より作製。

畑が宅地を中心に配置されている状況が読み取れる。絵図には 7 戸がみえるが、現住は 3 戸で、1 戸が葉わさびを栽培し、JA 勝浦から出荷している[48]。

　図 12-11 に示された点線で囲まれるのは筆界であり、その中に 1 枚ごとの耕地片が存在する。例えば、T 家が所有する 39 番田 3 反 8 畝は、23 枚の棚田からなり（1 枚平均 1 畝 20 歩）、これに附属する畦畔は 1 反 2 畝 3 歩 3 合で、用水路敷として 39 の 1、39 の 2 の 1 畝 7 歩 3 合 5 勺がある（「地籍」による）。すなわち、棚田面積に対して約 32％が畦畔で、水路敷は約 0.3％である。また、M が所有する 34 番田 3 反 6 畝 11 歩は、32 枚の棚田から構成され、畦畔は 9 畝 12 歩 6 合、用水路敷は 15 歩 9 合であるが、「石地」が 4 歩みられる。「石地（いしち）」は棚田の中に点在する岩地を意味している。明治 25 年（1892）の大水害にともない福原村長から県知事宛に出された「荒地免租附與願」[49]によれば、E 家所有の 66 番田 7 畝 1 歩のうち 2 畝と、67 番田 2 反畝 2 歩 3 歩のうち 5 畝 12 歩が「押堀」の被害を蒙り、明治 25 〜 34 年までの 10 ヶ年の免租を願い出ている。

4.　中心集落府殿の棚田と宗教的景観

瀬津村の中心集落である「府殿」付近の絵図（図 12-12）と現景観（図 12-13）をみよう。表 12-1
によれば、「府殿」の棚田は絵図で 579 枚、地籍で 822 枚、畑はそれぞれ 325 枚、761 枚、居屋敷は

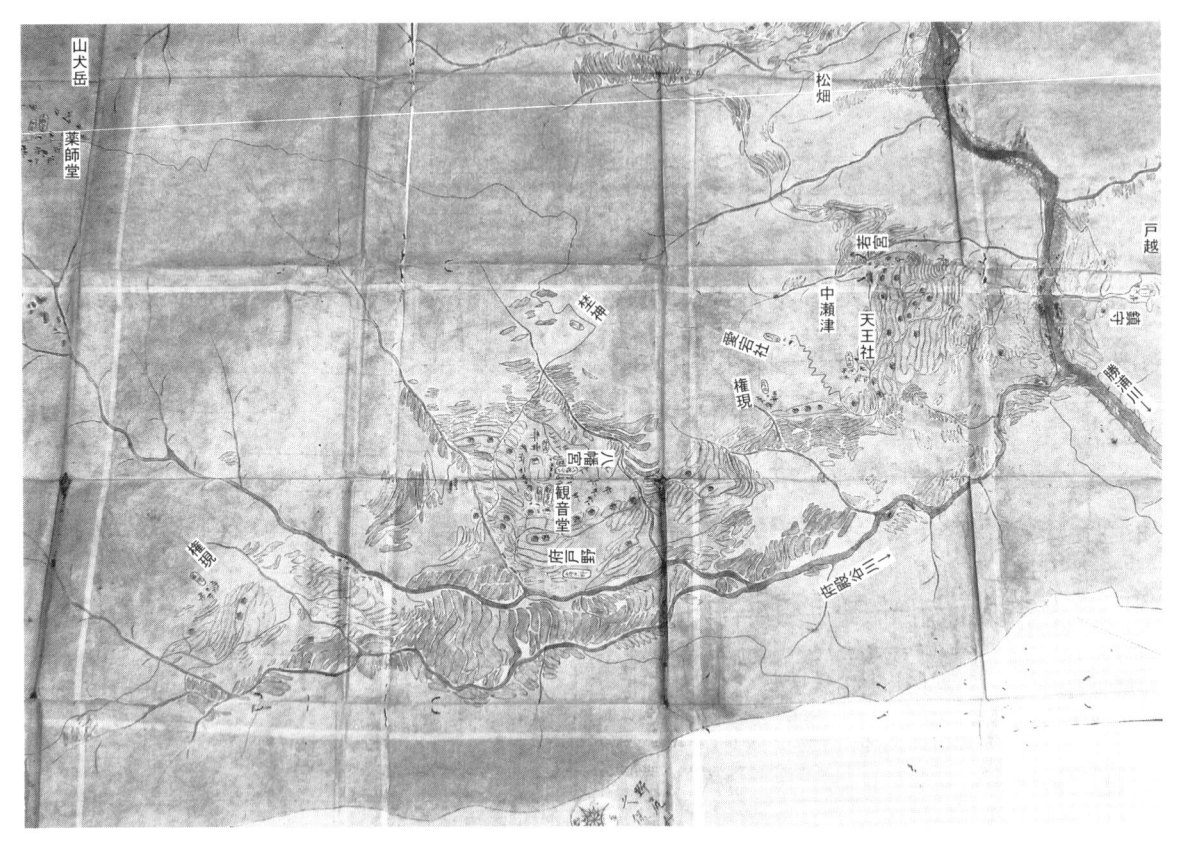

図 12-12　瀬津村分間絵図（府殿、戸越、松畑部分に加筆、口絵 5 参照、281 × 181 cm）

図 12-13　瀬津村府殿の景観（現中瀬津、2015 年、口絵 5 参照）

32 枚、44 筆である。府殿谷川左岸斜面に民家が 16 棟描かれ、その上方には「観音院」「観音」「若宮」「八幡宮」（現「三所神社」）、「樫山大明神」「地蔵」「若宮」が鎮座し、集落の宗教的な核を形成している。また、図 12-14 は 1968 年撮影の空中写真である。両図を比較すれば、絵図に描かれる棚田と、空中写真にみる現実の棚田はよく類似しているが、詳細にみると枚数・形状や配置状況は少しことなる。前図の棚田枚数は 149 枚であるが、後図は 135 枚である。15 枚ほどの減少は文化期の耕地が荒地や林野化して耕作放棄したものと推定される。これを明治 13 年の「地籍」に記載される字「府殿平」（図 12-15）をみると、田は 45 筆 / 113 枚 / 3 町 3 反 6 畝歩、畑は 3 筆 / 8 枚 / 2 畝 24 歩、畦畔 1 町 4 反 1 畝 9 歩、宅地なし、柴草山 3 筆 / 6 畝 12 歩で、田畑の枚数は 121 枚で空中写真よりも 14 枚ほど少ない。このことから、字「府殿平」では文化期の棚田枚数がピークで、明治初期は減少し、1968 年にはやや増加したと考えられる。

　また、2005 年撮影の府殿付近の国土地理院の空中写真（SI-2005-2X　C2-9）と比較すると、府殿谷川左岸の字中瀬津・中屋敷付近（標高 150 ～ 300m）、愛宕神社の斜面、府殿集落「観音堂（三所神社）」上方（標高 500 ～ 650m）ではいずれも棚田が消滅して、林地化している。

　次に、字「府殿平」で 1 筆の棚田は何枚で構成されていたのかをみよう（図 12-15）。図の中の数字は地番を表している。例えば、T 所有の地番 7 番田（1 反 1 畝 25 歩）は 5 枚の棚田で構成され、3 畝 26 歩の畦畔をともなっている（明治 13 年「地籍」）。同じく、M 氏所有の 45 番田（1 反 5 畝 10 歩）は 9 枚の棚田であるが、内 6 歩は井溝、畦畔 7 畝歩、石地 1 歩である。「府殿平」には「石地」の記

図 12-14　府殿（現中瀬津）付近の空中写真（1968 年、国土地理院 SI-68-5Y C3-14 に加筆、口絵 5 参照）

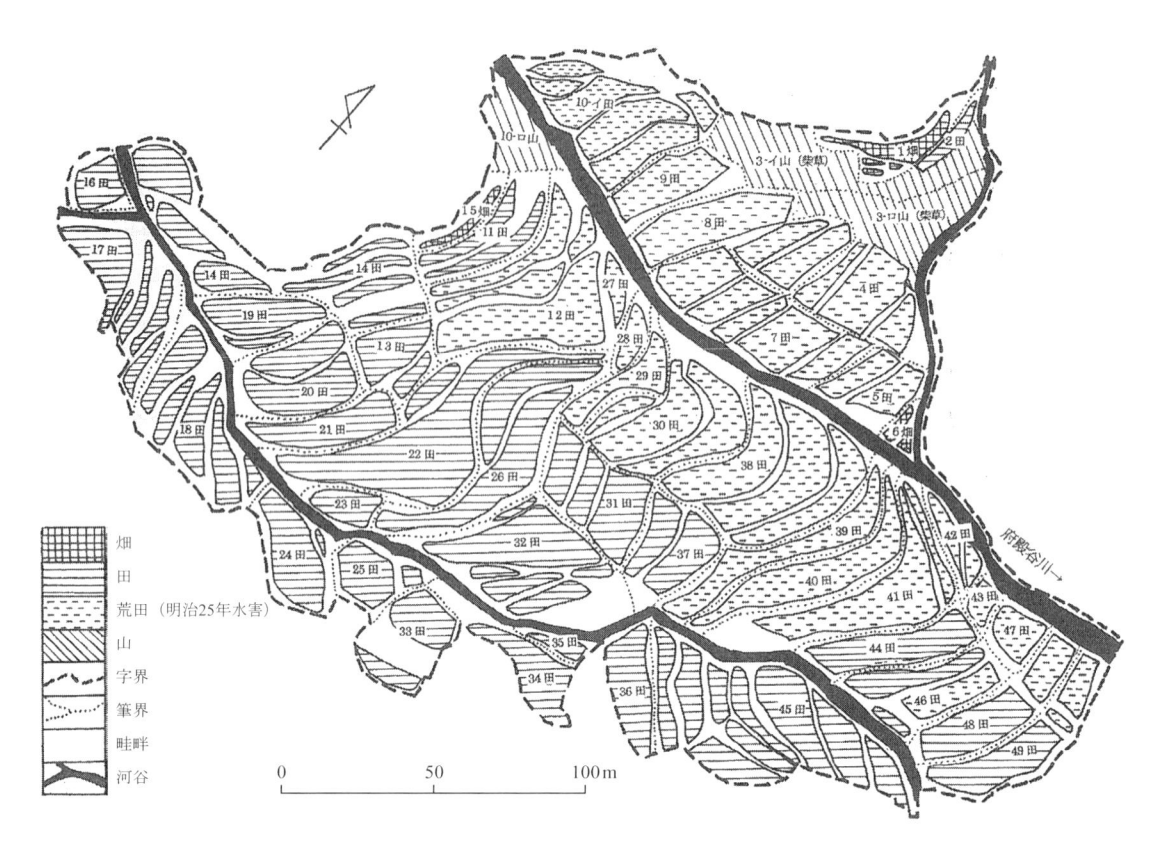

明治12年　大字生実第二十四号字府殿平の地籍

地目	筆数	枚数	面積
田	45	113	3町3反6畝00歩
畑	3	8	2畝24歩
田畑計	48	121	3町3反8畝24歩
畦畔	—	—	1町4反1畝09歩
宅地	—	—	—
柴草山	3	—	6畝12歩
雑木林	—	—	—

「徳島県勝浦郡大字生実村地籍」による

図12-15　大字生実字府殿平の地籍図（口絵5参照）
　①上勝町役場蔵。
　②荒田は「明治廿五年十一月荒地免租附与額　勝浦郡福原村大字生実村」による。
　③図中のアラビヤ数字は田・畑・山の地番を示す。

載がある棚田が8筆10歩あり、府殿谷川ぞいの棚田開発であったことがわかる。

　府殿谷川は空中写真（図12-14）でみるように、字「丸山」の境付近で標高約550mであるが、最下流は約250mで、比高差約300mに対し直線距離は約1,360mであるから、約4.5分の1（平均傾斜約13度）の急傾斜地である。図12-16は標高300～350m付近の棚田景観で、地すり斜面に構築されている。前述のように、明治25年の8月の大水害で一帯の棚田は大きな被害を蒙った[50]。同年11月に県知事に出した「荒地免租附與願」[51]を示した（図12-15）。「府殿」の田畑3町3反8畝21歩の39％にあたる1町3反1畝1歩の棚田が、「陥落」「岸崩」「崩壊」「川欠」「亀裂」等の被害を受けて、5～12ヶ年の免訴願いを出している。特に、府殿谷川沿いの棚田に顕著で、地すり地形に立地する

図 12-16　瀬津村府殿谷川の棚田景観（標高 300 〜 350m、2015 年、口絵 5 参照）

棚田そのものの脆弱性が読み取れる。図 12-16 は標高 300 〜 350m 付近の府殿谷川の棚田の現景観である。

第 5 節　野尻村久保村分間絵図

1.　一筆耕地の枚数と野尻用水

　野尻村と久保村は旭川の支流野尻谷川の標高 250 〜 600m の斜面に集落と田畑が立地する。文化 10 年（1813）勝浦郡野尻村久保村分間絵図（控）（口絵 4）とトレース図（図 12-17）により、近世後期の村落の空間構造（景観）が詳細に読み取れる。絵図には等高線に沿って 1 枚ごとの細長い棚田と傾斜畑が描かれる。貞享 3 年（1686）検地帳[52] によれば、名負人 34 人の内に 16 人（47.1%）の「内」出自の記載がある名負人がおり、近世中期の貞享期になれば、勝浦山でも本百姓（壱家）に従属する下人層（小家）が高持百姓に独立したことを物語る。検地帳には、田 219 筆（4 町 5 反 2 畝 21 歩）/ 畑 213 筆（5 町 8 畝 09 歩）/ 山畑 41 筆（2 町 24 歩）/ 居屋敷 26 筆（2 反 7 畝 27 歩）、合わせて 499 筆 / 11 町 8 反 9 畝 21 歩 / 高 100 石 0 斗 8 升と、茶 791 坪（13 石 8 斗）、楮 287 畔（1 石 3 斗 7 升）、桑 14 本（9 升 8 合）、漆 1 本（4 合）が記される。内、西に隣接する樫原村分の山畑が 4 反 1 畝歩 / 3 斗 4 升 8 合みえる。

　また、本帳の付箋には「畠田成」が 73 筆、1 町 6 反 3 畝歩と、「山畠田成」が 19 筆、9 反 4 畝 6 歩みられる。さらに、元文 5 年（1740）の野尻用水開削以前であるため、畑と山畑（焼畑）の比率が高いことは注目される。

　文化 10 年分間絵図に描かれる野尻久保両村の田の総枚数は 1,576 枚、地面畠は 183 枚、居屋敷 72

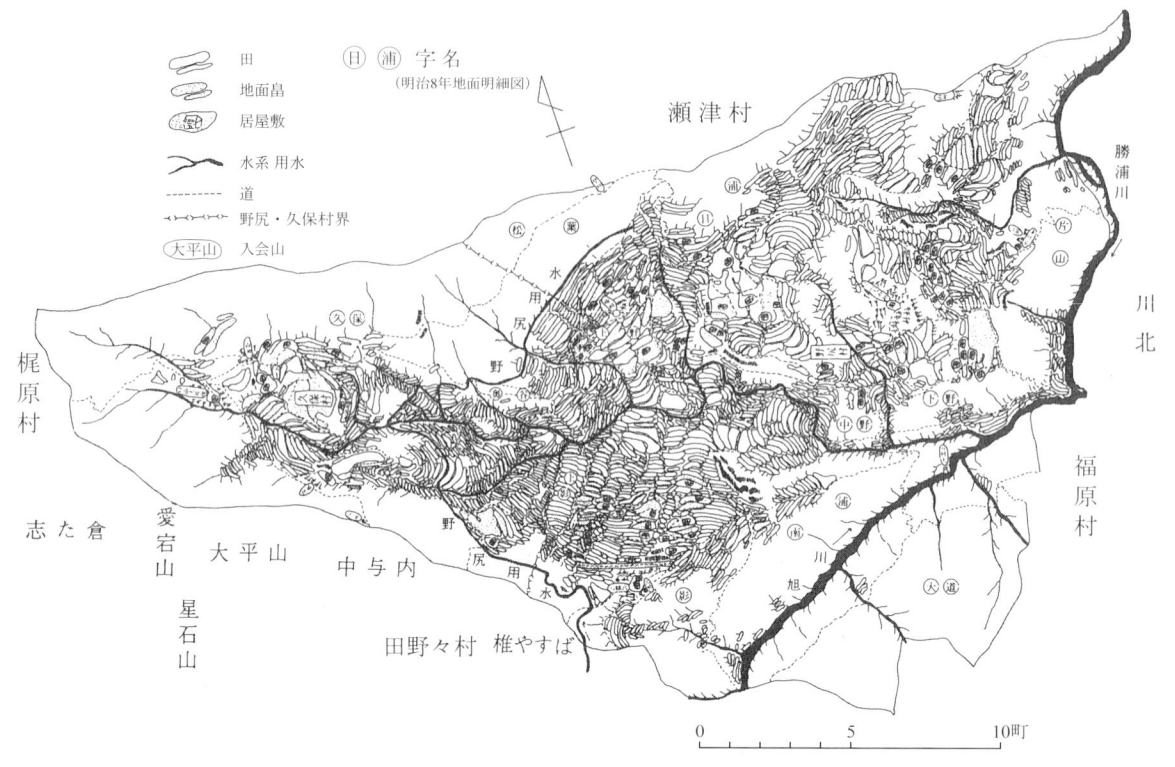

図 12-17　文化 10 年（1813）勝浦郡野尻村久保村分間絵図（控）（口絵 4、トレース図に加筆）

枚で、合わせて 1,831 枚を数え、1 筆平均 3.7 枚からなる。これを明治 13 年（1880）作製の「生実村地籍」[53] から検証する。村東部で樫山大明神が鎮座する字「下野」では、田は 113 筆（4 町 5 反 20 歩）/ 364 枚からなり 1 筆平均は 3 畝 29 歩 / 3.22 枚で、1 枚は 1 畝 7 歩である。また、畑は 59 筆（1 町 1 畝 14 歩）/ 110 枚からなり、1 筆平均は 1 畝 21 歩で、1 枚平均は 27.6 歩と田よりは小さい。居屋敷は 16 筆（7 反 18 歩）で 1 筆平均は 4 畝 12 歩、1 筆 1 枚からなる。また、田畑の畦畔が 3 町 7 反 5 畝 19 歩もあり、田畑面積の 68.0% にも及ぶことは注目される。この外に、採草地である「柴草山」が 4 反 3 畝 4 歩あり、その内、4 畝 15 歩については開墾鍬下地になっていることは、本田畑への開添（持添）への指向を示す。

　絵図をみると、田野々村境の標高 450m の等高線に沿って、字影→上影→奥谷→上野→日浦に至る野尻用水が描かれる。本用水は元文 5 年（1740）に開削された延長 6,750 間（12,272m）、野尻村の灌漑面積 10 町 5 反 5 畝 24 歩の剣山地を代表する大用水である[54]。本用水は勝浦川最上流の八重地村の西谷・北谷堰で取水し、山腹斜面を縫うように赤土で締め固めた用水路で、市宇村→田野々村→樫原村→野尻久保村に至る。明治 22 年頃作製の字ごとの「地籍図」によれば、野尻久保両村では 33 ヶ所の定木があり、分水する田畑面積により定木の幅が決められていた。本用水は現在、ビニール管を埋めた暗渠になっている。

　野尻村は「下野」「日浦」「影」の 3 つの名（みょう）（組）から構成されている。久保村の「久保」は標高が約 500 〜 600m と最も高いため野尻用水の受益地ではなく、「地籍」によれば、田 2 町 7 反 15 歩に対し、畑が 2 町 8 反 7 畝で、灌漑用の溜池（6 畝 2 歩）が 1 つある。また、野尻村南東部の標高約 250

〜 300 m の「片山」（図 12-18 参照）は、野尻用水の受益が少ないため、尾根を隔てて北に隣接する府殿谷川から取水する「鈴瀬用水」組に属する。

また、野尻村新開検地帳[55]よれば、開田面積は元禄 14 年（1701）2 畝、同 17 年（1704）8 畝 24 歩、正徳 3 年（1713）5 畝 21 歩、享保 19 年（1734）5 反 7 畝、文政 7 〜天保元年（1824 〜 30）2 町 2 反 5 畝 18 歩で、開田面積の 75% が文政・天保期に集中する。

絵図にみえる宗教的景観をみると、両村の氏神である八幡宮（字影）をはじめ、上影に鎮守、阿弥陀と観音堂が日浦、下野には樫山大明神が、南日浦の旭川の崖岸には水神と推定される弁才天が、上野には権現が、片山には薬師堂が鎮座する。一方、久保村の久保には白山大明神が、この外に、山神 3 座、埜神 1 座、地蔵 2 座が村境にある。さらに、両村は福原八ヶ村の中では田畑面積が占める比率が高く、採草地（肥草山）が不足するので、トレース図（図 12-17）にみえる田野々村に所在する野山（入会山）に大きく依存していた。図にある「星石山」「愛宕山」（1 町程）は田野々村の村中入会、「椎やすば」（2 町 1 反 27 歩）は田野々・野尻・久保 3 ヶ村の入会山と一部に野尻村影分、「中与内」（2 反 1 畝程）は、野尻新組と久保村の肥草刈場、「大平山」は野尻村日浦下分の肥草苅場である。野尻・久保・樫原村境野山（6 町 5 反 2 畝 12 歩）は久保村 10 人、樫原村 9 人の刈場、田野々村にある「志だ倉山御林」は田野々・樫原 2 ヶ村の刈場、野尻村日浦岩地・影道白石野山は野尻村影 15 人の刈場と云うように村々野山に関しては極めて複雑な分布を示す[56]。

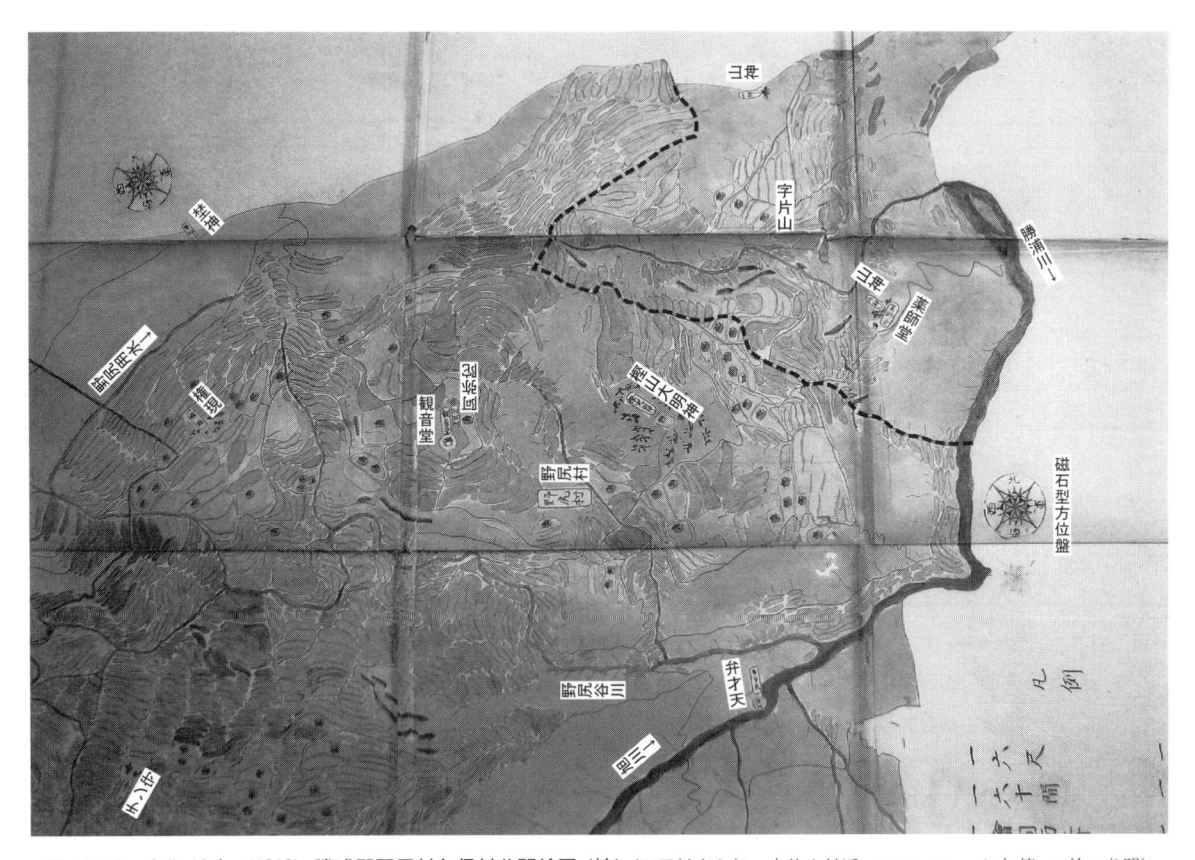

図 12-18　文化 10 年（1813）勝浦郡野尻村久保村分間絵図（控）（野尻村中心部・字片山付近、109 × 114 cm に加筆、口絵 4 参照）

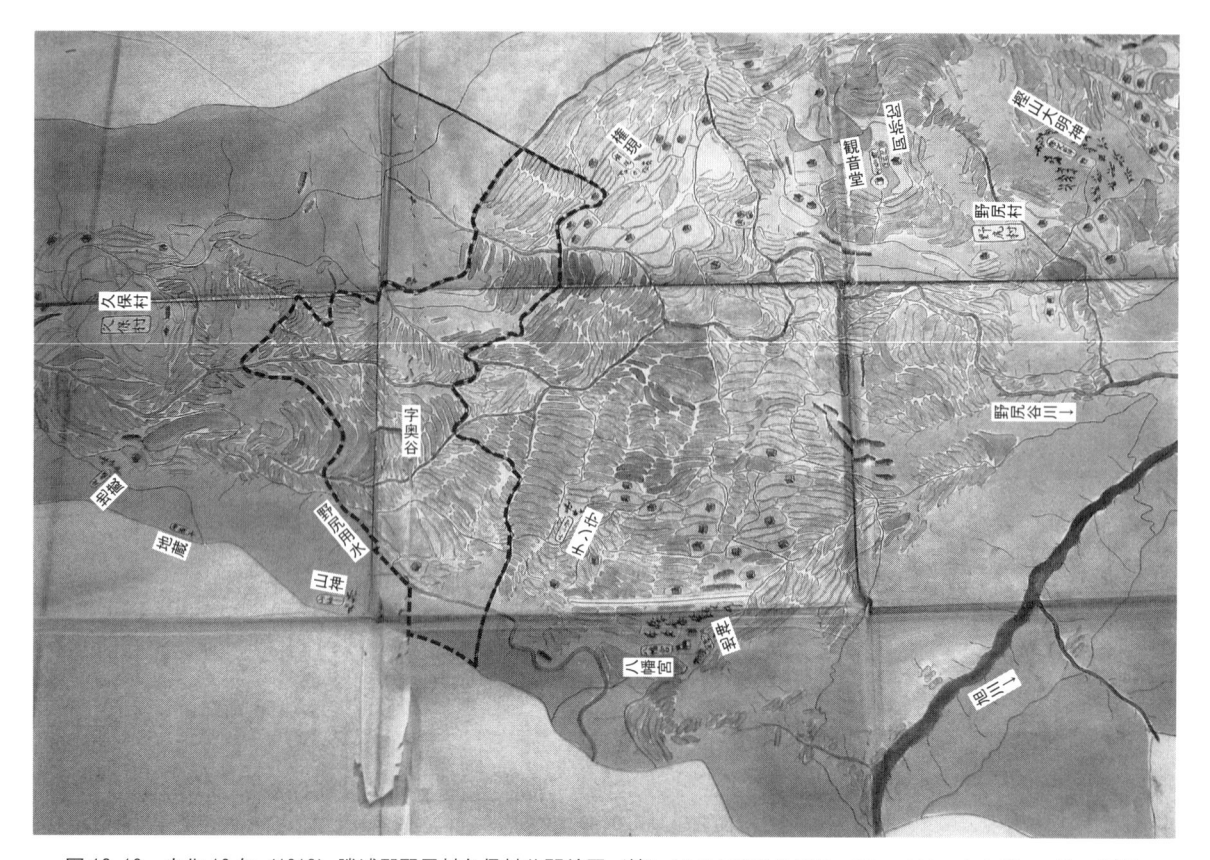

図 12-19 文化 10 年（1813）勝浦郡野尻村久保村分間絵図（控）（久保村字奥谷付近、109 × 114 cm に加筆、口絵 4 参照）

　次に、図 12-18 は野尻村久保村分間絵図のうちの野尻村部分を、図 12-19 は久保・野尻村中央部分を示している。両村の外周はあわせて 73 町 57 間（8,061 m）と小さく、最低部は勝浦川岸（福原村境）の標高約 210 m、最高部は樫原村境の標高約 650 m で、平均傾斜は約 10 度と比較的緩やかであり、集落と耕地は野尻谷川の傾斜に沿って立地する。絵図では元文 5 年（1740）に開設されたとされる野尻用水が、「八幡宮」（両村の氏神）の西付近から野尻久保村境（字「蔭」）の上を走り（標高約 430 m の等高線に沿う）、「埜神」（現出雲神社）付近（字「日浦」）まで東に延びる。宗教景観としては久保村には「地蔵」が 2、「山神」1、「白山大権現」、野尻村には前記以外に「観音堂」（「大国主神社」）「樫山大明神」「薬師堂」「山神」「弁才天」が鎮座する。

　野尻村の耕地面積の推移をみると、貞享 3 年検地帳では田 4 町 5 反 2 畝 21 歩（219 筆）、畠 5 町 8 畝 9 歩（213 筆）、山畠 2 町 24 歩（41 筆）、総耕地面積は 11 町 6 反 1 畝 24 歩（473 筆）、居屋敷は 9 畝 15 歩で、検地石高 89 石 7 斗 1 升 6 合、上毛高 15 石 3 斗 3 升 9 合、村高は 105 石 5 升 6 合である。明治 3 年「戸籍下調」では、両村の戸数は 61 戸、人口 253 人、田 12 町 1 反 6 畝 3 歩、畑 5 町 2 畝 2 歩、切畑山畠 3 畝 3 歩、牛 60 頭であり、貞享期よりも開田化（「田成」）が進んだことを示している。

　絵図にみえる野尻村と久保村を合わせた枚数は田 1,576 枚、地面畠 183 枚、居屋敷 72 枚、合わせて 1,831 枚である。これと明治 12 年「地籍」を比較すると、田は 701 筆 / 2,567 枚 / 26 町 5 反 8 畝 2 歩、畑は 269 筆 / 561 枚 / 6 町 6 反 5 畝 3 歩、田畑合計 970 筆 / 3,128 枚 / 33 町 2 反 3 畝 5 歩で、明治 3 年

よりも大幅に増加しているが、明治 3 年が「庚午戸籍」下調に伴う農民の自己申告数字であるのに対し、明治 12 年は地租改正による実測面積であるためである。さらに、地籍枚数は絵図枚数の 2.0 倍で、八重地村の 2.4 倍、瀬津村府殿の 1.8 倍と大きな開きはみられない。

2.　野尻村字「片山」の水害免租願地と久保村字「奥谷」にみる三斜法による測量

　図 12-18 では字「片山」（地租改正小字、標高 250 〜 350m）と推定される区域を点線で囲んで示している。同字は野尻村の北東部にあり、「山神」2 と「薬師堂」が鎮座し、「地籍」では田畑 99 筆 / 272 枚 / 3 町 2 反 2 畝 17 歩、宅地は 3 筆 / 1 反 4 畝 13 歩である。図 12-20 は字「片山」地面明細図に、明治 25 年（1892）の大水害の被害地を▲印で書き込んだものである。すなわち、南斜面にあたる 57 筆（全体の 58%）、1 町 4 反 4 畝 27 歩（45%）が被害を受けている。その内訳は、陥落 34%、岸崩 10%、崩壊 13%、川欠 3%、亀裂 24%、亀裂崩壊 18%で、明治 25 年から 2 〜 15 年季の免租を願い出ている[57]。

　図 12-19 によれば、字「奥谷」（地租改正小字、標高 400 〜 450m）は野尻久保両村境と野尻用水に挟まれた地区と推定できる。「地籍」によれば田畑 70 筆 / 350 枚 / 2 町 7 反 9 畝 21 歩、畦畔 2 町 5 反 4 畝 8 歩（田畑面積の 91%にあたる）、宅地 4 畝 19 歩、柴草山（採草地）1 反 17 歩、雑木林 2 反 2

各筆の点数は枚数を示す。
▲印は陥落・岸崩・崩壊・亀裂等による荒地免租願地（明治25年）

明治25年字片山（野尻村）荒地免租願地

原因	筆数	面積
陥落	14	4 反 8 畝 15 歩
岸崩	16	1 反 4 畝 04 歩
崩壊	9	1 反 9 畝 08 歩
川欠	5	4 畝 02 歩
亀裂	11	3 反 5 畝 23 歩
亀裂崩壊	2	2 反 6 畝 23 歩
計	57	1 町 4 反 4 畝 27 歩

「生実村荒地免租附與願」（上勝町役場蔵）による。

大字生実村第壱号字片山耕地面積（明治12年）

地目	筆数	枚数	面積
田	76	223	2 町 9 反 0 畝 25 歩
畑	23	49	3 反 1 畝 22 歩
田畑計	99	272	3 町 2 反 2 畝 17 歩
畦畔	—	—	2 町 2 反 8 畝 25 歩
宅地	3	—	1 反 4 畝 13 歩
柴草山	5	—	1 反 4 畝 13 歩
雑木林	24	—	1 町 5 反 3 畝 17 歩

「徳島県勝浦郡生実村地籍」（上勝町役場蔵）による。

図 12-20　明治 9 年（1876）改正　大字生実村第壱号字片山と水害免租願地（明治 25 年・1892）

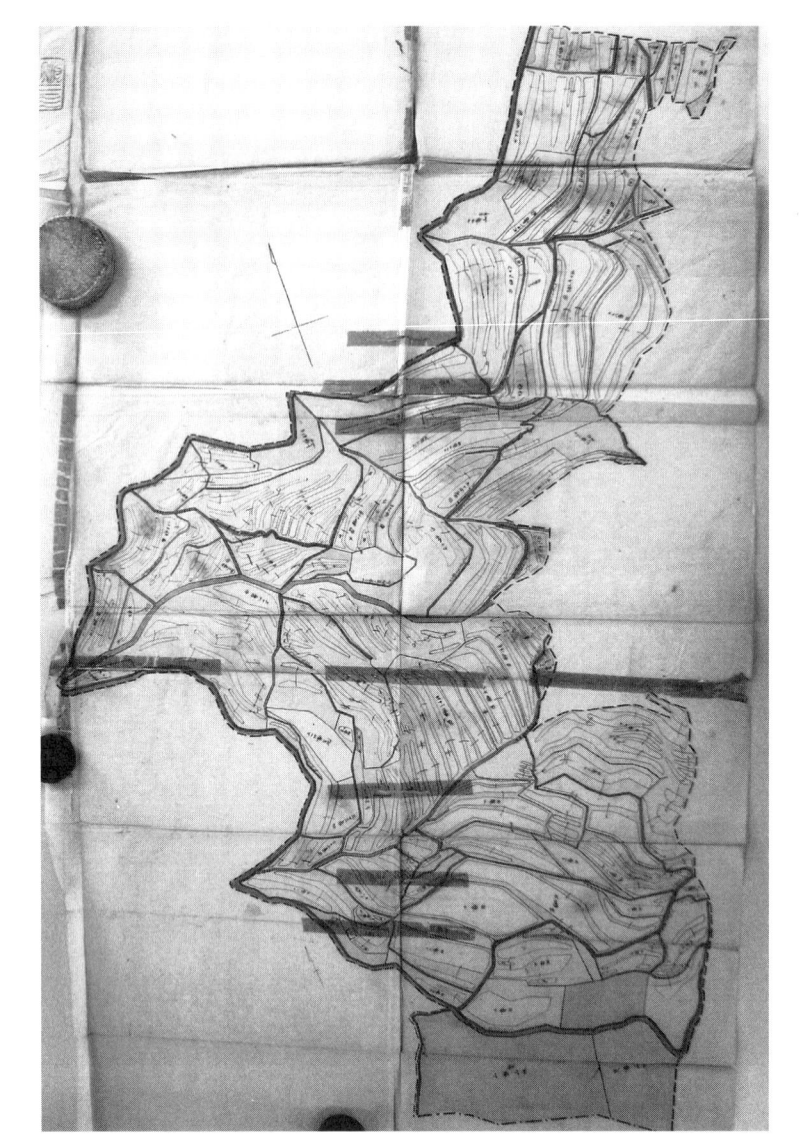

図 12-21　大字生実村第九号字奥谷地籍図（久保村、明治 22 年頃作製、上勝町役場蔵）

畝 20 歩である。図 12-22（地面明細図）は 1 筆ごとに示しているが、図 12-21 の地籍図（縮尺 600 分の 1）[58] では 1 筆とこれを構成する 1 枚ごとに図示されている。上方の野尻用水から水を棚田に落とす桟木が 8 ヶ所ほどみえる。字「奥谷」の 31 番田 1 反 5 畝 3 歩は 21 枚からなり、内 19 歩は井溝、外に 1 反 8 歩が畦畔で、樫原村 O 家が所有する。地面明細図（図 12-22）には各筆に点が付されているが、点数が枚数を示す。

　字「奥谷」と字「久保」の境は野尻用水（1 反 9 畝 9 歩）になっている。「地籍」によれば、「奥谷」の総地積は 126 筆 / 6 町 3 反 26 歩で、内、田は 62 筆（354 枚）/ 2 町 6 反 7 畝 10 歩、畑は 8 筆（17 枚）/ 1 反 2 畝 19 歩、畦畔は 2 町 5 反 4 畝 8 歩、採草地（柴草山）は 1 反 17 歩で、山・雑木林は 3 反 5 畝 29 歩と少なく、地籍の 44.3％は田畑、40.3％を畦畔が占めることは注目される。また、「奥谷地籍図」

明治12年　大字生実村字第九号字奥谷地面明細図と地籍

地目	筆数	枚数	面積
田	62	328	2 町 6 反 7 畝 10 歩
畑	8	22	1 反 2 畝 11 歩
田畑計	70	350	3 町 7 反 9 畝 21 歩
畦畔	−	−	2 町 5 反 4 畝 08 歩
宅地	1	−	4 畝 19 歩
柴草山	4	−	1 反 0 畝 17 歩
雑木林	2	−	2 反 2 畝 20 歩

「徳島県勝浦郡生実村地籍」（上勝町役場蔵）による。

各筆の点数は枚数を示す。

図 12-22　明治 9 年（1876）改正　大字生実村第九号字奥谷地面明細図（上勝町役場蔵）

には野尻用水からの椪木が 13 ヶ所あり、各椪木から野尻用水から分岐す支線が描かれ、用水を流下させている（図 12-21・22 参照）。

　図 12-23 に「奥谷」の 31 番田の「実地丈量見取絵図」[59] を示した。本筆は 21 枚から構成され、各枚ごとに三斜法と十字法で丈量し、合わせた地積は 1 反 5 畝 3 歩である。最下段にあるイは三斜法で 3 つに分割して丈量し、32 坪 8 合 2 とし、ハ（13 歩 1 合 2）は三斜法による 10 間 8 合 5（19.72m）の共通底辺と、高さ 1 間 7 合 4（3.16m）と、同 7 合（1.27m）の 2 つの三角形の合計面積を算出している。31 番田の地積には 19 歩の冷水井溝と、9 歩の柴草生地を含むが、畦畔 1 反 8 歩は含まない[60]。

　図 12-24 は 1968 年撮影の野尻村久保村の空中写真（国土地理院・SI-68-5Y　C3-14）であるが、文化 10 年の絵図景観と基本的な変化はみられない。微視的な変化は樫山大明神と観音堂付近の山野が棚田に変わったことであろう。しかし、2005 撮影の空中写真（国土地理院・SI-2005-2X C2-9）と比

図 12-23　第十大区三小区久保村第九号字奥谷三十壱番実地丈量見取絵図

図 12-24　野尻村久保の空中写真（1968 年、国土地理院 SI-68-5Y C3-14（10B）に加筆）

較すると、「片山」「下野」付近の勝浦川左岸（標高 250 ～ 300m）、日浦「観音堂」周辺（標高 350
～ 450m）、「影」八幡宮下方（標高 400 ～ 450m）、野尻用水上方の久保村「奥谷」「久保」周辺（標
高 400 ～ 500m）における棚田の林野化と耕作放棄が著しい。

第 6 節　文化 10 年（1813）勝浦郡田野々村分間絵図

　図 12-25 は文化 10 年田野々村分間絵図（控）の在所部分で、福原八ヶ村で唯一の旭川の谷底平野
が発達し、旭川の左岸（南斜面）に棚田と傾斜畑が多くみられる。凡例の外周は 2 里 26 町 24 間（13,778m）
で、「龍王高直四百二十間」（764m）とあり、本村南西の那賀郡東尾村境に位置する標高 1,110m の龍
峠を意味するのではないか。本村における測量基準点を標高 284m の字「蔭」A 点とすると、284 ＋
764 ＝ 1,048m で整合性がある。

　図中の A 地点は字「蔭」（67 筆 /194 枚 /3 町 3 反 8 畝）には、(株) 上勝バイオ（菌床椎茸生産）がある。
旭川右岸（南岸）に位置する字「苅揃」（か ぞろ）（1 町 7 反 1 畝 6 歩）は「地籍」によれば、明治 11 ～ 20 年
の 10 ヶ年の「川成荒田」や「開墾中鍬下」等がみえる[61]。日当たりのよい北岸（当地では「日の

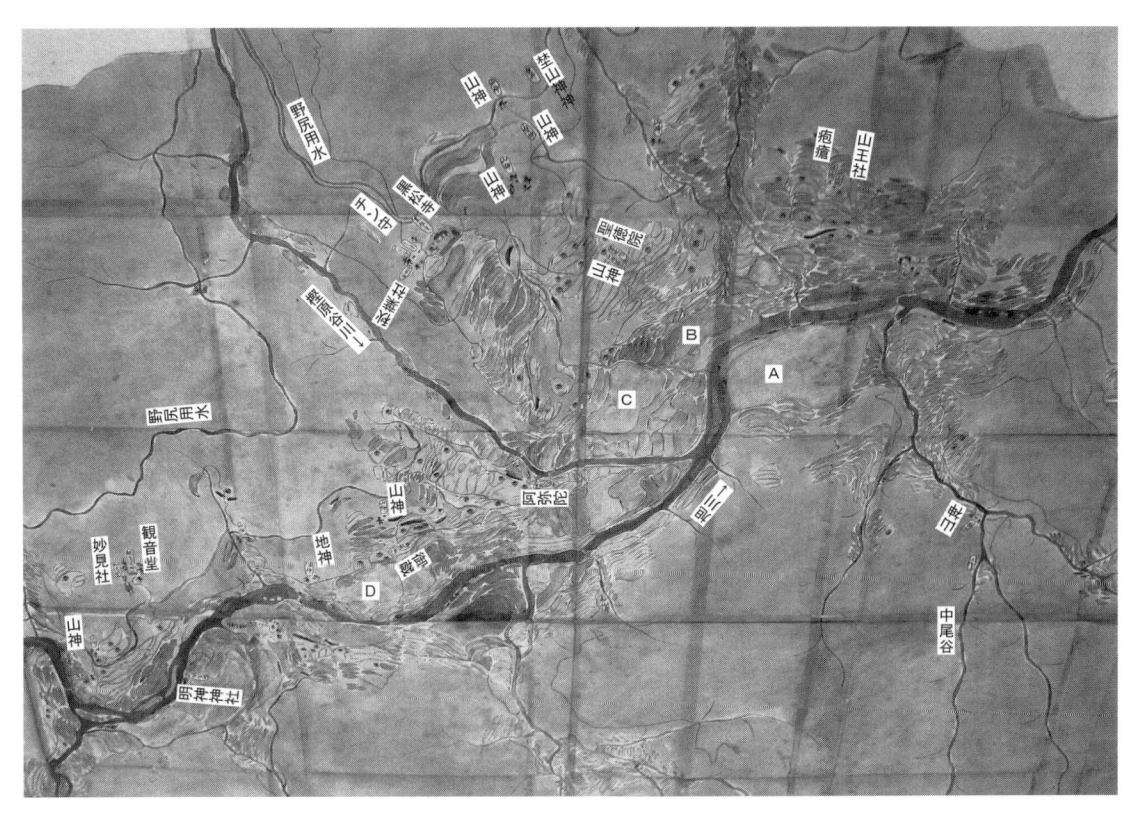

図 12-25　文化 10 年（1813）勝浦郡田野々村分間絵図（控）（在所部分、254 × 244cm、上勝町役場蔵に加筆）

地」という）の字「中村」（6町6反6畝19歩）、字「堂平」（5町2反4畝26歩）、「黒松寺」のある字「大平」（4町3反5畝26歩）、字「神田」（3町5反5畝12歩）一帯には、最大の棚田・傾斜畑が発達する。この3字には明治3年「戸籍下調」によれば、田野々村の総戸数97戸の内の57戸が集中している。さらに、「黒松寺」（曹洞宗の禅寺）が15筆／92枚／1町6反9畝1歩の田畑と、柴草山6筆／1町2反9畝を所有する大きな地主であったことがわかる[62]。

図12-26は1968年撮影の国土地理院の空中写真（SI-68-5Y　C3-14）をみると、文化期絵図の景観はほとんどそのまま継承されており、大きな変化はない。さらに、2005年撮影の国土地理院の空中写真（ST-2005-2X　C2-9）と比較すると、中尾谷、神明神社に至る旭川右岸一帯、左岸の観音堂付近、黒松寺・秋葉社付近の棚田と傾斜畑は縮小し、耕作放棄と林野化が顕著である。本村の中央部には樫原谷川が旭川に流下しており、市宇村から標高約450mの等高線に沿って山腹を東に走る野尻用水が描かれている。

図12-25・26に示したA〜D地点は絵図では棚田ではなく、1枚の大きな平坦面な田で描かれているが、空中写真をみると何枚もの田になっている。すなわち、本絵図では、山腹斜面の棚田や段畑はほぼ1枚ごとに表現しているが、山分でも旭川のようなかなり平坦な谷底水田は省略して1枚に描いていることがわかる。徳島藩の分間村絵図をみると、平地が広がる里分（在所）では田や地面畑・屋敷地・荒地・藪等の土地利用上にみられる一定の地類界で表現しているわけで、土地1枚ごとの表現ではないことに注意を要する。

図12-26　田野々村中心部の空中写真（1968年、国土地理院 SI-68-5Y C3-14（10B）に加筆）

　田野々村の宗教景観の核は「黒松寺」とその周辺に鎮座する「阿弥陀堂」「チン守」「秋葉社」である（標高 430m 付近）。絵図では旭川左岸の山腹斜面上方から耕地・集落を俯瞰するように「山神」6、「埜神」1、「地神」1、「妙見社」「観音堂」「阿弥陀」が鎮座する。「山王社」西に「疱瘡」神があるが、田野々村の「安政三年（1856）辰正月十八日村中極書写」[63] には「村内ニ疱瘡有之候節ハ、御棚明キ次第鉄砲放シ可申事、井山焼キ之義も右同断講中切出火消失之節相民手伝之極、家壱軒ニ付三人役平シ萱草壱荷縄壱ばん弁当持参ニ而可仕筈、尚亦本人思惑ヲ以買家仕役数相懸リ不申候得者、壱人役壱人宛指出可申筈、右ニ付御注進奉仕候、（下略）」とあり、村内で発生した恐ろしい疫病である疱瘡が治癒した時は、鉄砲を鳴らして村中に周知することや、山焼（焼畑）の知らせと、出火・消失の時の村人の相互扶助、出役（結）の際の村極めが記されている。

　さらに、絵図には旭川左岸の字「中村」に「御蔵」が描かれている。阿波では天保 7 ～ 8 年（1834 ～ 37）にはいわゆる「天保の大飢饉」がピークに達していた。田野々村の「万延二（文久元・1861）西三月　勝浦郡田野々村飢人面附差出帳」（亀井家文書）[64] では、同村の御蔵百姓 16 戸、57 人が「飢人」（明治 3 年戸籍下調による同村は 97 戸、人口は 485 人であるので、戸数の 16%、人口の 12%にあたる）として確認されている。慢性的な凶作と飢饉に対し藩は村々に「囲い米」を命じ、藩庫からわずかばかりの救助米を放出した [65]。絵図にみえる「御蔵」はこの「囲い米」の貯蔵庫であったと考えられる [66]。

第 7 節　樫原村分間絵図の棚田景観と土地利用の現状

1. 樫原村の棚田・段畑の枚数と耕作放棄

　樫原村は東部の田野々村・久保村、北部の瀬津村と、西部の八重地村にいたる東西約 2.5km、南北 750m の細長い村である。集落は旭川の支流樫原谷川に沿う、集落は標高 480 ～ 710m の南向きの急斜面に立地し、平均傾斜は約 15° である。樫原の 2006 年の戸数は 18 戸、35 人で、住民の平均年齢 65 歳の限界集落である。2006 年の上勝町の樫原地区現況耕作調査 [67] では、786 枚の棚田（面積約 15.3ha）の内、土地利用されている棚田は 240 枚（4.3ha、30.5%）で、平均面積は 1.8a、200 枚（2.7ha）が耕作放棄されている。樫原耕地 15.3ha の内、2006 年段階で耕作放棄や林野化した耕地は 4ha で約 29%に及ぶ。また、除草管理している棚田が 13 枚（0.3ha）、棚田オーナー制（上勝町 5、徳島市 5、鳴門市 2、藍住町 1、県外 4）が 0.3ha、段畑が 71 枚（1.4ha）あり、ねぎ・なす・大豆・ししとう・馬鈴薯・椎茸等を作付けしている。一部を萱畑にして晩秋に刈り、「カヤグル」として乾燥させ、田畑の肥草にしている。また、葉っぱビジネス、株式会社「いろどり」用の棚田が 85 枚（1.4ha）あり、桜・紅葉・笹・ばれん・南天・レンコン葉・ふき・蓮等が栽培され、2016 年には上勝町で約 26,000 万円の出荷額があった [68]。

　樫原谷川沿う集落部分の字「竹ノ前」「白鶴」「福山」「亀田」「徳山」「松尾」地区（口絵 2）とトレー

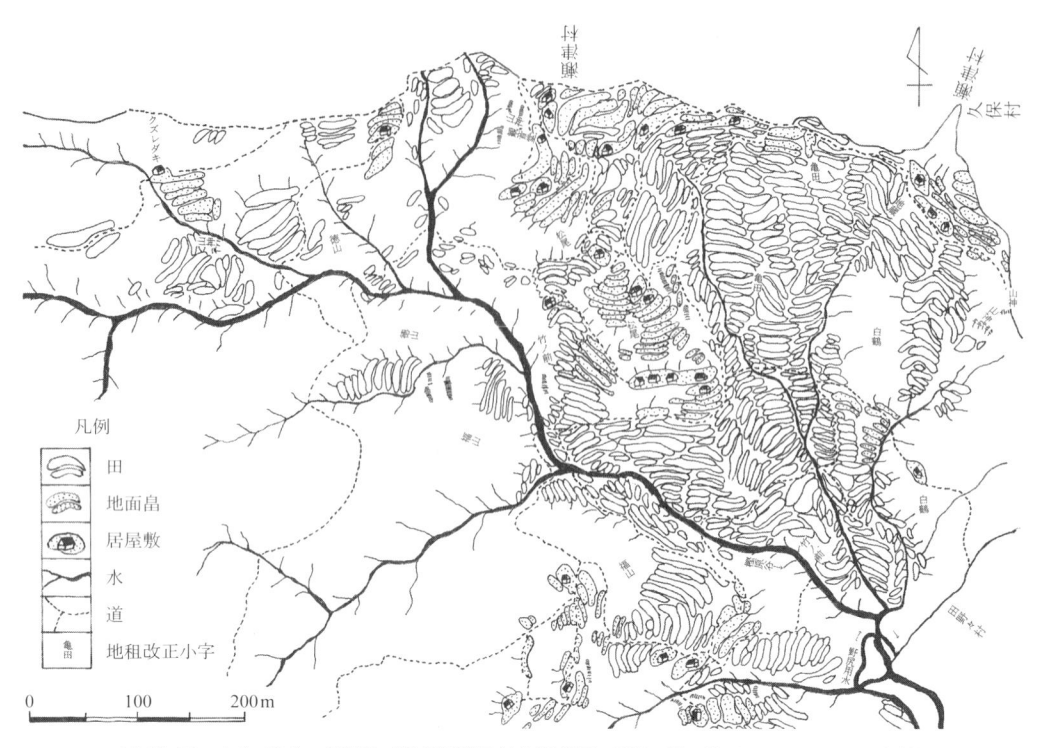

図 12-27　文化 10 年（1813）勝浦郡樫原村分間絵図（控）（在所部分のトレース図に加筆）

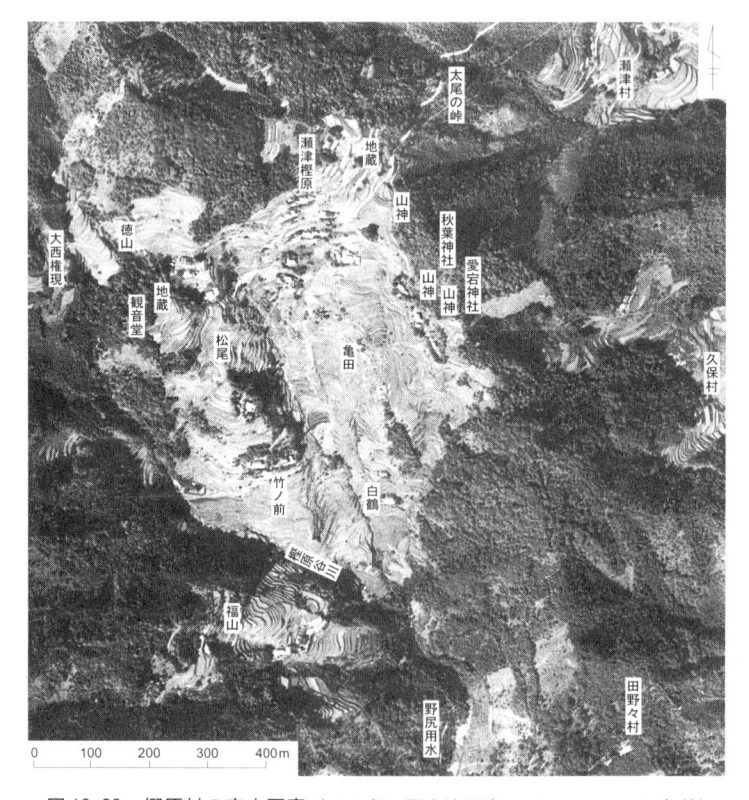

図 12-28　樫原村の空中写真（1968 年、国土地理院 SI-68-5Y C34-14 に加筆）

ス図（図 12-27）をみよう。絵図に描かれる田は 624 枚、地面畠 154 枚、家屋 29 棟である。明治 13 年の樫原地区の「地籍」では、棚田は 332 筆 / 1364 枚、畑は 195 筆 / 650 枚で、枚数でみると絵図棚田の 2.2 倍、段畑の 4.2 倍をあり、絵図の棚田・地面畠数は、実際の枚数を正確に表現していないことは、前述のとおりである。

　本村の明治 3 年の戸数（「戸籍下調」）は 27 戸、2009 年は 18 戸、35 人である。久保村境に山神 2 座、秋葉神社、瀬津樫原境に観音堂・地神・大西権現、樫原谷川上流に「クズレダキ」が鎮座する。本村の最下部である野尻用水部分は標高 450m、集落中央部が 620m、瀬津村境の太尾の峠付近が 650m である。

　1968 年撮影の国土地理院の空中写真（SI-68-5Y C-34-14、図 12-28）をみる。文化 10 年の分間絵図と比較すると、基本的な景観は維持されている。文化以降に新たに造成された棚田・段畑は南東部の白鶴付近（標高 550 〜 610m）、松尾観音堂付近（650 〜 680m）の 2 ヶ所に限られるが、樫原谷最上流の字徳山の棚田・段畑はほとんどが林野化しており、文化期段階で棚田・段畑の開発は頂点に達していたと推定できる。

　次に、1968 年と 2005 年撮影の空中写真（SI-2005-2X C2-9）を比較して景観変化をみると、耕作放棄され荒地化した棚田と、杉を植林して林野化し、集落空間の縮小化が著しい。その中心は字「白鶴」（460 〜 500m、550 〜 630m 付近）、字「亀田」（580 〜 630m 付近）、字「松尾」（600 〜 670m 付近）、樫原谷川右岸の字「福山」（500 〜 580m）である。字「白鶴」では約 25 段の棚田、字「松尾」では約 27 段の棚田が荒地化しており、集落中央部での耕作放棄が著しい。この現象は福原八ヶ村のみならず、剣山地北斜面の棚田・段畑地帯にも共通している。

2.　明治 9 年（1876）地面明細図に描かれる棚田群と地番

　山村の原風景である棚田景観は文化的景観としてその価値が再認識されており、「樫原の棚田」は

図 12-29　**樫原村字白鶴の棚田景観**（2015 年、地番は図 12-30 による、2010 年文化庁選定「重要文化的景観」。）

2010年に文化庁から「重要文化的景観」に選定されている（図12-29参照）。棚田景観は山地斜面にテラス状に水平に築かれた棚田群と、一部の段畑群とこれを支える畦畔、里道（支道）、民家、用排水路、墓地、谷川、里山である採草地（柴草山）や雑木林、奥山等で成り立ち、1つの有機的な空間システムを形成している[69]。このために、棚田の空間システムを検証するために字「白鶴」の1筆ごとの地番、地目、所有者、1筆を構成する範囲等を、地租改正期に作製された「地面明細図」「地籍図」で検証する。

　縮尺750分の1の「明治九年改正　地面明細図　第三号　阿波国勝浦郡生実村第拾壱号字白鶴」[69]で、樫原村最下部に位置する字「白鶴」における1～87番の各筆を構成する各枚の配置状況を検証しよう（図12-30参照）。字「白鶴」は標高480m付近の1番田4畝9歩から、640m付近の雑木林2畝3

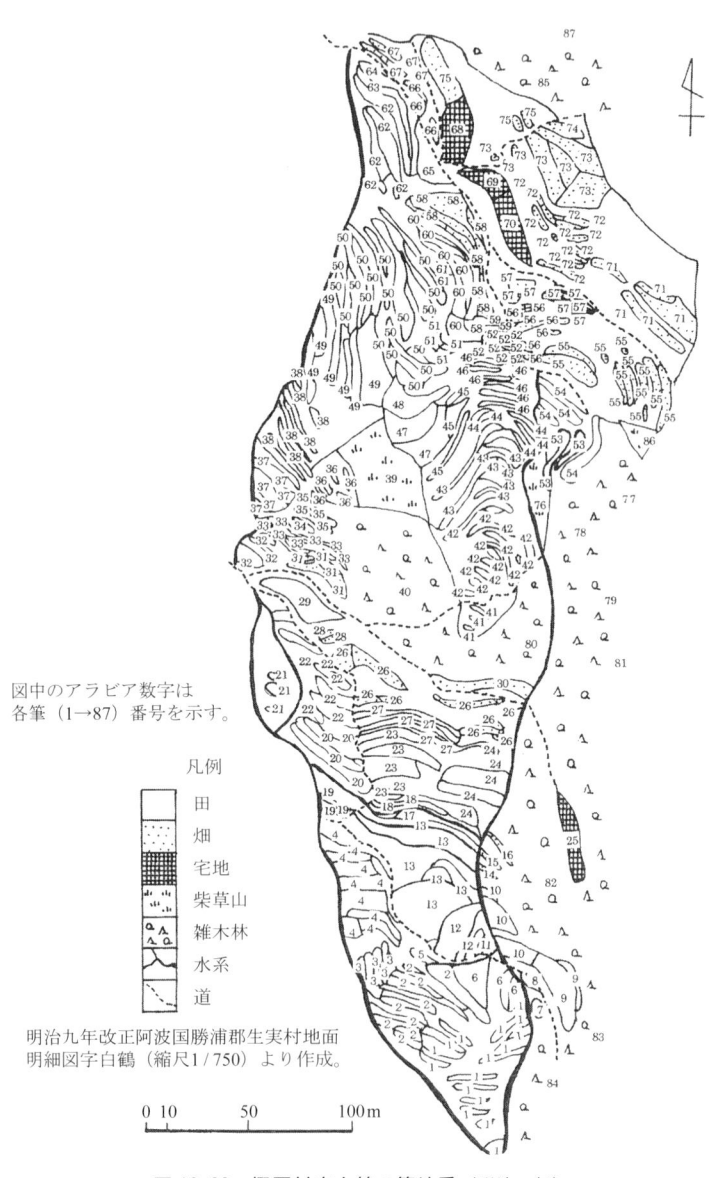

図中のアラビア数字は
各筆（1→87）番号を示す。

凡例

　　　田
　　　畑
　　　宅地
　　　柴草山
　　　雑木林
　　　水系
　　　道

明治九年改正阿波国勝浦郡生実村地面
明細図字白鶴（縮尺1/750）より作成。

0　10　　　50　　　　　100m

図12-30　樫原村字白鶴の筆地番（明治9年）

歩からなる。1 番田は 19 枚の棚田群で構成されるが、明治 13 年「地籍」をみると棚田面積と同じくらいの 4 畝 10 歩の畦畔を伴い、1 番田に属する各枚を線で囲んで示している。「地籍」によれば、字「白鶴」の田は 51 筆 / 230 枚、面積 1 町 2 反 6 畝 26 歩、1 筆平均 4.5 枚で、1 枚平均は 16.55 坪に過ぎない。一方、畑は 18 筆 / 100 枚 /5 反 1 畝 26 歩で、1 筆 5.6 枚、1 枚平均は 15 坪である。

　字「白鶴」の地目別面積を「地籍」でみると、田畑合わせて 1 町 7 反 8 畝 22 歩あるが、畦畔面積は 1 町 2 反 7 歩もあり、宅地 4 筆 / 1 反 1 畝歩、柴草山（採草地）5 畝 21 歩、山・雑木林 2 町 7 反 28 歩、墓地 1 畝 3 歩、支道敷（絵図に描かれる里道）1 反 1 畝 26 歩、用水路敷 5 畝 1 歩、悪水路（排水路）敷 1 反 12 歩、川 9 畝歩で、棚田群を構成する有機的な空間システムを構築している。

　次に、分間絵図に描かれる棚田群の枚数・配置・形態等が現状を正確に表現しているかが問題となる。これを、里道より下の 1 ～ 6 番田で検証する（図 12-30 参照）。1 ～ 6 番田の枚数は「地籍」「地面明細図」ともに 43 枚で構成されるが、絵図では 21 枚しか描かれていない。このことから、前述のように、分間絵図に描かれる棚田群数は現実とはかなり乖離していることがわかる。これは、分間絵図は 1,800 分の 1 の縮尺であるが、「地面明細図」「地籍図」は縮尺 600 ～ 750 分の 1 で、その表現精度に大きな差があるためであろう。その理由は絵図では道、民家、小祠、谷等の定点ではある程度、位置を正確に表現できるが、等高線に沿う極めてミクロな細長い棚田を 1 枚ごとに表現するのには限界があるためと推測する。この点に関して平井松午 71) は「分間絵図」の作製が村境の確定を目的とした一般図であるため、作製目的の違いにこそ要因があるとしている。しかし、徳島藩作製の分間絵図において傾斜面に立地する山地の棚田・段畑の 1 枚ごとの位置・形状の表現等がかなり精密であることから判断して、村境の確定だけでなく、村の内部にある村落景観を構成する諸要素の表現も目的としていたとするのが自然であろう。

3.　地面明細図と土地所有

　図 12-31 は字「白鶴」の土地所有者 A ～ N の 13 人が所有すると土地を 1 枚ごとに示している。これをみると、用排水路の関係で各持主の所有地は団塊状に固まって配置されているとがわかる。字「白鶴」で最大の田畑所有者 D（22 筆 / 74 枚 / 3 反 3 畝 28 歩、樫原村全体では 32 筆 / 100 枚 / 5 反 8 畝 18 歩）で、次いで、I（8 筆 / 54 枚 / 2 反 12 歩、前同 9 筆 / 75 枚 / 3 反 6 畝 19 歩）、E（12 筆 / 56 枚 / 1 反 4 畝 11 歩、前同 17 筆 /66 枚 / 3 反 4 畝 28 歩）等である。これから判明することは、1 筆の棚田・段畑群がいかに多数の枚数で構成されているかがわかる。2009 年の樫原住民の平均年齢は 65 歳であり、機械化が困難な棚田での農作業の厳しさが理解できる。

　一方、77・78 番の雑木林（4 反 1 畝 18 歩）は大字旭村の個人持で、81・82 番雑木林（8 反 7 畝 17 歩）と 39 番柴山（6 畝 2 歩）は本村 T が所有するが、最上の 87 番雑木林は久保・樫原・瀬津村 84 人持ちの入会山である。

　次に、明治 13 年作製の「地籍」は明治 9 年作製の「地面明細図」72) を基本に作製されており、同じ筆に属する棚田群を線で囲んで示している（図 12-32 参照）。例えば樫原村の A は、「白鶴」で田 1（19 枚）と田 2（8 枚）、田 6（3 枚）、田 7（1 枚）、田 8（1 枚）、田 10（3 枚）合わせて 6 筆 / 29 枚 / 1 反 4 畝 20 歩を所有している。他に字「亀田」で 1 筆 / 5 枚 / 2 畝 18 歩、字「松尾」で 3 筆 / 7 枚 /5

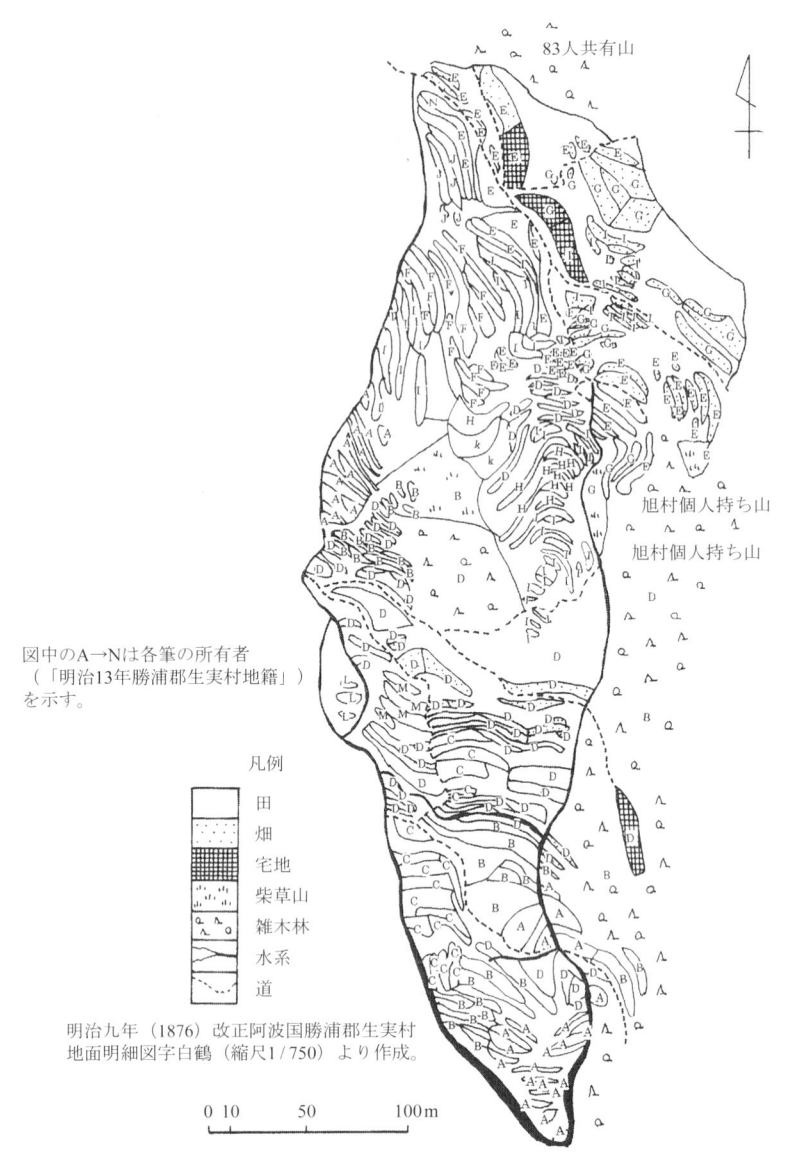

83人共有山

旭村個人持ち山

旭村個人持ち山

図中のA→Nは各筆の所有者
（「明治13年勝浦郡生実村地籍」）
を示す。

凡例

　田
　畑
　宅地
　柴草山
　雑木林
　水系
　道

明治九年（1876）改正阿波国勝浦郡生実村
地面明細図字白鶴（縮尺1/750）より作成。

0　10　　　　50　　　　　　　100m

図 12-31　樫原村字白鶴の土地所有者（A〜N）

畝 21 歩、字「竹ノ前」で 8 筆 / 38 枚 / 2 反 1 畝 25 歩、字「福山」で 6 筆 / 12 枚 / 1 反 4 畝 27 歩、字「徳山」
で 1 筆 / 6 枚 / 7 畝 13 歩と、周辺に柴草山（「竹ノ前」）3 畝 5 歩、雑木林（「福山」）1 町 2 畝 21 歩を
所有している。このように、A が所有する田畑は狭小な棚田群である 24 筆 / 116 枚が、6 小字に分散
していることがわかる。字「白鶴」に農地を所有する 14 戸をみると、田畑枚数が 100 〜 116 枚が 3 戸、
50 〜 99 枚が 5 戸、50 〜 18 枚が 6 戸である。このように、農家は極めて狭小な棚田・段畑群と、採草地・
雑木林を自宅周辺に所有して、1 つの耕作圏とする空間システムを形成していた。

　また、両図から明示出来なかった柴草山と雑木の筆境がはっきりわかる。徳島県では地租改正事業
は明治 9 年に開始されるが、先ず、小字ごとの丈量が行われて、地番・等級・地目・段別（面積）・
地価金・持主が決められ、その後に「地面明細図」と「地所明細帳」が作製された。さらに、同 13

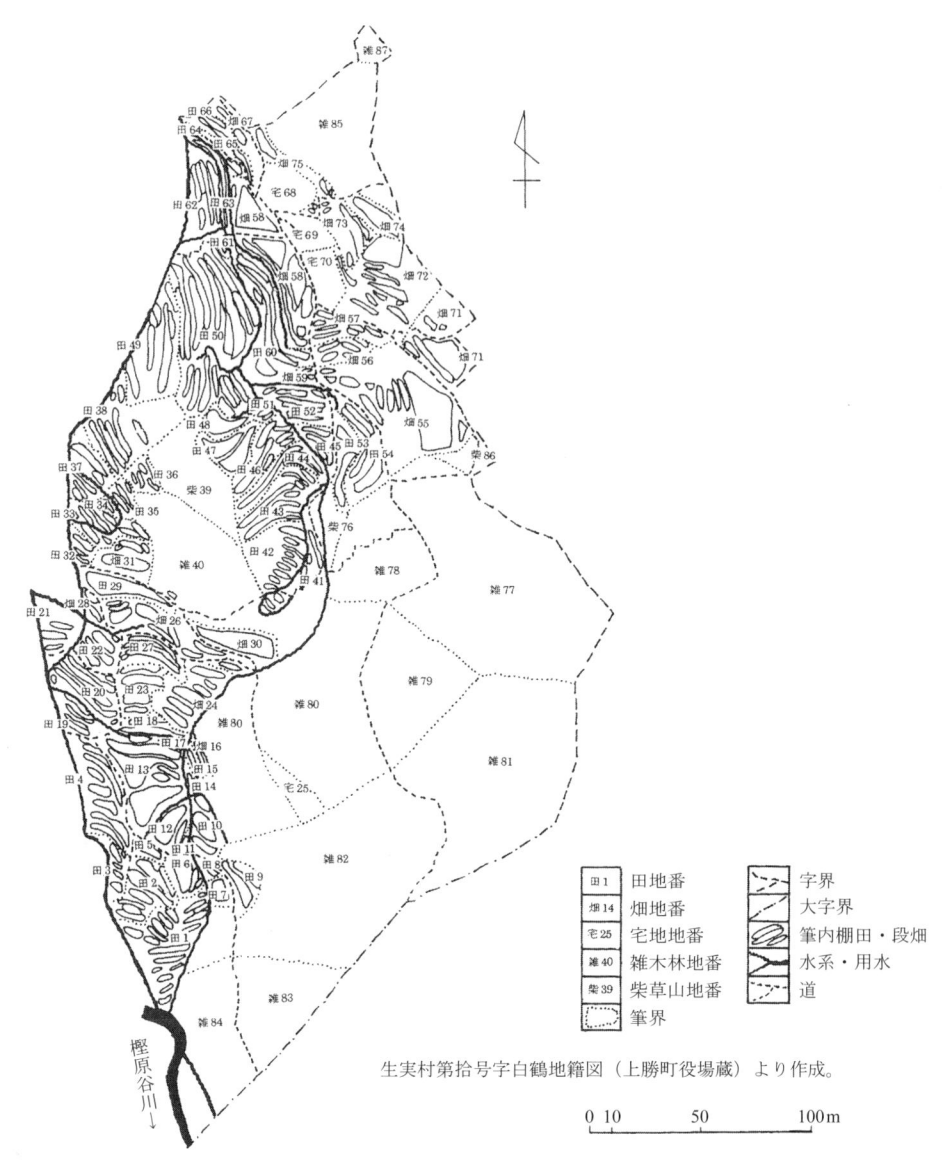

図 12-32　生実村字白鶴地籍図

年に大字ごとの「地籍」台帳が作製され、同 22 年の町村制施行とともに、「地籍図」（公図）、「土地台帳」が作製されたと考えられる。

　図 12-33 に樫原集落の土地利用現況図（2006 年）を示した。819 枚の内、現況棚田 399（48.7％）、現況耕作放棄 120（14.7％）、畑 92（11.2％）、果樹園 90（11.0％）、耕作放棄よる樹林 52（6.3％）、宅地・ビニールハウス 27（3.3％）で、南部と北西部・中央部に耕作放棄が進み、集落空間の縮小化が著しい。

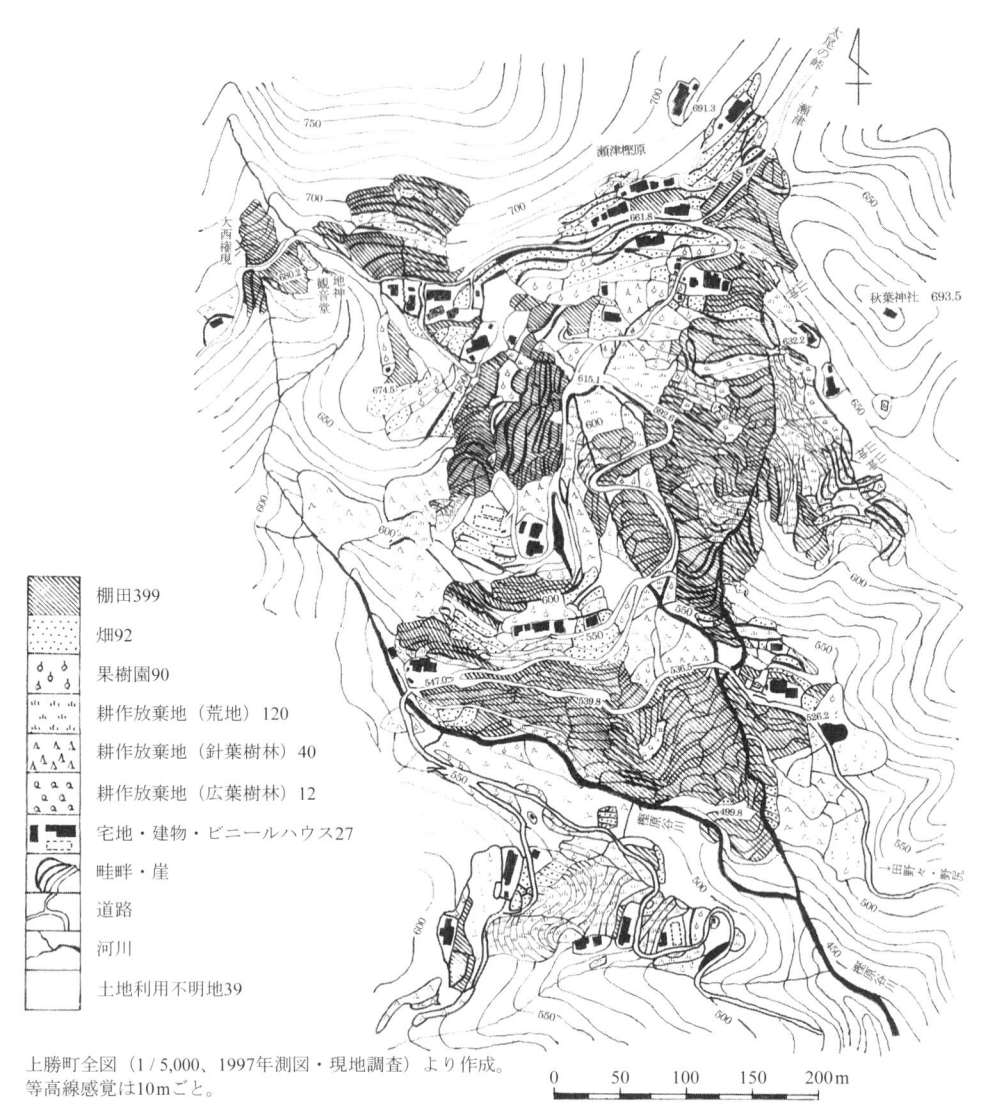

棚田399	
畑92	
果樹園90	
耕作放棄地（荒地）120	
耕作放棄地（針葉樹林）40	
耕作放棄地（広葉樹林）12	
宅地・建物・ビニールハウス27	
畦畔・崖	
道路	
河川	
土地利用不明地39	

上勝町全図（1／5,000、1997年測図・現地調査）より作成。
等高線感覚は10mごと。

図 12-33　樫原地区の土地利用現況図（2006年、上勝町教育委員会作成「平成18年度調樫原地区現況耕作状況図」による。）

第 8 節　市宇村の棚田景観と耕作放棄・林野化

　文化10年八重地村市宇村分間絵図（控）の内の市宇村の集落部分をみる（表紙カバー裏）。集落は旭川左岸の南斜面の標高約420〜710m（比高約290m）の急傾斜に立地する。集落の西には「西の谷川」（絵図では「中峯谷」）、中央には「井ノ谷川」、東には「はい谷川」が旭川に流下し、標高約520mの等高線に沿って野尻用水が東西に流れる。集落の南西部には「荒神社」（現「八幡神社」）と「埜神」、中央部には「観音」と「六地蔵」、東部には「山神」6座が鎮座する。

図 12-34　市宇村の棚田景観（標高 550 〜 600m、2015 年）

　集落北西部の標高約 560 〜 610m 付近には「市宇の棚田」景観（図 12-34）が発達する。「貞享三年勝浦郡市宇村検地帳」[73] によれば、田 4 町 1 反 2 畝 15 歩 / 高 39 石 5 斗 3 升 5 合、畠 5 町 6 反 4 畝 12 歩 / 高 16 石 9 斗 6 升 8 合、外に上毛高 12 石 3 斗 4 升 8 合、高都合 68 石 8 斗 5 升 1 合の小規模な村で、反別の 42％は棚田、58％が段畑であった。「戸籍下調」では、33 戸（絵図では 33 戸、明治 18 年地籍では 33 筆）、170 人、田 5 町 2 反 5 畝 24 歩、畑 2 町 2 反 3 畝 7 歩、山畠・切畑 3 町 6 反 2 畝、茶 1039 坪、楮 365 畦（くれ）、牛 30 頭、田畑の約 70％が田であった。市宇村絵図に描かれた棚田は 694 枚、段畑は 205 枚で、棚田が圧倒的に多い。

　「明治十八年（1885）勝浦郡旭村地籍」[74] よれば、市宇村全体で田畠が 377 筆 /6 町 3 反 9 畝 7 歩で、そのうち田が 78％を占め、棚田卓越型の村である。明治 18 年「地籍」では宅地は 38 筆あるが、そのうち、33 筆は旭川北岸の集落部分にある。棚田・段畑は旭川の北岸（左岸）と、南岸（右岸）に 2 分されるが、北岸には「中峰（小平）用水」「かき通り用水」「ジロイン用水」等の小規模な用水に依存する棚田が、149 筆 /6 町 4 反 3 畝 17 歩、段々畑は、128 筆 /3 町 4 反 8 畝 4 歩ある。棚田の中心は、灰谷川沿いの字「長川原」と字「灰谷」、西の谷川沿いの字「西ノ谷」、集落上部の字「中峰」に広がり、中央部の「市宇の棚田景観」[75]（図 12-34・35）を形成するのは字「下峰」、「荒神社」付近の字「宮崎」である。

　一方、旭川南岸には「絵図」には和佐尻谷川（わさじり）の棚田に「地蔵」、「山神」が鎮座するが、民家が 2 戸描かれる（明治 18 年地籍では宅地が 5 筆 /1 反 16 歩ある）。南岸には「絵図」でも谷沿いに多くの棚田があり、1968 年撮影の空中写真（図 12-35）でも確認できる。明治 18 年「地籍」によれば、100 筆 /6 町 4 反 7 畝 16 歩の棚田・段々畑が、西の和佐尻谷川（小西谷川）、中央の岩井谷川、東の忠田付近にあり、棚田面積が 98％を占める。棚田の中心は字「西の谷」、灰谷川沿いの字「長川原」、字「灰谷」、井の谷川沿いの字「中峰」・「下峰」である。

　さらに、「井ノ谷」付近では明治 13 〜 24 年（1880 〜 1891）までの山林開墾鍬下年季（1 反 3 畝 15

山神

市宇の棚田

観音堂

西の谷川

山神

野尻用水

地蔵

小西谷川

松尾社

山神

八幡社

旭川

山神

山神

はい谷川

山神

三谷井堰

県道徳島上那賀線

| 0 | 100 | 200 | 300 | 400m |

図 12-35　**市宇村付近の空中写真**（1968 年、クモソウ 山 520（クモソウヤマ）、C6-10 1968 トクシマケンに加筆）

歩）が、同じく南岸でも同 17 ～ 24 年の同年季（1 反 3 畝 15 歩）が「地籍」に記される。このように、明治前期段階では山林の小規模な開墾がみられる。

　1968 年撮影（図 12-35）でもすでに、集落・耕地周辺の山林の植林（杉林化）が盛んに行われていたことが、杉の点状の樹冠群写真からも判読できる。約 40 年間のスパンでみると市宇集落においても、集落中心下部での耕作放棄（字「宮崎」）、集落中心部（字「井の谷」）と、北部（字「中峰」「下峰」）、西部（字「西の谷」）、東部（字「灰谷」）の全域で林野化が著しい。さらに、2005 年撮影の空中写真[76]では旭川南岸では棚田景観の全面的な消滅がみられる。この現象は旧福原村のみならず国土面積の約 60％を占める中山間地帯の全般にみられる山村地域の衰退と荒廃現象であろう。

第 9 節　八重地村の集落と耕地

1. 集落・焼畑・共有山の三重の圏構造

　口絵 1 は文化 10 年八重地村市宇村分間絵図の内、八重地集落を取り巻く地区における耕地の分布

を示したものである。八重地の中心集落と耕地は、旭川最上流の支流に西谷川の標高約 500 〜 700 m の南斜面に立地し、平均傾斜は約 3 分の 1（18°）である。絵図では西谷筋の奥岐谷・高野谷・仁義谷の標高約 600 〜 700 m 一帯にまとまった高冷地の棚田と段畑群がみえる（1968 年撮影の空中写真、図 12-36 参照）。集落景観を写真でみると、集落・耕地部分を核として、その北斜面にある里山の八重地山（標高 700 m）、さらに、奥山である高丸山（標高 1,438.6 m）が形成する三重の圏構造を形成していることがわかる。なお、高丸山には高丸山東照神社と、剣山神社が祀られる。図示したエリアの田と地面畠の枚数は 752 枚で、明治 13 年「地籍」では 686 筆 / 1,766 枚であり、絵図では約 43％しか図示していないことになる（図 12-37 参照）。

　図 12-38 に明治 9 年（1876）と 20 年（1887）の八重地における焼畑と共有山の分布を示した[77]。集落部分と北谷・西谷・奥岐谷・仁義谷・高野谷等の支谷筋の棚田（17 町 3 反 6 畝 13 歩、外に荒田 4 反 7 畝 14 歩）と段畑（4 町 5 反 4 畝 8 歩）が配置される。これを取り囲むように、外縁部の標高 600 〜 800 m の里山に位置する字「古屋敷」（14 町 2 反 6 畝）、字「転石」（19 町 9 反 9 畝）、字「茶地の本」（10 町 1 反 8 畝）、字「道辻」（12 町 2 反 6 畝）、字「日浦峯」（11 町 2 反 8 畝）、字「炭の向」（9 町 6 畝）、字「茶蔵本」（15 町 5 反 8 畝）があり、八重地村で合わせて 98 町 7 反 6 畝の焼畑が分布する。焼畑面積は山林面積 371 町 2 反 5 畝の約 27％に及ぶ。さらに、標高 900 〜 1,400 m の字「茶地の本」「井の岡」「古屋敷」には合わせて 35 町 5 反 4 畝の共有山が、字「転石」には 24 町 2 反 3 畝の八重地名・樫原名持の共有山が、字「川口」には 9 反 6 畝の八重地村の山田与市外 5 人持ち共有山がある。また、字「転石」「古屋敷」「炭

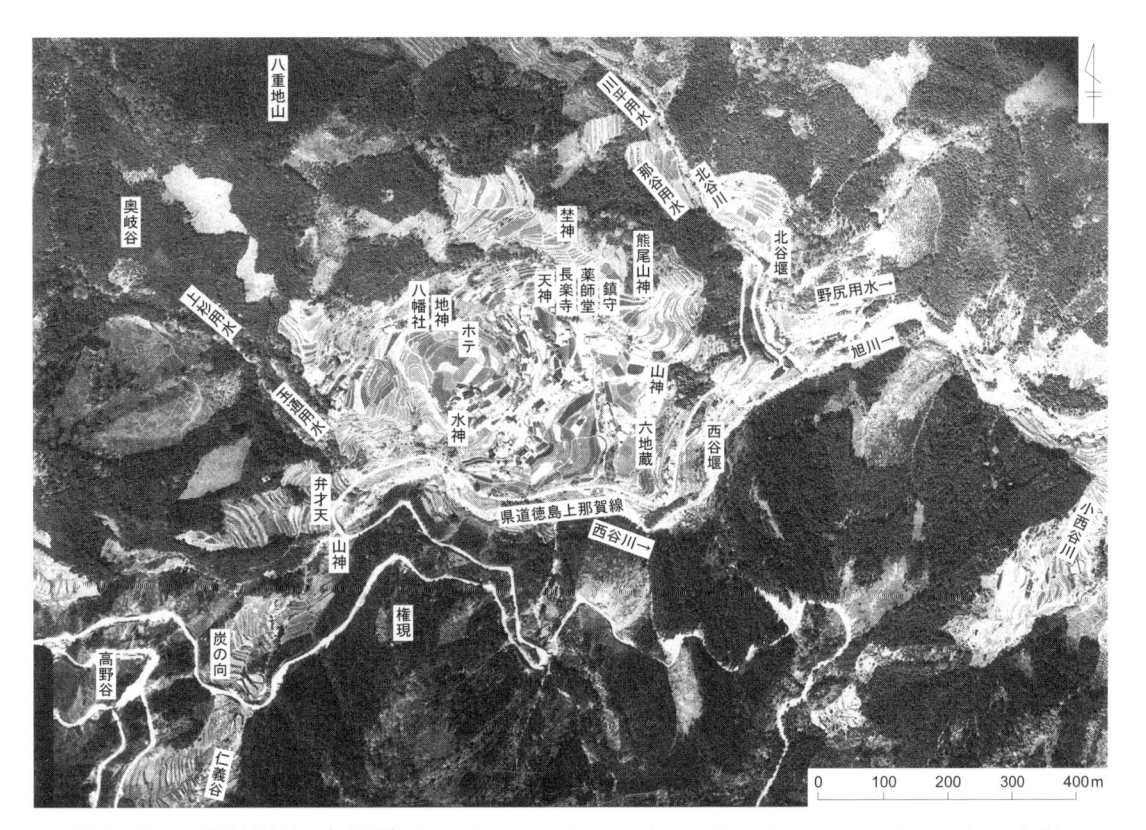

図 12-36　八重地村付近の空中写真（1968 年、クモソウ 山 520（クモソウヤマ）、C6-10 1968 トクシマケンに加筆）

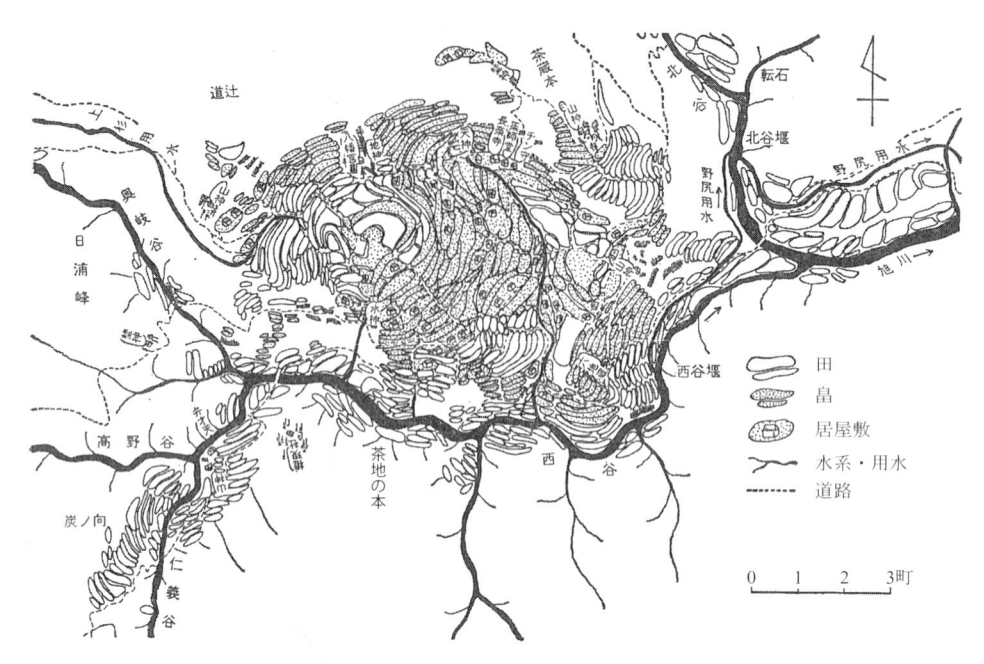

図 12-37　文化 10 年（1813）勝浦郡八重地村市宇村分間絵図（控）（八重地在所のトレース図に加筆）

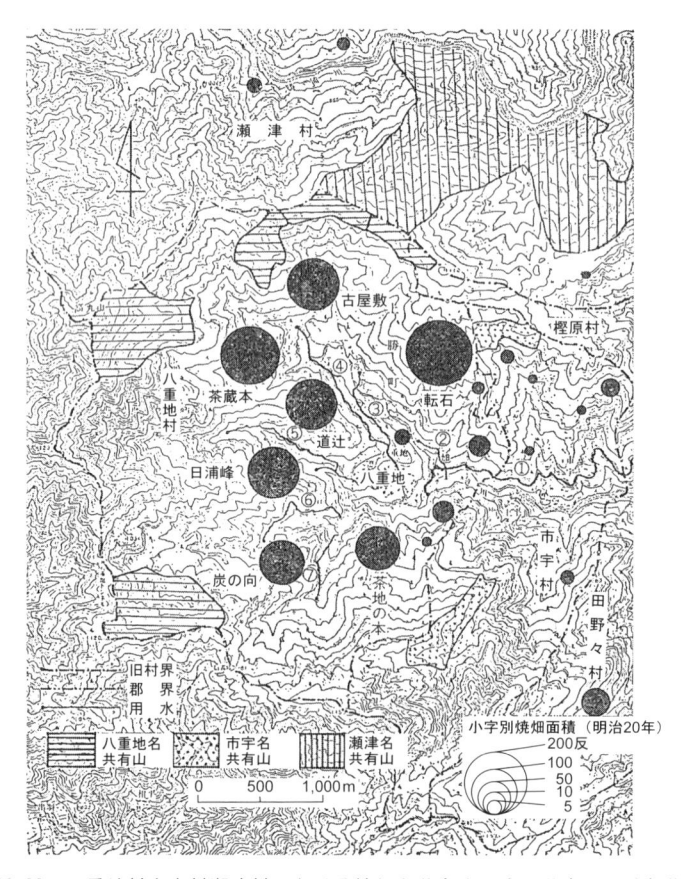

図 12-38　八重地村市宇村瀬津村における焼畑と共有山の字別分布（明治初期）
①野尻用水　②川口用水　③川平用水　④那谷用水　⑤上杉用水　⑥床鍋用水　⑦松野用水

の向」は萱屋根葺用の萱の採取地、字「茶地の本」は村人の稼山で薪炭材の採取地であった[78]。

　集落部分の棚田・段畑の配置を明治 9 年字別耕地面積[79] からみると、棚田は集落中心部に 6 町 6 反 4 畝、外縁部に 10 町 7 反 1 畝と 5 筋の支谷筋の方が多い。これは北谷筋・高野谷・仁義谷筋には広い棚田が分布するからである。これに対し、畑の分布は中心部 3 町 6 反 8 畝、外縁部 4 反 9 畝で、集落部に多い。

　八重地では貞享検地から 70 年後の宝暦 8 年（1758）新開検地[80] で新たに打ち出された石高は、11 石 5 斗 2 升 9 合で、内、田は 1 町 9 反（10 石 9 斗 5 升 9 合）、畑は 5 斗 7 升（内、山畠 2 畝）で、18 世紀前半の開墾は圧倒的に田が中心であった。田の新開は隣接する畑の田成りによる「持懸開地」が大部分で、1 筆の平均面積は 2 畝 15 歩で、34 人の名負人のうち、24 人が新開を行っている。特に、開田が進展したのは字「川平」「炭の向」「日浦峯」「栂尾」「川口」の集落外縁部である。

　さらに、寛政新開検地[81] では新たに 2 町 7 畝 / 3 石 6 斗 1 升 4 合の開墾があった。この内、2 石 8 斗 3 合が「水田山畠水無」とあり、新開地の 83%（1 町 7 反 2 畝）が山畠であり、田は 3 反 4 畝に過ぎない。山畠の新開は北谷筋が中心であった。新開による耕地開発は 17 世紀末までは集落部分の畑が中心であったが、18 世紀前半には集落周辺部で畑の開田があり、18 世紀後半には北谷筋を主力とする山畠の造成が行われ、文化 10 年の分間絵図にみられるような畑を中心とした景観が完成したのであろう。

2.　焼畑と秋山・夏山

　福原八ヶ村の小祠 195 の約 40% は山神（78）であり、山神や塋神は農耕、特に焼畑の守神である。分間絵図では 11 ヶ所の山神が鎮座するが、西組（18 戸）、北組（23 戸）、古屋敷（3 戸）の山神に属する。山神祭りはかっては毎年 8 月 7 日に行われ、各戸から 1 人ずつ出て太鼓を叩き、山の神の歌を歌って廻った。焼畑の火入れをするときは、集落対岸の字「茶地の本」にある権現社（標高 835m）を拝み延焼しないように祈ったといわれる[82]。

　八重地には盆前の 8 月に火入れする夏焼き（秋畑・秋山）と、3 〜 4 月頃火入れする春焼き（夏畑・夏山）が明治 30 年（1897）頃までさかんであった。秋山は蕎麦山とよばれ、1 年目に蕎麦、2 年目に稗、3 年目に小豆・粟、4 年目に所によっては蕎麦か粟を作付けしたが、大部分は雑草におおわれており、5 年目には山に返していた[83]。山の神は岩や崖場など作物ができない所を「山の神にあげとかんか」として、祀ったのがはじまりとされる。

　一方、夏山は 1 年目には稗、2 年目には小豆、3 年目には大豆、4 年目には稗・粟・小豆を作付けした。夏山・秋山とも 3 〜 4 年で山に返していた。明治 20 年の資料によれば、蕎麦は反収 2 斗 5 升（播種量の 8.3 倍）、稗は 8 斗（同 40 倍）、小豆は 1 斗 5 升（同 7.5 倍）、粟は 1 斗（同 10 倍）で、高冷地に適する稗と蕎麦・粟の収量が多い。このように、無肥料栽培を常態とする焼畑が近世から明治 20 年頃までは重要な食料供給地であった。ちなみに、貞享 3 年（1686）の八重地村検地帳[84]（約 3 分の 1 が後欠）によれば、33 人の名負人のうち、19 人（約 58%）に山畠・切畑の所有があった。ちなみに、1950 年世界農業センサスによると[85]、焼畑・切替畑のある旧福原村の農家は 23 戸（総農家の 4.7%）、1 町 4 反歩である。

　次に、高野谷筋にある字「炭の向」における、田（畑はない）、柴草山、焼畑、山、共有林の配置状況をみよう。「炭の向」は高野谷と仁義谷により北と東を限られ、西・南は 1,000ｍ 級の尾根を境として那賀郡出羽村と境を接している。8 合目以上の奥山には、八重地名井上仙蔵以下 46 人持ち共有山 26 町 4 反 4 畝があり、仁義谷左岸には 39 筆の焼畑 9 町 6 畝 8 歩、柴草山（屋根葺用の萱の採取地）16 筆 /40 町 9 反 7 畝 14 歩、田 25 筆 /1 町 6 反 9 畝 13 歩みえる。尾根筋から谷筋へは八重地名持ちの共有山→焼畑・採草地→田（松野用水）の配置がみられ、畑はない [86]。

　八重地の明治 3 年「戸籍下調」の戸数は 45 戸で、近世を通じて一戸株をもつ家は 45 戸であった。明治初年以降に一戸株を有する家のうち、絶家・転出戸は 20 戸、分家・転入戸は 16 戸（うち 6 戸が絶家・再転出）で、差引 35 戸であるが、この外に一戸株を持たない分家・転入戸が 4 戸あり、昭和 55 年 2 月現在は 39 戸である。

3.　用　水

　八重地は高冷地にあり、しかも、湧水や小渓谷に依存した「小井手懸」である。このため、藩政期から度々、冷・水・旱害に見舞われている。例えば、冷水害のため八重地村百姓惣代から郡代へ立毛検見願が出ている。その一部を示すと、「当村之儀者勝浦郡行詰極山ニ而、土地引上自然冷気強ク清水所ニ而稲作実入悪敷さふみ相成リ、真実　□　米ニ而御年貢毎々行足リ不申（中略）、当年者世上相応之年柄ニ相見ヘ候得共（中略）、土用中程ヨリ盆前迄霧巻春面相懸リ付御年貢等ニ行当リ（下略）」とある [87]。八重地名の文化期の「用水帳」[88] によれば、大小合わせて 76 ヶ所の用水があったとされる。図 12-38 で示したように、主な用水は川平（杉の花）用水（北谷、639 間）、川口用水（北谷、636 間）、栂尾用水（北谷）、玉通用水（奥岐谷、497 間）、杉の花（上杉）用水（奥岐谷、497 間）、床鍋用水（高野谷）等がある。

　また、文化 13 年（1816）に床鍋用水を開削するにあたって、水利権を持つ下流の野尻村井組との間に水論がおこり、嘉永 3 年（1850）に傍示村与頭庄屋と郡代による「済口」が行われ、両村の主張を折半する形で解決をみた [89]。

4.　小字と水神

　貞享検地帳（3 分の 1 が欠損）の 254 筆には 57 の字名が記されている。その内、現行小字と一致するものが 16 あり、残りの 41 の内、明治 38 年（1905）生まれの井上良夫氏（故人）からの聞き取り調査により、場所を比定できたものが 21 あり、合わせて全体の約 65% の場所を明らかにできた。小字から水に関するものをあげると、字「井地ノ源」「井ノ岡」「井ノ尻」「井内」「井ノうえ」「溝川」「川平」「川口」「水谷」「谷又」など 12 あり、全体の 5 分の 1 に及ぶ。「分間絵図」（図 12-37、口絵 1 参照）をみると、集落南西部の字「西浦」に「水神」が描かれている。ここを「井地ノ源」といっており、八重地にある 4 つの湧水の 1 つで、共同の水汲み場で、「井地」と称する井組があった。この「井組」は「日々地」（図 12-39）と呼ばれており、昭和 28 年頃まで利用していた。水神さんの祭神は「龍王権現」で天地と水を司る「天の龍神、川の水神」といわれ、八重地の雨乞いの歌にも歌われている。

図 12-39　八重地村・日々地（ひびち）の水神（昭和 27・28 年頃まで使用）

6. 牛の放牧と埜神

　野（埜）神は稲作の守護神の 1 つであるが、山の神が田神化したものといわれる。四国地方に多いノツゴは元来土地の鎮護にあたった野神が牛馬の守護神へと分化し、信仰の衰退とともに、牛馬の死霊の祟りを鎮める御霊信仰的要素が強まったものといわれる[90]。

　八重地を中心とする福原八ヶ村は、焼畑地に放牧飼育する八重地牛の産地として有名であり、昭和 30 年（1955）頃までは放牧がさかんであった。このため、集落周辺の里山にある鍬内（くわうち）（北谷筋）の古屋敷（ふるやしき）、岩屋坂（いわやざか）（北谷筋）の北八重地、上久保（うわくぼ）（奥岐谷筋）・休場（やすば）（高野谷筋）・権現（仁義谷筋）の西八重地の 5 ヶ所には、放牧のための牛の出入り口である「木戸場」が設けられていた。早春には牧柵の「出役（でやく）」（共同作業）があり、出役が終わってから氏子が集まり慰労していた。これを野講（のごう）といい、注連縄を張り、御神酒を祀り、牛の安全を祈ったといわれる。放牧期間は春は八十八夜より秋の彼岸までで、焼畑跡の原野が放牧地となった。分間絵図には 2 ヶ所の埜神が描かれている。その内の 1 つ、字熊尾の小高い丘には杉が 2 本植えられ、その根元には埜神が祀られている[91]。

小　括

　本章では分間村絵図と棚田景観に関して、勝浦郡上勝町の旧福原八ヶ村を絵図のトレース図化と地方文書等とのクロス分析を中心に考察してきた。八ヶ村分間絵図はいずれも文化 10 年（1813）に作

製されており、藩政村の空間・社会構造を明らかにするためには、村絵図と地方文書とのクロス分析が欠かせない。

　阿波山村において棚田分布は四国山地（剣山地）の三波川帯と秩父帯の破砕帯地辷り地域を中心としている。また、分間村絵図作製には村境を定めるために「廻り検地」が使われた。福原八ヶ村の1つである勝浦川の支流殿河内谷川一帯に8つの集落（名）が散在する瀬津村では貞享3年（1686）検地帳と、明治10年の大水害免租願、宗教的景観を構成する小社（祠）との関係等に視点をおいて、クロス分析を試みた。野尻村久保村では勝浦川の支流旭川最上流の八重地村を水源とし、元文元年（1736）開削された野尻用水との関連から分析した。また、八重地村では集落・耕地と里山（焼畑、牛の放牧）・奥山（共有山）との同心円的な三重の圏構造を明らかにした。さらに、近世～明治期を通じて営々として築かれてきた棚田・段々畑景観が昭和40年代以降の杉の植林にたもない林野化して、耕作放棄が進展して集落と耕地空間の縮小現象が一段と進展している。

[註]

1) 現存する分間村絵図は20017年現在の著者の所在調査によれば、阿波国では約72ヶ村に係る76点、淡路国では68ヶ村に係る72点である。淡路国の分間村絵図の作製年代は年紀記載のある絵図で推定すると、文政11年（1828）～天保12年（1841）頃である。

2) 川村博忠（1992）：『近世測量術』古今書院，37～39頁。

3) 葛川絵図研究会編（1988）：『絵図のコスモロジー　上巻』地人書房，11～30頁。吉田敏弘（1989）「骨寺村絵図の地域像」『絵図のコスモロジー　下巻』地人書房，28～53頁。五十嵐　勉（1989）「村絵図にみる近世村落の生活世界－播磨国赤穂郡「上村絵図をテクストとして－」前掲同下巻，167～183頁。

4) 五十嵐　勉（1989）：「近世村絵図－平野の村絵図と山地の村絵図－」久武哲也・長谷川孝治編『地図と文化』地人書房所収，63頁。

5) 川村博忠，前掲2）26頁。

6) 徳島藩の分間村絵図を対象としたものは、拙著（1981）：『山村地域の史的展開－徳島県勝浦郡上勝町－』教育出版センター。拙稿（2008）「文化九年分間村絵図からみた美馬市木屋平の集落・宗教景観」『阿波学会紀要』第54号，171～182頁。拙稿（2010）「勝浦郡上勝町樫原の棚田景観と実測分間村絵図・地租改正地面明細図について」徳島地方史研究会『史窓』第40号。

7) 平井松午（2007）：「古地図のGIS的世界－歴史地理学における古地図を用いたGIS分析の可能性と課題－」2007年度人文地理学会大会特別研究発表レジュメ。同（2002）「絵図資料論－絵図デジタル化の可能性－」『史窓』第32号，35～43頁。

8) 「廻り検地」で村境を確定し、絵図には隣接する複数の交差点で村の名前が記される。

9) 里分や平坦地では田・畠・荒地・川原等の土地利用界や地類界が示される。

10) 萱葺・瓦葺・土蔵・長屋門等の区別と、集落内の道や山神・野神、隣接村への道等が描かれる。

11) ①文化10年勝浦郡八重地村市宇村分間絵図（控）、②同年田野々村分間絵図（控）、③同年樫原村分間絵図（控）、④同年野尻村久保村分間絵図（控）、⑤同年瀬津村分間絵図（控、在所・山分）、⑥同年福原村分間絵図（控、在所・山分）。

12) 絵図を素材として景観復原や地域像を求める場合に、学際的な地域史や歴史学・民俗学と融合する歴史地誌学への志向が必要なのではないか。

13) 小野寺　淳（1997）：「景観論と絵図研究－絵図学構築のために－」『國學院雑誌』98-3，67頁。

14) 小山靖憲 (1987)：「中世村落と荘園絵図」東京大学出版会『絵図にみる荘園の世界』10 頁。

15) 米家泰作 (2002)：『中・近世山村の景観と構造』校倉書房，197 ～ 214 頁。

16) 五十嵐　勉 (1983)：「近世山村における耕地開発と村落構造－越後国頸城郡下平村－」『人文地理』35-5，51 ～ 69 頁。

17) 松尾容考 (1989)：「近世山絵図－林野が語る近世山村－」久武哲也・長谷川孝治編『地図と文化』地人書房，66 ～ 67 頁。

18) 窪田涼子 (1996)：「虎岩村絵図を読む」『信濃』48-3，907 ～ 922 頁。

19) 六本木健志他 (2008)：「秩父山間集落の存立基盤とその変質」石井英也編著『景観形成の歴史地理－関東縁辺の地域性－』二宮書店，85 ～ 86 頁。

20) 鳴海邦匡 (2007)：『近世日本の地図と測量－村と「廻り検地」－』九州大学出版会。

21) 平井松午，前掲 7)。平井・田中耕市 (2009)「古地図と GIS」，村山祐司・柴崎亮介編『シリーズ GIS　生活・文化のための GIS』朝倉書店，171 ～ 184 頁。

22) 拙著 (1981)：『山村地域の史的展開－徳島県勝浦郡上勝町－』教育出版センター。拙稿 (2010)「勝浦郡樫原の棚田景観と実測分間絵図・地租改正地面明細絵図について」徳島地方史研究会『史窓』40 号，77 ～ 105 頁。

23) 射水市新湊博物館 (2010)：「伊能忠敬と地域の測量家たち－岡崎三蔵・石黒信由－」。

24) 川村前掲 2)，五十嵐　勉 (1990)：「佐賀藩における藩製郷村絵図に関する一考察－肥前国神埼郡を事例に－」「立命館地理学」第 2 号，23 ～ 26 頁。

25) 川村前掲 2)，192 ～ 208 頁。

26) 米子市史編さん協議会編 (2004)：『新修米子市史　第十二巻　資料編絵図・地図』125 頁。岩佐武彦 (2013)：「会見郡全図（文政年間）を読む－絵図を通して藩政期の村落景観をさぐる－」伯耆文化研究会編『伯耆文化研究　第十四号』1 ～ 2 頁。川村前掲 2)，38 ～ 39 頁。

27) 野積正吉 (2004)：「氷見の村絵図と内検地」氷見市史編さん委員会編『氷見市史 8　資料編六　絵図・地図』301 ～ 302 頁。

28) 小出　博 (1973)：『日本の国土（下）－自然と開発－』東京大学出版会，455 ～ 496 頁。

29) 拙稿 (2010)：「勝浦郡上勝町樫原の棚田景観と実測分間絵図・地租改正地面明細図について」「史窓」40 号，81 ～ 83 頁。

30) 徳島県発行 (2007)：「観光ガイドマップ」，徳島県農林水産部発行 (2002 年)：「徳島の農山村 - グリーン・ツーリズムマップ」。上勝町パンフレット (2006)：「樫原の棚田」。

31) 拙稿前掲 29)，82 ～ 83 頁。

32) 「角川日本地名大事典」編纂委員会編 (1986)：『角川日本地名大事典　36　徳島県』632 ～ 633 頁。

33) 佐野之憲編・笠井藍水訳 (1976)：『阿波誌』歴史図書社 342 ～ 343 頁。

34) 明治 3 年「戸籍下調」（「庚午戸籍」）（上勝町役場旧蔵）。

35) 「廻り検地」に関しては川村前掲 2) において，「村や論所などの外周を盤針術によって，順次測量して，全体の輪郭を描き出す方法であり，外周の内の曲節する箇所ごとに目印となる梵天竹を建てて，各測点間の距離と方角を順次測量し，最後には最初の測量地点に帰ってくる要領である。」(125 頁) と解説している。さらに，鳴海邦匡 (2006)：『近世日本の地図と測量－村と「廻り検地」－』九州大学出版会で技術史的視点から詳述している (14 ～ 17 頁)。

36) 上勝町役場蔵。

37) 徳島県立図書館蔵・稿本。

38) 「徳島県勝浦郡生実村地籍」上勝町役場蔵。

39)「貞享三年勝浦郡瀬津村検地帳」上勝町役場蔵。

40) 大石慎三郎校訂（1995）：『地方凡例録　上巻』東京堂出版，86 頁。

41) 上勝町瀬津「美馬家文書」，徳島県立文書館蔵。

42)「明治二〇年　勝浦郡生実村・旭村，焼畑地編入願毎筆帳」上勝町役場蔵。

43) 拙稿（1976）：「勝浦郡瀬津村における焼畑と御林」「史窓」6 号，53 頁。

44) 拙稿（1979）：「近世阿波山村の村落構造－勝浦郡瀬津村の貢租を中心として－」徳島市立高等学校研究
　　紀要 13 号，8 〜 9 頁。「明治九年改正　地面明細図　阿波国勝浦郡生實村」上勝町役場蔵。

45)「徳島県勝浦郡生實村地籍」上勝町役場蔵。

46) 上勝町役場蔵。

47) 上勝町役場蔵。

48) 現地での聞き取り調査による。

49)「明治廿五十一月　荒地免租附予願　勝浦郡福原村大字生實村」「自明治三十年至明治三十六年　荒地年
　　季明査定願　福原村役場」上勝町役場蔵。

50) 拙著（1981）：『山村地域の史的展開－徳島県勝浦郡上勝町－』教育出版センター，551 頁。

51) 前掲 49)。

52)「貞享三年勝浦郡野尻村検地帳」上勝町役場蔵。

53) 前掲 45)。

54) 拙著（1981）：『山村地域の史的展開－徳島県勝浦郡上勝町－』教育出版センター，438 〜 447 頁。

55) 上勝町役場蔵。前掲 50) 拙著，120 〜 122 頁。「文政十三寅年，勝浦郡野尻村久保村去申歳ヨリ寅歳迄畠
　　田成開地惣都〆奉仕上げ帳」（町役場蔵）による。

56) 前掲 50)，拙著 305 〜 314 頁。

57) 前掲 49)。

58) 上勝町役場蔵，地租改正期作成と推定，手書き・彩色，113.5 × 106.1 cm。役場には田野々村全図（縮尺 1 / 6,000）
　　も現存する。

59)「第九号字奥谷　實地丈量見取絵図　第十大区三小区　野尻村　五囲之内第五号帳」上勝町役場蔵。

60) 前掲 49)，明治 25 年の大水害による大字生実村の被害は，田 8 町 4 畝 20 歩（総反別 70 町 5 畝 28 歩の
　　11.5%）、畑 1 町 1 反 2 歩（総畑反別 28 町 2 反 4 畝 12 歩の 3.9%）、宅地 5 反 5 畝 25 歩（総宅地 8 町 1 反 3
　　畝 11 歩の 6.8%）、山林反別 6 反 2 畝 26 歩（総山林 2124 町 9 反 2 畝 27 歩の 0.03%）である。被害面積は
　　明治 25 年「荒地免租附與願」（町役場蔵）、総面積は明治 19 年「徳島県勝浦郡生実村地籍」（町役場蔵）に
　　よる。

61)「徳島県勝浦郡旭村地籍」上勝町役場蔵。

62) 前掲 61)。

63) 亀井家文書。前掲 50) 拙著。

64) 拙稿（2011）：「近世阿波の実測分間絵図と山村景観」徳島地理学会論文集 12，26 頁。

65) 前掲 50)，拙著 101 〜 102 頁。拙稿（1979）：「近世阿波山村の村落構造」徳島市立高等学校紀要 13 号，
　　13 〜 14 頁。

66) 前掲 50)，拙著 101 〜 102 頁。

67) 上勝町教育委員会，平成 18 年度調査「現況耕作状況図」。

68) 株式会社「いろどり」資料。

69) 拙稿（2010）：「勝浦郡上勝町樫原の棚田景観と実測分間絵図・地租改正地面明細図について」史窓第 40 号、
　　77 頁。

70）上勝町役場蔵。彩色，手書き，141 × 80cm。

71）平井松午（2012）：「棚田の景観を歴史地理的に考える－近世実測図と GIS を活用した文化的景観調査－」『日本の原風景・棚田』第 13 号。

72）上勝町役場蔵。

73）上勝町役場蔵。

74）上勝町役場蔵。

75）上勝町作製パンフレット（2006）：「市宇の棚田」。

76）国土地理院 SI-2005-21 C2-8（7.6B）

77）拙稿（1978）：「近世の阿波山村における耕地の復原的考察－勝浦郡八重地の場合－」藤岡謙二郎先生退官記念論集事業会編『歴史地理研究と都市地理研究・上』大明堂，344 頁。

78）上勝町教育委員会編（1975）：『上勝町部落小史』37 ～ 40 頁。

79）前掲 64），30 頁。

80）上勝町役場蔵。前掲 77）。

81）上勝町役場蔵各年次新開検地帳。八重地名文書「八重地村勧農御普請御仕様控帳」。前掲 77）。

82）徳島県教育委員会（1978）：「昭和 53 年度徳島県民俗文化財緊急分布調査票」（調査員は上勝町教育委員会社会教育課長（当時）亀井宏氏）による。

83）前掲 50）拙著，491 頁。

84）上勝町役場蔵。

85）「1950 年世界農業センサス市町村別統計表　No. 36 徳島県」。

86）前掲 76），344 ～ 345 頁

87）八重地名文書「乍恐奉願上覚」（年代不明）。

88）八重地名文書。

89）八重地名文書，嘉永 3 年「済口書付之覚」。

90）大塚民俗学会編（1972）：『日本民俗事典』555 頁。

91）前掲 50）拙著，491 ～ 492 頁。

第13章　分間村絵図と段々畑景観

第1節　麻植郡木屋平村森遠名の段々畑景観

1．文化9年（明治12年写）旧木屋平村分間絵図

　麻植郡木屋 平 村（現美馬市木屋平）を対象とした分間村絵図4点（文化9年（1812）作製、明治
12年（1879）写）が、美馬市木屋平総合支所で所蔵される。これらは、①麻植郡三ッ木村川井村分
間絵図控之内三ッ木分（273×378cm）、②同川井分（223×372cm）、③同郡木屋平村分間絵図控之
内北分（333×326cm）（口絵8参照）、④同南分（260×476cm）、⑤同西分（262×306cm）で、い
ずれも大型の絵図である。4点の絵図は凡例と表現内容は同一で、「上郡」（美馬・三好郡）の「そ
ら」と呼ばれる西阿波の山村で、藩政村の三ッ木村・川井村・木屋平村の三村からなる。その面積は
100km²（約1万ha）に及び、破砕帯地すべり地帯である三波川帯に属し、段畑景観が卓越する。

　三ッ木村分間絵図の凡例には「黒朱合筋／組合村境」とあり、三ッ木村と川井村の飛地が両村に入
り込んでいる状況を図示している。また、川井村分間絵図の凡例には「両村尾境城ノ丸権現高直立
三百一五間（573m）」とある。両村の尾根境に鎮座する「城之丸大権現」は標高1,060mにあり、そ
の比高差487mは同権現の対岸に位置する三ッ木村の大北名（集落）の氏神「正八天王社」が、鎮座
する標高約500mからの測量値ではなかろうか。また、本絵図類の方位は花弁磁石型方位盤ではなく、
十字方位か東西南北を記した花弁型方位で、川井村図には2寸（6.06cm）1丁の方眼があるが、三ッ
木村図にない。本絵図類は徳島県では明治9年（1876）から始まる地租改正事業に伴って岡崎三蔵系
の旧藩絵図方によって原図を写したものであろう。

2．文化9年（明治12年写）木屋平村分間絵図と森遠名

　口絵8に木屋平村分間絵図の内、最大の名（集落）である森遠を示している。本村は下名・森遠名・
谷口名・太合名・川上名の5名で構成されが、「名」は中世起源の集落を意味し、祖谷山・大粟山・
岩倉山・山城谷・勝浦山等でひろくみられる阿波の山村集落を示す地名である。絵図では穴吹川上流
左岸の標高370～660mの南向き斜面に立地し、平均傾斜は約20°である。集落一帯は御荷鉾構造線
に沿う「森遠の破砕帯地すべり」として知られ、1966～67年の地すべりは全国的に大きく報道され

た [1]。

　絵図に描かれる民家は 91 棟で文化期の戸数は 90 前後と推定されるが、91 棟の内、瓦葺きは松家家（旧木屋平氏）1 棟で、他は全て萱葺である。また、1955 年と 68 年の戸数は 77 戸、70 戸（『木屋平村史』）で、2019 年 5 月末の戸数は 34 戸、人口は 73 人である。

　絵図には 4 筋の谷（中央に「大島谷」、西に「谷口谷」）がみえるが、約 390 枚の棚田（黄）と約 590 枚の畑（常畑、白）が描かれる。棚田は小谷筋懸りの水に依存しており、寛文 12 年（1672）の木屋平村検地帳 [2] の森遠名の田面積は 3 町 9 反 5 畝 10 歩で、1 筆平均 1 畝歩になる。また、切畑・山畑を除く常畑面積は 12 町 8 反 20 歩で、1 筆平均 2 畝 5 歩である。集落南西部の標高 500 ｍにある氏神の正八幡宮と、地神の北側には石垣・門と瓦葺の母屋は、中世から阿波山岳武士の流れをくむ土豪名主で、小屋平一帯を支配した松家家（中世は木屋平氏）で、その本拠は「おやしき」とか「オモリ（お森）」と呼ばれた森遠城趾 [3] である。寛文検地帳によれば、同家は森遠名で 8 町 7 反 6 畝 17 歩の田畑を所有した。これは本名田畑面積の 16 町 7 反 6 畝の 52.3％を占める。さらに、松家家が 5 ヶ名で支配した下人層 56 人の内、28 人（50.0％）にあたり、森遠名農民の約 3 分の 1 を支配下においた。また、「おやしき」（屋敷地）の面積は 1 反 2 畝 12 歩 [4] で圧倒的な地位を築いていた。さらに、文化 6 年の棟付帳 [5] によれば、松家家配下は下人 75 軒・150 人で、木屋平村家数 502 軒の 14.9％を占める。

　次に、絵図に描かれ森遠名の宗教施設を中心とする祭祀空間をみる。享保 6 年（1721）の棟札 [6] がある願成寺の東には観音堂・チン守がある。森遠城跡には万治 2 年（1659）建立の正八幡宮が鎮座し、忌部族の祖神天日鷲命を祀ったとされる。家屋内の火所に祀られ火伏の神、または修験道の崇拝対象とされる三宝荒神も 2 座みえる。このように、集落の空間構造をみると中心部には正八幡社・鎮守と願成寺を中心に小祠が配置される。さらに、焼畑の守神である山神は、西の谷口名境と北西部の地蔵堂の北にある中内（1994 年の空中写真では消滅）に 2 座ある。文化年間の藩撰地誌である『阿波志』[7] によれば、木屋平村は陸田 103 町 3 反 2 畝、水田 8 町 4 反 5 畝とあるが、広大な里山と奥山を有する本村は畑作の外に焼畑がさかんで、本村には山神が 29 座（表 13-1 参照）もあることからも窺える。1950 年の農林業センサス [8] では焼畑・切替畑のある農家は徳島全県で 1,096 戸、128 町 5 反歩であるが、その中心は美馬郡東祖谷山村（32 町 3 反 2 畝）・三好郡三名村（30 町 7 畝）・美馬郡西祖谷山村（5 町 4 反 1 畝）、三好郡三縄村（5 町 4 反 7 畝）、同郡山城谷村（5 町 6 反 2 畝）、同郡三庄村（4 町 7 反 2 畝）に次いで、旧木屋平村は 35 戸、3 町 2 反 2 畝であった。

　次に、1968 年撮影の空中写真（図 13-1）[9] と絵図を比較すると、約 160 年前の文化期とほとんど景観変化はみられない。さらに、1994 年撮影の空中写真 [10] と比較すると、集落の西部と北部における田畑の消滅、林野化現象が著しい。田畑は大島谷沿いを中心に柚園化しており、1994 年頃を中心に柚園への転換が進められたようである。聞き取り調査によれば、転出戸による田畑への杉の植林による日照不足畑地の増加を中心とする集落空間の縮小化現象がみられる。先ず、集落の西部・北部における水田の消滅、畑の山林化現象が著しい。大島谷に沿う田畑の柚園化、成木よりも幼木が多く、1994 年ごろが柚園化のピークであったと推定できる。

表 13-1　文化 9 年（1812）麻植郡三ッ木村・川井村・木屋平村分間絵図に描かれる宗教施設・巨岩・地名等

番号	宗教施設・地名等	三ッ木村	川井村	木屋平村	計
1	巨岩（大石）	58 (2)	24 (5)	115 (6)	197 (13)
2	山神	32	26	29	87
3	権現	3	7	14	24
4	八幡	4	2	11	17
5	鎮守	－	4	6	10
6	地神	－	－	9	9
7	地蔵	1	3	5	9
8	観音堂	5	－	3	8
9	荒神	－	1	6	7
10	阿弥陀堂	1	1	5	7
11	弁才天	1	1	2	4
12	庚申	3	1	－	4
13	寺院	1（善福寺）	1（極楽寺）	2（願成寺・龍光寺）	4
14	明神	－	2	2	4
15	不動	－	1	3	4
16	六地蔵堂	3	－	－	3
17	薬師堂	1（樫原名）	1（櫟木名）	1（谷口名）	3
18	舟戸	3	－	－	3
19	牛頭天王	－	1（麻衣名）	1（寺内）	2
20	天王社	－	1（大北名）	1（川上名）	2
21	妙見	－	－	2（谷口名・川上名）	2
22	教塚	－	－	2（谷口名・内川内）	2
23	大師堂	－	－	2（谷口名・日比宇）	2
24	疱瘡神	－	－	2（下名・太合名）	2
25	龍王	－	1（櫟木名）	－	1
26	若宮	－	－	1（太合名）	1
27	天満宮	－	－	1（谷口名）	1
28	釈迦堂	－	1（久保名）	－	1
29	諏訪社	－	－	1（谷口名）	1
30	富士池坊	－	－	1（富士池）	1
31	両剣山神社	－	－	1（富士池）	1
32	行者	－	－	1（富士池）	1
33	茶堂			1（富士池）	1
34	大神宮	－	－	1（富士池）	1
35	虚無蔵	－	－	1（アジ谷付近）	1
36	垢離搔川	－	－	1（富士池谷）	1
計		116	79	233	428
1	池名	－	－	2（下モ池・上ミ池）	2
2	谷地名	2	4	4	10
3	山頂名	5	1	5	11
4	集落名	8	8	26	42
5	その他小地名	8	8	26	42
6	御花畠	－	－	1（剣山頂）	1
7	馬場	－	－	1（二ノ森・剣山頂）	1
8	御築山	－	－	1（剣山頂・二ノ森）	1
9	橋	2	1	14	17
計		25	19	54	98
合計		141	98	287	526

註）1）文化 9 年（明治 12 年写）麻植郡三ッ木村・川井村・木屋平村分間絵図（木屋平総合支所蔵）より作製。
　　2）巨岩（大石）の（ ）内数字は名称が記載されるものを示す。
　　3）（ ）内の地名は所在場所を示す。

図 13-1　森遠名付近の空中写真（1968 年、国土地理院 SI-68-5Y C2-8（10B）に加筆、口絵 8 参照）

3. 分間村絵図と巨石・権現信仰

　池上広正 [11) は山岳信仰の諸形態として、仏教の山、神社神道の山、修験の山、教派神道の山、民
間信仰の山の 5 つをあげている。絵図に表現される小祠・堂や権現が祀られ、村人が毎日仰ぎ見る村
境の霊山、さらには自然物崇拝としての巨岩（大石）、南西方向には山体が、修験の霊場を形成する
霊峰剣山（標高 1,955m）の宗教景観等から、木屋平一帯は民間信仰と修験の山が複合した景観が形
成されたとしている。表 13-1 には三ッ木村・川井村・木屋平村分間絵図に描かれる巨岩（大石）、民
間信仰、村人が付けた河谷名、山頂名、小地名、修験の霊場数等を示した。巨岩の内、名称が付いて
いる 13 を加えると 245 を数える。『木屋平村史』によれば、村内の小祠・堂は 736 とあるが、明治以
降に新たに祀られたものが多いので、大岩を除く絵図に画かれる 330 は文化期における民間信仰を網
羅したものであろう（図 13-2 参照）。

　巨岩 197 の所在場所は縮尺 5,000 分の 1 の「木屋平村全図」（1990）で露岩・散岩・岩場として確

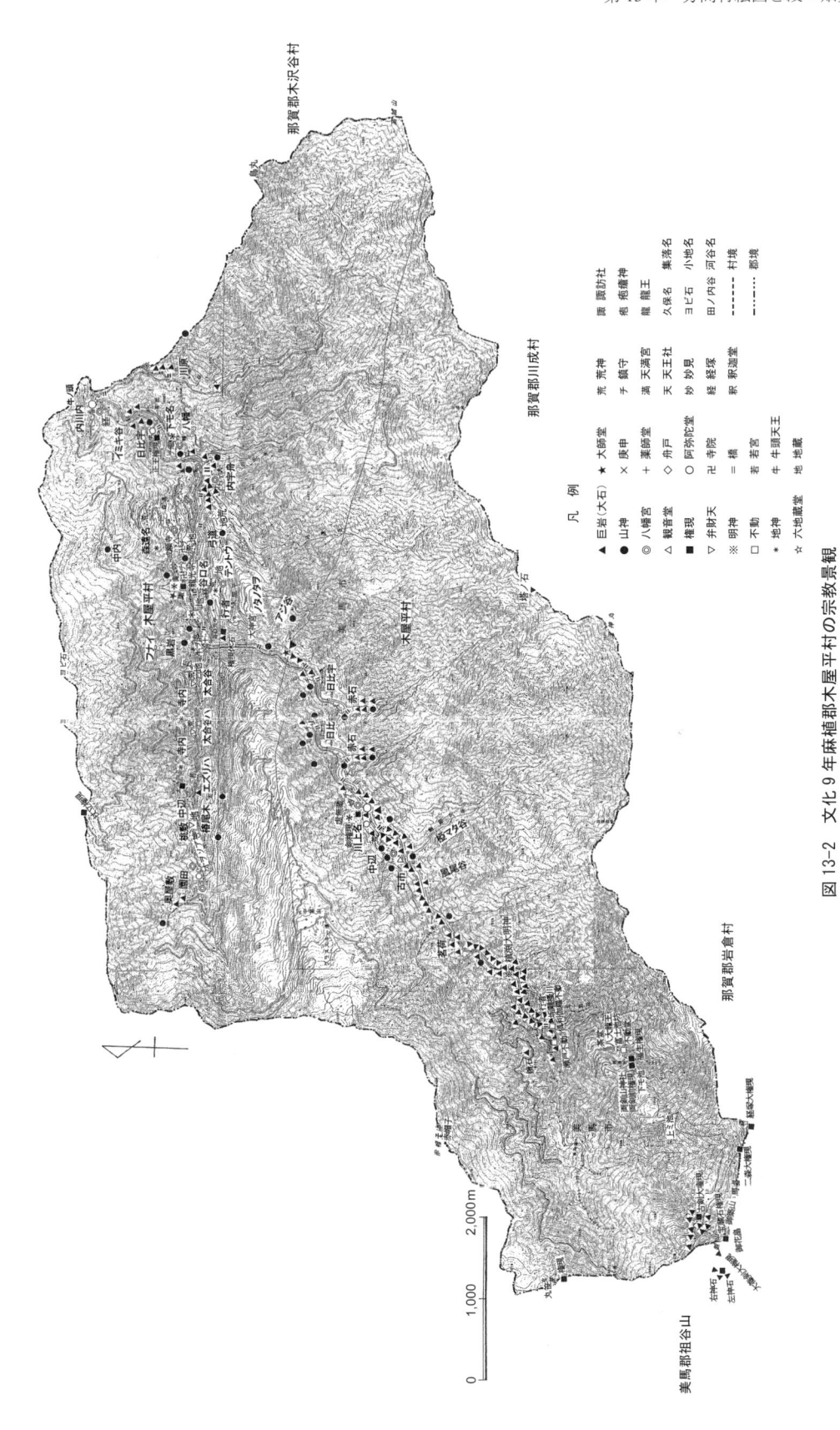

図 13-2　文化 9 年麻植郡木屋平村の宗教景観

麻植郡木屋平村分間絵図（文化 9 年 (1812) 5 月作成、明治 12 年 (1879) 6 月写、縮尺 1,800 分の 1、美馬市木屋平総合支所蔵）より作成。ベースマップは国土地理院発行（平成 19 年）1：25,000 地形図「阿波川井」「谷口」「剣山」による。

凡　例

▲ 巨岩（大石）	★ 大師堂	荒 荒神	廣 諏訪社
● 山神	× 庚申	鎮 鎮守	栫 栫權神
◎ 八幡宮	＋ 薬師堂	溝 漢天満宮	龍 龍王
△ 観音堂	◇ 舟戸	天 天王社	
■ 権現	○ 阿弥陀堂	妙 妙見	久保名 集落名
▽ 弁財天	卍 寺院	経 経塚	ヨビ石 小地名
※ 明神	＝ 橋	釈 釈迦堂	田ノ内谷 河谷名
□ 不動	若 若宮		------- 村境
＊ 地神	牛 牛頭天王		−·−·− 郡境
☆ 六地蔵堂	地 地蔵		

認できるので、絵図における所在場所もかなり正確である。名称の付く巨岩は 13（約 7%）である。三ッ木村では葛尾名の「龍ノ口」、川井村大北名の「雨行山」（925m）の山頂直下の「大師ノ岩屋」「香合ノ谷」「護摩壇」には修験行場がある。名西郡上分上山村境の「穀敷石」（410m）、木屋平村では「谷口カゲ」の「権現休石」（410m）、那賀郡川成村境の「塔ノ石」（1,487m）、美馬郡一宇村境の「垢離掻川」（750m）北に「鏡石」（910m）がみえる。しかし、「垢離掻川」付近の行場や谷底部の巨岩群は、1976 年 9 月の 17 号台風にともなう未曽有の集中豪雨による山腹崩壊と氾濫により埋没した[12]。

　仏や菩薩が衆生を救うために権に姿をあらわしたものとされる「権現」[13]が隣村との境をなす聖なる霊山に多く鎮座する。木屋平村と一宇村境の「杖立権現」（1,048m）、三ッ木村と半平村（現美馬市穴吹町）境の「アザミ権現」（1,138m）、東宮山（1,091m）の「杖立権現」、三ッ木村・川井村境の「城之丸大権現」が鎮座する。さらに、那賀郡岩倉村境付近の霊場「一ノ森」（1,879m）の「教塚大権現」「二ノ森大権現」と、剣山修験のシンボル的な霊場・行場である剣山山頂部の「宝蔵石権現」「古剣大権現」「大篠剣大権現」等が絵図にみえる。これらの「権現」は剣山修験の霊場や行場に鎮座するものである。

4.　絵図にみえる民間信仰の空間構造

　三ッ木村・川井村・木屋平村絵図にみえる巨岩は穴吹川が御荷鉾構造線にそって形成される縦谷・横谷部に多く分布する。3 村における民間信仰 232 の約 38% を占める山神は、狩猟や山岳信仰により、伐採・造林、炭焼・薪等の山稼ぎ・山仕事だけでなく、切畑・山畑や田畑農耕に結びついた守護神である。農神的のものといわれる。寛文検地帳[14]では木屋平村で 66 町 3 反 4 畝の山畑・切畑があり、山神は集落中心部よりも上部から農耕を俯瞰する位置に祀られたものが多い。3 村では山神についで権現・八幡・鎮守・地神・地蔵・観音堂・荒神・阿弥陀堂・弁才天・庚申・明神・不動が 4 座以上ある。しかし、妙見・天満宮・教塚・諏訪社が木屋平村にあるが、旧福原村にある六地蔵・舟戸等が木屋平村にないのはなぜか、剣山修験と関係があるのかどうか、地域性を含めて今後の課題としたい。

5.　剣山修験の霊場・行場

　木屋平村分間絵図に描かれた剣山修験の「表参道」と呼ばれる「藤之池本坊」の霊場と行場付近をみると、標高 1,130 ～ 1,190m 付近の斜面にある真言密教系の醍醐寺三宝院に本拠をおく修験道当山派に属する「藤之池本坊」一帯を描いている。これは木屋平村谷口名にある真言宗京都大覚寺末寺「龍光寺」の「剣山藤之池」にある修験本坊である。「垢離掻川」の「水行場」が 1976 年の大水害で破壊されたので、1995 年にこの地に移した石碑「霊峰剣山水行場再興」がある。山門に「大本山剣山金剛院藤之池本坊当山派　修験道本道場」の石碑があるが、絵図には「富士池坊」「八大龍王」「不動堂」が描かれ、その上方に水害で崩壊した「両剣山神社」「両剣前神社」「福生権現」の伽藍が描かれている。さらに、上方の「追分」付近（1,540m）の尾根筋の参道に「下モ池」「上ミ池」が描かれるが現存しない。絵図に描かれるこれらの霊場景観は大水害により失われた。

6. 川井村大北名の大師庵景観

　川井村絵図に描かれる川井隧道から北西に「天雨山」の斜面の岩場に鎮座する霊場、「雨行大権現」「大師ノ岩場」「護摩檀」「香合ノ谷」をみる。現地では「大師ノ岩屋」の上方にあり、地元では「大師庵」と呼ばれている。明治9年（1876）の『阿波国郡村誌・麻植郡下・川井村』には、「大師檀　本村東ノ方大北雨行山ニアリ、巌窟アリ三拾人ヲ容ルヘク少シ離レテ護摩檀ト称スル処アリ、古昔僧空海茲ニ来リテ此檀ニ護摩ヲ修行シ、巌窟ノ悪蛇ヲ除シタリ、土人之ヲ大師檀ト称ス」とあり、弘法大師伝説を記す。また「大師一夜建鉄立ノ石段」と伝わる結晶片岩でできた急峻な石段が「大師ノ岩屋」に通じている。「護摩檀」横には、明治9年3月吉日の銘がある「大日如来」像が鎮座し、その台座には「施主　中山今丸名（三ッ木村菅蔵南にある麻植郡中山村今丸名（現美馬市穴吹町））中川儀蔵とある。台座に刻まれる集落名と人をみると、世話人の川井村5人、三ッ木村4人、大北名3人、管蔵名1人、今丸名13人、市初名（三ッ木村）1人、上分上山村9人、下分上山村3人、不明2人合わせて41人で、近隣の村が中心である。さらに、「大日如来」像の横には、「大正十五年十二月　天行山三十三番観世音建設大施主當主山中與開基大法師清海」に因む33体の観世音像が鎮座している。

　以上からこの岩場は修験の行場と、周辺の村人の尊崇の対象となった民間信仰が複合した形態と推定できる[15]。

第2節　美馬郡一宇山大野名の集落景観の変容過程

1. 文政期の美馬郡郡図と大野名

　美馬郡一宇山は吉野川の支流・貞光川の上流に位置し、中央構造線と御荷鉾構造線にはさまれる三波川破砕帯にあり、全国的に有数の地すべり地帯を形成する。集落は急傾斜の地すべり地形に立地するので、大規模な山崩れや土石流等の災害を受けやすい自然環境にある[16]。図13-3は縮尺18,000分の1の美馬郡分間郡図の内の一宇村部分のトレース図である[17]。本図には山地を平面的に表現して黄で、村境を太墨線で貞光川とその支流の片川・剪宇谷川・明谷川・九藤中谷川等を青線で示している。また、集落（名）・耕地部分と谷筋や主要寺社、および美馬郡半田奥山・祖谷山管生・西端山・半平山・木屋平村等を結ぶ峠道や、集落内の里道を詳細に表現しており、近世後期の一宇山の景観が復原できる貴重な資料である。さらに、本図には宝光寺（大宗名）・西福寺（中野名）・白山社（剪宇名・一宇名）・三所社（十家名）・八大龍王（大野名）の堂宇がみえる（図13-3参照）。また、大野名の名は記されないが、奥大野・実平・広沢・川俣・横畑・中間・白井・出羽・上地・九藤中等の名がみえる。

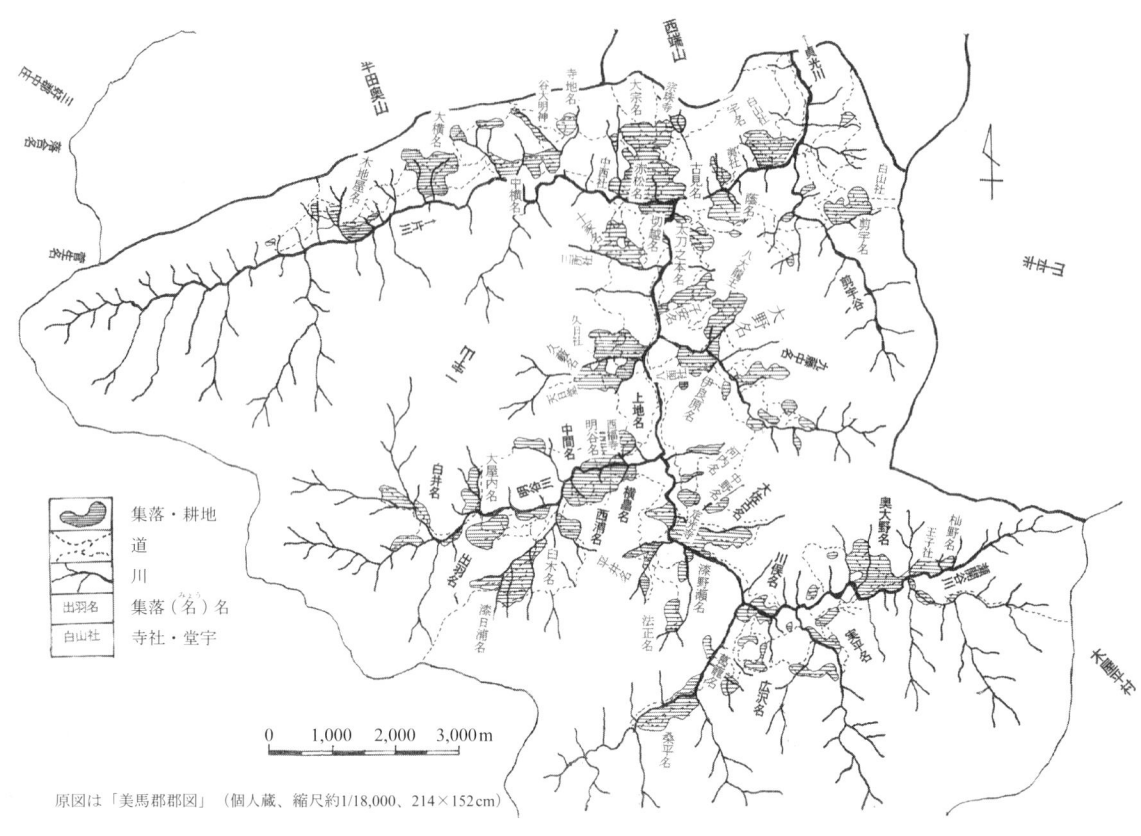

原図は「美馬郡郡図」（個人蔵、縮尺約1/18,000、214×152cm）

図13-3　美馬郡郡図（一宇村部分）のトレース図

① ゴシックは絵図に記載される名（集落）名、それ以外は絵図には記載されない名（集落）名。

② 寺社・堂宇等は絵図に記載されるもののみを示した。

③ 河谷名は絵図には記載されない。

　貞光川は美郡西端山境付近の「土釜」で標高約200m、最上流の桑平で約700m、南北約10kmにわたり三波川破砕帯を横切る険しい横谷を形成し、支流の片川・明谷川・瀬開谷川は断層線に沿う縦谷をなす。1979の資料[18]では集落の標高最低地点は一宇の240m、最高地点は片川上流の木地屋の1,140mである。集落内の比高は赤松・大宗で350m、平均傾斜34°、大野で300m/24°、伊良原で170m/24°、剪宇で300m/22°あり、東祖谷山落合名の300m/23°とも比肩する。

　元禄11年（1698）の検地帳[19]が現存する30名（8名は欠本）の山畑を含む耕地面積は304町8畝26歩で、田は2町7反8畝（0.9%）に過ぎず、畠が304町2畝26歩（99.1%）を占め、この内、8名には田はない。寛文4年（1664）『阿波国郷村田畠高辻帳』[20]によれば、一宇山の高341.974石の全てが畠方とある。さらに、文化13年（1816）の「一宇山棟附御改帳」[21]によれば、欠本分7名分を除く家数は1,017戸、3,806人である。一宇山の明治9年（1876）[22]の戸数は1,185戸、5,120人で、同年の美馬郡内では東・西祖谷山の1,653戸、8,310人に次ぐ人口集積である。また、明治初年の『旧高旧領取調帳』によると[23]、一宇山の村高は973.62石、内御蔵が92.9%を占め、給人の南虎次郎の知行が69.317石（7.1%）である。

2.　元禄 11 年（1698）の大野名検地帳と集落景観

　大野名は貞光川の支流九藤中谷川右岸の標高約 400 〜 800 m の南西斜面に立地する。西隣の子安名 (こやす) 境の通称「高山」（標高約 720 m の鞍部）と呼ばれる地点に、南北朝時代の貞治 6 年（1367）と推定できる板碑等[24] があることから、大野名は中世には集落が形成されていたと考えられる。集落の開発は最上部に位置し、大野名の氏神である八大龍王（八坂神社）付近（標高約 700 m、通称上村 (うえむら)）か

表 13-2　元禄 11 年美馬郡一宇村大野名検地帳分析表

番号	名負人	田		上畑		中畑		下畑		山畑		耕地計		石高
		畝	升	畝	升	畝	升	畝	升	畝	升	筆数	畝	石
1	忠三郎（貞光村）	11.24	(123.9)	7.27	(63.3)	35.03	(241.8)	42.06	(65.7)	43.00	(27.8)	48	140.00	5.225
2	伊兵衛	−		65.09	(201.4)	6.01	(42.4)	10.18	(18.6)	25.00	(20.0)	21	106.28	282.4
3	権右衛門	−		15.21	(178.6)	6.15	(36.8)	5.02	(15.4)	30.00	(23.4)	17	66.8	2.542
4	太兵衛	−		19.00	(152.0)	8.18	(57.8)	8.08	(33.9)	12.00	(8.8)	12	47.26	2.525
5	平兵衛	−		2.09	(23.0)	14.06	(77.6)	45.12	(98.5)	57.00	(34.2)	24	118.27	2.333
6	庄次郎	0.15	(7.0)	17.16	(155.1)	8.00	(56.2)	−		9.00	(5.4)	12	35.01	2.237
7	吉右衛門	−		−		29.25	(115.0)	34.06	(82.9)	30.00	(18.0)	30	94.01	2.159
8	松兵衛	1.06	(7.0)	17.16	(155.1)	0.18	(3.6)	20.21	(57.9)	11.00	(6.3)	18	47.12	2.159
9	惣右衛門	−		−		29.25	(115.0)	34.06	(82.9)	30.00	(18.0)	10	52.23	1.988
11	長次郎	0.18	(2.8)	−		10.20	(112.0)	28.02	(85.6)	2.00	(1..2)	27	52.14	1.804
12	たね	1.12	(18.2)	18.0	(90.9)	1.15	(8.5)	24.29	(36.6)	28.00	(15.8)	22	73.26	1.700
13	甚兵衛	0.21	(9.1)	6.24	(60.2)	13.14	(69.00)	14.12	(18.8)	16.00	(9.6)	17	51.11	1.667
14	作右衛門	−		9.0	(84.9)	4.15	(19.8)	12.20	(47.0)	16.00	(9.6)	15	39.05	1.595
15	右衛門太郎	−		15.03	(113.4)	−		4.12	(30.8)	16.00	(10.2)	14	35.15	1.544
16	助三郎	−		12.00	(95.6)	5.03	(27.3)	9.05	(13.5)	12.00	(7.2)	17	38.08	1.436
17	太郎右衛門	−		5.18	(44.8)	9.18	(38.0)	14.00	(56.0)	−		11	29.06	1.388
18	孫太郎	−		8.27	(89.0)	3.24	(22.5)	11.21	(16.8)	4.00	(2.4)	17	28.12	1.307
19	太郎兵衛	−		−		8.24	(62.6)	18.14	(38.1)	33.00	(19.8)	17	60.08	1.225
20	助右衛門	3.15	(18.0)	−		4.18	(27.6)	27.00	(56.1)	33.00	(19.8)	14	68.03	1.215
21	亀（貞光村）	−		−		12.09	(78.8)	18.24	(17.6)	28.00	(1.68)	17	58.28	1.128
22	分左衛門	−		−		9.15	(54.6)	16.10	(54.4)	2.00	(1.2)	13	27.25	1.102
23	孫兵衛	−		−		6.11	(33.2)	36.25	(60.5)	20.00	(12.0)	22	63.06	1.057
24	与三郎	0.09	(2.5)	−		9.15	(52.1)	14.06	(41.5)	6.00	(3.6)	23	30.00	.997
25	市兵衛	0.15	(4.4)	−		11.15	(50.1)	11.27	(36.6)	2.00	(1.2)	21	25.27	.923
26	与右衛門	−		7.09	(61.4)	3.24	(22.6)	3.21	(1.4)	5.00	(3.0)	13	19.24	.884
27	源兵衛	0.12	(2.2)	−		6.00	(36.9)	11.21	(31.2)	13.00	(4.8)	14	31.03	.751
28	平次郎	−		−		4.00	(26.8)	9.03	(48.0)	2.00	(1.2)	12	13.03	.749
29	八右衛門	−		1.15	(12.0)	2.09	(16.1)	9.06	(14.2)	2.00	(1.2)	7	15.00	.465
30	孫七郎	−		−		8.05	(43.5)	0.09	(0.6)	−		6	8.14	.441
31	平左衛門					6.08	(37.0)			4.00	(4.4)	4	10.08	.414
32	彦兵衛	−		−		3.21	(19.6)	20.11	(19.4)	3.00	(1.8)	10	27.02	.408
33	七郎衛門	−		−		−		9.20	(20.4)	−		2	9.20	.204
34	与茂八	−		−		−		1.09	(1.3)	5.00	(9.0)	3	6.09	.103
35	作右衛門	−		7.09	(61.4)	3.24	(22.6)	3.21	(1.4)	5.00	(3.0)	13	19.24	.090
計		23.15	(250.9)	225.25	(15559.3)	273.28	(1537.2)	528.22	(1251.9)	487.00	(310.1)	532 筆	1539.00	49 石 09.4
		18 筆		58 筆		116 筆		209 筆		131 筆				

註）元禄 11 年大野名検地帳（つるぎ町一宇総合支所蔵）より作製。

ら、観音堂付近（標高約 600m）へ、さらに、最下部の大野谷（標高約 450m、通称下村）と、西の子安名境（通称佐賀野）へと進んだといわれる [25]。また、集落全域が一宇山でも最大の地すべり地で、防止対策が 1953 年から行われ、1959 年に県地すべり防止指定区域となり、一部の民家は地盤沈下のためジャッキで土台を嵩上げしている [26]。

　近世中期の元禄 11 年の大野名検地帳には 35 人の名負（名請）人がみえる（表 13-2 参照）。全耕地 532 筆 / 15 町 3 反 9 畝歩、村高 49 石 9 升 4 合の内、田はわずか 18 筆 / 2 反 3 畝 15 歩（1.5%）/ 2 石 5 斗 9 合にすぎない。畠は 383 筆 / 10 町 2 反 8 畝 15 歩（66.7%）、山畠が 131 筆 / 4 町 8 反 7 畝歩（31.6%）で、畠が卓越するが、生産征の低い下畠と山畠が 65.4% を占める。名負人 35 人の階層構成は 1 町 4 反 /5.225 石の貞光村の忠三郎を最高に、2 石代 7 人、1 石代 14 人、0.5 〜 1 石 5 人、5 斗未満 7 人で、極めて零細である。

　注目されるのは、貞光村の忠三郎と亀が合わせて 1 町 9 反 8 畝 28 歩（13.1%）/ 高 6.353 石を所有することである。元禄期で谷口集落にあたる貞光村の忠三郎が、一宇山の田畠・山畠を所有することは、木材・薪炭・葉たばこ・紙漉等の流通を通じた吉野川中流平地の商品経済が、一宇山にも浸透していたことを物語る。さらに、検地帳の下部の「腰貼」には元禄〜明治初期の地租改正にわたる土地移動に関する履歴が記載されており、潰百姓や走人による耕作放棄と推定される「散田」 [27] が 20 筆

図 13-4　元禄 11 年（1698）頃における大野名の土地利用
① ベースマップは美馬郡つるぎ町集成図（字大野、縮尺 1 / 2000）
② 土地利用は元禄 11 年美馬郡一宇村御検地帳大野名による。

/ 2 反 4 畝 23 歩（1.6%）/ 7 斗 1 升みえる。

　文化 13 年（1816）棟付帳では一宇口山分と奥大野分は現存するが、大野名分は欠本となっている。参考のために、九藤中谷川の対岸に位置する伊良原名分の棟附帳（一宇総合支所蔵）をみる。44 軒の構成は御蔵百姓で郷鉄炮の壱家（本百姓）長岡賢次の名子 26 軒（壱家 14 軒・小家 12 軒）、御蔵百姓卯左次の名子 5 軒（壱家 3 軒・小家 2 軒）、御蔵百姓・壱家岡川民八郎（小家 1 軒）の 3 家を支配層として、その配下に名子 32 軒、御蔵百姓・壱家 3 軒等の身分構成がみられる。

　さらに、元禄検地帳では 1 筆ごとに地租改正期に付けた付箋が全筆数 532 の 81.6% にあたる 434 筆にみられる。この付箋には新地券交付に伴う新地番が記されるが、重複する地番もある。この新地番は明治 20 年頃に作製された大野名の地籍図[28]（縮尺 600 分の 1）に記される地番と一致するので、これをもとに元禄期の大野名における田・畠・山畠等の所在地を比定することが可能である。図 13-4 にその分布状況を示した。①田は集落中央部の標高 450 ～ 600m の中間谷から東谷にかけての区域と観音堂のつえ谷沿いに限られる。②上畠は標高 500 ～ 700m の中間谷下流から東谷にかけての区域とつえ谷・東谷沿いに少数ながら分布する。③中畠は標高 450 ～ 700m の中間谷下流から集落最上部の八大龍王付近に広がる。④下畠は田・上畠・中畠周辺部に分布し、⑤山畠は集落外縁の子安名境（現在は茶畑が多い）と集落南西部のはし谷（現在は杉林）、八大龍王等の集落縁辺部に分布する。

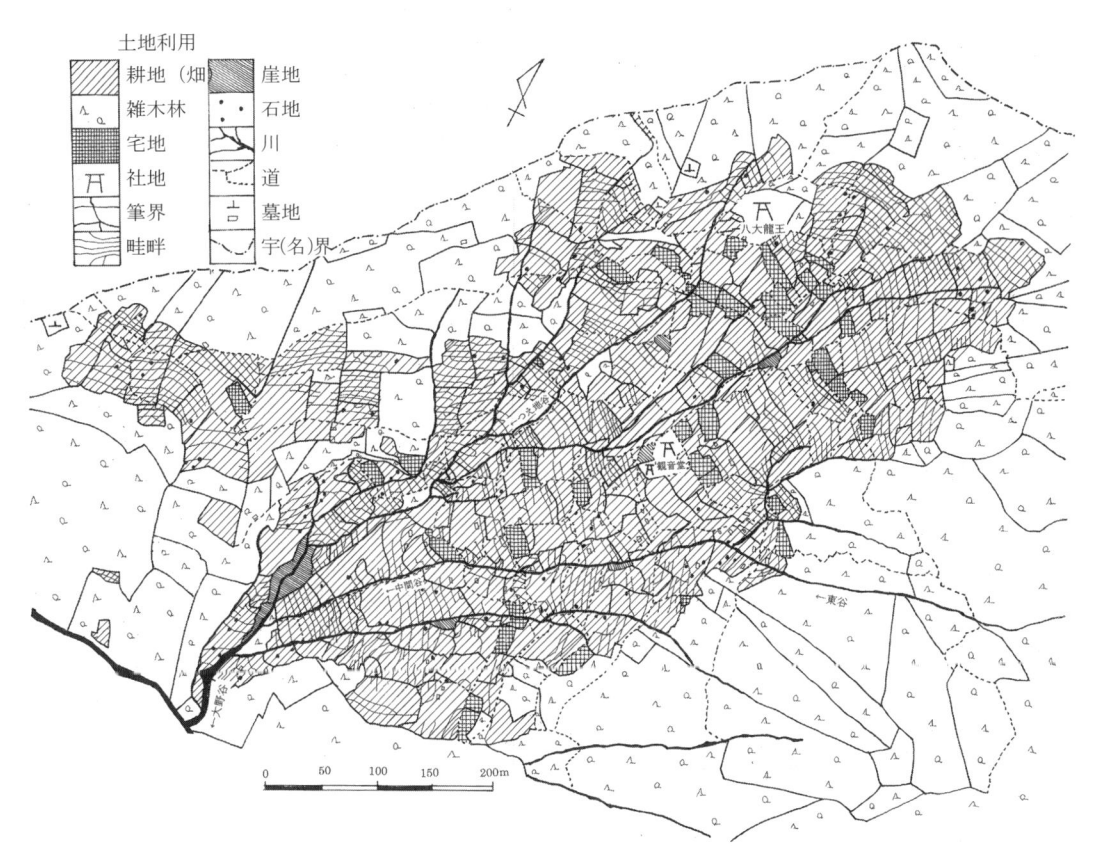

図 13-5　明治 20 年（1887）頃における大野集落の土地利用
美馬郡一宇村大字一宇口山　第拾壱号字大野図（縮尺 1/600、一宇総合支所蔵）より作成。

3. 明治20年（1887）頃と1968年の集落景観

　図13-5は明治20年頃に作製された大野名の地籍図から作製した土地利用図である。地籍図では耕地は茶色で示され、筆毎に＃の印がつけられているが田畑の区別はない。例えば、中間谷右岸の399番耕地（標高500m付近、地積3反7畝12歩）には14筋の畦畔が画かれており、段畑12枚から構成されていることがわかる。さらに、本畑には6ヶ所の石地（いしち）と1ヶ所の墓地がみえる。このように、棚田と同じく傾斜畑1筆は、畦畔で限られた複数の畑片で構成されるのが一般的である。この地籍図からは景観要素である畑と石地、谷川筋、宅地、雑木林、崖地、墓地、畔道、畦畔等の精密な集落景観を読み取ることができる。

　明治20年頃の作付面積[29]は、稲7反、麦7町、粟7反、稗5反、黍5反、大豆2反、小豆1反、葉たばこ3町、茶2反、柿1反、梅1反、牛8頭である。稲作は元禄11年の2反3畝より増加しており、麦・雑穀・葉たばこが主要作物であった。また、地籍図にみえる大野名の景観は、1960年前後の高度経済成長以前の景観と大きな変化はみられない。図13-6は1968年撮影の大野名付近の空中写真である。地籍図と空中写真を比較しよう。両図にみえる集落景観はほぼ同じである。元禄期～明治前期で集落空間は最大となり、それ以降、1968年頃まで変化はなかった。宅地は地籍図で37筆を数えるが、元禄検地帳では名負人は35人で、1968年空中写真では47棟（約26戸）を数え、1970年の農家戸数25戸[30]とほぼ一致する。地籍図では宅地は八大龍王下部に17筆と、観音堂上部に6棟がみえるが、1968空中写真では観音堂周辺の6棟がなくなっている。さらに、空中写真からは集落を囲む林野の大部分が雑木林と推定でき、1968年頃までは杉の造林は少なく、農道大野線はまだ着工されていない（大野線の完成は1985年）。

　1970年の農業センサス[31]によれば、農家25戸、耕地面積11町3反1畝の内、田9反5畝、畑9町9反5畝、葉たばこ2町7反5畝、牛12頭である。また、1972年の作付をみると、稲が6反、麦7町、大豆2反、葉たばこ3町、茶5反、高冷地野菜2反5畝、栗・柿・梅3反、巻柿5反で、葉たばこと茶が主要な換金作物であった。

4. 2004～2010年頃の集落景観

　2004年撮影の大野名の空中写真[32]と1968年の空中写真との景観変化をみれば、集落空間の縮小化現象が顕著である。西に接する子安名（標高450～700m）は、元禄11年検地帳では10町5畝24歩の耕地と、1965年には18戸の農家があったが、2004年では集落空間の大部分は杉林に埋もれて、集落は消滅している。大野名においても畑地の杉林化と耕作放棄による荒地化が著しい。特に、観音堂周辺とつえ谷、中間谷沿い、中央部の農道大野線より西、八大龍王の東・南部分である。第2の変化は茶畑の増加で、八大龍王（上村）と観音寺周辺（中村）、西部の子安名にいたる道沿い（佐賀野）、集落下部（下村）である。大野名の茶畑は明治20年頃～戦前は2反、1950～1972年頃までは5反歩ほどの自家用の畦畔茶であった。1975年頃に上大野のKを中心に組合を作って茶苗の植え付けし、1980年の4.27haとピークを迎えたが、2000年には1.89haと減少した。

　図13-7は2010年8月6日と9月9日に行った現地調査と、2004年の空中写真から作製した1筆

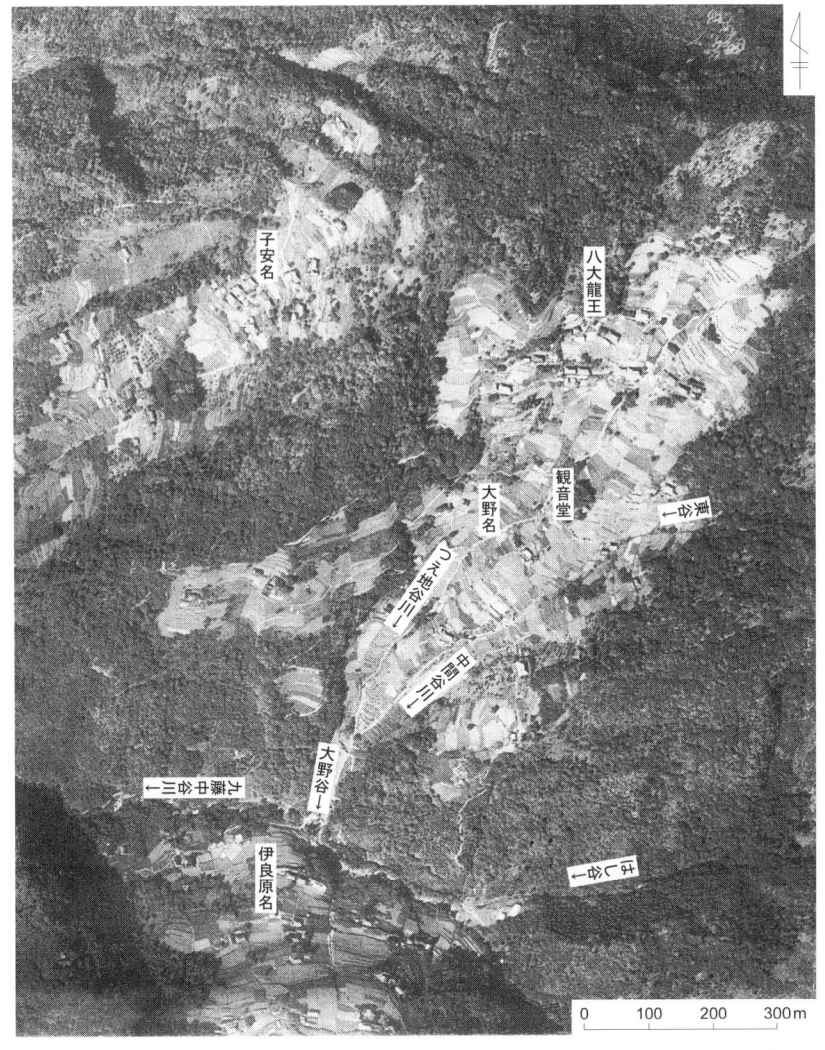

図 13-6　大野名付近の空中写真（1968 年、国土地理院 SI-68-5Y C2-4（10B）に加筆）

ごとの土地利用現況図である。大野名の耕地面積は元禄期で 15 町 3 反 9 畝歩であるが、1970 年の経営耕地面積は 11.30 ha、1985 年には 5.99 ha、2000 年には 3.88 ha、2005 年には 3.02 ha と、2005 年には元禄期に対して 19.6％まで減少した[33]。2010 年と 1968 年を比較して読み取れる最大の変化は、畑の荒地・杉林・萱畑・草地化で、集落上部と中部の観音堂付近、下部の中間谷一帯で激しい。

　2010 年の土地利用現況図は縮尺 2,000 分の 1 のつるぎ町集成図[34]をベースにして作製しており、同図には 1 筆ごとの地目と面積が記されているので、1968 年と比較した土地利用が変化したものを集計する。①荒地面積は 11 筆 / 1.705 ha、②萱原約 9 筆 / 1.457 ha、③草地約 8 筆 / 0.483 ha、④杉林約 28 筆 / 3.726 ha、⑤雑木林約 13 筆 / 1.82 ha である。これに対し、現況の耕地・果樹園は⑥畑約 19 筆 / 0.943 ha（2000 年センサス 1.22 ha）、⑦茶畑約 25 筆 / 2.69 ha（同 1.89 ha）、⑧果樹園約 28 筆 / 1.07 ha（同 2.66 ha）である。

　農林業センサスでは耕作放棄地を「以前耕作したことがあるが、調査日前に 1 年以上耕作せず、し

図 13-7　2010 年における大野集落の土地利用
2010 年 8 月 6 日・9 月 9 日の土地利用調査と、2004 年撮影の国土地理院空中写真（SI-2004-IX，C3-24，747B）より作成。

かも、数年は耕作する意志のない土地」と規定している。耕作放棄地は 1975 年で 20.5％（2.94 ha）、1980 年 15.4％（1.79 ha）、1985 年 28.0％（2.54 ha）、1990 年 19.3％（1.56 ha）、2000 年 6.1％（0.25 ha）となっている[35]。また、1970 年に 1 ha あった水田は 2000 年には消滅している[36]。畑も同時期に 10 ha から 1.22 ha に減少するが、果樹園は 1.63 ha から 25 a に、茶畑は 1980 年の 4.27 ha をピークに 2000 年には 1.89 ha に減少しており[37]、生産基盤である畑・茶畑・果樹園の縮小が激しい。

　最上部の八大龍王東の茶畑（標高 700 〜 750 m）付近をみると、茶畑の周辺には野菜畑や萱原・草地・荒地が、その上方には柿園（標高 750 m 付近）が、さらに、上方には杉林（標高 800 m 以上）がみえる。1985 年 5 月の遅霜で茶畑が全滅したことにより、国県の 75％の補助金をもらい防霜ファンとスプリンクラーを設置した。大野では 5 月初・中旬に最低気温が 3 度まで下がると防霜ファンを稼働させている。一宇の茶はヤブキタ品種で三好郡山城谷（現三好市）の歩危茶と同じで、端山（現美馬郡つるぎ町）の玉露ほどの高級茶ではない。1980 年頃に下大野で製茶工場を稼働させて JA 半田から出荷したが、最近は採算割れとなり、現在の販売農家は 6 戸で、茶畑はピーク時の約 44％まで減少している[38]。

第 3 節　名西郡神領村分間絵図

1.　名西郡神領村の外周確定と岡崎三蔵の測量に対する賄料支払い

　名西郡神領村は徳島県の東部を流れ、紀伊水道に注ぐ鮎喰川の上流に位置する山村で、明治元年の村高 2,268.081 石 [39] の大村である。本村には文化・文政期作製の縮尺 1,800 分の 1 の精密な「名西郡神領村分間村絵図」（在所分・山分の 2 点写）[40]（大栗家文書）が現存する（図 13-8）。また、本村の中心部を形成する野間名と北名・谷名の川成癒上り耕地を対象とした①「神領村野間北両名御仮御検地絵図面（一）」[41]（大栗家文書）と、②「安政六末年（1859）神領村上山両村組合新用水絵図控」[42]（大栗家文書）、③「神領村野間北両名御仮御検地絵図面（二）」[43] がある。③には上山村下分にある新用水の「勝明洞門」が描かれている。また、鮎喰川添いの小野名の川成絵図である「神領村小野名平左衛紋門失地御取調之場所絵図」[44]（大栗家文書）の 4 点が現存する。

　神領村の在所（集落）部分の絵図をみると（図 13-9、口絵 13、口絵 22）、山腹斜面や河岸段丘面に

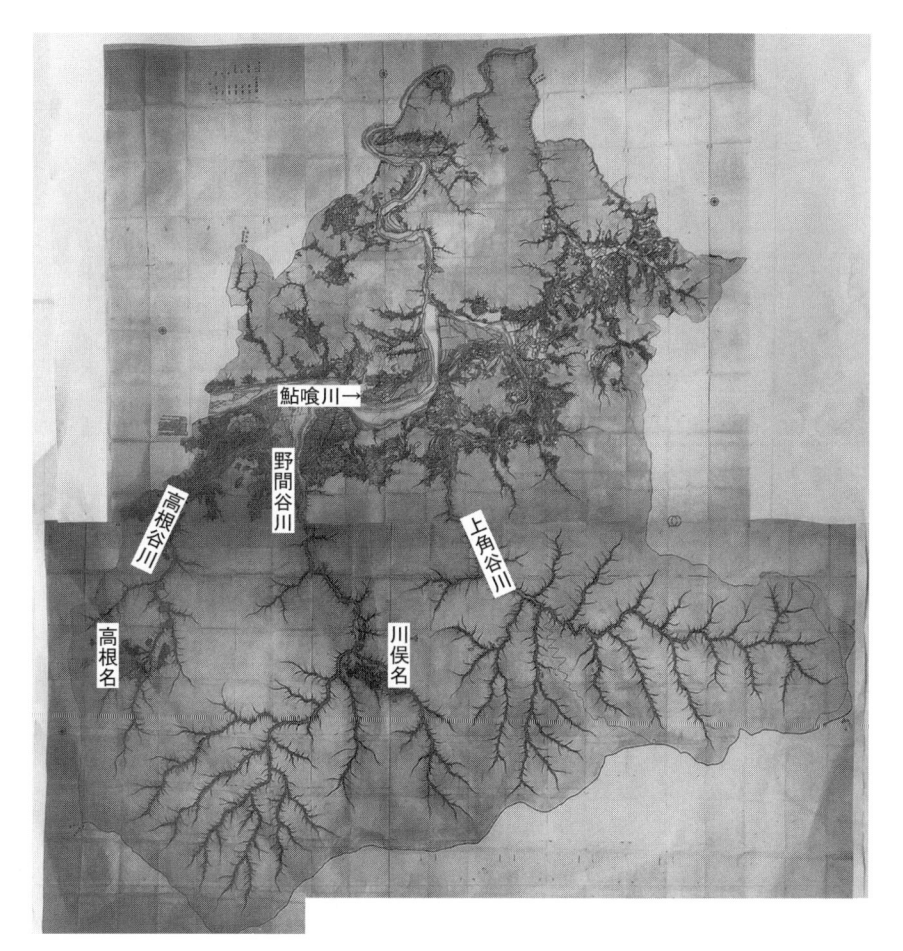

図 13-8　名西郡神領村分間絵図（写）（上：在所、下：山分、縮尺 1,800 分の 1、大栗家文書、口絵 13・22 参照、徳島県立博物館蔵に加筆）

は棚田と段々畑を中心とする 10 の名（集落）が立地する。鮎喰川左岸には大埜地名と岩丸・板挟・梨小木・川北の集落、右岸には小野名・上角名・中津名・大久保名・野間名・筏津名・北名・谷名と大釜・白桃の集落がみえる。この外に、高根山北斜面には谷名枝村の高根名（標高 750 ～ 850m）と野間名枝村の川俣名（標高 400 ～ 450m）があった。昭和 46 年（1971）発行の 2.5 万分の 1 地形図「阿波寄井」によれば、高根名は悲願寺と民家 1 棟が、川俣名には民家 4 棟が描かれているので、昭和 40 年代後半まで存続していた。

　神領村分間絵図の凡例には村の外周（積数）の記載はないが、絵図作製するのに先立ち、まず、隣接する村々との間に村境の確定作業が行われている。文化 6 年（1809）には、神領村庄屋佐々木悦三郎・同村五人組と、北で接する同郡阿川村与頭庄屋河野十兵衛・同村五人組との間に「神領阿川両村境極書物之覚」[45]（大栗家文書）が交わされている。さらに、天保 14 年（1843）「神領村外周」[46]（大栗家文書）によれば、同村外周の測量は、まず東に接する同郡鬼籠野村の青井夫名からはじめ、西へ同郡阿川村境小野→西へ阿川村・左右内村境→南へ上山村下分境→勝浦郡瀬津村境の高根山（標高 1,228m）→南へ勝浦郡傍示村境→勝浦郡高鉾村・名東郡上佐那河内村・神領村 3 村境の杖ノ丸（旭ヶ丸、標高 1,019.5m）にいたる逆時計回りで、総距離は 16,883 間（30,566m）としている。また、「高根山高直之」として 596 間（1,085.5m）としているが、地形図標高との差 142.5m は、測地起点（野間名）と推定できる鮎喰川床の標高約 150m との差であると考えられる。

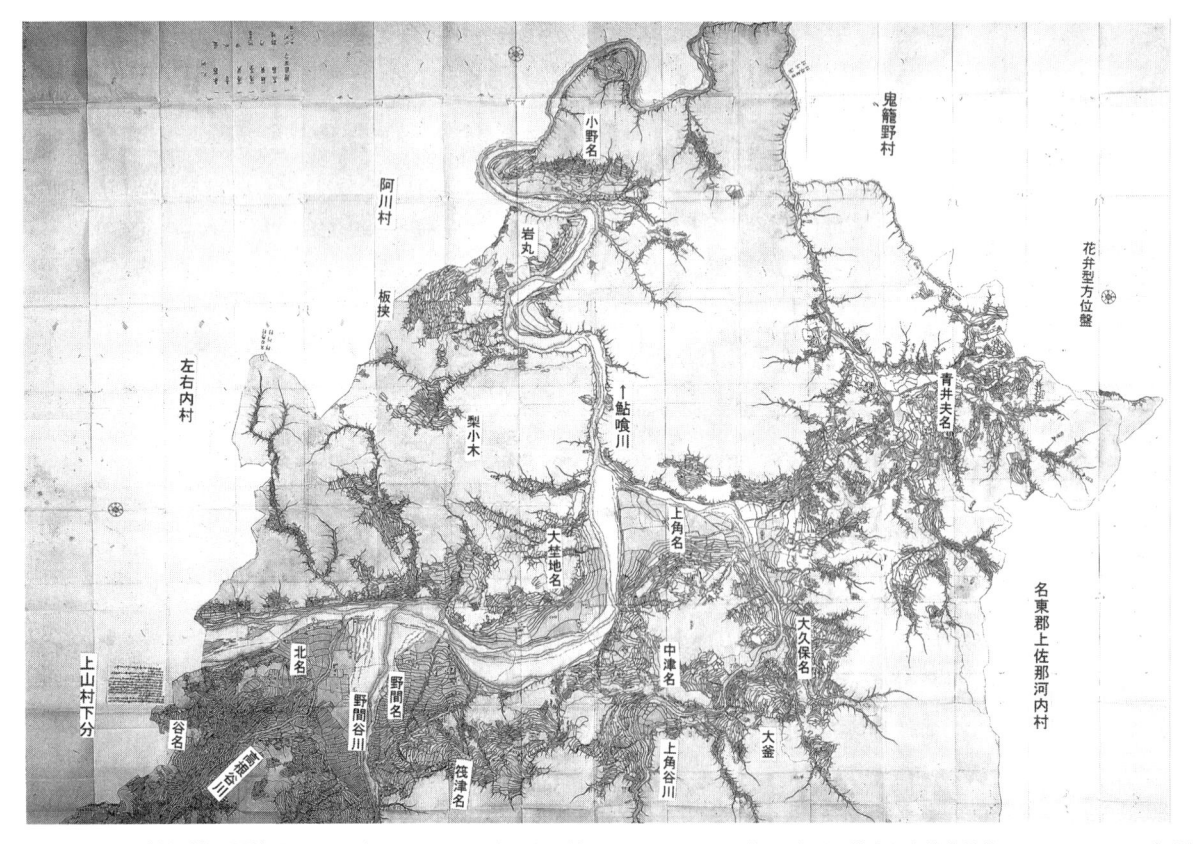

図 13-9　名西郡神領村分間絵図（写）（在所部分、大栗家文書、縮尺 1,800 分の 1、口絵 13 参照、徳島県立博物館蔵、205 × 231cm に加筆）

さらに、文化 6 年（1809）12 月 15 日には、阿川・神領村境にある「薬師ノ森ヨリ尾流下ハ両小谷落合、夫ヨリ東ハ長さこ東黒岩迄、此度夫之相立有之候境石切」に関して両村が得心の上で、境石等を設置し、後年の境論を惹起させないために、阿川村組頭庄屋阿部十兵衛・同村五人組ら 6 人が、神領村庄屋佐々木悦三郎・同村五人組中との間に「神領阿川両村境極書物之覚」[47]を交わしている。

また、神領村外周の測量は天保 5 年（1844）の 2 月 12 日〜3 月 25 日に行われ、神領村が銀札 136 匁 6 分を測量した岡崎三蔵（岡崎家 5 代の岡崎三蔵宜平と推定）に支払っている。さらに、明治前期作製の「徳島県阿波国名西郡神領村地籍全図」（縮尺 6,000 分の 1）[48]には、同郡鬼籠野村青井夫名境の第 1 号測地点から第 2 号測地点まで「子十五度八間」とあり、最終の 829 号測地点にいたるまで、時計回りで測量が行われている。総距離は 281 町 21 間（30,689m）で、前記「神領村外周」とはわずか 123m（0.4%）の違いである。また、1 測地点間の平均距離は 20.3 間（37m）である。

2. 神領村の耕地の新開と川成状況

慶長 13 年（1608）の検地帳[49]が現存する青井夫・小野・大埜地・上角・大久保・野間・谷・大埜地 8 名の耕地状況をみよう。8 名合わせた家数は 171 軒で、田面積は 43 町 6 反 3 畝 6 歩、分米 875 石 6 斗 5 合、畠面積 65 町 1 反 7 畝 29 歩、分米 308 石 1 升 4 合で、面積では田が 40.1%、畠 59.9%、分米では田 74.0%、畠 26.0%で、田は棚田、畠は段々畑を形成する。上角名と大埜地名の棚田は鮎喰川の段丘面（標高 125 〜 150m）、大角谷川右岸斜面（標高 150 〜 200m）と、野間名と北名の棚田は野間谷川の扇状地（標高 140 〜 180m）に立地している。この外に、切畑が 6 町 9 反 2 畝 29 歩、分米 7 石 8 斗 5 升 6 合あり、重要な食料源であった。さらに、桑・茶・漆・梶（楮）・柿・栗等の上毛高が 88 石 5 升 8 合あり、田畠分米高の 10.1%にも達した。

図 13-10-1 は野間谷川が鮎喰川に合流する部分を拡大した絵図である。特徴的なことは、野間谷川下流の両岸には広く帯状の広い川原（上流幅 100m、下流幅 450m、南北 900m）が存在することで、山村における川成水害絵図として注目される。同図では野間名と北名・谷名・筏津名の部分を示している。延宝 2 年（1674）の野間名・北名・谷名の検地帳（大粟家文書）[50]と、元禄 5 年（1692）野間名新開検地帳（大粟家文書）[51]、享保 3 年（1718）野間名・谷名新開検地帳（大粟家文書）[52]、享保 6 年（1721）野間名・谷名新開検地帳（大粟家文書）[53]、延享 4 年（1747）野間名・北名・谷名新開検地帳（大粟家文書）[54]には天和 2 年（1682）〜明和 3 年（1766）に至る約 240 年間に発生した 36 回の川成記録について、1 筆ごとに川成年次・面積、溝床面積・田成面積等が記載されている。

天和 2 年〜明和 3 年（1682 〜 1766）における野間名・北名・谷名の延川成面積・石高は 27 町 7 反 8 畝 9 歩 / 192.567 石である。この外に、枝村にあたる高根名・川俣名の 3 町 2 反 5 畝 23 歩 / 4.417 石があった。まず、野間名・北名・谷名の 3 名における川成の延面積・石高の状況をみよう。例えば、延宝 2 年神領村野間名検地帳[55]によれば、字さい前の下田 7 畝 15 歩 / 1.65 石（名負徳兵衛）は、享保 9 年（1724）・寛政 6 年（1794）・同 11 年（1799）の 3 度にわたり「丸川成」の水害を受けている。3 名の延川成面積は、延宝 2 年検地帳面積の 51.2%、川成延石高は延宝度石高の 59.0%のも及ぶ。さらに、この内、野間名の延川成面積 7 町 6 反 3 畝 10 歩 / 138.801 石は、慶長 3 年検地帳[56]の面積の 21.0%、石高の 30.4%にあたる。3 名の川成を年次別にみれば、元禄 15 〜 16 年（1702 〜 03）が 14

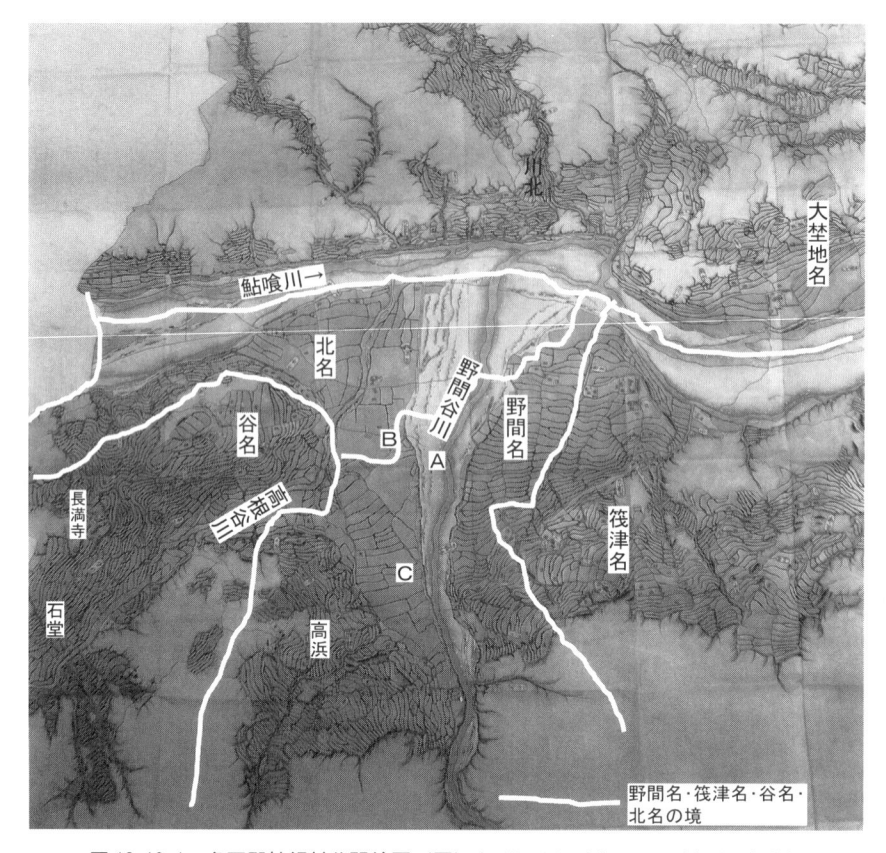

図 13-10-1　名西郡神領村分間絵図（写）（野間谷川・高根谷川下流部分に加筆）

町 4 反 9 畝 1 歩（全体の 39.3%）/298.691 石（60.6%）と元禄期の甚大さがわかる。次いで、正徳 3 年（1713）の 7 町 2 反 7 畝 15 歩（同 25.9%）/76.175 石（同 9.1%）がある。さらに、享保 7・9 年（1722・24）の 8 反 9 畝 6 歩 /20.393 石、寛政 6・11 年（1794・99）の 7 反 8 畝 16 歩 /16.109 石の川成がある。このように、元禄 15・16 年に全田畠面積の 51.7%、正徳 3 年に同 9.1% の川成があり、集中的な被害を受けている事がわかる。さらに、神領村分間絵図の作製は文化・文政期（1804 ～ 29）と考えられるので、野間谷川の広大な川成地は、元禄 15・16 年から約 100 ～ 120 年、正徳 3 年から約 100 年後でも荒地のままで放置されて、川成癒上りの普請が出来なかった事を示している。

　次ぎに、天和 2 年（1682）～延享 4 年（1747）の新開検地帳[57] をみよう。野間名・北名・谷名の新開高は、合わせて 19 町 7 反 6 畝 21 歩 /107.499 石で、延享 2 年検地帳田畠面積の 36.1%、石高の 12.9% にあたる。これは川成面積の 70.5%、同石高の 21.8% に相当する。特に、新開面積でみると、元禄 5 年が 2 町 2 反 5 畝、宝永 7 年 2 町 2 反 5 畝、享保 19 年 1 町 5 反 7 畝 3 歩、宝暦 5 年 1 町 8 反 1 畝、延享 4 年 6 町 4 反 5 畝 9 歩と 1 町歩以上の新開がみられる。元禄 15・16 年川成りの後の宝永 7 年と、正徳 3 年川成り後の享保 19 年・宝暦 5 年に大がかりな新開がみられる。また、慶長検地帳の切畑は 3 町 6 反 5 畝 17 歩（外に高根名 2 町 8 反 5 畝 6 歩）と、延享 2 年検地帳の山畠が 8 町 1 反 5 畝 3 歩（同 2 町 8 反 5 畝 6 歩）で、粟・稗・蕎麦・大豆・小豆等の雑穀を栽培した。

3.　天保 14 年（1843）神領村野間北両名仮検地絵図（一・二）と仮検地相付帳

　図 13-10-2 は神領村野間谷川の野間名・北名・谷名・筏津 名 付近の 1963 年撮影の空中写真で、図 13-10-1 は同地区の村絵図である。野間谷川が鮎喰川に合流する標高約 140 ～ 200 m 付近には扇状地と、野間谷川に沿って 4 ～ 5 m の崖で限られる 3 段の段丘面が形成され（図中の A・B・C）、棚田になっている。A 面と C 面との比高は 10 ～ 15 m である。　野間名と北名における川成り癒上りに伴う検地絵図である「天保十四年神領村野間北両名御仮御検地絵図（一）」、「同絵図（二）」[58]（以下「仮検地絵図（一）（二）」とする、大粟家文書）と、これと一対となる「天保十四年名西郡神領村野間北両名仮御検地相付帳」[59]（以下「相付帳」とする、同家文書）が現存し、同帳には 374 筆が記載される。「相付帳」は神領村庄屋佐々木政太郎と五人組から、検見役・村方奉行の塩田幸三ら 4 名に提出したものである。末尾には「野間北両名川成乱漸癒上之場處当作人共指懸り之儘、此度仮御検地被仰付相付帳面認通上申處如件」とある。すなわち、野間谷川両岸一帯は元禄 15・16 年（1702・03）の大水害から約 170 年後の天保 14 年に、ようやく癒上り復旧による仮検地ができたことを意味している。

　「仮検地絵図（一）」（口絵 37）（図 13-11-1・2（縮尺約 1,600 分の 1））には 469 筆の田畠を検地年度別に 1 筆ごとの所在朱書地番・小字・地目・等級・面積・名負人が記されているが、これは延宝 2 年（1674）野間名・北名検地帳記載の 1,126 筆の 41.7％に相当する。しかし、延宝検地帳の川成は野間名 117 筆、

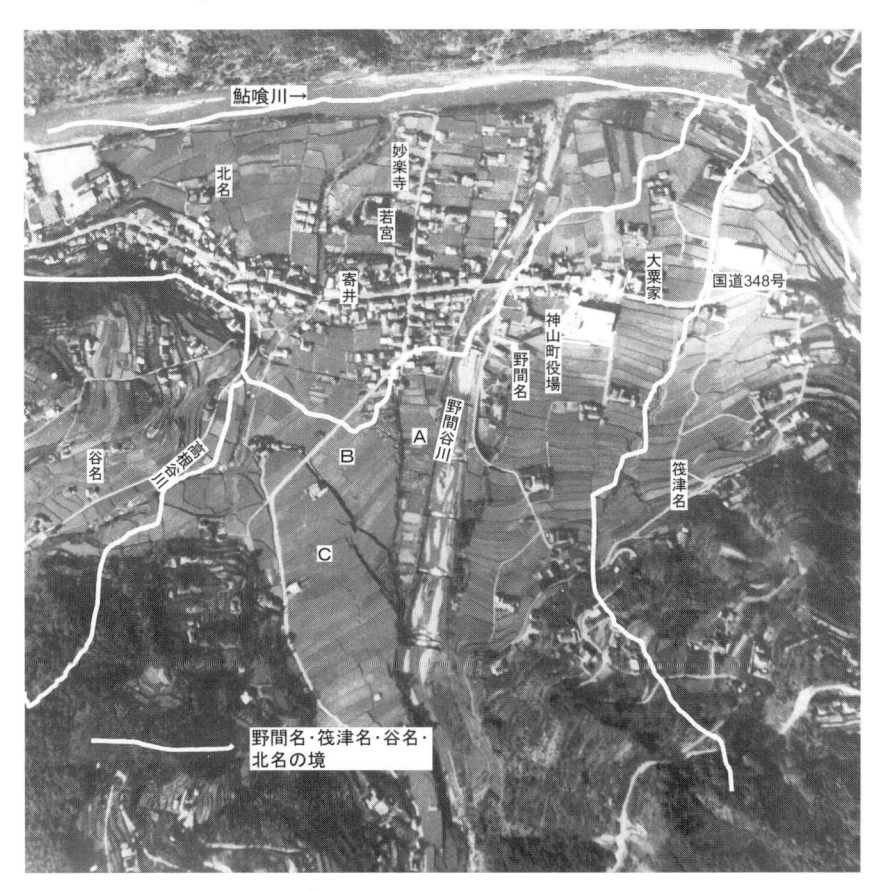

図 13-10-2　神領村野間谷川下流付近の空中写真（1968 年、国土地理院 SI-68-51 CI（10B）に加筆）

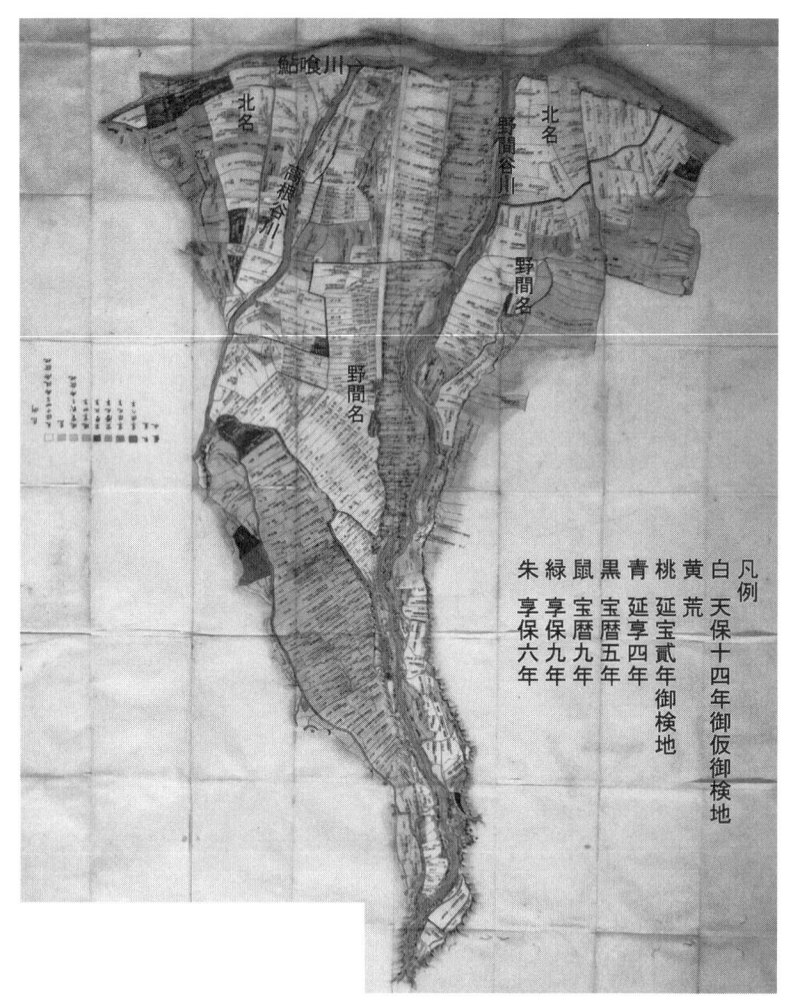

図 13-11-1　天保 14 年（1843）神領村野間北両名御仮御検地絵図面（一）
（大栗家文書、縮尺約 1,600 分の 1、口絵 37、徳島県立博物館蔵に加筆）

谷名 121 筆合わせて 238 筆であるので、「相付帳」374 筆の 63.6％が川成であったことが分かる。絵図の凡例をみると、①天保 14 年（1843）御仮御検地（白）、②荒（黄）、③延宝 2 年（1674）御検地（桃）、④延享 4 年（1747）（薄青）、⑤宝暦 5 年（1755）（黒）、⑥宝暦 9 年（1759）（薄鼠）、⑦享保 9 年（1724）（緑）、⑧享保 6 年（1721）（朱）とある。天保 14 年に川成り癒上りの田畠の仮検地にかかる、地番・小字・地目・等級・面積・名負人を 1 筆ごとに確定して、仮検地帳に記載（相付）したものであろう。先ず、延享 2 年（1745）の検地田畠は野間・北両名の外縁部に分布する。絵図で最大部分を占めるのが天保 14 年仮検地となった田畠で約 290 筆を数え、絵図全体筆数の約 62％を占める（図 13-11-1・2）。

　また、絵図の「荒」は野間谷川左岸低地（絵図・空中写真の A）にあり、58 筆は全て下々下畠となっている。延享 4 年検地は野間谷川左岸で、最高位の段丘面上（絵図・空中写真の C）にある上田・中田・下田約 70 筆がこれにあたり、等高線に沿って細長い短冊状の地割りを特徴とする。さらに、北名の北端西端部に宝暦 5・9 年と、享保 9 年検地の田が約 20 筆分布する。さらに、本帳記載の野間名 182 筆の内、「仮検地絵図」で確認出来るのは 166 筆（91.2％）であるが、北名は 192 筆の内、114 筆

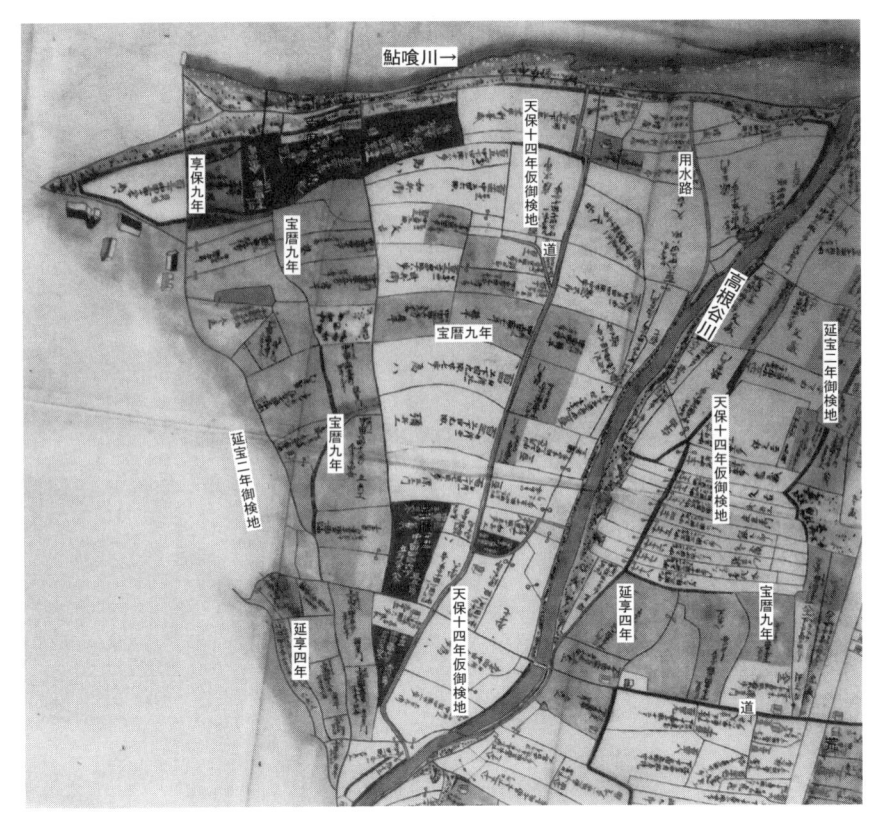

図 13-11-2　天保 14 年（1843）神領村野間北両名御仮御検地絵図面（一）（口絵 37、高根谷川下流、北名付近に加筆）

（59.4%）しか確認できない。北名の川成延面積が 16 町 8 反 3 畝と、野間名 7 町 6 反 3 畝・谷名 3 町 3 反 1 畝よりも大きいが、仮検地の対象となった田畠が少なかった事によるのであろう。

　さらに、野間名の田畠 16 町 6 反 3 畝 24 歩の内、「相付帳」に「水」（水損か）と記されるものが 2 町 2 反 9 畝 12 歩（13.8%）あるが、仮検地絵図では野間谷川左岸沿い最低位面の A にあたり、天保 14 年仮検地にあたる。また、野間名の「荒」と記されるのは 6 町 5 反 6 畝 18 歩（39.4%）みられるが、同谷左岸沿いの A にあたる。さらに、「相付帳」記載の 374 筆の 53.2% が川成・荒地となっている。一方、北名では田畠 10 町 1 反 6 畝 24 歩の内、「水」1 町 2 反 1 畝 21 歩（11.9%）、「荒」4 町 6 反 2 畝 15 歩（45.5%）で、川成・荒地は 57.4% である。図 13-11-2 には高根谷川下流の両岸部分を示した。天保 14 年仮検地が大部分を占めるが、谷名境には享保 9 年と宝暦 9 年検地がみえる。

　「仮検地絵図（二）」（図 13-11-3）は、「仮検地絵図（一）」の西端に続き、「勝明洞門」の少し東に位置する上山村下分境の「のぞき石」に至る鮎喰川南岸沿いの狭長な地区を図示している。本図には凡例がないが、白の 20 筆は天保 14 年の仮検地で、黄の 41 筆は「荒」であろう。

　本図は縮尺約 1,300 の 1 の実測図と推定できる。全部で 61 筆（3 町 6 反 1 歩）あるが、東端の下田 4 筆（1 反 3 畝 4 歩）を除いて、全て下々下畠 57 筆である。北名の山際下に新用水が描かれるが、中程には南北 2 本の石垣がみえる。これは「安政六未年五月神領上山村組合新用水絵図控」にみえる 150 番と 151 番下々下畠の間にみえる南北の大きな石垣であろう。本図の西端には「百五十八、西崎、上山境、のぞき石下、下々下壱反弐畝、為八」があり、これは同図の百六十八に該当する。

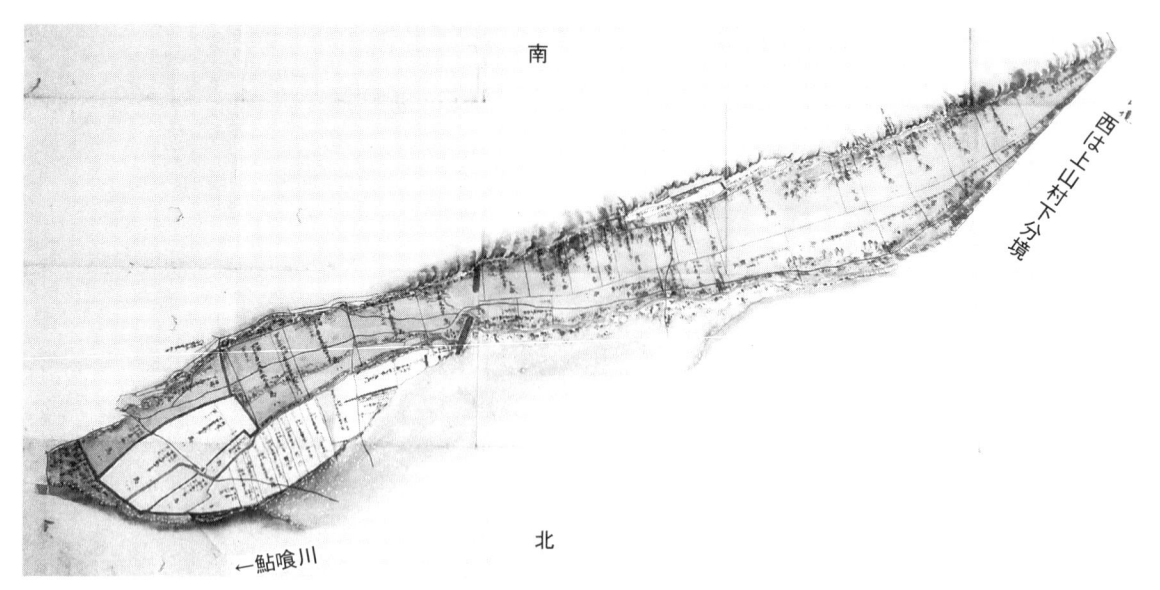

図 13-11-3　天保 14 年(1843)神領村野間北両名御仮御検地絵図面(二)（大栗家文書、縮尺約 1,300 分の 1、75 × 221cm、徳島県立博物館蔵に加筆）

4. 安政 6 年（1859）神領上山両村組合新用水絵図控

　図 13-12-1・2[60] は安政 6 年の神領村北名と上山村下分両村組の新用水に関係する田畠分布を描い
たもので、縮尺約 1,200 分の 1 である。図の右端は下分の稲原に位置する新用水の鮎喰川右岸（南岸）
からの取水堰付近で標高は約 160m である。新用水は安政 6 年 5 月に開削されたもので、延長 4.0km、
下分 5 町 1 反 6 歩、神領村 4 町 9 反 9 畝 24 畝、合わせて 10 町 1 反を潤すが、1970 年の減反政策以
降は使われていない。下分京地には文政 6 年の鮎喰川右岸山腹を、隧道で鑿いた長さ約 20 間（36m）
の「勝明洞門」がある（図 13-13-2）。取水堰（長 40 間）の標高は約 160m で、合流点の高根谷川は
標高約 150m を示し、その標高差は約 10m である。「勝明洞門」は 1990 年代の国道 438 号の改修工
事により取り壊されが、現地に「勝明洞門銘」の石碑が建立されている。

　図 13-12-1 の凡例をみると、①古田新用水懸りを朱、②田成新用水懸りを黄、③古田を白で示して
いる。①は「仮検地絵図面」では上々田を主とする田（18 筆）の宝暦 9 年検地と、高根谷上流の中・
下田（9 筆）、高根谷下流の中上・中田（12 筆）、勝明洞門東の上・下田（11 筆）等が新用水懸りで
あるが、現在は宅地になっている。②は下分の新用水南側で下々下畠を中心とする鮎喰川南岸部と高
根谷・野間谷にはさまれる地区で、天保 14 年仮検地にあたり、現在は宅地と畑になっている。これ
らは安政 6 年の新用水開削により、従前の生産性の最も低い下々畠からの田（約 40 筆）に転換され
たものである。また、③は高根谷西岸が中心で、以前から高根谷川からの用水に依存する古田（約
50 筆）であり、野間名の寄井地区にあたり、現在は宅地になっている。

5. 天保 14 年（1843）の仮検地の圖順番

　文久 3 年（1863）の北名の中尾川原荒地 16 筆／9 反 19 歩（名負 9 人）が新田成になった時には、1

図 13-12-1　安政 6 年（1859）神領上山両村組相合新用水絵図控図（一）（大栗家文書、縮尺約 1,200 分の 1、105 × 226cm、徳島県立博物館蔵に加筆）

図 13-12-2　安政 6 年（1859）神領上山両村組新用水絵図の勝明洞門付近

筆ごとに東西・南北の間数を実測した新面積を記している[61]。その際には合わせて 1 反 5 畝 29 歩が減歩しており、中尾川原荒地の所在地は鮎喰川南岸の山際地であろうと推定できる。

　さらに、「仮検地絵図（一）」（図 13-11-1・2）では、天保 14 年（1843）の仮検地対象地が白地で示されるが、神領村分間絵図では荒地川原として描かれている土地である。同年 3 月 20 日の荒地仮検地に伴い行われた検地の𨑒順番を記す「野間名西川原地割𨑒取順番御居入指出帳控」[62]によれば、「野間名内辻堂ノ南竹間西川原添割合地𨑒取順番」と記される。この「𨑒取順番」と言うのは、西川原の対象地の仮検地の順番を意味すると推定でき、「辻堂ノ南竹間西川字原」は野間谷川右岸の天保 14 年仮検地地と考えられる。本帳では 27 人名負の 25 筆 / 1 町 2 反 6 畝 16 歩を対象に東西・南北間口数を実測して、元の面積（畝数）から合わせて 3 反 22 歩を引いて減歩している。

　さらに、天保 14 年 3 月 20 日の北名の内の「田崎片山谷西崎上山境ヨリ大川原荒地割合𡌛取順番帳控」[63] によれば、北名の内、高根川左岸の仮検地地の 23 人名負の 46 筆 / 3 町 4 反 8 畝 5 歩について、1 筆ごとに東西・南北の間口数・面積・土地の属性等が詳しく記されている。同帳から土地属性をみると、16 番地 2 畝 12 歩は元地 3 畝 5 歩の内、1 畝 3 歩は生地で、2 畝 12 歩が川成引きとある。また、33 番地 1 反 5 畝 21 歩について、地野理太郎控地は用水床損田、高橋岩太郎控地は用水床替に付、地境より上南用水切とする。また、粟飯原源右衛門控地については現状どおりとし、「右弐重用水替地處、此度立合之場處相渡シ有之處印石無之故、相成る候ニ付、元治弐丑年（慶応元年）三月廿九日源右衛門書事正之通、立合、太郎右衛門出張場處右之通境立致候」とあり、控人双方が立合いの上、用水床替地や用水損田を考慮して地境を決めていることがわかる。

　また、40 番地 5 畝については、「加兵衛居屋敷并ニ屋敷廻りニ而新用水床餘程之損田ニ相成候處、地盤控田尻薄れ迷惑仕居申候ニ付、右次第申上有之右場處相渡候、右場處之下手当之地草渡有之、開立琉球芋植付候も有之候得共、追々、御検見御仕居ェ被仰付候迄事之 □ 候、依而被仰申候以上」とあるが、控田尻とは地境を意味しており、その状況を詳しく記している。

6. 谷名・高根谷川左岸の棚田と用水

　慶長 3 年（1608）検地帳で谷名の田畠をみると、田は 4 町 4 反 4 畝 13 歩 / 分米 67.503 石、畠は

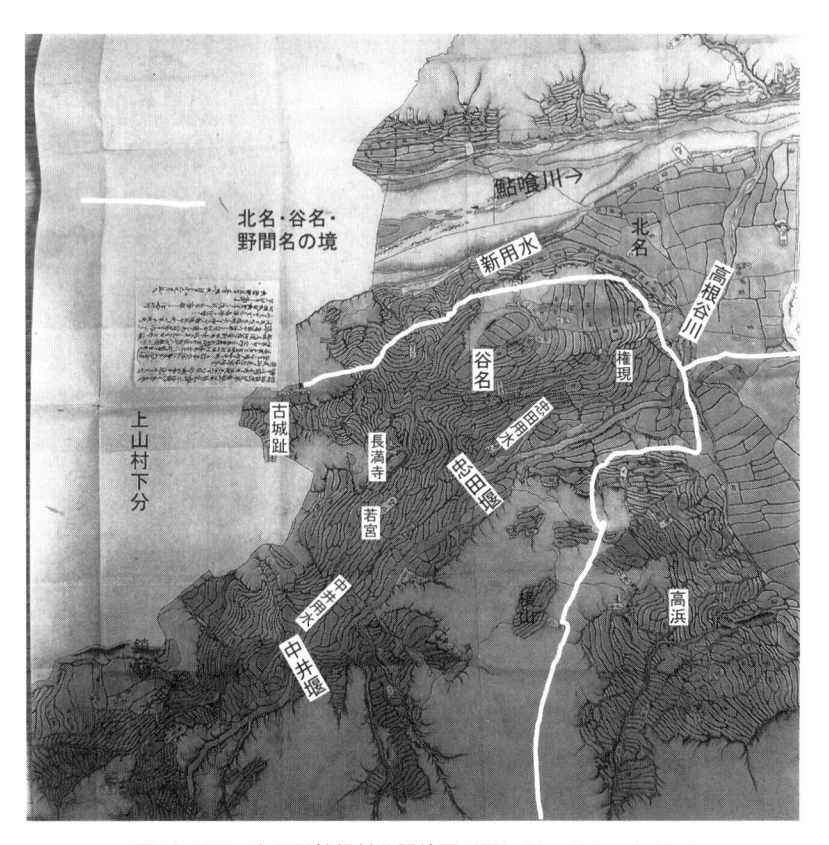

図 13-13-1　名西郡神領村分間絵図（写）（高根谷川下流付近）

6 町 6 反 1 畝 9 歩 / 分米 19.474 石（内切畑は 2 町 5 反 4 畝 21 歩 / 分米 4.865 石）で、桑・茶・梶・漆・柿・栗の上毛高は 9 石である。延宝 2 年（1674）検地帳では、田は 8 町 7 反 17 歩 / 高 183.55 石、畠は 8 町 3 反 1 畝 21 歩 / 高 39.166 石（内山畠は 2 町 9 反 2 畝 /59.7 石）である。また、元禄 5 〜明和 3 年（1692 〜 1766）の新開は、11 町 4 反 3 畝 28 歩 / 高 89.619 石である。さらに、寛永元〜寛政 6 年（1624 〜 1794）の川成は、3 町 3 反 1 畝 23 歩 / 高 75.194 石である。以上のように、慶長期では畠が卓越したが、延享期では田と畠は拮抗している。一方、神領村分間絵図で高根川左岸（標高 150 〜 250 m）では、段々畑よりも棚田が多く見られるが、その後の新開における開田や畠田成が多かった事によると推定される。

　神領村分間絵図（図 13-13-1）と高根谷川左岸の地籍図（図 13-13-2）をみると、高根谷川左岸（標高 150 〜 250 m）には棚田が多く形成されており、左岸には 9 つ、右岸には 4 つの取水堰が設置されている[64]。左岸の用水堰の内、上流から上井堰（標高 220 m、石積造り、図 13-13-3）は字谷 173-2 に設置されて、標高 230 m の等高線に沿って字谷→字石堂→長満寺→古城跡にいたる上井用水がある。1993 年の調査では灌漑面積は約 12 町歩から約 6 町歩に半減した[65]。また、中井堰（コンクリート造り）は字谷 206-1（標高約 220 m）に設置され、若宮→王子社→権現→薬師にいたる中井用水がある。灌漑面積は同じく約 7 町歩から約 4 町歩に減じた[66]。さらに、忠田堰（コンクリート造り）は字谷 216-3（標高 210 m）に設置され、権現の下→新用水にいたる忠田用水がみえる。灌漑面積は約 4 町歩

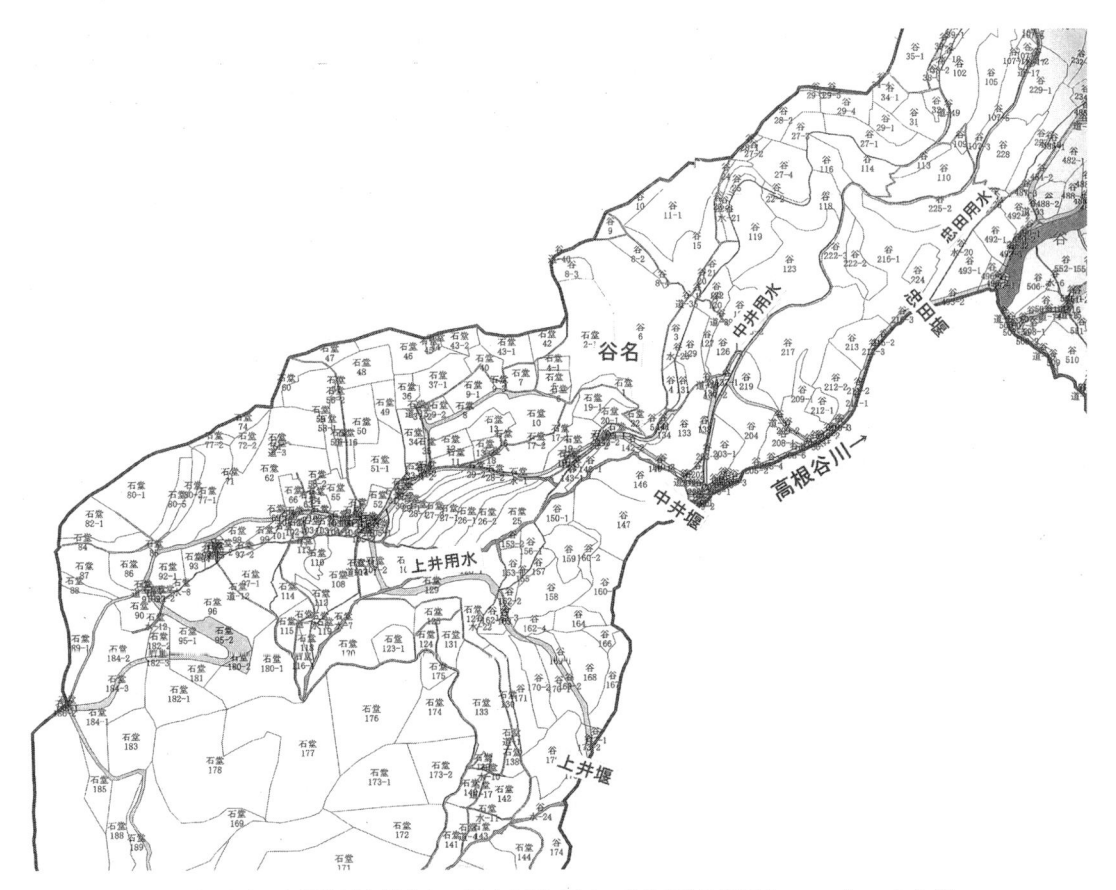

図 13-13-2　高根谷川左岸谷名の用水と堰（神山町役場税務課地籍図、2,500 分の 1 に加筆）

図 13-13-3　高根谷川の上井堰（2017 年）

から約 3 町歩に減じた。高根谷川左岸斜面は約 50 年前の減反政策以来、農業従事者の高齢化に伴い棚田や段々畑の耕作放棄は進展し、荒地が拡大している。

7.　小野名の川成床取調願

　図 13-14-1 は神領村分間絵図の内、村の北部に位置する小野名部分を示しており、棚田 6 枚、畠 253 枚と、家屋 51 棟が描かれる。小野名は鮎喰川右岸の河岸段丘（標高約 120m）と、山腹斜面（約 150m）に立地し（図 13-14-2）、村の西端には須佐之男命を祭神とする小野天王社が鎮座し、境内には「小野さくら野舞台」がある。村の東端には鎮守と地蔵が鎮座し、山際には山神が 2 座ある。慶長 13 年検地帳 [67] による田は、2 反 8 畝 28 歩 / 分米 3.955 石、畠 7 町 4 反 8 畝 19 歩 / 分米 44.157 石、居屋敷 4 反 1 畝 24 歩 / 分米 3.712 石である。この外に、上毛高（桑・梶・栗・茶）9.1895 石で、田畠居屋敷分米の 19.9 パーセントにも相当する。家数は 17 軒、人数 20 人の内、中本百姓 3 人、上ノ本百姓 1 人、中行 1 人、下家持下人 8 人、下召人 1 人、「うは年六十才之者」3 人、内下人 3 人である。

　さらに、畠高の内、切畑が 4 反 3 畝 12 歩 / 0.28 石がある。宝永 7 年（1710）・享保 19 年（1734）・享保 20 年（1735）・寛保 4 年（1744）新開検地帳 [68] による新開は、田 6 反 2 畝 / 1.0247 石、畠 6 反 9 畝 18 歩 / 1.372 石、合わせて 1 町 3 反 1 畝 18 歩 / 11.619 石で、その一部が正徳 3 年（1713）と寛政 7 年（1795）に川成になっている。

　「神領村小野名平左衛門願失地御取調之場所絵図」[69]（大栗家文書）と、添書である天保 7 年（1836）4 月 6 日に神領村佐々木高右衛門・平左衛門以下 7 人と、同村庄屋佐々木政太郎、五人組庄次郎らの連判がある願書を検見方奉行宛に上申した「仕上御請書之覚」[70] がある。絵図には川成床となった 10 株の土地には黄貼紙が付されており、川成 開 帰 床を明示している。絵図では、村中央部にあたる鮎喰川沿い（「大川渡し」）の 23 株の内、作左衛門・甚太郎・太郎左衛門・彦次・庄次の名負 8 株

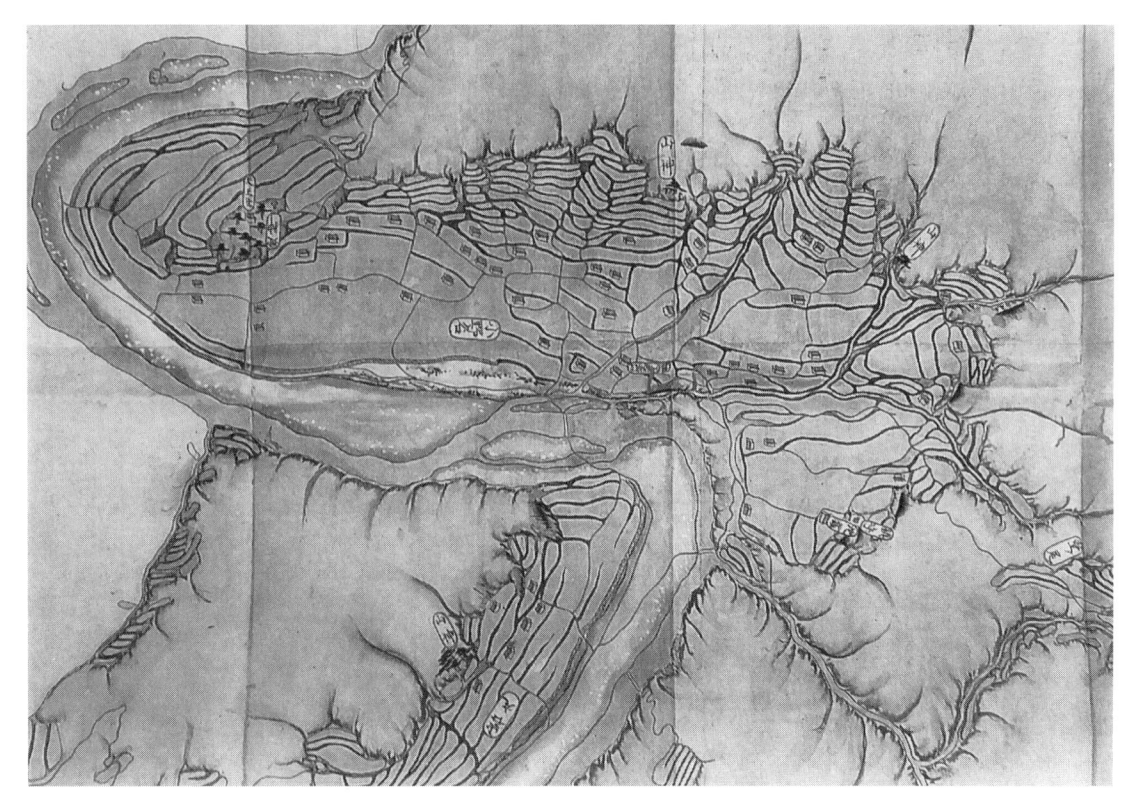

図 13-14-1　名西郡神領村分間絵図（写）（在所、小野名）

図 13-14-2　小野名の景観（2017 年）

の 4 反 5 畝 7 歩に関して詳細に記している。

8. 廃村となった高根名・川俣名

　谷名の枝村である高根名（高根山）は、高根山（1,228m）北斜面の標高約 750 ～ 850m に立地し、「雨乞ノ滝」からの急傾斜道を登らなければならない高地集落で、昭和 50 年頃には廃村になったようである。慶長 13 年（1608）検地帳[71] によれば、田 7 反 5 畝 22 歩 / 分米 8.576 石、畠 2 町 3 反 2 畝 26 歩 / 分米 8.845 石（内、切畑 1 町 7 畝 / 分米 0.555 石）、外に桑・茶・柿・栗の上毛高 2.1705 石で、家数は 6 軒であるが、神領村分間絵図（山分）によれば、9 棟がみえる。夫役負人数は 6 人で、郷鉄炮 1 人、大鋸引 2 人、下人 1 人、間人 1 人、年寄 1 人である。

　また、田畠居屋敷 3 町 1 反 8 畝 29 歩の 33.6％が切畑で、上毛高は分米惣高の 11.9％にもなる。さらに、延宝 2 年（1674）検地帳では、田 9 反 6 畝 8 歩 / 9.982 石、畠 1 町 8 反 8 畝 18 歩 / 5.826 石（山畠 1 町 4 畝 / 0.84 石）である。宝永 7 年（1710）新開検地帳では畠 2 町 3 畝 24 歩 / 1.894 石の開墾があり、延宝 2 年の川成は 1 反 9 畝 24 歩 / 1.461 石である。分間絵図（図 13-15-1）によれば、田 89 枚、畠 115 枚、集落上部に観音堂・大日如来、東に山神、西に教塚がみえる。しかし、絵図には描かれて

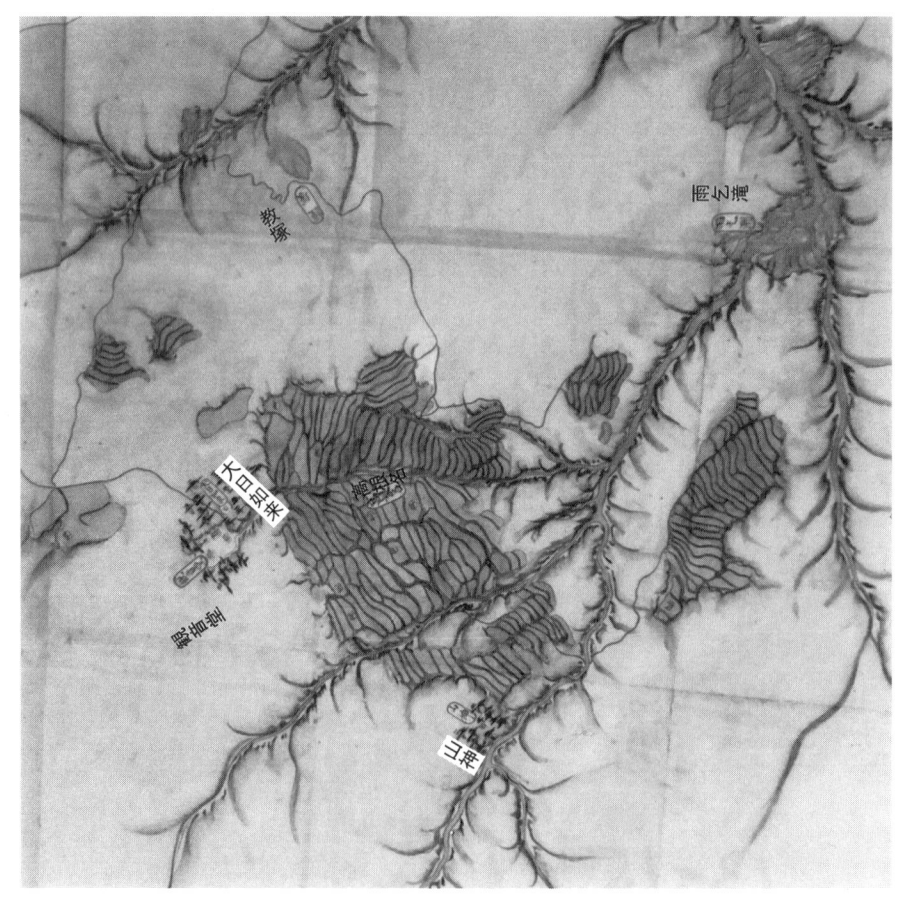

図 13-15-1　名西郡神領村分間絵図（写）（山分、高根名、徳島県立博物館蔵に加筆）

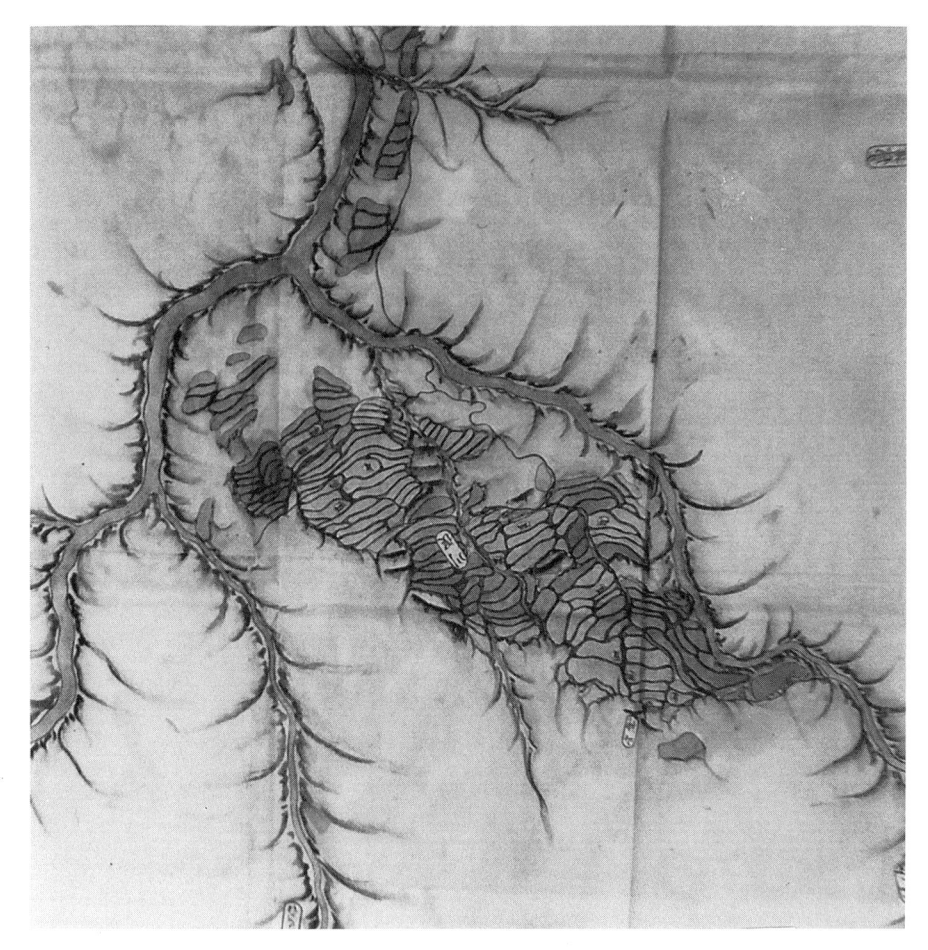

図 13-15-2　名西郡神領村分間絵図（写）（山分、川俣名）

いないが、真言宗悲願寺があり、境内に観音堂と常夜塔・旧十二社大権現が鎮座する。現在、集落全
体は鬱蒼とした杉林に覆われており、廃屋と数ヶ所の棚田の石垣が残るのみである。

　野間名の枝村である川俣名は野間谷川最上流の標高 350 〜 450 m の北斜面に立地するが、昭和 50
年頃に廃村となったようである。天和 2 年（1682）〜元禄 5 年（1692）の新開検地帳では 6 町 5 畝
歩 / 8.339 石の開墾があるが、その内、元禄 5 年新開帳 [72] には田 2 反、山畠 4 町 5 反 7 畝 27 歩、
新開の 95.8％が山畠となっている。また、山畠の 50.3％が川成となっている。以上のように、川
俣名新開の大部分が山畠であることはその立地条件に由来している。神領村分間絵図（図 13-15-2、
川俣名部分）をみると、田 77 枚田と畠 78 枚、12 棟の民家と、山神 1 座がみえ、田の枚数が多いこ
とは、元禄期以降に畠の田成りが多くあったことを示したている。

　地租改正期の作製である「南野間（川俣山）地曳絵図」（縮尺 600 分の 1、図 13-15-3） [73] をみよう。
前図と比較すると、田畠の配置はほぼ同じであるが、野間谷川の西支谷左岸に 18 枚の畠が新開され
ている事がわかる。「地曳絵図」には約 250 枚の耕地と 14 棟の民家が描かれ、耕地に朱地番、山に黒
地番が付されている。

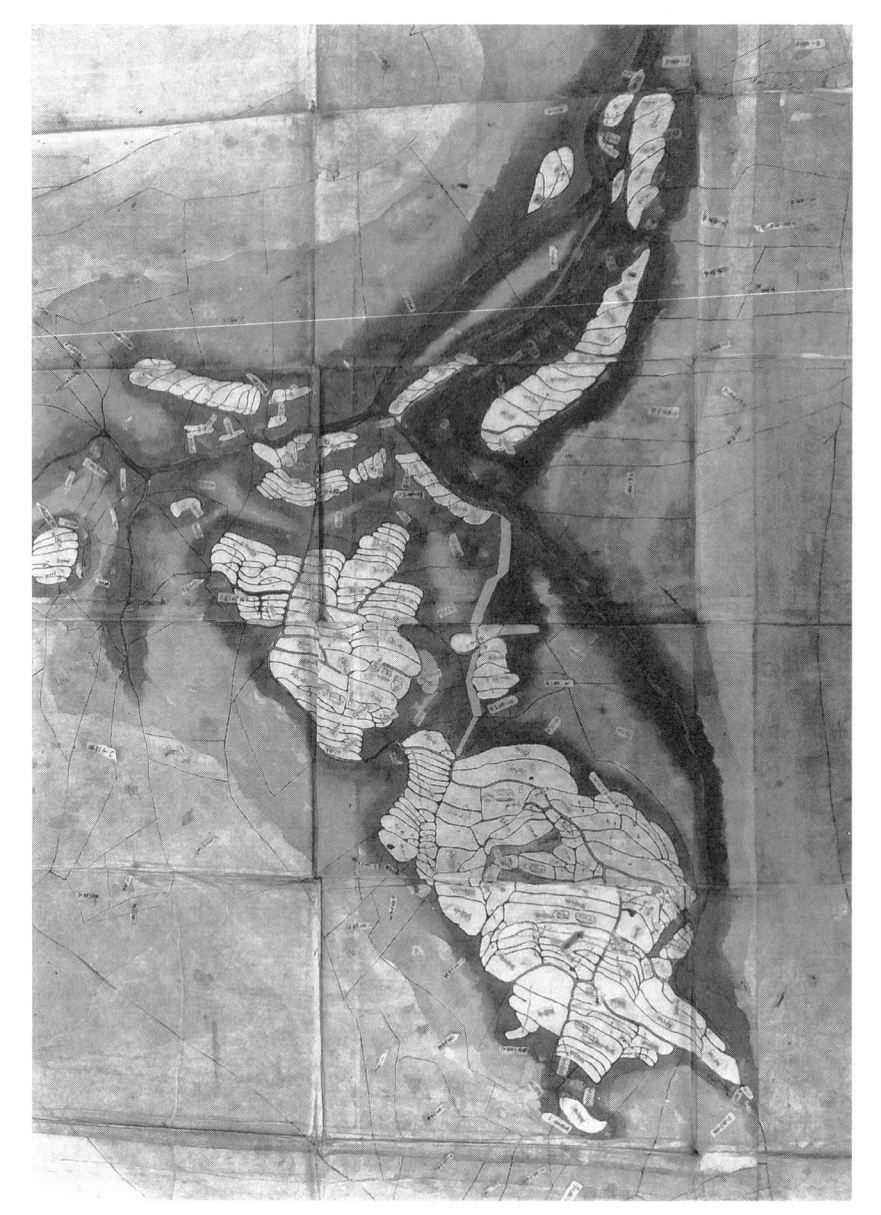

図 13-15-3　名西郡神領村川俣山地曳絵図（128 × 115cm、鬼籠野支所蔵）

9. 高根山野山をめぐる山論

　近世の阿波国内における肥草をめぐる山論について著者の管見では、①幕末慶応期の美馬郡半田口山（現つるぎ町）と三好郡加茂組 6 ヶ村（現東みよし町）・美馬郡祖谷山落合名（現三好市東祖谷）[74]、②文政期の勝浦郡野尻村・久保村・樫原村・田野々村 4 ヶ村（現上勝町）、③天保〜弘化期の那賀郡仁宇村と小仁宇村（現上那賀町）、④文化〜文政期の名西郡神領村と上山村下分がある。

　神領村南西部の標高 700 〜 900m の高根山北斜面を占める広大な高根山野山は、周辺の名（集落）

にとっては、肥草・牛馬飼草・薪・柴・萱等の採集地として極めて重要な場所であった（図 13-16-1・2）。野山の地盤権（山元）は神領村の野間（高浜）・北・谷・石堂の 4 ヶ名に属するが、上山村下分の京

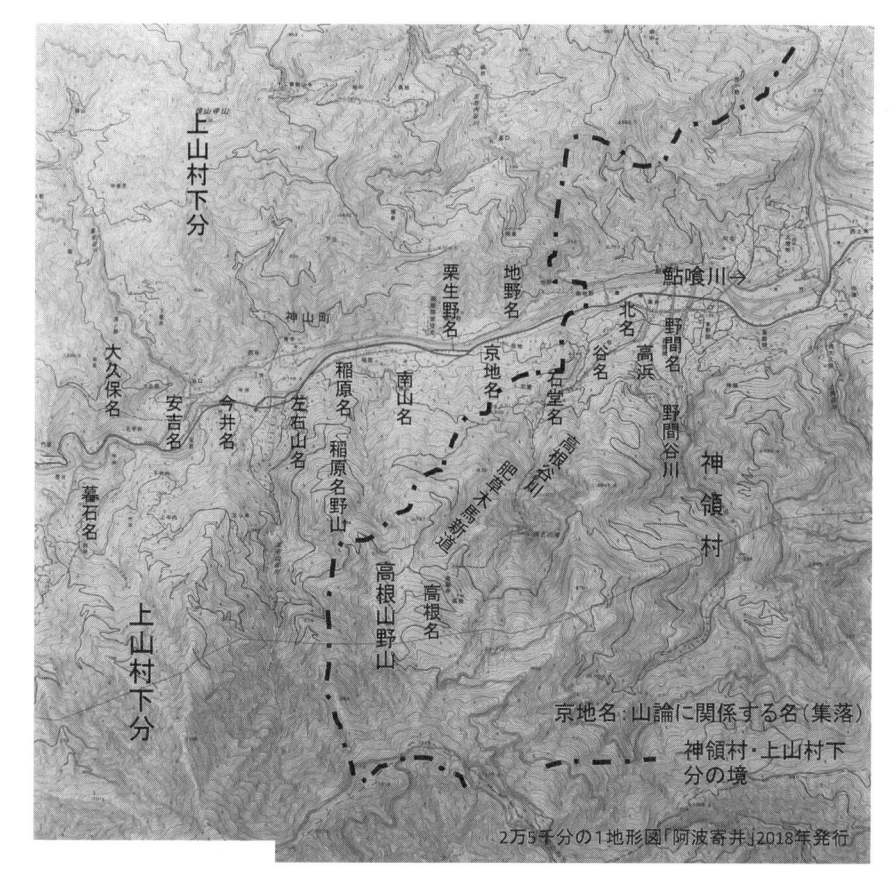

図 13-16-1　高根山野山を巡る山論関係地名

図 13-16-2　高根山野山の遠望（2018 年）

地・栗生野・稲原・左右山・今井・安吉の 6 ヶ名（図 13-16-1）が旧来からの入会慣行として利用してきた。野山を巡る山論は文化 10 年（1813）秋に惹起するが、文政 2 年（1819）春に漸く「一和済口」[75] が成立した。

　まず、文政 3 年 4 月 2 日の「神領村上山村下分役人共并百姓共申認覚」（以下「認覚」）[76] は長文であるので、上山村下分各名百姓の根山野山への入会刈に関する約条書の要旨をみよう。

　（1）神領村高根山河内山の内、野山にあたる場所と上山村下分稲原名野山は、神領村の谷・高根・北・野間の内高浜の 4 ヶ名と、上山下分の地野・京地・栗生野・稲原・左右山・今井・安吉の 8 ヶ名百姓の薪・柴・萱等を必要な分量だけを採っていた。しかし、7・8 月肥草の入会刈りに関して、神領村からの異議があり、文化 14 年（1817）に代官所の行着により上山村下分は翌春までの「鎌留」を受けた。

　（2）文政 2 年（1819）閏 4 月 28 日、神領村は「下分八ヶ名百姓共大勢相稼分迷惑ニ相及」の状況であったが、上山村は「鎌留」の影響が大きいと郡代に嘆願したので、郡代より行着を命じられた名東郡一宮村組頭庄屋・河原周助が、両村惣代を呼び出して双方の主張を聴取した。その結果、上山村稲原名百姓共が高根山検地請分の場所で肥草を刈り取るので、これを停止させた。また、京地名百姓が「柴構」と称して高根山へ入会刈りに押し入り、往来に沿う用水・立毛（作物）を踏み荒らすなどの不埒な行動をして、1 人で 1 日に壱荷（約 110 ～ 120 貫）の割当が、3 荷（350 貫）も刈り取る者もいるので、これを停止させる。その上で両村百姓ともこれまでの遺恨を捨て、「隣村相民之情合」で睦まじく行動するように命じ、次のような約定を交わした。

　①上山村下分の内、京地名・栗生野名の内、松之元名は野山がないので、薪・柴と四月肥夏草（田の刈敷）は河内山（高根山野山の内か）で刈り、秋草と夏萱は高根山で神領村と入会刈りを行う。但し、河内山の夏草は量が少ないので、行着が不成立の時は高根山において刈り取りしてもよい。

　②稲原名の内、東分南山矢の内名は薪・柴等がないので、四月肥夏草は河内山で刈り、秋草家萱は高根山で神領村百姓と入会刈りをする事。但し、河内山の夏草は量が少ないので、足りない場合は高根山で刈る事。

　③稲原名の内、中筋西分と栗生野の川北地（鮎喰川北岸）の分は、薪・柴・四月肥等は高根山に来なくても不足することはないので高根山で刈らない事。しかし、夏草・秋草・屋萱等は高根山で神領村と入会刈りをする事。

　④上山村下分百姓共は野山で高根名検地負分林において自生している木草・柴を刈り取る事は今後、停止の事。

　⑤神領村谷・北・高根名・野間名の高浜名の百姓は、上山村下分各名百姓共が高根山に入会刈りをしているので、下分の野山でも先年より来ている上山村の百姓と共に入会刈りをする事。

　その後の経過を踏まえて、文政 2 年（1819）閏 4 月 24 日の行着である「仕上條約書之覚」[77] が行われたので、その内容をみよう。

　本書は山元の神領村百姓 5 人、入方の上山村下分の稲原・左右山・今井・南山・栗生野・京地名と西稲原の百姓 8 人が連署し、上山村組頭庄屋粟飯原源右衛門・同五人組・神領村庄屋佐々木悦五郎等の 3 人が奥書をして、郡代の要請で行着を担当した名東郡一宮組頭庄屋河原周助宛に差し出した約條書である。

　（前略）

一上山村六ヶ名百姓御検負山相控不申、困窮之者ハ高根山秋草壱荷苅と申、荷毎ニ持帰リ之義ハ是迄
　之姿ニ申候、毎年壱荷相済次第苅取之事

　　但山株所持之者又ハ手山無之候而も丈夫ニ相暮シ之者ハ苅不申筈、又右段之者罷越ニ而神領村百
　　姓ニ被見咎候得ハ、壱荷ニ壱匁之過料指出シ右苅荷とも取上之事　縺草と申苅置之義ハ相 調 不申
　　事

一牛馬飼草之義も夏ヨリ同断、山林相控ニ不申者ハ苅取事

　　但山林所持之者罷越ニ有之過料右同断

一京地名ヨリ四月肥草之義ハ□□ノ久保畔ヨリ上ニ而苅申事、薪此等之義ハ舟のり石かし迄、此南所
　之辺苅申事

一稲原名四月肥草之義ハ肥草□□より左村入相場所、又ハ手林等ニ苅取行足リ不申者ハ高根山へ罷
　越申事

一上山村野山はんか嶽入相之場所、通年当村ヨリ定請御林ニ付、此畠地盤入相苅之通リ御仕候段、上
　山役人共ヨリ願上御聞届之上ハ、入相苅ニ仕事

右之通御取極被下ニ付而ハ此上申分無御座候、御預可仕候而ハ、何卒向後御決之上、御仕居ニ成候所
御聞届被仰付候段、被仰上被下度義故、□私共連判を以申上所、相違無御座候

　　　　　　　　　　　　　名西郡上山村下分百姓

　　　文政二卯年　　　　　左右山　　忠之助
　　　　　閏四月廿四日　　今井名　　宇五右衛門
　　　　　　　　　　　　　稲原名　　利五朗
　　　　　　　　　　　　　〃　　　　左次兵衛
　　　　　　　　　　　　　南山名　　扁之助
　　　　　　　　　　　　　栗生野名　左次兵衛
　　　　　　　　　　　　　南山名　　扁之助
　　　　　　　　　　　　　栗生野名　延次郎
　　　　　　　　　　　　　京地　　　勝吉
　　　　　　　　　　　　　西稲原　　甚蔵
　　　　　　　　　　　　　神領村　　熊次郎
　　　　　　　　　　　　　　　　　　忠之丞
　　　　　　　　　　　　　　　　　　善次郎
　　　　　　　　　　　　　　　　　　弁蔵
　　　　　　　　　　　　　　　　　　忠左衛門
　　　　　　　　　　　　　　　　　　甚之丈

　　　　　　　一宮村与頭庄屋
　　　　　　　河原周助殿

右之通御□□付両村百姓共申上所、於御座候承分仕ニ申候
　　　　　　　栗飯原源右衛門
　　　　　　　五人組　弥兵衛

佐々木悦五郎

阿部周助殿

　本書の内容は前述の「認覚」とほぼ同じであるが、刈り取る場所の指定が詳細である。

10.　高根山肥草の木馬新道について

　安政 5 年（1858）2 月 17 日に神領村谷名の内、石堂名幸作以下 10 人と、谷名の長倉名甚蔵以下 3 人が同村五人組阿部勝右衛門の奥書を添えて、神領村組頭百姓大粟太郎右衛門、同村庄屋阿部勝太郎に宛て、高根山野山肥草の搬出のための木馬道の設置に関係した「仕上約定書付之覚」[78]を要約する。

仕上約定書付之覚

　神領村高根山御林并御検地負ニ而田畠肥草牛馬飼草ニ夏秋苅取候下草之義、是迄壱荷檐ニ仕来候處、此度石堂名ヨリ新道相仕立木馬ニ而付取候様仕度、高根谷両名中壱統申談候處、高根山下草之義上山村下分入與之場處ニ而、右村ヨリ刈取候義文政年中両村出入ニ相成、上山村々分之義ハ夏秋共壱荷苅ニ仕候様、御落着被仰付御座候處、新規木馬新道出来ニ付而ハ、以後之至障合候運ニも相成、高根名迷惑相生シ可申申出候ニ付、左之通申談約定仕候

一肥草之義夏四月初日ヨリ刈付夏分ハ壱荷儋仕、秋八月九月干草もついて仕冬ヨリ春迄儋取候、是迄成来之處、此度木馬新道出来ニ付申談候上、秋八九月両月ニ刈もち置候、干草迄木馬ニ而付夏分生草之義ハ是迄之通壱荷儋ニ仕候事、尤手元之都合ニ寄り夏分干草刈もち置候も有之候得共、木馬ニ而付取候ハ秋八月九月刈置候、干草ニ限リ其餘ハ都而是迄之通壱荷儋ニ仕候事

一秋ヨリ春迄刈取候夏萱之義是迄、野山御検地負共壱荷儋仕木馬ニ而付取申間敷候事

一上山村ヨリ刈取候ハ夏秋共兼而壱荷儋ニ御取究ニ相成候ニ付、右御究ニ相背キ木馬ニ而付取候義有之候而ハ、名中申談屹と差留可事

但新規道之義故、御検地負売渡候下草ニ而も木馬ニ而付取候義差留可申事

一右木馬出来ニ付而ハ、高根名通路石堂ヨリはしかえり迄之道筋干草付取相済次第、石堂名ヨリ相直シ可申事

　右之通相究木馬新道高根谷名中壱統出役出来仕可申候、向後右ヶ条違変仕候もの有之候義ハ、木馬付取屹と差留可申、其節迷惑申出間敷候、後日相違無之ため五人與阿部勝右衛門殿御宅江御出御壱統立合連判書付ヲ以、申上處少も相違無御座候以上

神領村谷名之内

　　安政五午年二月十七日　　　　　　　　石堂名　　　幸作印

貞兵衛印

亀五郎印

かよ印印

伊右衛門印

熊蔵印

六蔵印

官次郎印

長倉名　　　甚蔵印

伴作印

卯吉印

大栗太郎右衛門殿

阿部勝右衛門殿

右之通木間新道出来ニ付、名中申談約定書付差上申處可置承知仕候以上

同村五人組　阿部勝右衛門印

午二月十七日

　要約すると、御林・検地負の神領村高根山野山の田畠肥草・牛馬飼草用として、下草の夏秋刈り取りはこれまでは壱荷儹で搬出してきたが、このたび、石堂名から木馬道を新設して搬出したいとの申し出があり、高根名と谷名一統が相談した結果、文政年中の出入（山論）に対する行着があるので、木馬道の新設については高根名に差し障りがでないようにとの申し出でがあり、次ぎのような約定をした。

① 肥草は4月初日から壱荷儹の刈り取りとし、秋8・9月の干草刈りと冬より春までは儹ぎ取りをしてきた。このたび、木馬新道の新設を相談した結果、秋の8・9月両月の刈り取り置く干草は木馬道で搬出し、夏分の生草はこれまでのとおり壱荷儹とする。しかし、秋8・9月の刈り置く干草にかぎり木馬道を使い、その他は全て壱荷儹とする。

② 夏より秋まで刈り取る夏萱はこれまでのとおり、野山検地負とともに壱荷儹とし、木馬道を使ってはならない。

③ 上山村の夏秋の刈り取りは壱荷儹と決められており、これに違反する木馬道による刈り取りについては名中の熟談で差し止めとする。ただし、検地負野山で刈り取って売渡した干草についても木馬道で搬送することは差し止めとする。

④ 木馬道の新設については、高根名までの通路である石堂より「はしかえり」までの道筋で、干草の搬送でいたんだ箇所は石堂名が修理すること。

⑤ 木馬新道は取り決めたとおり、高根・谷名中一統が出役で作ったので、今後は取り決めに違反した場合は木馬道使用を差し止めとし、これに異議を言わないこと。今後の紛争を避けるため、五人組阿部勝右衛門宅へ出向き一統立合連判の上、約定書を作製した。

11. 嘉永元年（1848）の上山村上分江畠名の川成地損崩口絵図

　上山村上分の江畠名は鮎喰川最上流の標高300〜450mの南斜面に立地する（本文82頁の図4-7参照）。慶長13年（1608）検地帳[79]によれば、家数9軒、夫役負は10人で、本百姓2人、壱人名子1人、家持下人4人、間人1人、年寄1人、下人1人である。田畠面積・石高は15町9反2畝10歩／30.071石であるが、その99.6%が畠で、その内、切畑が5町8反1畝5歩／12.271石あり、切畑に依存する割合が大きい。さらに、桑・柿・茶・栗・漆・梶等の上毛高は9.0975石もあり、田畠居屋敷分米31.271石の29.1%を占める。

　江畠名は嘉永元年（1848）8月7〜12日の大雨・洪水による川成損地崩の被害を受けた。江畠名

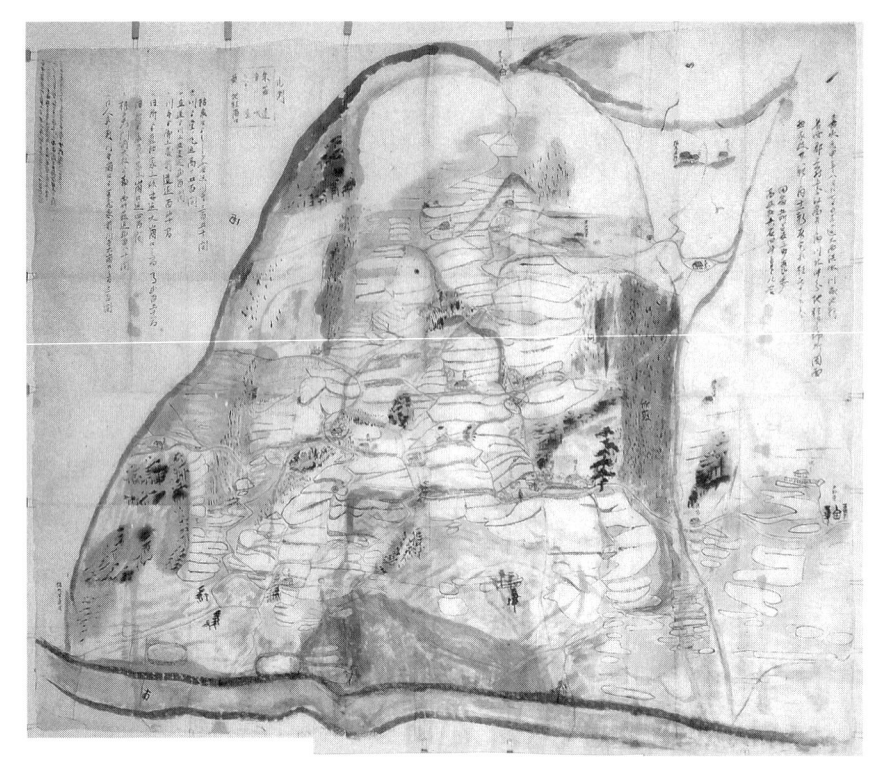

図 13-17　嘉永元年（1848）名西郡上山村上分江畠名之内川北中分地損場所図面（粟飯原家文書、個人蔵、102 × 118cm）

川成地損崩口絵図（図 13-17）[80] によれば、地損崩場處は江畠名の川北中分で、家数 28 軒の内、11 軒の居宅が水損の被害をうけた。また、田畠 5 町 1 反 3 畝 12 歩（慶長 13 年田畠の 33.2%）、石高 26.418 石（同 84.5%）という甚大な被害を蒙った。絵図では地損崩口は黄で示される。図の被害の小書によれば、

- 防泉ヨリはしかふ谷（現はしご谷）迄川付三百五間（554m）、川ヨリ堂ノ丸迄高サ五百間（909m）
- 立道ヨリ川上立道迄弐百間（364m）
- 川付ヨリ御土蔵（粟飯原家御蔵、著者註、以下同）前道迄百弐十間（218m）（川付は鮎喰川河床）
- 同所ヨリ直助家杉林迄大崩口之間高弐百五十間（455m）
- 権左衛門（粟飯原家）前大松ヨリ森之西竹藪迄弐百八十間（509m）
- 同人家ノ前川付崩口ヨリ金蔵家前川付大崩口之間三百間（545m）

　絵図をみると、鮎喰川河床上部の標高約 300m 付近には東西に地損大崩口がみられ、他に 6 ヶ所の地損崩口が描かれる。また、鮎喰川河床から江畠名奥山の堂ノ丸までの比高さが 500 間、同河床から集落下部の土蔵までが 120 間、集落最下部の大崩から北西部の金蔵家まで 300 間等と、江畠名の主要なランドマークから大崩口までの距離の間数が記されている。

小　括

　本章では四国山地北斜面の破砕帯地辷り地帯の三波川帯に立地する阿波山村の分間村絵図の内、穴

吹川上流の麻植郡木屋平村と森遠名（集落）、貞光川上流の美馬郡一宇村と大野名、鮎喰川上流の名西郡神領村と野間名をとりあげ、分間絵図と段々畑景観や土木的・宗教的景観を復原した。森遠名の中央部には阿波山岳武士の流れをくむ木屋平氏が拠った森遠城跡があり、忌部族の祖神を祀る正八幡宮・願成寺、山神、三宝荒神・塰神が集落上部に鎮座する。1968 年撮影の空中写真と文化文政期の絵図に描かれる森遠名の景観にほとんど変化はみられない。また、木屋平村・三ッ木村・川井村分間絵図に描かれる特徴をみると、木屋平村一帯が山岳信仰の対象である霊峰剣山と、修験の山が融合した宗教的景観がみられる。また、絵図に描かれる露岩・巨岩・岩場が 197 ヶ所あり、その内の 13 ヶ所に名称が付されており、自然物崇拝の対象とされていた。

　大野名には南北朝期の貞治 6 年（1376）と推定される板碑があり、集落は標高 400 ～ 800m の南西斜面に立地し、一宇村でも最大の地辷り地で、県指定の地辷り防止指定地区である。大野名の棟付帳は現存しないが、元禄 11 年（1698）の検地帳が現存しており、全耕地 532 筆の 81.6% にあたる 434 筆に地租改正期の地番がついており、つるぎ町一宇総合支所の現地籍図の地番ごとに検地帳の 1 筆ごとの土地の属性を落とすと、元禄 11 年頃の土地利用・名負人・等級・斗代等を中心とした村落景観を復原できる点は注目すべきである。

　また、名西郡神領村の中心部に位置する野間名・北名・谷名等の慶長 13 年（1608）と、延宝 2 年（1745）の検地帳が現存するので、近世初期の田畠・山畠・切畑・上毛高等の面積・高を数量的に把握できる。さらに、延宝 2 年検地帳や元禄度・宝暦度・宝永度の新開検地帳には、1 筆ごとに年度ごとの丸川成・一部川成面積・高、生地が記載されており、寛永元年（1624）～ 文久 2 年（1682）の約 240 年間に 36 回の水害による川成りがあり、6.7 年に一回の川成りを受けている。近世山村史は水害史であり、文化文政期の神領村分間絵図の野間谷川扇状地には、上流で幅 100m、下流で幅 450m、南北 900m の広大な荒地である川原が描かれている。当地では元禄 15 年（1702）と正徳 3 年（1713）に大水害があり、約 110 年後の文化文政期では、野間谷川の氾濫原の癒上りの復旧普請が未着手であったことがわかる。復旧普請に着手したのは天保 14 年（1843）に荒地の仮検地と、安政 6 年（1859）に組合新用水を開削した時であり、水害より約 140 ～ 150 年後であったことが、分間村絵図・仮検地絵図・新用水絵図を空間軸・時間軸・歴史軸に摺り合わせることで明らかにすることが可能である。

[註]

1) 木屋平村発行（1971）：『木屋平村史』396 ～ 398 頁。

2) 磯田　進編（1955）：『村落構造の研究』東京大学出版会，15 ～ 19 頁。

3) 徳島県教育委員会編（2011）：『徳島県中世城館総合調査報告書　徳島県の中世城館』348 ～ 349 頁。

4) 前掲 2），19 頁。

5) 前掲 2），18 ～ 19，23 頁。

6) 前掲 3）。

7) 佐野之憲・笠井藍水編（1976）：『阿波誌』歴史図書社，222 頁。

8) 農林省統計調査部編（1950）：『1950 年世界農業センサス市町村別統計表　No36 徳島県』。

9) 国土地理院（SI-68-5Y, C2-8, 10B）。

10) 美馬市木屋平総合支所蔵。

11) 池上広正（1981）：「山岳信仰の諸形態」和歌森太郎編著『山岳宗教史研究叢書 16　修験道の伝承文化』

　　　名著出版所収，289 〜 294 頁。

12)「垢離搔川」付近に徳島県森林管理署穴吹川治山事務所設置の「穴吹川民有林直轄治山事務区域（富士の
　　　池地区）の掲示板による。

13) 大塚民俗学会編（1979）：『日本民族事典』弘文堂，272 頁。高埜利彦（1989）：『近世日本の国家権力と宗
　　　教』東京大学出版会，309 頁。

14) 前掲 2) 15 〜 19 頁。

15) 本稿は拙稿（2008）：「文化 9 年分間村絵図からみた美馬市木屋平の集落・宗教景観」『阿波学会紀要』54 号，
　　　171 〜 183 頁を要約したものである。また、剣山修験は長谷川賢二（1955）「中世阿波の山伏集団に関する
　　　疑問－二系列集団対抗論への疑問－」『四国中世史研究』3 号，34 〜 52 頁、と同（1992）「修験道形成の動
　　　向と四国地方の山伏－土佐・阿波の場合－」『四国中世史研究』2 号，37 〜 52 頁、および田中善隆（1979）
　　　「剣山信仰の成立と展開」「阿波の霊山と修験道」宮本　準編著『山岳宗教史研究史叢書 12　大山・石鎚と
　　　四国修験道』名著出版所収 330 〜 342，344 〜 366 頁を参照した。

16) 小出　博（1973）：『日本の国土（下）－自然と開発－』東京大学出版会，455 〜 496 頁。

17) 美馬郡分間郡図，個人蔵，徳島市立徳島城博物館寄託，手書き・彩色，214 × 152cm。

18) 一宇村企画課編（1979）21 頁。

19) 元禄十一年（1698）美馬郡一宇村大野名検地帳（一宇総合支所蔵）。

20) 蜂須賀家文書（整理番号 679）「寛文四年阿波国十三郡郷村田畠高辻帳」国文学研究資料館蔵。

21)「文化十三年美馬郡一宇山奥山分棟附人数御改帳および伊良原名・伊良三分一名」つるぎ町一宇総合支所蔵。

22) 美馬郡教育会編（1957）：『新編美馬郡郷土誌』186 頁。

23) 木村礎校訂（1978）：『旧高旧領取調帳　中国四国編』近藤出版 278 頁。

24) 一宇村史編纂委員会編（1972）：『一宇村史』252 〜 255 頁。

25) 前掲 24) 255 頁。

26) 前掲 24) 259 頁。大野名の k 氏からの聞き取りによる。

27) 高田豊輝著（2001）：『近世阿波用語辞典』私家本，158 頁。町田　哲（2010）：「近世阿波山村の名と「壱
　　　家－小家」関係の特徴－美馬郡東端山の村落秩序－」後藤雅知・吉田伸之編『史学会シンポジウム－叢書
　　　山里の社会史』山川出版社，246 〜 247 頁。

28) 一宇総合支所蔵。

29) 前掲 24)，57 〜 258 頁。

30) 前掲 24)，261 頁。

31) 前掲 24)，261 〜 262 頁。

32) 国土地理院（SI-2004-1X C3-24 747B)。

33) 2005 年農林業センサス農業集落カードによる。

34) 一宇総合支所蔵。

35) 2005 年農業集落カードによる。

36) 2005 年農業集落カードによる。

37) 2005 年農業集落カードによる。

38) 2010 年 9 月 9 日、大野名 k 氏からの聞き取り調査による。

39) 前掲 23) 247 頁。

40) 大粟家文書（H003170），徳島県立博物館館蔵，在所分は 205 × 231cm。

41) 同上（H003172），同上，78 × 229cm。

42) 同上（H003171），同上，105 × 226cm。

43）同上（H003172），同上，75 × 221 cm。

44）同上（00337-1-2），徳島県立文書館蔵，70 × 152 cm。

45）大粟家文書（1-20-4-1），徳島県立文書館蔵。

46）大粟家文書（1-20-4-2），徳島県立文書館蔵。

47）前掲45）。

48）神山町旧役場文書，神山町教育委員会蔵（籠野公民館保管），144 × 141 cm。

49）大粟家文書（H003188），徳島県立博物館蔵。

50）同上（H003197・003196・003198），以下同上。

51）同上（H003197）。

52）同上（H003267）。

53）同上（H003265）。

54）同上（H003270）。

55）同上（H003197）。

56）同上（H003188）。

57）同上（H003267・003270・003271・003268）。

58）同上（H003172）。

59）同上（H003229）。

60）同上（H003171）。

61）同上（H003171）。

62）大粟家文書（（00004・00005，徳島県立文書館蔵）。

63）同上（H003188），徳島県立博物館蔵。

64）平井松午（1995）：「用水の地理的概要」徳島県教育委員会編「鮎喰川水系の用水－「阿波の用水」調査報告書」所収，9 〜 14 頁。

65）同上64）。

66）前掲64）。

67）大粟家文書（00037-1・2）。

68）同上（00037-1・2），徳島県立文書館蔵。

69）前掲67）。

70）前掲48），神山町旧役場文書。

71）前掲56）。延享2年検地帳（H002302）。

72）大粟家文書（H003269），徳島県立博物館蔵。

73）上勝町旧役場文書、神山町教育委員会蔵。

74）拙稿（2011）：「幕末期の阿波国美馬郡半田口山と三好郡加茂組六ヶ村・祖谷山落合名との山論について」徳島地方史研究会『生業から見る地域社会－たくましき人々－』所収，101 〜 103 頁。

75）大粟家义書（00018-1-17-2-②）。

76）同上（00021-3 〜 5）。

77）前掲76）。

78）前掲46）。

79）前掲49）。

80）「嘉永元酉年　名西郡上山村上分江畠名之内川北中分地損場所図面」（栗飯原家文書、個人蔵、102 × 118 cm）。

第14章　吉野川中流部の分間村絵図と土木・宗教的景観

第1節　阿波郡と伊沢村の宗教的景観

1．天明3年（1783）阿波郡絵図

　見取図の阿波郡図としては、「天明三年（1783）阿波郡図」[1] が現存する。本図は縮尺約15,000分の1程度の彩色で、阿波郡内31ヶ村の中心集落や主要な寺社、堂宇・小社等の宗教的景観と、村境、撫養街道と里道、一里松、制札等のランドマーク等の景観要素を描いた郡図である。図14-1は宗教施設を中心にトレース図化したものである。本図は南の吉野川筋から鳥瞰的に北岸の複合扇状地や阿讃山脈をみており、山稜・河川・社寺が絵画的に描かれ、撫養街道（太朱線）と吉野川が平行して東西にある。河川名は吉野川筋と日開谷筋（ひがいだに）を除いて記されないが、東に九頭宇谷川（くず）、中央に日開谷川、西に大久保谷川、伊沢谷川が吉野川に注いでいる。村境は細墨線で示され、天明期の絵図で村域が面的に示されるのは、藩用の国絵図である「阿波国大絵図」[2] 以外には管見していないが、その点でも注目される。

　本図の裏面に凡例がみえる。裏面には「天明三年卯七月、表中之絵図仕郡中一統立合之上極申所少シモ相違無御座候」とあり、阿波郡内31ヶ村・町（八幡町・市場町）の庄屋・肝煎・年寄（八幡町）・五人組等31人の連署判と、提出先である郡奉行配下の組頭庄屋層5人がみえる。本図の作製目的は宗教施設を詳細に表現している事から、藩命による絵図作製を示唆している。藩に上納した清図の控と推定できるが、他郡の類次絵図を管見していない。

　本図に描かれる140のランドマークの内、寺院20、堂宇・祠等94の宗教施設が114（77.0％）を占め、地名等は26（23.0％）にすぎない。また、地形表現としては、河川・池等の水系に関係するものが多い。宗教施設114という数は、文化12年（1815）編纂の藩撰地誌『阿波志』[3] に記される阿波郡48（寺院22、堂宇・祠26）と比較すると極めて多いが、『阿波志』にみえる伊沢村の「林泉寺」は絵図にはみえない。幕命により調査した『寛保三年（1743）阿波国神社御改帳』[4] にみえる宗教施設59社と比較すると堂宇等がはるかに多い。本図は郡内に所在する宗教施設の内の代表的なものを描き、藩に上納したものであろう。描かれる宗教施設は寺院20、権現16、八幡宮9、天神6、氏神6、若宮4、薬師4、杉尾社4、牛頭天王（ごずてんのう）2、加茂社2、西宮・事代（ことしろ）・川人・大内大明神・祇園・山上・天王・建付都社（たてふ）各1で、川人・大内大明神は阿波郡内の中世以来の土豪を祀る。

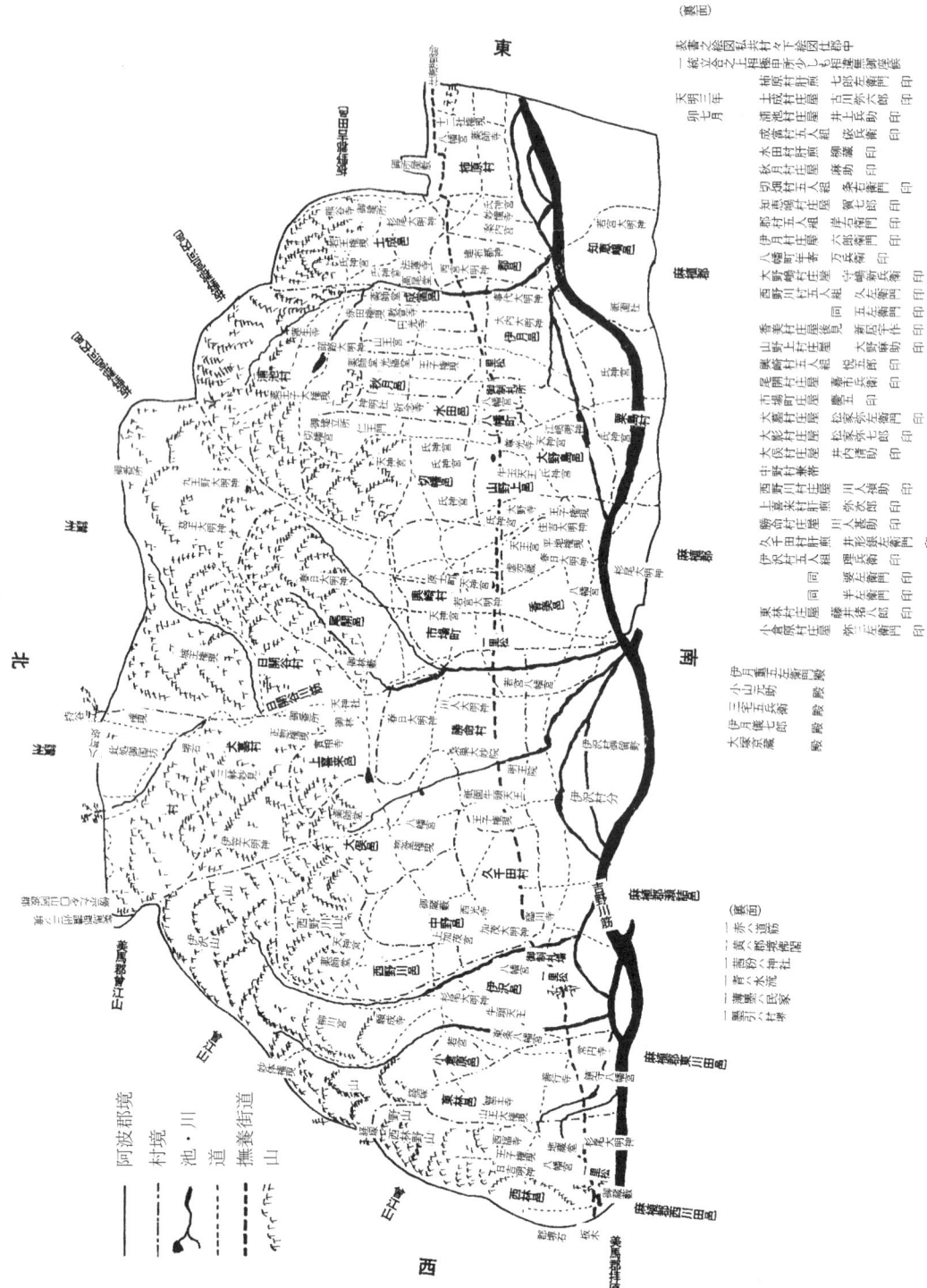

図14-1　天明3年（1783）阿波郡絵図（トレース図，105×154cm，大塚家文書，個人蔵）

　阿波郡の日常の生活空間には、これだけ多くの神や仏が所在していた。特に、八幡宮・氏神は村の鎮守であるが、権現・天神・若宮・薬師・杉尾社等が多いことが注目される。柿原村を例にとると、絵図では妙憧寺・薬師寺と、十二社権現・八幡宮・氏神宮・案内宮がみえるが、『阿波国神社御改帳』[5]では、十二社権現・八幡宮・案内社しか記されないことや、他村でも同帳と数が一致しない事例が多い。山分が中心の勝浦山（福原八ヶ村域）[6]では、焼畑や農耕の神である山神が約 40 パーセントで、地蔵や埜神・八幡宮が多いが、阿波郡では八幡宮や天神・権現・若宮・王子社が多い。

　また、町並として描かれる「郷町」は、八幡町と市場町で、前者には「御制札所」がみえる（「伊沢邑」にも「制札場」）。扇状地や吉野川沿いの荒地を開墾した半農半士である原士が多く住んだとされる興崎村は、「原士町」とある。『阿波町史』[7]に記載される阿波郡内 36 軒の原士の内、柿原村 16 軒、香美・知恵島村には各 4 軒がみえ、絵図には興崎村の原士町が画かれている。さらに、撫養街道沿いの秋月村・水田村・香美村・市場町・伊沢村には「一里松」がみえる。また、讃岐国境の大影村の日開谷川上流には「美馬郡讃州三ッ境傍示たを」とあり、犬墓村には「御番所」が、美馬郡曽江山境の伊沢山には、阿波郡内で崇拝される聖なる山である「妙体権現」（妙体山標高 785m）が鎮座する。

2.　文化 5 年（1808）阿波郡分間郡図

　本図は個人藏であるが、花弁型方位盤が東西南北の 4 ヶ所あり、藩に上納した郡図の控図で、図 14-2 にトレース図を示した。凡例には「絵図面二分（0.6cm）一町（109.08m）、紫筋境／御国境、墨筋／村境、朱筋／道、黄筋／堤、薄墨／地面畠、黄／山、藍／水、薄萌黄／草渡、薄墨白星／川原、鳥井／神社小社除之、家／寺院」とあり、草渡は河川沿いの採草地や流作場である。本図では阿讃山脈の山麓線や河谷筋等の地形変換線が明瞭に表現されており、明治 20 年頃作製の「輯製二十万分一図」[8]と比較しても遜色のない精密さを有する。

　本図には、東から西に熊谷川・九頭宇谷川・指谷川・柿ノ木谷川・鴬谷川・金清谷川・日開谷川・坪井谷川・別墊川・法寺谷川・松崎谷川・王子谷・吉谷川・長光川・西谷・郷司谷・北岡谷等の谷線が精密に描かれている。また、東林村・西林村の隆起扇状地の段丘崖と、吉野川旧河道、浦池・上池、伊沢城跡の蛭田池（伊沢池）、吉野川の河趾湖（西林村）等が描かれている。本図に描かれるランドマークは 241 である。宗教施設は 109（45.2%）で天明 3 年郡図の 114 とほぼ同数で、地名は 132（54.8%）と多い。分間郡図は藩用の一般図としての機能をもつので、郡内の小字・谷名等を詳細に記している。日開谷村の小字をみると、オソ越・タイ田・カジ屋敷・大奈良・大池・ヒサギウ・楠根地・川マタ・タメゴ等 18 が、伊沢村には引地・薬師尾・スベシ・亀底・立ワリ・大クボ・一ノ瀬・梅木原・八丁野・政廣・柴生・北原・古城（伊沢城跡）等がみえる。

　また、吉野川の渡は柿原村から麻植郡牛島村へ出る島田渡があり、粟島村から麻植郡桑村へ出る渡、伊沢村から麻植郡瀬詰村へ出る瀬詰渡（「舟二艘」）がある。さらに、日開谷川上流の讃岐国境には「大影御留処裏手ヨリ伝蔵谷へ通候細道有」や、犬墓村に「日開谷御番所」、大影村・日開谷村にも番所が 3 ヶ所みえる。

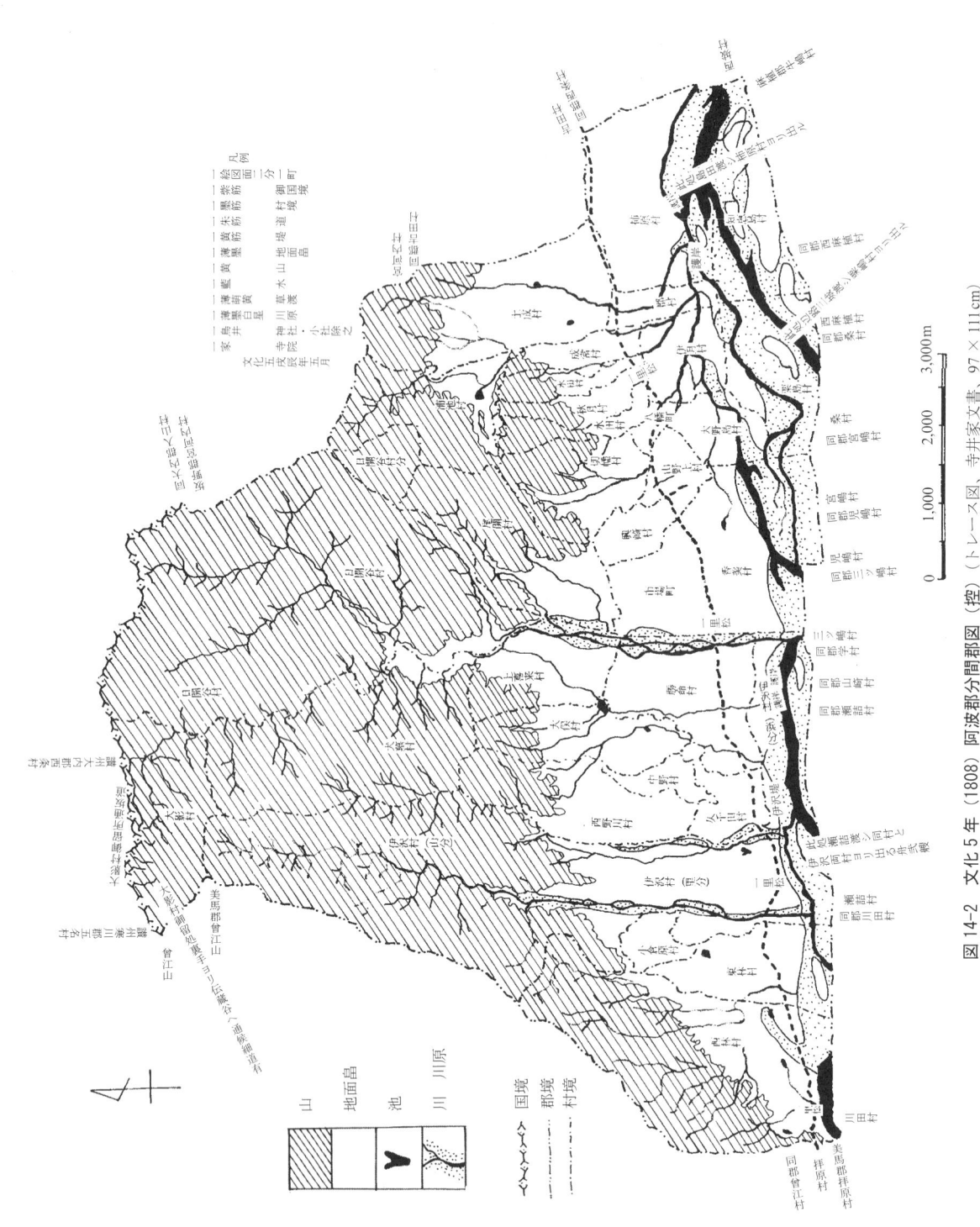

図14-2　文化5年（1808）阿波郡分間郡図（控）（トレース図、寺井家文書、97×111cm）

3.　文化 5 年（1808）阿波郡伊沢村分間絵図（在所分）

　伊沢村は吉野川左岸の伊沢市から北端の伊沢谷川上流（大影村）まで南北約 10.5km、東西約 3km の広大な村である。このため、伊沢村分間絵図は「在所（平地部）」（表紙カバー表）、「山分」（伊沢谷上流、口絵 9）、「浜分」（吉野川沿いの伊沢市、口絵 47）の 3 つに分割されている。本絵図は①大内家本、②永井家本、③富永家本、④森文庫本があり、永井家本では在所は 260 × 189cm、山分 355 × 202cm、浜分 110 × 186cm と巨大な村絵図である。②の浜分の凡例には「文化五辰年三月、但文政年中麻植郡桑村森清助相頼写取」[9] と記されることから、徳島藩天文方（絵図方）の岡崎三蔵配下

図 14-3　伊沢村在所南部の空中写真（1964 年、国土地理院 SI-64-IX CII-1（5B）に加筆作成、表紙カバー表参照）

の森清助が文政年中に写した絵図である。①と②の表現筆致は同じ精度であるが、田畠は②では緑と薄鼠色、①は薄緑で表現し、浸食谷の崖、水路等の表現方法が異なり、③の表現筆致はかなり粗い。

『寛文四年（1664）郷村高辻帳』（蜂須賀家文書）[10]によれば、扇状地地形が卓越するので、石高510石余の内、田方が約20%、畠方が約80%である。『伊沢村史』[11]には正廣林（まさひろ）（図北西部の小倉原村分の原野・荒地）、松枝林、丸山林（図南西部で伊沢谷川左岸）、焼場林、東条林（図南東部の大久保谷川左岸）、真福林（伊沢谷川右岸の字福寺付近）等の林野が記される。1964年撮影の在所分の空中写真（図14-3）[12]とトレース図（図14-4）をみると、原野・荒地の分布と重なる。地面畠（常畑）は伊沢谷川と大久保谷川扇状地面に広く分布する。文化期では湧水や伊沢・大久保谷川から引く小規

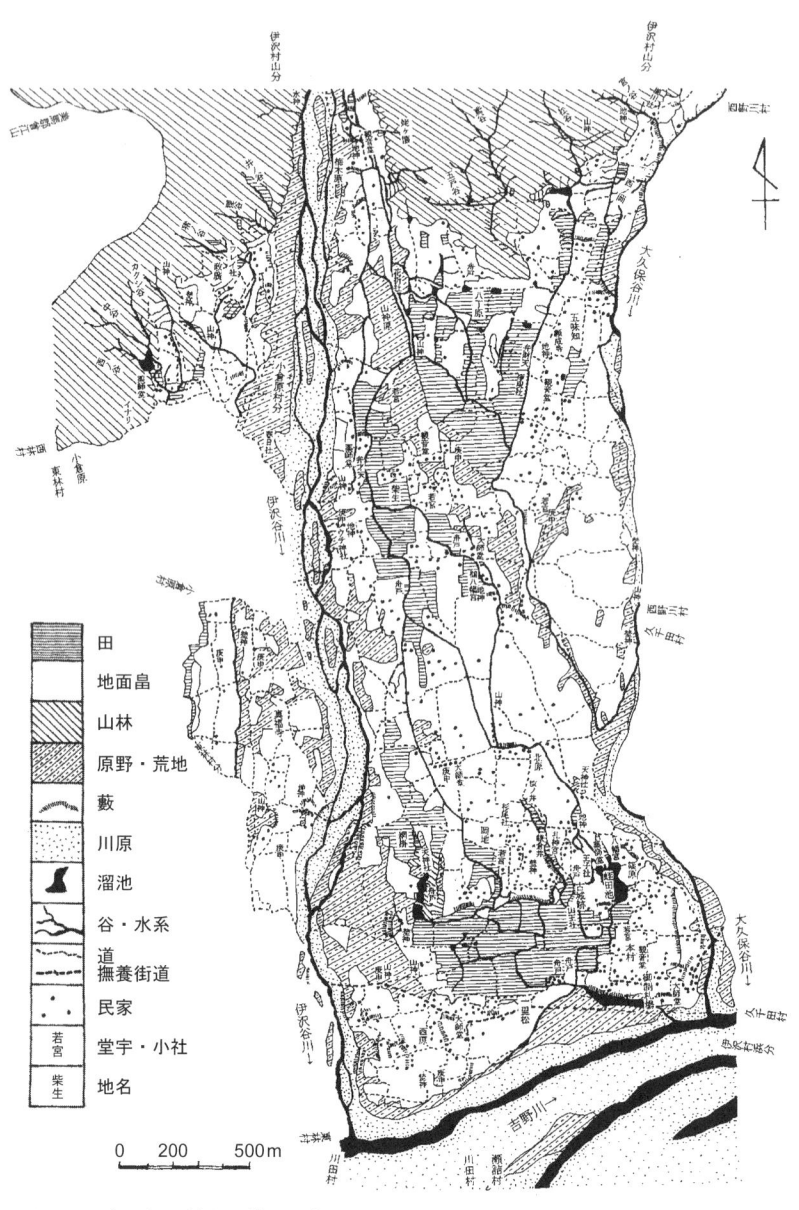

図14-4　文化5年（1808）阿波郡伊沢村分間絵図（在所）（トレーズ図、260×189cm、永井家本、個人蔵、表紙カバー表参照）

模な用水懸地以外は開田できる土地は限られていた。

　次に、田の分布をみると、吉野川氾濫原に立地する南部の扇端湧水に依存する「伊沢田（いさわだ）」と、阿讃山麓から引水する新用水・梅木用水・山神用水・願成寺用水 13) に依存する田が南北に広がる。蛭田（ひるた）池の西にある古城の上方の鎌倉井・桜ノ井の湧水が記されるが、さらに、その上方に鍛冶屋井があり、これらの湧水で約 4 町歩を灌漑した 14)。溜池が 18 ヶ所みえるが、『伊沢村史』には、蛭田池・天王池・天王上池・薬師谷池・西岡池・法華寺池が記されるが、この外に畑ごとの小池（野井戸）が 165 ヶ所あったとされる。

　在所分には宗教施設 76、地名 25 がみえる。内訳は願成寺 1、庚申 10、山神・埜神各 9、舟戸・地神各 7、大師堂・若宮各 6、観音堂・水神各 3、八幡宮 2、稲荷・春日社・弁才天・花折社・明神・杉尾社・王子・天王・天神・ウチ神各 1 である。空中写真とトレース図を比較考察すると、①伊沢谷川扇状地の扇端の段丘崖は林野に覆われており、1 万分の 1 阿波市全図によればその比高さは 11 〜 15 m で、長さは東西 1,500 m である。②文化期の藪や雑木林は、1964 年ではまだかなり残存していた。③吉野川の沖積低地には旧河道が蛇行し（字大道北・前島付近）、撫養街道北側には字伊沢田の湿田地帯が黒く広がる。④扇頂（標高 82 m）から扇端（46 m）には、北から南に藩政期には 4 本の用水路がみられた。

4.　伊沢村分間絵図（山分）

　山分のトレース図（図 14-5）をみよう。南北約 7 km の伊沢谷川左岸に引地・薬師尾・真重（ましげ）・亀底・立割・北久保と、大久保谷川左岸斜面には大久保の集落が立地する。畠が卓越するが、右岸の亀底谷にまとまった棚田がある以外は、右岸の薬師尾・的場と、伊沢谷底部に小規模な棚田が立地する程度である。ランドマークは堂宇・小社 48、谷地名 41、集落地名等が 11 で合わせて 100 ある。谷地名の内、伊沢谷左岸には大石谷・小二郎谷・三ッ又谷等 20、右岸にはセドガ谷・フシウ谷・南谷・明神谷等 13、大久保谷右岸には小沢・尺八谷・佛谷・ウサギ谷・きぬ谷等 7 があり、本図から里山・奥山と、その生活空間である集落や小谷等にかかる近世地名が復原できる。

　宗教的施設としては、山神 14、庚申 5、地蔵 4、埜神・観音・薬師・水神各 2、エビス・アミダ・大師・若宮・舟戸・石佛各 1 で、山地集落のため特に山神が多い。また、美馬郡曽江山境に鎮座する妙体権現には社叢が描かれて、聖なる空間を示している。凡例には「妙体権現直立三百七十間（673 m）」と記されるが、妙体山の標高は 785 m であるので、絵図の測地点の標高を 112 m の扇頂部に設定したと考えられる。宗教的施設と集落の位置関係をみると、山神・埜神は、集落上方の里山（薪・柴・肥草の採集）に、庚申・地蔵・舟戸・若宮・観音・薬師・鎮守は、集落中心部やその上方に、水神は亀底谷や立割谷のような谷筋に鎮座する。在所・山分・浜分合わせて 213 のランドマークがみえる。この内、宗教施設が 134（62.9%）、谷地名・小字が 79（37.1%）で、分間郡図の 34 よりもはるかに多い。伊沢村分間絵図から得られる絵図情報は、近世後期の地形や土地利用、宗教的施設を中心とする自然的・文化的景観と、「砥石場（といし）」「大石」にみられるような自然崇拝の場所までを描いている。

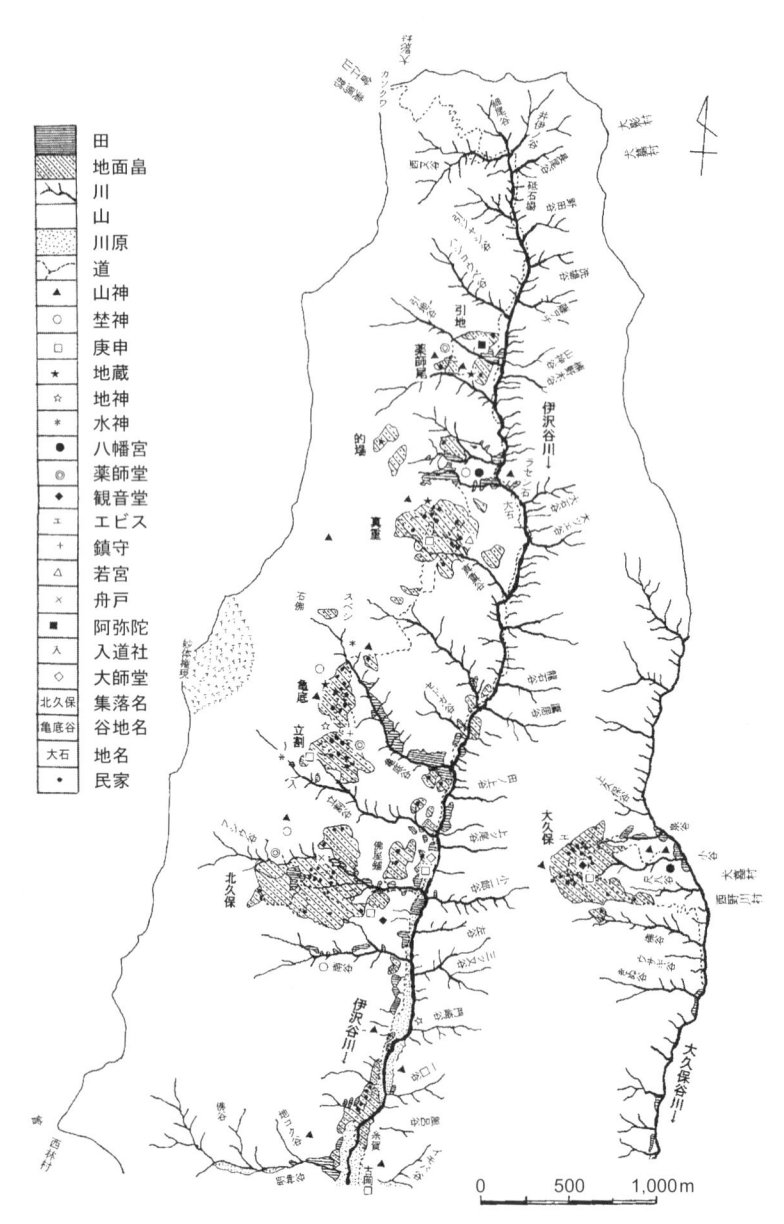

凡例（左）
田
地面畠
川
山原
川原
道神
▲ 山神
○ 埜神
□ 庚申
★ 地蔵
☆ 地神
＊ 水神
● 八幡宮
◎ 薬師堂
◆ 観音堂
エ エビス
＋ 鎮守
△ 若宮
× 舟戸
■ 阿弥陀
入 入道社
◇ 大師堂
北久保 集落名
亀底谷 谷地名
大石 地名
・ 民家

0　500　1,000m

図14-5　文化5年（1808）伊沢村分間絵図（山分）（トレーズ図、355×202cm、永井家文書、個人蔵、口絵9参照）

第2節　麻植郡川田村分間絵図と景観

1. 川田村分間絵図

麻植郡山川町（現吉野川市）を対象とする分間村絵図には、①麻植郡川田村分間絵図（個人蔵）、

②麻植郡瀬詰村分間絵図（山川町公民館蔵）、③文化 3 年（1806）麻植郡山崎村分間絵図（山川町公民館蔵）が現存する。①は 3 枚より構成され、合わせた大きさは 355 × 297 cm の巨大な絵図で、②は年紀・凡例・花弁型方位盤を欠くので、写図と推定できる。③は文化 3 年の年紀があり、管見する年紀が記される阿波国内現存の分間村絵図では最も古い。

　①は主として平地部を構成する在所部分図（225 × 153 cm）、吉野川南岸で麻植・阿波・美馬 3 郡の岩津付近と種穂神社、高越山（標高 1,122 m）の東斜面図（144 × 242 cm）、山岳信仰である修験行場を描いた図（113 × 130 cm）で構成される。①の凡例には朱筋 / 道、薄墨 / 畠、薄黄 / 田、黄 / 堤、青 / 水とあり、東斜面図の上隅には「川田分・原田印」とあり、所蔵者である川田町原田氏の名がみえる（図 14-6・図 14-7 のトレース図参照）。

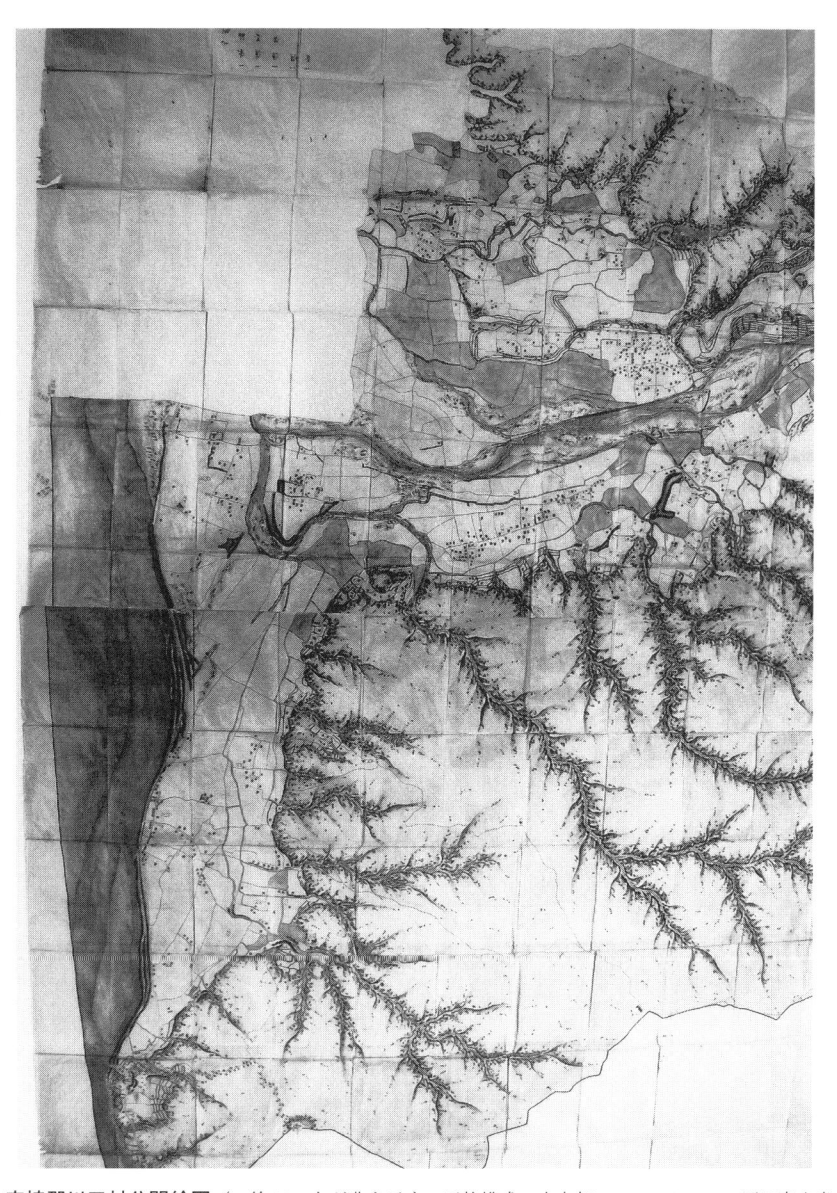

図 14-6　麻植郡川田村分間絵図（口絵 12、左が北を示す。三枚構成、中央部、355 × 297 cm、原田家文書、個人蔵）

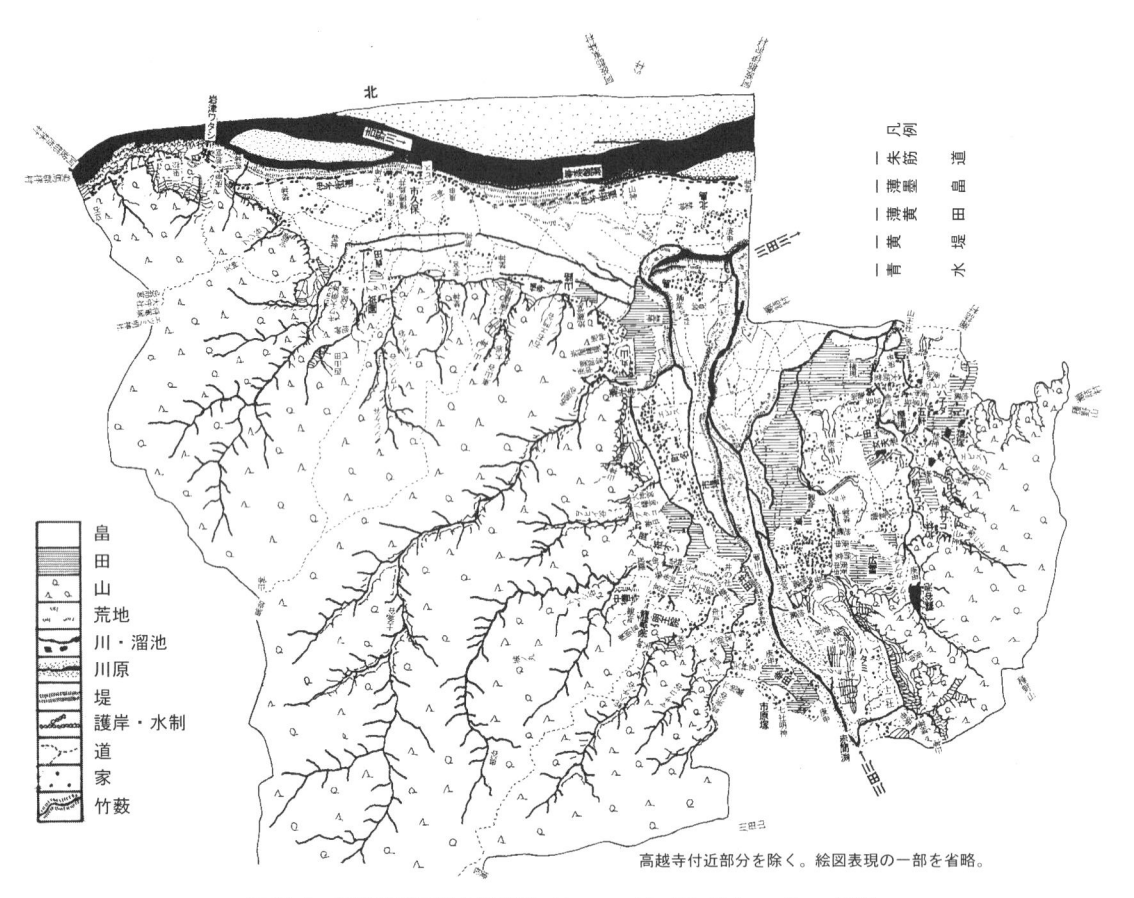

図 14-7　麻植郡川田村分間絵図（トレース図、原田家本、口絵 12 参照）

　川田村は古代『和名抄』の「射立郷」域に、中世の「河輪田庄（河田庄）」域に属するとされるが、川田山の久宗や皆瀬付近は高越山の山麓の「高越寺庄」域に比定されている[15]。『阿波志』[16]によれば、天文年中（1532 〜 55）以後は川田村一村であったが、天正 17 年（1589）に川田村と川田山に分かれ、その後、川田村がさらに東西の二村に分立したとされる。また、『山川町史』[17]によれば、川田村が東西に分立したのは慶安 2 年（1649）以前のことで、『寛文四年阿波国十三郡田畠郷村高辻帳』（以下、『寛文郷帳』）[18]によれば、西川田村を川田村の枝村としている。川田村は地形的には①吉野川南岸の氾濫原、②川田川両岸の段丘崖（比高約 25 〜 30m）と、段丘面（標高約 35 〜 90m）、③四国山地を形成する高越山系一帯は古生界の三波川変成岩の結晶片岩から形成され、川田山の集落は地辷り斜面に立地する。④川田村・瀬詰村分間絵図では川田川の流路は現在のほたる川の流路と一致して、吉野川の旧河道と重なる。

　絵図では黄で近世後期の堤が示され、護岸である蛇籠や石垣が描かれる。吉野川南岸の護岸としては「岩津ワタシ」付近から東の「市久保」にかけて、伊予街道沿いに二列〜三列の竹藪に守れた連続堤が描かれる。これは天保 11 年（1840）作製の「吉野川絵図」[19]にみえる川田村北島付近の約 238 間（約433m）の石垣堤と、同 12 年春に植え付けられた約 26 町歩の竹・柳林と一致する。

　図には 120 宗教施設が所在する。寺院は真言宗大覚寺派の高越寺（口絵 52 参照）、浄土真宗西本願寺派の西福寺、浄土真宗仏光寺派の潮光寺、真言宗高野山金剛峯寺派の明王院、高越山への参詣登山

道の入口にある中善寺と龍蔵寺（現在は廃寺）がみえる。120 ヶ所の堂宇・小祠の内訳は、庚申 17、
埜神 11、地蔵 8、若宮 7、山神 6、エビス（蛭子）5、大師堂 5、天神・舟戸・権現各 4、アタゴ（愛宕）3、
荒神・地神・観音・明神各 2、薬師堂・妙見・ギオン（祇園）・八幡宮（川田八幡宮）・大神宮・春日・
一宮・十二社・山王・金毘羅・妙見・宝殿・梅井・金ノ場・ヲクト・エゲ・清明社各 1 である。吉野
川北岸の伊沢村（在所）では庚申・山神・埜神・舟戸・地神・大師堂が多かったのと同傾向であるが、
本村では地蔵・エビスが多い。

　注目されるのは、「踊堂」（図 14-8・9）が「島」と「前サコ（字麦原）」の 2 ヶ所描かれることである。
『山川町史』[20] によれば、旧盆の 7 月 13 ～ 16 日に若い男女による踊りとして屋内での「踊り廻り」
の風習が明治期まで盛んで、「踊堂」といって川田村の字山路・島・井田・川東・麦原に所在した。「踊
堂」はこの風俗を示すランドマークであろう。

　『寛文郷帳』[21] では、田方 62.85 石、畠方 1,254.296 石である。明治 20 年代の『麻植郡村誌』[22]
によれば、川田村田畑面積 340 町 2 反余の内、田 65 町 5 反余（19.3%）、畑 274 町 2 反余（80.7%）で、
吉野川流域「北方」（きたがた）農村を特徴づける藍・麦等の畑作卓越型であった。1950 年世界農林業センサス

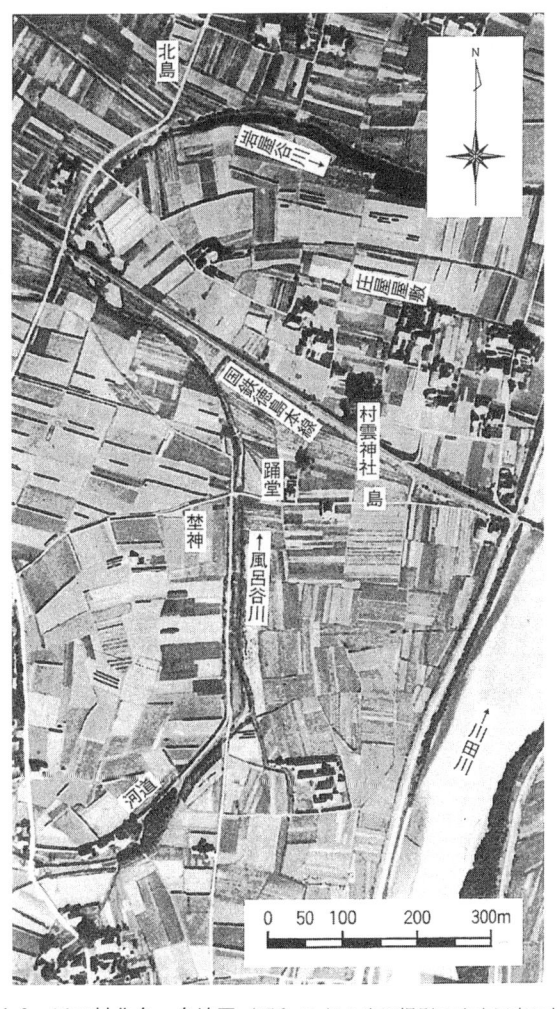

図 14-8　川田村北島・島地区（昭和 22 年の米軍撮影の空中写真に加筆）

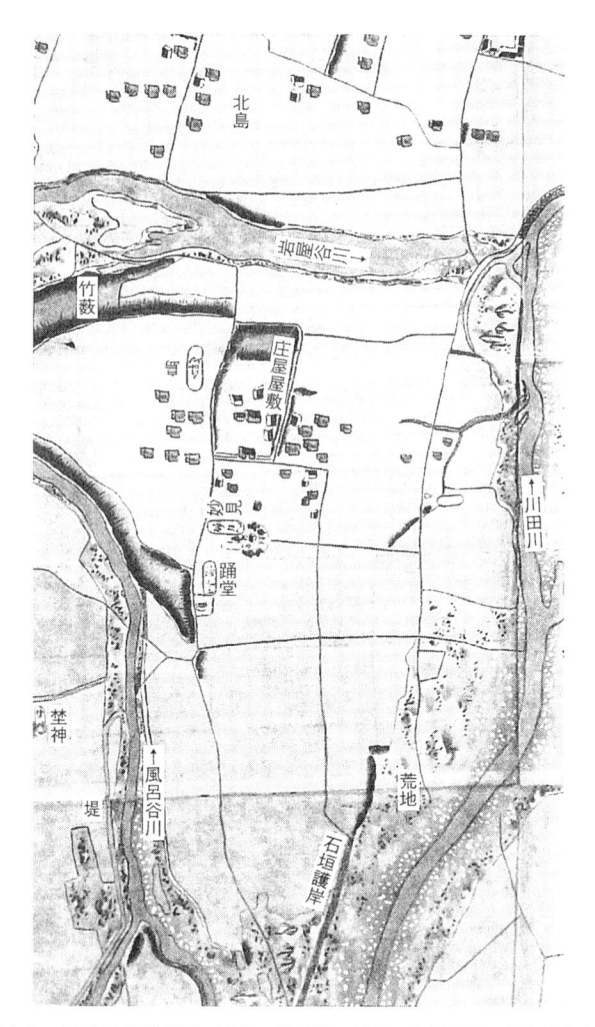

図14-9　川田村分間絵図（北島・島付近、妙見、庄屋屋敷、地名等を加筆）

では田畑面積303町1反2畝の内、水田177町2反8畝（58.5％）、畑・樹園地125町8反5畝（41.5％）であり、明治以降の水利事業の進展を示す。川田村分間絵図では川田川の氾濫原、両岸の段丘面では畑が卓越している。吉野川の氾濫原地帯では大正13年（1924）以降、動力揚水機による灌漑（川田耕地整理組合96町2反）が普及するまでは、畑の水田化は困難であった[23]。絵図では右岸段丘面の露谷池をはじめ、ハ子ダ・フト田・猿塚・前サコや谷筋に大小27ヶ所の溜池がみえるが、現在は全て消滅している。

　次に、近世後期の文化・文政期と明治20年代との景観比較を、川田川左岸の字井上を対象に、土地割・道・寺院・堂宇等からみよう。字井上付近の分間絵図、明治20年頃の川田村第22号字井上の地籍図[24]、昭和22年頃米軍撮影の字井上付近の空中写真を比較すると、井上地区は川田川左岸の標高約30mから約70mの山麓線にいたる2段程度の段丘地形から形成されている。絵図には「大工肥」と称する風呂谷川の深い浸食谷と竹藪がある。時宗谷・マサコ谷・蛇ハチ谷と明王院・中善寺・龍蔵寺と、金毘羅・天神・舟戸・大師堂等の堂宇と6ヶ所程の水田がみえ、残りは畑である。地籍図には新たに嘉永2年（1849）に開削された西用水（灌漑面積42町7反、現川田西土地改良区）[25]が山麓

線に北に延びる。地籍図をみると、水田面積が絵図よりも多くなっている。絵図に画かれる民家は約68棟であるが、地籍図では約70筆を数えるので、民家数は近世後期と明治20年代と変化はないようである。さらに、絵図では川田川の「中川島」の南北に連続堤と石垣護岸がみえるが、地籍図では「堤敷」になっている。また、昭和22年頃の空中写真と地籍図を比較すると、県道井上川田線が新設された点と、地割りの細分化が進んでいること以外に変化はみられない。

2.　麻植郡瀬詰村分間絵図と景観

　川田村の東に接する瀬詰村の地形は吉野川の氾濫原（標高26〜28m）が大部分を占め、南の一部に青木・安楽寺の段丘面（標高50〜100m）が発達する。瀬詰村分間絵図のトレース図（図14-10）をみると、川田川の支流ほたる川が、段丘崖下（比高25〜30m）のJR徳島本線と平行して東に流れて、吉野川に合流する。本村は『寛文郷帳』[26]に「水損」と記されるように、吉野川の水害常襲地帯であった。これを物語るものとして、吉野川市立山瀬小学校校門前にある吉野川改修記念碑の敷地内には「八尺七寸（2.647m）、大正元年（1912）、洪水頂点、紀元二千五百七〇年」の石柱が立つ。

　さらに、文化元年（1804）に本村北西部の西崎に「西崎堤」が構築されたと『山川町史』[27]にあるが、絵図では西崎と大ノ神付近に三〜五重の竹藪が、また、川田村分（飛地）の東側に両岸に石垣に覆われた連続堤が構築され、その全面に柳を植えている（図14-11）。絵図にみえる竹藪と連続堤は、西崎・大ノ木・喜来・岸ノ上・土手先にある集落を洪水から守っている「西崎堤」であろう。伊予街道に沿う一里松の東に「水神」と、土手先には「流明神」が鎮座する。しかし、本堤構築の結果、吉野川の洪

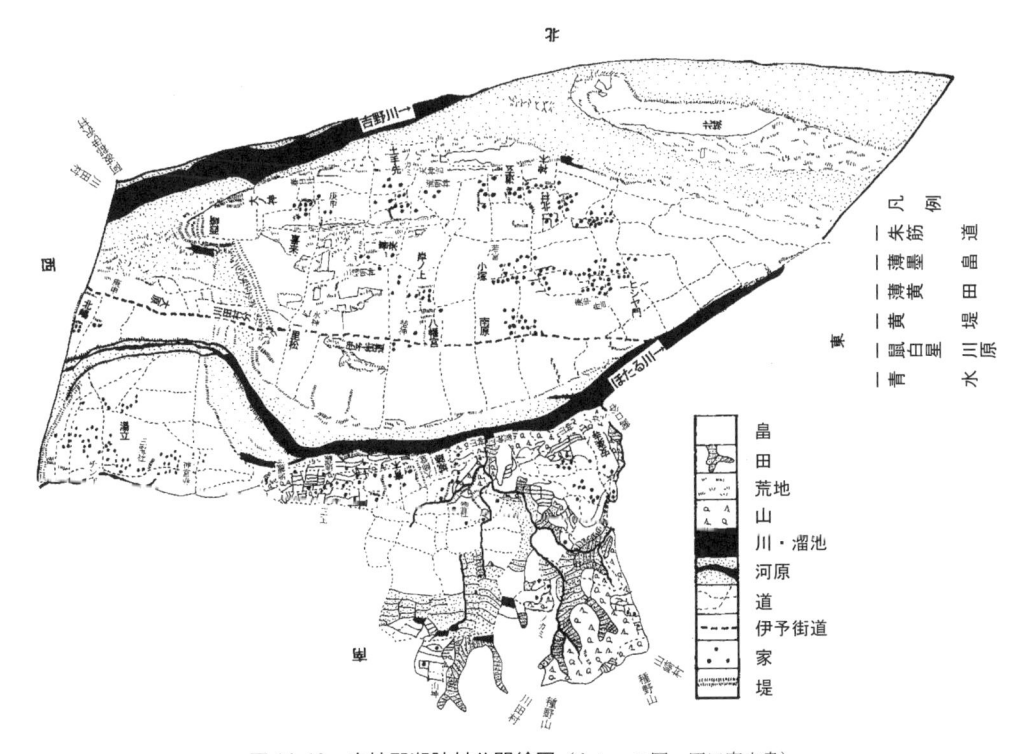

図 14-10　麻植郡瀬詰村分間絵図（トレース図、原田家文書）

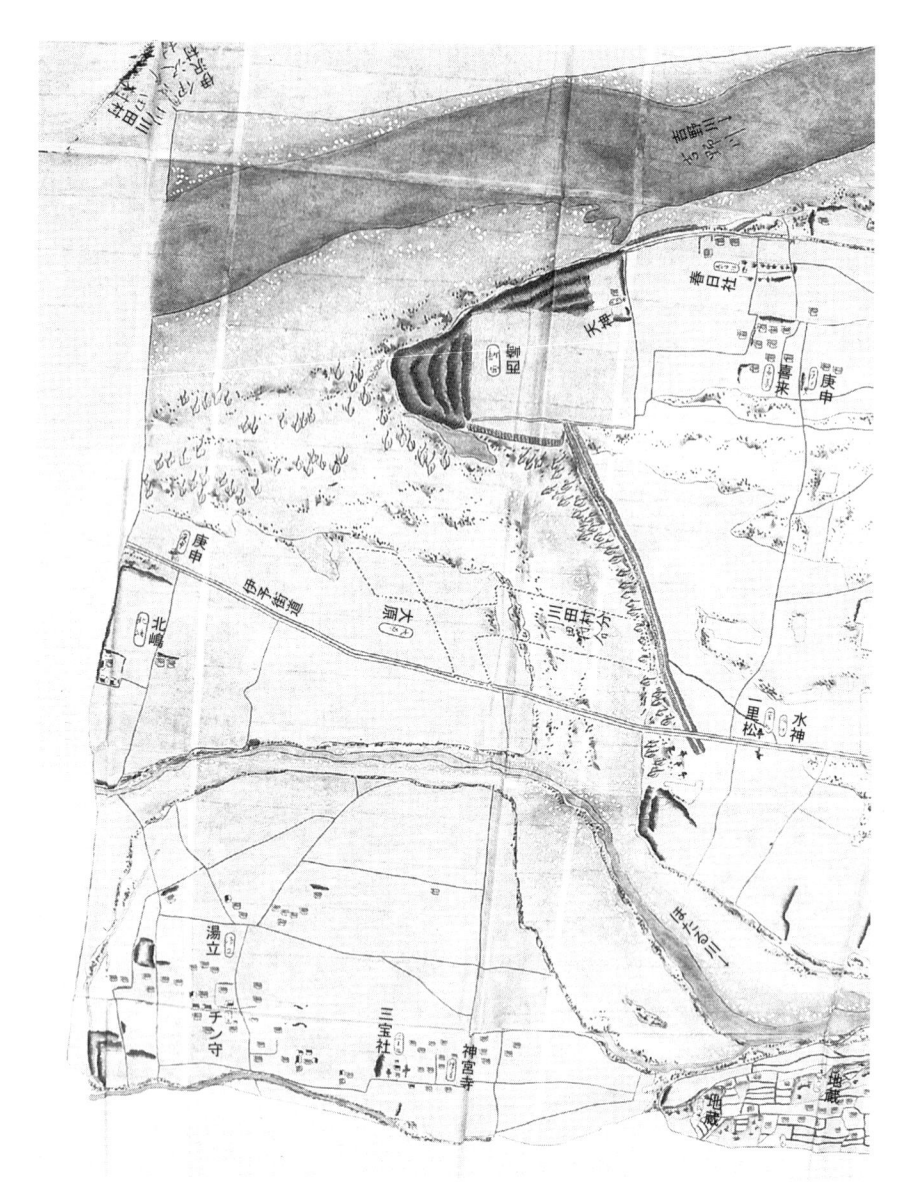

図 14-11　麻植郡瀬詰村分間絵図（図北部の吉野川南岸の竹藪・石垣護岸・一里松、原田家文書本に加筆）

水被害を直接に蒙る湯立名（川田村）と本村との間に水論があった[28]。文化 11 年（1814）に藩命により川田村小高取原田辰次郎により川田川を、湯立・島方面から北流させて直接に吉野川に合流させる「長土手」を築いたとされるが、川田川の本格的な改修が竣工するのは大正 14 年（1925）である[29]。

　慶長 9 年（1604）麻植郡瀬詰村検地帳[30]によれば、村高 1,258 石余、田 3 町 2 反（2.9%）、畠 156 町 3 反（98.0%）、『寛文郷帳』[31]では田方 36.938 石（2.9%）、畠方 1,211.301 石（97.1%）、『麻植郡村誌』[32]では田 12 町 2 反（7.4%）、畑 152 町 3 反（92.6%）と、著しい畑卓越村であった。また、大正 6 年測図、昭和 9 年修正測図の 2.5 万分の 1 地形図「脇町」によれば、瀬詰村の土地利用は、藍作のピークである明治 36 年の直後で[33]、衰退期にさしかかっていたので一面桑畑になっており、川田・瀬詰両村は県下屈指の養蚕地帯を形成した。さらに、動力ポンプによる揚水灌漑の開始は大正 5 年以降であった。

一方、南部の青木と安楽寺の段丘面には 7 筋の浸食谷があり、絵図では棚田になっている。この段丘面は明治 32 年（1899）に開設された川俣土地改良区（灌漑面積 10 町 2 反 2 畝）に属し、畑作から水田に変化した。絵図をみると、ほたる川南岸の比高約 30m の段丘崖に面し、標高約 50m の段丘面には南北朝時代の那賀郡牛岐（富岡）城の城主新開氏の一族である市原氏の居城であった青木城（絵図では古城趾）[34]　であり、西に大師堂、南に惣社、東に荒神・山神・埜神等がみえる。

第 3 節　美馬郡舞中島村と小島村

1. 吉野川の川中島・舞中島村

1）集落内の地盤高

　暴れ川の吉野川の中下流には古くから洪水調節のための遊水地となっている川中島がある。下流から石井町の藍畑・東覚円、上板町の高瀬、吉野川市と阿波市との間にある善入寺島、吉野川市の牛ノ島・知恵島、美馬市穴吹町の舞中島や中鳥などである。図 14-12 は三好郡三縄村から阿波郡西

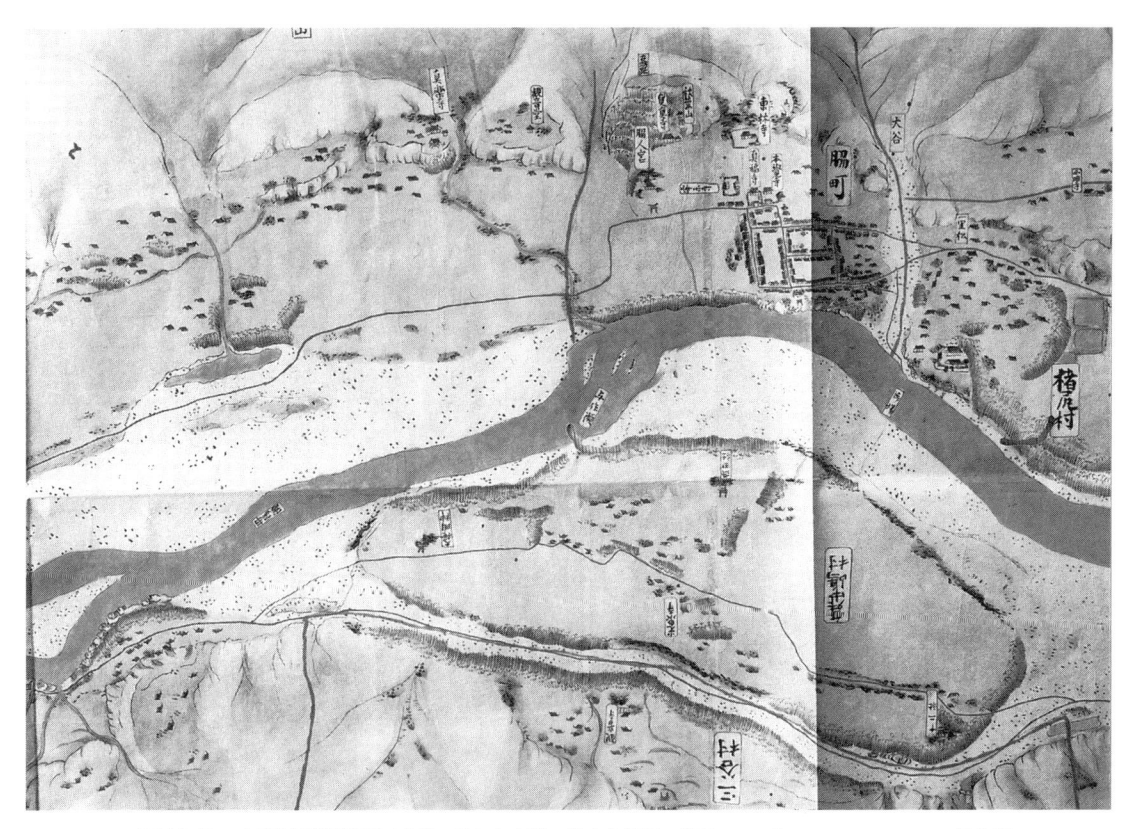

図 14-12　吉野川分間絵図（北岸の脇町と南岸の舞中島付近、縮尺 7,200 分の 1、78 × 534cm、個人蔵）

林村（岩津）までの約40kmの吉野川両岸を描いた実測図である「吉野川分間絵図」（縮尺7,200分の1、個人蔵）[35]の内、北岸の郷町・脇町と南岸の川中島・舞中島村付近を示している。また、図14-13は1962年撮影の空中写真[36]で、図14-14は縮尺18,000分の1の美馬郡分間郡図の舞中島村付近のトレース図である。吉野川の流路をみると、「与作瀬」付近で大きく北の脇町側に屈曲している。筆頭家老稲田家臣団の屋敷があった猪尻村（いのじり）と、舞中島村との間には「渉ノ場」（わたり）とあり、旧の「猪尻渡」である。舞中島村の南岸には吉野川の旧河道である明連川（みょうれん）が流れ、両岸には洪水防止用の竹藪（河畔林）があり、吉野川沿いにも竹藪がみられる。しかし、空中写真をみると舞中島村は完全に竹藪に囲まれている。

　グーグル・アースの衛正写真から地点ごとの標高値を知ることができる。この標高値を縮尺5,000分の1の穴吹町平面図に示される1区画単位と、屋敷地点の標高を図面に落として、その結果を標高39mから51〜54mまでを1mごとの等高線を示している（図14-15）。上流（東）の大柳付近は堤防部分を除いて45〜50m、下流（西）の渦付近は41〜42mで、最低地点は渦付近の穴吹町ライスセンター西の田条・楠の39mである。また、伊射奈美神社（いざなみ）（十二社）付近は47〜48m、光泉寺で44〜45m、北屋敷と上集落付近で45〜46m、舟戸で43〜44mである。このように、集落が立地する地点では44〜48m、氾濫低地では39〜43mである。

　さらに、穴吹町平面図で吉野川の河床面は東で約35m、舞中島潜水橋付近で約37m、明連川分派付近で約38mである。また、舞中島の田畑の標高は東で約39〜41m、西で約42〜46mで、河川床との標高差は約3〜5mあり、吉野川の水を利用することは困難である。このため、宝永4年（1707）

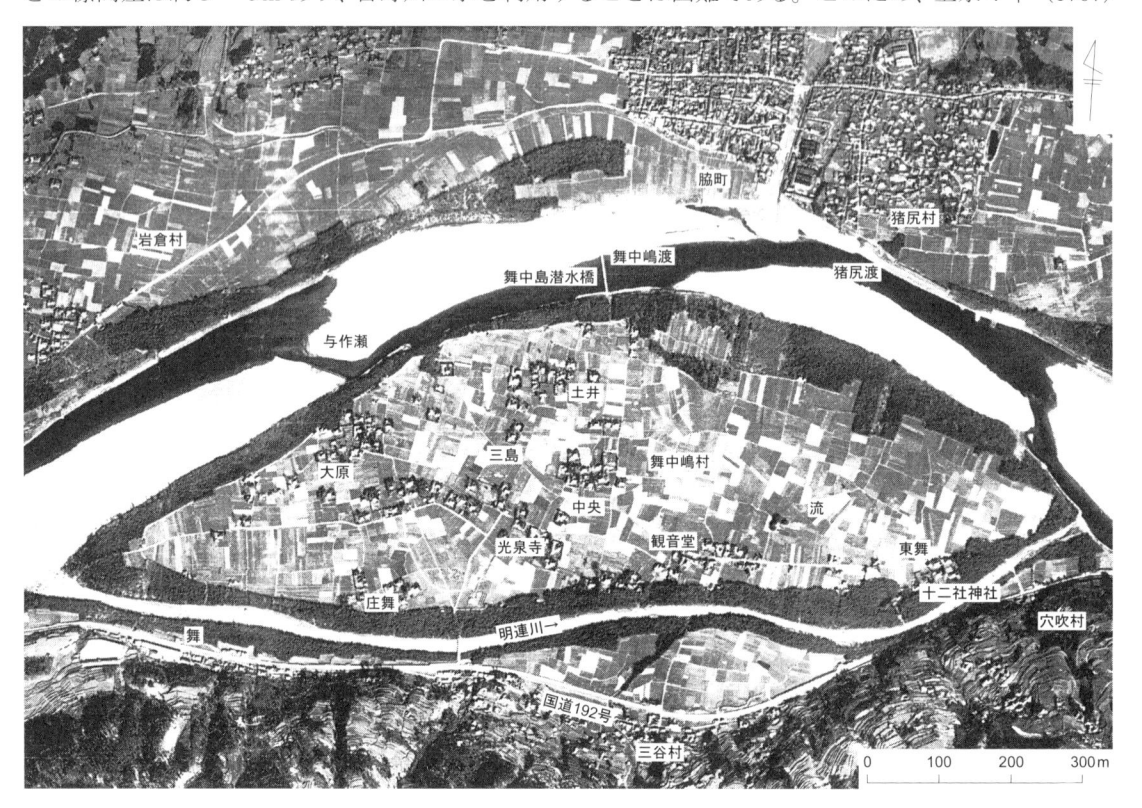

図14-13　舞中島付近の空中写真（1962年、国土地理院 MSI-62-2Y-91、地名等加筆）

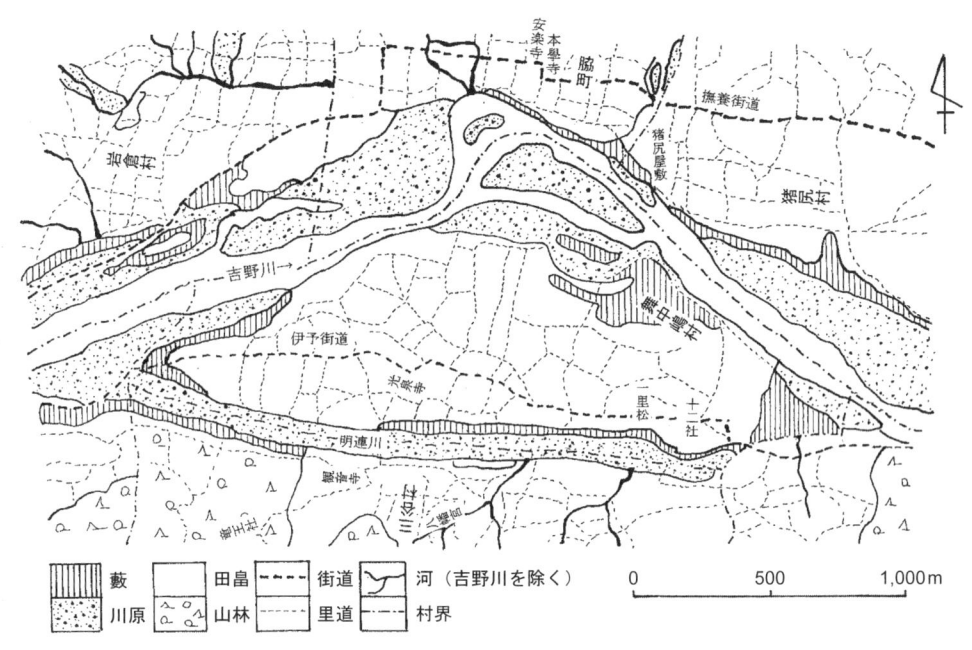

図14-14　美馬郡分間郡図のトレース図 （舞中島村付近）（縮尺 18,000 分の 1、個人蔵、徳島市立徳島城博物館寄託、214 × 152 cm）

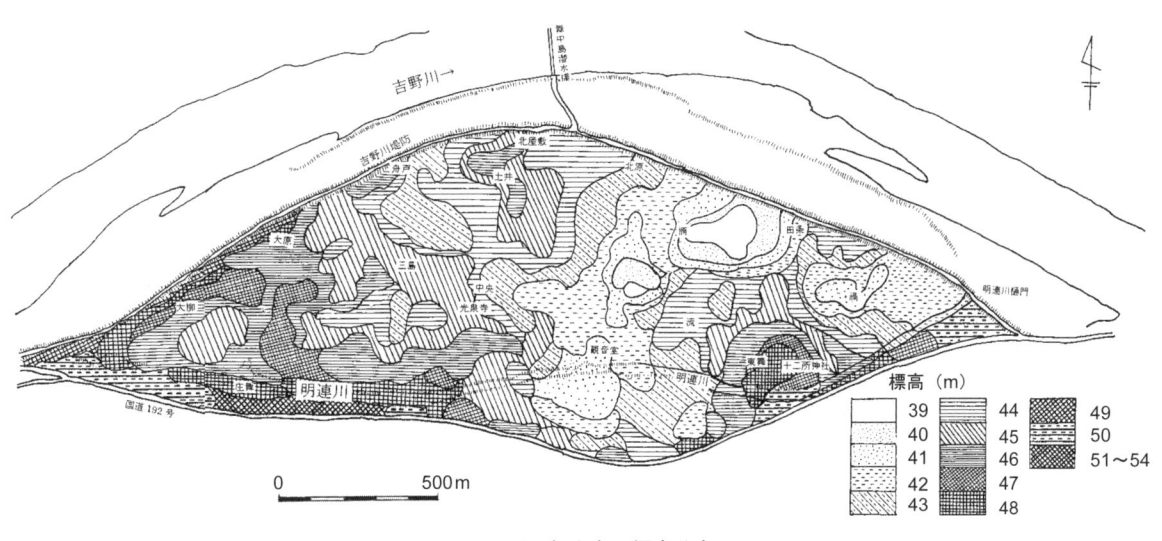

図14-15　舞中島の標高分布

各地点の標高数値は Google Earth（2015 年 1 月 24 日取得画像）による。

～天保 2 年（1831）の本村の新開面積は、6 町 3 反 21 歩 / 23.369 石で、全て畑であった [37]。

　また、昭和 39 年（1964）に約 6km 上流の貞光川から取水する美馬南岸用水が完成するまでは、耕地の大部分は畑であった。明治 20 年（1887）の土地台帳 [38] によれば、田は 4 町 9 反 3 畝歩（約 4%）、畑は 108 町 6 反 6 畝 8 歩（約 96%）で、田は北屋敷（3 町 6 反 8 畝 5 歩）、土井（2 反 7 畝 10 歩）、舟戸（9 反 7 畝 25 歩）に分布する。

2）水害防止藪と掻寄堤

　山林と分類される竹藪等の河畔林は、22町2反3畝27歩で舞中島総地積155町4歩の14.4%にあたる。字別にみると、西端の吉野川の攻撃斜面にあたる川端に3町3反8畝、北原に3町3反8畝、吉野川の流水が逆流して渦を巻くとされる田条（渦）に2町4反7畝ある。また、台帳に原野と記載される土地が6町2反5畝（4.0%）あり、柳・櫟（くぬぎ）・欅（けやき）等を植えた河畔林を当地では「ハエ」[39]と称していた。この「ハエ」は字渦では3町4反3畝、川端に1町7反4歩みられる。

　1962年の空中写真でみるとおり、舞中島は水防林の竹藪と、掻寄堤で完全に囲こみ、耕地や集落を守る「囲堤集落」であった。代表的なものに木曽三川下流の「輪中」がある。吉野川の南岸に構築された舞中島堤防（総延長3,640m、堤高約5m、底辺約25m）は、昭和44年度（1969）に着工し、同52年度（1977）に竣工した。それまでは、舞中島全体を囲む洪水防止用の竹藪や雑木林があるが、これと重なるように低水位制禦堤である掻寄堤や溢流堤が近世から構築されていた。戦前までの掻寄堤を『穴吹町誌』[40]でみると、吉野川流水の攻撃斜面にあたる西部の川端・大柳を頂点として、北の吉野川沿いの北原へ長さ820間、北原から田条には約200間の掻寄堤（霞堤）が三列みえる。さらに、この三列と田条の旧堤は現堤防の堤内（南）にあり、吉野川の水勢を弱めるための越流堤であったと考える。1962年の空中写真では北原と片吹付近に長さ約100間程が残っているが、これが越流堤の一部かも知れない。

　明連川沿いには竹藪と重なるように長さ約550間、幅約4〜5mの旧堤がみえる。また、伊射奈美神社の東の馬場には長さ約190間、幅約4mの旧堤が明連川の北岸にみえる。これらの旧堤は舞中島の東端で流水を二分し、北東部の北原・楠・田条付近で水勢を弱め、さらに、逆流してくる内水を標高39〜41mの低地の渦・田条付近に導く治水法を採ったものである。

3）洪水被害

　近世において舞中島を襲った主要な洪水を本村庄屋の大塚家文書[41]でみよう。まず、元禄14年（1701）7月28日の大雨で舞中島の全戸が流出するという未曾有の被害を蒙った。

　①天保14年（1843）7月6・7日の「七夕水（たなばたみず）」では立毛損亡30石、石波戸8間、石堤14間流失。

　②弘化3年（1846）7月8・9日、土手堤長30間、石堤24間破損、立毛損亡38石。

　③嘉永5年（1852）7月16日、「下」より入江北久保迄入水、7月22日、彼岸過ぎ10日目に大水、うずより三ッ塚辺まで入江水、勧農砂土手六ヶ所破損、立毛損亡九90石。

　④安政4年7月1日、29日の「八朔水（はっさくみず）」では、立毛損亡60石、芝土手20間破損、石堤40間破損。

　⑤安政5年（1858）6月7月、立毛損亡90石、藍作虫害、石堤12間破損。

　⑥万延元年（1860）5月11・14・15日、立毛損亡140石、波戸破損32間破損、芝土手22間破損。

　⑦元治元年（1864）4月20日、5月24日、立毛損亡90石、石堤20間破損、当夏旱魃、土佐流木寄せ、流木返還問題発生。

　⑧慶応2年（1866）6月29日〜7月1日（寅（とら）の大水）、立毛損亡30石、芝土手135間脇崩れ堀入押入疼、畠地2町程流失。

　同年8月5・6・7日、14日出水平水より2丈5寸（8.56m）高、8月14日出水平水より2丈6尺（7.20m）高、立毛損亡150石、畑10町程堀流れ、12町程砂入り、石堤180間破損、立毛損亡180石、疼家

60 軒、木 100 本。

4）御藪萱野

　美馬郡分間郡図（個人蔵）[42]の舞中島付近のトレース図と、空中写真（1962 年）と比較すると、吉野川南岸の竹藪は連続していないが、北原・片吹・楠付近には幅が約 100 間の竹藪が広がり、これが三列の霞堤にあたると推定できる。さらに、渦（うづ）付近には最大幅約 130 間の竹藪があり、吉野川の逆流する水勢を緩和していた。絵図では伊予街道の一里松、生活道の里道が朱線で描かれる。

　舞中島村の竹藪の一部は御林と同じく、安政期には藩の御藪萱野方が管轄し、村方に御藪目付や御藪御番人を置いて管理する御蔵藪、家老で給人の稲田氏が拝領する竹藪、上層の百姓が藩に運上銀を上納して利用する野藪等があった。延享 2 年(1745)には 18 ヶ所 / 1 町 9 反 7 畝 10 歩[43]、明和元年(1764)に 19 ヶ所 / 1 町 9 反 8 畝 12 歩の御蔵藪がみられた。また、安政 5 年（1858）には「舞中島出来御藪束　控」[44]をみると、御藪 6 反 4 畝 1 歩で竹 44 束（御積竹）を伐採するため、6 人が運上銀 26 匁 4 分を上納することを御藪萱野方奉行に願いでている。この際、6 人の内、2 人の名義は「村中（むらじゅう）」であり、村中惣請として利用している。さらに、明連御藪から安政 2・5 年、文久 3 年に西御丸御掃除方笹竹、西の丸御普請懸御用竹、東御殿御取繕竹を伐り出し、吉野川岸から竹筏で徳島城下に流下された。

　さらに、慶応元年（1865）には、舞中島村庄屋ら 6 人が三好美馬郡代手代に、「東川筋」（北原から渦付近か）の草渡地（採草地）として利用してきた 8 反程を、美馬郡郷鉄炮ら 3 人の藩に対する開発許可願いに異議を申し立てている[45]。また、図 14-16 は舞中島の惣百姓が美馬三好郡代手代に上申した絵図である。絵図では村中控が 2 筆、その西には美馬郡郷鉄炮の嘉八・権七控の萱野・藪の 5 筆があるが、3 人の郷鉄炮が村中持の萱野（4 反 5 畝程）を「切田（田成地）」して個人持の高請地にしたいとの願いを出している。これに対し、惣百姓が異議を申し立てしている。郡代の裁定は不明であるが、惣百姓にとって肥草や牛馬飼草の村中萱野は非常に重要であり、郷鉄炮と惣百姓との利害が反した。

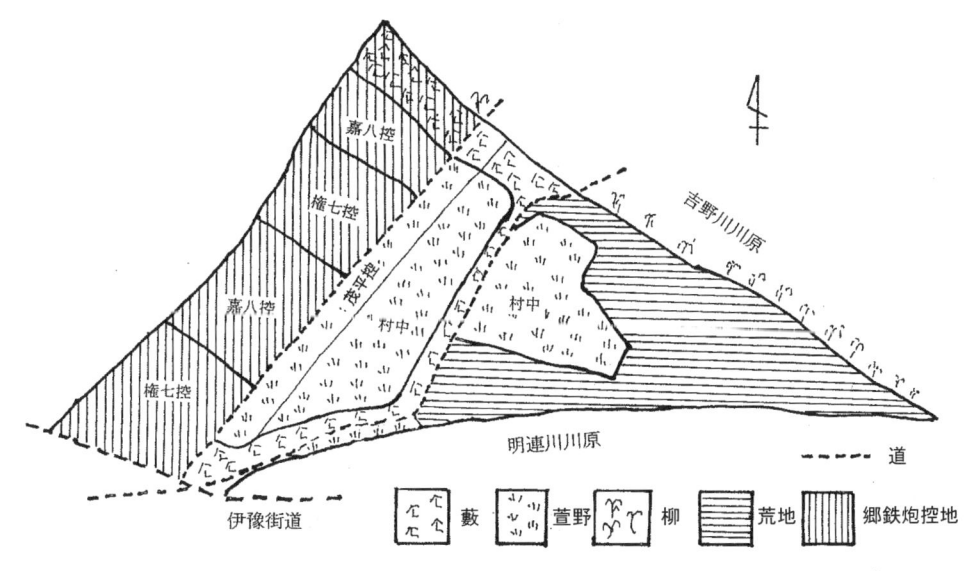

図 14-16　字渦の萱野の利用権をめぐる争い（慶応元年）（大塚家文書 I-009-001 による）

5）藍作と農民

　元文5年（1740）の「御国中藍作見分記録」[46] によれば、吉野川筋名東・名西・板野・阿波・麻植・美馬・三好7郡330ヶ村の内、約72%にあたる237ヶ村で藍作が行われた（図14-17）。美馬郡では27ヶ村の内、拝村・穴吹・舞中島・三谷・小島・太田・貞光・半田・曽江山・拝原・猪尻・東岩倉・岩倉・郡里の14ヶ村で藍作がみられ、阿讃山脈の曽江山を除いて、吉野川低地の氾濫原や段丘面で行われた。重清村・岩倉山・半田山・一宇山・端山・口山・木屋平等の山分では藍作はなかった。

　天保14年（1843）の「舞中嶋村高物成家人数調上帳　控」[47] によれば、村高480.666石、物成は201.825石、免率は42.0%、畑は70町8反24歩、田は一筆もなく、家数は152軒、人数は770人であった。また、舞中島における天保12年（1841）から明治3年（1870）までの藍作付面積は、55町5反4畝～77町6反3畝であり、村の畑地の約90%に藍作が充てられていた。また、天保10年（1839）～慶応3年（1867）に6月の冬作と、11月の夏作の立毛の生育状況の藩への報告によれば[48]、立毛としては藍・赤麦（裸麦）・小麦・大麦・豌豆・空豆・琉球芋・里芋・高黍・大豆・小豆・粟・稗・蕎麦がみられる。藍については天保12～弘化2年（1841～45）、安政2・4・5年（1855～58）、文久2～慶応元年（1862～65）の虫付の被害が大きく、特に、天保12・13年、弘化2年、嘉永4・安政～文久・慶応3年にかけては「小出来」で、大変な不作であった。また、天保12年の舞中島の藍作は68町6反8畝で、文化期頃の耕地面積72町4畝の約95%にあたる。

　ちなみに、天保12年の藍作農民の1人あたりの作付平均は4反6畝で、5反～1町5反が11人おり、最少は1反であった。さらに、嘉永6年（1853）の「舞中嶋村葉藍俵数貫目調上帳」[49] によれば、本村には132人の藍作人がおり、葉藍生産は、1,546本（1本は平均12.747貫）で20,155.2貫（7万5,582kg）であった。また、弘化2年（1845）では本村162戸の約81%が藍作をしていたが、500～1,200貫が5人、300～500貫が14人、100～300貫67人、100貫未満34人であった。葉藍500貫以上は他国に売場株を持つ大藍師で、300貫未満の約100人は自村内で蒅と藍玉を生産し、葉藍を集荷して大藍師へ送る玉師（小藍師）である。

　文化10年の「棟付家引帳」[50] では本村では寝床が6棟あり、処理できるのは葉藍約4,000～5,000

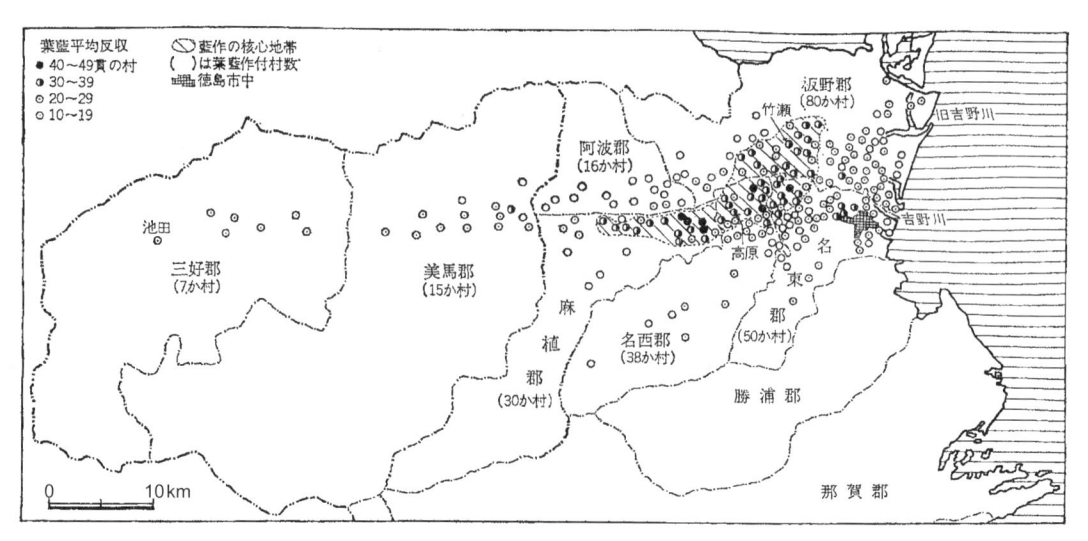

図14-17　元文5年（1740）における藍作の地域的分布（『阿波藩民政資料』下巻（大正5年、p.1737～54から作成）

貫程で、4 分の 3 は吉野川北岸の最大の郷町・脇町を中心とする吉野川筋の藍商（大藍師）に移送された。天保 12 年に本村の藍作農民が脇町の大藍師に出荷したのは 7,486 貫で、本村葉藍の約 37% である [51]。

6）舞中島村の飛地・横野

　横野は四国山地の三ッ頭山（標高 641m）の北斜面で、小島村の標高約 350 〜 500m に立地する。図 14-18 は文政 2 年美馬郡小嶋村分間絵図の中の横野部分を示している。飛地は朱線に白星記の線で区切られている。舞中島村には、田畑の肥草や牛馬の飼草、萱を入会刈りする野山がなかったので、横野は村の採草地として重要であった。絵図（図 14-18）では鼠色の約 196 枚の段々畠と、薄緑色の約 171 枚の棚田がみえる。近世には舞中島本村には一枚の田もなかったが、横野の棚田の標高は 360 〜 470m とかなり高冷地である。絵図には民家 18 棟（内、瓦葺が 3 棟）と、大師堂・舟戸・阿弥陀・山神・妙見社・若宮・地蔵堂などのお堂が描かれている。また、「立岩」「雨落岩」などの大岩もみえる。現在は、水田とビニールハウスの野菜、菜の花が栽培されている。

　安政元年（1854）の「横野山小割」によれば、14 ヶ所・9 町 7 反 3 畝 7 歩の野山があり、安政元年 3 月の「当村野山家数控帳」によれば、村中が相談して割符（分割）している。惣百姓は 133 人で、15 組に分けて割り当てられ、1 組は 6 〜 10 人で構成される [52]。割山には舞中島百姓以外に脇町の百姓いたことがわかり、本村以外の者も採草していた。注目されるのは嘉永 6 年〜慶応元年までに「飼

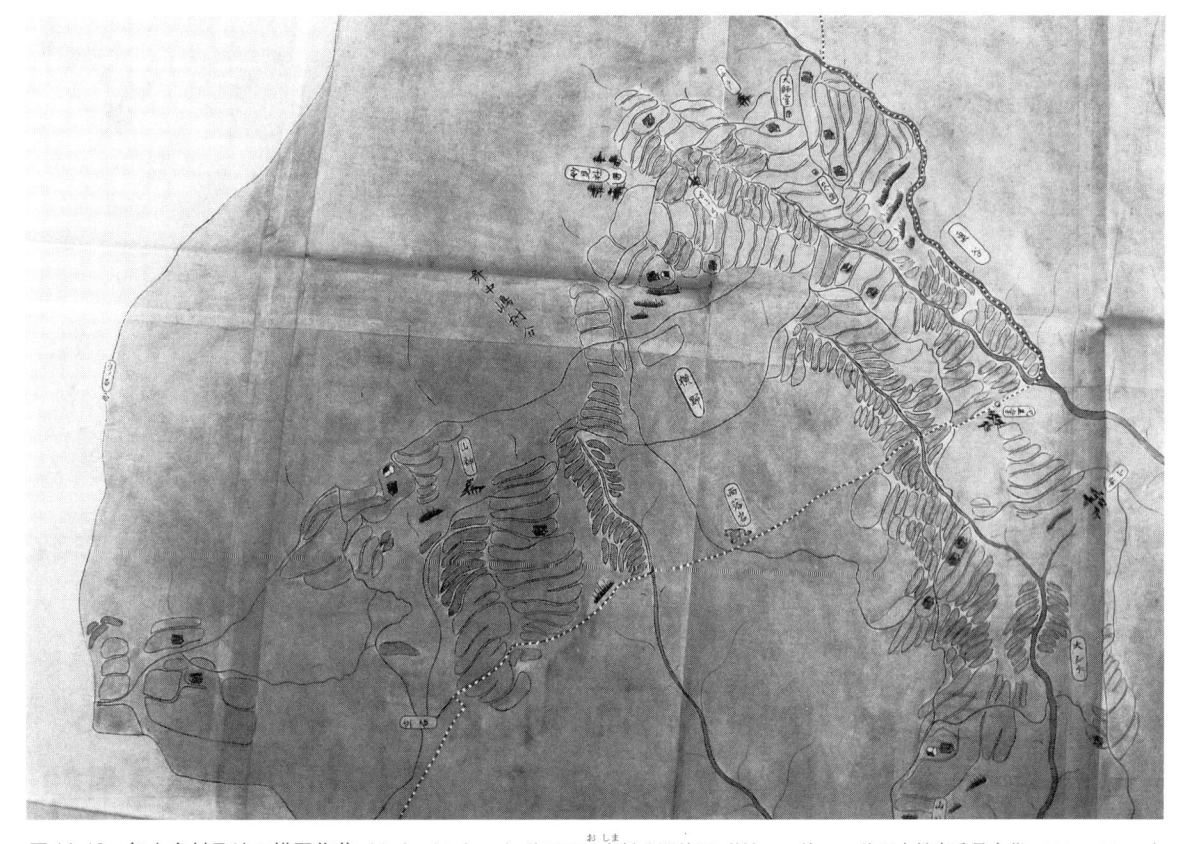

図 14-18　舞中島村飛地の横野集落（文政 2 年（1819）美馬郡小嶋村分間絵図（控）、口絵 11、美馬市教育委員会蔵、189 × 205cm）

馬御用」として藩営の牧場があった、板野郡大毛島土佐泊浦に飼葉が移送されていることで、舞中島が飼葉の供給地であった。

小　括

　吉野川流域低地平野における分間村絵図の空間的・社会構造的な景観復原については、吉野川北岸に位置する天明 3 年阿波郡絵図（見取図）と、文化 5 年阿波郡分間郡図との比較分析を行い、文化 5 年阿波郡伊沢村分間絵図（在所と山分）のトレース図化から景観復原を試みた。また、吉野川南岸の麻植郡川田村分間絵図と、寛文郷帳とのクロス分析、トレース図化から景観復原を試みた。さらに、南岸の麻植郡瀬詰村慶長検地帳との比較分析、吉野川中流の川中島である舞中島村における搔寄堤の構築と、水害防備藪や藍作の状況、同村の飛び地である標高 400m の横野集落における共有林の小割や、大毛島にある藩牧場への萱の供給等を大塚家文書と絵図の比較分析から論じた。

[註]

1) 天明 3 年阿波郡絵図（個人蔵，見取図，彩色，105 × 154cm）。本図については、湯浅隆（2003）:「村のなかの社と寺」国立歴史民俗博物館編『神と仏のいる風景』山川出版の口絵写真で紹介されている。本稿（羽山）では近世の郡域や村内に所在する寺院・神社・堂宇・小社など村人の信仰の対象となったものを総称して宗教的施設といい、そのような環境を宗教的景観としている。湯浅の外に、大塚活美（2003）:「郷祭りにおける複数村落祭祀の成立」『国立歴史民俗博物館研究報告第 98 集、神社祭祀と村落祭祀に関する調査研究』30 〜 31 頁がある。なお、本稿では分間郡図・村絵図をトレース図化しているが、水本邦彦（2002）は『絵図と景観の近世』（校倉書房）の中で、近世絵図に表現された空間情報や小書（註記）を読み取る場合に、トレース図を作製することが絵図の表現内容や作製目的を知る上で極めて有効であるとしている。

2) 阿波国大絵図（個人蔵，徳島市立徳島城博物館蔵，見取図，彩色，433 × 561cm）

3) 佐野之憲編・笠井藍水訳（1976）:『阿波志』歴史図書社，221 頁。

4) 神道大系編纂会編（1989）:『神道大系，神社編四十二，阿波・讃岐・伊予・土佐国』精興社，47 〜 48 頁。

5) 前掲 4)。

6) 拙著（1981）:『山村地域の史的展開－徳島顕勝浦郡上勝町－』教育出版センター，473 〜 480 頁。

7) 阿波町史編纂委員会編（1979）:『阿波町史』242 〜 244 頁。

8) 明治 19 年（1886）〜 24 年（1991）に参謀本部陸軍部測量局（後の陸地測量部）により作製された縮尺 20 万分の 1 の軍事用の全国地図。

9) 森　清助（文久 2 年・1862 年没）は山瀬佐蔵とともに岡崎三蔵測量隊の中心的助手として重要な役割を担い、文政 11 年（1828）阿波国分間絵図（縮尺 9 万分の 1）の作製者である（拙稿（2004）:「江戸時代阿波国絵図の歴史地理学的研究」「史窓」34 号，120 〜 121 頁）。

10) 国文学研究史料館蔵蜂須賀家文書（679）。

11) 伊沢村役場編（1928）:『伊沢村史』314 〜 315 頁。

12) 昭和 22 年米軍撮影空中写真、宇井上付近。

13）前掲 11），19 頁。

14）前掲 11），19 頁。

15）丸山幸彦（2005）:「阿波国」『講座日本荘園史 10，四国・九州地方の荘園』13 〜 15 頁。

16）前掲 3），221 頁。

17）山川町史刊行会編（1959）:『山川町史』106 〜 109 頁。山川町史編纂委員会編（1987）:『改定　山川町史』120 〜 121 頁。

18）前掲 10）。

19）拙稿（2000）:「徳島藩の河川絵図について」『学会誌，吉野川』第 3 号，5 〜 6 頁。

20）『山川町史』364 頁。

21）前掲 10）。

22）『麻植郡誌』稿本（徳島県立図書館蔵）。

23）『山川町史』317 頁。

24）吉野川市総務課蔵。

25）『山川町史』162 〜 165 頁。

26）前掲 10）。

27）『山川町史』375 〜 376 頁。

28）前掲 26）。

29）『山川町史』375 〜 377 頁。

30）吉野川市山川町公民館蔵。

31）前掲 10）。

32）前掲 22）。

33）拙稿（1975）:「吉野川下流における藍作」『地理月報』215 号，7 頁。

34）『山川町史』163 頁。

35）個人蔵，徳島市立徳島城博物館保管，75 × 534cm。

36）国土地理院（MS Ⅰ － 62 － 2Y, C2 － 91）。

37）穴吹町誌編さん委員会編（1987）:『穴吹町誌』1258 頁。

38）前掲 37），1292 頁。

39）前掲 37），1297 頁。

40）前掲 37），1292 〜 1295 頁。

41）大塚家文書（J-047-001、個人蔵），「嘉永二年御損亡調帳」。同 J-043-001「天保十五年諸立毛成熟調帳」、「同安政五年舞中嶋村大原大柳出水立毛損亡調」。美馬市教育委員会編（2017）:『美馬市民叢書第三巻　江戸時代を生きた美馬の人びと』59 頁。美馬市教育委員会編（2011）:『徳島県美馬市　舞中島文化的景観保存調査報告書』36 頁。

42）美馬郡分間郡図（個人蔵，徳島市立徳島城博物館寄託，214 × 152cm）。

43）徳島県発行（1915）:『御大典記念　阿波藩民政資料　下巻』1737 〜 1754 頁。

44）大塚家文書（U-001-001），「宝暦十四年舞中嶋村御蔵御藪帳」。同 U-015-001「文化十三年舞中嶋村束請御藪御請帳」。

45）大塚文書（U-016-001），「舞中嶋村御藪束御請并伐藪帳面写」。

46）徳島県発行（大正 5 年・1916）:『御大典記念　阿波藩民政資料・下巻』1737 〜 1754 頁。

47）大塚家文書（U-021-001），「安政六年舞中嶋村御藪竹皮相調指上帳」。

48）大塚家文書（J051-001），同（J043-001）。

49）大塚家文書（A049-001）。

50）大塚家文書（H-001-011）。

51）大塚家文書（J-042-001）。

52）大塚家文書（（W-033-001，嘉永七年横野山小割覚）。大塚家文書（W-035-001，嘉永三年野山草入札覚）。

第15章　分間村絵図と条里景観

第1節　三好郡中庄村と景観

1. 文政6年（1823）三好郡中庄村分間絵図

　現存する三好郡内の分間村絵図は、文政6年三好郡中庄村と同郡芝生村の2点であるが、いずれも控図の写図で、芝生村は作製の途中図で自然地形の表現のみで、集落・土地利用・宗教的景観は表現されていない。図15-1に中庄村分間絵図[1]のトレース図を示した。南部を占める山口谷川流域の広大な山地部分を除いており、吉野川南岸の氾濫原である沖積低地にあたる在所（里分）のみをカバーしている。凡例はあり、50町1里でその積数（外周）は1里39町10間（9,426m）である。吉野川の川原は鼠、竹藪は薄緑であるが、家屋の表現はかなり粗いが、山口谷付近の棚田、段々畑と、伊予街道、条里地割に沿う、里道、堂宇・小社等の宗教施設等はほぼ正確に表現されている。

　吉野川の南岸に位置する旧三加茂町（現東みよし町）の氾濫原低地は、上郡（美馬・三好郡）において讃岐山脈と、四国山地の間で狭長な縦谷を形成する。近世の中庄村は三好郡毛田村（毛田山）・西庄村・東加茂村・中加茂村・西加茂村とともに加茂組六ヶ村を形成し、古くより「加茂三千石」と呼ばれた。文化期には毛田山・加茂山を含めて約5,200石で、田畠面積は約560町歩であった[2]。この氾濫原は東西約5km、南北幅約1.7km、標高は約65〜73mで、中庄村東部の山口谷川には下位段丘面が発達する[3]。この地域は平安中期に編纂された「和名抄」にみえる「三津郷」に比定され、寛治4年（1090）には京都上加茂神社の荘園が所在し、また、鎌倉時代の醍醐寺領「金丸庄」の一部に比定されている[4]。この氾濫原には北10度東方位を示す条里地割があり、福井好行[5]によれば、三好郡池田を起点として東に数えて19・20条の区域が三津郷域としており、中庄村は21・22・23条にあたると推定している。

　また、寛治4年（1090）の京都上加茂神社「加茂別当雷神社文書」[6]によると、三津郷の田42町210歩、畠7町7段210歩、桑1町120歩、合わせて51町4段400歩あり、文化期の西庄村田畠140町8畝の約36%にあたる。寛治4年の三津郷本田の作付率は約55%、畠約53%であり、かなり低率であった[7]。図5-1・2をみると、伊予街道は太朱線で示され、西から21〜23条の1里と2里の里界線に沿ってのび、田より畠が多い[8]。『寛文郷帳』[9]によれば、中庄村は高1,197.923石の内、田方372.641石、

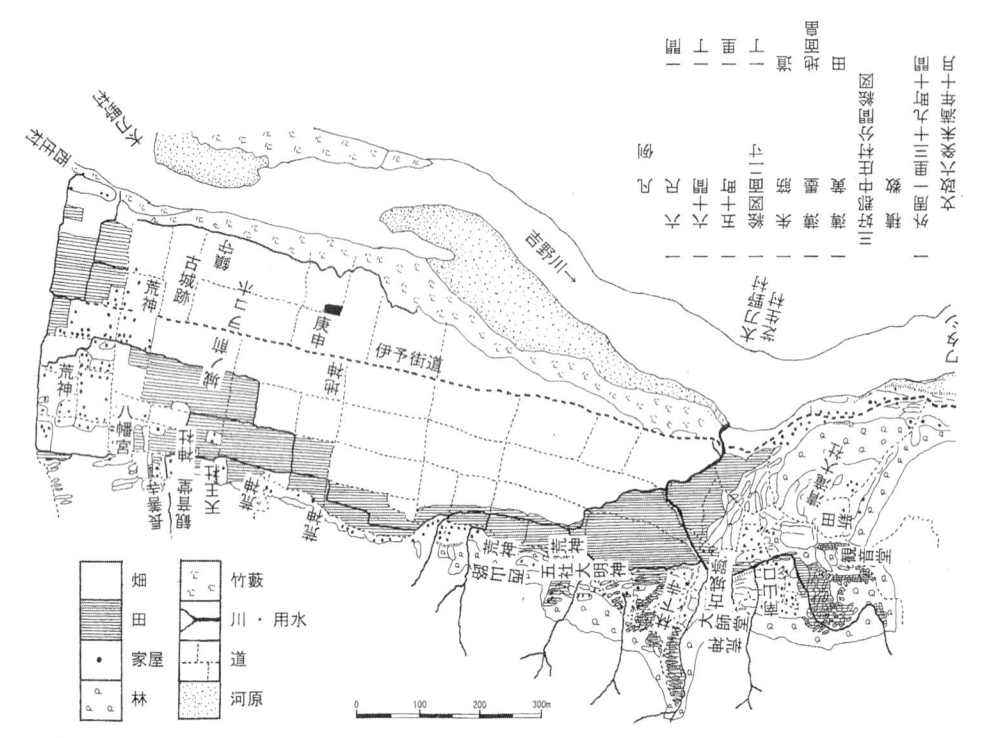

図 15-1　文政 6 年（1823）三好郡中庄村分間絵図（トレース図、東みよし町立歴史民俗資料館蔵、110 × 192cm、地名等加筆）

畠方 825.282 石の畠卓越村である。天保 11 年（1840）「東加茂村藍植付反数記上帳」[10] によれば、藍作面積は 20 町 1 反 7 畝（905 本・1 万 1,072 貫）、畑の約 19%、藍作農民は 123 人で農民の約 50% にあたる。「旱損」とあり、山は「芝山」「小はへ山」で、草山や雑木林であった。

　絵図では金丸神社西から北に吉野川の「角ノ浦渡」があり、幅 2 寸（1 町・109m）の碁盤目条の道が描かれ、中庄城・城ノ前・荒神・鎮守が描かれる。絵図では吉野川北岸の竹藪の一部が中庄村に属している。対岸の太刀野村との村境は、吉野川の氾濫によりたびたび変化し、元文元年（1736）頃から再三、境論が惹起していた[11]。絵図には古城跡が 2 ヶ所描かれる。西は中庄東遺跡に比定される「中庄城跡」で、醍醐寺金丸庄館の屋敷跡と推定されている[12]。西は山口谷川と城谷川にはさまれる標高約 80m の段丘面端にある「山口城跡」で、本城跡は中庄村村限図[13] の旧字高津田にあり、『古城記』や『城趾記』では篠原三河守、『阿波志』では三好肥前守を城主としている。「山口城跡」の東には真言宗御室派の林下寺があり、大師堂・五社大明神が描かれ、標高約 110m の中位段丘面には清滝大社（現五滝神社）がみえる。付近は「新田」と記され、近世の開墾畑と推定できる。

　一方、伊予街道似に沿う字大道北の畑 397 番地に縦約 36m、横 45m で約 1,600m^2 の長方形の溜池が絵図にみえるが、中庄村限絵図や地籍図には描かれておらず、明治初期には畑地化したものと推定される。また、寛保 3 年（1743）『阿波国神社御改帳』[14] によれば、「中庄村　八幡宮」で、祢宜は「中庄村　外記大夫」とある。八幡宮北の段丘面には真言宗御室派の長善寺があり、慶長 3 年（1598）に駅路寺[15] に指定され伊予街道の宿寺にあてられた。

2.　中庄村の条里地割

1）中庄村限図と中庄村地籍図

　阿波国は明治 9 年（1878）〜 13 年（1880）まで高知県に属した[16]。「高知県下阿波国第七区三好郡二小区中庄村限図」[17] は、「明治九年改正地面明細図、三枚之内第一号、一村全図西庄村」[18] が現存する。一村地面明細図と同系の図で、縮尺は約 1 万分の 1 程度であろう。本図の特徴は、朱線で示される一町四方の坪界とほぼ一致するので、坪界線が伊予街道と重なることと、地租改正で作られた公称小字以前の近世検地帳の小字が記される。図 15-2 に明治 20 年頃作製の中庄村地籍図のトレース図を示した。本図は明治 22 〜 25 年の町村制施行頃に、加茂村の測量図師大西卯平が作図したもので、縮尺は 1,200 分の 1 である[19]。本図には全 2,217 筆の一筆ごとの田・畑・宅地・竹藪・山・神社・墓地等に地番が付される。田畑の分布は約 60 年前の文政期と基本的な変化はないが、城ノ前付近の691 〜 716 番地の 26 筆と、1011 〜 1023 番地の 13 筆が田成している。

　本図と 1962 年撮影の空中写真（図 15-3）[20] からみると、圧倒的に長地型（ながち）の条里地割が多い。北西部の地割をみよう。一町四方の坪がはっきりと確認できる区域は、旧山庄村役場の東の 546 〜 571 番地、北東の 680 〜 688 番地、大道南の地番 942 〜 952 番地、953 〜 963 番地の坪である。これに対し、大道南の 1024 〜 1041 番地、1471 〜 1473 番地、703 〜 713 番地、1341 〜 1350 番地、1471 〜 1473 番地の 4 ヶ所には半折型（はおり）地割がある。

　さらに、吉野川南岸の短冊状の畠 122 筆は条里地割ではなく、流作場（りゅうさく）と見取場（みどりば）[21] や竹藪を近世に開墾した土地である。この竹藪は分間絵図では広く分布するが、地籍図では山口谷川河口部付近の 7 筆に限られる。これは近世後期以降に洪水防止林である竹藪が、畑に開墾されたためであろう。1962年の空中写真で計測すると、最大幅約 120m、東西約 3km の竹藪がみられる。この竹藪は 2018 年のグーグル・アースでみても大きな変化はない。

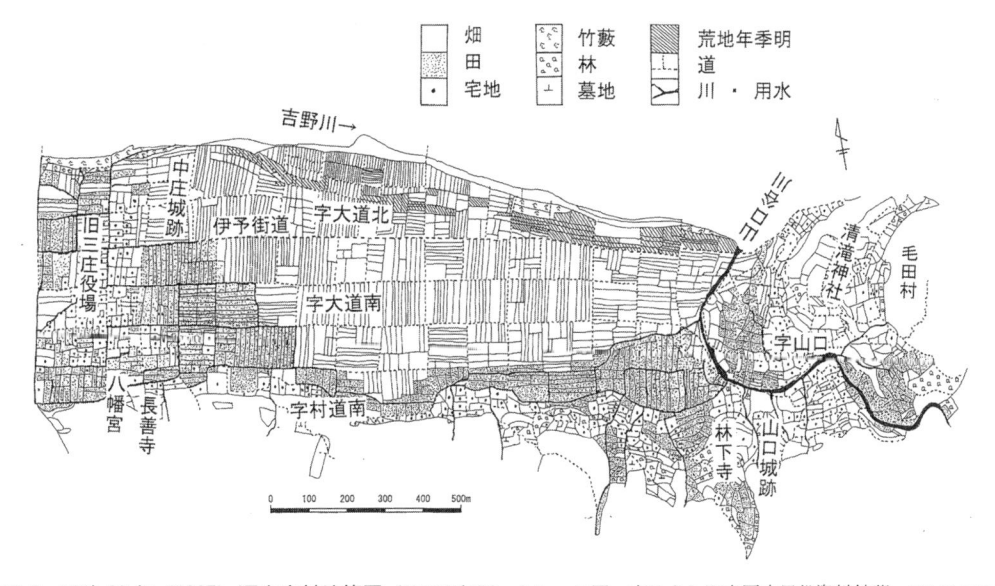

図 15-2　明治 20 年（1887）頃中庄村地籍図（地面明細図・トレース図、東みよし町立歴史民俗資料館蔵、104 × 218cm）

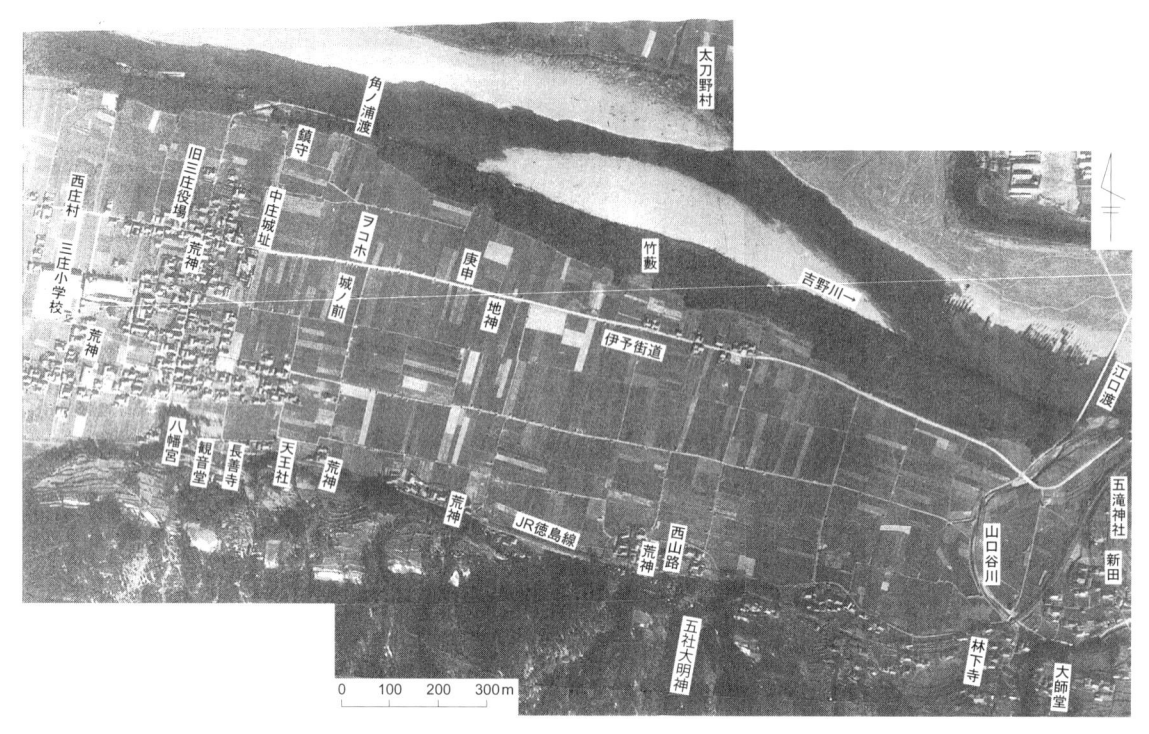

図15-3　三好郡中庄村付近の空中写真（1962年、国土地理院 MSI-62-02Y C2-86、地名等加筆）

2)　明治9年（1876）の水害による年季荒地

　「明治十四年、三好郡中庄村荒地年季明起返願」[22]によれば、明治13年12月に中庄村戸長国安邦太郎から徳島県令北垣國道宛に、191筆／畑9町4反3畝20歩（地価金523円90銭／地租金13円11銭5厘）に対する明治9年より13年までの5ヶ年季願いを出している。明治14年4月19日に徳島県令酒井明から中庄村戸長に対し、許可の文書を交付している。本文書には、明治9年の水害で地租が非課税となった川成畑について一筆ごとに、地番・地目（全て畑）・反別・持主・地価金・地租、砂入か押掘による区別を記している。中庄村の山分である字山蔭等8字の被害は、111筆／5町5畝歩（地価金241円5銭／地租6円52銭9厘）であった[23]。

　大道北の竹藪付近で、80筆／4町3反8畝20歩（地価金282円85銭／地租6円58銭6厘）が年季明になっている。本村地主69人が所有する54～117、156～167、211、259～275、393～396、468～510番地で、近世後期に開墾された畑が洪水被害地になっている。おそらく、この帯状の畑は旧河道にあたる低地部であろう。現在、この被害畑は竹藪になっているが、これは吉野川南岸における過剰な畑地開発が、災害を増大させるという過去の経験をいかしたものであろう。

第 2 節　板野郡姫田村検地絵図と景観

1.　姫田村の歴史的環境

　本節では板野郡姫田村の検地絵図と堀江文書から、近世後期の村落景観と社会構造をみる。縮尺約 600 分の 1 の板野郡姫田村検地絵図[24] は、西分（266 × 261 cm）と東分（234 × 222 cm、口絵 38）からなり、作製年紀・主体は不明で、凡例を欠くが、実測図と推定できる。水系・溜池を青、堤敷を黄、撫養街道と里道を朱線、田畑を白地、民家を家型で 1 棟ごとに萱（藁）と瓦葺きに区別している。大部分の土地の 1 筆ごとに、地番・地目・面積・名負人と、地租改正期の所有者名を記しているが、中庄村で拝領した 18 給人名は新地券交付に必要ないので、記されていない。

　本図は慶長 13 年（1608）検地帳（元禄 15 年 / 1702 写）[25] を基本に、朱書地番を順番に朱線で引いているので、明治 9 年（1876）頃の地租改正事業の一環として作製された作業図と考えられる。姫田村に関する近世文書は堀江文書に含まれる。本文書は旧大麻町旧蔵の 11 ヶ村に係る棟付帳・検地帳・年貢関係・用水発開や土木関係の基礎資料となる文書 365 冊からなる。

　1964 年撮影の空中写真（図 15-4）[26] に示したように、讃岐山脈山麓には中央構造線が東西に走る。姫田村は東西約 1,700 m、南北約 1,300 m のほぼ正方形の村域で、約 220 ha の面積を有する。村域の北半（通称「山つき」）は標高 220 〜 180 m の讃岐山脈東端の和泉層群である。南半は吉野川下流平

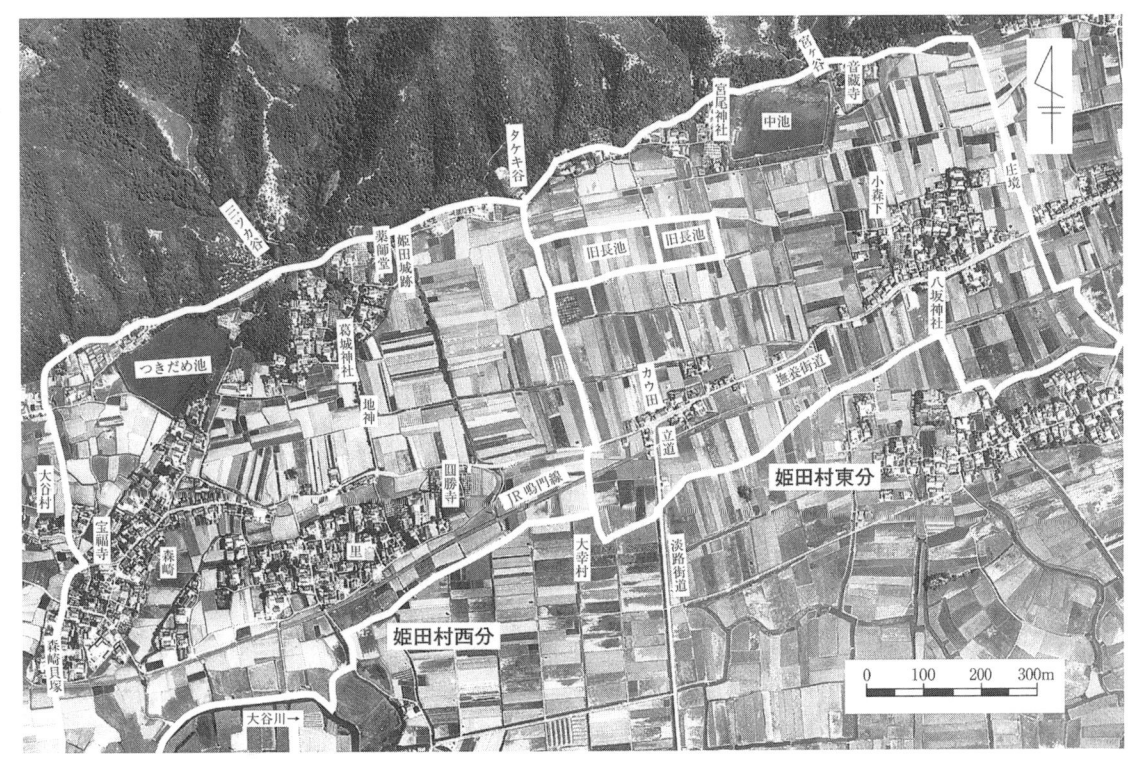

図 15-4　姫田村付近の空中写真（1964 年、国土地理院 MSI-64-IX C8-15 に加筆）

野を大谷川が蛇行し、標高 0.1 〜 1.6m の極めて低湿な大麻沖積低地（通称「川つき」）[27] と、大谷川扇状地（字森崎地区）、小森地区の自然堤防からなる [28]。主な集落は 4 つあり、西部の森崎と三ッカ谷扇状地の大森、標高 1.9 〜 2.5m の微高地に立地する西部の里と小森である。

　本村には縄文中期〜古墳時代後期にかけての遺跡群が集中しており、徳島県指定史跡の森崎貝塚があり、古墳時代後期の横穴式石室をもつ葛城神社古墳などがある [29]。また、本村域は山城国石清水八幡宮領の板東郡（板野郡東部にあたり鎌倉初期〜近世寛文期まで存続）の堀江荘域に比定されている。治承 2 年（1178）6 月 29 日条の亀山上皇院宣写には、「當宮小塔長目勤行之供料者、阿波国堀江荘江庄所云々」[30] とあり、石清水八幡宮の小塔長目勤行供料に充てられていた。姫田村東隣の大代（おおしろ）村との境には字庄境（しょうざかい）があり、泊荘（とまりのしょう）との境をなしたと推定される。また、西分の大森と半丈（はんじょう）には姫田城跡と、姫田大森滝尾薬師堂・葛城神社・宮尾神社が鎮座し、この姫田地区の歴史的核をなした。

2.　条里地割と土木的景観

　1964 年の空中写真（図 15-4）[31] と姫田村検地絵図を比較すると、土地改良事業はこの時期までは JR 鳴門線の南の大幸村（だいこう）域付近しか行われなかったようである。検地絵図・空中写真ともに北 10 度西方位をもつ板野郡条里地割が明瞭にみられる。特に、姫田村西分図では字久保ノ内・北百地・南百地・カウ田・新田・五反田・塩田（しおた）とほぼ全域に分布している。また、口分田 1 段（約 360 坪）に相当する縦 6 間（10.9m）、横 60 間（109m）の長地型地割が中心で、縦 12 間、横 30 間の半折型地割は「中池」南の五反田・下久保に分布する。

　寛文 4 年（1664）の『寛文郷帳』[32] によれば、村高 706.338 石が田方で、「旱損・芝山」とあり、近世前期から田が卓越したが、旱魃に悩まされていた。明治 9 年『阿波国板野郡村誌』（以下『郡村誌』）[33] にも「水利不便ニシテ旱ニ苦シム」とある。このため、検地絵図では西分に「久原池」（くはら）（現「中池」）と「長池」がみえる。『郡村誌』では、田 67 町 2 畝 5 歩（90.3%）、畑 7 町 2 反 2 畝 12 歩と寛文期と同率である。同誌によれば、「久原池」は面積 2 町程、灌漑面積 9 町 5 反余、「長池」は同 1 町、18 町余、「北池」は同 2 反 2 畝、1 町 5 反余とある。空中写真では東分の「長池」は消滅して水田化している。明治 29 年（1899）製作の 2 万分の 1 地形図「板東」[34] では東西 2 つの「長池」はみえるが、昭和 9 年（1934）修正 2.5 万分の 1 地形図「板東」[35] では 2 つとも消滅しているので、明治後期から昭和初期にかけて埋めたてられて水田になったと推定される。

　文政 2 年（1819）の「板野郡姫田村内勧農井利溜池畝株損田土橋相調指上帳」（堀江文書 323）によれば、「つきだめ池」は面積 2 町程で、構築損田の内、1 反 7 畝 25 歩は岩田生駒丹後拝領給地、1 反 21 歩は給人穂積与兵衛給地、25 歩は中村主馬之助給地とある。また、「長池」内の西池は面積 2 町程、東池は同 1 町程で、西池は慶長 13 年（1608）検地帳に「右池江損田被仰付候」とあるので、同時期の構築であろう。さらに、「宮ヶ谷池」は字宮ヶ谷に現存し、面積は 5 反程で、寛保 2 年（1742）に栂製の井利を構築した。溜池や川・用水路から用水を引き、悪水を川に落とすために堤の下の樋管を通した井利（入樋）[36] を構築した。本帳には 16 ヶ所の井利が記される。また、土橋・石橋は各 4 ヶ所ある。淡路街道と撫養街道に架かる橋は 4 ヶ所あり、塩田橋は石橋で長さ 3 間、幅 2 間である。

　また、「中池」や山麓の「宮ヶ谷池」等から幅 2 間、長さ 12 町 40 間（1,380m）の百地堀（ひゃくじほり）が東西に伸び、

水田 28 町程の用水となっている[37]。さらに、西分絵図西部の大谷川左岸に位置する字浜塚・木場前一帯は、標高 0.9 ～ 1.1 m の極めて低湿な三角州低位面のため、掻寄堤である淵ヶ上堤防約 100 間（181 m）が構築されていた。しかし、この堤防を巡っては大谷川出水の際には右岸に位置する牛屋島村川渕・大幸渕（だいこう）と、左岸の姫田・大谷・高畑・松村との水論が頻発していた[38]。

3.　姫田村検地絵図の表現内容

　著者は本図を約 30 年前に撮影したが、現在は所在不明である。一部に絵図の細部の撮影が不十分な箇所もあり、総筆数 990 の約 90% 程度の判読にとどまっているが、地目・面積・名負等が空白になっている箇所もある。西分（①）の総筆数は 549、東分（②）は 441 筆である。①の判読率は小字名 88.7%、地目等級 53.2%、面積 91.4%、名負人 53.2%、②は小字名 88.7%、地目等級 95.9%、面積 93.9%、名負人 63.7%、地権者名 91.1%、朱書地番 62.8% で、名負人と地番を除いてほぼ 90% 以上である。また、①②合わせて 307 棟の家屋が描かれており（図 15-5・6 では△で示す）、この内、瓦葺きが 59 棟（16.3%）、萱・藁葺きが 257 棟（83.7%）である。文化 5 年（1808）「姫田村棟付帳」（堀江文書 2-1）の家数は 193 戸で、総家数 307 棟は母屋以外の納屋・土蔵・長屋門等も描いているので、ほぼ整合する。

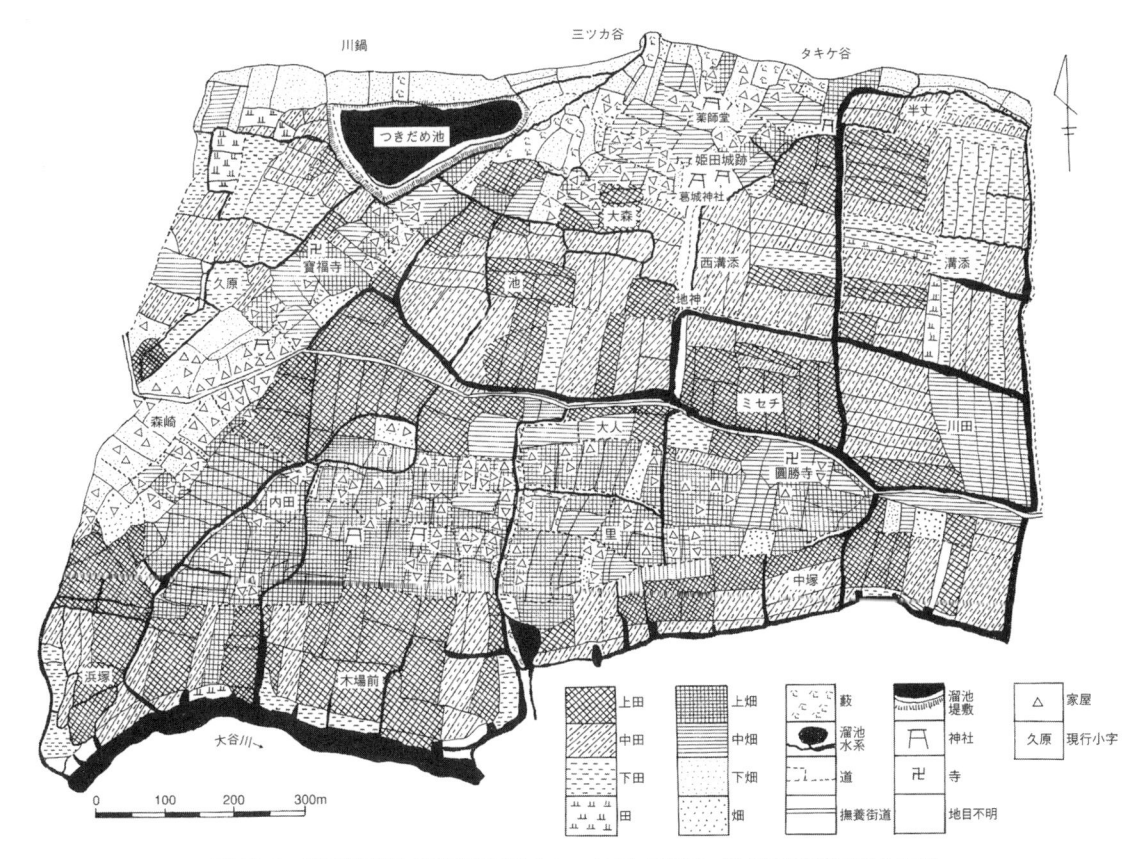

図 15-5　姫田村付近の検地絵図のトレース図（西分）（鳴門市史編纂委員会旧蔵）

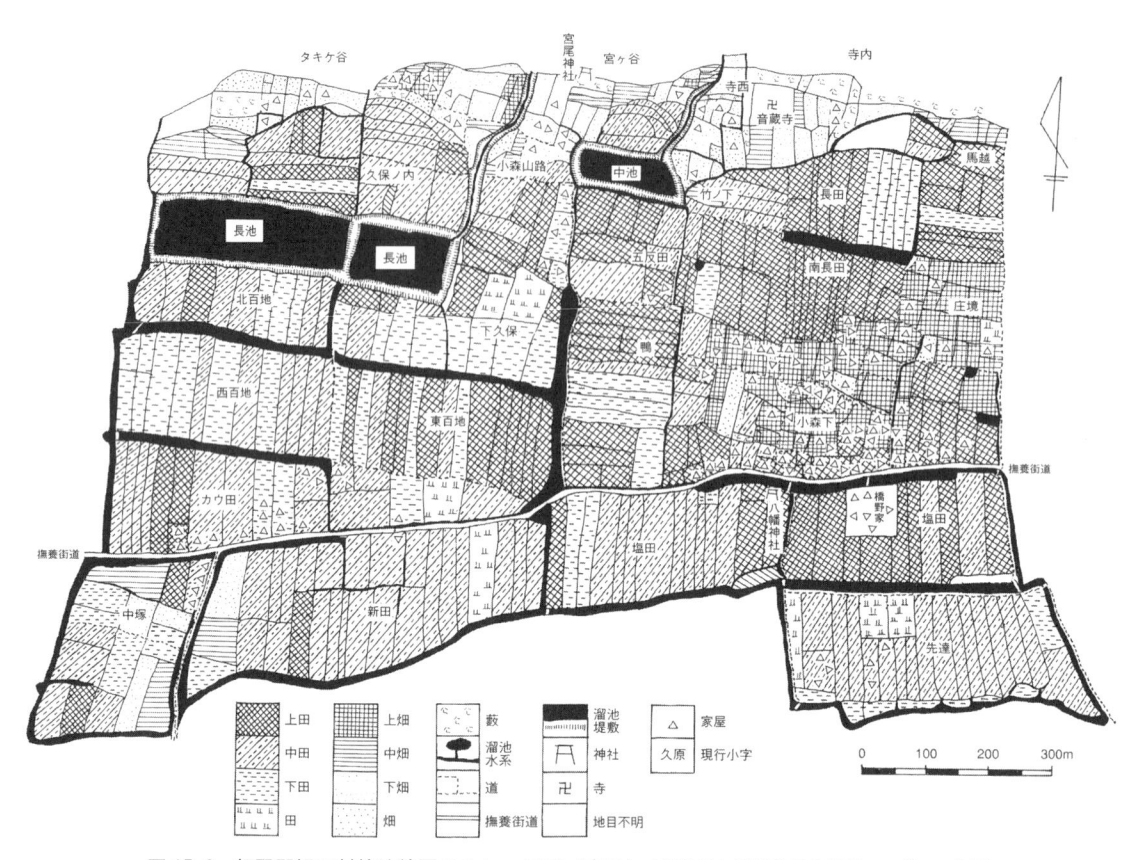

図 15-6　板野郡姫田村検地絵図のトレース図（東分）（鳴門市史編纂委員会旧蔵、口絵 38 参照）

　東分の字塩田と小森の撫養街道沿いに、本村庄屋の橋野家周辺の屋敷と田畑をみると、家屋は母屋・納屋・屋敷神等 8 棟が描かれ、屋敷は 2 反 7 畝（821 坪）ある。橋野家は明暦期には、最大の高持ちの九兵衛にあたり、配下に小家 4 軒[39]、壱人 7 人[40]、牛 3 頭、馬 2 頭をもつ。橋野家の所有地を西・東分を集計すると、62 筆、田 5 町 6 畝 26 歩、畑 2 反 7 畝 1 歩、山藪 1 反 9 畝 17 歩である。

　西分のトレース図（図 15-6）をみると、東部に条里地割が残り、西部の大谷川沿いには下田、撫養街道南に上田・畑が多く、北のには中下田・畑が多い。東分のトレース（口絵 38 と図 15-6）をみると、山麓部のタケキ谷から水を溜める「長池」と、太黄で描かれる堤敷が注目され、「中池」南は条里地割が明瞭である。

4.　姫田村の御蔵藪・野山下草入会い刈りと御林

　正徳 4 年（1714）「板野郡姫田村御蔵藪御改差上帳」（堀江文書 25）は御蔵藪（藩有藪）の農民預（請）に関して、姫田村庄屋宗左衛門・五人組 5 名が、藩藪方御用高瀬孫作と藪奉行原牛之丈に差し出した報告書である。御蔵藪は 74 ヶ所、1 町 7 反 3 畝 25 歩（1 ヶ所平均 2 畝 10 歩）で、定請藪として 38 人の請人がみえる。この内、村中預が 2 ヶ所、1 反 12 歩で、「先年惣実成竹御伐と御成床迄被成居申候」とあり、成竹を伐採している。百姓請の藪は全てなよ竹（女竹）・小物竹で、3 年

ごとに伐る「三年廻御伐藪」であった。

　また、天明 8 年（1788）「板野郡姫田村野山下草苅御仕分ヶ請書帳」（堀江文書 287）によれば、入会刈り野山が大谷村境の「川鍋」に 2 ヶ所、2 町 2 反存在し、上木と下草の定請銀 65 匁を藩の為替方に上納していた。所在場所は「川端野山御町御反之内、壱町壱反、山境北東へ蛍谷尾筋切、定請銀拾匁、下草定請銀拾五匁、西ハ小谷切（下略）」と記され、給人には田畑・居屋敷以外に山が拝領されていたことがわかる。

　次に、姫田村の讃岐山脈に所在した定請の御林をみよう。年紀不詳の「板野郡姫田村御林御運上銀御請帳」（堀江文書 365）によれば、9 ヶ所（内、1 ヶ所は野山）、17 町、運上銀 496 匁 5 分を上納していた。内、村中請が 3 ヶ所、9 町 1 反、55 人請が 3 ヶ所、7 町 2 が存在した。定請面積が大きいのは、東谷御林、蛍谷御林、立羽御林等では川鍋野山元 2 町 2 田の内、1 町 7 反は 22 匁で村中定請し、下草の入り会い刈りをしており、村中請と村内の組請が御林内に存在した。

小　括

　三好郡中庄村と板野郡姫田村の分間絵図と、地籍図や空中写真から条里地割を復原した。近世の三庄村は三好郡毛田村・西庄村・東加茂村・中加茂村・西加茂村とともに加茂組六ヶ村を形成し、吉野川低地の氾濫原にあり、平安中期の三津郷、寛治 4 年の京都上加茂神社の荘園、鎌倉時代の醍醐寺領の金丸庄に比定されている。氾濫原には北 10 度東方位をもつ条里地割が昭和 30 年頃まで残存し、長地型地割が卓越する。福井好行によれば、池田を起点として本村は 21・22・23 条に比定されている。中庄村分間絵図と明治 9 年地面明細図、同 20 年頃の本村地籍図が現存するので、1962 年撮影の空中写真から条里地割の復原が可能である。さらに、吉野川の流作場、見取り場、竹藪の開墾状況や、畑 9 町 4 反 3 畝 20 歩に及ぶ明治 14 年の荒地年季明起返願地を復原できる。

　阿讃岐山脈南麓の中央構造線に沿いにある板野郡姫田村の縮尺 600 分の 1 の西分・東分検地絵図は地租改正期に作製された絵図と、検地帳・棟付帳・畠田成帳・御林帳・御蔵・18 給人の給地、入樋等を記載した 365 点の堀江文書が現存している。検地絵図には 1 筆ごとに小字・地番・地目・等級・面積・所有者・1 棟ごとの家屋、用水路、溜池、堤、水路、里道、街道、橋等を精密に描いており、トレース図化することで、明治初期の村落景観や土木的景観、条里地割を復原することが可能である。本村には北 10 度西方位をもつ長地型地割の板野郡条里が、昭和 40 年頃まで残存していた。

[註]
1）文政 6 年三好郡中庄村分間絵図（写図，在所部分），東みよし町立歴史民俗資料館蔵，110 × 194cm。
2）佐野之憲編『阿波志，巻之九，三好郡』歴史図書社復刻 1976，309 〜 311 頁。拙稿（2011）：「幕末期の阿波国美馬郡半田口山と三好郡加茂組六ヶ村・祖谷山落合名との山論」徳島地方史研究会編『生業から見る地域社会－たくましき人々－』教育出版センター，108 頁。拙稿（2013）：「東みよし町旧中庄村の絵図・

地籍図と条里地割」阿波学会紀要第 59 号 205 〜 206 頁。

3）大矢雅彦（1963）:「水害地域に関する調査報告書第 5 部 , 吉野川流域の水害地形と土地利用付図」科学技術庁資源局。

4）徳島県史編纂委員会編（1964）:『徳島県史　第一巻』313 頁。東京大学資料編纂所編（1955）:『大日本古文書，家わけ第十九，醍醐寺文書之一』東京大学出版会所収の「二〇八前権僧正成賢譲丞状等案」203 頁。

5）福井良行（1964）:「古代編，土地制度」『徳島県史，第一巻』208 〜 210 頁。同（1964）:『阿波の歴史地理，第一』25 〜 27 頁。

6）竹内理三（1963）:『平安遺文，今文書編第四巻』東京堂出版所収の「一二八八，某郡司解，〇加茂別雷神社文書」1263 〜 1265 頁。

7）前掲 6），1263 頁。

8）前掲 6）三好郡三加茂付近の条里復原図，27 頁。

9）蜂須賀家文書（679）「寛文四年阿波国十三郡郷村田畠高辻帳」国文学研究史料館蔵。

10）「天保十一子年五月，三好郡東加茂村藍植付反数記上帳」東みよし町立歴史民俗資料館蔵。

11）平凡社編（2000）:『日本歴史地名大系 37，徳島県の地名』342 頁。

12）徳島県教育委員会編（2011）:『徳島県中世城館総合調査報告書』353 頁。

13）「高知県下阿波国第七大区三好郡二小区中庄村限図」東みよし町立歴史民俗資料館蔵，54 × 73 cm。

14）神道大系編纂会編（1989）:『神道大系，神社編四十二，阿波・讃岐・伊予・土佐国』16 頁。

15）前掲 2），佐野 327 頁。

16）徳島県史編纂委員会編（1966）:『徳島県史，第五巻』38 〜 41 頁。

17）東みよし町立歴史民俗資料館蔵。

18）前掲 17）。

19）前掲 17）。

20）国土地理院，MSI-62-02Y, C2-86。

21）拙稿（2008）:「阿波国名東郡鮎喰川下流における堤普請と堤外地のい開墾について」徳島地理学会論文集 11，27 〜 53 頁。

22）「明治十四年，三好郡中庄村「荒地年季起返願」（色分絵図付），東みよし町立歴史民俗資料館蔵。

23）前掲 22）。

24）板野郡姫田村検地絵図（西分，同東分）（鳴門市史編纂室旧蔵，手書，彩色，縮尺 600 分の 1）。

25）慶長 13 年検地帳，堀江文書 90，鳴門市立図書館蔵。堀江文書は棟付・夫役・身居 関係 86 点，検地・新開・藪開・拝知水割帳関係 192 点，年貢・御林・井利・畠田成関係・御蔵給地関係 89 点，合わせて 365 点。

26）国土地理院，MSI-64-IX, C8-15。

27）大矢雅彦（1963）:「吉野川地形分類図」科学技術庁資源局。建設省計画局（1970）:「大阪湾・紀伊水道地域大規模開発計画調査報告書」32 〜 36 頁。

28）標高は鳴門市都市計画図（5,000 分の 1）による。

29）徳島県教育委員会・徳島新聞社（2007）:『徳島県の文化財』330 頁。徳島県教育委員会編（2011 年）:『徳島県遺跡地図，第 2 分冊（地図編）』12，板東。

30）東京大学史料編纂所編（1931）:『大日本古書，家わけ四ノ二，五八〇』361 〜 365 頁。

31）前掲 28）。

32）前掲 9）。

33）『阿波国板野郡村誌』徳島県立図書館蔵，呉文庫。

34）参謀本部陸地測量部発行，鳴門海峡近傍 9 号「板東」。

35）国土地理院, 1947 年発行。

36）秋山高志・北見俊夫・前村松夫・若尾俊平編（1979 :『図録, 農民生活史事典』柏書房, 59 〜 60 頁。

37）前掲 33）。

38）前掲 12), 200 〜 201 頁。

39）独立した持ち本百姓で支配下に小家・部屋・名子・下人等の隷属する者をもつ。

40）棟付帳に記載される家族。

第16章　新田絵図と土木的景観

第1節　那賀郡和田津新田絵図

1．和田津新田分間絵図

　阿波国内で現存する新田の分間絵図としては、那賀郡和田津新田絵図、勝浦郡金磯新田、那賀郡辰巳新田絵図と板野郡笹木野村絵図の4点がある[1]。これらの新田はいずれも町人請負新田である。1962年撮影の空中写真（図16-1）[2]で示したように、勝浦川の旧河道である神田瀬川・芝生や立江川・

図16-1　和田津新田付近の空中写真（1962年、国土地理院 108-62-1-2-P40、地名等加筆）

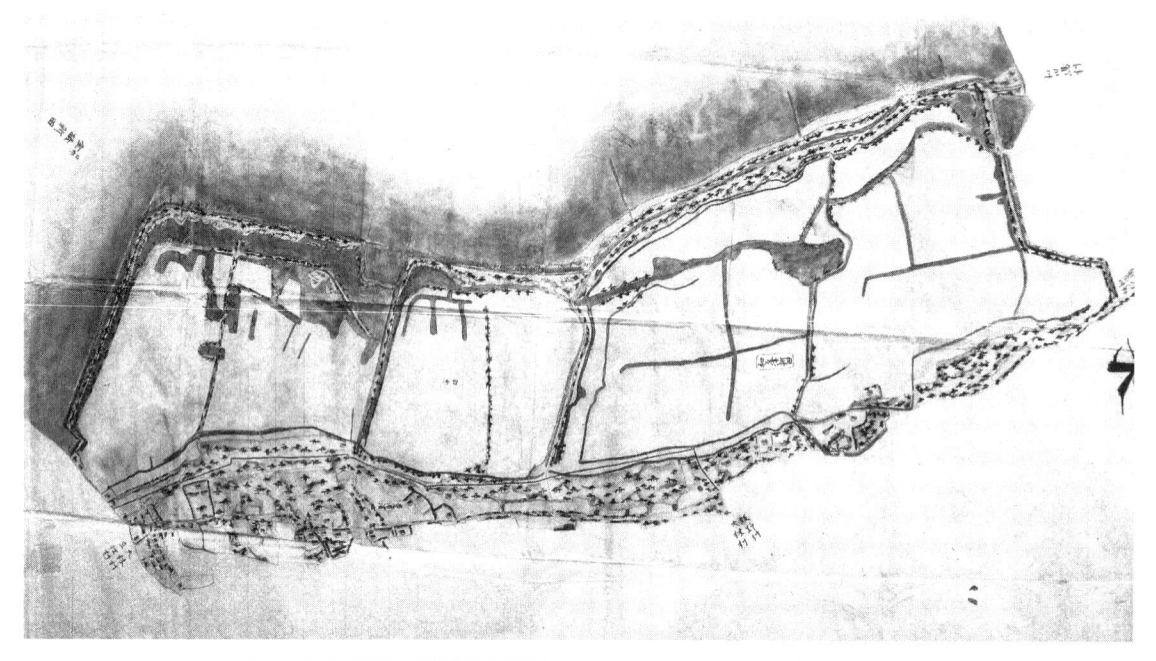

図 16-2　和田津新田分間絵図（岡崎三蔵改、102 × 148 cm、栗本家文書、個人蔵）

太田川が小松島湾に流入し、極めて低平な三角州低位面が発達して、小松島平野、坂野・和田島低地、櫛渕・立江低地を形成している[3]。また、小松島湾内は紀伊水道の沿岸流から和田島砂嘴があるたに、浸食されることが少ないので、湾岸には広大な干潟が発達し、近世の新田開発に好条件地になっていた。小松島湾岸の西から東に勝浦郡田野村、同郡金磯新田、那賀郡豊浦浜・同郡和田津新田・常磐新田・間新田・和田島村が所在し、集落が立地する浜洲の南には大林村・立江村・坂野村がある。

　和田津新田絵図（栗本家文書、図 16-2）[4] は右下隅には「岡崎三蔵殿改」と記されるので、岡崎家 5 代の三蔵宜平が校閲した絵図と推定できる。凡例や花弁型方位盤、外周（積数）を欠いており、藩に上納した清図の控図でなく、写図であろう。縮尺は約 1,800 分の 1 で、表現内容は極めて精緻である。本図は文化・文政期作製で和田津新田の開発が完了した状況を描いている。和田津新田絵図としては本分間絵図の外に、元禄 13 年（1700）頃→享保 10 年（1725）頃→明和 2 年（1765）→安永 9 年（1780）の築立図と、嘉永元年（1848）の用水路絵図の 10 点程が現存している（いずれも栗本家文書）。

　本図をみると、小松島湾岸には松林からなる護岸堤が東西に延び、東から西へ南北 3 筋の俣（用悪水路）、護岸堤には和田津社・八千代社・四社の 3 社が鎮座する。新田の南は豊浦浜に接して、松林に覆われた砂洲が東西に延び、立江村境に御分一所（税関）、白樂天王社、坂野村境には塰神、和田津新田庄屋の栗本家屋敷がある。

2.　元禄 13 年（1700）頃、（寛政 2 年写）、坂野村弥兵衛・小松嶋浦助右衛門新田絵図

　本新田の築立過程を時系列的にみよう。安永 4 年（1775）の「和田津新田築立成立申上書」[5]（栗本家）によれば、栗本家の先祖平八は紀州の浪人で、近世初期に那賀郡富岡町（現阿南市）に移り住

み、家老加島氏の頭入町人や年寄役で、商業を営んでいた。先ず、栗本家以前の同新田の開発課程を
みると、元禄13年（1700）に那賀郡和田島村と坂野村の間に、坂野村の弥兵衛と小松島浦の助右衛
門（金磯新田開発地主多田家）が開発を行ったが、宝永4年（1707）の南海大地震・津波により破堤
して、干潟にもどっていた。図16-3は宝永4年地震よりも約70年前の和田津地域の状況を描いた元
禄13年頃の「坂野村弥兵衛新田・小松嶋浦助右衛門新田絵図」[6]である。絵図上部の小書に「此絵
図ハ豊浦濱ニ有之由ニ而、先年子細有之写置申候、然共此絵図ハ此方申立候、甚害成候故、他見無用
ニ御座候、和田之検地帳面出来候上火中ニ仕可申事、返々口外他見無用御座候、寛政二年（1790）ニ
記置候」と記される。豊浦浜・坂野村の境が入り組み境論があり、和田の検地（和田島村の検地であ
ろう）が出来れば絵図を焼却するように記している。また、西端の「明石山はな」から「鳥打原はな」、
東端の和田嶋坂野村堤石境までを見通した7本の境杭木がみえ、この線より北側の大部分が干潟・高
洲と萱野であり、南側は「坂野村弥兵新田」「小松嶋浦助右衛門新田井利」「橋本大五郎開」等の新田
が広がる。しかし、「鳥打原」の西方には土手で囲まれる新田と塩田がみえ、栗本家4代四郎兵衛が
正徳6年（1716）4月に新田築立の願いを出した干潟45町程[7]にあたる「和田嶋分大円四拾五町程」
や、給地の「此関之間潮浜六拾町程土須川庄右衛門様預之場所」や豊浜浦分の新田が広がる。

　地租改正期に作製された和田津新田地籍全図（栗本家文書、口絵39）は縮尺「壱里壱間」の割で6,000
分の1の実測図である。同種の実測図は徳島県内で多数現存しており、本図以外に、那賀郡古毛村・
上大野村、勝浦郡福原村、名西郡神領村等がある。村の境に測地点を設定して測量する「廻り検地」
の仕法で作製されており、本図では南西部の第壱号字「東出南添」から第十八号字「北」へ時計回り
で実測している。朱線は道、黄は堤敷、青は用悪水路敷である。測地点の第壱号杭は、和田島村境の
南東端にある「未廿三度三十分、十五間四卜」とあり、第弐号杭を真北より233.5°、約28mに設定
している。最終は第九十七号杭（和田島村境）で、「丑二十二度、四間五卜」、真北より55°、8.2mに

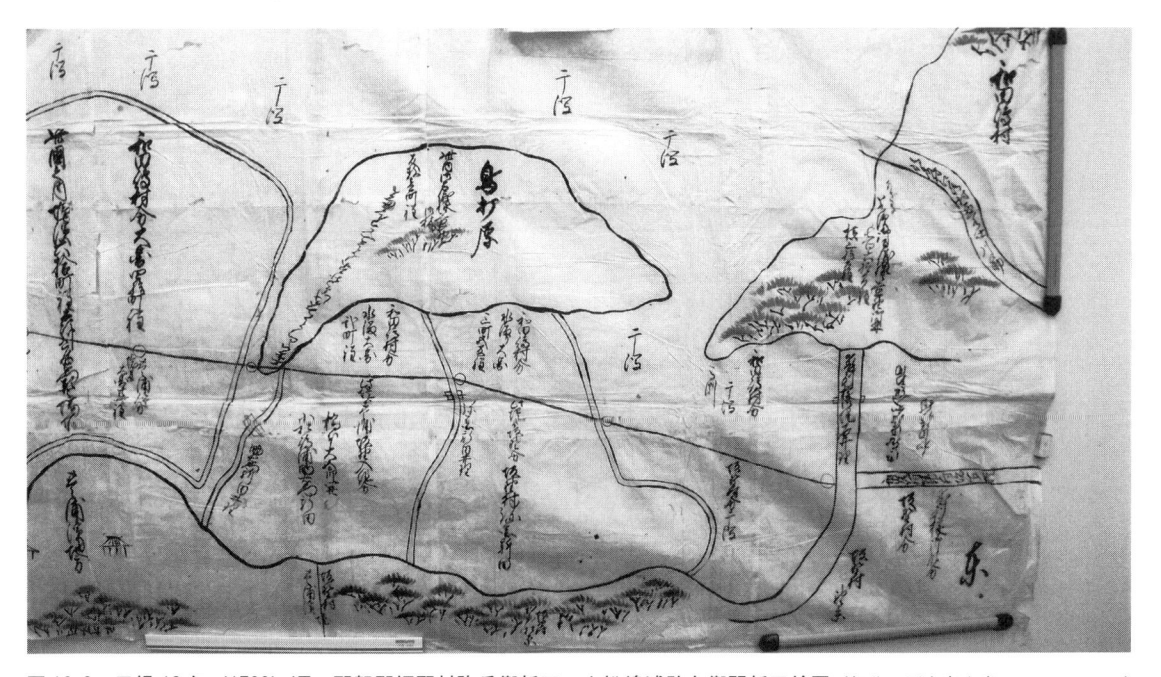

図16-3　元禄13年（1700）頃、那賀郡坂野村弥兵衛新田・小松嶋浦助右衛門新田絵図（部分、栗本家文書、105 × 162cm）

第壱号杭を見通している。

3. 享保10年（1725）頃の紀伊国屋茂平新田絵図

　図16-4は享保10年頃の「紀伊国屋茂平新田絵図」[8)]である。栗本家4代の紀伊国屋四郎兵衛は正徳6年（享保元年・1716）頃に和田島村と坂野村の間の干潟に、40町程の新田開発の下札（さげふだ）を御蔵所・御目路見所から受ける。正徳6年の紀伊国屋四郎兵衛の「新開奉願囲堤仕様申上覚」によれば、①東堤は220間（根置4〜7間、高さ1丈、外は畳石、内は赤土、厚さ2尺にて芝で包む）、②北海縁長さ60間程（根置6間、外畳石、高さ1〜半間）、③西堤長さ210間程（根置き4〜7間、高さ1丈、外は畳石、内は赤土厚さ2尺にて内堤芝）、④石井利（1組、内法1.5間）、⑥用水の儀は自力では確保できないので、御蔵所で配慮してほしい。⑦松丸木が洪水荒波のため破損し築立てを断念した[9)]。

　その後、4代茂平衛は新田名主として開発を進め、享保2年（1717）の新田築立を申請し、御米100石を拝借し、同3年には周囲に幅2間長さ800間程の松を植え防風林とした。図をみると、南部には「豊浦浜田地」「豊浦濱分」「紀伊国屋新田原」があり、その北に石護岸に囲まれた「紀伊国屋茂平新田」が広がる。「茂平新田」は和田津新田分間絵図（図16-2）にみえる「元開」に該当すると考える。また、東には「和田嶋新田」がみえる。さらに、石波戸（堤）を構築するために、勝浦郡大神子（みこ）・小神子（現徳島市）や同郡根井山（ねい）（現小松島市）の石切場から、三枚帆いさば船で海上搬送していたが、帆別銭は免除されていた[10)]。

　新田を囲む大手囲石垣は長さ1,300間（2,364m）、捨石・乱杭等の造用として400貫目もかかり、享保2年には囲堤200間が破堤し、享保3年には156貫目として御蔵米100石を無利息で、享保7年には200石を利息1割で藩の目路見奉行所から借用した。また享保3年には800間（1,454m、幅2間）

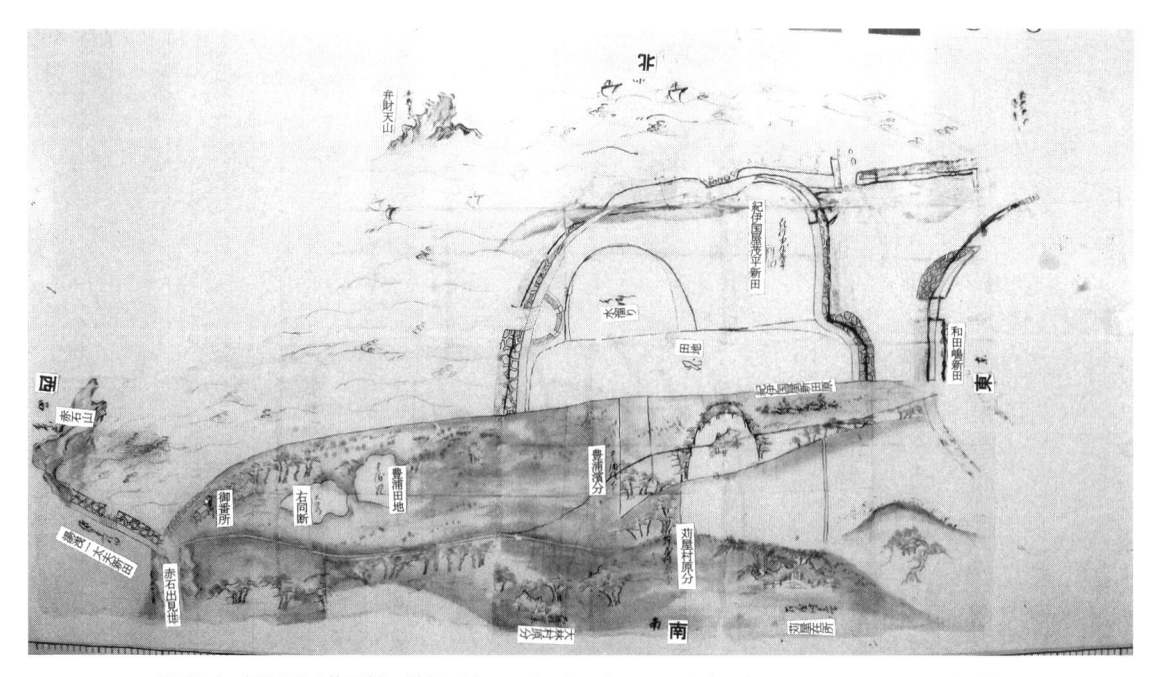

図16-4　紀伊国屋茂平新田絵図（享保10年（1725）頃、栗本家文書、79×164cm、地名等加筆）

の新田囲堤に松を植え付けている。また、享保 14 年（1729）には 40 町歩の新田が完成したが、20 町程が水害を受けたので鍬下年季願いを出している。

　明和 5 年（1768）には新田約 40 町程が年季明けとなり、翌 5 年から年貢を御蔵所への直上納を命ぜられ、和田津新田村が成立し、金磯新田助右衛門と同様に栗本家は、和田津新田名主として認められ、同年には「御殿中御目見」となった [11]。さらに、宝暦 9 年（1759）に御鷹奉行より和田津新田周辺の原野が御留野（鷹狩場）に指定された [12]。

4.　明和 2 年（1765）頃の元開絵図

　明和 3 年（1766）の御蔵所が和田津新田名主の茂平に出した「西開御下札」[13] によれば、和田津新田西開として和田津新田豊浦浜北の境石見通し、右の内三千郎居屋敷裏にての境石見通し、南添 2 反 3 畝 9 歩の地床とも北手干潟砂原より、海辺一円（その内、3 町程は石北添にある萱野）の 43 町程の田の開発が許可された。但し明和 3 年より安永 7 年（1778）までの 10 ヶ年季で、豊浦浜加子屋敷地を除いた残り砂原 6 町 6 反 21 歩の畑の開発（同じ 10 ヶ年季）が許可されている。

　図 16-5 は明和 2 年頃の和田津新田の現状を示したもので、明和 3 年の西開下札は、元開の西方と豊浦浜添いの干潟・砂浜約 50 町程の開発の直前を示す図であろう。「元開」は田地で、「中開」「西開」部分は干潟や潮浜（塩田）であった。坂野村田地の北には石垣堤に囲まれた 8 区画の和田津新田

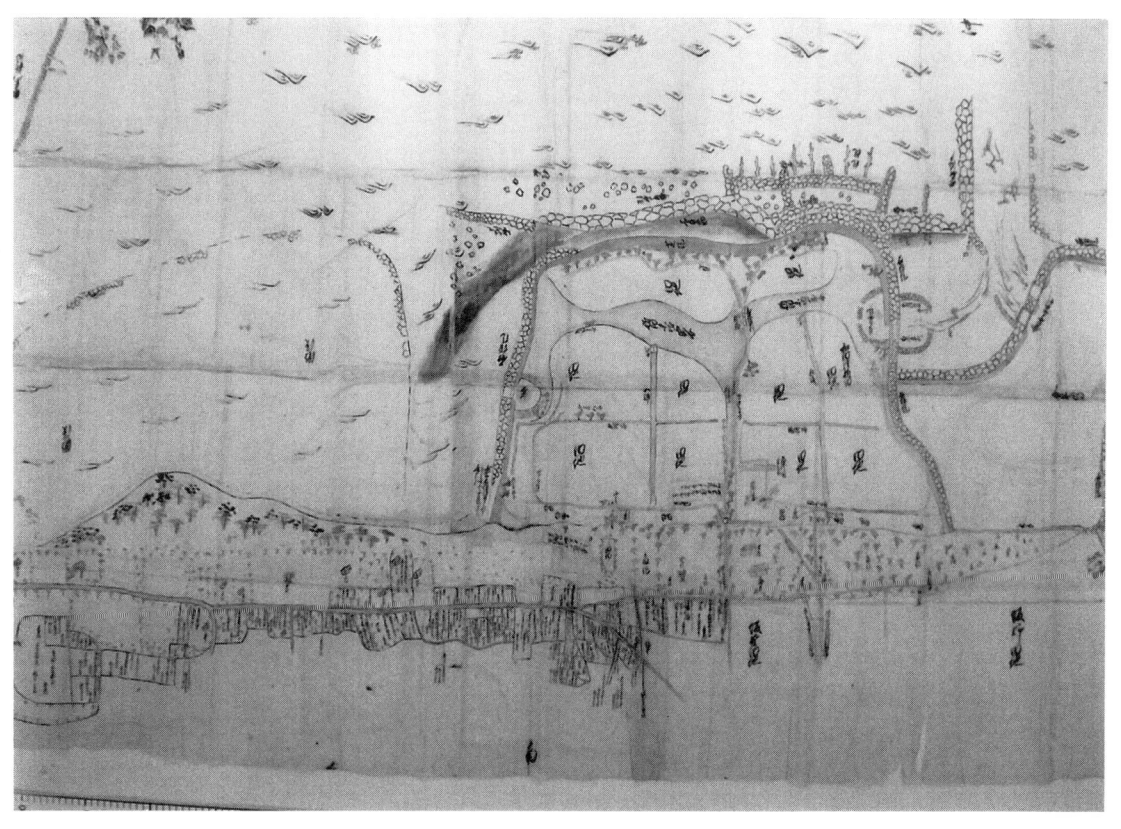

図 16-5　明和 2 年（1765）頃の元開絵図（120 × 241cm、栗本家文書）

の田地が描かれる。中央には土手用水路が南北に延び、和久立井利・象越井利・月立ヶ場堤が描かれ、悪水の排水用の井利になっている。北の石垣は亀甲石垣と石波戸と捨石・石杭が、その南に土手筋と芝堤が描かれ、和田津明神がみえる。また、西には「此所石垣盗まれ申旨ニ而昨今芝堤ニ相成リ居申候」とあり[14]、石垣が盗難にあっていた。また、南の明石堤より杭木地積がある。残りの15町2反6畝程は中開・西開両開の作道・用水岸・内間水除堤・大手堤床・未田成地等の地積である。すなわち、中開・西開大綱 43 町程の内、田畑は合わせて 16 町 5 反 7 畝（38.5％）にすぎない[15]。

　このように、新田開発地の内、大手床・萱渡・水溜・汐除川・中道・水除堤・用水岸等にあてられる面積が大きく、下札面積と大きな乖離があることがわかる。寛政 3 年検地高請は、和田津新田の田畑 203 筆 / 34 町 2 反 9 畝 3 歩 / 241 石 9 斗の内、田は 28 町 9 反 4 畝 15 歩 / 231 石 4 斗 5 升 8 合、畑は 5 町 3 反 4 畝 18 歩 / 10 石 4 斗 4 升 2 合で、田面積が 84.4％を占める。田の斗代は 6 斗〜1 石、畑は 1 〜 2 斗で、免率は 35.82％、延米 6.875％、元延合わせて 41.99％であった[16]。

　また、享保 6 年（1721）の和田津新田人数調指上帳によれば、家数は 6 軒、人数 40 人、寛政 4 年では 7 軒程、文化 6 年棟付帳では 7 軒 / 38 人 / 牛馬 7 疋、文化 7 年（1810）棟付帳で 7 軒（内 5 軒、来人）/ 40 人 / 牛馬 7 疋牛、文化 10 年では家数 10 軒 / 人数 54 人 / 牛馬 4 匹、文久 2 年（1862）では家数 7 軒、人数 41 人、明治 3 年（1870）は家数 6 軒 / 人数 37 人であった。文化 6 年（1809）棟付帳で「来人」の出身地をみると、①下人徳太郎は那賀郡中嶋浦加子、②壱家吉蔵後家は那賀郡富岡町給人頭入町人が同郡坂野村から来る、③壱家仁右衛門は那賀郡答島村、④壱家万蔵は勝浦郡田野村給人頭入百姓、⑤壱家安助は那賀郡中庄村給人頭入百姓であり、和田島新田から約 2 〜 12km 圏以内の近い村から入植した者[17]が中心である。

　また、寛政 15 年（1791）に中開の西に約 15 町程の築立が完成し「西開」と称した。

5. 嘉永元年（1848）和田津新田用水路絵図

　新田開発には用水の確保が非常に重要であり、和田津新田のすぐ西を流れる立江川から取水できなかったので、那賀川の北岸にある那賀郡岩脇村から宮倉村・羽ノ浦村・黒地村・坂野村を経由して取水してきた。享保 2 年（1717）の「紀伊国屋四郎兵衛用水堀替割符帳」[18]によれば、坂野村内で 1,750 間（3,182m）に及ぶ用水掘りをしたことが記される。寛政 10 年（1798）に立江村庄屋・五人組、坂野村肝煎庄屋・五人組等 13 人が御蔵所に出した「用水ニ付乍恐奉申上覚」[19]によれば、立江・坂野・宮倉 3 ヶ村御蔵・給地 4,000 石の用水で、那賀川北岸の岩脇村（現阿南市羽ノ浦町）の柳ヶ鼻から羽ノ浦村まで通水していたが、中庄村より「右蔵のほけ水」は岩脇村の余水で地中埋水となったため、中庄村に新用水を開設し、昼夜の番水をしてきた。余り水でも村外に通水することはできないこと申し立てており、和田津新田が用水の確保に苦しんだことが窺われる。しかし、その後、立江・宮倉・黒地・坂野 4 ヶ村用水組に対し、同じ溝（用水路）掘の造用銀を割符して支払い使用することで行着が成立した。

　嘉永 2 年（1849）には立江・宮倉・黒地・坂野・和田津新田 5 ヶ村の井組を結成して、用水工事用人夫高 90 人の内、和田津新田は 8 人（8.9％）を負担した[20]。また、「五ヶ村相合并井筋諸入目銀割符銀札 843 匁 5 分 9 厘」で、井懸町数 331 町 4 反 6 畝 14 歩の内、和田津新田 28 町 2 反 4 畝 15 歩の

割符銀札は 71 匁 9 分（8.5%）を負担した。その主な費用内容は旱魃関工事・用水埋浚修理・用水拡幅・用水浚井利修理等である。

　図 16-6 は嘉永元年（1848）の「和田津新田用水路絵図」[21] で、凡例では用水・道・中間・杭を色別で示す。図の裏標題には「苅屋舟戸下ヨリ新田原口埋井利迄之間、用水弐筋ニ而通水悪敷中分取除融通ヲ以、地替等之運候絵図面」と記される。図の左端にみえる七兵衛屋敷 2 つ池をはさんで、北に 2 筋に分かれる付近には註記が 5 ヶ所ある。これをみると、①「此土橋角丸印ヨリ下石橋角丸印迄、長五間七歩尾上口幅九尺五寸之所、通水当時指止用水床ヨリ地替え融通ヲ以上用水へ、尤五人組喜右衛門立合申談相定置、但シ此用水大間幅之通、取埋地預リ書物ヲ以兼太へ 預置」、②「此石橋ヨリ北へ拾壱間上口幅壱間半左右玉縁とも、右用水此分一円西用水掘添御飛地借請、為替勇助へ地預リ書物ヲ以相渡置候」、③「此朱丸印元用水杭新掘添長地預書物ヲ以勇助ヨリ請置」、④「是ヨリ下九間程上

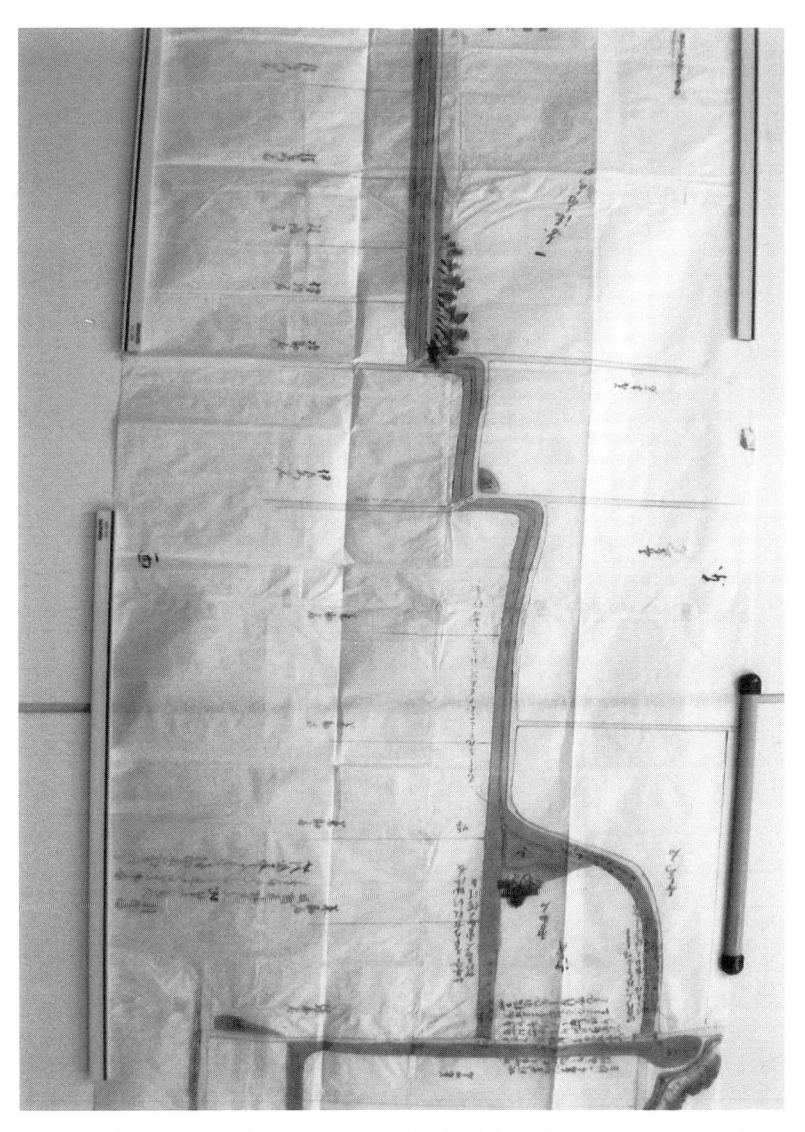

図 16-6　嘉永元年（1848）和田津新田用水路絵図（栗本家文書、82 × 28 cm）

口五尺五寸古用水地、尤古上王縁とも」、⑤「是ヨリ下赤丸迄一円中間取捨用水一つニ、当村都入置候」
と記される。坂野村との間に用水路に関して細密な取りきめをしている。

　また、用水から南には兼助名・伊左衛門名・次助名・伴次名・清右衛門名等の名負人名が、北には
喜左衛門名・茂平名と「一円添入内水田」と記され、絵図の右（北）端には「和田津元ほり用水」「西
開并大手用水」とある。

6. 安政元年（1854）南海大地震による壊滅的被害

　安政 3 年（1856）の南海大地震に伴う地震、高汐、高浪、汐入、底汐吹上げ、田地沈下等による和
田津新田の被害報告[22] によれば、田数合 15 町 9 畝 9 歩、高合 106 石 4 斗 7 合の損亡があり、これ
は寛政 3 年検地田数52.1%、田石高の46.0%に相当する壊滅的な被害であった。被害の 4 傍示別内訳は、
中筋傍示田数 4 町 3 反 6 畝 6 歩 / 高 36 石 7 合、西立網傍示田数 3 町 7 反 9 畝 15 歩 / 高 29 石 5 斗 3 升 5 合、
東立網傍示田数 3 町 8 畝 9 歩 / 高 21 石 1 斗 8 合、大手傍示田数 3 町 8 反 5 畝 9 歩 / 高 19 石 3 斗 9 升
7 合であった。

第 2 節　勝浦郡金磯新田絵図

1. 勝浦郡金磯新田絵図（分間絵図）

　芝生川が小松島湾に流入する一帯は低湿な芝生低地が形成され、その外側の内湾に広大な干潟が広が
る（図 16-1 参照）。付近一帯は小松島浦・日開野村・芝生村・田野村 4 ヶ村浦の囲堤外の潮干潟であり、
神田瀬川・芝生川・田野川の氾濫をたびたび受ける土地であった。元禄 2 年（1689）頃から、芝生村・
田野村堤外の干潟を築立する新田開発が行われるようになったとされる。開発主は小松島浦加子人・農
業と廻船業を営む 3 代目多田助右衛門である。同 2 年には助右衛門は、干潟約 60 町の築立て願いを御蔵
奉行所に出し、同 3 年には 1,000 間の（約 1,820m）の大手堤と、汐の干満で排水する樋門（石井利）を
自力で築立てた[23]。この新田には元禄 5 年（1692）から宝永元年（1704）までの 13 ヶ年季が与えられた。

　しかし、宝永 4 年（1707）10 月の地震・津波により金磯新田は大破しそのまま放置されたが、銀
札 30 貫目を藩から拝借することにより、享保 10 年（1725）に田畑 35 町 3 反 4 畝 24 歩を再築立て
し、年貢成りとなり、当地を「金磯新田」と称した。宝暦 12 年（1762）には小松島浦・田野村庄屋
請け持ちから分離独立した新田村となり、助右衛門は新田名主として認められた[24]。明和 3 年（1766）
の新田検地により、田畑町数 35 町 2 反 1 畝 12 歩、石高 206.049 石（内、麦 3 石）、免率「三ッ成」が
確定した。しかし、村高は全て名主助右衛門（土蔵 1 棟・馬 1 疋）に高付けされている[25]。

　さらに、明和 8 年（1771）の金磯新田棟付帳[26] によれば、家数 12 軒（内、壱家 10 人）、男子人
数 34 人であるが、31 人が「御見懸人」であり、2 ～ 3 匁の見懸銀を支払い他郷から来住している。

壱家 10 人の来歴（出身地）は小松島浦 1 人、徳島古物町・新シ町 3 人、那賀郡大林村 1 人、勝浦郡宮井村 2 人、その内、百姓の身居は 3 人、暇証文をもらって来住した藩士の家臣である先規奉公人 2 人、町人 3 人である。また、享和 3 年（1803）の来住者の身居調査[26]では、壱家 4 人は小松島浦借家稼 2 人、徳島安宅大工稼 1 人、大坂阿路川江借家稼 1 人で、町屋での下層の職人や賃労働者であった。

　図 16-7 は文政 2 年（1819）作製と推定される「勝浦郡金磯新田絵図」[27]（金磯新田文書）で、縮尺約 1,200 分の 1 の精密な実測図で表現内容は非常に精緻であるが、凡例を欠く。小松島湾岸の立江川口左岸には弁財天が鎮座する「山」（標高 19m）と、小金島・鵜糞岩・長島・室岩等の岩礁が描かれる。立江川口左岸には①「元禄十四年御下札開キ残、宝暦拾三年御下札場所」とあり、石垣堤で囲まれてその内側には松を植えた土手がある。田と萱原が半分ずつで、芝生川に排水する溜池や悪水路がみえる。さらに、その西側には②「元禄拾四年御下札場所」と記された広大な新田がみえ、萱原はなく全て田である。また、③小松島湾岸の松を植えた砂洲の南に築立した田がみえ、松林で区画された 4 軒と松林には 8 軒、

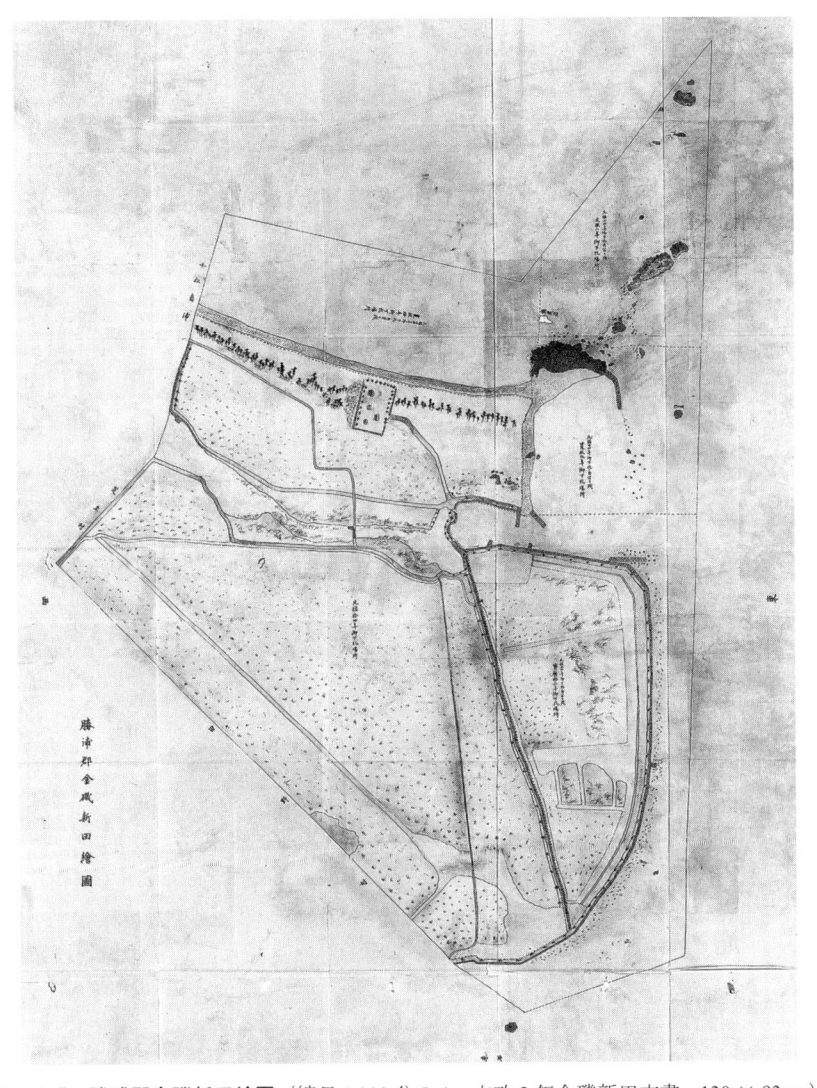

図 16-7　勝浦郡金磯新田絵図（縮尺 1,200 分の 1、文政 2 年金磯新田文書、130 × 93 cm）

合わせて12軒の家屋が描かれている。絵図にみえる用水路は、全て芝生川から取水しているのであろう。また、①・②・③ともに元禄14年（1701）に新田築立ての下札（さげふだ）を得ており、②はその開発残を宝暦13年（1763）に再び下札を申請し築立てたものであろう。

同図にみえる金磯南手の「寛政九年御下札場所」に関連して、①御蔵所検見役から新田名主多田本五にだされた寛政9年（1797）の「覚」[28]では、申請した築立て予定地の金磯新田東沖手20町の内、10町の築立により東烏帽子岩切の築立町数が増加するので、双方が四方詰を極めて壱ヶ年で完成させるように求めている。さらに、②絵図には北手砂洲の松林の居屋敷の沖を「寛政拾年御下札」と記されるが、これと関連して同年に御蔵所から新田名主多田本五に出された新開下札では、居屋敷沖の10町程の築立て予定地に対し、寛政5年から享和2年までの10ヶ年の鍬下年季にするとしている。さらに、絵図では烏帽子島沖に「文政二年御下札場所」と記される所に関して、御蔵所検見方井懸方萱野方御用から名主多田本五に対する下札の覚[29]では、金磯新田北手干潟の築立て5町程を文政2年から同11年までの10ヶ年鍬下年季とするとある。いずれにしても、砂洲松林北手沖と烏帽子岩周辺の築立て下札は出されたが、上記場所の築立ては成立しなかった。

2．金磯新田色分絵図

図16-8の小書には「金磯新田三十余町所築多田助右衛門永貞也、元禄三午歳（1690）普請大囲成就云々」[30]とあり、元禄3年には30町余の金磯新田の築立が完成していたことがわかる。また小書に「元禄三年築立之新田ト安永三（1774）築立ノ分八傍示色分ヲ以ル者也」とあり、元禄3年と安永3年築立て分について、8傍示（地区）を色分けで示している。さらに、絵図では1筆ごとに名負人名とその墨書番号を記している。8傍示は壱番町・弐番町・三番町・鍬瀬・土手町・下川中・入江町・烏帽子岩で色分けで区分している。新田西端の田野村田地境には、「此堤先午大囲堤田野芝生相合地ニ而金磯新田□□（判読不能）長五百拾間有之土手也」と土手があり、立江川口左岸には合わせて504間の石垣（一部土手）がみえる。

本図で注目されることは、立江川口で田野村・和田津新田境には、川幅32間・90間・74間と記され、中洲付近には4ヶ所の小書きがある。小書きをみると、「此所天明丑年（元年）ニ切レ大ホレタル故ニ内ヘ入テ築有之也」、「外大手大破ニ付テ水底深クホレ候ニ付、此所ヘ引堤ニシテ築留有之」、「此墨引ノ処、先年金磯新田大手南之留也、此辺ニ水越有之、宝暦年中ニ大水有テ堤切ル」、「寛政九巳年マテ此墨引ノ通ニ有之処、新田築立ニ付田野芝生両村水吐ノサワリニ相成故障ニ付十五間引堤ニシテ、此画図有之通ニ成タリ」とある。

さらに、宝暦13年（1763）の御蔵所から新田名主多田助右衛門への築立ての下札対象地は、立江川口左岸のえぼし岩破戸から明石井利脇まで堤外干潟分20町程、同場所5反程、松植付畠3反程の3ヶ所が承認されている[31]。また、天明7年（1787）の名主多田佐蔵から御蔵所への下札に対する請書[32]では、近年、和田津新田の大半の築立てが終わり金磯新田との幅が狭くなり、那賀・勝浦両郡の排水が悪くなって、立江村の水吐出しに障りができたので、御見分の上、金磯新田用水大手堤南角より北へ98間程を除いて捨石をして水流をよくしたいと申請している。

また、安政5年（1858）の名主多田宗太郎から中田（ちゅうでん）村組頭田村康太郎への稲作成熟報告[33]では、

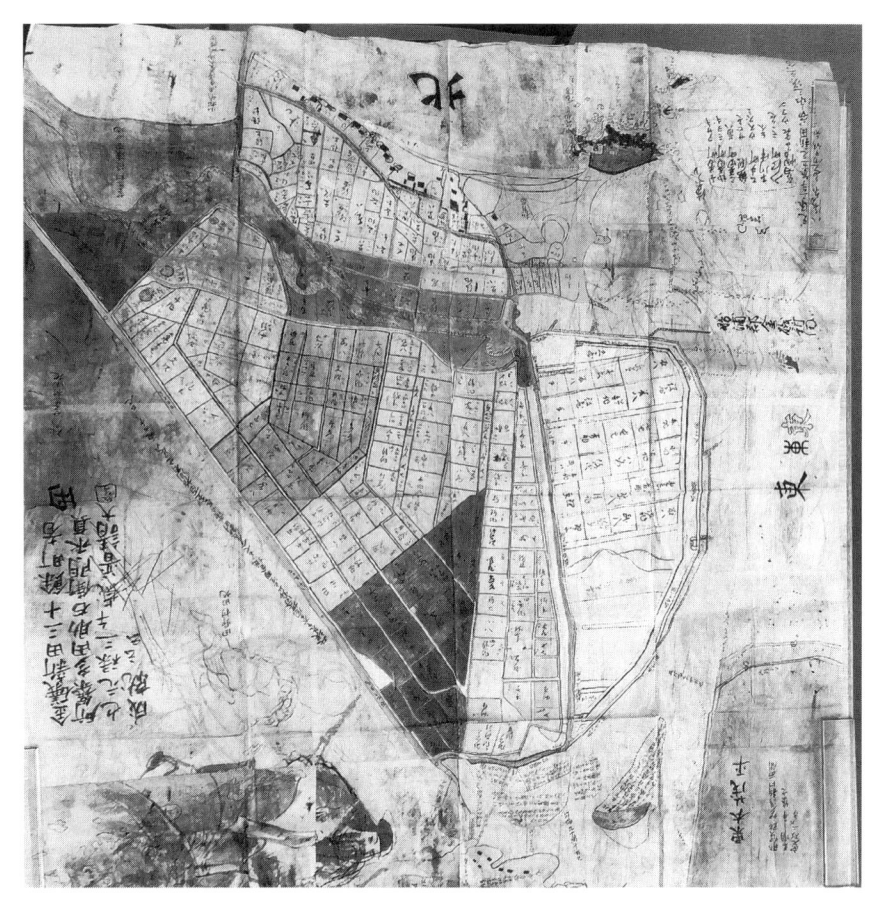

図 16-8　金礒新田色分絵図（金礒新田文書、132 × 118cm、徳島県立文書館蔵）

村高 292.067 石の内の 130 石程が汐枯れ、汐腐り、汐気のため 6 歩の成熟とある。なお、明治 9 年（1876）
の『勝浦郡村誌』[34] によれば、金礒新田は田地 42 町 9 反 2 畝 9 歩、畑 2 町 2 反 4 畝 12 歩、大縄場
1 町 9 反 8 畝 15 歩、総計 47 町 1 反 5 畝 6 歩、地租米麦 42.309 石、戸数 24 戸、人数 131 人、牛馬 17 頭、
50 石未満日本舟 10 艘である。

第 3 節　那賀郡辰巳新田絵図

1. 那賀川デルタ河口地形の形成過程

　辰巳新田は那賀川河口に近世後期の天保期から明治末期頃の干拓によりできた新田である。小松
島内湾の和田津新田・金礒新田や、旧吉野川下流の干潟（ラグーン）の笹木野新田とは異なり、直接
に紀伊水道の沿岸流の影響を受ける立地条件にある [35]。那賀川の河口部には本流（北側）の河口と、

南側の桑野川（岡川）の河口の 2 つに分かれている。この河口部の分流状況に焦点をあてて幕府撰阿波国絵図や旧版地形図、空中写真等で時系列にみよう。まず、推定慶長阿波国絵図[36] と寛永 10 年頃（1633）の阿波国絵図[37] では、北岸の那東郡中島村と南岸の長岡村付近から 2 つに分流して描かれている。また、寛永 15 年頃（1638）の阿波国絵図[38] では北の那東郡の今津口、南の中嶋口の 2 つに、正保 3 年（1646）の阿波国絵図[39] では那東郡の今津口・中嶋口・中嶋口の 3 つに分流している。さらに、寛文阿波国絵図（推定）[40] と元禄阿波国絵図[41]、近世後期の阿波国大絵図[42]、阿波国画図[43] でも今津口・中嶋口の 2 つに分流して描かれている。また、享保 15 年（1730）作製の「那賀郡平嶋組絵図」[44] では河口部に砂洲状の島が形成され、北の中嶋川口、南の福村川口が記される。

　つぎに、文政 11 年（1828）作製の実測分間絵図である縮尺 9 万分の 1 の阿波国絵図[45] では河口部に砂洲状の島が 6 ヶ所程描かれている。さらに、文化 13 年（1816）作製の那賀郡分間絵図[46]（縮尺

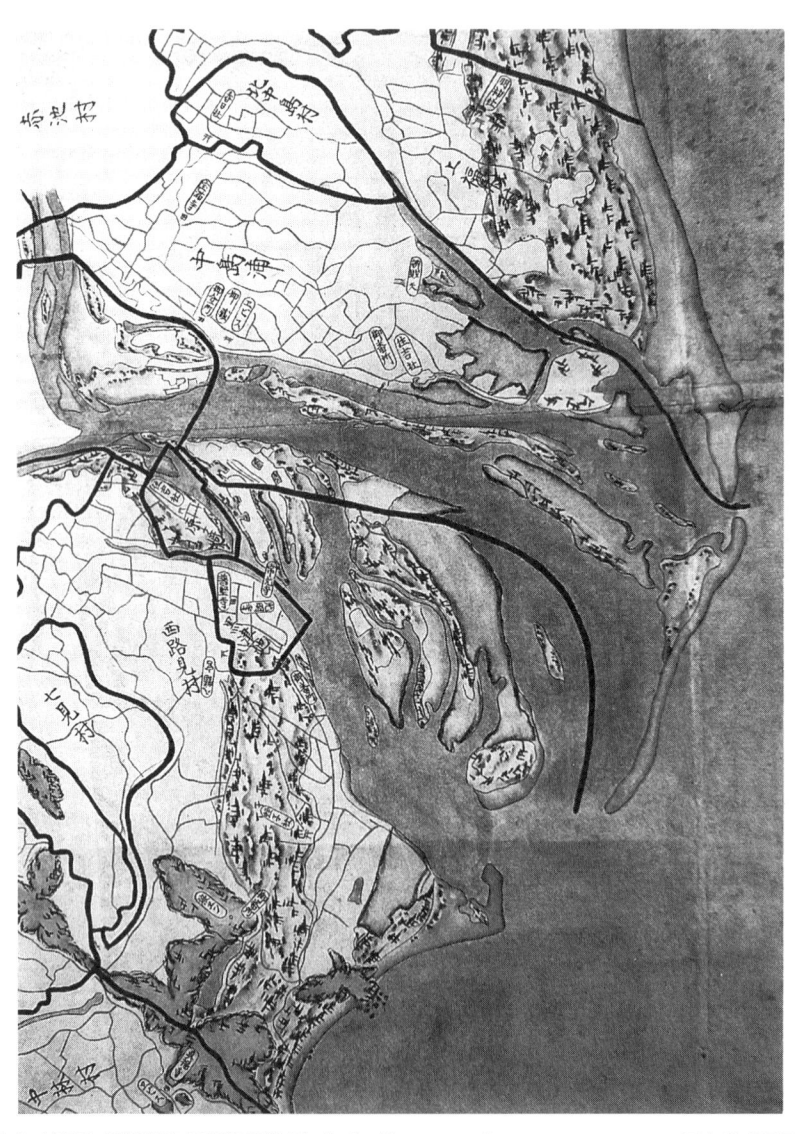

図 16-9　文化 13 年（1816）那賀郡海部郡海辺絵図（部分、縮尺 18,000 分の 1、306 × 101cm、四国大学附属図書館・凌宵文庫蔵）

18,000 分の 1）と、同年頃作製の那賀郡海部郡海辺図[47]（前同縮尺、図 16-9）では、中島浦と西路見村との間の河口部に辰巳新田の原型となる島状の干拓地と一文字の砂洲が形成されている。さらに、文政〜天保期作製と推定される阿波国分間絵図[48]（縮尺 9 万分の 1、谷家文書、口絵 35 参照）と、明治 3 年 (1870) の阿波国全図[49]（縮尺 4.5 万分の 1）では河口部に「辰巳新田」と「一文字」の砂洲が描かれている。

　また、大正 6 年（1917）測図・昭和 9 年修正測図の 2.6 万の 1 地形図「富岡」では、北の旧那賀川と南の那賀川河口にはさまれた辰巳新田がみえるが、中島と芥原付近では岡川と那賀川は締め切堤で分離されていない。分離堤が初めてみえるのは、明治 40 年（1907）測量・昭和 9 年（1934）修正測量・同 33 年（1958）要部修正測量の 5 万分の 1 地形図「阿波富岡」である。那賀川本流の辰巳新田と桑野川南岸の芥原を結ぶ締切り堤防工事は、昭和 15 年に開始されたが、同 16 年の台風被害のため全面崩壊し太平洋戦争のため中断したが、同 27 年に那賀川の冨岡水門と堤防工事が完成した。これにより、辰巳新田に対する桑野川からの水害の危険が大幅に減少した。また、昭和 30 年ごろより、那賀川河口部に堆積する大量の砂利が阪神方面に売られたため、那賀川の流下がよくなった[50]。

　1962 年撮影の空中写真（図 16-10）をみると、那賀川南岸には本格的な堤防が構築されている。また、辰巳新田地区の西端の眉ノ毛と桑野川北岸の南は、松林の石堤に囲まれるが、西端部分は無堤で、明治 40 年測量の地形図では桑園となっている。また、同地形図で那賀川本流の中島で乾田が広がる齋藤島は、昭和 15 年から始まった那賀川改修工事の浚渫のために取り除かれ、空中写真では砂洲となっている。また、「会所」は空中写真では松林に囲まれた大きな方形の敷地に家屋と、元嶋南端に明治 31 年（1898）に設立された辰巳小学校がみえる。

　空中写真では東端の一文字（砂洲）と眉ノ毛との間の干拓が終了し、短冊状の規則的な地割が 4 列あり、15 棟の民家が松林の堤東にある。また、絵図にみえる小屋嶋・中嶋・元嶋の 3 列の悪水路は空中写真では全て埋めたてられて、細長い水路になっている。また、空中写真にみえる地割は明治

図 16-10　辰巳新田付近の空中写真（1962 年、国土地理院 MSI-62-1Y C5-172 に加筆）

22 年（1889）の「辰巳新田土地区分図」（井上家文書）[51] の地割りをほぼ踏襲していることがわかる。

2. 天保・安政期の辰巳新田絵図

　町人請負新田である辰巳新田地区は北岸では中嶋浦に、南岸では西路見村に属して、家老賀島氏の拝領地で、一帯は茫漠たる葦原や雑木林であった。天保 6 年（1835）に那賀郡横見村無役人新兵衛が冥加銀 3 千両で辰巳地区の開発に着手しようとしたが、天保 14 年（1843）に資金不足のため、小松島浦の豪商井上家 7 代甚右衛門恭明に辰巳新田の開発権を譲渡した。同 15 年 2 月に那賀海部郡代高木真之助ら 3 名は、正式に辰巳地区の開発者を井上家とした [52]。天保 8 年（1837）の記録では 71 町 1 反 6 畝 21 歩の内、藪 80.7%、定請林 14.8%、植付林 4.9%、畑開 3.3%で、未開地の藪（雑木林）が大部分を占めており、開発の初期段階であった [53]。

　辰巳新田の開発計画図である天保 12 年作製の那賀郡巽新田絵図（図 6-11）[54] の縮尺は、「一寸三拾間」割の 1,800 分の 1 である。郡代高木真之助は同年 3 月に壱番杭から十一番杭を打ち、境界を確定した。しかし、嘉永 2 年（1849）に郡代高木真蔵は辰巳新田の境杭の打ち直しをさせた。地区の北には中島浦境の広い那賀川の水面が、南には西路見村・黒津地村との境をなす岡川の水面が占める。北西端の壱番杭は「羽右衛門地境岸ヨリ五間西ヘ出」る地点で中島浦分を境とする註記がある。また、「當新

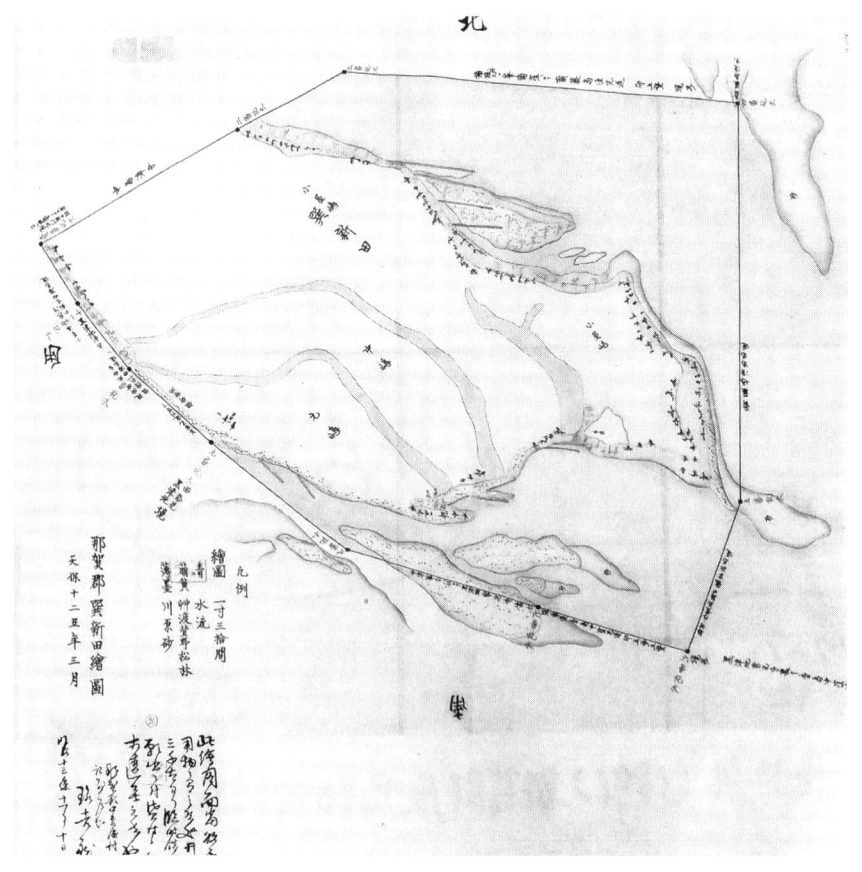

図 16-11　天保 2 年（1841）那賀郡巽新田絵図（口絵 40、縮尺 1,800 分の 1、77 × 94cm、井上家文書、徳島県立文書館寄託）

田境界傍杭写」[55]によれば、壱番杭の東は「従是中島浦羽右衛門忠右衛門名負開東端、弐番杭木迄丑九歩（真北より 42 度、筆者注、以下同）ニ当見通シ、北ハ中嶋浦南ハ辰巳新田」、南は「従是小屋島、西ハ癒上小松生西端拾壱番杭木迄辰ニ八歩（真北より 129 度）ニ当見通、東ハ辰巳新田、西ハ黒津地」、北は「中嶋浦」、西は「黒津地・中嶋浦境」とあり、壱番杭からの見通しの方位を明示している。

　三番杭から四番杭は「楠根村（現阿南市加茂谷）三ヶ峯南窪ミヨリ齋藤島須先通」と記される。四番杭から南へ「齋藤嶋須先見通」して五番杭を、六番杭へは「福村ノ内豊益新田龍宮社見通」し、六番杭から「黒津地常光寺裏ヨリ青島中窪迄千八百九拾間」と記される。西路見村境を西へ七・八番杭を打ち、「中津峯三十八社ヨリ黒津地常光寺裏出張角通青島中窪見通卯五歩五厘（真北より 91.5 度）」と記され、真東より 5.5 度南を見通した。また、九番杭から十一番杭へは黒津地浦境を西へのび、「被御検地西角植附松西端見通、小屋嶋癒附小松生西端見通」とあり、杭を結ぶ線の内側は「假御検地」となっていたことがわかる。

　また、本図には 3 つ島（小屋島・中島・元島）が 3 筋の悪水路で区切られ、凡例には萌黄は草渡萱野松林、薄墨は川原砂とある。新田区域は松林からなる砂地の堤で囲まれ、3 筋の悪水路と 8 本の石垣の水制が描かれており、天保 12 年頃の辰巳新田の状況がわかる。

　つぎに、安政 5 年（1858）4 月の①「辰巳新田絵図面」（図 16-12）[56]と同 6 年の②「辰巳新田絵図」[57]をみよう。①には「中田辰次惣写取」、②の裏書には「安政六未年七月十一日、御見分澤口仁兵衛様へ御絵図面之控」と記される。①をみると、北西から東へ「中嶋分羽右衛門開」、「小屋嶋傍示分、

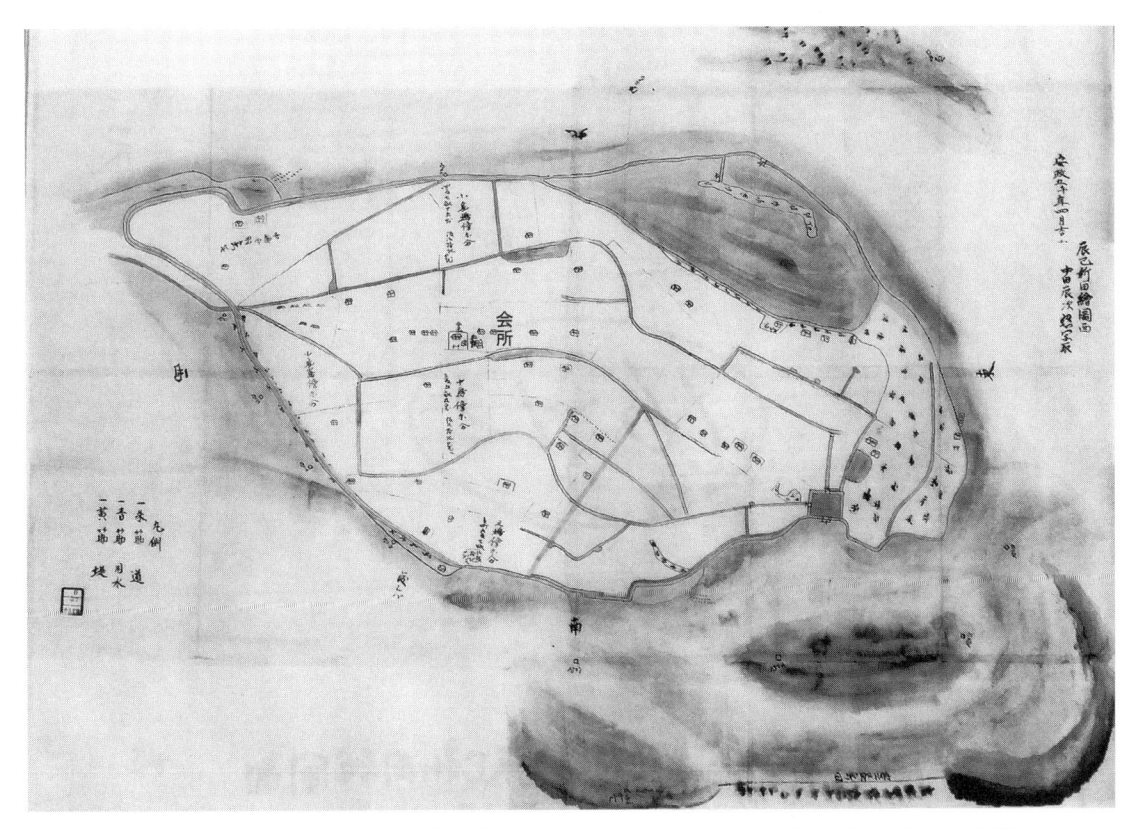

図 16-12　安政 5 年（1585）辰巳新田絵図面（136 × 79cm、井上家文書、徳島県立文書館寄託に加筆）

四反七畝十五歩・仮御検地」、眉ノ毛地区の広い水溜りがあり、1つの樋門から排水し干拓を進めている。東端の若宮社を祀る松林、その西には3筋の悪水路が集まる樋門、さらに西へは「会所」が描かれる。西の11番杭付近の岡川から取水し、3筋の用水路がみえ、樋門に集まる。①には49軒の家屋がみえる。②には「朱引内一円辰巳新田」と記され、黄筋で示す堤で囲まれる。北には「中島浦空地」と「此辺ニ而壱反四畝廿弐歩」とあり、堤内には「中島御仮」と「西路見村御仮地籠ル」が5ヶ所みえる。さらに、②では眉ノ毛の干拓が終了して「水溜リ葭原共」とあり、安政6年頃（1859）には辰巳新田はほぼ完成していた[58]。

①②図には辰巳新田の傍示が明示されているが、文久元年（1861）8月の「御改写」[59]によると、辰巳外新田の総地積は75町であり、内4町は「申年（万延元年・1860）潮入後中封疆池床葭林ニ相成候分」、23町9反は「惣松林眉ノ毛葭原水溜惣荒地共」で、内訳は、元島傍示1町7反9畝、中島傍示4町1反6畝、小屋島傍示12町8反4畝、土手外沖ノ須傍示3町7反67畝、土手外南傍示1町3反5畝である。残りの12町は「惣松林眉ノ毛葭原水溜惣荒地共」で松林と眉ノ毛地区の葭原・水溜・荒れ地で、田畑・宅地は35町1反（46.8％）であった。開墾初期の天保期の作物は稲作よりも、麦・稗・黍・大豆・琉球芋等の雑穀や芋類が中心であった。

3. 辰巳新田の耕地状況と出作人の出身地・身分

明治9年（1876）の『旧藩時代ノ耕地拡張改良事業ニ関スル調査』[60]によれば、総面積123町7反1畝14歩の内、田44町8反1畝12歩（36.2％）、畑1町8反2畝26歩（1.5％）、宅地3町8反7畝10歩（3.1％）、原野60町7反9畝21歩（49.1％）、雑地9町7反23歩（7.8％）、溜池2反2畝18歩（0.2％）、水路敷1町4反8畝29歩（1.2％）、堤防敷5町2反4畝26歩（4.2％）であった。耕地の96.1％を田が占めるが、新田面積の約半分が原野である。

また、文久元年（1861）の「辰巳新地入口反数改名寄下書」（以下、「名寄下書」）[61]によれば、田畑面積43町1反9畝27歩、総筆数は583で、名寄人は58人である。田は24町1反7畝19歩（337筆）、畑19町2畝8歩（246筆）、田は55.9％で、畑の比率が半数ちかくである。検地では畑と帳付されている筆が多い。例えば、本帳冒頭の字元嶋傍示居住の助蔵名負の中畠（8畝28歩）と下田（5反15歩）をみると、中畠は米と麦の二毛作、下田は一毛作の湿田と推定できる。

安政5年の辰巳新田絵図（図16-12）中央部の小屋嶋傍示には「会所」が描かれているが、開発主の井上家の本拠は勝浦郡小松島浦にあるため、新田の管理業務を行う出張所として「会所」が置かれた。「会所」には井上家の番頭である「才判人（さいばんにん）」が常駐し、出作人の代表である支配人（安兵衛・與兵衛）が村内のとりまとめや年貢徴収等を行っていた。天保6年（1835）頃に藩内からの出作人が辰巳新田に集まりつつあった。「名寄下書」[62]の耕作面積から出作人58人の階層構成をみる。最大は2町5畝24歩を所有する米蔵で、以下、窪太郎1町7反2畝4歩、丹次1町6反5畝25歩がおり、最低は市蔵4畝27歩である。また、1.5～2.5町3人、1～1.5町8人、7反～1町19人、5～7反16人、3～5反4人、1～3反3人、1反未満5人で、1町以上の上層が19％、5～1町の中層が60％、5反以下の下層は21％である。

辰巳新田へ入植した農民の出身地や身居を、天保14年の「出作人身居改帳」[63]からみよう。総数21軒、57人の内訳は、最多は板野郡の10軒で吉野川下中流域の平石（ひらいし）（現徳島市）、引野（ひきの）・西條・矢

武・高尾村（現上板町）、名西郡1軒、桜間村（現徳島市）、名東郡2軒・北新居・南新居村（現徳島市）、麻植郡1軒である。周辺地域では那賀郡5軒、勝浦郡2軒で、那賀川デルタの柳島・三栗・大谷・吉井村（現阿南市）、勝浦郡田浦（現小松島市）・飯谷村（現徳島市）である。注目されるのは、出身身居では藩領の御蔵百姓11軒、給地の頭入百姓3軒で、百姓身居は15軒（不明1を含む）である。さらに、給人の譜代家臣・家来・先規奉公人等[64]が5軒あり、旧士分格の者が農民として辰巳新田に入植している点は注目されるが、いずれも板野郡出身である。

4. 嘉永7年（1854・安政元年）の安政南海地震と、安政7年（1860・万延元年）の安政大津波の被害

　嘉永7年（安政元年）11月5日の安政南海地震による辰巳新田の被害状況は、「御用筋書」（井上家文書）[65]の記録をみると、破堤695間（1,263m）、田畑汐入り20町、潰家18軒半、用水筋破損200間（364m）、水門石井利破損2ヶ所であった。また、新田一円が約3尺も地盤沈下したといわれる。さらに、安政7年（1860・万延元年）7月11日の大風雨高潮津波による被害は、「辰巳豊益両新田痛ヶ所報告書」[66]によれば、汐入悉皆無毛田畑は23町7反6畝16歩、明治9年総田畑面積の46町6反4畝8歩の50.9%にも及んだ。また、堤防破損1,360間（2,473m）、流失人家7軒、死人1人、流失牛4疋であった。

　また、新田堤防の構築には莫大な量の石と土砂が必要であった。これらの石や砂は那賀川中流の楠根村、河口の中島浦、河口沖の青島・中津島・烏帽子島・丸島や中林村の砂洲、小松島浦、大原浦・大神子（現徳島市）、撫養（現鳴門市）から帆船で運ばれた[67]。辰巳新田地区は外洋である紀伊水道の波浪と、沿岸流による浸食をうけるために、一文字や齋藤島・眉ノ毛付近の堤外へ帆船から多量の捨石をして築堤し、堤内の排水をした。新田の用水は中島浦から東へ引く3本の幹線水路があった。北の長さ11町50間（約1,300m）、幅1間3尺、南の長さ11町16間（約1,230m）、幅2間と、新田の南の元島から東へのびる長さ8町41間（約750m）の3本であった[68]。さらに、用水を確保するために、文久2年（1862）以降、数百ヶ所の掘り抜き井戸を掘ったが、明治4年（1871）の5ヶ年計画では779本のも井戸を掘る計画があった。

第4節　板野郡松茂町の新田絵図と土木的景観

1. 笹木野村新田絵図

　慶長10年頃（1605）の「阿波国絵図」[69]、寛永15年（1638）頃の阿波国大絵図（徳島大学附属図書館蔵）、正保3年（1647）の「阿波淡路両国絵図（阿波国）」[70]、では、旧吉野川河口付近は、長原浦の砂洲の内陸側には広大な潟湖（ラグーン）がみえ、河口デルタ東岸の新田地帯は描かれてい

ない。しかし、近世後期の享和3年（1803）の「御国絵図」[71]（個人蔵、徳島市立徳島城博物館寄託）や、「御国中総絵図」[72]（前同）には、「笹木野」「喜来新田」「鴻池新田」等の名みえる。また、「阿波国大絵図」（前同）には、広戸口（旧吉野川河口）と、今切口との間に「広嶋浦」「中喜来浦之内、笹木野村・長原浦」がみえる。さらに、文化13年（1816）の「板野郡分間郡図」[73]（縮尺18,000分の1の実測図、口絵23）では、長原砂洲の内陸側に広い潟湖がみえ、潟湖で造成中の「豊岡新田」「豊岡新田」「長原浦」と、その西側には「笹木野村」「住吉新田」「新田新喜来」がみえる。

　板野郡笹木野新田（現松茂松町）は、文化8年（1811）8月に笹木野村庄屋・五人組が、岡崎三蔵の絵図御用の求めに応じて出した「板野郡笹木野村絵図為御用被為仰付諸品指出帳・控」[74]と『板野郡誌』[75]によれば、京都の豪商三島泉齊が明暦年中に笹木野、今切川の南に位置する加賀須野新田と平石（現徳島市川内町）を含む約390町歩の広大な地区を3つに分けて新田の築立てをしたが、度重なる洪水のため事業の完成をみることなく、泉齊は明暦2年（1656）に没した。その後3村の事業は、泉齊手代の浅山瀬兵衛（朝山瀬平とも書く）・井上六郎右衛門に引き継がれ、延宝5年（1677）に鍬下年季明で検地があり、さらに、元禄5年（1692）・同9年（1696）・享保10年（1725）検地を受けている。文化8年の前書によれば、田畑105町6反8畝21歩の内、川成損は6町6反5畝21歩（6.3%）、荒地12町1反6畝18歩（11.5%）で、村高530.933石、家数83軒である[76]。

　まず、天明2年（1782）に現松茂町と徳島市川内町東部の萱原約400町歩の低湿地を、阿波郡の伊沢亀三郎が新田開発の許可を藩に願い出て、大坂の豪商鴻池の援助を受け、天明7年（1787）に完成した。「鴻池新田」の一帯を描いた「笹木野新田絵図」（国立国文学研究資料館蔵、図16-13参照）[77]をみると、笹木野新田は横V字型をしているが（口絵41参照）、南は今切川の自然堤防上に、西と北西は吉野川の自然堤防上に集落が立地し、その内側の湿地を干拓したものである。

　まず、図の南の別宮川（現吉野川）北岸には「古別宮」（現川内町）、「一円干潟」とあり、その西には「此所新田、百町余」（富吉・富久・米津新田付近か）があり、さらに、その西には川内町の「加賀須野村」「中嶋村」「竹須村」「大松村」「平石村」等がみえる。さらに、今切川の北には「廣嶋之内老門」（現松茂町）とある。その東側には大きな湿地があり、「廣嶋浦」「笹木野新田」と「一円干潟、此所新田、三百町程」と記される。ここが開発予定の「富吉新田」「豊久新田」「満穂新田」「豊岡新田」付近を示すと推定できる。また、春日神社西に大きな井利（樋門）が描かれる。

　本図の作製目的は不明であるが、「笹木野新田」西側の広嶋浦との境付近の水門（井利口）には9枚の付箋がみえるが、この地点は吉野川堤防の笹木野用水井利口にあたるので、古井利の改修等に関して御蔵所への上申のための添図とも考えられる。付箋には「此上百間余用水堀候所、半右衛門堀廣ヶ自力ニ可仕候」「井利壱本奉願上候」「井口ヨリ笹木野堤長五百間」「此所エ井口古井利被仰付候様ニ奉願上候」「笹木野悪水井利此余水新田□□（不明）」等が記される。

　また、天明8年（1788）12月に本村庄屋・五人組が御蔵所に出した「乍恐御窺奉申上覚」[78]によれば、本村は天明の大地震の大津波で大手囲堤が打ち崩れ、地盤が約2尺余りも沈下した。次いで、大坂千嶋の嘉源治が当村で干潟新田開をした土地が川成りとなったので、百姓の自力で堤を普請修復する願いを出している。さらに、翌9年（1789）正月には庄屋・五人組が御蔵所に出した百姓自力開帰り願[79]によれば、大地震津波により上記堤外の新田が荒地川成床となり、本村の大手堤が二重囲になり内間の田地へも潮指入りとなっているので、嘉源治新田の田畠32筆／3町9反7畝24歩

/ 高 15.773 石の百姓自力による開帰り願いを出している。さらに、寛政元年（1789）6 月に本村願百姓 23 人と庄屋・五人組が、御蔵所に出した「乍恐奉願覚」[80]によれば、川成荒地となった上記の嘉源治新田に対し運上銀を差し出すので、本村の牛馬飼草場にしてほしい旨を願い出ている。また、文化 6 年（1809）10 月 26 日付けの御蔵奉行に出した「板野郡笹木野村萱野就御見分仕上絵図」[81]によれば、本村西部の広嶋浦境の堤外 8 反程、北東部の北地の堤外 1 反 1 畝程、豊仲新田境の山ノ手の 7 畝程の萱野を、牛馬飼草や肥草の採取場にしていたことがわかる。

2.　笹木野新田用水絵図

寛政 4 年 4 月付けの笹木野村庄屋・五人組から目路見所奉行宛の「笹木野村新用水堀床相改仕上控」[82]によれば、新たに 10 ヶ所の長さ合わせて 278.8 間（507 m）、幅 0.5 ～ 2 ～ 2.5 間、半間二方土上床の損田として、1 反 6 畝 15 歩、高 1.528 石を計上している。「笹木野新田用水絵図并笹木野村新田用水絵図」（図 16-13）[83]は新田を U 字型に描いている。その外側から内側に廣嶋浦・喜来新田・笹木野新田・住吉新田が配置され、紀伊水道沿いの東の干潟には天明から寛政初期にかけて豊中新田の築立に着手した大坂の商人「袋屋作次郎築建新田場所」と記された区画がみえるが、これは、同人が新田開発した住吉新田の一部と推定できる。

図 16-13　笹木野新田用水絵図并笹木野村新田用水絵図（国立国文学研究資料館蔵、蜂須賀家文書（1311）、111×68 cm、89×86 cm、上が西を示す。）

沿岸洲（長原）と新田の間には広い干潟が存在し、「新田場處大手すじの通」と記した杭を打ち込んだ堤が干潟を囲む。まず、笹木野新田西端の広嶋浦との境に、「新田井利」「笹木野村井利」と記された2つの井口（樋門）があり、そこから3筋の水路が北西の笹木野村北地と南西の山ノ手に流れる。さらに、春日神社付近から流れる「新田井利」があり、「此處出来新田凡百町程」と記された「住吉新田」には「新田用水筋」と記される。さらに、4筋の用水路が走り、東の干潟端には大きな樋門が描かれる。この樋門付近には2つの「水門」と「新田悪水井利」「常夜燈」「新田樋番小屋」が描かれている。干潟との境を塞ぐように幅広い石垣の新田堤が築立てされており、800間（約1,450m）あった。石堤の外側には「新田堤大手波除ヶ杭通」「新田堤杭しるしの通」の小書きが見られる。さらに、笹木野新田と住吉新田との両境には、「新田古記長弐千間程（約3,640m）位昨今迄ハ□□御普請所へ^{（判読不能）}御願上申候」と記され、新田百姓屋5軒と新田鎮守が描かれる。また、今切川口付近には「古川筋」と、悪水吐けの「新除川筋」や「土手筋」がみえる。本図は御蔵所へ申請した笹木野新田と、住吉新田の用水計画の大綱図で、文化3年の「板野郡分間郡図（口絵23参照）」に描かれる用水路と一致する。

3. 文化13年（1816）板野郡笹木野村分間絵図豊仲新田分間絵図

本図（口絵41）[84] は文化8年5月の作製の極めて精緻な分間絵図で縮尺1,800分の1の控図で、東西南北に4つの花弁型方位盤がある。文化8年5月付けの「此度絵図為御用御越被為遊候ニ付、村中惣反高家数神社名所旧跡之運ヒ申伝候ニ至迄、委敷相調べ指し上候」[85] とあるように、岡崎三蔵に本村庄屋・五人組が回答している。さらに、同年5月19日付で「絵図方岡崎三蔵賄料明細」[86] として、岡崎三蔵の5月15日から19日までの丸4日分の賄料銀札6匁、絵図方4人分の絵図代・肴代11匁2分を支払っている（図16-14参照）。

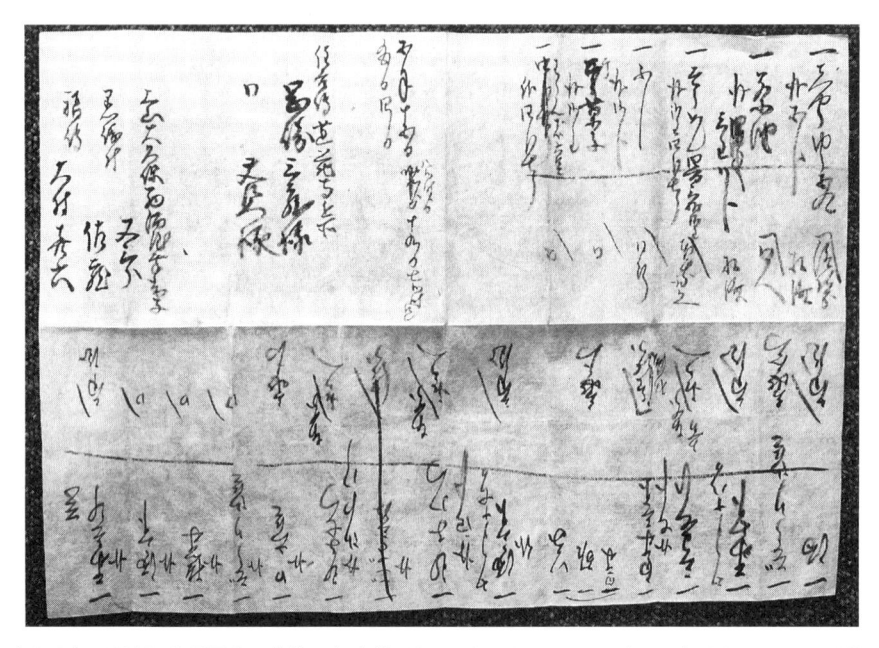

図16-14　文化8年（1811）5月岡崎三蔵他一名宛覚（春日神社文書、松茂町歴史民俗資料館・人形浄瑠璃芝居資料館蔵）

　文化 8 年 5 月の「笹木野村分間絵図豊仲新田分間絵図」（口絵 41）は、藩に調進した清図の控図で、当時の景観を復原できる貴重な実測絵図である。前記の岡崎三蔵宛に回答書を出した文化 8 年 5 月と同年同月である。笹木野新田は横 V 字型をしており、周囲に松を植えた大手堤で囲まれる。絵図凡例にある積数（外周）によれば、笹木野村が 1 里 27 町 3 間（8,404 m）、豊仲新田が 20 町 22 間（2,220 m）である。注目されることは、広島浦と加賀須野村境にある用水取水口付近の萱野、北東部の豊岡新田・中喜来浦境付近の萱野、広島浦から中喜来浦にいたる狭長な堤外地があることである。加賀須野村・広島浦境付近にある取水井利から 4 筋の用水路が南西の八丁野・山ノ手に、5 筋の用水路が北東の北地に流れる。生垣に囲まれた屋敷は大手堤沿いの堤防上に立地しており、笹木野村で 80 軒、豊仲新田で 3 軒を数える。また、図にみえる家屋 126 棟の内、13 棟が瓦葺きである。八丁野に鎮守の春日社・埜神、山ノ手に埜神・地蔵、北地に祇園社・若宮、豊仲新田に三宝荒神・埜神が鎮座する。

　享和 3 年（1803）3 月の「板野郡笹木野村姿相調子指上ル帳」[87] によれば、広島浦から北東の豊岡新田境までの大手堤の長さは 2,947 間（5,358 m）の藪床で、田畠は 97 町 5 反 27 歩、高 438.9945 石、御蔵一円、家数 80 軒である。また、文政 3 年（1820）「笹木野村検地帳矩揃（かねぞろえ）」によれば、総筆数 1,114、田畑 90 町 3 反 3 畝 12 歩、うち田 82 町 8 反 8 畝歩（91.8%）、畑 7 町 4 反 5 畝 12 歩（8.2%）、田畑高 548.889 石、うち田高 493.296 石（89.9%）、畑高 55.593 石（10.1%）で、田卓越で、田反当は 5 斗 9 升 5 合、畑反当は 7 升 5 合と生産性は極めて低い。また、明治 9 年の『板野郡村誌』[88] では田 133 町 1 反 6 畝 26 歩、畑 3 町 7 畝 5 歩、宅地 7 町 6 反 7 畝 10 歩、戸数 110、人数 547、牛馬 60 疋、日本形 50 石未満荷船 9 隻、加賀須野村との渡船 2 隻があった。

　享保 4 年（1719）の「板野郡棟附御改帳写」[89] によれば、家数 72 軒である。文化 5 年は 89 軒に増加したが、内 13 軒は板野郡最大の郷町撫養で稼借屋人である。また、享保 4 年には 15 歳より 60 歳までの男子役目人数 171 人、他国者見懸人 37 人（河内・讃岐・紀州・大和国）、阿波国見懸人 20 人、他村より来人 34 人で、他国からと、板野郡内からの罷越（まかりこし）が多い（板野郡竹園村・川端村・萩原村・桧村・南浜村・明神村・矢上村・七条村・西中富村各 1 人、奥野村 4 人、別宮浦（べっく）・中喜来浦・加賀須野村・椎本村・大坂村・中村各 1 人・川端村 2 人・奥野村 4 人、名西郡中嶋村・美馬郡重清村・勝浦郡坂本村・櫛渕村各 1 人）。また、来人で給人の譜代家臣で帰農した先規奉公人 9 人がある。注目されるのは、笹木野新田から他村への走人が 43 人（文化 5 年棟付帳では 40 人）もいることである。また、小家離れにより壱家になった者 8 人である。村高 523.229 石のうち、荒地高が 69.765 石（32.4%）にも及び、他村からの通作（入作人）が 28.382 石（5.4%）である。

4.　笹木野村戸籍番号図

　本図（図 16-15）[90] の縮尺は 3,200 分の 1 程度の見取図で、明治初期の作製で、地租改正に関係したものと推定できる。大手堤は緑線、井利・水路は青線、家屋は屋根を桃色の家型、神社・祠は朱鳥井、道は黄線で示される。1 番〜 104 番の戸籍番号には戸主名が記され、5 棟は瓦葺きである。図には西端の広島浦と加賀須野村境に位置する 1 番篠賀安治郎→八丁野の用水路沿いに山ノ手へ 61 番→豊仲新田 62 番〜 65 番→春日神社（字山下）、71 〜 73 番→中喜来浦境の北地 74 番〜 90 番→字灘・字八

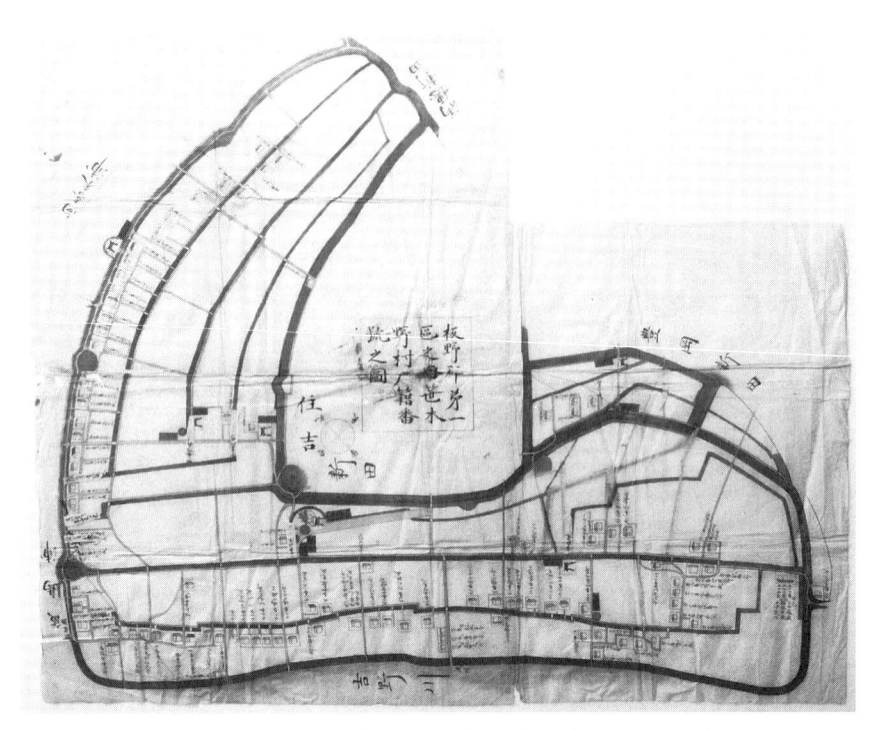

図 16-15　笹木野村戸籍番号図（春日神社文書、56 × 67cm）

上ヨリ山奥、104 番→字山南、104 番山田官次郎に至る。注目されるのは、52 〜 54 番の 3 軒に「借屋」と記されていることで、他は全て自宅である。

5. 文政 2 年（1819）板野郡住吉新田図

　住吉新田は天明 4 年（1784）から寛政 10 年（1798）までの 15 年間の鍬下年季で開発された。小奉行格で後に藩用水方を勤めた伊沢亀三郎が開発の中心となり、天明 3 年（1783）に床銀 500 両で許可された。しかし、板野郡宮島浦（現徳島市川内町）から長原浦（現松茂町）までの広大な萱野・干潟 400 町歩を、単独では開拓するのは不可能であったので、大坂の袋屋作次郎の協力を得て長原浦の内陸側に新田堤を構築して開発した[91]。しかし、天明 4 年（1784）の洪水により新田は全て破損したので、袋屋と伊沢は新田開拓場所を分割し、伊沢は宮島新田の床銀・井利入用を負担し、宮島浦の惣百姓が大手堤防を築いた。佐々木野新田は面積が広いので、大坂の鴻池清助の援助を得て、天明 7 年（1787）に完成し、鴻池新田と称した。鴻池と伊沢との間で新田の内、2 割を伊沢が所有することが決まり、伊沢は鴻池新田の裁判役を勤めた。藩御蔵所では最初に笹木野新田と記していたが、通称は鴻池新田と称された[92]。

　さらに、天明 6 年（1786）に堺の住吉神社の分神を勧請して、住吉神社が建てられて、鴻池新田は住吉新田と通称されるようになった。新田の東側に大手堤が構築され、笹木野新田→鴻池新田→住吉新田は完成した。その後、寛政 12 年（1800）に宮島浦の坂東茂八郎に 72 貫目で譲渡されたが、天保 13 年（1842）に徳島城下八百屋町の松浦彦太郎に譲渡された。寛政 12 年の御蔵所から笹木野新田名

主坂東茂八郎に宛てた下札によれば、面積は田畑 60 町程であるが、内、松を植えた東大手堤敷 7 反2 畝 6 歩、萱生水溜共 23 町 2 反 3 畝 9 歩もあり、残り田畑 37 町 4 畝 15 歩、高 185.407 石、家数 40 軒、物成 66.746 石、免率 40.0% であった。一方、住吉新田への入植者をみると、文化 12 年（1815）三好郡中西村百姓五郎兵衛の住替願い、明治 4 年（1871）同新田百姓の稼手形等によれば各地から住吉新田への来住者が多く、明治以降に新田名主との間に永小作権を得たとされる [93]。

つぎに、文政 2 年（1819）作製の「板野郡住吉新田図」[94]（図 16-16）をみよう。縮尺は 1,600 分の 1 程度と推定できる。住吉新田は西端の笹木野神社の北にある「西ノ丸池」を、扇の頂点として東の豊岡新田に向けて放射状に 9 筋の用水路と約 38 筆の耕地が描かれ、内、17 筆が分筆されている。東境には満穂吐出井利・豊岡吐出井利、鎮産丸池と石垣の大手堤がみえる。本図の小書には「文政二卯迄上成リ所鍬下明赤表、町数合三拾壱町六反三畝拾二歩、御年貢御積米合、三拾五石三斗四升五合」とあるので、文政 2 年に鍬下年季明けとなった田畑について図示したものであろう。

西ノ丸池東の筆には 7 軒の家屋と、「此内間壱町四反四畝十一歩程、内、壱町四反壱畝廿三歩、享和元酉年ヨリ御年貢成、同弐畝拾八歩文化十一戌年ヨリ御年貢成」と記される。鍬下 15 年の年季明となり、享和元年（1801）12 筆、文化 6 年（1809）13 筆・同 11 年（1814）15 筆・文政 2（1819）3 筆・同 9 年（1826）1 筆、同 11 年（1828）1 筆、天保 2 年（1831）12 筆・同 5 年（1834）2 筆に御年貢成となっている。

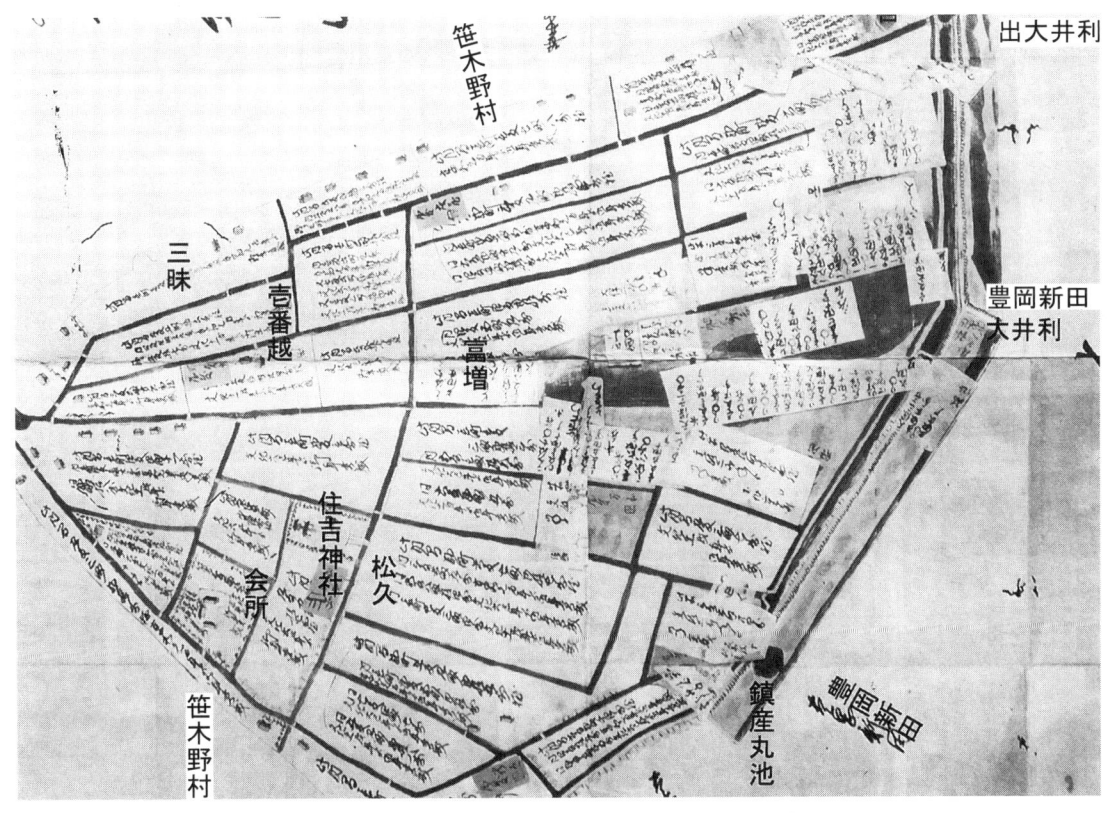

図 16-16　板野郡住吉新田絵図（縮尺 1,600 分の 1 程度、122 × 84cm、個人蔵に加筆）

6. 新田村々の悪水吐きを巡る争い

1）住吉・豊岡両新田の悪水吐き紛争

　住吉新田の東には長原浦との間に約260町歩の広大な萱野があるが、天保4年（1833）に110町程を干拓して豊岡新田が完成した。しかし、北に接する満穂新田・豊久新田が築立てされたことにより、住吉新田の悪水が豊岡新田に流入して豊岡新田の稲作の育ちが悪くなり、鍬下年季の延長を天保6年（1835）に豊岡新田名主から藩検見役に願い出ている。その後、住吉・豊岡新田との間の悪水吐出しに関しての熟談が行われ、同15年（1844）に両新田名主と、検見役との間に行着（済口）により次のような約定が成立している[95]。

　その内容は、①住吉新田の悪水吐井利からの排水でできた豊岡新田の水溜まりに高さ3〜4尺の小堤を構築し、三間堀の方へ排水すること。②三間堀は豊岡新田の排水路であるから、その堀筋の東に2間の排水堀を掘ること。③吹井利元より、寺洲の地元を折り廻って高さ3〜4尺堤で2間半の堀を掘って分水し、平助元井口へ排水すること。④この堀筋の土地は豊岡新田の土地であるが、住吉新田の悪水吐きとお上から決められたので、堀筋に生えた萱・葭は、悪水吐きの邪魔にならないように住吉新田の方で刈り取ること。⑤豊岡東傍示の用水筋で、吹井利からの水を住吉新田の方で塞いでも異議を唱えないこと。⑥作付けの便利を図るために橋を架ける時は、双方熟談の上で異議がないようにすること。⑦平助元大手井利と待井利は先年より普請中であるが、今後は井利の内の与内（よない）（組中の分担拠出銀）として豊岡・住吉両新田で2割方負担すること。⑧分水のための堤の構築は住吉新田の冥加自力で普請すること等である[96]。

2）豊久・満穂新田築立てに付、笹木野村・住吉新田悪水吐き不都合の件

　文政8年（1825）9月に笹木野村庄屋・住吉新田支配人・中喜来五人組から藩引除郡代手代宛の願いの要旨を示す[97]。満穂・豊久両新田築立てにより、笹木野村井利2ヶ所、住吉新田1ヶ所、向喜来1ヶ所合わせて4ヶ所の悪水吐き出しが、向喜来大手堤外にあり、大川（現旧吉野川）への流間が短く雨水が溜まり、悪水吐き出しがよくないので、文政3年（1820）に満穂・豊久両新田名主へ申し入れをした。豊久新田の地盤は大綱1尺5・6寸も高く、我が方は窪所で大雨の節は、悪水吐きが悪く排水できない。豊久新田大手利堀は、藩主の鷹の餌である海老の生息地（魚請）であるため、竹箕（たけみ）を3段作って水を堰いたが一向に悪水の排水ができない。豊久内間堀は海老の生息地であるため百姓一統難渋しており、年貢上納にも差し支える。別紙絵図面のとおり現地の見分をしていただき、向喜来新田東堤外に堀筋を構築し堀浚えも自力でするので、豊久新田大手堤を切り抜いて、大川（吉野川・現旧吉野川）へ直接に悪水吐きの通水ができるようにしてほしい旨である。この願いは引除郡代手代等宛に、文政9年4月、10年4・5月、11年3・5・6・8月と7回も出されている。さらに、同12年2月には勧農引除郡代手代宛に笹木野村庄屋百姓惣代の連判状が出されており、年紀を欠くが御鷹方への懸合願いもだされており、引除郡代より笹木野村役人共への召呼状も出ているが、この結末は不明である[98]。いずれにしても、笹木野・住吉・満穂・豊久新田ともに悪水吐き出しに難渋していたことがわかる。

小　括

　近世前期から阿波国の紀伊水道沿岸を中心として新田開発が盛んに行われた。現存する那賀郡和田津新田・辰巳新田絵図、勝浦郡金磯新田絵図、板野郡笹木野新田絵図は、実測の分間絵図で、和田津新田絵図には「岡崎三蔵改」の添書きがあり、岡崎家 5 代三蔵宜平が校閲したものである。和田津新田絵図とともに、元禄期の弥兵衛・助右衛門新田絵図、享保 10 年頃の紀伊国屋茂兵新田絵図、明和 2 年頃の開発下札絵図、嘉永元年の新田用水路絵図等が現存しており、和田津新田文書とクロス分析することにより、新田の開発過程や土木的な景観や新田への入植者の階層、出身地、安政元年南海地震の壊滅的な被害等を復原することが可能である。

　文政 2 年作製と推定される金磯新田絵図は、縮尺 1,200 分の 1 の精密な絵図で、明和 8 年の棟付帳等の金磯新田文書とのクロス分析が可能である。また、新田の 8 ヶ所の傍示を色分けで示し、1 筆ごとに入植農民を記している。天保 12 年の辰巳新田絵図は、縮尺 1,800 分の 1 で、1 番杭から 9 番杭までの距離・方位が精密に記されており、天保 14 年の出作人見居改帳からは、入植農民の出身地と百姓身分のみならず、給人の譜代家臣・家来・奉公人等が入植しており、身分区分を越えた当時の農民移動や社会状況を知ることができる。また、文化 13 年板野郡笹木野新田分間絵図の作成過程を裏付ける文書では、岡崎三蔵の事前調査に対する本村庄屋・五人組の回答書が現存していることは注目される。

［註］

1) 那賀郡和田津新田絵図（栗本家文書，徳島県立文書館寄託，130 × 93 cm）。勝浦郡金磯新田絵図（金磯新田文書，徳島県立文書蔵，130 × 93 cm）。天保 12 年那賀郡辰巳新田絵図（井上家文書，徳島県立文書館寄託，77 × 94 cm）。文化 8 年板野郡笹木野村分間絵図・豊仲新田分間絵図（春日神社文書，松茂町立歴史民俗・形浄瑠璃資料館蔵，131 × 151 cm）。

2) 国土地理院（108，62-1-2，P40）。

3) 小松島市史編纂委員会編（1974）：『小松島市史　上巻』5 〜 10 頁。

4) 前掲 1)。

5) 安永 4 年 1 月 15 日「御尋ニ付申上ル覚、和田津新田築立成立申上書・控」」（栗本家文書，クリモ 00399，徳島県立文書館寄託）。

6) 栗本家文書（クリモ 00718）。

7) 栗本家文書（安永 4 年「和田津新田築立由来書」，クリモ 00399）

8) 栗本家文書（クリモ 001032，79 × 164 cm）。

9) 前掲 5)「享保弐酉年十二月」の条。

10) 前掲 5)「享保元申年九月」の条。

11) 前掲 5)「宝暦九卯年」の条。

12) 「明和二年元開絵図」（クリモ 01059000，120 × 241 cm の小書き）。

13) 「西開御下札のうち地払差引大綱積り書・控」栗本家文書（クリモ 00660002）。

14) 明和 2 年「和田津新田絵図」の小書き。

15）栗本家文書「西開御下札のうち地払差引大綱積り書・控」（クリモ 00660002）。

16）前掲3），316 〜 318 頁。

17）「寛政四子年正月　覚（和田津新田地先塩浜築立願・控）」（栗本家文書，クリモ 007370003）。栗本家文書
「文化巳六歳那賀郡和田津新田棟付人数御改帳」（クリモ 01283）。

18）栗本家文書「享保二年，紀伊国屋四郎兵衛用水掘替割符帳」（クリモ 00772000）。

19）栗本家文書「寛政十年，用水ニ付乍恐奉申上覚」（クリモ 00771000）。

20）栗本家文書「覚（工事用人夫道具割当通知）」（クリモ 00772000）。

21）栗本家文書「嘉永元年，和田津新田用水路絵図」（クリモ 00773000）。

22）栗本家文書「安政三年、和田津新田御蔵壱円之内、中筋・西立網・東立網・大手、四傍示一昨寅冬地震ニ付、
汐入ニ相成底汐吹上御年貢難相育場処御見分奉願上帳（写）」（クリモ 00901043）。

23）小松島市史編纂委員会編（1974）：『小松島市史　近世資料』資料 25，643 〜 645 頁。

24）前掲 23）。

25）前掲 23）。

26）前掲 23）資料 26，645 〜 648 頁。

27）金磯新田文書（徳島県立文書館蔵）。

28）金磯新田文書（カナイ 00047000，徳島県立文書館蔵）。

29）金磯新田文書（カナイ 00039000）。

30）金磯新田絵図（カナイ 0015400，元禄 3 年作製，寛政 9 年写）。

31）金磯新田文書（カナイ 00027000）。

32）金磯新田文書（カナイ 00072000）。

33）金磯新田文書（カナイ 00032000）。

34）『勝浦郡村誌』徳島県立図書館蔵・稿本。

35）那賀川町史編さん委員会編（2002）：『那賀川町史　上巻』18 〜 24 頁。

36）国立国文学研究史料館蔵・蜂須賀家文書（1197-4）。

37）同上・蜂須賀家文書（1197-2）。

38）徳島大学附属図書館蔵（徳 3）。

39）国立国文学研究資料館蔵・蜂須賀家文書（1196-2）。

40）同上・蜂須賀家文書（1198）。

41）徳島大学附属図書館蔵（徳 2）。

42）徳島市立徳島城博物館寄託（個人蔵，561 × 433cm）。

43）国立国文学研究資料館蔵・蜂須賀家文書（1202）。

44）西崎憲志蔵（手書き・見取り図，阿南市立那賀川町民俗資料館寄託、99 × 88cm）。

45）文政 11 年阿波国全図（洲本市杉本蔵，実測分間絵図、104 × 125cm）。

46）阿南市史編纂室蔵（縮尺 18,000 分の 1，179 × 414cm）。

47）四国大学附属図書館・凌宵文庫蔵（縮尺 18,000 分の 1、306 × 101cm）。

48）徳島県立文書館寄託（84 × 119cm）。

49）徳島県立図書館蔵（木版図、180 × 250cm）。

50）四国地方建設局徳島工事事務所編（1981）：『那賀川改修史』230 〜 233 頁。

51）井上文書（「井上家旧記取調書抜」（イノウ 3865），「壱年切癒附空地質物ニ差入金子借用書物之事」（イノ
ウ 3865），徳島県立文書館寄託）。

52）前同（イノウ 3865）。

53）井上家文書（「譲渡申新地書物之事」イノウ 5263）。

54）井上家文書（イノウ 00003，77 × 94cm）。

55）井上家文書（イノウ 04551 〜 04552）。

56）井上家文書（イノウ 00001，136 × 79cm）。

57）徳島県立文書館編（1993）:『第 7 回企画展　辰巳新田の開発 - 井上家文書を中心に -』6 〜 7 頁。

58）井上家文書（イノウ 00002，73 × 93cm）。

59）井上家文書（イノウ 0005475）。

60）農林省編（1927）:『旧藩時代ノ耕地拡張改良事業ニ関スル調査』1053 〜 1055 頁。

61）前掲 59）。

62）井上家文書（イノウ 0005056）。

63）井上家文書（イノウ 0005799）。

64）高取藩士は軍役人数に応じた譜代家臣をもち、先規奉公人は御蔵地で帰農した武士や給地の家臣が百姓身分になった者等である（高田豊輝（2001）:『阿波近世用語辞典』202 〜 204，322 〜 323 頁。

65）井上家文書（イノウ 0005355・0005078）。

66）明治 9 年『那賀郡村誌』（稿本，徳島県立図書館蔵）「辰巳新田」。

67）徳島県那賀郡冨岡町役場編（1925）:『冨岡町志』216 頁。阿南市史編さん委員会編（1995）:『阿南市史　第二巻（近世編）』455 〜 456 頁。

68）前掲 67）。

69）徳島大学附属図書館蔵（徳 3）。前掲 39）。

70）個人蔵（徳島市立徳島城博物館寄託，手書き・見取図）。

71）傍木律夫氏蔵（同上寄託，手書き・見取図）。

72）個人蔵（徳島城博物館寄託，手書き・見取図）。

73）三木文庫蔵（130 × 193cm）。

74）笹木野春日神社文書（ササギ 119），松茂町歴史民俗資料館編（2005）:『笹木野春日神社文書史料集』50 〜 53 頁。

75）板野郡教育会編（1924，1972 復刻版・名著出版）:『板野郡誌　上巻』511 〜 519 頁。

76）松茂町史編纂委員会編（1975）:『松茂町史　上巻』14 〜 16 頁。

77）国立国文学研究資料館蔵，整理番号 1311，111 × 68cm，89 × 86cm。

78）前掲 74）ササギ 3-16-7-4，14 〜 15 頁。

79）前掲 74）ササギ 1-23，16 〜 25 頁。

80）前掲 74）ササギ 3-16-7-3，28 〜 31 頁。

81）前掲 74）ササギ 219-2，49 頁。

82）前掲 74）ササギ 355，34 〜 39 頁。

83）前掲 77）国立国文学研究資料館蔵。

84）前掲 74）ササギ 364，131 × 151cm。

85）前掲 74）ササギ 119，50 〜 53 頁。

86）前掲 74）ササギ 90，55 × 56 頁。

87）前掲 74）ササギ 276，40 〜 42 頁。

88）徳島県立図書館蔵（稿本）。

89）前掲 76）268 〜 283 頁（春日神社文書）。

90）前掲 74）ササギ 399，手書き・見取図，56 × 67cm。

91）前掲 76）127 〜 133 頁。

92）前掲 76）127 〜 133 頁。

93）前掲 76）27 〜 20 頁。

94）岩村武勇氏蔵（徳島県立文書館寄託）手書き・実測図，縮尺約 1,600 分の 1，122 × 84cm。

95）前掲 76）160 〜 161 頁。

96）前掲 76）161 頁。

97）前掲 74）ササギ 7-2-2，155 〜 157 頁。

98）前掲 74）ササギ 8-6，7-2-3，8-19，7-2-4，7-9，7-4，7-1，8-10。

第 17 章　郷町絵図と景観

第 1 節　市中・郷町の保護と郷中における出店の禁止

　近世社会では都市を町方、農村を在方とし、前者を町奉行が、後者を郡奉行が管轄し、原則的には商人は農村では営業できず、都市に集住させていた[1]。例えば、近世の徳島城下では福島郷町・二軒屋郷町・助任郷町・佐古郷町は町奉行の管轄におかれていた。また、徳島城下以外の在方では、寛永 15 年（1638）頃に破却された「阿波九城」を中心とする地域の中心小都市である板野郡撫養南浜村（四軒屋）・林崎浦、美馬郡脇町、三好郡池田村（大西町）、那賀郡富岡町等の在郷町の商人には特権的な営業権を付与していたようである[2]。しかし、吉野川筋の谷口集落で、交通の要衝にあたる阿波郡西條村、三好郡井内谷村（辻）、同郡貞光村、阿波郡市場町、麻植郡川島町や、勝浦郡小松島浦、那賀郡和食町（小仁宇村）、海部郡日和佐浦・鞆浦・奥浦等は、周辺の農山漁村を商圏とする郷町を形成していた（図 17-1 参照）[3]。ちなみに、『明治九年郡村誌』[4]によれば、全戸に対する商業の割合は、池田町で 69.9%、富岡町は 42.5% を占めており、両町は三好郡と那賀郡の中心的な郷町であり、地域の生産物の集散地で、周辺農村の生活必需品や、農具等の生産用具の供給地として機能を有していた。

　また、在方では農民層からの強い需要に支えられて、規制をのがれて市中や郷中で、出店を出して商業活動を行う者が増加するようになった。これに対し、延宝元年（1673）と同 5 年（1677）、元禄 14 年（1701）の布達[5]では、①城下はずれや道筋での商売、道端に家を建てての商品の買い付け、徳島城下郷町である佐古では、佐古橋から西の外側での商売等の禁止、②村々の出店での米麦雑穀販売の禁止、③村々での酒の店売り（棚売り）・行商（振り売り）の禁止、④絹物、踊り帷子・帯・頭巾・手拭い・扇子や踊り用品等の商売を禁止している。以上のように、農民生活の向上による贅沢品や、酒等の嗜好品等の売買を禁止している。また、延宝 5 年（1677）の布達[6]では、板野郡撫養四軒屋・那賀郡富岡町での小間物（諸商品）を積んで来る廻船と、その外側の川長（臨時の湊）に焼酎・干鰯等を売る船が停泊すること、郷町以外で酒の販売と質屋の営業をそれぞれ禁止している。また、「有り来たりの郷町」（従来からの郷町）の外での出店（店舗）を構えることも禁止しており、藩が公認した郷町を保護している。

　さらに、宝暦 12 年（1762）に藩は郡奉行を通じて、在方の出店商売を許可した者に「商札」を与え、新たな商人の増加を規制した。同年の「郷店並出売出買取究書写」[7]によれば、「郷出店先年ヨリ度々

御究被仰付、就中享和貳年（1802）にも厳密取究候事に候得共、先年猥に相成上方直仕入等いたし候族も有之哉に相聞、且市中出売出買之者も入込、兼而指免候品之外専取扱農家 驕 之基とも相成如何之事に候、依之向後稠敷直仕入は勿論市中ヨリ之出売出買指留、宝暦年中触達候別紙品書之分、市中ヨリ之仕入を以相商候儀、指免候得共當用指支無之哉、右之外にも要用之品於有之而は、之又申談寄可申出事、別紙品書之内たりとも市中ヨリ相調へ可相済品も有之候得は指抜可申事」とあり、在方で取り扱いできる商品名を列挙している。

一茶塩煙草 　　　　　　　　　　　一燈油　但請売小売
一草履・木履・草鞋 　　　　　　　一農具
一　（欠） 　　　　　　　　　　　一船具
一墨筆 　　　　　　　　　　　　　一箒
一傘・簑・笠 　　　　　　　　　　一茶碗
一杓子・柄杓 　　　　　　　　　　一けんどすいの
一芋地布並縞 　　　　　　　　　　一燈芯・附木
一山布並縞　但染地形付類御停止 　一箸
一蝋燭 　　　　　　　　　　　　　一毛綿並縞毛綿　但染地形付等は御停止
一古手着物　但質屋之外は古着商御停止　一酢醤油味噌
一鰯 　　　　　　　　　　　　　　一油元結
一送葬道具 　　　　　　　　　　　一きせる
一丸薬散薬類其余菜種類御停止

さらに、延享 2 年（1745）の「商売停止に付申上覚」[8] では、郷出店商売停止の布達に対して、板野郡吹田村庄屋・五人組が大北郡奉行手代宛に、吹田村（現板野町）は古来より郷町同様の扱いで商売をしてきたので、従前どおりにしてほしい旨の願いをしている。

　この、郷町は全国的には在郷町・在方町・在町・町場ともよばれており、郷町は河川の谷口や交通の要衝にあたるものが多い。例えば、美馬・三好郡内の吉野川流域右岸の川田・穴吹・貞光・半田・辻、池田と、左岸脇町等の谷口集落も郷町にあたる。

　徳島藩ではこのような郡域や、流域圏を後背地とする商業的な中心集落を郷町と称しており、おおむね 2,000 人以上の人口を有した。図 17-1 は「徴発物件一覧表・明治 24 年」[9] による徳島県における明治前期の大字別人口を示している。徳島市は 59,846 人で全国第 10 位の大都市であった。次で、撫養 18,533 人、脇町 7,177 人、川田（麻植郡）6,186 人、西條（阿波郡）5,398 人、小松島（勝浦郡）5,102 人、答島（那賀郡）4,664 人、橘浦（那賀郡）4,181 人、池田（三好郡）4,405 人、井内谷（辻、三好郡）4,110 人、貞光（美馬郡）3,724 人、半田（美馬郡）2,661 人で、富岡町（那賀郡）2,065 人、市場町（阿波郡）1574 人、川島町（麻植郡）1,226 人（川島町は明治 13 年『徳島県書統計書』による）である。また、那賀川中流域（仁宇谷）の谷口集落である和食 1,461 人、海部郡陣屋があった日和佐 1710 人、牟岐 2,706 人、鞆 1,241 人、宍喰 1,865 人で、これらの町は全て在郷町的存在であった。

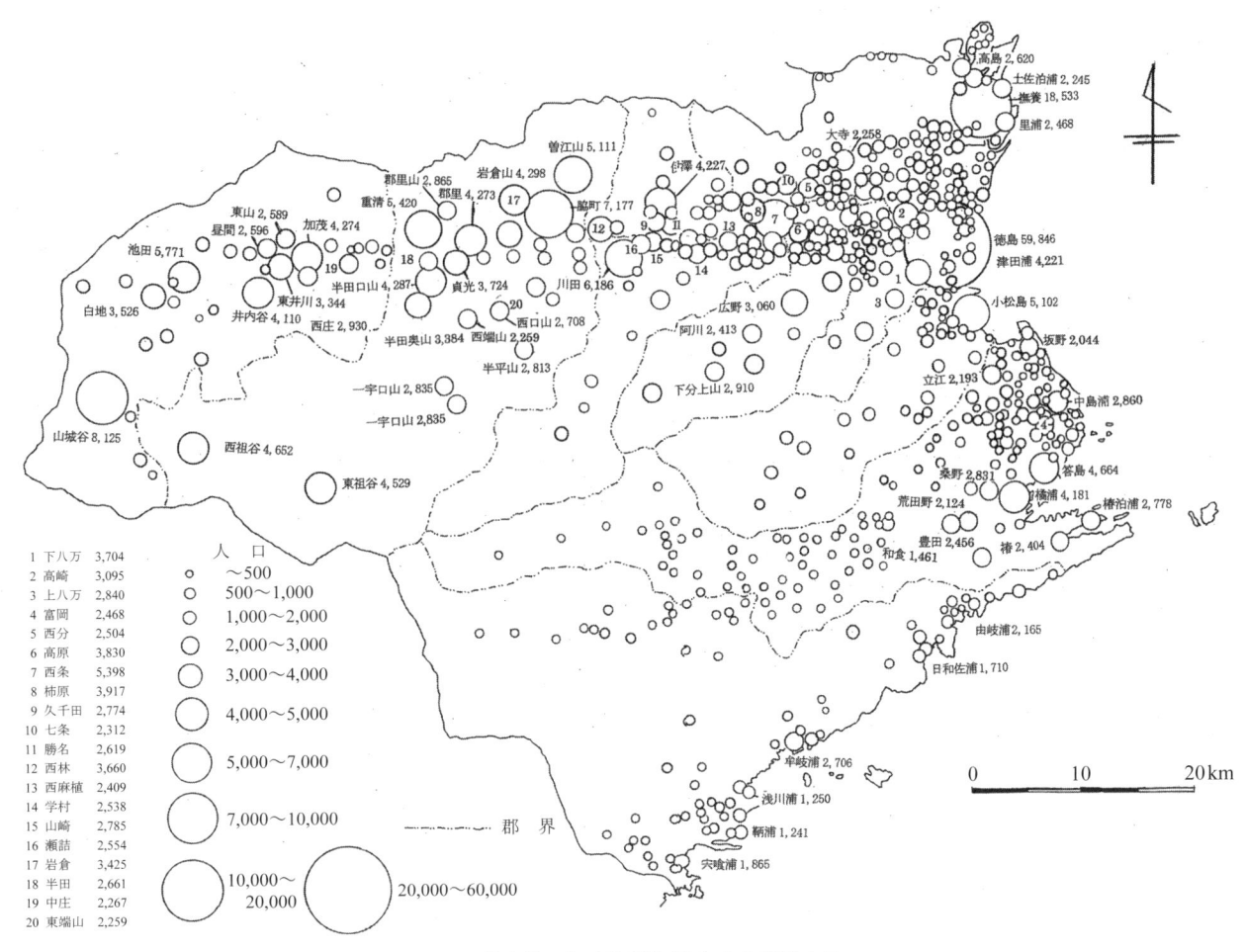

図 17-1　徳島県における明治 24 年の大字別人口

図中の地名を付した大字は概ね人口 2,000 人以上を示す。

徴発物件一覧表（明治 24（1891））年より作成。

第 2 節　脇町郷町の形成過程と文政元年美馬郡脇町分間絵図

　美馬郡脇町は阿讃岐山脈を先行性河川の清水越で阿波に入り、さらに、吉野川筋を西に伊予・土佐へ通じる交通の要衝で、管領細川氏の執事であった三好修理太夫（長慶）が、天文 2 年（1533）に脇城を構えたとされる[10]。その後、土佐の長宗我部元親が阿波に侵攻し、脇町は焼き払われたとされる。しかし、天正 13 年（1585）に阿波を拝領した蜂須賀家政により脇町は再興され、阿波九城の 1 つとして、讃岐押え、上郡の政治・商業的郷町として栄えた。また、筆頭家老稲田九郎兵衛は、城代として支城駐屯制をしいたが、稲田氏 2 代目植元が寛永 8 年（1631）に淡路の由良城代への配置替えにより、脇町は藩領の御蔵地となった。脇町には仕置代官の陣屋が置かれ、周辺の村々や他郷からの来人と商人

や職人を集め、郷町として町屋が形成された[11]。

　また、明暦 2 年（1656）、延宝元年（1673）、明和 6 年（1769）の棟付帳[12]によれば、172 軒
→ 237 軒→ 506 軒、人数（男のみ）568 人→ 779 人→ 1,015 人と著しく増加している。また、延宝元
年には他所からの来人が 235 人あり、町人 87 人、担ぎ商い（行商）9 人、稲田家臣 13 人、酒杜氏 2
人等がみえる。来人の出身地は岩倉村・岩倉山・重清村を中心とする美馬郡が 32 軒、讃州 31 軒、阿
波郡 6 軒、徳島城下 4 軒で、「かりこ牛」に代表される近世中期から阿讃交流があった讃州から峠越
で多数の来人が、移住してきたことは注目される。また、明暦 2 年（1656）には町人が 87 軒、「担ぎ
商い」（振り売り）が 9 軒、紺屋 4 軒、大工 2 軒、日傭稼人 23 人、奉公人 17 人を数える。

　図 17-2 は文政元年（1818）の「美馬郡脇町分間絵図（控）」[13]の郷町脇町部分を描いており、大
谷川西岸（右岸）に位置している。東岸は猪尻村に属し、筆頭家老稲田九郎兵衛の家中が居住する猪
尻屋敷があり、稲田氏の家政所である会所がおかれた。本図は清図の控で、近世後期の郷町脇町や周
辺農村の景観を精密に復原できる絵図史料である。絵図には北から撫養街道筋の「北町」と、南で
1988 年に南町筋の 88 棟が、重要伝統的建造物群保存地区に選定された「うだつの町並」にあたる「南町」
（「突抜町」）、その中間にある「中町」、さらに、西の南北にのびる「本町」「大工町」が町並を形成し
ている。平成 4 年（1992）の調査では、徳島県で「二層うだつ」がある建造物は 169 棟で、脇町 49 棟、
貞光 51 棟、池田 30 棟で吉野川中流域に集中する。うだつのある商家は葉藍・葉たばこ・養蚕の集散

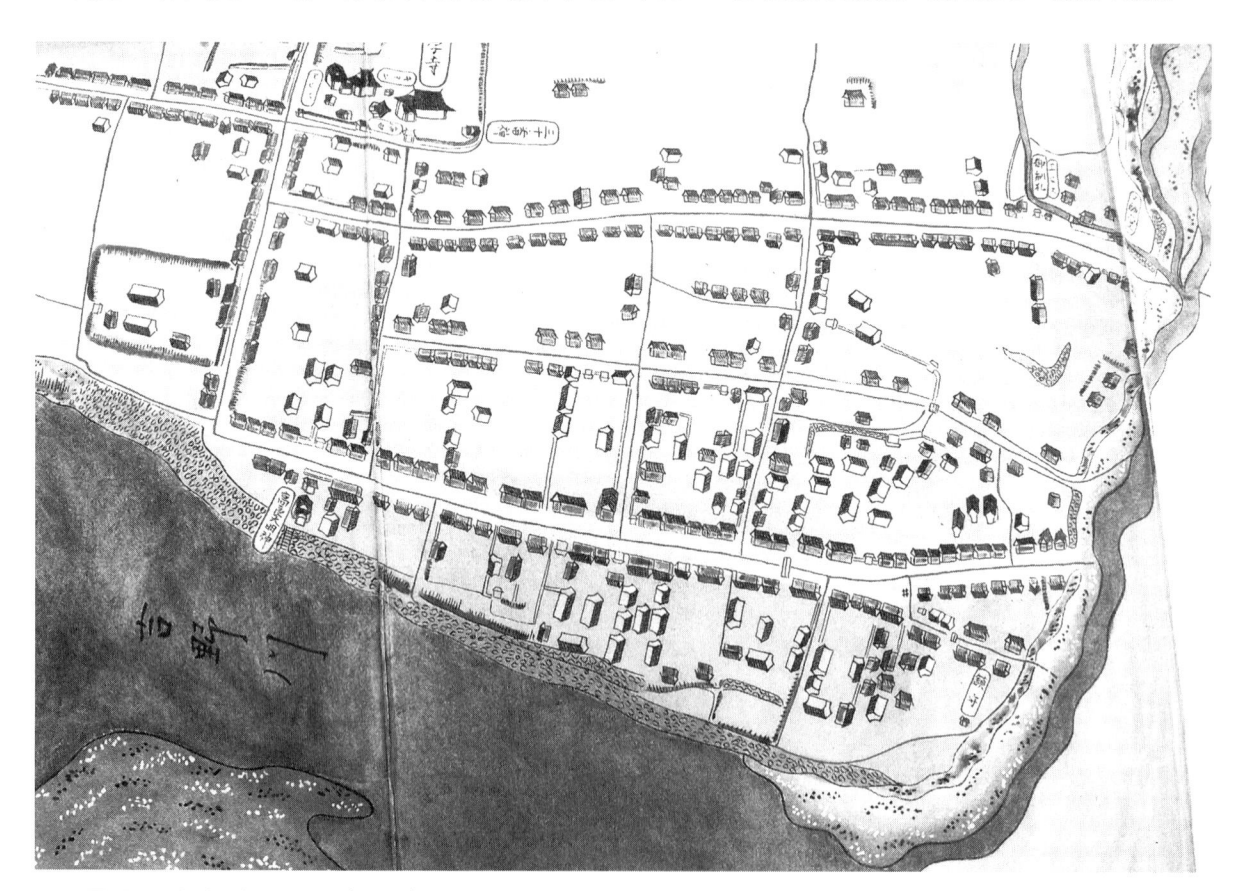

図 17-2　文政元年（1818）美馬郡脇町分間絵図（控）（郷町部分、縮尺 1,800 分の 1、141 × 126cm、美馬市教育委員会蔵）

に関係しており、吉野川舟運の河岸から直接荷揚げできる南町に建てられた。棟札によれば、宝永 4・8 年（1707・11）、寛政 4・12 年（1792・1800）が確認できる [14]。

　北町筋には制札場・大師堂・エビス・本學寺・三十三番神・ギオン（祇園）が、本町筋には安樂寺、南町筋には鎮守と吉野川の河岸の舟着場のある石段には、高良大明神が鎮座する。絵図には合わせて 404 棟の家屋が描かれるが、内、萱葺きが 253 棟（62.6%）、瓦葺が 69 棟（17.1%）、瓦葺で白壁の土蔵が 82 棟（20.3%）である。瓦葺きは合わせて 37.4%もあり、脇町の繁栄ぶりが窺われる。

　特に、注目されるのは、北町・本町・大工町・中町は、萱葺きが約 4 分の 3 を占めるのに対し、南町（突抜町）では、瓦葺土蔵が 53 棟、瓦葺きが 43 棟もあり、「うだつ」をもつ大きな商家が軒を連ねていた。商家としては藍商・繭問屋・肥料屋・呉服商・旅館・料理屋・酒醤油屋・薬屋・紙屋・紺屋・米屋・塩屋・着物屋・薪炭屋・農機具屋等が町屋を形成した。

　また、延享元年（1744）の「間口畝高御改帳」[15] にみえる表口軒数は 136 軒があり、裏貸家 32 軒を合わせると 168 軒を数える。突抜町北側・南側の間口は 3 間未満が 20 軒、3 〜 5 間 35 軒、5 間以上 17 軒で、最大は源之助の 13 間（24m）と、甚兵衛の 15.5 間（28m）である。南町では間口 4 〜 4.5 間（8 〜 9m）を一戸口とし、上記の 2 軒は二戸口・三戸口を所有していた。また、明和 6 年（1769）の記録 [16] では、63 人の家主が 94 軒の貸家を所有しており、延享期の 136 軒と合わせると 230 軒になり、文政元年（1818）の絵図に描かれる 288 軒とほぼ整合する。

第 3 節　明治 20 年（1887）頃の脇町南町（突抜町）の地籍図と　　　　　佐尾原の景観

　図 17-3 は「うだつの町並」に選定されている明治 20 年頃作製の南町（突抜町）の地籍図 [17] のトレース図である。、中央を東西に延びる「一〇二ノ三支道敷」の両側には悪水路敷がある。文政分間絵図に画かれる「井戸」は本図でも「二四ノ四、井戸敷」とあり、「井戸」の横には国土交通省の「手づくり郷土賞」「日本の道百選」に選定された記念碑が立つ。道の両側は全て宅地であり、154・148・104・97・96・60・53・35 番地は間口が広い。特に、繭問屋が多く、西阿波 4 郡の春繭・秋繭が集まり、明治末期では脇町で 11 軒あった繭問屋のうち、10 軒が南町に集中していた。猪尻村の稲田家中の「西分」屋敷には、大正 15 年（1926）に筒井製糸工場が開設したが、昭和 47 年（1972）には閉鎖した。また、中町には、藍や繭の仲買人が宿泊する旅籠や料理屋が集まり、桜小路と中町筋が交叉する角には芝居小屋があり、人々の娯楽空間として賑わった [18]。

　分間絵図によれば、扇状地上の段丘面に立地する佐尾（字佐尾原）の集落は、小麦谷と境谷・城ノ谷から取水する溜池を構築している。明治 20 年頃作製の縮尺 600 分の 1 の地積図（図 17-4）には、文化元年（1804）構築の「大池」（面積 2 反 8 畝）と、境谷から取水する「新池」（面積 1 反 8 畝）がみえる。また、小麦谷の日陰地に狭小な棚田が絵図でみえるが、現在は雑木林になっている。佐尾の段丘面は標高 90m から「大師堂」付近で、175 m と高くなり、約 15 分の 1 の平均傾斜をみせ、

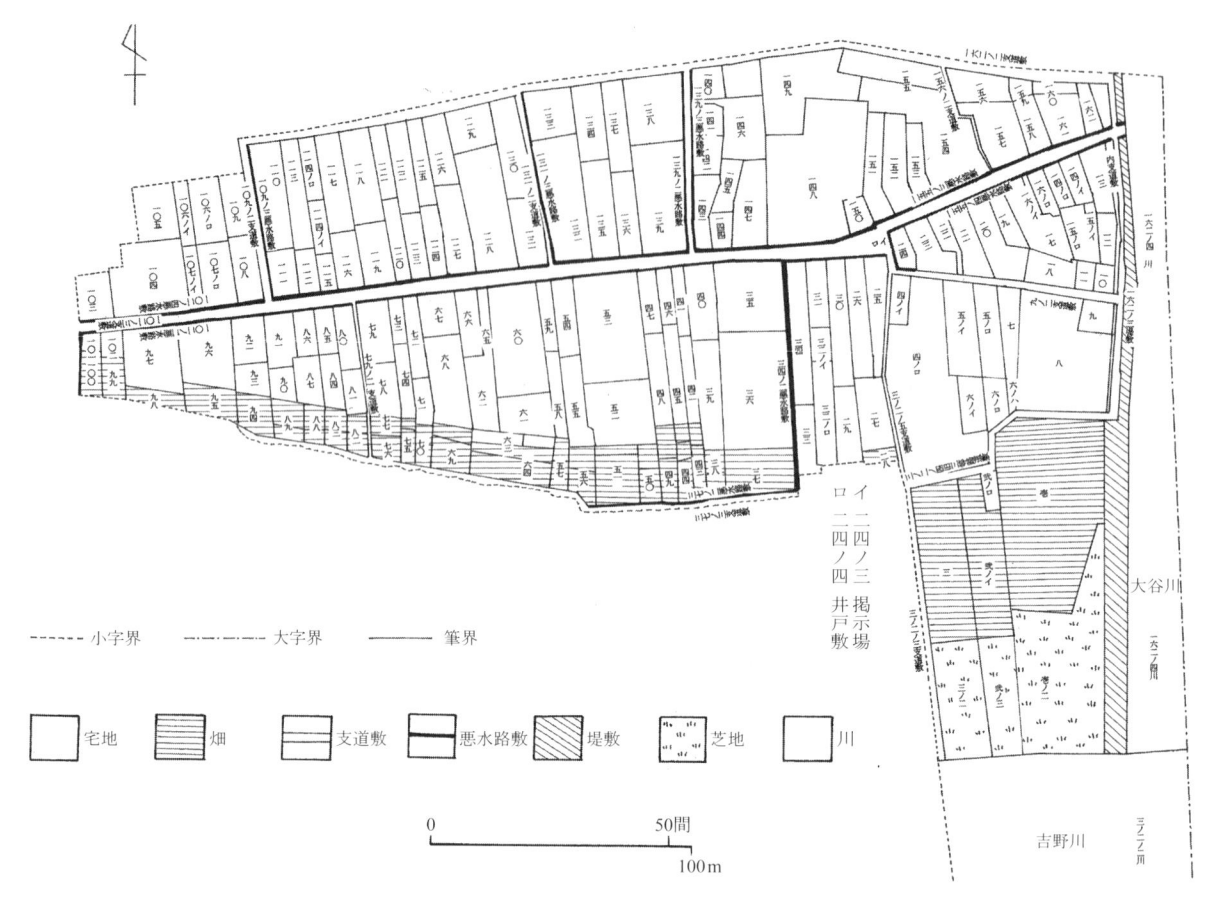

図 17-3　大字脇町字突抜町地籍図（トレース図、縮尺 600 分の 1、郷町部分、141 × 126cm、美馬市役所蔵）

　北に境谷、東に大谷川、西に小麦谷が形成する谷で囲まれる。大谷川の川原には「此川筋岩倉卜論所」とある。

　絵図では段丘面には 84 枚の水田がみえるが、地籍図では 143 枚と 1.7 倍の数字である。宝永 6 年（1709）の「美馬郡脇村之内山分御検地帳」[19] では、34 筆・1 町 6 反 9 畝 9 歩の棚田が記される。検地帳の田 1 筆は絵図の田 2.5 枚、地籍図の田 4.2 枚に相当する。「大池」と「新池」の構築で畑から開田が進んだが、検地帳 1 筆の田は絵図と地積図では複数の棚田からなる。これは、縮尺 1,800 分の 1 の分間絵図と、600 分の 1 の地積図では表現精度が違うからである。佐尾原分の検地帳にみえる 103 筆の田 34 筆は、1 町 6 反 9 畝 9 歩、1 筆平均 5 畝（最少は 3 歩、最大は 2 反 2 畝）、畑 69 筆は 4 町 7 反 5 畝 20 歩で、1 筆平均 7 畝（最少 15 歩、最大 2 反 1 畝 15 歩）である。畑には居屋敷 6 筆・5 反 2 畝 3 歩を含むが、絵図・地積図とも民家は 17 棟を数えるので、なぜか検地帳の 6 筆より増加している。佐尾原の総石高は 33.475 石で畑が 65％を占める。かつての傾斜畑は現在、水田化され、1 筆面積の大きな棚田となった。絵図にみえる小道は町道 28 号となり、稲作のほかビール麦・八朔・野菜栽培が中心である。また、旧暦 6 月 1 日と 10 月 1 日を祭礼とする「山ノ神」が中央部に鎮座する。

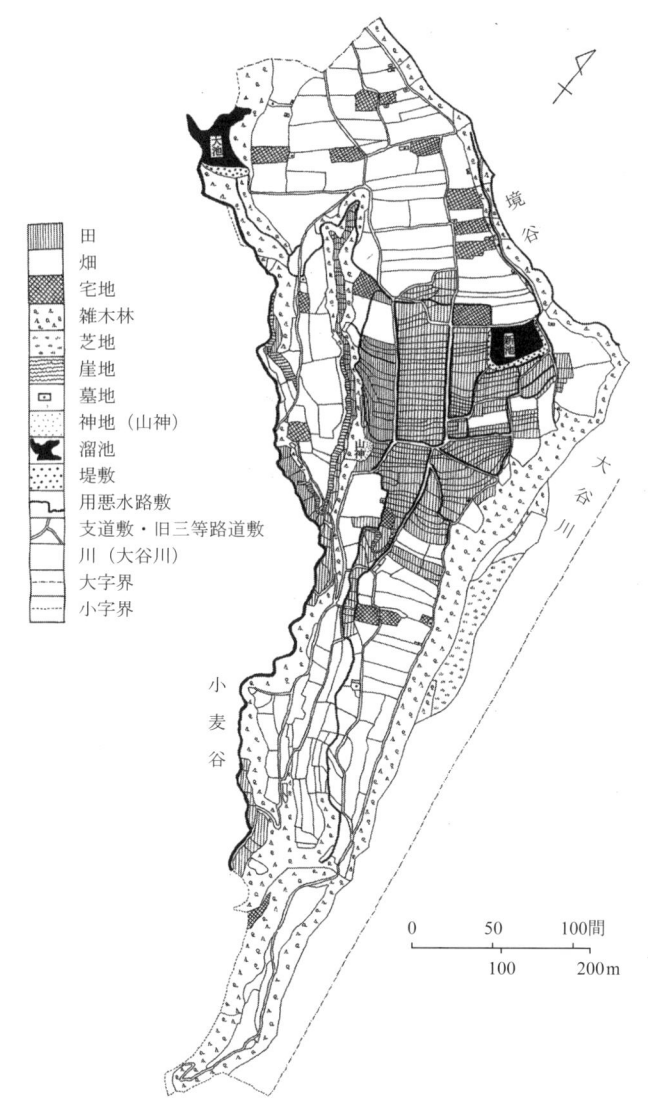

凡例：
田
畑
宅地
雑木林
芝地
崖地
墓地
神地（山神）
溜池
堤敷
用悪水路敷
支道敷・旧三等路道敷
川（大谷川）
大字界
小字界

境谷

大谷川

小麦谷

| 0 | 50 | 100間 |
| 100 | | 200m |

図 17-4　美馬郡脇町大字脇町字佐尾原地籍図（トレース図、縮尺 600 分の 1、美馬市役所蔵）

第 4 節　撫養郷町の形成と町屋住民

　正保元年（1644）に成立した撫養塩浜十二ヶ村を描いた縮尺 3,600 分の 1（絵図面一分六間割）の精密な文久 3 年（1863）の「撫養分間絵図」（口絵 48）[20] をみよう。本図と 2.5 万分の 1 地形図でランドマークとなる地点を選びその南北・東西間の距離と方位を比較すると、距離の誤差は 1.29％〜3.62％、方位は 0 度〜3 度と精度が極めて高い[21]。本図には凡例と 16 方位の花弁型方位盤があり、村境（黒筋）、山地（黄）、田畠（白）、塩浜（薄墨）で示し、家屋を 1 軒ずつ描いており、郷町撫養

の街村状の町並がわかる。しかし、本図に描かれる家屋数は「阿波国板野郡立岩村絵図」[22]にえがかれる家屋数の約80%、「板野郡小桑島斎田村略図」[23]の約50〜85%であり、縮尺の違いがあるので一部に省略がみえる。本図では山地と平地・塩浜・海岸線・岩礁・松林・砂浜・家屋等の地形・土地利用区分が明瞭で精緻である。

　板野郡政の中心である岡崎御屋敷(陣屋)や、淡路渡海への要地である撫養口に配置された御分一所・御番所・御蔵・御舟屋と、土佐泊・岡崎城跡（古城跡）が描かれる。さらに、一里松（木津村）、塩会所（林崎浦）、水路、水道名（筋）、河口名、寺社、堂宇等の宗教的景観、渡、松林、砂浜、採草地（草渡）、さらに、小谷名、小浦名、磯名、山名等、近世末期の撫養地域の景観を極めて精密に表現している。塩浜では高島村、三ッ石村（大毛島）、明神村（あきのかみ）、黒崎村、大桑島村、小桑島村、斎田村、南浜村と撫養川東岸の林崎浦（はやさき）、立岩村、北浜村、弁財天村の12塩浜が明瞭に描かれる。

1.　南浜村・四軒屋町

　撫養郷町の明治24年の人口は18,533人で徳島県第2位の都市であった。撫養川西岸では淡路街道（撫養街道）に沿う街村状の南浜村と斎田村が形成する四軒屋、撫養川東岸の林崎浦からなる。貞享年間（1684〜87）には富岡町と同じく藩から郷町の指定を得ていたとされる[24]。撫養分間絵図では南浜村から淡路街道（撫養街道）沿いに西の木津村へ約2,400mの細長い街村が形成されている。撫養四軒屋町（しけんやまち）と称されるのは、慶長年中（1596〜1614）に播磨から尾崎孫之助が家来3人とともに来て、塩浜を築立て、南浜村を開発し当初は四軒が居住したが、次第に戸数・人口が増加し、郷町が形成された[25]。撫養塩浜十二ヶ村の中心として繁栄し、天和元年（1681）に藩札の両替を行う撫養銀札場が、元禄7年（1694）に塩は藩専品となり、塩方御役所（塩方代官）・塩方御分一所が当地に置

図 17-5　撫養塩浜十二ヶ村付近の空中写真（1963 年、国土地理院 U263 CA-23 に加筆）

かれた。図 17-5 は 1963 年撮影の空中写真で、撫養塩浜十二ヶ村から林崎浦・岡崎付近を示した。また、図 17-6 は昭和 10 年代の郷町（四軒屋・林崎浦）の景観を示している。

　また、安永 3 年（1774）の「阿州撫養図」（図 17-7）[26] の南浜村の郷町四軒屋付近の撫養川をみると、吉野川（大川筋）に「土佐御材木下ス川」、支流の長江川口に「土佐御材木入川」、「土佐材木置場」と記されている。延宝 8 年（1680）の記録によれば [27]、土佐本山郷の嶺北の山林から吉野川口の撫養まで 1 ヶ月余を要して流木していたが、流木材 205,000 本の内、撫養で集積されたものは 18,059 本で、

図 17-6　昭和 10 年代の四軒屋・林崎浦の景観（『鳴門市史 近代編』より）

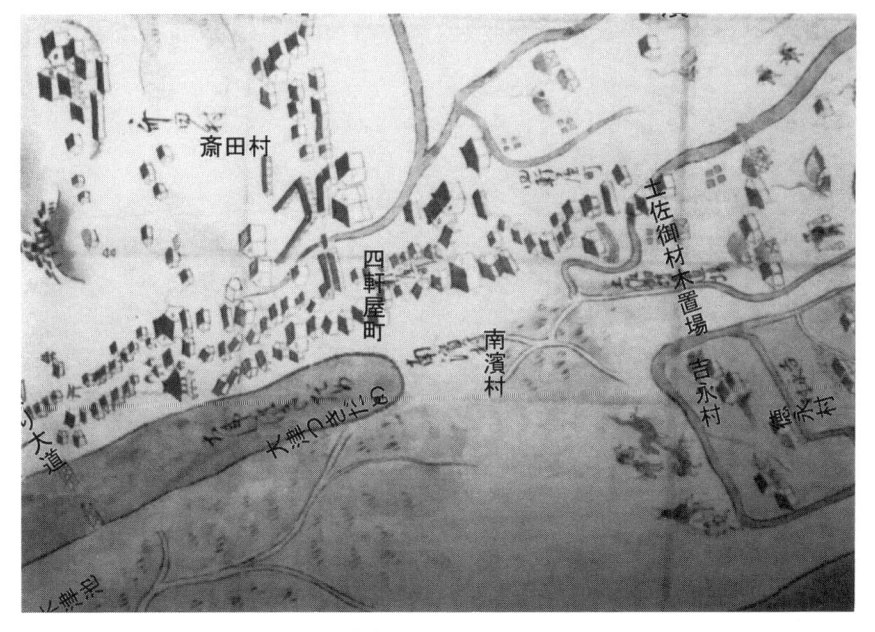

図 17-7　安永 3 年（1774）阿州撫養図（81 × 112cm、土佐山内家宝物史料館蔵に加筆）

徳島藩に「御口材木代」という津口（関税）として土佐藩が 29 貫 100 匁を支払っていた。享保 17 年（1732）の「流木制道申附書」[28]によれば、撫養口には「撫養浦御口奉行」が置かれ 2 名の役人をおき、「撫養材木屋九軒」に免許を与え、土州流木の改印をして御分一所の通路手形を監視していた。

　文化 12 年（1815）の『阿波志』[29]によれば、南浜村の戸数は 600 軒、斎田村は 379 軒を数えた。さらに、文化 6 年（1809）の「板野郡南浜村棟付人数御改帳」[30]によれば、戸数 620 戸、人数 2,443 人で、この内、他国から移住してきた来人 30 戸があり、淡路から 21 戸、尾張・和泉・讃岐 6 戸、京都・紀伊・播磨 3 戸である。また、板野郡を除く阿波国では名東郡 28 戸、名西郡 3 戸、麻植・美馬郡郡各 4 戸、阿波郡 7 戸、那賀郡 6 戸である。板野郡内からの移住者は斎田村 58 戸、黒崎村 45 戸、明神村（あきのかみ）31 戸、高島村 20 戸等の本村周辺からの移住が多いが、板野郡一帯の村々に分布する。周辺からの撫養郷町への農民離村が多く、店を所有する商人だけでなく店借り借屋人（たな）、日傭人、職人、振り売り（棒天振りの行商）等の郷町の下層人のプロレタリアートが多くいた。

　また、四軒屋町商人が正徳年中（1711 ～ 15）には、干鰯（藍肥料）・挽鰯・茶・煙草・柑類・塩物・生魚の相束七品の問屋免許を取得し、文化 9 年（1812）には「他国米制道」により、他国米移入の取り扱いを岡崎村・林崎浦以外に四軒屋町でもするようになった。この外にも米穀・塩・肥料・砂糖・油・阿波蝋燭（ろうそく）・足袋（たび）・薬・雑貨等の問屋・中買・小売商店が、木津村境まで軒を連ねて郷町を形成していた[31]。

　また、明治 5 年（1872）の南浜村職業別戸数[32]みると、総数 809 戸の内、商業が 348 戸（43.0%）もあり、内訳は穀物 29 戸、諸品担売（かつぎうり）24 戸、魚屋・魚担売・柑類各 20 戸、小間物 13 戸、足袋 12 戸、呉服（絹織物）11 戸、太物（綿織物・麻織物）10 戸、豆類・醤油各 6 戸、宿屋・料理・薪各 5 戸等である。また、雑業が 234 戸（28.9%）もあるが、雇・日雇 142 戸（17.6%）、沖中仕 15 戸、按摩（あんま）13 戸、紡織 19 戸、船乗り 9 戸等で、日稼ぎ等の郷町の下層民が多い。塩業は 32 戸（3.6%）、農業は 43 戸（5.3%）と構成比率は低い。工業は 134 戸（16.6%）あり、大工 33 戸、足袋仕立 18 戸、木挽き 8 戸、桶 7 戸、佐官 6 戸、鍛冶・女手業縫立・鋳物師各 5 戸である。文化 6 年（1809）には塩業従事者を含む農業が 329 戸（53%）を占めていたが、明治 5 年（1872）では 43 戸（5.3%）に急減し、商工業が 482 戸（59.5%）と急増しており、担売り・日傭等の郷町下層民が多数いた。

2.　林崎浦

　林崎浦には林崎御会所と呼ばれた塩方御分一所が、正保 2 年（1645）以降に置かれて、塩税徴収と撫養川通船の積荷の一分銀と、北灘（播磨灘沿岸）八ヶ村からの塩・薪運送船の口銀徴収を行い、これを塩方手代 3 人が担当した[33]。正保 3 年の幕府撰国絵図によれば、撫養川をはさんで、南浜村との間の渡は幅 40 間（73m）、満潮時には 2 尋（3.6m）、干潮時には 6 ～ 7 尺で、正徳元年（1711）には御制札が立てられた。撫養分間絵図には御分一所 2 ヶ所、御会所、岡崎城跡（古城跡）、妙見社がみえる。宝暦期（1751 ～ 63）には郷町の指定を受け、寛永頃（1789 ～ 1800）には家数 200 軒余となり、町並を形成していた[34]。郷町の中央を東西に通る道を境として、北殿町、南殿町と称しており、北を北浜村、南は立岩村の塩浜と接し、酒造屋 4 軒があり、当銀屋・瀬戸屋・三原屋・木屋の商号をもつ商家があった。

　また、蒅（藍染料）や斎田塩の他国への積み出し湊で、土佐流木材の積み替えも行い大坂方面へ海上運送していた。さらに、北海道・房総産の干鰯を中心とする肥料、製塩燃料である薪・石炭・陶磁器・種油・昆布等の移入湊でもあった。このような、遠隔地との回船問屋は撫養川の東岸に 3 軒、西岸に 5 軒あり、徳島城下新町を結ぶ通船と淡路渡海、四国遍路の起点として旅館業もあった。文化 6 年（1809）の「板野郡林崎浦棟付人数御改帳」[35) では人数 1,146 人の内、他村からの「来人」が 163 人（14.2%）いたが、延宝元年（1673）以降の他郷への「走人」が 41 人（3.6%）もいることは注目される。さらに、家数 258 軒の内、自分家（自宅所有）は 145 軒（56.2%）、残りの 113 軒（43.8%）が「市中他郷稼人」で「借宅加宿之者当浦家無候分」、さらに、80 軒（31.0%）が他村からの「来人」であった。以上のように、郷町林崎浦への他国や板野郡内、他郡内からの稼人や、逆に生活苦からの他郷への走人が多数いたことがわかる。また、明治 9 年の『郡村誌』では、戸数 349、人数 1,582 人で民業の内、商業 131 人、工業 44 人であった。

　文化 12 年（1815）の「林崎浦古図」[36) をみよう。凡例と東西南北に花弁型方位盤があり、縮尺「二分壱間」の割で 300 分の 1 である。地境（筆境）を墨筋、合地（合筆）/ 墨白点、分筆 / 朱筋、新開地 / 薄墨、藪地 / 萌黄で表現しており、本地の合筆・分筆が詳細である。岡崎を起点とする中央の淡路街道の南側にあたる南殿町東端の 1 番から西へ、撫養川渡岸（現文明橋）の 113 番までとし、同地向かいの北殿町の 114 番から東端の 258 番とあるが、図北西部分にあたる 201 ～ 210 番地部分が欠損している。各地番に、朱書番地、地目・等級、石高、名負（朱書の名負が併記される）が記されるが、地目は 165 番の惣預かりの御藪床（92 坪）を除いて全て畑であるが、文化期には宅地であったと考えられる。

　また、南殿町の 104 ～ 109 番地 6 筆をみると、上々畑の 1 筆面積は、1 畝 27 歩～ 2 畝 3 歩（57 ～ 63 坪）で、平均的な商家 1 軒の敷地は 60 坪程度であったことが読み取れる。さらに、名負の屋号には当銀屋・内田屋・里屋・米屋の屋号が記される。本図にみえる屋号は、戎屋・千草屋・讃岐屋・和泉屋・瀬戸屋・中屋・米屋・木屋・三原屋・きくや・田丸屋・源屋・布屋・高嶋屋・鳴門屋・岩田屋・角屋・桧屋等があり、讃岐・淡路・和泉国からの来住商人を意味する屋号もある。

　撫養川右岸の淡路街道東端には、石垣の護岸が構築されており、「畠四畝・三畝、浦右衛門」と記される。また、69 番の上々畠 1 反 2 畝 9 歩 / 1 石 7 斗 5 升 2 合は新左衛門（朱書、近藤利兵衛）、114・115 番上々畠 6 畝も浦右衛門とあり、林崎郷町随一の豪商で藍・塩・肥料・木材等の問屋である近藤利兵衛の敷地である。当地は近世後期には塩会所・御分一所がおかれ、明治以降に撫養専売局として塩荷の集積地で積み出し場であった。

第 5 節　富岡郷町の形成と商人構成

　南北朝から戦国期にかけて桑野川南岸の孤立丘（標高 15.4m）に牛岐城（富岡城（図 17-8 参照））が築かれ新開氏が居城し、近世になり城山の西方に富岡郷町が形成され、阿波の南方（那賀・勝浦・

海部 3 郡）の政治・商業の中心地として繁栄した[37]。天正 13 年（1585）の蜂須賀家政入封後、家政の甥にあたる細山帯刀（後に賀島主水政慶と改名）が、牛岐城に配され 1 万石を与えられて、慶長 8 年（1603）に徳島藩の筆頭家老に任命された。牛牟が富岡に改称されたのは慶長 8 から寛永 4 年（1627）頃と云われる[38]。

　寛文 12 年（1672）の「那賀郡富岡新町内町佃町家数人牛馬御改之御帳」と、「同裏町石塚村第住町同帳」）によれば、家数 500 軒、人数（男のみ）1,156 人で、文化 8 年（1811）の「富岡町新町棟付人数御改帳」[39]では家数 655 軒、男女人数 2,584 人を数え、寛政～文化期には南方最大の郷町を形成していた。しかし、天明 8・9 年（1788 ～ 89）に「先規掟」のとおり、富岡町以外での出店商売の禁止の布達を出してほしいと訴えたが、藩当局より音沙汰がなかった。そこで、寛政 2 年（1790）に「富岡町惣町人」の名で南方奉行福岡今左衛門手代に再度、禁止令を出してほしいとの「願」[40]を出している。それによれば、「答嶋村に下人商人多く（中略）、冬より新出店出来、専ら諸商売手広く仕り候に付、近郷者は不申及、下福井村荒田野郷より何に寄らず諸売物、答嶋村に而相調へ申すに付、猶以て富岡町え人の出薄く罷り成、いよいよ困窮仕る義に御座候」と、さらに、那賀川北岸の岩脇村と大京原村にも新出店が増していると訴えている。

　富岡町は近世前期には、南に接する枝村である石塚村を含んでいたが、近世中期に富岡郷町が形成されると、同村とは分離した。寛文 12 年（1672）の「富岡町家人数牛馬改帳」と延宝 2 年（1674）の「富岡町棟付改帳」[41]によれば、この時期には新町・内町・佃町・裏町が形成され、明和 6 年（1769）の「富岡仲町第住町棟付帳」[42]では、裏町は仲町・第住町となった。文化期の『阿波志』[43]では「石塚、富岡町此に隷す、坊八」とあり、西新街・東新街・内街・西中街・魚店・第住街・佃街が記されている。

　富岡郷町の状況を文化・文政期作製の縮尺約 1,800 分の 1 の「那賀郡富岡町石塚村分間絵図」[44]（仮題、写・個人蔵）（図 17-8）でみよう。図には凡例・花弁型方位盤を欠いているが、東西南北の文字で方位を表している。山麓線や平地、河川、郷町等の地形の表現方法は、文政元年美馬郡脇町分間絵図（図 17-2）と類次している。図では 4 分の 3 を占める南部の石塚村部分を除いた富岡郷町部分を示している。本図をみると、富岡城跡の西側に東西 3 筋、それを繋ぐ南北 2 筋の町屋が形成されており、東西 3 筋は北筋の内町と新町、中筋の仲町、南筋の第住町である。仲町と第住町の間には寛永 15 年（1638）に桑野川に構築された一ノ堰用水が東西に流れて、石塚村・日開野村・学原村を潤している。内町に圓長寺・西宮神社、仲町には光圓寺、第住町に浄土寺、仲町の桑野川東岸に御制札場が、舟戸が 5 ヶ所ある。

　富岡町では表町にあたるのが新町と内町で、裏町にあたるのが仲町である。内町は地所が狭く古くからの店舗で形成されるが、新町は地所にやや余裕があるので新しい店舗が多く、内町・仲町の親店主から暖簾分けをしてもらい出店をだすのが仲町であったとされる[45]。このため、富岡町の屋号は同じものが多数あり、享保 15 年（1730）の記録[46]では新町 79 軒、内町 23 軒、仲町 109 軒、佃町 1 軒、合わせて 225 軒である。絵図には街路の両側に町屋、街路の裏側には土蔵や納屋が 1 棟ごとに描かれる。因みに内町には町屋 91 棟、土蔵 31 棟、新町には町屋 53 棟、土蔵 36 棟がみえる。さらに、仲町には町屋 89 棟、土蔵 19 棟、第住町には町屋 72 棟、土蔵 2 棟、裏町には町屋 40 棟、土蔵 9 棟が描かれる。この外に町屋・納屋・家屋の区別ができない家屋が 112 棟と、郷町の縁辺部に 50 棟が描かれる。合

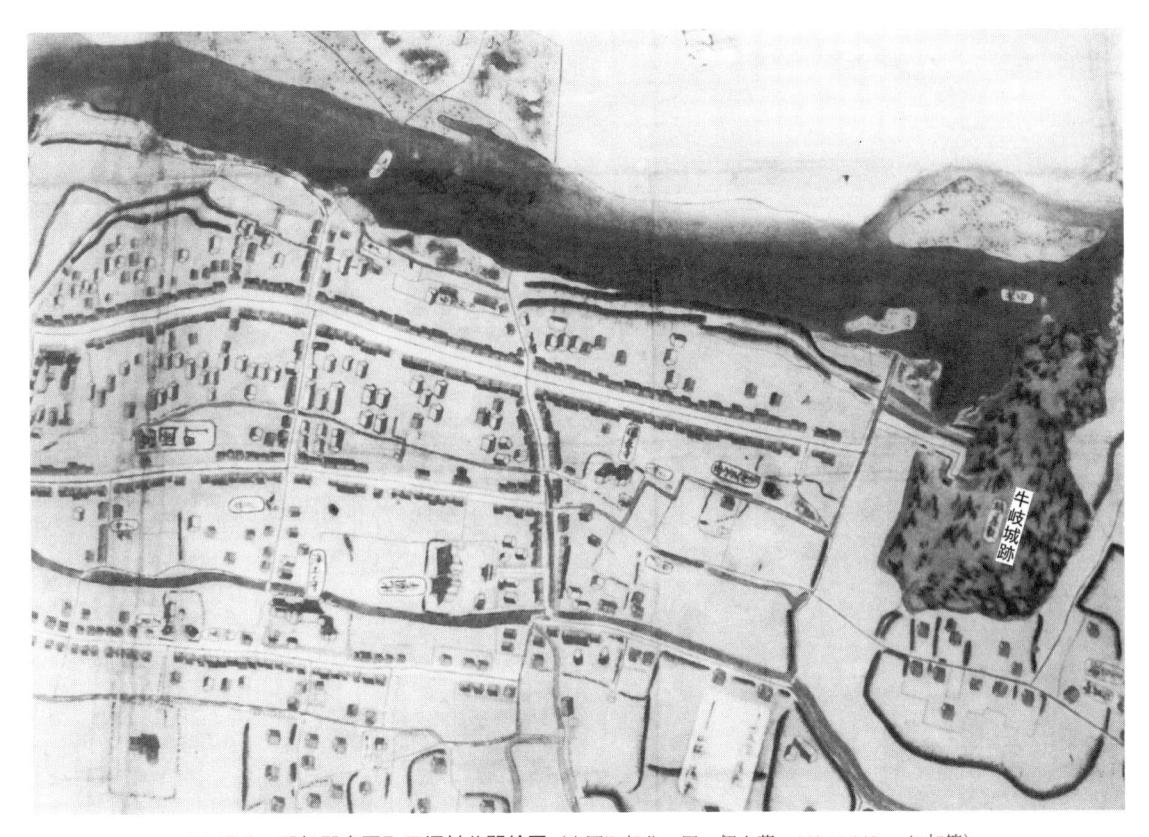

図 17-8　那賀郡富岡町石塚村分間絵図（富岡町部分、写、個人蔵、140 × 140cm に加筆）

わせて町屋 345 棟、土蔵 97 棟、区別不明が 112 棟で、合計 604 棟である。一方、文化 8 年（1811）の「富岡町棟付就御改町中家引帳」[47]によると、居宅 416 棟、土蔵 80 棟、納屋 93 棟、酒蔵 6 棟、間借（片間加宿）27、独身者住居（部屋）31、空屋（明屋）14 棟、厩牛小屋 11 棟の合計 678 棟で、絵図よりも約 74 棟多い。

　富岡郷町に対する年貢・役銀は「町数」すなわち面積に応じて課税されていた。文政元年（1818）の資料[48]によれば、新町分をみると町数は、2 町 8 反 5 畝 1 歩 4 厘 7 毛、高 28.504 石、間口 359.678 間（654 m）、役銀合 794.02 匁、1 間に付 2 匁宛であり、ほぼ 1 反に付 1 石の石高で成米（年貢）率は 58 〜 74％であった。また、各店舗の間口に応じて役銀が課せられ、1 間あたり最も高いのは新町の 2 匁、佃町 1 匁 5 分、内町 5 分、西仲町 5 分である。

　また、富岡郷町には 300 人以上の町人、250 人以上の商人が店を構えていた。前掲の寛文 12 年（1672）と延宝 2 年（1674）の「改帳」[49]によれば、諸職のうち、町人 306、奉公人 19、紺屋 13、家来 9、医者 7、大工 5、木挽 6、鍛冶屋 3、桶屋 2、檜物屋 1 である。また、明治初期の商店・職人の種別をみると[50]、148 軒の内、店舗を構える者 57 軒、職人兼店舗売が 34 軒、純粋な職人 57 軒の 3 つのグループに分類できる。148 軒の内、主な業種は大工 24、宿屋 13、縫針屋 8、髪結 8、佐官 7、藍染屋 6、畳屋 5、桶屋 5 等である。

小　括

　徳島藩領阿波国では徳島城下以外には、周辺農村の生活必需品と、農具の生産用具等の供給地として、撫養・脇町・池田・富岡・市場・貞光・小松島・鷲敷・日和佐・鞆等では周辺農山漁村を商圏とする郷町（在郷町）が成立していた。例えば、明治9年における全戸に対する商業の割合は池田で約70%、富岡は約43%であった。本章では上郡（美馬三好郡）最大の郷町を形成した美馬郡脇町と、徳島城下に次ぐ人口を有して淡路や大坂への渡海口に位置した撫養、那賀川流域の中心都市であった富岡を取り上げた。

　脇町に関しては文政元年美馬郡脇町分間絵図が現存し、吉野川の川湊・護岸や段丘面、脇城跡、郷町景観を形成する町屋・土蔵・寺社・祠等を1棟ごとに精密に描いており、1988年に重要伝統的建造物群保存地区保存地区「うだつの町並み」に選定されている。脇町分間絵図とともに、延享元年の「間口畝高御改帳」により168軒の表口と裏貸屋の間口と家主が分かり、また、明暦・延宝・明和の棟付帳や検地帳等の基本文書が現存するので、これと摺り合わせることにより郷町の身分構成、家屋の実態を明らかにする事が可能である。

　撫養塩方十二ヶ村をもつ撫養に関しては、見取り図の安永7年「阿州撫養図」をみると郷町の中心を形成した林崎浦と四軒屋や、広大な塩浜、土佐材木置場が精密に描かれている。また、文化6年の林崎浦棟付帳では258軒、1,146人の出身地、身分、職業構成と、文化12年の林崎浦古図により商屋の屋号、出身地、間口、坪数等が判明する。また、四軒屋に関しては明治5年の南浜村職業別戸数により、809戸の約43%が商業で、穀物・小間物・特産の足袋・呉服商や宿屋等の戸数と、行商である諸品担売が24戸いた。また、日雇い・沖中仕・大工等の下層住民が多く存在した事がわかる。富岡町に関しては文化文政期作製の那賀郡富岡町石塚村分間絵図が現存し、桑野川の南岸沿いに東西3筋の町並である北筋の内町・新町、中筋の仲町、南筋の第住町の町並みが、町屋・土蔵等604棟が1棟ごとに精密に描かれている。

　また、本絵図は文政元年の脇町絵図と酷似している。北町の東突き当たりに牛岐（富岡）城跡があり、岡崎（撫養）城跡が林崎・四軒屋の撫養郷町の東端に位置することと同じ配置構造である。また、寛文12年の記録では家数500軒、人数1,156人で、文化8年では655軒、2,584人の郷町に発展している。また、享保15年の記録では225軒の町屋について、文政元年の1間あたりの間口役銀は最も高い新町で2匁、佃町1匁5分、内町・西仲町5分と格差が大きかった事がわかる。

　以上のように、分間絵図を素材として家数人数牛馬改帳、明治初期の商人・職業帳、各年次の棟付帳のような基本文書とクロス分析を行うことにより、郷町の空間・社会構造が明らかになる。

[註]
1) 田中嘉男（1990）:『近世在郷町の研究』名著出版，2～9頁。平凡社編（1985）:『国史大辞典　第6巻』158頁。
2) 石井良介編（1974）:『藩法集（三）徳島藩』一九二七項（元禄14年12月3日）694～695頁。
3) 阿南市史編さん委員会編（1995）:『阿南市史　第二巻（近世編）』284～285頁。

4）徳島県立図書館蔵，稿本，呉郷文庫。

5）前掲 2）。

6）前掲 2），695 頁。

7）御大典奉祝協賛会編（1916）:『御大典記念阿波藩民政資料　下巻』2126 〜 2128 頁。

8）前掲 7），2108 頁。

9）洞富雄監修『明治徴発物件表集成第 21 巻，明治 24 年徴発物件一覧表』雄松堂フィルム出版。

10）脇町史編纂委員会編（1999）:『脇町史　上巻』509 〜 510 頁。

11）前掲 10），686 〜 692 頁。

12）前掲 10），700 〜 703 頁。

13）美馬市教育委員会蔵，手書き・彩色，縮尺 1,800 分の 1，141 × 130cm。

14）美馬市教育委員会編（2014）:『美馬市民双書第二巻　郷土の自然と環境』292 頁。

15）前掲 10），961 〜 964 頁。

16）前掲 10），959 〜 960 頁。

17）美馬市役所蔵，縮尺 600 分の 1。脇町史編纂委員会編（2005）:『脇町史　下巻』488 〜 491 頁。

18）美馬市教育委員会編（2017）:『美馬市民双書第三巻　江戸時代を生きた美馬の人びと』117 〜 120 頁。

19）美馬市教育委員会蔵。前掲 17）『脇町史　下巻』491 〜 494 頁。

20）鳴門市立図書館蔵，実測図，174 × 180cm。

21）本図の縮尺は 3,600 分の 1 であるが、1,800 分の 1 の分間村絵図と同じ精度を有する。

22）三木文庫蔵，55 × 40cm。

23）三木文庫蔵，55 × 77cm，縮尺 3,600 分の 1。

24）前掲 2）。前掲 3）292 〜 293 頁。

25）鳴門市史編纂委員会編（1976）:『鳴門市史　上巻』757 〜 758 頁。

26）土佐山内家宝物史料館蔵，手書き・彩色，86 × 112cm。

27）広谷喜十郎（2000）:「土佐藩期における吉野川流材問題」吉野川学会『吉野川』第 3 号，23 〜 26 頁。

28）徳島県物産陳列所発行（1914）:『大正三年版　御大典記念阿波藩民政資料』昭和 56 年復刻版，950 〜 958 頁。

29）佐野之憲編・笠井藍水訳（1976）:『阿波誌』歴史図書社，168 頁。

30）前掲 25），620 〜 624 頁。

31）前掲 25），758 頁。

32）前掲 25），624 〜 626 頁。

33）前掲 25），1088 〜 1089 頁。

34）前掲 25），754 〜 755 頁。

35）前掲 25），634 〜 635 頁。

36）鳴門市立図書館蔵，手書き・彩色，縮尺 300 分の 1，180 × 127cm。

37）阿南市史編纂編さん委員会編（1995）:『阿南市史　第二巻（近世編）』285 〜 288 頁。

38）前掲 37），286 〜 287 頁（原本阿南市史編纂室蔵）。

39）前掲 37），287 〜 288 頁（同上蔵）。

40）前掲 37），294 〜 295 頁（同上蔵）。

41）阿南市史編纂室蔵。

42）阿南市史編纂室蔵。

43）前掲 29），370 頁。

44）手書き・彩色，140 × 140cm。

45）前掲37），298 〜 299 頁（原本阿南市史編纂室蔵）。

46）前掲37），299 〜 301 頁（同上）。

47）前掲37），303 〜 306 頁（同上）。

48）前掲37），301 〜 302 頁（同上）。

49）前掲37），306 〜 307 頁（同上）。

50）前掲37），304 〜 306 頁（同上）。

第18章　河川絵図と景観

第1節　阿波国内の河川絵図

　河川流域の人々にとって、治水と利水が重要であった。河川交通の確保、流路変更による郡や村境の確定、築堤の場所とその普請、堤外地における水害防備林の植林、所有区分、流作場、護岸堤や取水堰の構築、用水路および渡船場の位置、川の氾濫から集落を守るための霞堤の構築や、寺社の存在等を空間的に記録・認識するために、様々な河川絵図が作製されてきた。小野寺　淳[1]によれば、絵図には①作製主体の政治的・経済的・社会的・宗教的目的により、②作製目的に応じた主体の空間認識を表現しており、絵図読解研究にはこの2点に視点を置く必要があるとしている。著者としては、作製主体の空間認識のみならず、近世村落における土地の支配・所有・利用や、その身分秩序等を絵図に表現した内容を意味する「空間把握」という概念を提唱したい[2]。さらに、小野寺[3]によれば、近世の河川絵図を次の5つに分類している。すなわち、①護岸堤を示した治水に関する河川絵図、②堤外地の開発や所有を示した河川絵図、③農業用水や上水に関する河川絵図、④河川交通に関する河川絵図、⑤地誌的な性格をもつ河川絵図である。

　現時点までに著者が管見している阿波国内の河川絵図は少ない。まず、那賀・勝浦・名西・名東・板野郡分間郡図や美馬郡祖谷山郡図、麻植郡木屋平村三ッ木村・勝浦郡八重地村・名西郡神領村・海部郡宍喰浦分間絵図[4]のように、絵図中に河川の状況を詳細に描いたものを除いて、河川それ自体を中心に表現した河川絵図は次ぎに示す8点である。

1. 天保11年(1840)「吉野川絵図(西林村岩津ヨリ第十村堰迄大綱絵図吉野川筋)」、徳島県立図書館蔵、縮尺6,000分の1の実測図、87×351cm。
2. 「吉野川分間絵図」(阿波郡西林村岩津ヨリ三好郡白地村迄、著者註以下同)個人蔵、徳島市立徳島城博物館寄託、縮尺約7,200分の1の実測図、118×534cm。
3. 「村々沼川堰留之図」(名西郡高瀬・瀬部より名東郡上助任・中原迄)、国立国文学研究資料館蔵、蜂須賀家文書(1312)、縮尺約3,600分の1、228×376cm。
4. 「上者延命村以西井口ヨリ下者島田村迄鮎喰川筋流有姿絵図」(鮎喰川絵図、名東郡延命村より島田村迄の鮎喰川の実測図)、吉田家文書、縮尺約3,600分の1、59×131cm。
5. 文政7年(1824)「名東郡一宮村ヨリ南新居村不動前迄鮎喰川絵図」(鮎喰川下流扇状地への出口より下流7.3kmの精密な実測図、口絵46)、後藤家文書22-006、鳴門教育大学附属図書館蔵、縮

尺1,800分の1、65×343cm。

6. 安政2年（1855）「長川及岡川絵図」（那賀川扇状地の扇頂の楠根村から下流10kmの中嶋浦間
と支流の岡川）、徳島大学附属図書館蔵（徳14）、縮尺約2,400分の1実測図、120×404cm。

7. 文久3年（1861）「高房三ッ合栗津廣戸口迄吉野川筋絵図」（吉野川（現旧吉野川）分派点から
河口までの主要用水取水地点図）、三木文庫蔵、94×69cm。

8. 天保2年（1831）「中喜来矢倉川大綱絵図」（板野郡中喜来村から下流の矢倉村迄の新田）、三木
文庫蔵、54×161cm。

上記の内、1〜6は護岸堤を示した治水と、堤外地の開発・所有および郡・村境等を示した河川絵
図で、7は吉野川（現旧吉野川）筋の農業用水、8は新田開発に関する河川絵図である。

第2節　天保11年（1840）吉野川絵図

1. 霞堤（溢流堤）・石堤・竹植堤・柳植堤・水制

　本図は阿波の豪商森敬介旧蔵で、絵図東端の第十堰付近から西端に位置する吉野川の狭窄地である
阿波郡西林村迄の長さ約24kmの吉野川を描いた絵図で、東西351cmにおよぶため、4ヶ所の合紋で
接合されている。図18-1は東の吉野川第十堰から、西の麻植・阿波郡境にある吉野川の中州である
善入寺島にいたる約15kmの部分にあたる。本図からは吉野川流域の流路、築堤部分、柳の植付け
場所・面積や渡し等のランドマークが詳細に描かれており、天保期の自然・文化的景観を読み取るこ
とができる貴重な史料である。また、本図からは吉野川の川中島の分布状況がよくわかる。すなわち、
下流から上流に名西郡佐藤須賀・下六条・上六条（北岸）、高畠村中須・西東覚円（南岸）、麻植郡
牛ノ島・知恵島・千田塚・柿原、粟嶋（善入寺島）・瀬詰（南岸）、伊月島（北岸）等の川中島である。

　本図の凡例で注目されるのは薄黄の草渡（萱場・採草地）と、桃色で示す「丑春」（天保12年・
1841）植付の柳林の面積が記されることである。また、郡と村境、吉野川の本流線と神宮入江川や江
川等の支川、主要な寺社、小社、渡し（19ヶ所）、護岸・川除堤、水制（蛇籠出・石出）、独立樹、藪、
雑木林、往還、里道、集落（家型で示す）等の景観が精密に描かれている。この絵図については『吉
野川百年史』[5]に吉野川の流路変遷と旧堤等の記述の中で、明治末〜昭和初期の吉野川第1期改修
以前の状況を、詳細に把握できる絵図史料として紹介されている。

　徳島藩では財政基盤であった藍の専売制度のために、吉野川筋に無堤政策を採ったとされるが、明
和から天保期（1764〜1843）にかけて勧農普請方を置き、低い霞堤（溢流堤）を構築した[6]。藩政
時代の旧堤は黄筋で示されるが、本図では9ヶ所に連続堤がみられる。右岸上流からは麻植郡川田村
（約600m）、同郡瀬詰村・山崎村・学村にいたる「掻き寄せ堤」（約1,100m）、同郡宮嶋村、阿波郡知
恵嶋村千田塚（約400m）、同郡喜来村・牛ノ嶋村間の「監物堤」、名西郡第十村がある。左岸上流か
らは阿波郡伊沢村・久千田村間の「伊沢市堤」、同郡柿原村（約320m）である。

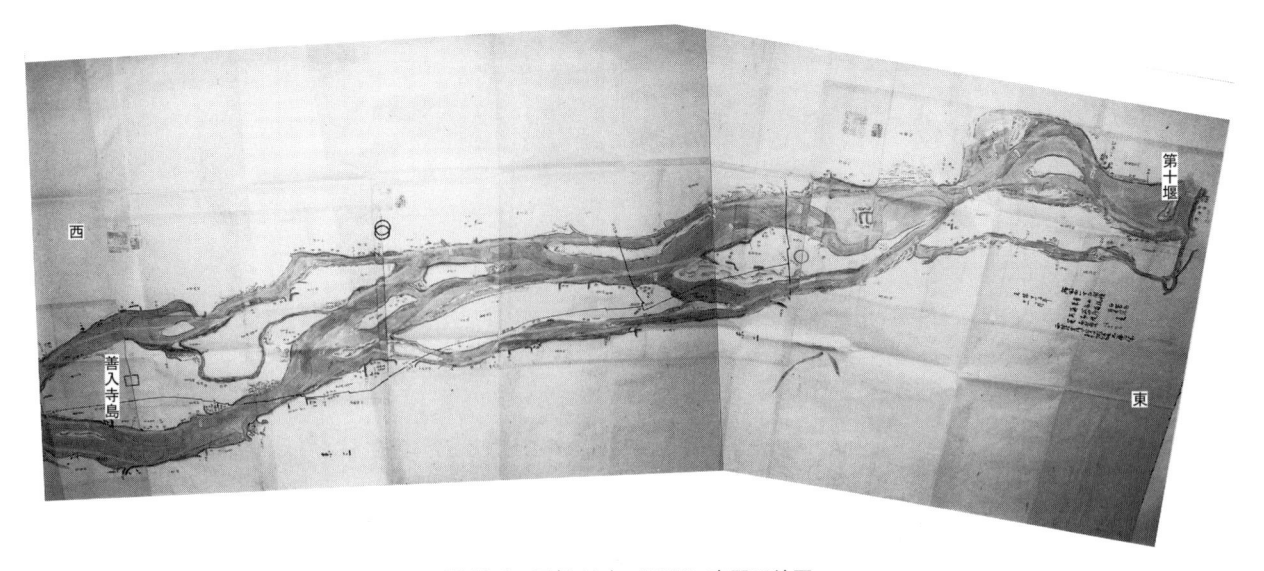

図 18-1　天保 11 年（1840）吉野川絵図
（第十堰より善入寺島付近までの部分、縮尺 6,000 分の 1、87 × 351 cm、徳島県立図書館蔵に加筆）

　石堤は土堤の堤川表と馬踏部分を石で覆い、石を詰めた根籠や竪籠・敷籠で補強した。右岸上流（南岸）からみると、麻植郡川田村北島付近（約 430m）、同郡三ッ島村・児島村（約 320m）、阿波郡粟嶋村南須賀（約 180m）、麻植郡牛ノ嶋村の江川（約 200m）、板野郡西條村須賀、名西郡桑嶋村・西覚円村である。上流左岸（北岸）からは、阿波郡東林村の菖蒲池、同郡大野嶋村、同郡柿原村二条、阿波・麻植・板野 3 郡境付近（西半分は石堤、東半分は蛇籠）、名西郡高瀬村須賀等である。

　竹植堤は岩津狭窄地点から池田にいたる美馬・三好郡の吉野川筋に、水害防備林としての河川景観が現在もある。『百姓傳記巻七、防水集』の「川除堤防築方」[7] に「川除堤に柳竹を植える事、水を防ぐ川除には堤に柳を植えるにましたることなし。（中略）大水のためには田地有之所々には小堤たりとも竹を植え柳をさし芝を付置て、萬一の時に水をちらしてはやくひかせよ。」とあり、川除普請として柳・竹（特に女竹）を植えることが極めて有効であることが記される。右岸上流からは阿波郡伊沢川田村船戸・市窪間、桑村の吉野川の攻撃斜面、輪中を形成していた知恵島村三軒屋、牛ノ島村の大牛堤、神宮入江川の神宮堤、第十村等にみられる。左岸上流（北岸）からは阿波郡伊沢村の東条堤、伊沢市堤、善入寺嶋の大野島分、名西郡高瀬新田、名西郡六条堤等である。

　本図が作製された天保 11 年の翌年の同 12 年（1841、丑歳春）に、堤外地の川原や連続堤前面の河道に面する箇所に柳が植え付けられ、その大まかな面積が記載されている。右岸上流からは麻植郡川田村・瀬詰村に 26 町程、山崎村 14 町 6 反余、三ッ嶋村 6 町 7 反程、桑村・宮島村 19 町余、千田塚 19 町余、鴨島村・喜来村 3 町 5 反、牛ノ嶋村・四ッ屋分 45 町余、名西郡高原村 24 町、板野郡西條村 14 町 7 反余、名西郡平島村 2 町、西覚円村・東覚円村の神宮入江川 7 町余で、南岸は合わせて約 175 町 2 反余にも及ぶ。

　一方、左岸上流からは阿波郡西林村 3 町程、東林村 5 町程、西原村・久千田村・勝命村・伊沢村の攻撃斜面 19 町余、香美村 6 町 5 反、大野島村 5 町、伊月村 2 町、柿原村 2 町 6 反、板野郡西條村・ヒル池流 14 町 7 反余、瀬部村 15 町 4 反余、高瀬新田・高磯村 6 町余、第十新田 9 反余等合わせて、

北岸では 82 町 9 反余になり、両岸合わせて 258 町程（南岸 68％、北岸 32％）の柳林が、天保 12 年春頃に植え付けられたことになる。北岸は地形的には阿讃山脈から流下する伊沢谷川・日開谷川・九頭宇谷川・宮川内谷川等の複合扇状地が発達し、吉野川を南に押し出しているため、吉野川の水位よりも高い扇状地面が多いことによる。

　本図には流水の勢いを弱めて河床の洗掘を防いだり、流水が直接堤に当たり浸食を少なくしたり、土砂の沈殿を促して河道の移動を防ぐことを目的に「出」とよばれる水制が描かれている。『地方凡例録巻之九上』[8] には、「石出」「蛇籠」「大籠出」等がみえる。「石出」は「石川の荒川に仕立てる水刎にして、小石にて保たず大石にて以て仕立てるなり、石の積み方は石堤石積と同じく、法五分の物なれば二三分の法にてよし、水中より積上げ鼻より両脇へ根籠を二重にも三重にも出し、之に応じて大河の水勢強き処は、巻籠にて石出しを蛇籠にて残らず包むもあり」、さらに「蛇籠出」は「是も石川、砂川等の水刎なり、地形不陸なき処は、直に五間籠二継にても三継にても間数に応じて仕立てるなり」と記されている。

　本図にみえる水制は右岸に 5 ヶ所、左岸に 2 ヶ所構築されている。右岸は麻植郡三ッ嶋村地先に長さ 400m、幅 36m の柳植堤から長さ 50m の蛇籠石出が 2 本突き出ている。阿波郡栗嶋村の集落を守る竹藪の南には長さ 70m の石出が、鴨島村・喜来村境長さ 40m、西條村四ッ屋集落の北には長さ 50m、左岸には柿原村には長さ 90m と 36m の 2 本の水制が描かれててる。

2. 第十堰

　吉野川本流（現旧吉野川）は河口から約 14km 上流の名西郡第十堰付近から北東に曲がり、板野郡粟津浦で紀伊水道に流入し、第十堰から東へは別宮川と昭和 2 年頃まで称していた。通説では徳島城下への水運を確保するために、寛文 12 年（1672）に幅 8 間（15m）の新川（別宮川）を掘り抜いたとされるが、慶長阿波国絵図や正保 3 年（1646）幕府撰阿波国絵図ではすでに真東に紀伊水道に注ぐ大川（別宮川・現吉野川）が描かれている。最近の研究によれば南岸に位置する名東郡東黒田村の慶長 9 年（1604）検地帳と、文化 3 年（1806）同村検地帳記載の面積から、新川掘り抜きは元禄年間（1688 ～ 1703）とする学説がある [9]。第十堰は吉野川（現旧吉野川）の流域筋の 38 ヶ村の灌漑用水を確保するために、宝暦 2 年（1752）に別宮川の分派地点（名西郡第十村・祖母ヶ島村の間）に構築された長さ約 220 間（約 400m）の溢流固定堰である。絵図では別宮川は神宮川（現神宮入江川）合流点で小河川として描かれているにすぎない。

　これに対し、吉野川の本流は真北に流れる大川として描かれており、第十堰は別宮川と神宮川の合流地点で中須状に描かれている。近世後期作製の「村々沼川堰留之図」によれば、第十堰は第十村北部に長さ約 200 間の細長い「刎関」として表現され、太い川筋で表現された吉野川（現旧吉野川）に対し、細い網状の流れで別宮川（現吉野川）が描かれているので、吉野川絵図の表現とほぼ整合性がとれる [10]。

　明治 29 年（1896）測図の 2 万分の 1 地形図「石井」によれば、第十堰は吉野川南岸の高畠村中須から北西に長さ 380 間の石出（堰）として表現されており、すぐ上流には明治 11 年（1878）に構築された長さ 240 間の第十上堰がみえる。また、絵図では吉野川本流と神宮川の間は約 470 間（854m）

あり、この氾濫原が洪水時に冠水する遊水地を形成しており、名西郡西覚円村から東覚円村にかけて天保 12 年に植付けられた 2 町程の柳林が幅約 70 間、長さ約 470 間にわたり桃色で描かれる。

第 3 節　吉野川分間絵図

1.　脇郷町と岩倉村

本図は阿波郡西林村の岩津狭窄地点から、約 40km 上流の三好郡白地村にいたる吉野川沿岸の自然・文化的景観を、縮尺約 7,200 分の 1 で描いた実測図で、東西 534cm にも及ぶ。凡例はないが、本流から南北に俯瞰して山は絵画状に、本流・支流を青、川原を鼠色で点描する。岩場・瀬・渡場・渉場・主要集落である町場、主要寺院・神社・堂等の宗教的景観、吉野川に流入する谷名・北岸の撫養街道（大北本道）、南岸の伊予街道を太墨線、一里松、両岸の村名を長方形の白枠で囲む。郡・村境を墨線、両岸の水害予防林である竹藪等の自然的・文化的景観を美麗に精密に表現している。本図は個人藏であるが、蜂須賀家伝来の絵図で近世後期作成と推定され、土佐国境の上流の山城谷を除く美馬・三好郡の吉野川沿岸の景観を復原できる貴重な史料である。「吉野川絵図」と本図が異なる点は、前図が吉野川の堤外を中心に描いているに対し、本図は吉野川沿岸のみならず、沿岸の段丘崖や段丘面や谷底平野や山地等を描いていることにある。

美馬郡の郷町脇町の大谷川左岸には、筆頭家老稲田九郎兵衛家の会所がおかれた。吉野川の流路は現在と異なり、与作瀬付近から北西に曲がり、脇町の南岸が攻撃斜面となるため、水害防備林としての竹林が北岸にある。また、南町の 88 棟が「うだつの町並」として国の重要伝統的建造物群保存地区に選定されている（本文 354・355 頁参照）。美馬郡最大の河岸として明治 8 年に脇人神社が合祀された高良大明神付近の岩場がみえる。脇城主武田信顕・信定父子を祀る脇人神社、秋葉山、稲田氏の菩提寺である貞真寺北の比高 60m の段丘面には古城跡は城山とよばれ、阿波九城の 1 つである脇城跡である。筆頭家老稲田氏を城代として兵 500 人（300 人とも）を配し、阿讃国境や上郡の警備を担ったが、寛永 14 年（1637）頃に廃城となった（本文 302・303 頁参照）[11]。

絵図では北町に沿う撫養街道に法華宗本學寺、真言宗真福寺、浄土宗安樂寺があり、浄土宗東林寺は藩目付巡検の宿泊地や、享保・元文年中に藩主の北方筋巡検時に参詣したと云われる。さらに、絵図には脇町の西隣は岩倉村で、新町谷川の右岸の比高さ約 40m の段丘上に真樂寺が描かれるが、岩倉城跡にあたり、天正 13 年（1585）の秀吉の四国後略により廃城となった[12]。

2.　池田町

絵図は河口から縦谷を形成して中央構造線に沿い東西に約 80km 流れる吉野川が、四国山地を横断し、横谷を形成して直角に南流する地点に位置する池田村付近を描いている。池田村の内、北岸の撫

養街道と南岸の伊予街道が合流して郷町をなす場所を池田町（大西町とも）と称している。池田は古くから讃岐・伊予・土佐との国境をなす要衝であった。絵図（図 18-2）には標高 122 m の段丘面（上野台地）には承久 3 年（1221）に阿波の守護小笠原氏が、池田城を築城時に信濃国諏訪大明神を勧請したと云われる諏訪明神が鎮座し、その崖下の吉野川右岸には池田の川湊と西山の渡が置かれた。正保 4 年（1647）の『阿波淡路海陸帳』[13] では広さ 120 間（218 m）深さ四尋（7.3 m）とされる。この川湊は三好郡内最大で「千五百石の浜」とよばれ、川原には高さ 4.9 m の常夜灯が設置されている。吉野川の遡上最終点は、伊予川との合流点にあたる左岸の「川口の浜」（現三好市）で、さらに、祖谷川の合流点である右岸の川崎（現三好市）から、伊予の国境に通じる左岸の白地→右岸の大西→右岸の「千五百石浜」→左岸の州津（現三好市）→右岸の辻→貞光→脇町へと、積載量 40 〜 50 石の「平田船（ひらたぶね）」（明治 24 年の「徴発物件一欄表」では三好郡内で 309 隻）で吉野川を下る。徳島・撫養へと刻み煙草や薬（すくも）（藍）・薪炭・雑穀・大豆・紙・雑貨等を輸送していた [14]。

　郷町の池田町は絵図に「順ケイ坊」「醫家社」「桂林寺」「役所」と記された一帯が池田町の町屋である。「醫家社」は『寛保改神社帳』には「医家大明神」とあり、『阿波志』では池田村の池神にあたるとされる。また、標高 120 m の中位段丘面の字「イケミナミ」にある「古池」が絵図には描かれるが、承和年間（834 〜 48）に山田古嗣により構築された古池で、段丘面の田畑 17 町 6 反 1 畝を潤す [15]。さらに、万治 3 年（1660）の検地帳によると字「裏町」「中町」「島」「さらだ」一帯にあたりに、明暦から延宝期（1655 〜 80）頃に三好郡内の諸物産集散地としての池田郷町が形成されたたようであ

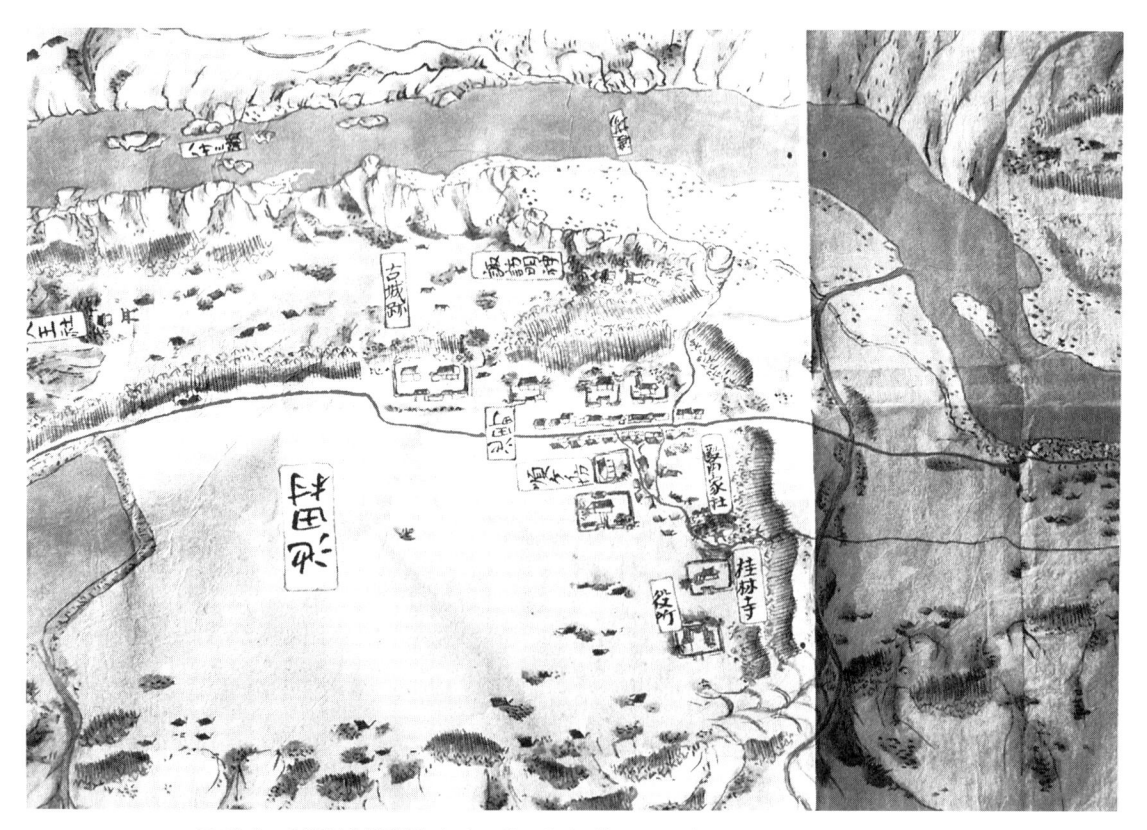

図 18-2　吉野川分間絵図（三好郡池田付近、縮尺 7,200 分の 1、118 × 534 cm、個人蔵）

る[16]。また、寛永15年（1638）の池田廃城時に上野台地にある古城跡崖下の字サラダには徳島藩の池田陣屋がおかれた。明暦2年（1656）に上郡（かみごおり）（美馬・三好郡）を管轄する大西代官が詰め、郷鉄砲組二組が配下に置かれた[17]。また、明治14年（1881）の『三好郡村誌』によれば、伊予本道に沿う東西12町（1,300m）、南北2町（220m）の区画にあたり、1戸平均90坪余の敷地であった。また、明治9年（1876）の「切図」によれば、町屋は万治元年（1658）の2町8反余から明治9年の7町2反に拡大している[18]。

　明治3年の「庚午戸籍（こうごこせき）」によれば、池田大西町の身分職業構成242戸をみると、刻み煙草商が35戸（14.5％）あり、三好郡内の最大の工芸農産物であった葉煙草の集散地としての郷町池田の特徴がわかる。また、荒物・紺屋・宿屋・瀬戸物・茶屋・菓子屋・太物（木綿・麻）・穀物・薬種の商人が多いのも、郷町の性格を表している。

第4節　鮎喰川絵図

1. 吉田家本

　名東郡西名東村（にしみょうどう）庄屋を代々勤めた吉田家所蔵の鮎喰川絵図で、標題は「上者延命村以西井口迄鮎喰川筋流有姿絵図、天保十三寅年四月」（図18-3）とある。本図は天保13年（1842）作製で、鮎喰川三角州状扇状地の扇頂部に位置する、左岸の名東郡延命村、右岸の一宮村・西名東村付近から左岸の和田村、右岸の島田村にいたる約4.5kmの流路を描いている（図18-4 空中写真）。一宮村・延命村は標高16m、和田村・島田村は約5mで、平均傾斜は約400分に1の微地形的特徴をもつ[19]。黒部川、天竜川と同じく鮎喰川が吉野川下流平野に合流する地点で三角州状扇状地（デルタファン）を形成した。

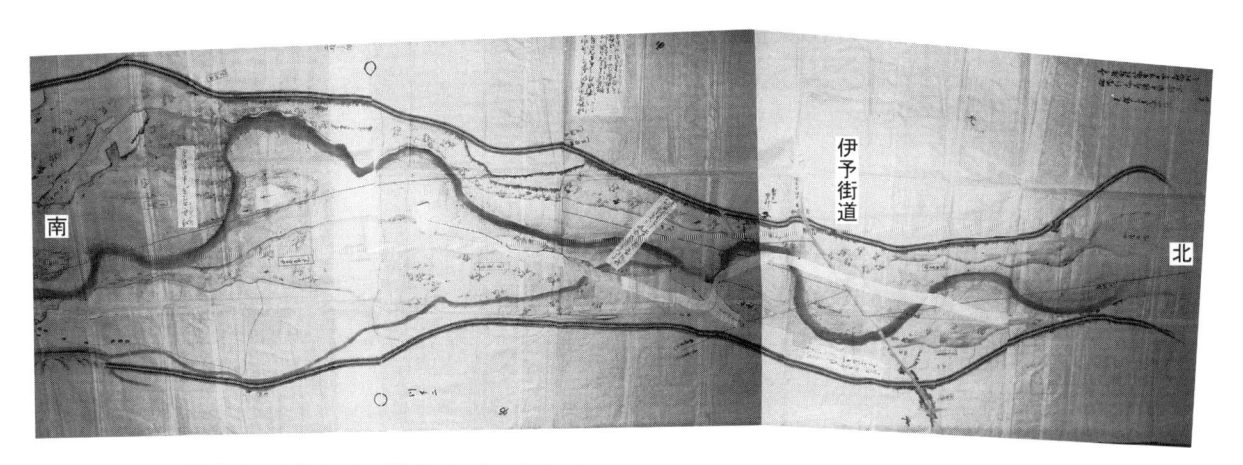

図18-3　天保13年（1842）鮎喰川絵図（部分、吉田家本、縮尺3,600分の1、59×131cmに加筆）

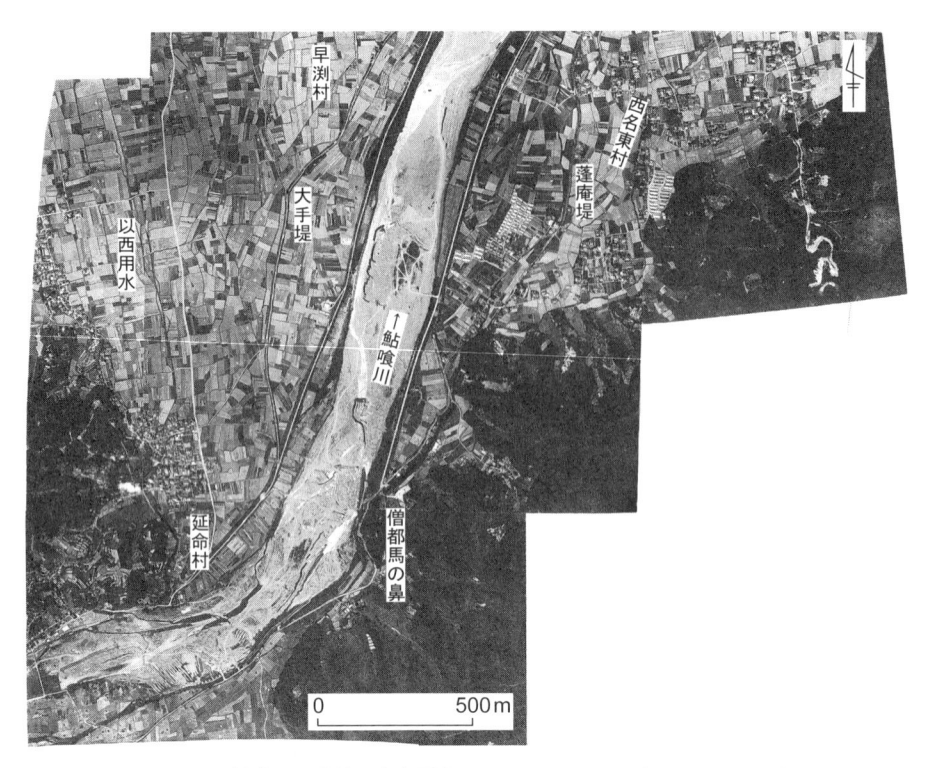

図 18-4　鮎喰川下流域の空中写真（1964 年、国土地理院 SI-64-1X CII-12）

　絵図の縮尺は、約 3,600 分の 1 でその特徴を次ぎにみよう。まず、①堤外や流作場と河道を精密に表現していることであろう。②連続した堤防があり、右岸は天正〜慶長期に構築された「蓬庵堤」、左岸の「大手堤」（「古堤」「大堤」とも）は後藤家文書[20]によれば、元禄 15 年（1702）頃に和田・早渕・中村 3 ヶ村の相普請として修復しているので、それ以前から存在していたようである。③西名東村・東名東村・島田村の河川敷内の境が明確に朱線で示され、堤外の流作場・損地等の所属関係を明確にすることが絵図作成の目的と思われる。④堤外に存在する西名東村の 8 軒の民家が描かれる。堤上に鎮座する大師・埜神・井ノ神等の 4 つの祠、⑤藩主の御鷹野場が 5 ヶ所あり、⑥左岸以西用水（月の輪井口）と右岸名東用水（僧都馬の鼻）の井口・圦樋等の用水施設が詳しく描かれる。⑦上郡往来筋の要衝にあたる伊予街道の上鮎喰集落の街村や、⑧鮎喰川の状況、河道の変化や浸食状況が貼り紙で記される。堤外の貼紙には「此辺ヨリ下之御堤一円窪處ニ而水押戻し川原ニ相成安く相見ェ申候」、「此御場處堤高く上戸ロニ相成弥、堤之窪處へ水吸込勝手ニ相見へ申候」、また、早渕村堤外には「此川筋へ三四年前ヨリ自然之通ニ相成居申候」とあり、河川敷に踏み分け道が出来ていることがわかる。また、浸食された窪地に流水が逆流していたことがわかる。⑨堤外の「古田」等の流作場が 2 ヶ所に「村中柳植」が記される。早渕・和田村境の柳植所には「此柳木ハ用水刎ニ相成居申候、此場處十分ニ柳掘植へとも水先キ相替リ可申相成候、但此場處水先ヲ相折リ可申第一之ヶ處ト相見ェ申候節ニ、早渕和田堤切之義も此柳木用水之樋ニ申處より増水相及ニ可成ニ相見ェ申候」とあり、柳木を植えても水流が変わったのは、早渕・和田両村の大手堤が切れた要因もなった流路を変更させたことが原因であるとも記している。

2.　後藤家本

　本図（口絵 46）は早渕村組の組頭庄屋を代々勤めた後藤家旧蔵の絵図（後藤家文書）で、空中写真の北部にあたる名東郡島田村（右岸）と南新居村（右岸）から上（中）鮎喰付近の伊予街道が鮎喰川を徒渉する地点付近を示している。本図は鳴門教育大学附属図書館蔵で、基本的な表現内容は吉田家本とほぼ同じある。本図の凡例によれば、文政 7 年（1824）作成で、標題には「名東郡一宮村ヨリ南新居村不動前迄鮎喰川筋分間絵図」[21] とあり、「二寸一丁」の割で、縮尺は 1,800 分の 1 の実測分間絵図である。凡例には道・堤・村境・川原・草渡（萱場）・水流が描かれる。また、河川敷内の村境は墨線で示され、「御鷹野場」が桃色で 4 ヶ所描かれる。

小　括

　阿波国内を対象とした実測の河川絵図としては、吉野川 3 点、鮎喰川 2 点、那賀川 1 点、旧吉野川 2 点が現存し、流域の自然・文化景観を明らかにすることが可能である。しかし、上記の河川絵図以外に、縮尺 18,000 分の 1 の分間郡図や、同 1,800 分の 1 の分間村絵図で河川景観を把握することができる。例えば、縮尺 18,000 分の 1 の板野・名東・名西・勝浦・那賀郡分間郡図で吉野川・那賀川・鮎喰川・勝浦川・吉野川の旧流路である江川（麻植郡）等の河川沿線の流路の状況や、土地利用を知ることが可能である。また、縮尺 1,800 分の 1 の阿波郡伊沢村分間絵図（浜分）では吉野川北岸（伊沢市や川中島）の近世後期の地形景観が詳細にわかる。さらに、麻植郡木屋平村分間絵図により穴吹川最上流の剣山地北斜面、名西郡神領村分間絵図で鮎喰川上流、福原八ヶ村に係る分間絵図では、勝浦川上流、美馬郡分間郡図では、穴吹川・貞光川・半田川流域、祖谷山郡図では、吉野川の支流祖谷川・松尾川流域の山村の各自然・文化景観をミクロなレベルで把握することが可能である。

[註]
1）小野寺　淳（1991）:『近世河川絵図の研究』古今書院，3 〜 5 頁。
2）絵図は作成目的に応じた作成主体の空間認識が表現されていることは自明であるが、鳥取藩の「田畑地続全図」や徳島藩の「検地絵図」等をみると、領主権力や作成主体である大庄屋や組頭庄屋・庄屋層が田畑・屋敷地等を 1 筆単位でその属性・現状を把握して、その支配秩序・所有・利用状況を明らかにしようとする「土地把握」という視点が村絵図研究には重要であると筆者は考える。
3）前掲 1），11 〜 18 頁。
4）徳島藩の分間郡図（縮尺 18,000 分の 1）や分間村絵図（同 1,800 分の 1）における吉野川・祖谷川・穴吹川・鮎喰川・勝浦川・那賀川・海部川・穴喰川等の沿岸地帯の景観は同地域を描いた分間絵図で把握できる。
5）建設省徳島工事事務所編（1993）:『吉野川百年史』269 〜 293 頁。
6）前掲 5），271 頁。徳島県編（1916）:『御大典記念　阿波藩民政資料 上巻』所収「勧農御普請に付願上写」1210 〜 1212 頁。

7）社団法人土木学会編（1936）:『明治以前日本土木史』1733 〜 1738 頁。

8）大石慎三郎校訂（1974）:『地方凡例録　下巻』近藤出版社，205 〜 207 頁。

9）真貝宣光（1991）:「東黒田村における新川掘抜きについて」徳島地方史研究会『史窓』22 号，89 〜 106 頁。

10）徳島建設文化研究会編（1994）:澤田健吉「絵図にえがかれた川」『阿波の絵図』所収，107 〜 112 頁。

11）徳島県史編纂委員会編（1964）:『徳島県史料　第一巻　阿淡年表秘録』100 頁。

12）平凡社編（2000）:『日本歴史地名大系第三七巻　徳島県の地名』292 〜 294 頁。

13）国立国文学研究資料館蔵・蜂須賀家文書（709）。

14）拙稿（2005）:「吉野川の舟運」脇町史編纂委員会編『脇町史　下巻』534 〜 537 頁。

15）池田町史編纂委員会編（1983）:『池田町史　上巻』439 頁。平井松午（2019）:「絵図・地図でみた池田市街地の景観変遷」阿波学会紀要第 62 号，125 〜 134 頁。

16）前掲 15），463 〜 471 頁。前掲 15）平井。

17）前掲 16）。

18）前掲 15），467 〜 468 頁。

19）科学技術庁資源局編（1963）:「吉野川水害地形分類図」。

20）拙稿（2008）:「阿波国名東郡鮎喰川下流における堤普請と堤外地の開墾について」徳島地理学会論文集第 11 集，28 頁。鳴門教育大学附属図書館蔵後藤家文書絵図，元禄 15 年「和田村堤内外鮎喰原絵図控写」（08・020・001）。平井松午（1998）:「絵図にみる吉野川」東　潮編『川と人間－吉野川流域史－』渓水社，294 〜 319 頁。

21）後藤家文書（22 － 006）。

第19章　塩田絵図と景観

第1節　撫養塩浜十二ヶ村と塩田絵図

　本章では撫養塩田絵図（板野郡小桑島斎田村略図、板野郡立岩村絵図）と、那賀郡答島村塩田絵図<small>こたじま</small>を素材として、塩浜村における村落景観を塩浜だけでなく、集落・田畑・山・溝渠・護岸・道・宗教的施設等を総体としてとらえ、空間構造のみならず社会構造を考察する[1]。

　文安2年（1445）の「兵庫北関入船納帳」[2]によれば、「十九日入、同所（由良）アワ鹽九十石〆、二百文、正廿七公方へ」とあり、同年正月19日に淡路の由良（現洲本市）から北関にアワ塩90石を兵庫にある問丸の木屋に納入したことが記される。室町期には阿波では製塩が行われて畿内に移出されているが、その生産地を比定することは困難である。『鳴門市史　上巻』によれば[3]、撫養における製塩は慶長4年（1599）に製塩の先進地である播州荒井村から、馬居七郎兵衛と大谷五朗右衛門を招いて、斎田の一部であった鍬島の小山である蛭子山の麓で始まったとされる[4]。さらに、藩の保護奨励策のもとで慶長12年（1607）頃に斎田・鍬島（桑島）・南浜・北浜・竹島（高島）・三ッ石・明神の斎田七島の塩田が成立した。さらに、安永7年（1778）の「阿州撫養図」[5]には、小桑島村・<small>あきのかみ</small>大桑島村・斎田村・黒崎村・明神村・南浜村・北浜村・立岩村・高島村・小島田村・三ッ石村・弁才

表 19-1　撫養塩屋十二ヶ村の塩浜面積・竈屋数・浜人頭数・納銀高

村名	塩浜面積	竈屋数	浜人頭数	納銀高
高島村	67町6反8畝17歩	50軒	46人	70貫647匁47厘
立岩村	49町6反1畝4歩	29軒	30人	40貫920匁88厘
大桑島村	31町8反9畝13歩	23軒	20人	30貫961匁14厘
南浜村	31町8反6畝27歩	19軒	20人	21貫020匁65厘
明神村	28町5反2畝2歩	20軒	20人	26貫431匁23厘
黒崎村	21町3反2畝22歩	18軒	19人	17貫874匁63厘
三ッ石村	20町5反5畝11歩	15軒	13人	21貫224匁98厘
小桑島村	15町5反8畝22歩	11軒	11人	13貫667匁25厘
斎田村	11町6反5畝7歩	9軒	9人	7貫940匁55厘
北浜村	8町5反8畝8歩	4軒	5人	6貫544匁15厘
弁才天村	7町2反5畝6歩	4軒	6人	5貫920匁88厘
小島田村	2町3反2畝21歩	2軒	3人	1貫508匁25厘
計	296町8反8畝10歩	204軒	202人	264貫051匁86厘

註）鳴門市史編纂委員会編(1976)『鳴門市史　上巻（近世）』1352頁の表51による。

天村のいわゆる撫養塩屋十二ヶ村の塩浜と、塩竈の景観が描かれている。慶長 12 年頃の三ッ石・鍬島・竹島・北浜 4 ヶ分の塩田面積は 25 町 7 反 2 畝 15 歩であったが、その後、明和・安永期の撫養塩屋十二ヶ村の塩浜面積は 287 町 7 反 9 畝 5 歩（竈屋数 252）、寛政 6 年（1794）、288 町 9 反 6 畝 9 歩、天保 11 年（1840）、297 町 8 反 6 畝 6 歩である [6]。享和 2 年（1802）頃の村別塩浜面積・竈屋数・浜人頭数・納銀をみよう（表 19-1）。

　竈屋 1 軒あたりの経営塩浜面積は 1 町 4 反 5 畝で、浜人頭数（経営者）は 1 人、納銀高は 1 貫 307 匁 18 厘である。また、文政元年〜慶応 3 年（1818 〜 67）の瀬戸内十州塩田面積 3,101 町をみると、阿波は 434 町で、周防 708 町、播磨 563 町、讃岐 537 町に次ぎ、備前 300 町、伊予 253 町、安芸 150 町よりも多かった [7]。藩政期における阿波における塩業地は、①斎田塩と呼ばれる板野郡撫養塩屋十二ヶ村、②名東郡の塩斎田浜（現徳島市南末広町・万代町・南昭和町・山城町・新浜町）、③南斎

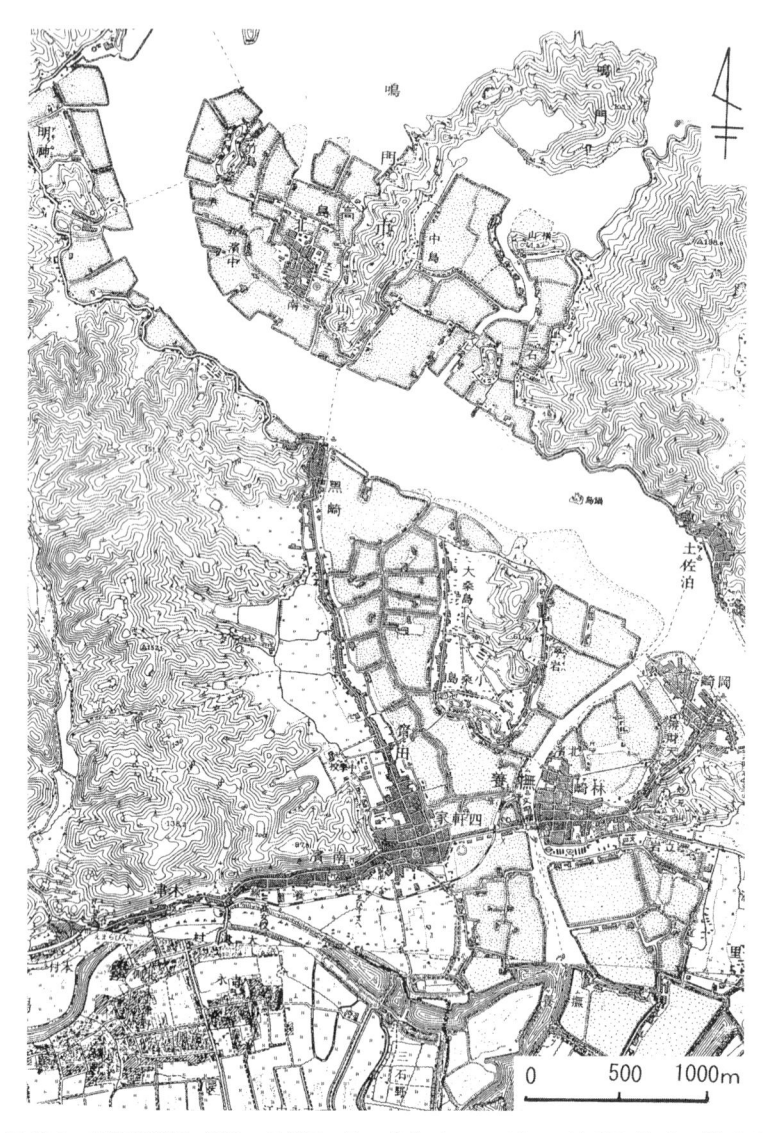

図 19-1　旧版地形図（昭和 3 年測図、同 23 年修正、2.5 万分の 1 地形図「板東」「撫養」）

田浜と呼ばれた那賀郡答島浜である。①は慶長 4 年、②は元和 6 年（1620）、③は寛永 13 年（1736）の開田である [8]。享和 2 年（1802）の塩浜面積と塩請高（製塩高）をみると、①は約 297 町 / 約 132 万俵（約 33 万石）、②約 59 町 / 約 11.4 万表（2.85 万石）、③は約 77 町 / 約 34.3 万表である。③の答島浜は面積で①の約 26%、製塩高で約 26%にあたり、②よりも面積で約 1.3 倍、製塩高で約 3 倍もあった。答島浜の塩浜 1 町歩あたりの生産性も 1,116 石で、名東郡の 483 石の 2.3 倍であった [9]。

　図 19-1 は昭和 3 年同 23 年資料修正の 2.5 万分の 1 地形図「板東」「撫養」で、撫養塩浜十二ヶ村域を示している。まず、明治 15 年（1882）の「板野郡小桑島斎田村略図」（図 19-2）[10] で、小桑島村（東）と斎田村（西）の 1 筆ごとに塩田（薄墨）の等級・面積・所有者が、家屋は 1 棟ごとに萱葺・瓦葺に区別され、寺山西に光徳寺があり、民家が街村状に連なっている景観が描かれる。小桑島村の中央の「エビス」が蛭子山である。小桑島村の塩田は 28 筆、15 町 8 反 4 畝 14 歩で、斎田村は 10 筆、11 町 7 反 6 畝 9 歩で、絵図では山西庄五郎は 3 筆 / 4 町 1 反 23 歩、谷伊七郎は 4 筆 / 3 町 9 反 4 畝 21 歩を所有するが、山西は塩大問屋で江戸廻船を 7 艘所有していた。また、文化 2 年（1805）の塩田 1

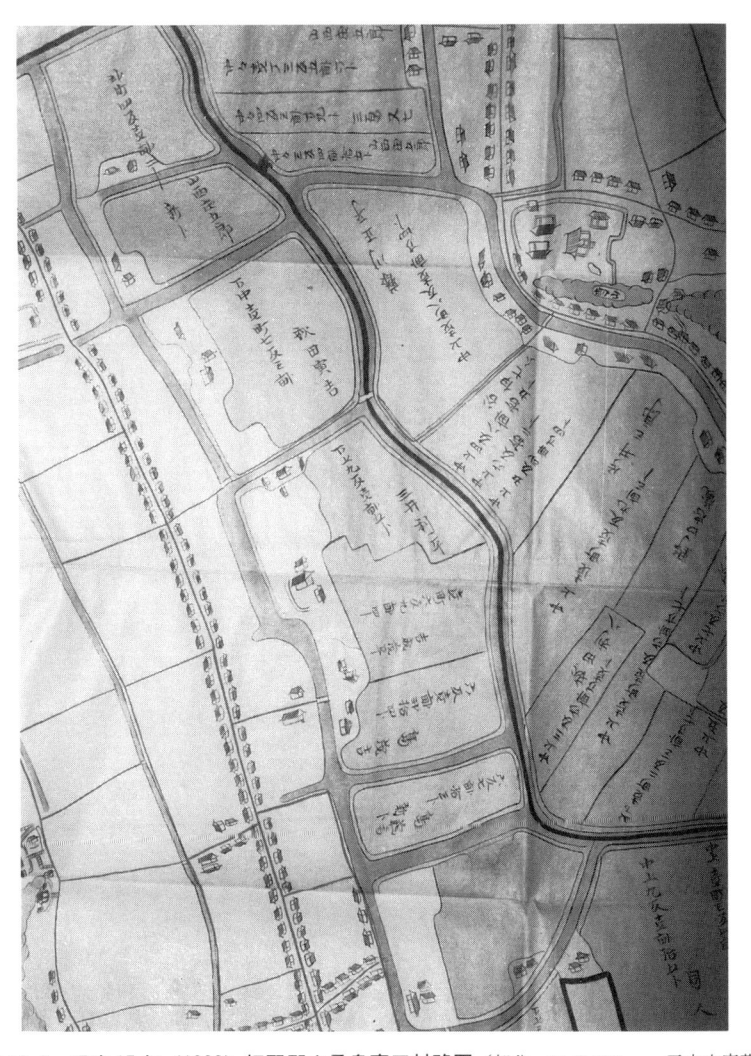

図 19-2　明治 15 年（1882）板野郡小桑島斎田村略図（部分、55 × 774cm、三木文庫蔵）

筆ごとの面積をみると、小桑島村は8反2畝1歩、斎田村は8反2畝7歩で、塩田主1軒あたりの経営面積をみると、小桑島村は1町1反9畝27歩である[11]。

　次に、明治前期と推定できる縮尺3,600分の1の「阿波国板野郡立岩村絵図」（図19-3）[12]によれば、8枚の大きな塩浜に区分される。北東端の「元地東ヨリ一」の塩浜は4筆/2町5反4畝15歩で構成され、本多久平と国木円次郎が地主である。享和2年（1802）の塩田面積は高島村に次ぎ、49町6反1畝4歩で（表19-1）、絵図では立岩村には39筆、52町3反3畝20歩の塩浜がある。明治17年のそれは64町1反8畝4歩であるが、汐通を含む面積である[13]。塩浜は薄墨、田は薄緑、堤は黄で描かれる。絵図では18人の地主名がみえるが、享和2年の竈屋29軒、頭人数30人と比較すると少ない。最大地主は近藤藤吉の8筆/12町6反9畝24歩である。本村の文化2年の1軒あたりの経営面積は2町1反4畝22歩、1筆平均面積は1町4反1畝3歩で、1町以上の経営主が23軒中の18軒を占め、撫養塩屋十二ヶ村中では最大である。また、121棟の民家が塩浜を守る堤上に街村状に立地するが、萱葺が82棟、瓦葺が39棟である。塩浜と集落・里道・堤・樋門・渠溝・八幡神社（林崎浦岡崎城跡の

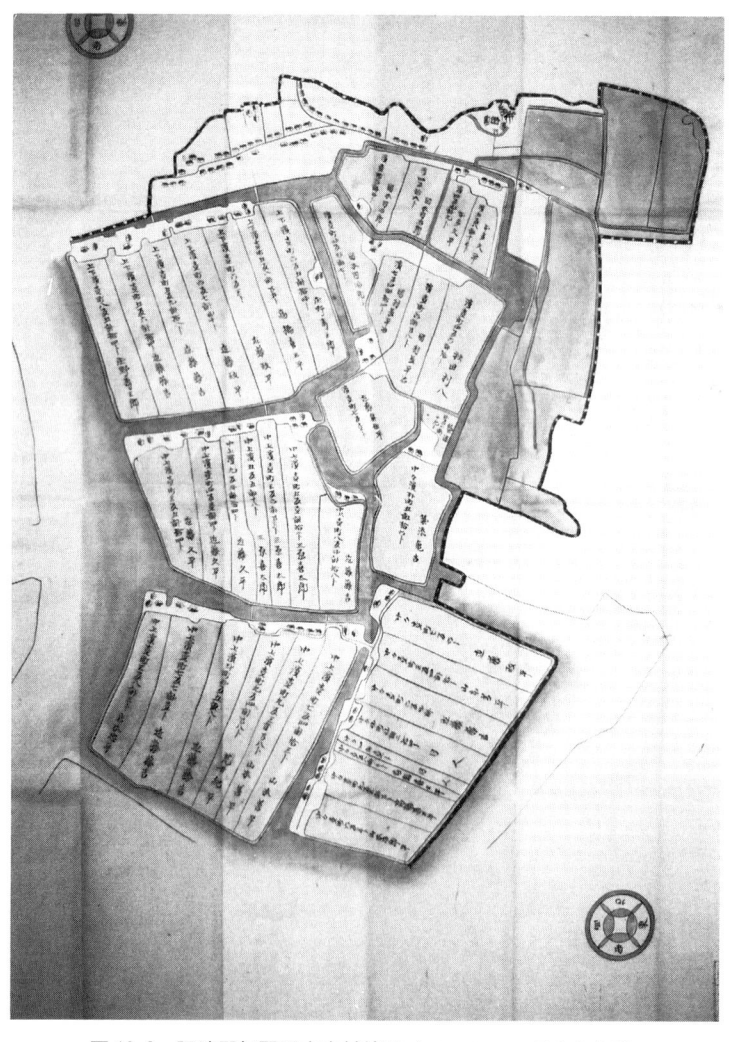

図19-3　阿波郡板野郡立岩村絵図（54×40cm、三木文庫蔵）

南）等からなる立岩村の景観を精密に復原することができる。

　塩業経営を行うには労働者の給銀、薪松葉・石炭等の燃料費、塩田・建造物・用具の維持修繕費、その他の生産販売費等の資本を要した。撫養塩浜では塩生産者は地主と、塩田を所有した自作は元浜人と云い、借浜人である小作と労働者の奉公人の 4 つの階層から構成されていた [14]。奉公人は鹹水を採る浜日傭と竈焚があり、雇主である親方に隷属していた。

　塩浜塩田を開発した地主は庄屋や問屋を兼業し、廻船業や塩・燃料の薪・石炭等の商売を手広く行い、寄生地主化して塩浜を小作人に貸して小作料（加地子）を徴収し、経営を拡大した。自小作が塩浜を賃借する場合は「五年切売買塩浜」の形式をとり、5 ヶ年間で年利は 6 分 1 厘（6.1％）もした。天保 13 年（1842）の「塩浜稼方之便利明細帳」[15] によれば、諸経費の内、薪代が約 49％、鹹水を採る労賃等が約 33％、竈焚費等が約 19％を占めた。一方、自作は経営費の上に藩への納銀、藩よりの拝借銀の返納、借金の利子等の支払いが多く、経営は苦しかった。

第 2 節　那賀郡答島塩田絵図

1. 答島村の概観

　答島村は大正 6 年（1917）測図の 2.5 万分の 1 地形図（図 19-4）で示したように、北は標高 284 m

図 19-4　大正 6 年（1917）頃の答島浜（大正 6 年測図、大正 9 年発行地形図に加筆）

の津峯と、南の橘湾との間を流れる打樋川の沖積低地からなる。寛永 13 年（1636）〜延宝 5 年（1677）に、沿岸流や波浪の影響が弱い橘湾岸に開筑された答島八浜は、長浜・西浜・新長浜（北浜・南浜）・大潟浜・東浜・新築浜・三本浜松・幸野浜からなり、打樋川下流部と橘湾との間にある。答島浜は「南斎田浜」と称されるが、塩浜だけでなく、寛文 4 年（1664）の『阿波国十三郡郷村田畠高辻帳』[16) によれば、村高 259.601 石の内、田方は 236.294 石（91.1%）、畠方は 23.307 石（8.9%）と、南方の特徴である田卓越型で、旱損・芝山とある。文化 10 年（1813）の「高都帳」[17) では、高 337.601 石、文化期編纂の『阿波志』[18) では、水陸田 150 町 3 反 1 畝、高 725.5 石余、知行地は 78.6 石（10.8%）、戸数は 550、人数は 2,500 である。また、明治 9 年の『那賀郡村誌』[19) では、854 戸／人口 3,918 人、明治 24 年（1991）の「徴発物件一覧表」[20) では大潟を含む大字答島は 943 戸／4,664 人で、橘浦の 745 戸／4,181 人と、大字単位では那賀郡中最大の戸数・人口を有し、郷町を形成していた。さらに、50 〜 200 石（7.7 〜 30 頓）の日本形船 3 艘、50 石未満の荷船 142 艘、漁船 42 艘あり、塩の輸送を主力とする大小の廻船と漁船が相当数あった。また、同年の民業をみると、農業 230 戸、水産加工を主

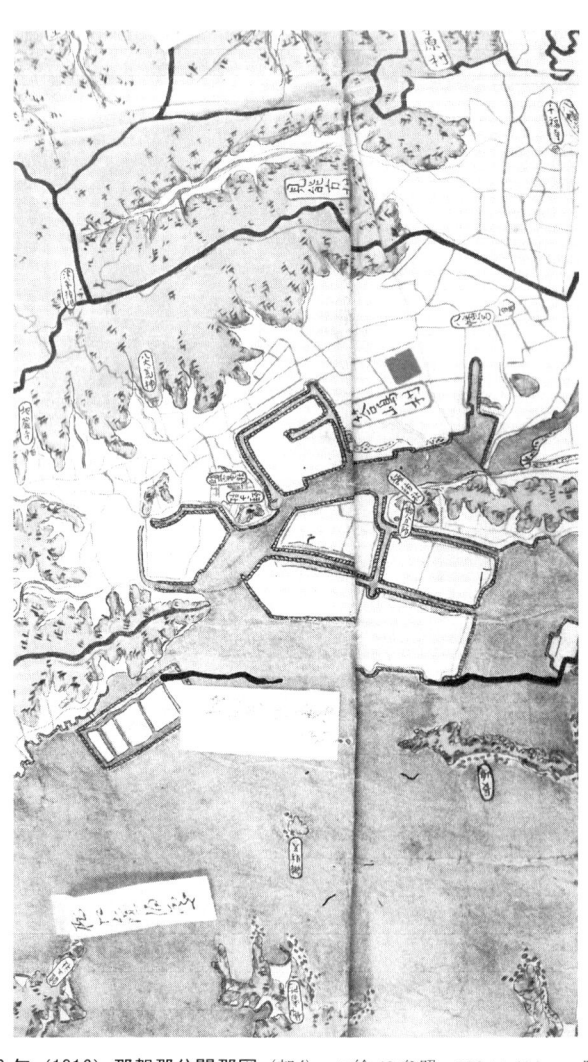

図 19-5　文化 13 年（1816）那賀郡分間郡図（部分、口絵 42 参照、179 × 414cm、阿南市史編纂室蔵）

とする工業 31 戸、商業 27 戸、漁業 6 戸、塩浜労働に従事する雑業 550 戸であった。

　図 19-5 は文化 13 年（1816）作製の縮尺 18,000 分の 1 の那賀郡分間郡図（口絵 42 参照）[21] の答島八浜部分を示している。答島浜の開発は寛永 13 年（1636）に元撫養城代四宮与一右衛門が当村に来て、長浜に六軒前の塩浜を開発したといわれる [22]。また、同年家老長谷川越前に当村塩浜が与えられ、長谷川氏は三ヶ年の塩運上と諸役を免除されたとされる [23]。さらに、延宝 5 年（1677）には東条次左衛門により大潟浜が開発された（「撫養塩田誌」）[24]。安政 3 年（1856）の塩浜面積は全体で 62 浜 / 75 町 3 反 5 畝 7 歩である [25]。1963 年の空中写真（図 19-7）をみると、①は長浜で 7 浜あり、塩浜は 7 町 2 反 7 畝 8 歩（安政 3 年・1856、以下同）、②西浜の 9 浜・8 町 7 反 8 畝 24 歩、③新長浜 9 浜・13 町 8 反 21 歩、④大潟浜 11 浜・10 町 7 反 1 畝 19 歩、⑤東浜 6 浜・7 町 4 反 9 畝 15 歩、⑥新築浜 3 浜・3 町 6 反 23 歩、⑦三本松浜 1 浜・1 町 5 反 9 畝 23 歩、⑧幸野浜（橘浦にあり）8 浜・9 町 3 反 6 畝 11 歩である。また、文政期頃作製の縮尺 18,000 分の 1 の「那賀海部郡海邊絵図」[26] と、那賀郡分間絵図と比較しても、答島八浜部分は同じ表現内容である。ただ、塩浜の堤の幅の表現が分間郡図の方が大きい。

2.　答島塩田絵図のトレース図化

　徳島藩では紀伊水道沿岸の板野郡・名東郡・勝浦郡・那賀郡の新田村や塩浜村は、おおむね御蔵に編入していた。塩浜村では撫養塩屋十二ヶ村の内、斎田・黒崎・立岩・南浜・北浜・小桑島・大桑島・三ッ石村と、名東郡津田浦・南斎田浦・津田新浜・山城屋浜等は、村高の全てが蔵入地である [27]。本村

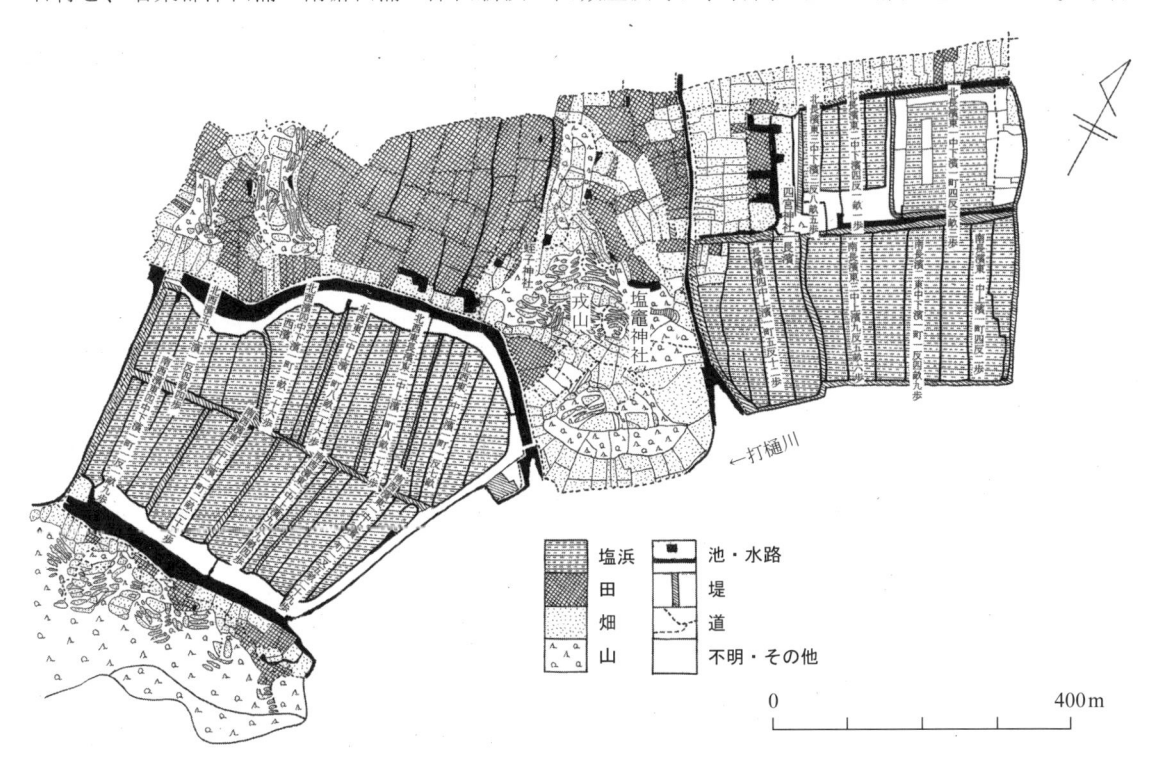

図 19-6　那賀郡答島塩田絵図（トレース図）（絵図表現の一部を省略、口絵 49、179 × 189cm、阿南市史編纂室蔵）

の与 頭 庄屋吉田左五右衛門、同村御取立・五人与の 7 人が藩検見役に上申した、天保 11 年（1840）
4 月の 改 控 の「那賀郡答嶋村傍示之麦蒔付地処相調へ奉願上帳」28) によれば、16 町 9 反 5 畝 9 歩の
畑（米高 95.1425 石）に麦を蒔き付け、天保 11 年の夏年貢として 10.726 石を上納している。

答島塩田絵図 29)（仮題、図 19-6・トレース図・口絵 49）は阿南市史編纂室所蔵で、縦 179cm、横
189cm の大型の絵図で、答島八浜の内、長浜と西浜部分しかカバーしていない。田・畑・塩浜は白地、
堤（護岸）は黄、水路は青、道は朱、林は緑で彩色されており、色分けのコントラストは薄い。凡例
はなく、作製主体・調進先・年紀・縮尺等は不詳であるが、1 万分の 1 の阿南市都市計画図と比較す
ると、縮尺は 600 ～ 650 分の 1 程度である。1963 年撮影の空中写真（図 19-7）30) と比較すると、方位、
定点間の距離、塩浜や田畑地割、溝渠配置の精密度等からみて実測図と推定できる。

塩田絵図には 580 筆がみえる。その内訳は塩浜 16 浜 / 面積 16 町 6 反 6 畝 23 歩、田 101 筆 / 4 町 5
反 4 畝 12 歩、畑 342 筆 / 5 町 6 反 2 畝 2 歩、山 11 筆 / 5 反 2 畝、不詳 38 筆 / 5 反 4 畝 25 歩である。また、
地番と名負人を記した付箋が多数みられるが、塩浜・田・畑には名負人は記載されない。また、集落
（家屋）は畑に含まれると考える。図の中央にある戎山（標高 23.2m）の西に塩竈神社、東に蛭子神社、
長浜に四宮神社がみえる。

答島塩田絵図のトレース図をみよう。図には田畑、塩浜、堤の破損や地盤沈下等の安政南海地震に関
する被害状況を示す小書きや表現等はみられないが、本図が安政元年（1854）から同 3 年（1856）にい

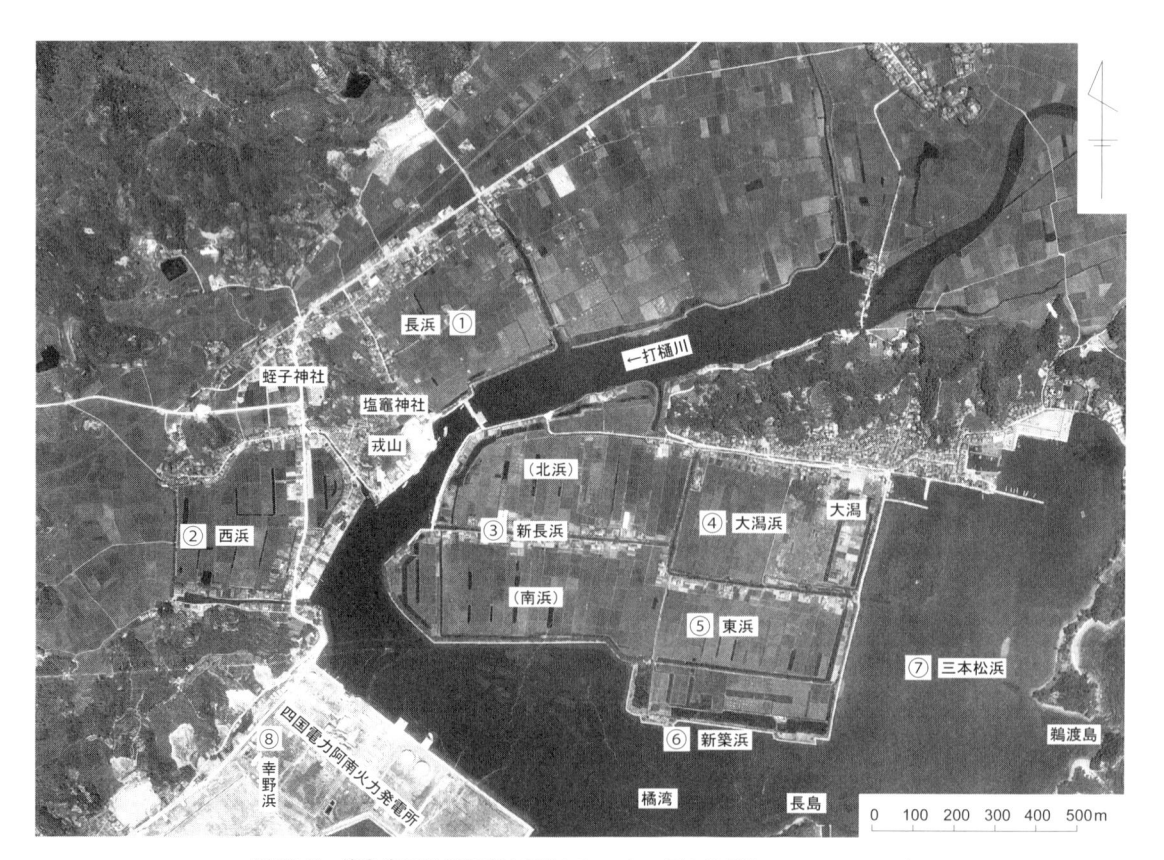

図 19-7　答島塩田付近の空中写真（1963 年、国土地理院 MSI-63-2X C4-12）

たる期間に作製された可能性はある。また、本図が同 3 年の「那賀郡答嶋村塩濱納銀請免並鍬下帳」[31]
と一体として作製された可能性も考えられる。西浜 9 浜は 33 筆で構成されているが、塩浜の名負人
（地主）の名は記されない。本図にみえる 508 筆の総面積は 27 町 2 反 9 畝 11 歩で、その内訳は塩浜
58.8%、田 16.6%、畑 20.6%、山 1.9%、その他 2.0% である。立岩村絵図では塩浜が村域の大部分を
占めていたのとは大きく異なる景観である。中央部の戎山には塩竈神社が鎮座するが、本社は村社で、
社地は絵図では山となっているが、面積は 1,197 坪である[32]。また、四宮神社が長浜に鎮座するが、
勝瑞城主三好長治の家臣で大潟城主であった四宮外記らを祀るとされる[33]。

　長浜と西浜一帯は現在では、住宅団地や保育所になっている。田は戎山の西に多く、戎山と西浜の
南の溝渠沿いには段畑が多く分布し、戎山の段畑は削られて、現在は住宅団地・マンション・小工場・
医院等に土地利用されている。『那賀郡村誌』[34]には溝渠と堤が記載されている。長浜では南北の「五
軒浜堀」（幅 1m、長さ 270m）があり、また、塩浜の堤としては「舳崎堤」（字中分、長さ 75m、高さ 2.7m、
馬踏 1.5m、水門 2 ヶ所、根固石）と、「入江堤」（字浜、長さ 490m、高さ 2.7m、馬踏 0.9m、根固石）、「西
浜堤」（字戎山、長さ 40m、高さ 2.4m、馬踏 0.9m、根固石）、「宮ノ下堤」（字長浜、長さ 326m、高さ 2.7m、
水門 2 ヶ所、馬踏 0.9m、根固石）がある。

　徳島県における塩田の廃田時期をみると、鳴門市は第 4 次塩業整理があった昭和 46 年度（1971）で、
徳島市は第 3 次塩業整理が行われた昭和 34 年度（1959）、阿南市は第 1 次塩業整理の明治 43 年（1910）
と同 44 年度である[35]。答島八浜の消滅を明治 40 年（1907）測図、同 43 年製版 5 万分の 1 地形図で
みると、長浜と西浜が田であるが、三本松浜と幸野浜は海没（図では海没部分を破線で囲む）、新長
浜・大潟浜・東浜・新築浜は塩浜として残っている。さらに、明治 40 年測図、大正 6 年（1917）修
正測図の 5 万の 1 地形図では大潟浜の東部分、三本松浜・幸野浜は海没（破線で囲む）、田で示され
る 5 浜は田に転換されている。また、昭和 22 年米軍撮影の空中写真では三本松浜・幸野浜と大潟浜
の東部は海没、他の 5 浜は田になっている。さらに、昭和 38 年（1963）の空中写真では、幸野浜は
拡張して埋め立て造成中、大潟浜東部と三本松浜の海没部分は浅瀬となっている。新築浜と大潟浜の
溝渠沿いの堤には街村状の宅地が形成されている以外は田となっている。

3.　安政 3 年（1856）「答嶋村塩濱請面免並鍬下帳」[36]との比較

　まず、本帳は勧農方奉行と海部那賀郡代から倉岡朋之丞（御蔵奉行か）に上申した文書で、安政元
年 11 月 5 日の安政地震による答島浜の大手堤（護岸）の損壊と塩浜一円が、荒地化したので復旧普
請料の貸付け、請免（減額）と鍬下年季願いを出している。すなわち、末尾に「右者一咋寅冬（安政
元年・1854、著者注、以下同）地震（11 月 5 日安政南海地震）高汐ニ而大手堤及破損塩濱壱圓荒地
ニ相成候ニ付、開返為普請料人別鍬下差遣之條右用可心得候」と記される。本帳の最初の部分を示す。

　　答嶋村
　　南長濱東ヨリ一中上（塩浜の上・中・下の等級、著者注、以下同）
　一壱町四反弐畝　　　　浅次（名負人）
　　此墓百六拾八枚八厘（墓は沼井を示す。沼井＝撤砂濾過装置、沼井 1 枚あたり塩浜数 25 歩）
　　納銀壱貫四拾弐匁壱厘

　　　　内六拾弐匁壱分九厘　請六分弐厘（控除率 6.2%）

　　　　但當辰年（安政 3 年）ヨリ来ル午年（安政 5 年）迄三ヶ年之間（鍬下年季 3 ヶ年）

　　　残而九百七拾九匁四厘

　　　　内六百八拾五匁九分四厘　請免（控除率、7.0%）

　　　　但當辰年ヨリ来ル午年迄三ヶ年季

　　　　猶残而弐百九拾三匁九分七厘（浅次取分は 293.97 匁で 30% にあたる）

　個別名負人別にみると、①納銀（匁）－②請免（匁）＝③残而（匁）、③÷④上納（匁）＝⑤上納率（%）となる。例えば、南北長浜 16 浜の等級は中上・中々・中下で、名負人の浅次・三左衛門・勝八がみえる。内、三左衛門は 2 浜 / 1 町 5 反 5 畝 10 歩 / 納銀 1 貫 25 匁 7 分 2 厘である。本浜の請免率は 63% ～ 70% で、安政南海地震の被害による鍬下年季は安政 3 ～ 5 年の 3 ヶ年季と、同万延元年迄の 5 ヶ年季である。南北長浜の名負人別塩浜面積をみると、三左衛門が最大で 6 町 5 反 6 畝 11 歩、次いで浅次 2 町 8 反 3 畝 5 歩、権十郎 2 町 2 反 5 畝 13 歩、甚吉 2 町 1 反 1 畝 2 歩、最少は末吉の 1 町 1 反 5 畝 12 歩である。また、安政南海地震被害による納銀の免除率を示す請免は「東濱ヨリ一上中濱」（1 町 3 反 9 畝 2 歩）で、最少の 40% からあり、50 ～ 70% を中心値としており、安政南海地震の被害の甚大さが窺われる。

4.「請」率の年変化と「荒濱普請料」

　塩浜の地盤納銀に対する基礎控除である請率は最少の 2% から最大の 8.65% であるが、中心値は 5 ～ 8% である。弘化 3 年（1846）の「塩濱納銀御請帳」[37] によれば、長浜と西浜の請率は千禰名負の「北長濱東ヨリ」の納銀 175 匁 2 分 7 厘に対して、請率 1 分 2 毛(1.02%) を最少としているが、文久元年(1861) より 4 分 8 厘 1 毛（4.81%）と変化した。また、これの「地盤御納銀」575 匁 2 分 7 厘の内、400 匁が「荒濱普請料」（復旧工事費）として 10 ヶ年の年季願いを出したところ、弘化元年（1844）より嘉永 6 年（1859）まで 10 ヶ年季が認められている。

　この「荒濱普請料」にあたる事例が本帳では 4 塩浜にみられる。本来では藩庫から貸し付ける復旧普請料であるが、地盤塩濱において自力復旧をさせるために、地盤納銀から普請工事費相当額を控除させることで塩方代官は対応したのである。さらに、本帳には塩浜の賃借事例が 15 浜みられる。例えば、「大潟濱東ヨリ六・七」（納銀 871 匁 6 厘と 886 匁 5 分 2 厘）は、貸主「とく」、借主「梅吉」となっている。このような背景には本帳の末尾に「右之通濱人當午年（安政 5 年・1858）納銀御請仕處相違無御座候、然上者無遅滞極之通夫々上納ラセ可申候、若御極之切月上納不足者、御座候者人別相辨エ候得ハ、相残ル者共ヨリ皆納仕ラセ可申候而御請書仕處如件」[38] と記される。すなわち、塩方代官は納銀徴収に関しては、上納切の年月まで滞納する者あれば、塩浜の連帯責任とする仕法をとっていた。

　このことは、本書が大潟濱與頭庄屋・答島村庄屋・同村三ヶ濱肝煎・同村五人組・橘浦庄屋兼帯・幸野村與頭庄屋・同浦五人組等 14 人の連署で、藩の郡代手代 5 人に対して上申していることからも理解できる。

小　括

　文政元年～慶応 3 年の瀬戸内十州塩田面責合わせて 3,101 町の内、阿波は 434 町で周防・播磨・讃岐に次ぎ、すでに文安 2 年（1445）の「兵庫北関入船納帳」によれば、淡州由良を通じて畿内に輸送されていた。藩政期阿波における塩田は①撫養塩方十二ヶ村、②名東郡塩斎田浜（現徳島市）、③那賀郡答島浜（現阿南市）で、享和 2 年（1802）では①が約 297 町 / 約 132 万俵、②約 59 町 /11.4 万俵、③約 77 町 /34.3 万俵である。塩田絵図が現存するのが撫養と答島で、前者は文化 9 年板野郡分間郡図、後者は文化 13 年那賀郡分間郡図により詳細に見ることができる。また、撫養では縮尺 1,800 分の 1 の撫養分間絵図で、撫養十二塩浜と民家の配置がわかる。この他に、明治 15 年の「板野郡小桑島斎田村略図」と、同時期の「板野郡立岩村絵図」により、各塩浜の面責・等級・所有者と 1 棟ごとに民家の配置等を知ることができる。さらに、天保 13 年の「塩浜稼方之便利明細帳」により、塩田地主・自作・小作と、浜日傭・竈炊労働者である奉公人との支配関係、塩浜の売買、諸経費の内訳等が明らかになる。

　答島塩田に関しては、安政元年の安政南海地震で大被害を受けた時期の作製と推定できる那賀郡答島塩田絵図が現存する。同絵図では 508 筆が 1 筆単位で描かれるが、面責では塩浜は約 59%、畑約 21%、田約 17%、山約 2% で、塩浜だけではなく、トレース図化することで塩浜を中心とした塩田集落の全体景観を見た。さらに、関係する安政 3 年の「答嶋村塩濱納銀請免並桑下帳」や、弘化 3 年「塩濱納銀御請帳」などの藩政文書とクロス分析する事で、塩浜の空間・社会構造を明らかにした。

[註]

1) 拙稿（2015）:「那賀郡答島村塩田絵図と安政南海地震」阿波学会紀要第 60 号，175 ～ 186 頁。
2) 林屋辰三郎編（1981）:『兵庫北関入船納帳』中央公論出版社，武藤直による表 2，239 頁。
3) 鳴門市史編纂委員会編（1976）:『鳴門市史　上巻』1043 ～ 1048 頁。
4) 前掲 3)，1077 頁。
5) 土佐山内家宝物史料館蔵，手書き・彩色，81 × 112cm。
6) 前掲 3)，1350 ～ 1353 頁。
7) 日本専売公社刊（1982）:『日本塩業大系　近世（稿本）』1 ～ 99 頁。
8) 小橋　靖（2011）:「塩田面積や塩生産高からみた徳島県の塩業－塩田の発祥から廃止まで－」徳島地方史研究会編（2011）『阿波・民衆と歴史Ⅳ　生業からみる地域社会－とくしまの人々』教育出版センター，151 ～ 160 頁。
9) 前掲 8) 小橋。
10) 三木文庫蔵，手書き・彩色，55 × 40cm。
11) 前掲 3)，1355 ～ 1356 頁。
12) 三木文庫蔵，手書き・彩色，55 × 40cm。
13) 前掲 3)，1352 頁。
14) 前掲 3)，1368 ～ 1368 頁。
15) 前掲 3)，1383 頁。

16) 国立国文学研究資料館蔵，蜂須賀家文書（27A-679）。

17) 徳島県物産陳列場編（1914）:『阿波藩民政資料』徳島県史料刊行会復刻版（1981年），614頁。

18) 佐野之憲編・笠井藍水訳（1976）:『阿波志』386頁。

19) 徳島県立図書館蔵，稿本。

20) 洞富雄監修（1985）:「徴発物件一覧表 目録・解題」雄松堂フィルム出版。

21) 阿南市史編纂室蔵，手書き・彩色，179 × 414cm。

22) 阿南市史編纂委員会編（1995）:『阿南市史 第二巻』592頁。

23) 日本歴史地理学会発行（1913）:『阿波国徴古雑抄』「答島村鹽竈社所蔵文書」497 〜 498頁。徳島県史編さん委員会編（1964）:『徳島県史料 第一巻 阿淡年表秘録』寛永13年11月20日の項。

24) 前掲3），「一御代官所御元建之事」1089頁。

25) 阿南市史編さん委員会編（1989）:『阿南市史 史料編（近世）』454 〜 467頁。

26) 四国大学附属図書館蔵凌宵文庫蔵 101 × 306cm，手書き・彩色。

27) 木村礎校訂（1978）:『旧領旧高取調帳 中国・四国編』237 〜 238，263 〜 264頁。

28) 阿南市史編纂室蔵（徳島県立文書鑑蔵マイクロフィルムM-4-182）。

29) 阿南市史編纂室蔵，手書き・彩色，179 × 189cm。

30) 国土地理院発行（1963年撮影，MSI-63-2X，C4-12）。

31) 国立国文学研究資料館蔵・蜂須賀家文書，『阿南市史 史料編』所収，454 〜 467頁。

32) 徳島県立図書館蔵，稿本『明治九年那賀郡村誌』。

33) 前掲18），239頁。

34) 前掲32）。

35) 前掲8）小橋，155 〜 158頁。

36) 前掲25）『阿南市史料編』454 〜 467頁。

37) 国立国文学研究資料館蔵・蜂須賀家文書，『阿南市史 史料編（近世）』，「塩濱納銀御請帳，那賀郡大潟村・答嶋村・橘浦」，444 〜 452頁。

38) 前掲25），451 〜 452頁。

第20章　阿波・淡路の離島絵図と土木的景観

第1節　那賀郡伊島絵図と景観

　離島絵図については、第Ⅱ部第3章第5節（本文140・141頁参照）で山口県萩市沖約44kmの孤島である見島の地下図を提示した。本章では阿波・淡路両国の離島絵図と景観をみる。無人島を除いて、阿波国で人が居住する離島は、四国最東端の蒲生田岬沖約6kmにある那賀郡の伊島と、海部郡牟岐町沖の出羽島で、淡路国では三原郡灘地方の土生沖にある沼島の合わせて3島である。伊島は安芸構造帯に位置し、砂岩と頁岩の互層からなる褶曲島で、前島の東海岸は右上傾斜をなす壮大な褶曲地層がみられる。

　伊島は衛星写真（図20-1、Google Earth）でみるように、本島と西方の前島・棚子島の3島からな

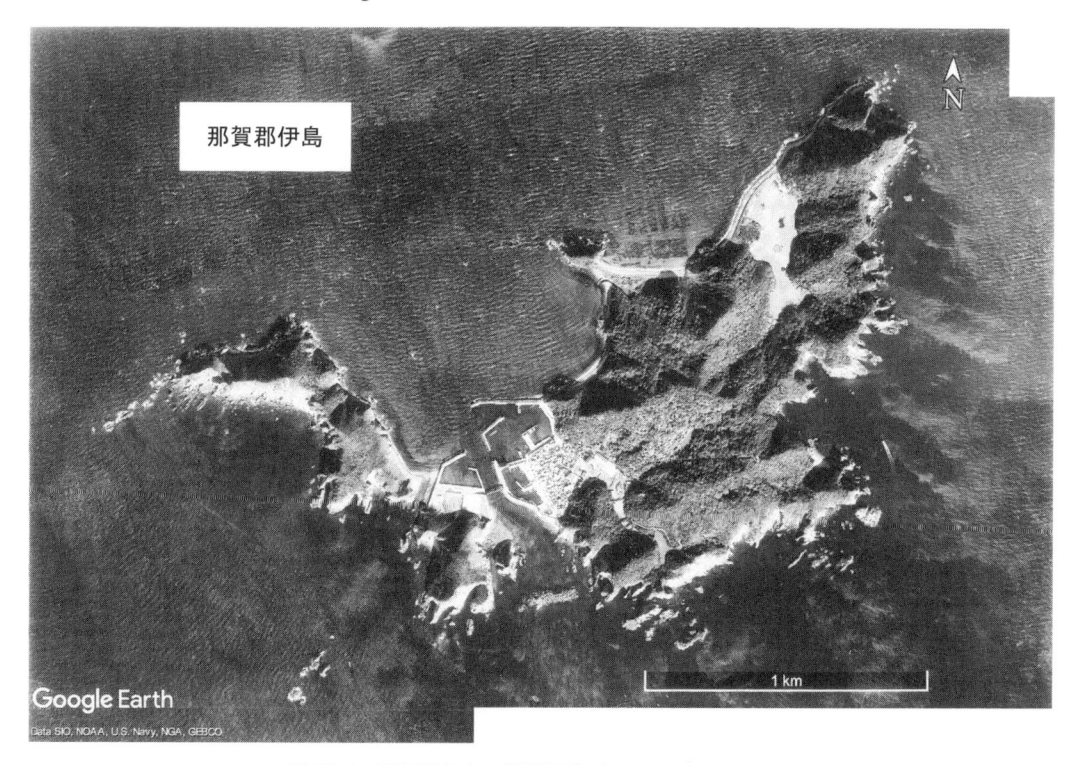

図20-1　那賀郡伊島の衛星写真（2018年、Google Earth）

り、本島は周囲約 12km、面積 1.6km^2 で、集落は本島の南西部にあり、2018 年 9 月末の戸数 74、人口 163 人（男 79、女 84）である。伊島は紀伊水道の西の入り口にあり、阿波・紀伊・淡路 3 国への海上航路の結節点に位置し、集落は南東の季節風（阿波では「まぜ」とよばれる）を、避ける風待湊としても重要であった。伊島には昭和 21 年 12 月 21 日の南海地震による津波が襲来したが、現在は伊島港内には可動式防波水門が設置されている。集落の背後には氏神である当所神社と大師堂が鎮座し、伊島小中学校横には松林寺がある。

　伊島の岩礁帯は伊勢海老・鮑・サザエの良好な漁場で、栗田徳蔵（安政 5 年〜大正 9 年、1858 〜1920）が潜水器具を採貝漁に活かすことを始め、明治 30 年頃には朝鮮半島南東部の慶尚南道を中心に漁場を開拓した。鮑・なまこ・鮑の肉を煮て乾かした明豊《めいほう》や貽貝《いがい》を販売することにより、大正〜昭和戦前までは島は大いに栄え、「伊島海士」の名を全国に高めた。戦後は潜水器が使われていなかった瀬戸内海・北九州近海まで進出したが、機械潜水漁技術の流出もあり、伊島の潜水夫は湾岸工事・サルベージなどの潜水工事業者への転換を余儀なくされた[1]。

　伊島の字水尻には奈良・平安時代の土器片の散布地があり、中世には定住者が存在したようである[2]。さらに、平安時代中期に空也上人が来島したとの伝説があり、島の北部の野辺岬にある観音堂を建立したとされ、「湯島」ともよばれた（『阿波志』）[3]。また、標高 107.6m の頂には戦国時代に小笠原刑部が構築した伊島城跡がある[4]。また、18 世紀後半作製の「阿波国大絵図」[5] みえる伊島によれば、本島・前島・棚子島が絵画的に描かれ、蒲生田岬との間にあるあしか礁とふたご礁がみえる。

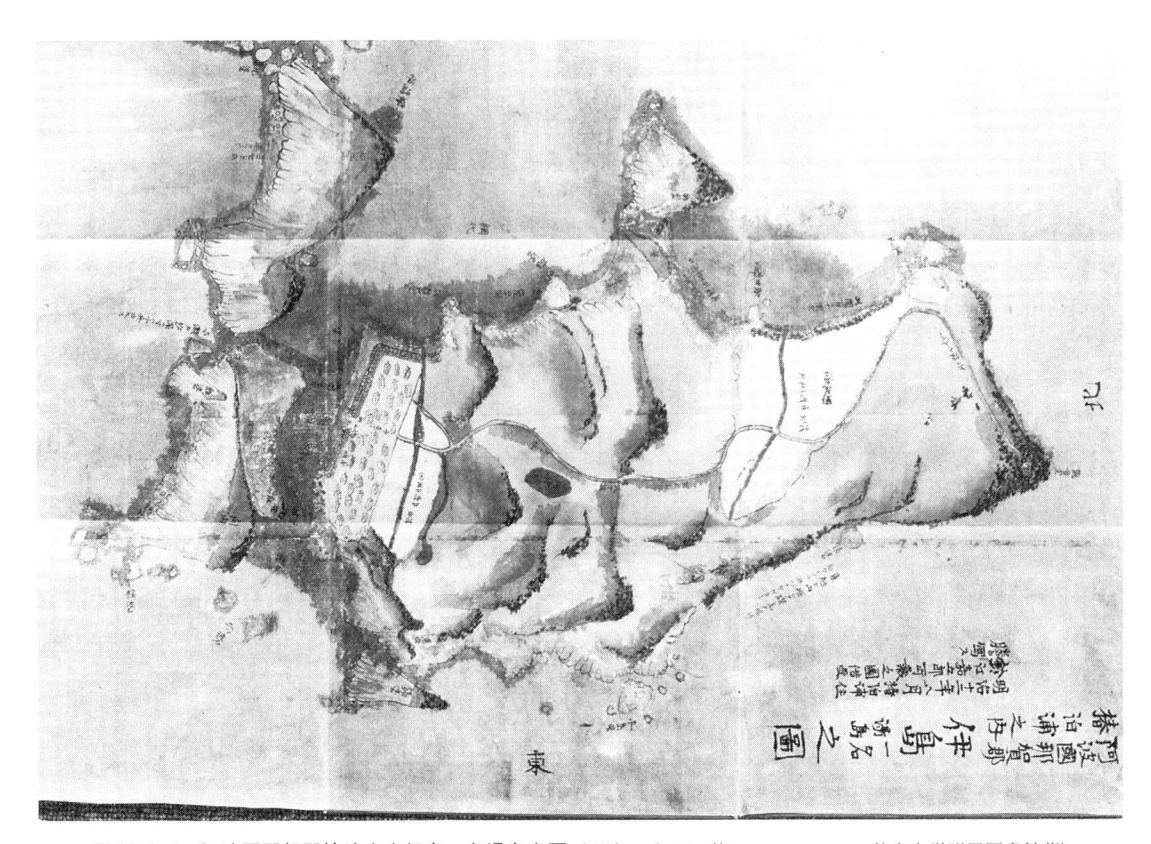

図 20-2-1　阿波国那賀郡椿泊之内伊島一名湯島之図（明治 12 年写、徳 6、40 × 58cm、徳島大学附属図書館蔵）

また、近世初期の「椿泊漁場裁断証文」[6] よれば、伊島は椿泊より3里、「四方磯廻り弐里程山高鷹場之岑にて八拾間（約145m）、其餘五六拾間程、伊島」とあり、徳島藩海上方の森甚五兵衛（中老、禄高2,413石）の水軍の1つの基地がおかれた。「鷹場」とされる峰は標高121mの「のろし山」で、遠見御番所が置かれた。島の本格的な開発は近世中期で、大家・中屋・三軒屋の三家が伊島開発の草分けとされる[7]。さらに、「阿波国那賀郡伊島一名湯島之図」（明治十二年八月椿泊住民鈴江嘉五郎所持之図借受謄写ス）[8]（図20-2-1）を見よう。南西部の前島との幅30間（約55m）の水道の向かいには垣に囲まれた縦黄色の区画（南北2丁、東西1丁、面積約2町）があり、約38棟の家屋が描かれる。その背後には「地面二町二反余」の畑地が広がり、のろし場の登り口には伊島神社がみえる。伊島の北端野辺崎にいたる道には上り坂・八丁坂があり、途中の低地は野尾邊とあり、地面四町一反余の畑地があるが、現在は一面の湿地帯で、昭和25年頃までは水田があっとされる。

　伊島の東海岸は磯場で、木島磻（ヤマ水と記される）があり、その北の俵磻との間は「東総テ山嶮シク磯荒ク暗礁処々ニアリ、舟ツナギガタシ」と記される。「伊島散策絵図」[9]にみえる磯には唐人磻・赤磻・東の長磻・行者・沖の長磻・クウウ磻がある。

　一方、西海岸は弁才天に至るまでは岩礁で、垢離ガ磻、碓磻、古浦があり、弁才天との間は30間余（約55m）で、水路の奥は旧港が記される。弁才天から野辺崎までは網代と記される浜で途中の角力磻までは150間余（約273m）、黒磻までは120間余（約218m）である。

　文化13年（1816）作製の「那賀郡分間郡図」[10]（図20-2-2）と「海部郡那賀郡海辺絵図」[11]（縮

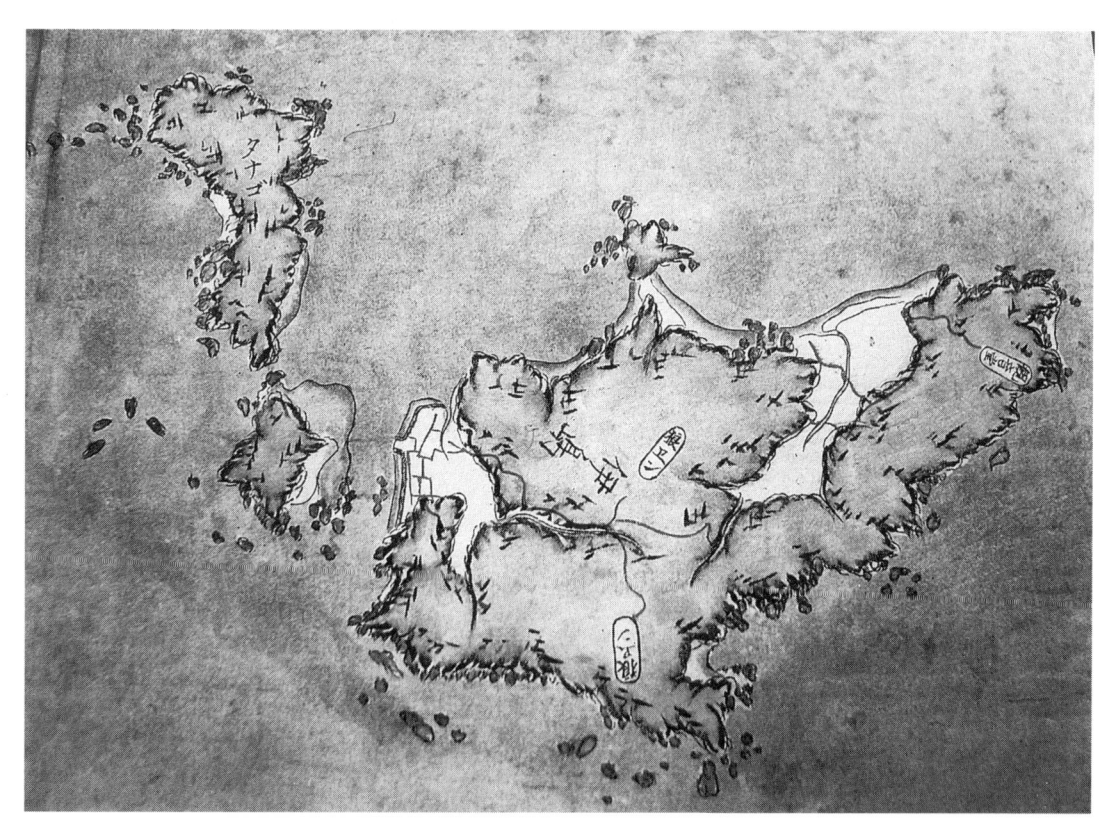

図20-2-2　文化13年（1816）那賀郡分間郡図（伊島部分、縮尺18,000分の1、阿南市史編纂室蔵）

尺は共に 18,000 分の 1）をみると、「狼エン」が標高 120m の大正 13 年（1924）設置の伊島灯台付近と、「峠地蔵」西の標高 98m の「鷹場」にみえる。この 2 図を比較すると前図の方が野辺崎の方位が後図より正確であるが、その他は同じである。

第 2 節　三原郡沼島浦

　沼島は南あわじ市土生（はぶ）の約 4.5km 沖にあり、周囲約 10km、面積 2.6km^2 で勾玉のような形をしている。中央構造線が沼島と灘地方の間の海底を東西に走るので、淡路本島が砂岩と頁岩の互層からなる和泉層群の西南日本内帯に属するのに対し、沼島は御荷鉾構造線の三波川（さんばがわ）帯に属し、結晶片岩からなる複雑な褶曲地層をみせる[12]。沼島の東海岸は比高約 90 ～ 110m の断崖で岩礁景観をみせる。島の西岸に向けて緩傾斜をみせ、漁港を中心とする集落には民家が塊状に密集し、背後にある 60 ～ 100m の尾根筋から南西や北西の季節風から守られている（図 20-3）。貞応 2 年（1223）には山城石清水八幡宮領の阿万荘に属し、古より畿内と四国・瀬戸内航路を結ぶ要衝に位置した。古代は海人族の根拠地、中世には紀州熊野と瀬戸内を結ぶ水軍の中継地として、南北朝期には沼島海賊が南朝方を

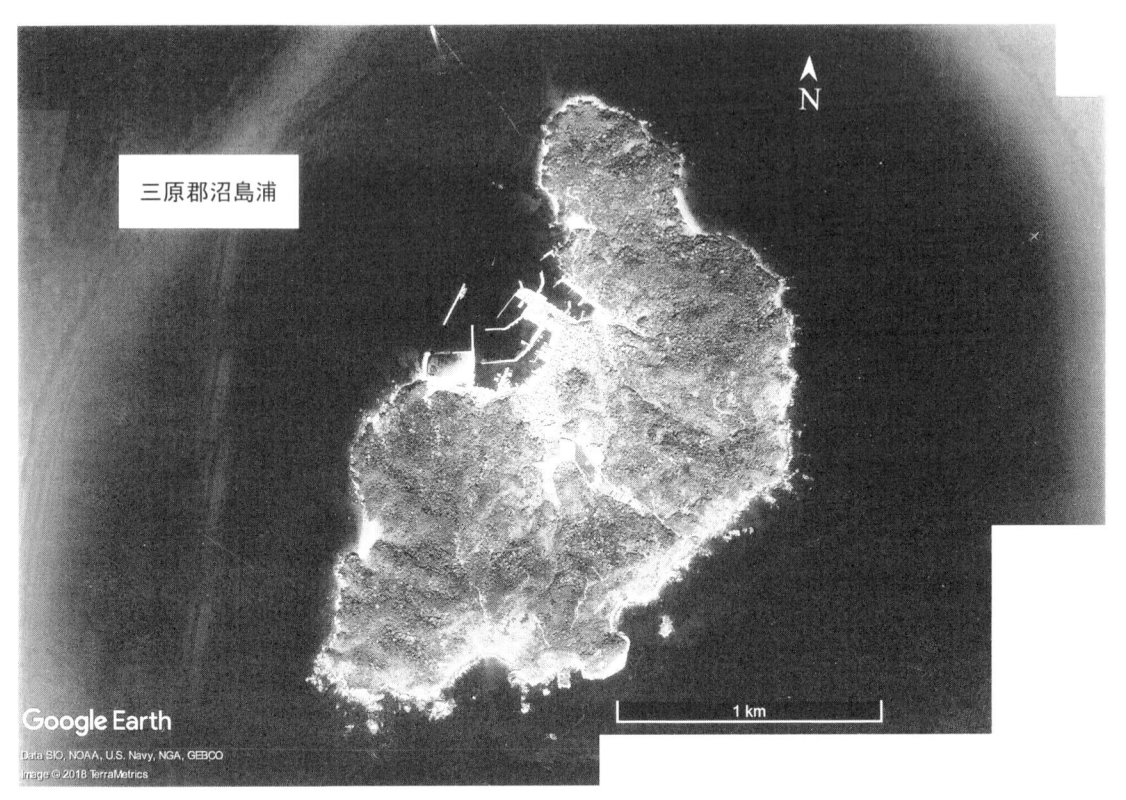

図 20-3　沼島浦の衛星写真（2018 年、Google Earth）

支援したといわれる。天正期には羽柴秀吉の蔵入地（村高 30 石 2 斗）となり、脇坂氏が代官を兼任していた。湊中央に鎮座する沼島八幡宮と神宮寺は脇坂氏の保護を物語る絵馬が奉納されている。

　また、正保 3 年（1646）の「阿波淡路両国絵図・淡路国絵図」[13] では沼島浦は 100 石、『天保郷帳』では高 274 石余、『旧高旧領取調帳』では 334.773 石余である。幕末期には三原郡油屋組 14 ヶ村に属し、一円藩領であった。藩政期の徳島藩主の参勤交代の際には、寄港地（風待湊）として利用され、「沼島千軒」と称された。「味地草」[14] によれば地高 325 石余、家数 712、人数 2,410 である。2018 年 9 月末の戸数は 215、人数は 453 人（男 233、女 220）である。また、明治 29 年（1896）測図 2 万分の 1 の地形図「沼島」と、嘉永 2 年「三原郡分間郡図」（口絵 29）によれば、集落背後の標高 80 〜 100 m の西斜面にあたる火立山・入道高・山神・奥野・野ノ谷・牛殺・七町谷一帯には段々畑が広く分布し、低湿な清水谷には池と水田がみられ、食料源となっている。さらに、現在は一面に雑木林に覆われて

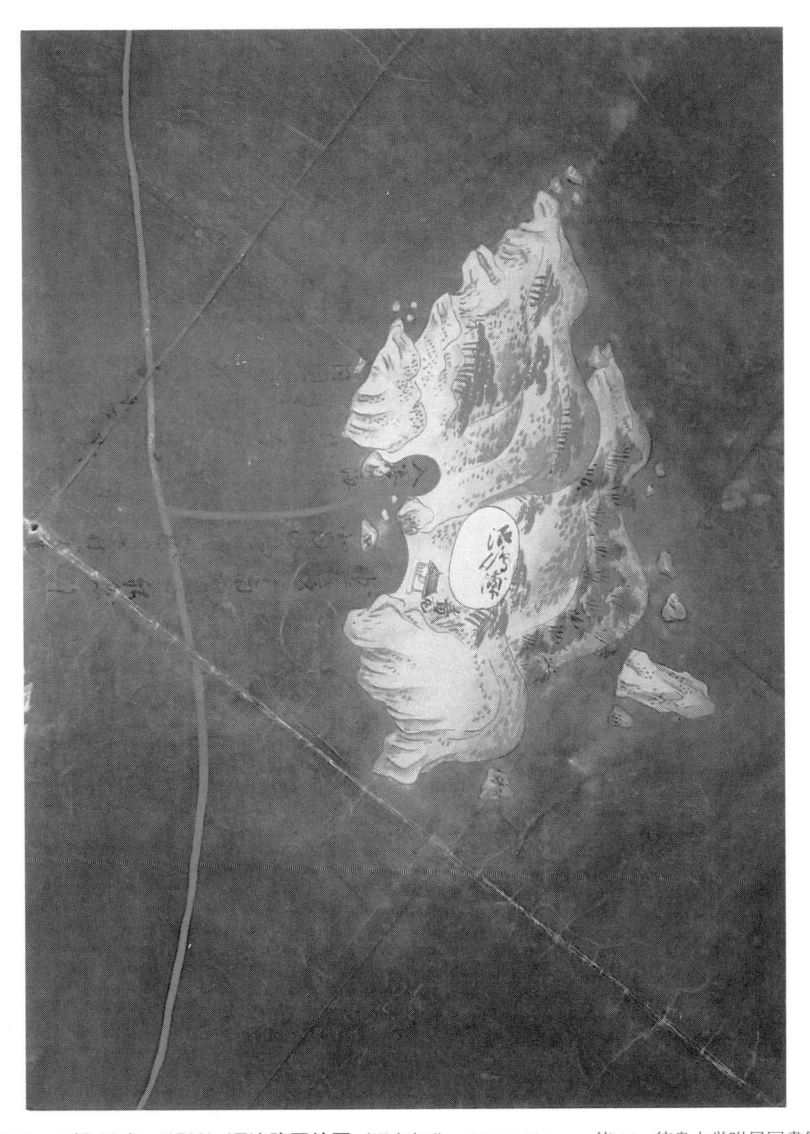

図 20-4　元禄 13 年（1700）頃淡路国絵図（沼島部分、267 × 205 cm、徳 44、徳島大学附属図書館蔵）

図 20-5　昭和 30 年代の沼島の景観 （南あわじ市提供）

いるが、昭和 30 年代に撮影した沼島の景観写真（図 20-5）をみると、港と集落を段々畑が港と集落を取り囲むように広がっており、中央に沼島八幡宮と西の古城跡に弁才天、御番所跡がみえる。

　また、寛永元年（1624）には銀札場の座本が置かれた。また、入江にある湊の北部には正徳 6 年（享保元年、1716）の「阿波国淡路国諸番所改」[15] によれば、沼島浦御番所が置かれ、紀淡海峡の海上監視と往来の人や物資の手形改を行う関所としての機能を担った。図 20-4 は元禄 13 年（1700）頃の「淡路国絵図」[16] 内の沼島浦部分を示している。「沼島浦百石」、「御番所」と由良・大坂方面への航路が記されている。その内容は「砂片浜東西之風ニハ舟懸よし、北西の風ニハ舟不懸土生村へ壱里、入湊海深し、両岸横五六拾間（59 ～ 109m）、奥へ弐町余（約 220m）北南東風ニハ舟懸よし、乾西大風（北西の風）ニハ舟ハ難懸、同国由良湊より是迄海上五里予（約 20km）」とある。

　沼島は徳島藩水軍にとり重要な地政学上の位置にあり、沼島の加子を優れた加子として重視し、天和元年（1615）の淡路領有後も沼島浦の統制と漁業の保護に意を用いた。延宝（1673 ～ 80）の加子役は 143 人半で、安宅役（あたけやく）の加子役銀として銀 2 貫 870 匁余を上納し、近世後期には銀 3 貫 800 匁を負担した[17]。『阿淡年表秘録』[18] によれば、蜂須賀家政（蓬庵）（ほうあん）は次の様な定書を下している。寛永 2 年（1625）6 月には「由良より潮崎之間於栗石拾取儀弥 令 停 止（いよいよちょうじせしめ）候条、ぬ島為者共朝暮相守堅政道可仕候、於油断者固可所厳科者也」と厳しい統制を指示している。さらに、翌 3 年 11 月には「沼島浦人中猟仕義、如前之可措置候条、先年月を定無相違可相納事」とある。また、同 4 年には沼島浦の漁業に次の様な特権を付与している。すなわち、「吃与申聞候、□□□（淡路灘か）之内、畑田浦並ニ沼島浦之人網場申分者両方聞届候、此上者右網場を以後沼島へ申付候間、随分猟仕浦役可相勤旨、浦人共へ可申聞候、為其沼島者共灘山、分一仕儀、於沼島者其方へ分一運上仕度旨尤ニ候、是又自今以後者、其方可請取物也」とあり、沼島の対岸にある灘の畑田村漁場を、以後は沼島分とするから徴収する関税の分一銀は沼島浦が負担するように命じている。

　また、沼島浦の漁民は淡路島で最も多くの加子役を負担したので、藩はその代償として、特権的に

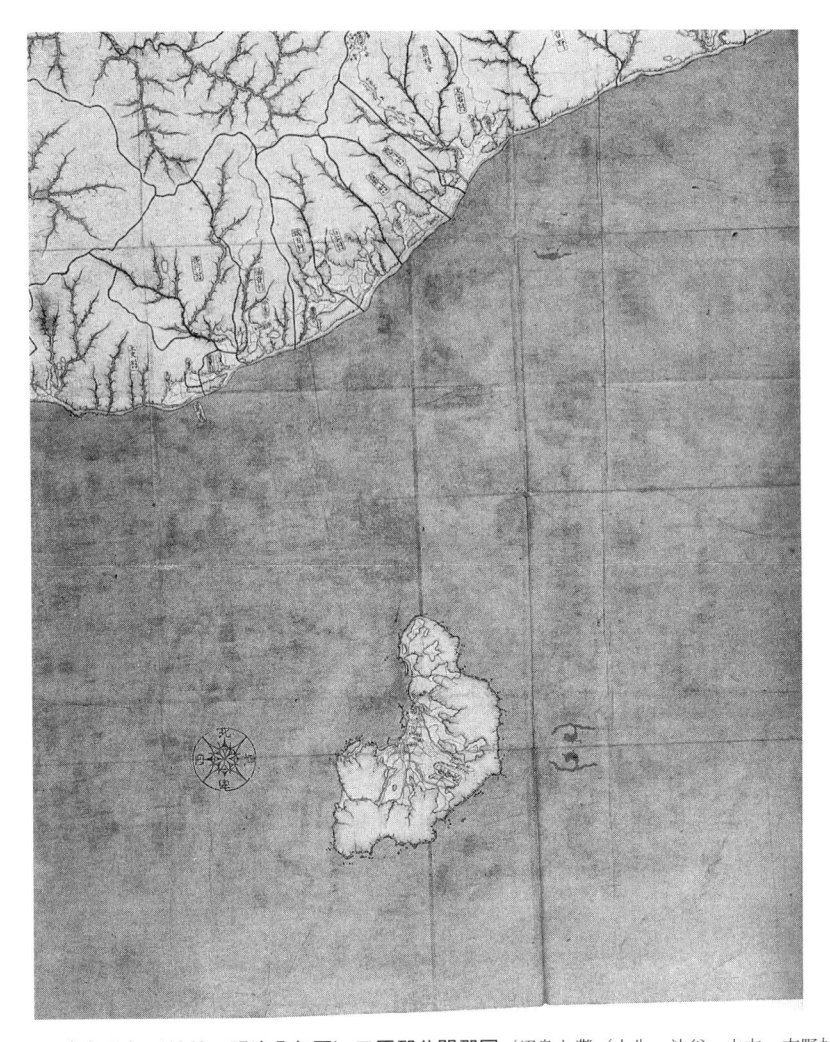

図 20-6　嘉永 2 年（1849、明治 7 年写）三原郡分間郡図（沼島と灘（土生・油谷・山本・吉野村））

広大な漁場を与えた。図 20-7 に示したように、①東は津名郡由良浦大磯（現洲本市）から、紀伊日ノ御埼（みさき）（現美浜町）と、阿波伊島との間の暗礁である間の瀬（あい）を見通す、②西は阿波大鳴門海峡の中の瀬より伊島を見通す、③南は阿波和田島（現小松島市）から紀伊有田の宮崎（現有田市）を見通す、④北は由良大磯より淡路灘東端の潮崎（現南あわじ市）を見通す線に囲まれた四里四方を沼島の海と称し、排他的な鱧延縄（はもはえなわ）専用漁場とした [19]。那賀郡和田島村沖は古来より鱧漁の良漁場であり、同村庄屋の森家文書には宝永 3 年（1706）、明和 9 年（1772）、安永 3 〜 5 年（1774 〜 76）、文化 6 年（1809）の鱧延縄漁をめぐり、勝浦郡赤石御分一所へ上納する口銀（くちぎん）や、漁船の通行税である帆別（ほべつ）等の運上銀に関して和田島村と沼島・泉州佐野漁民との間の争論文書が現存するので、その内容を概説する。

　まず、①和田島沖へ出漁するのは和田島村だけでなく、沼島、泉州佐野や兵庫、紀州の漁民もあり、口銀と帆別を赤石御分一所へ上納していた [20]。②明和 9 年（1772）8 月の和田島村庄屋五人組から南方郡奉行手代宛ての文書では、例年 5 月より 8 月 10 日頃迄、鱧釣りの場所は沼島沖、中島（那賀川河口）沖 7・8 里沖である [21]（図 20-7）。③泉州佐野漁民は毎年 4 月から 9 月頃まで和田島で小屋

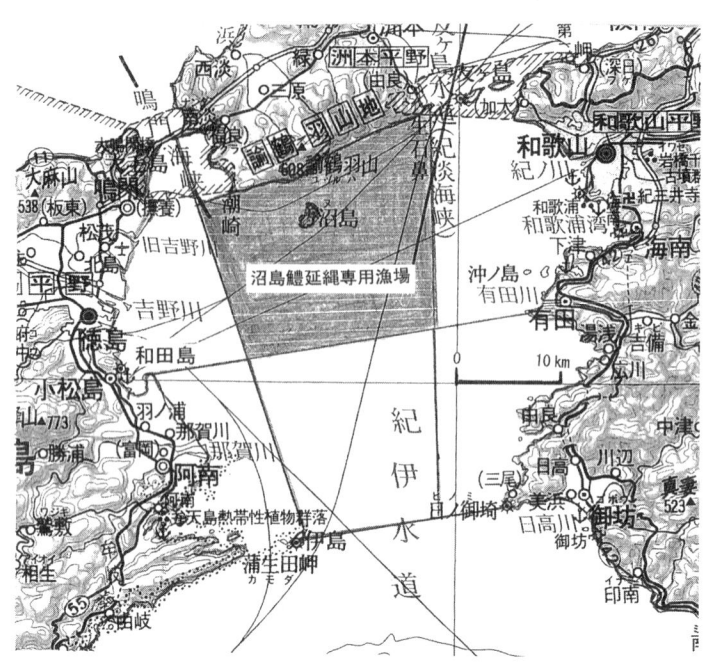

図 20-7　沼島浦鱧延縄専用漁場

立をし、4・5里の沖合に出て鱧縄漁をし、生魚を徳島市中で売りさばいてきた。しか、赤石御分一所へは2里ほど余計に隙取り値段が下がるので、徳島へ直接運ぶと生魚が痛まなくてすみ、和田島村庄屋と佐野浦漁師連名で那賀郡豊浦浜御分一所、数藤角右衛門へ上申している[22]。④安永3年（1774）6月に和田島村庄屋五人組が那賀郡中庄村組頭庄屋佐坂慶治に出した「御糺ニ付申上覚」では、兵庫・沼島漁民は毎年4月頃より8月中旬迄小屋懸して鱧漁をしているが、本年は船1隻に付毎日1日出日三分宛は上納しているが、拾分一の口銀を上納しておらず、和田島沖で逗留しているので取り調べてほしい旨を上申している[23]。⑤これに対し、安永4年（1775）6月8日付けの沼島浦惣代吉三郎が勝浦郡江田村（現小松島市）組頭庄屋庄野藤右衛門宛てに出した返書では[24]、口銀三分は差し出しているが、拾分一は従来からの仕来りに反するので得心できず上納していない。しかし、以前より兵庫の鱧蠅縄は活船を召連れており、積戻し分については口銀を取らず、拾歩一を上納している。しかし、6月3日役所より呼び出し御糺があり、沼島浦舟頭38隻と舟頭20人計と惣代5人が出頭し取り調べがあった。その結果、1日三分を上納し、その上、和田島村・小松島浦で売り払う鱧については拾歩一を差し出すが、徳島市中への積込み分については口銀を免除してほしい旨を願い出ている。これに対し、和田島村・小松島浦はその内容を了承している。また、沼島浦と大原浦請所、和田島・小松島浦五人組の連署で庄野藤右衛門に対し、餌魚に関しては和田島村から木札を受取り、沖合で沼島漁師に渡し、代銀は相都て請所に支払う旨で行着（済口）した[24]。

　さらに、⑥文化6年（1809）6月に沼島浦漁師・舟頭11人連署で和田島村庄屋五人組中宛てに出した文書[25]では、御林の真木（槻・樅・栂・檜）と枝葉にいたるまで御制道を守る。帆別・御切手を申請けて通船して、和田島沖にでる時には1日1隻の口銀三分を近年六分に増し上納しているが、出漁するときは必ず連絡し帆別銀を指し上げ、船数も沼島と行き戻る漁船もあるので、正確に船数を

確認したします。また、米麦・積出しや他国酒その外に御法度は毎年通告を受けております。⑦文政元年（1818）8 月の「縄船口銀受取控」[26] では、銀札 91 匁 8 分（縄船 17 隻分、7 月 22 日より 31 日迄、日数 153 日分、1 日 1 隻口銀六分宛）、81 匁 6 分（舟数 17 隻分、8 月 1 日より 8 日迄、日数 136 日分、1 日 1 隻口銀六宛）、合わせて 173 匁 4 分を和田島魚御分一所へ沼島縄船舟頭中が支払っている。⑧文政 6 年（1823）8 月では [27]、銀札 205 匁 2 分（縄船 18 隻、7 月 20 日より 8 月 8 日迄、日数 19 日分、1 隻口銀 1 日六分宛）の支払である。このように沼島・泉州佐野漁民と和田島村との間には鱧漁をめぐる細かい取り極めがみられた。

[註]

1) 徳島県南部県民局経営企画部（美波）発行「空也上人が目指した桃源郷　伊島散策地図」。

2) 前掲 1)。

3) 佐野之憲編・笠井藍水訳（1976）:『阿波誌』歴史図書社 391 ～ 392 頁。

4) 徳島県教育委員会編（2011）:『徳島県の中世城館，徳島県中世城館跡総合調査報告書』458 頁。

5) 18 世紀後半「阿波国大絵図」手書き、見取図、彩色、561 × 433cm、個人蔵。

6) 徳島県物産陳列場発行（1914）:『阿波藩民政資料』970 頁。

7) 平凡社編（2000）:『日本歴史地名大系三七巻　徳島県の地名』684 頁。

8) 徳島大学付属図書館蔵（徳 6），40 × 58cm。

9) 前掲 1)。

10) 文化 13 年（1816）「那賀郡分間郡図」（縮尺 18,000 分の 1，阿南市史編纂室蔵）。

11) 文化 13 年頃「那賀郡海部郡海辺絵図」（縮尺 18,000 分の 1，四国大学附属図書館蔵）。

12) 三原郡史編纂委員会編（1979）:『三原郡史』77 ～ 79 頁。

13) 正保 3 年（1647）「阿波淡路両国絵図，淡路国」（国立国文学研究資料館蔵・蜂須賀家文書 1196-3，276 × 186cm）。

14) 小西友直編（1972）:『味地草』名著出版，597 頁。

15) 正徳 6 年（享保元年，1716）「阿波淡路国諸番所改帳」（蜂須賀家文書 221-3）。

16) 元禄 13 年（1700）頃「淡路国絵図」（205 × 267cm、徳島大学附属図書館蔵・徳 44）

17) 平凡社編（1999）:『兵庫県の地名』1114 頁。

18) 徳島県史編纂委員会編（1964）:『徳島県史料　第一巻』72 ～ 77 頁。前掲 17)。

19) 前掲 17)。

20) 森家文書（徳島県立文書館，モリ 3-00543）。

21) 森家文書（モリ 3-00537）。

22) 森家文書（モリ 3-00567）。

23) 森家文書（モリ 3 00557）。

24) 森家文書（モリ 3-00567）。

25) 森家文書（モリ 3-00574）

26) 森家文書（モリ 3-00578）。

27) 森家文書（モリ 3-00716）。

第21章　淡路の分間村絵図と溜池景観

第1節　溜池灌漑と水利組織「田主（たず）」

　淡路島は地質的には中央構造線より北の西南日本内谷帯に属し、地形的には北部は津名丘陵で領家花崗岩類や大阪層群からなり、北東から南西に走る地塁山地で区切られ、標高 240 〜 520m の山地により大阪湾と播磨灘との分水界を形成する。島の南部は標高 400 〜 600m の地塁山地である諭鶴羽山地の南には中央構造線が東西に走り、灘海岸は断層崖を形成し、急傾斜で紀伊水道に臨んでいる。諭鶴羽山地の西には三原平野が形成され、三原川下流には沖積低地を形成し、一部には条里地割が残り、諭鶴羽山地西山麓には扇状地と中上位段丘面が発達する[1]。淡路島の河川は一般に集水面積が小さく、延長距離が短い小河川である。例えば、旧北淡町（現淡路市）を見ると、最小は斗の内川の 800m、野島川は 5,600m、最大の富島川でも 8,600m にすぎない[2]。これに瀬戸内海式気候で降水量は津名郡で 1,200mm 未満、三原郡で 1,200 〜 1,600mm と寡雨地帯で、山が浅く保水性が小さいため、古来より多数の溜池を構築し、全国でも溜池の最稠密地となっている。

　淡路島の耕地面積の推移をみると、平安時代（「和名抄」）は 2,650 町歩で、鎌倉時代（「拾芥抄」）は 2,870 町歩、室町時代（「蒔用集」）は 2,870 町歩、江戸時代初期は 4,206 町歩、中期は 8,615 町歩で、江戸時代前中期の耕地拡大が顕著である[3]。また、元禄 15 年（1702）の『元禄郷帳』によれば、津名郡 121 ヶ村の郡高は 37,207.9 石、三原郡 116 ヶ村の郡高は 33,200.2 石、237 ヶ村合わせて 70,428.1 石で、元禄期の淡路国高は約 7 万石であった。淡路では江戸時代中期より多数の溜池群構築による水田面積の増加がみられた。1979 年（昭和 54 年）では淡路島面積の 17.8% を水田が占めるが、これは兵庫県の 10.2%、全国平均の 8.2% よりもかなり高い比率である（表 21-1）。また、同年の淡路の溜池総数は 25,041 で、兵庫県総数 54,074 の 46.3% を占め（表 21-2）、島内の水田面積 10,610ha の約 76% にあたる 8,600ha の灌漑用水の補給源となっている[4]。

　また、北部の津名丘陵では谷合いにある谷地田（やちだ）や、棚田を潤す多数の谷池や重ね池群が構築された。例えば、兵庫県洲本土地改良事務所調べによれば[5]、淡路島の総溜池は 22,792 ヶ所で、その内、淡路溜池保全サポートセンターに登録され、水利組合（田主（たず））が管理する灌漑面積 0.5ha 以上の特定溜池数は 1,969 ヶ所（8.6%）で、個人持か少人数の水利組合が管理する 0.5ha 未満の特定外溜池が 20,823 ヶ所（91.4%）を占める。さらに、旧津名郡北部を中心とする淡路市の溜池数は 12,368 ヶ所、その内、旧北淡町の溜池数は 2,561 ヶ所あり、灌漑面積は 131.9ha に及ぶ。また、洲本市は 7,005 ヶ所、

表 21-1　兵庫県の地域別水田面積と水田面積比率（1979 年）

地域名	総面積（km²）	水田面積（ha）	水田面積比
阪　神	1,189.99	9,510	7.99%
播　磨	3,582.70	42,340	11.82
但　馬	2,135.34	12,000	5.62
丹　波	869.01	10,880	12.5
淡　路	597.39	10,610	17.8
計	8,374.43	85,340	10.3
全　国	377,700	3,081,000	8.16

兵庫県農林水産部農地整備課編（1979）『兵庫県のため池誌』8 頁。

表 21-2　兵庫県の地域別溜池分布状況（1979 年）

地域名	溜池数	水田面積（ha）	水田 100 当たりの溜池数
阪　神	15,012	9,510	157
播　磨	12,726	42,340	30
但　馬	425	12,000	4
丹　波	870	10,880	8
淡　路	25,041	10,610	236
計	54,074	85,340	平均 63

兵庫県農林水産部農地整備課編（1979）『兵庫県のため池誌』7 頁。

旧三原郡を中心とする南あわじ市は 24,883 ヶ所で、特定外溜池数は淡路市が 93.0％、南あわじ市が 83.3％、洲本市が 91.1％である。

　また、天保 7 年（1836）の津名郡机畑村分間絵図（口絵 16）[6] によれば、標高約 300m の西斜面には 17 ヶ所の谷池があり、王子谷には猪ノ谷池、潰レ池が、アサヲ谷には猪ノ上池が描かれる。さらに、天保 6 年（1853）の津名郡長畠村分間絵図（口絵 15）[7] では、標高 180m の斜面に峠上・下池の重ね池が構築されている。また、天保 2 年（1831）の津名郡机南村分間絵図（口絵 17）[8] には、9 ヶ所の溜池が見えるが、標高 100 〜 160m の丘陵斜面には竜神池・堀越池・内田池等の 6 ヶ所の谷池群はあるが、いずれも天保 3 年〜慶応 2 年（1866）に構築されており、内田池は長さ約 100m の水洞を掘り抜き構築している [9]。

第 2 節　三原川水系の「田主〔たず〕」

　淡路の水利組織として「田主」に関しては、京都農地事務局編纂の『淡路島における「田主」の水利慣行調査－兵庫県三原郡三原町－』[10] と『兵庫の土地改良史』[11] に詳述されているので、これに依拠して説明する。淡路では近世中期以降に水田開発が盛んとなり、多くの溜池や井堰等の水利施設

の構築は、地主層の資金を中心に耕作農民の労働力により構築された。この用水施設から生じた用水の利用権は地主層が握り、農民は対価として小作料を支払うようになった。この「田主」は島内で慣行化したものであり、三原郡地方では明治 10 年（1877）頃から、水利権を守るために「田主」を組織して組合を結成し、組合員には水権（証券）を発行し、「水権台帳」に記載して用益権を保障した。この「田主」は人を表すものではなく、組織を表すもので、人を指す場合は「田主人」あるいは「田主員」と称している [12]。

　南あわじ市三原町の総溜池 2,483 ヶ所の内、平成 7 年（1995）1 月 17 日の阪神淡路大震災後に作製された「防災ため池台帳」[13] には 75 ヶ所が登録されているが、内、3 ヶ所が廃止されている。昭和 30 年代初期の三原郡内での「田主」の現状を見ると、溜池灌漑が地区数の 76.6％、河川 8.5％、地下水（暗渠）12.7％、井戸水 1.3％、泉（出湧、伏流水）0.8％で、溜池が圧倒的に多い。面積をみても溜池が 87.6％、河川 8.8％、地下水 2.8％、井戸水 0.4％である。また、規模別に見ると、田主員数 10 人未満が 60.3％、10 〜 49 人 32.7％、50 〜 99 人 3.8％、100 人以上 3.1％で、49 人未満が 93.1％を占める。さらに、面積規模別に見ると、灌漑面積 10 町以上が地区数の 12.0％であるが、面積では 64.1％、5 〜 10 町、面積では 15.2％、1 町 〜 5 町 11.7％、5 反〜 1 町 4.6％、5 反未満が 4.9％である。すなわち、面積では面積 5 反未満の特定外溜池は約 5％にすぎない [14]。

　昭和 30 年代以降に大規模な土地改良事業が行われるが、「田主」組織以外の改良区の役員が計画的に溜池・水路等の維持管理を行っている。しかし、「田主」の既得権である水管理に関しては古い慣行が現在も維持されている [15]。

第 3 節　大久保村分間村絵図と三原平野東部の　　　成相川筋の門前池田主

　図 21-1 は嘉永 2 年（1849）（明治 7 年・1874）写の三原郡分間郡図（口絵 29・30）[16] の内の三原平野部分を示している。三原平野は北の津名山地と東の諭鶴羽山地との間にある三原地溝帯で、諭鶴羽山地西麓には扇状地が発達している。山麓からは北に成相川、中央部に三原川、南に馬乗捨川・大日川が流下する。扇頂部は大久保村・社家村付近で標高 100m 程度、扇央部の鳥井村・円行寺村付近で標高は 40 〜 50m、扇端部の小榎列村・徳長村付近で標高 10 〜 20m である。三原川河口北の砂丘列には景勝地である慶野松原が形成され、銅鐸が大量に出土している。また、古代の条里地割の遺構が榎列松田と榎列掃守地区に見られる [17]。

　1968 年撮影の空中写真（図 21-2）で三原平野東南部を示したが、土地改良事業が行われる以前の景観を見せている。山麓部の成相川に門前池、上田川に次郎池とその間に佐尾池・甚田池があり、三原川が南北に直線状に流下し、東西に福良（四国）街道が走り、鳥井・立石・福永の集落が街村状に形成されている。

　図 21-3 は天保 2 年（1831）作製の「三原郡大久保村分間絵図」[18] である（図 21-2 空中写真参照）。

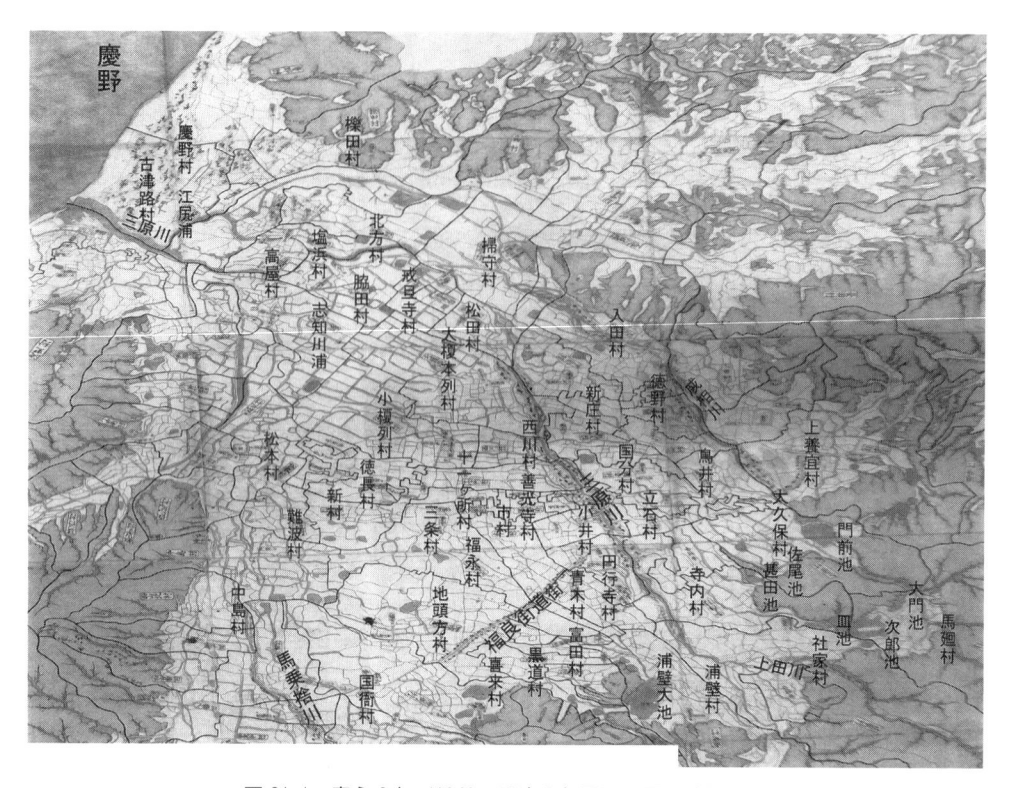

図 21-1 嘉永 2 年（1849、明治 7 年写）三原郡分間郡図
（部分、縮尺 18,000 分の 1、個人蔵、洲本市立淡路歴史資料館寄託に加筆、口絵 30 参照）

図 21-2 三原郡大久保村付近の空中写真（1968 年、国土地理院 MSI-68-4Y C17 に加筆）

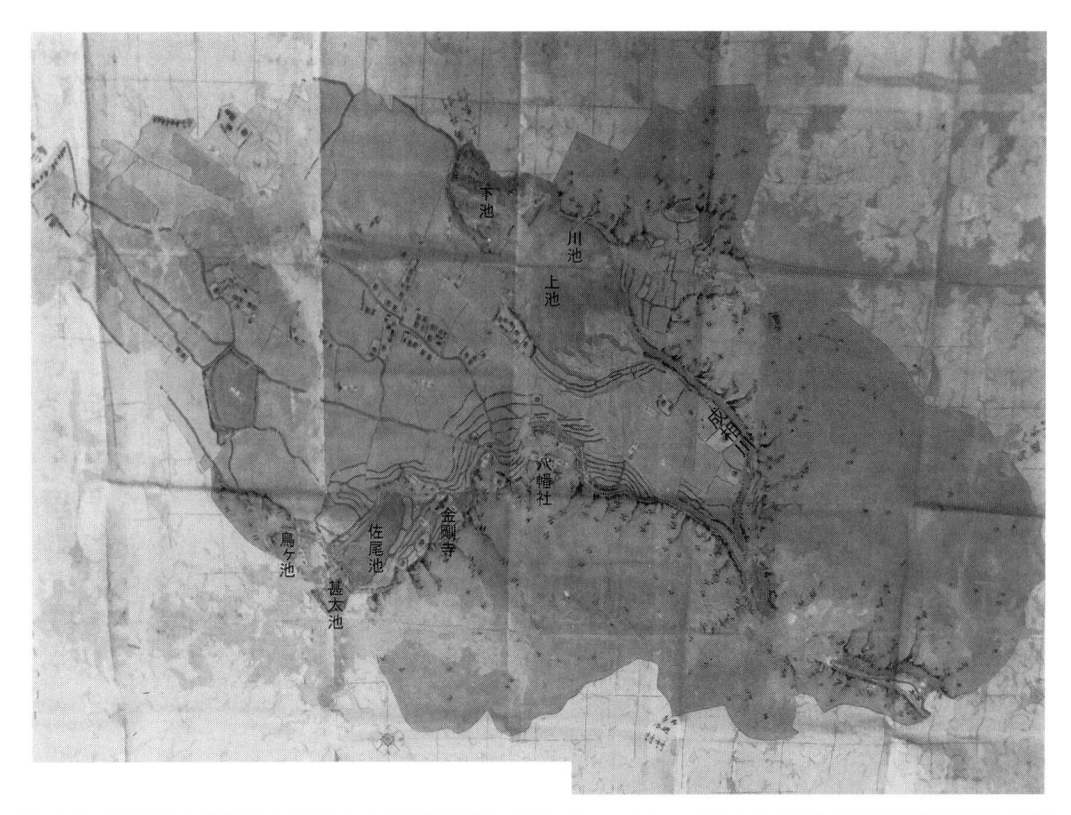

図 21-3　天保 2 年（1831）三原郡大久保村分間絵図（控）（147 × 96cm、南あわじ市淡路人形浄瑠璃資料館蔵に加筆）

絵図には成相川筋の上池・下池・川池からなる門前池（標高 70m、池面積は 6.1 町歩、平成 7 年の灌漑面積 45ha、灌漑戸数 95 戸、現南あわじ市三原町八木天野大久保に所在）で見える。門前池は藩 6 分、地元 4 分の負担で、徳島藩井水奉行指揮のもとに慶安 5 年（承応元年・1652）に成相川を堰き止めて築造されたとされる。また、明治 10 年（1877）には下流側に下池（別名青竜池）が築造された。受益面積は三原川扇状地の扇央部に当たる標高 30 〜 60m の新庄村・国分村・鳥井村を合わせて 39 町歩で、水利権 1,000 株は新庄村 425 株、国分村 250 株、鳥井村 325 株で構成された。また、用水路の分木割は合わせて 1 尺（30cm）で、新庄村 4 分 2 厘 5 毛（12.9cm）、国分村 2 分 5 厘（7.6cm）、鳥井村 3 分 2 厘 5 毛（9.8cm）とされた [19]。

　また、田主員は当初地主 48 人のみで構成され、小作人を含め 70 名前後であったが、明治 23 年（1890）には 87 人である [20]。しかし昭和 21 年度以降の農地改革により、小自作・小作人も同資格の田主員となり、新庄組 68 人、国分組 24 人、鳥井村 22 人合わせて 114 人になった。また、絵図には西に佐尾池・鳥ヶ池・甚太池が見える。門前池懸りの受益村は鳥井村・新庄村・国分村 3 村の約 25 町歩で、耕作面積は他水利が入り混じっているので約 40 町歩である [21]。集水地域は成相山（馬廻村）の成相池と北富士川谷で、門前池には補強のため、溜池の中間に堤高 7m、延長 300m の堤防が構築されている。

　次に、成相川筋の最下流に位置する新庄村の耕地を慶応元年（1865）の「八木組新庄村池水掛割矩帳（のり）」[22] で見よう。新庄村田畑 30 町 8 反 5 畝 24 歩、内、畑は 67.5％で畑が卓越する。一方、村高 188.522 石の内、田は 75.0％で、田が中心である。また、門前池掛りの田は 10 町 4 畝 9 歩（32.5％）・

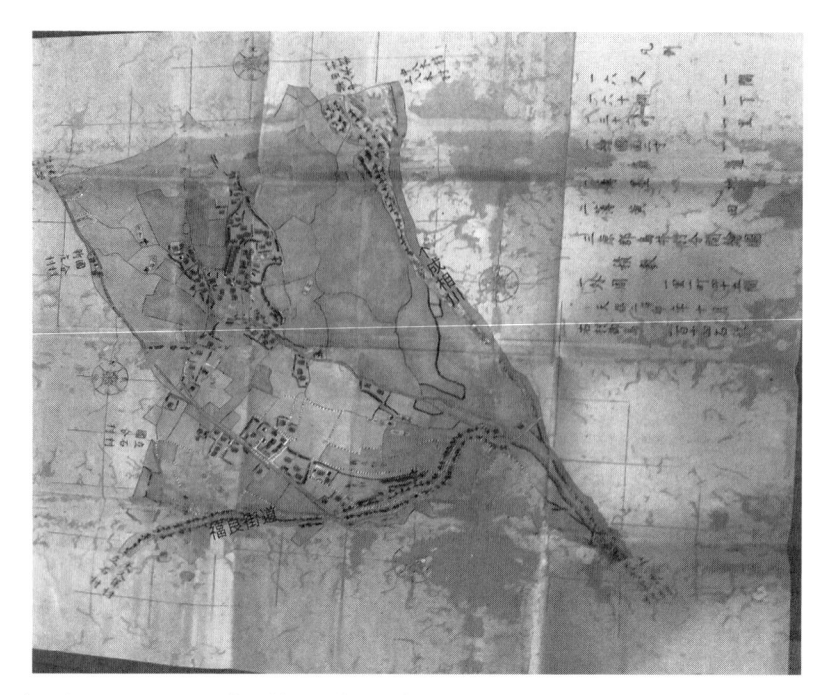

図 21-4　天保 2 年（1831）三原郡鳥井村分間絵図（控）（75 × 69cm、南あわじ市淡路人形浄瑠璃資料館蔵に加筆）

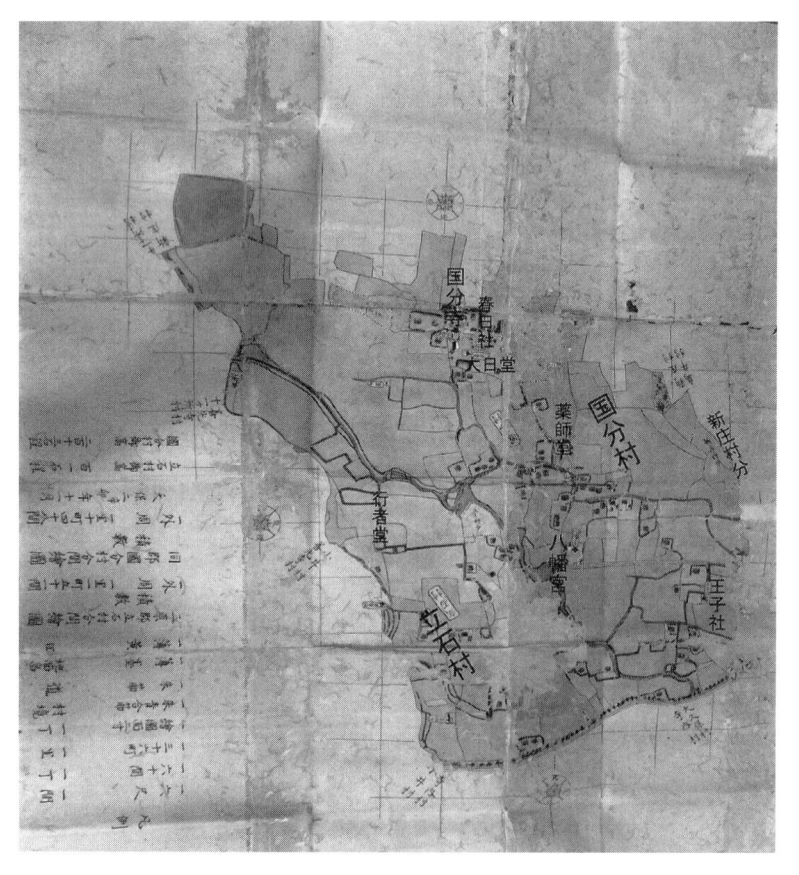

図 21-5　天保 2 年（1831）三原郡立石村国分寺村分間絵図（控）（76 × 111cm、南あわじ市淡路人形浄瑠璃資料館蔵に加筆）

104.677 石 (55.5%) で、田は耕地面積の 3 分の 1、石高の半分を占める。

さらに、明治 10 年 (1877) 4 月改正の「新庄村分木割矩帳」[23] の中で、「門ノ内壱番」という分水は新庄村一円の田主組織の前身と見ることができ、その総反別は 12 町 1 反 4 畝 18 歩で、分水幅は 3 尺 5 寸 9 厘 (1.09m) で、これから北に 1 尺 3 寸 3 分 4 厘 (40.4cm)、4 町 6 反 2 畝 23 歩、南に 2 尺 1 寸 7 分 5 厘 (65.9cm)、7 町 5 反 1 畝 25 歩の 2 筋に分水される。

また、門前池は大久保村 (現三原町八木天野大久保) に所在するが、同村の灌漑水源は成相川上流の馬廻村にある大門池と北谷池となっている。門前池田主掛の中心は三原川扇状地の扇央部にあたり、成相川下流筋で、福良街道以北の鳥井村・国分村・新庄村の 3 ヶ村である。

天保 2 年 (1831)「鳥井村分間絵図 (控)」[24] (図 21-4) を見ると、村の南は福良街道が走り、成相川左岸には水田が分布し、門前池田主を形成している。一方、村の西半の集落部分には新庄村の飛地が多く分布し、畑地が広がり、地蔵堂・天王社・地神・庚申・荒神等の小社が見える。さらに、天保 2 年「三原郡立石村国分村文間絵図 (控)」[25] (図 21-5) では、国分村には新庄村の飛地があり、飛地は「新庄村分」とあり、朱線に赤点で囲んでいる。本村には淡路国分寺があり、境内には春日社・大日堂が描かれ、産土神の八幡宮が見える。立石村絵図では畑が多く、門前池掛り田主に属さず、大久保村に所在する佐尾池掛に属し、行者堂・妙見社・薬師堂・若宮・天王社等の堂宇が描かれる。

第 4 節　馬廻村分間絵図と次郎池掛りの「大池田主」

三原川の支流成相川と上田川の間にある標高 110m の山麓にある馬廻村の次郎池 (現南あわじ市三原町八木天野寺内に所在、平成 7 年の灌漑面積 55ha、灌漑戸数 85 戸) は、一般には「八ッ又池」と称されるが、次郎池の西にある標高 105m の皿池と笹池は社家村にある。この 3 池の築造年代は不詳であるが、次郎池の「大池田主」が淡路における「田主」の発祥地との説もある。すなわち、寺内村において文化 6 年 (1809) 頃の記録から「田主人」という用語が使われているが、これが一区域の組織で地主的な性格を有する「田主」組織か、または耕作者で「田主人」を意味するのかは不明であるが、これがその後の「田主人」や「田主」という用語の前身ではないかともいわれている[26]。

天保 2 年 (1831) の「三原郡馬廻村分間絵図 (控)」[27] (図 21-6) を見よう。次郎池の北には標高 105m の大門池 (平成 7 年の灌漑面積 37ha、灌漑戸数 50 戸) があり、成相谷筋に昭和 24 年 (1949) に完成した成相池と、北谷池の水は大門池とともに門前池に注ぎ、さらに、大久保村の標高 80m の佐尾池・甚太池・鳥ヶ池の水とを集めて標高 50 ～ 60m の鳥井村と同 30m の徳野村、同 40m の国分村の水源となっている (門前池田主掛)。一方、次郎池と皿池・笹谷池の水で、文化 3 年 (1806) には寺内村の耕作農民 86 人の所有耕地 21 町 1 反 7 畝 / 225.785 石程を灌漑している[28]。さらに、昭和 9 年 (1934) 完成の上田ダムの水や他の井堰や地下水を集めて、寺内村一帯の 76 町歩の灌漑をしている[29]。

また、文化 3 年 (1806) の「大池田主」の受益地は、寺内村・社家村と市村で、耕地面積 25 町 3 反 7 畝 6 歩である。田主員数と 1 人当たりの平均反別を見ると、寺内村は 21 町 1 反 7 畝 6 歩 / 56 人

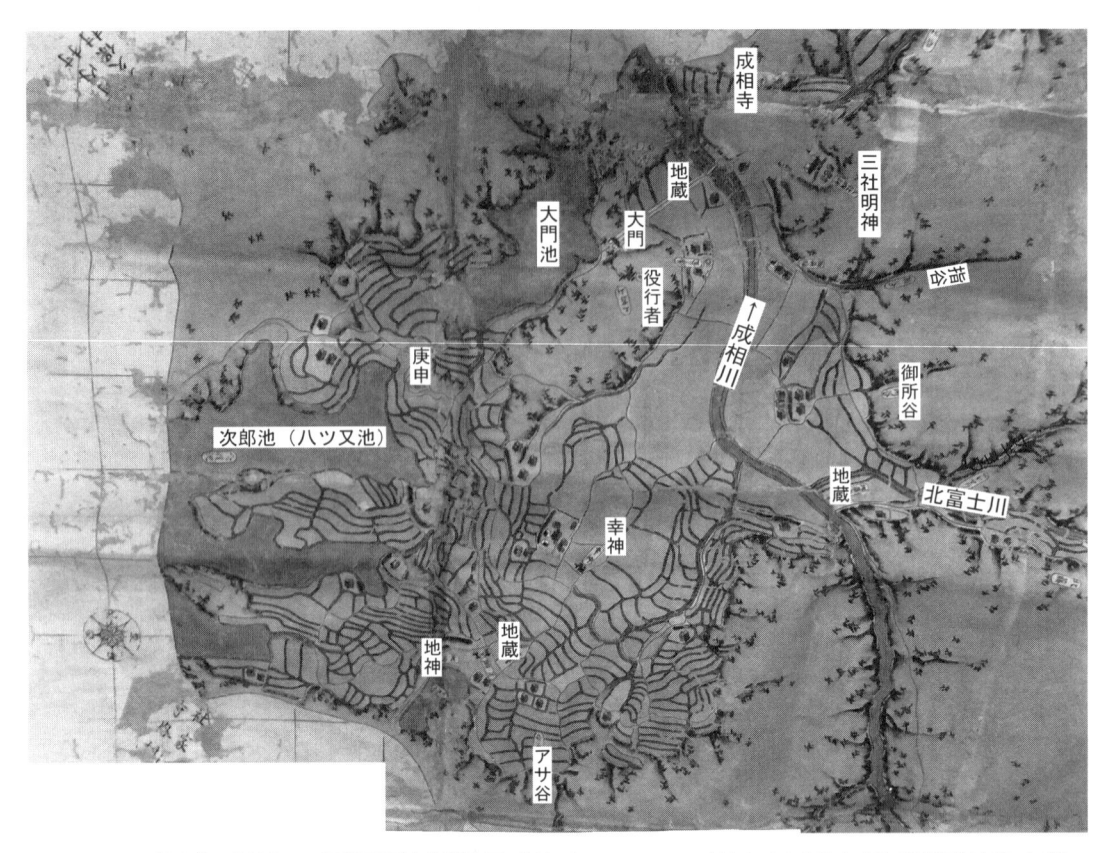

図 21-6　天保 2 年（1831）三原郡馬廻村分間絵図（控）（198 × 158cm、南あわじ市淡路人形浄瑠璃資料館蔵に加筆）

/ 3 反 8 畝（1 人）、市村は 3 町 5 反 / 23 人 / 1 反（1 人）、社家村は 1 人 / 7 反である[30]。また、文政 6 年（1823）の「上田次郎池田主割帳」[31] によれば、総反別 21 町 1 反 7 畝 6 歩で、田主 56 人（内隣村からの出作人 7 人）、平均反別 3 反 7 畝 24 歩と小規模で、最高は 3 町 2 反 6 畝 14 歩、最低が 1 畝 3 歩である。階層構成を見ると、1 町 1 反〜 3 町 2 反が 3 人、5 反〜 1 町未満が 8 人、3 〜 5 反未満 6 人、1 〜 3 反未満 26 人、1 反未満 13 人で、3 反未満の零細田主が 69.6％を占める。

　明治 32 年（1899）に耕地整理法（旧法）が成立したが、同 38 年（1905）に灌漑排水設備の改良を主眼とした新法に全面改正され、法人格を持つ耕地整理組合の制度が確立した[32]。三原川扇状地の成相川筋と上田川筋、馬乗捨川筋では、大正末期から昭和初期にかけて耕地整理事業として上流に上田池、成相池を築造し、用水を確保して畑地の水田化を図った。明治 26 年頃の「水利取立帳」によれば、藩政期の田主組織を踏襲していたようで、「池守」の 2 名が賦課金の徴収、管理を掌握していたようであるが、大正末期には「池守」の権限は制限されて、選挙により選出された耕地整理組合の総代と委員により運営されるようになった[33]。また、昭和 32 年（1957）の田主組織は寺内 103 戸、社家 7 戸の計 110 戸で構成され、執行機関は総代 2 名、委員 14 名で運営されている。灌漑面積 52 町 1 反 15 歩、田主 10 組の内の最大は市大溝（いちおおみぞ）13 町 2 反（定数 3 人）、上土手 7 町 5 反 8 畝（2 人）、定田 7 町 3 畝（2 人）、大道 6 町 5 反 8 畝（2 人）、で、最少は前小路 1 町 3 反 7 畝（1 人）となっている[34]。

　また、文化 6 年（1809）の用水路の諸元を表す「男溝帳」（おとこみぞちょう）[35] によれば、現在の引き込み水路に当たる「戸

谷口之上横堰分」（上田大池・皿池・猪子田地・社家村上田川内）は長さ 810 間（1,473m）、幅 3 尺（90cm）、深さ 4 尺（1.2m）、「中井手横堰分」は長さ 697 間（1,267m）、幅 3 尺、深さ 3 尺、「猪子田地・社家村・原用水井手分」は長さ 240 間（436m）、幅 2 尺、深さ 2 尺であった。

第 5 節　淡路国府比定地の市村分間絵図

淡路国府の所在地については、三原郡市村（市市）説・国衙村説・養宜村説・小榎並村節があるが、市村説が有力である。天保 2 年（1831）の「三原郡市村善光寺村小井村分間絵図（控）」[36] と空中写真 [37]（図 21-7）を比較して国府の所在地を比定してみよう。市村は三原川扇状地扇央部の標高 20 ～ 40m にあり、東に善光寺村、北に十一ヶ所村・徳久村、西・南に三条村・新村に囲まれ、十一ヶ所村・三条村境付付近を『兵庫県史　第一巻』、『味地草』、『三原郡史』等では国府域に比定している [38]。絵図では法蔵寺・八幡宮（善光寺村）から西には御蔵と交わる南北の道に御制札、法蔵寺、行者堂と、産土神の蛭子社、観音堂、その南には大師堂・稲荷・庚申が描かれる。現地調査をすると、法蔵寺・

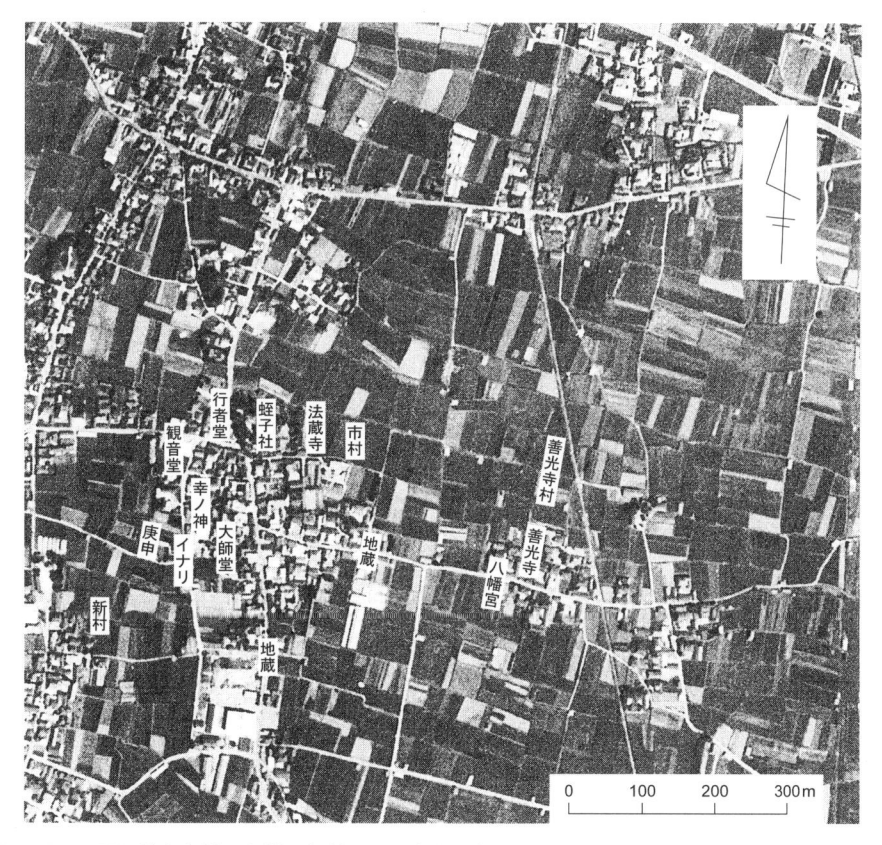

図 21-7　三原郡善光寺村・市村・新村付近の空中写真（1968 年、国土地理院 MSI-68-4Y C17-5 に加筆）

蛭子社・行者堂は現存し、十字路にある御制札と地蔵・観音堂付近が市村の核であったことがわかる。『味地草』[39]によれば、三条村境の若宮・荒神付近を国府跡に比定している。しかし、絵図では大師堂・イナリ・幸ノ神・庚申が描かれるが、若宮は見えない。

　さらに、西の三条村と新村境付近には直線状の南北道があり東馬場・西馬場があるが、藤岡謙二郎はこの道を国府域の朱雀大路を踏襲したものではないかと推定している[40]。また、天保 2 年の「三原郡十一ヶ所村分間絵図（控）」には惣社の後身にあたる十一明神社がある。いずれにしても、発掘調査等も行われていないので、今後の調査が待たれる。

第 6 節　天保 6 年（1835）「三原郡小榎列村西川村分間絵図」と「小榎並画図」

　小榎列村と西川村は標高 2.5 〜 5m の沖積平野にあり、西川村は田が卓越し三原川を水源とし、小榎列村は三原川と馬乗捨川に水源を依存する。小榎列村の東部の集落部分は畑が、西部は田が卓越する。「三原郡小榎並村画図」[41]では扇端分には 11 ヶ所の湧水池（出湧）がみえる。嘉永 2 年（1849）の「三原郡分間郡図」（口絵 30 参照）によれば、小榎列村・大榎列村・戒旦寺村・志知川浦一帯には北 30 度東の方位を持つ用水路列と、これに直角に交叉する用水路列が広がる。この地割りは条里遺構というよりも、後背湿地帯における近世の新田開発等による水路列景観と考えるのが自然であろう。

　天保 6 年（1835）の「三原郡小榎並村西川村分間絵図（控）」（図 21-8）[42]をみよう。両村は三原川扇状地の扇端から沖積平野の漸移地帯に位置し、東の三原川と西の馬乗捨川に挟まれた東西 1,600m、南北 500m で、標高は 2.5 〜 5m である。絵図を見ると、小榎列村の集落部分は地面畠で、小榎列・大榎木列・西川 3 村の産土神である八幡宮には 11 石の社領があった。境内地の小字に「府中」があることから、小榎列村付近を淡路国府跡に比定する説もある[43]。幡宮周囲には賢光寺と明治初年に賢光寺に合寺された真応寺、薬師堂・観音堂・阿弥陀堂・金比羅社・弁才天・荒神・稲荷・地蔵堂等が集中し、村人の宗教的核となっている。東の志知北村・志知川浦・大榎列村との境をなす地域は、前述の北 30 度東の方位を示す水路列と、これに直行する水路列を示す水田が広く分布する。本図には塚本・田安・原ノ尻・神楽田・御領・壱町田・国分・イ十八・蔵坊土居等の付箋が貼られているが、小字を意味するものと考える。

　次に、享和元年（1801）改正、文化 7 年（1810）・慶応 2 年（1866）写の「小榎並村画図」[44]からは、1 筆ごとの地割りや田畑の区分、御蔵・給人の別、小字名と界、道・水路、湧水池等の配置がわかる貴重な絵図である。村の高 1,109.027 石、田畑合 95 町 7 反 2 畝 17 歩、田 73 町 4 反 7 畝 1 歩（76.8%）、畑 22 町 2 反 5 畝 16 歩（23.2%）で畑が卓越する。御蔵分は 189.729 石（17.1%）、11 人の給知分 918.787 石（82.8%）である。11 人の給人の最高は前野兵大夫 195.2 石余（禄高 400 石、御城山番）で、禄高 503 石で御使番役・御蔵奉行の速水総惣左衛門は 25 石、禄高 300 石で洲本本〆役・洲本御町奉行並御普請奉行の陶山与一右衛門等が見える。八幡宮の西隣には榎列組十三ヶ村の組頭庄

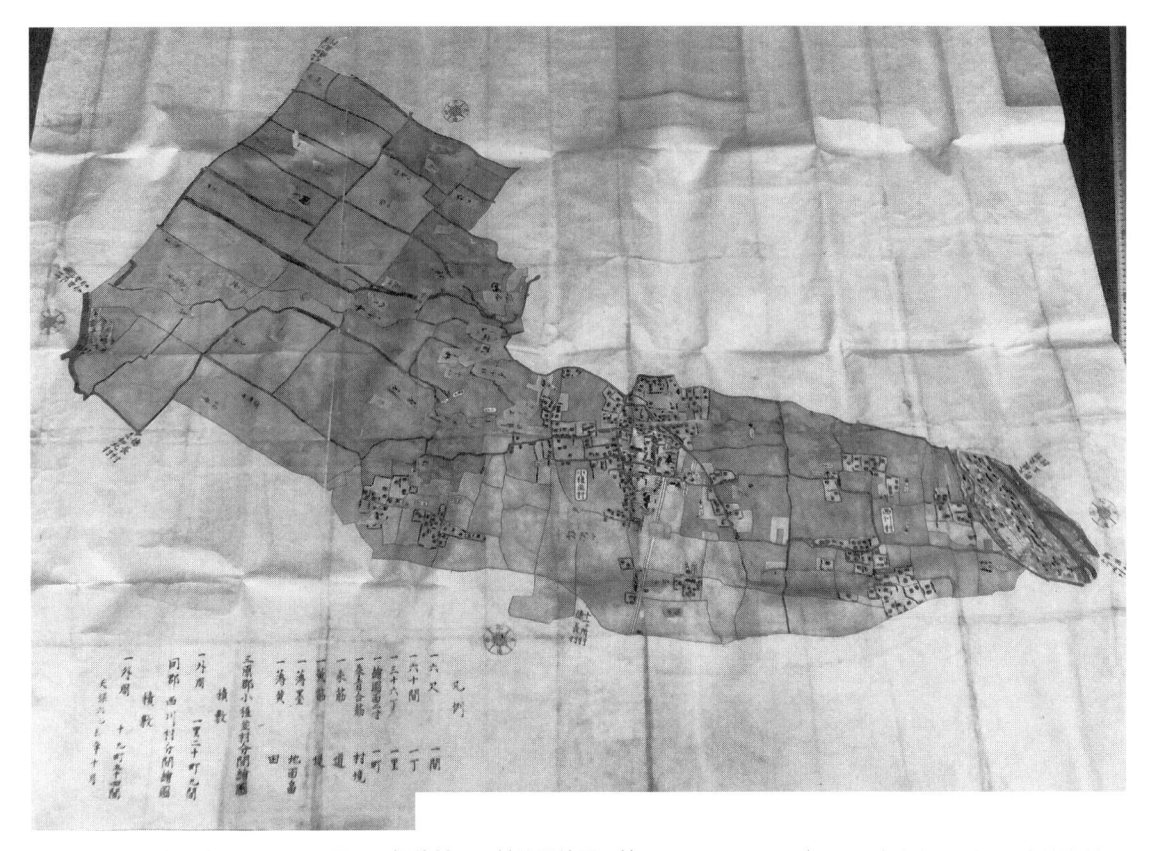

図 21-8　天保 6 年（1835）三原郡小榎並村西川村分間絵図（控）（126 × 148cm、南あわじ市淡路人形浄瑠璃資料館蔵）

屋真野慶左衛門の屋敷がある。また、図西部の田地帯は水路と道で区画される地には小字名が付され、長地型の短冊状の地割りが卓越するが、条里地割りではないようである。

第 7 節　天保 6 年（1835）三原郡大榎列村分間絵図と屯倉神社跡地

　「大榎並村分間絵図（控）」[45] と 1968 年撮影の空中写真（図 21-9）を比較する。西を流れる三原川に灌漑を依存しており、集落北西部には湧水（出湧）があり、藤大夫開と記される。また、集落北部の威光寺と御蔵や観音堂・薬師・阿弥陀堂・明神・行者堂が宗教的中心である。威光寺と観音堂以外は現存しないが、荒神が 4 ヶ所みえる。絵図には西ノ丁・西ノ内・ナベカイ・川口・タデ原等の小字が記される。屯倉（三宅）神社を淡路屯倉に比定する説があるが [46]、屯倉神社跡とされる地は絵図に見える明神付近で、現在は淡路屯倉跡地とする石碑と祠がある。屯倉は 5 世紀に諸国の国造領内に設置されたが、5 〜 6 世紀に淡路随一の穀倉地帯である三原平野の穀物等を納める倉庫である屯倉を置き、大和朝廷の政治的支配を浸透させる機能をもったともいわれる [47]。

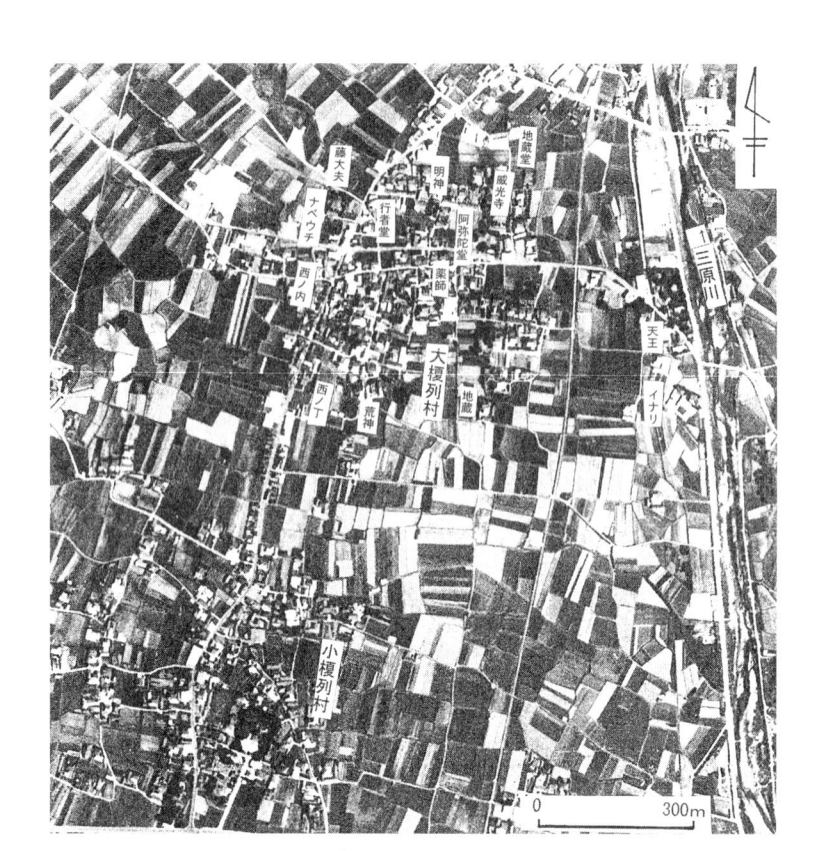

図21-9　三原郡大榎並村付近の空中写真（1968年、国土地理院 MSI-68-4Y C17-5 に加筆）

　また、絵図東部に見える日前神社は、碑文によれば和歌山から分祀されたもので、屯倉神社と祭神が同じとされる。絵図に描かれる里道・用水路と家屋の配置は概ね現在まで維持されている。

第8節　三原郡上内膳村下内膳村分間絵図と先山千光寺

　三原郡下内膳村と上内膳村は標高448mの先山の東麓にあり、洲本川が南東部を流れる。文政12年（1829）の「三原郡上内膳村分間絵図下内膳村分間絵図（控）」[48]（図21-10-1）をみよう。洲本川に沿って福良街道が東西に走り、上内膳村西部の二本松から岩屋街道が分岐する。絵図では溜池は上内膳村に13ヶ所、下内膳村に21ヶ所、合わせて34ヶ所確認でき、いずれも山麓の標高10〜110mの緩斜面に造築されている。大きな溜池としては上内膳村の野良田大池（標高20m）、下内膳村の古茂池（同15m）と曇華池（同25m）がある。最高所の池は下内膳村の標高105mにあり、斜面一帯の棚田を灌漑している。絵図にみえる耕地は水田が大部分を占め、下内膳村では標高110m付近まで棚田が見えるが、現在は土地改良事業で1筆面積の大きな棚田に整備されている（図21-10-2の空中写真参照）。

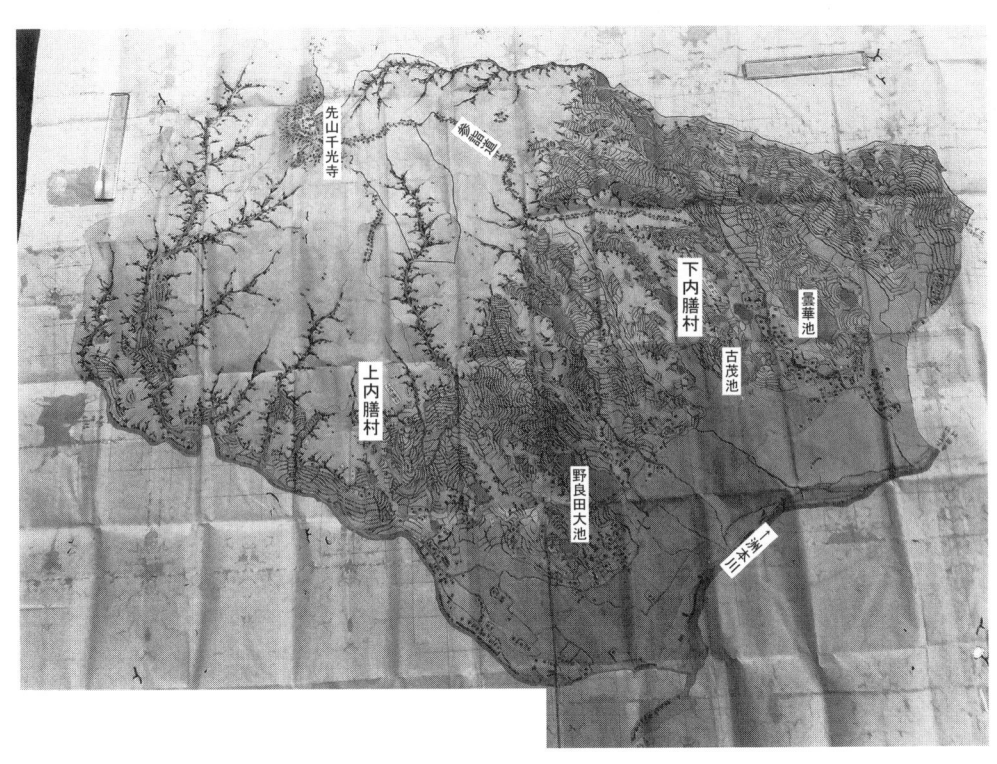

図 21-10-1　文政 12 年（1829）三原郡上内膳村下内膳村分間絵図（控）
（171 × 202 cm、正井家保管文書、洲本市立淡路文化史料館蔵に加筆）

図 21-10-2　上内膳村・下内膳村付近の空中写真（2010 年、10,000 分の 1、洲本市都市計画課に加筆）

　絵図に記載される地名・寺社・小祠等をみよう。上内膳村の宗教的核は蓮光寺・鶴ヶ岡八幡宮（産土神）・阿弥陀堂・四社と御蔵が所在する付近で福良街道に接し、野良田大池が上方にある。蓮光寺にある文亀元年（1501）梵鐘の追銘は、願主細川頼春らにより「淡州上内膳八幡宮」に奉納されとある[49]。また、字谷田の谷筋から千光寺への参詣道がみえる。字森にある岸川社は「延喜式神名帳」[50] 記載の津名郡小社「川岸神宮」に比定される。

　下内膳村は洲本府まで 24 町 30 間（2,670m）の近距離にあり、村の宗教的核は、曇華池と古茂池上方の盛光寺（絵図では青光寺）・柏森住吉社と釈迦堂付近で、曇華池下方には薬師堂と御蔵がある。釈迦堂（正源庵ともいう）は松林が描かれる先山千光寺への参詣道の登り口にあたり、大永 6 年（1526）銘の五仏種子板碑がある[51]。

　先山は洲本平野の北方にあり津名・三原郡境をなし、淡路富士とも呼ばれる。下内膳村から 18 町（1,960m）に道程で、町石が立っている。先山は淡路の山岳信仰と修験道の中心で、当寺は「法華経」66 部を書写し全国 66 州の霊場に 1 部ずつ奉納する修行である「六十六部」の廻国納経所で、淡路西国霊場・淡路四国霊場一番札所でもある。また、徳島藩 2 代藩主忠英が寺領 50 石を千光寺に寄進したが、津名郡安坂村に寺領 49 石余があり[52]、「常磐草」によれば、5 代藩主綱矩が諸堂講を再興したといわれる[53]。絵図に描かれる千光寺の境内をみよう（図 21-10-3）。西下方には本堂と六角堂があり、「岩戸」と記される岩場がみえる。当寺の梵鐘には弘安 6 年（1283）の鋳造銘がある。本堂から西に石段を登ると観音堂・三重塔・護摩堂・経塚・太神宮・伊奘諾社・鐘塔・イナリ社・鏡山王・宿坊等が描かれる。三重塔は高田屋嘉兵衛らが修築したとされ、『淡路国名所図会　巻之三』に先山と千光寺境

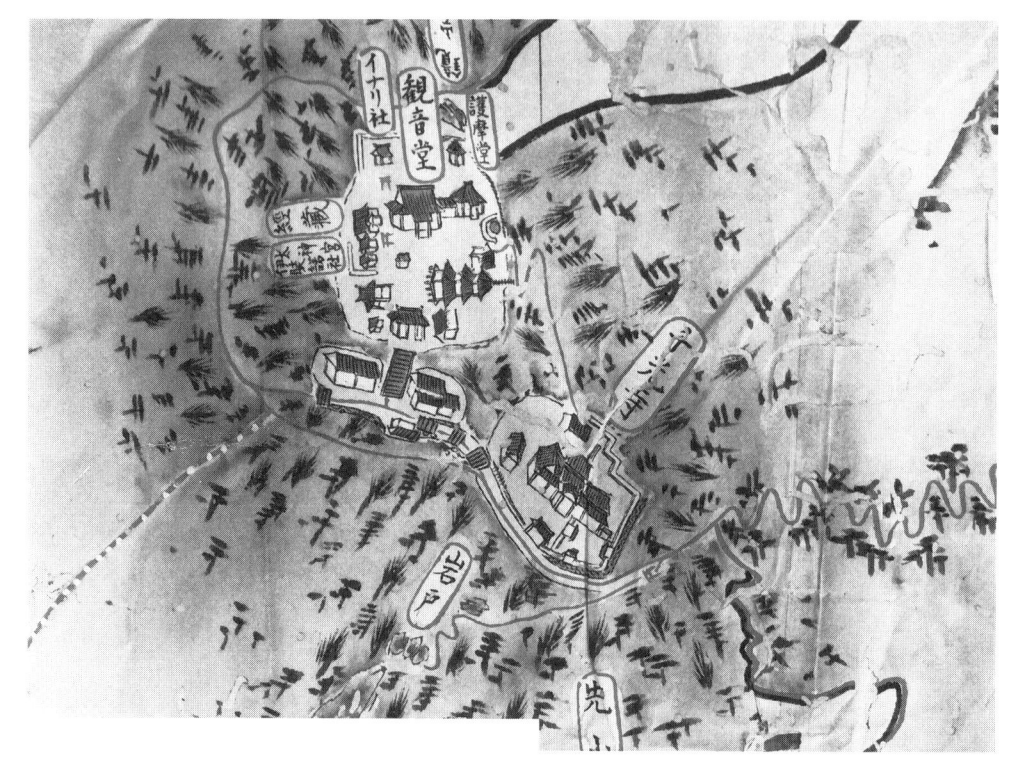

図 21-10-3　先山千光寺の境内図（文政 2 年（1829）三原郡上内膳村下内膳村分間絵図（控）の境内部分）

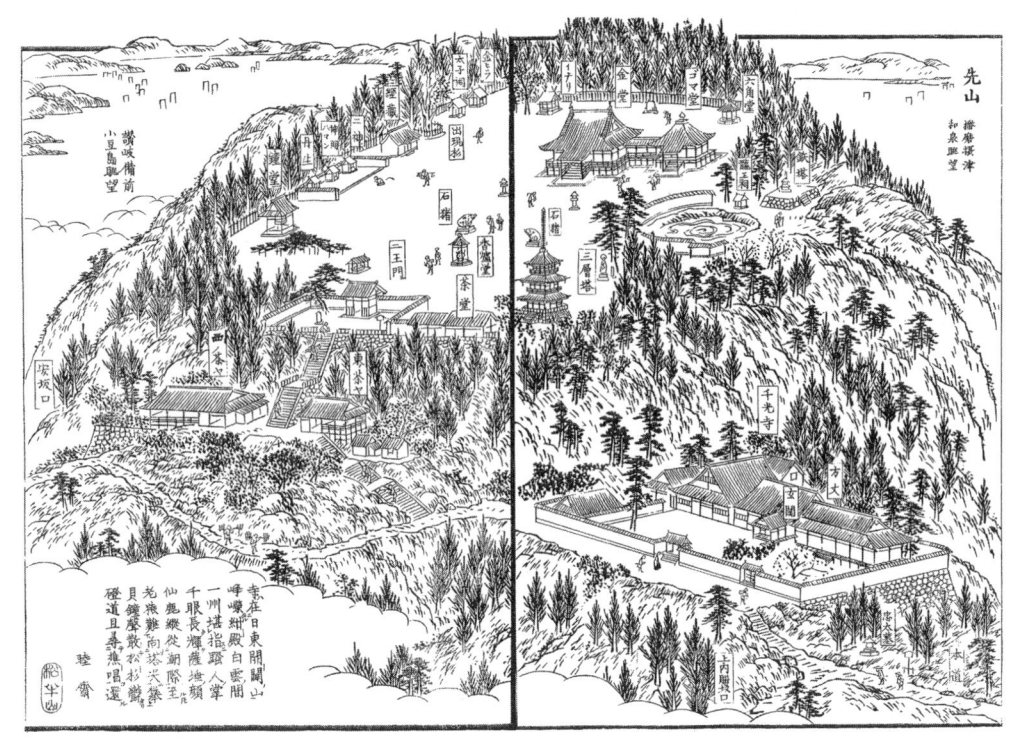

図 21-10-4　先山千光寺の境内図（『淡路国名所図会　巻之二』185 頁）

内の景観が描かれている（図 21-10-4）。

第 9 節　下灘十二ヶ村の三原郡山本村城方村分間絵図と断層景観

　中央構造線の北に接する諭鶴羽山系の南斜面は断層崖を形成しており、集落は紀伊水道に面する南斜面に立地している。「正保三年（1646）淡路国絵図」[54] にみえる下灘十二ヶ村は、津名郡境から東から西へ三原郡来川・白崎・黒岩・惣川・吉野・山本・城方・油谷・払川・円実・土生・仁頃村で構成される。天保 9 年（1838）の「三原郡山本村城方村分間絵図（控）」（図 21-11）[55] を見よう。本図には「阿波藩測量方」の書き込みがあり、岡崎三蔵系の実測分間村絵図である。家屋・耕地の配置と高度を縮尺 1 万分の 1 の南あわじ市全図で見ると、山本村は高度 60 ～ 160m で、平均傾斜は約 16 度、城方村は 80 ～ 170m、約 11 度である。『味地草』[56] によれば、城方村の地は元々「エハブ」と称され土生村と地続きであったが、一部住民が天正 12 年（1584）の地震により油谷村に移住し、その跡が城方村になったとされる。両村の境をなす長田川（絵図ではトウトウ谷、村境は朱線で示される）を隔てて東が山本村、西が城方村である。

　山本村東半分の耕地はすべて畑で、西半分は小谷とトウトウ谷懸りの谷水に依存する棚田が広がる。

図 21-11　天保 9 年（1838）三原郡山本村城方村分間絵図（控）
（阿波藩測量方、149 × 105cm、正井家保管文書、洲本市立淡路文化史料館蔵に加筆）

両村の家数は合わせて 51 戸であるが、絵図に見える家屋 65 棟は、エビスの下方にある長屋門と土蔵を持つ庄屋屋敷とその他の 1 棟の土蔵を除いてすべて萱葺きである。天保郷帳の山本村の村高は 53 石余、田畑は 9 町 4 反余、家数 31 戸、城方村は村高 28 石余、4 町 4 反余、20 戸ときわめて小規模な村である。山本村の氏神住吉明神は、村の最上部に鎮座し、大殿、エビス（2 社）、庚申、若宮、薬師等の小祠が描かれる。

　城方村では村の上方の権現山に鎮座する髙岸神社が、城方・山本・油谷・払川・円実・土生 6 ヶ村の産土神とされるが [57]、絵図では確認できない。絵図ではトウトウ谷筋に棚田が分布するが、西の宮谷との間は大部分が段々畑である。太神宮・薬師・権現・役行者等の小祠が見える。

第 10 節　津名郡下物部村上物部村分間絵図と景観

　津名郡下物部村と上物部村は洲本城下の西口に位置し、洲本川の支流樋戸野川と北流する千草川の沖積低地に主要な集落は立地する [58]。洲本城下の寺町は千草川右岸に形成されているが、対岸の下

物部村とは下物部口で結ばれていた。絵図には描かれていないが、ここに物部橋があり、貞享 2 年（1685）に板橋が架されていた。絵図では制札場・御蔵・阿弥陀があり、福良街道沿いには街村状の町並みが形成されている。樋戸野川に架かる僧の橋までを出見世と称し、徳島藩から免許を得た商人が出店を構えて、郷町として繁栄した [59]。また、下物部口から一丁南の自然堤防上に垣根に囲まれ、長屋門と土蔵 2 棟・母屋等が描かれた広大な屋敷が絵図に見えるが、これは下物部村庄屋で物部組頭庄屋を兼帯した不動氏（寛延以前、1748 ～ 50）、佐野氏（寛延 3 年（1750）以後）の屋敷地にあたり、付近は物部本村と称されていた [60]。不動・佐野氏は津名・三原両郡の割本庄屋と淡路全体の村役人の元締役を勤めた [61]。

　また、洲本川左岸の三原郡桑間村との境は山崎岩鼻と称され、宝暦 14 年（明和元年 4、1764）の銘が刻まれた郡界石があり（図 21-12）、大師堂・金比羅社・毘沙門が見える。樋戸野川一帯は低湿な氾濫原で、洪水の被害を度々受けるため、千草川左岸には堤が構築されていた。上物部村との境は堺筋と呼ばれる水路と畦道となっている。村の西部は標高 20 ～ 40m で亀谷山と呼ばれ、三原郡宇原村境には太郎池があり、太郎池の補修・管理を下上物部両村共同で担い、水利慣行は現在まで存続する [62]。樋戸野川の宇原村境には石造の樋門が構築され、付近には薬師堂・牛頭天王・地蔵がある。

　両村分間絵図を接合することは可能で、上物部村絵図には長谷池・皿池・かりまた池・夫婦池、夫婦上・下池が見え、夫婦池・かりまた池・皿池は、重ね池となって下方の平地の田を潤している（本文 98 頁参照）。また、千草川右岸の自然堤防上には瓦葺家屋の屋並が連なる街村が形成されて、洲本

図 21-12　津名郡三原郡界標石（2018 年）

城下の津田村に至る道で、南下すると寛永7年（1630）まで蜂須賀氏の淡路経営の拠点であった由良に通じる。千草川の左岸の川西には連続した堤が造築されており、下物部村と水利組を共にした。また、右岸には堰があり、そこから水路が北に延びている。街村付近には観音堂・村長明神・猿田彦と御蔵があり、自然堤防上の集落には伊勢四社と庚申がある。また、下・上物部村の千草川沿岸には出見世があり、嘉永年間（1848～53）以後に、藁を原料とした紙漉きの盛んな土地であった。

第11節　津名郡塩屋村炬口浦宇山村分間絵図と景観

　津名郡塩屋村炬口浦宇山村分間絵図（控）[63]（口絵19）は3村を一枚仕立で、山麓線、谷筋、村境、集落・家屋の景観、寺社、小祠、棚田、地面畠、里道、街道、町並、船屋等の表現はきわめて精緻である。本図以外に、淡路国分で3村一枚仕立ての村絵図は、現存する三原郡市村・善行寺村・小井村一点である。1万分の1の洲本市全図と2010年撮影の空中写真（図21-13）をみると、炬口浦から宇山村の山麓には北東から南西に走る長さ約1.6km、比高約50mの断層崖が発達し、3村は洲本川をは

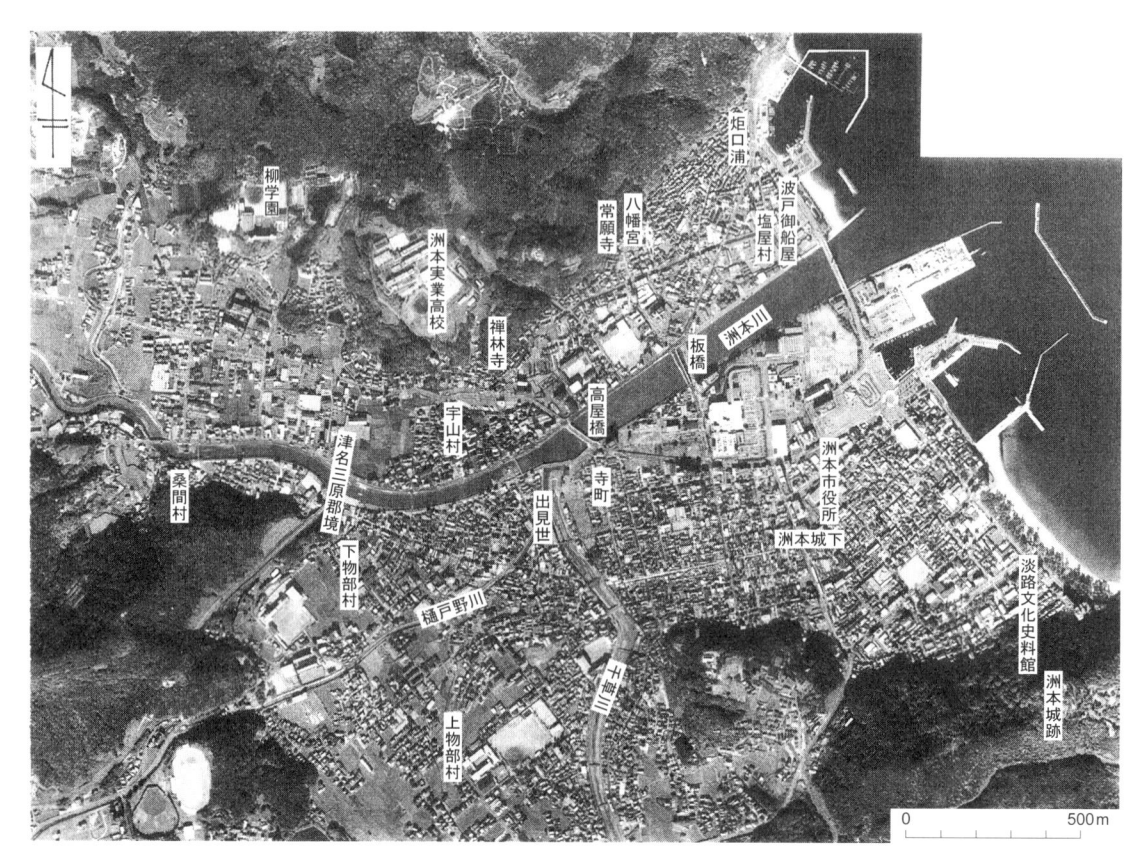

図21-13　洲本市付近の空中写真（2010年、洲本市都市計画課資料に加筆）

さんで洲本城下の北に接する。まず、塩屋村一帯の洲本川左岸の沖積低地と大阪湾沿岸には、砂州とその内側にラグーン（潟湖）が発達する。宇山村北部の武山山地から流下する陀仏川が東流してラグーンに注ぎ込む。また、ラグーンの西岸には松林のある堤に囲まれた長方形の御船屋がみえ、3棟の家屋が見える。享保 16 年（1731）8 月には洲本川上流に置かれた波戸御船屋の前浜が浅瀬になったため、絵図に見える塩屋村の御船屋に移転したとされる（『阿淡年表秘録』）[64]。享保 16 年の「洲本御船大小員数併右場間数書附」（蜂須賀家文書 717）によれば、東西 50 間（91m）、南北 110.5 間（201m）あり、同 19 年（1734）の「洲本御船帳」（前同、718）によれば、御荷船 2 舟、鯨船 1 舟、艟高舟 1 舟、伝馬船 3 舟、御小早舟 1 舟の 8 艘が係留されていた[65]。

また、ラグーン東の砂州上には安政年間（1854 ～ 59）以後に台場が構築されて、その内側に練兵場が設けられた[66]。洲本川河口付近の左岸砂州は寛文 2 年（1662）までは漁師町であったが、その後は幅 1 間の道を挟んで両側には加子屋敷が軒を連ねていた。絵図では周囲を囲まれた正方形の地には 12 棟の家屋が見え、加子役は 17 人半であった[67]。さらに、その上流側に御材木屋が置かれていた（『味地草』）[68]。また、洲本城下との間には貞享年間（1684 ～ 87）には板橋が架されていたが、絵図では現西京寺とイオン洲本本店との間には、中州を挟んで板橋が見える。板橋付近の自然堤防上は現洲浜中学校と兵庫県洲本統合庁舎付近には、約 60 棟の家屋が集まる集落があり、西来寺・大師堂・荒神が見え、地面畠が広がる。

炬口浦の北部は大阪湾に面する標高 50 ～ 135m の赤岩山地で、南の山麓には集落が形成され、絵図では八幡宮・住吉平野明神・春日社があり、130m の直線の参道には高良明神が祠つられる。八幡宮は宇山・塩屋・炬口・三ヶ村浦の産土神だけでなく、津名郡三木田・安坂・市原・厚浜・中川原・弐ッ石村の千草組九ヶ村の産土神でもある（『味地草』）[69]。

さらに、国道 28 号沿いの山麓には秋葉社・観音堂が、その東の谷口には炬口大明神・蛭子社が、荒神谷口には荒神が祠られる。また、砂州のラグーンである中浜には享保 16 年以降に御船小屋が置かれ、囲いはないが伝馬船御小屋等 6 軒があり、伝馬船等 6 艘が係留されていた。さらに、宝暦（1751 ～ 63）頃から延縄鱧漁が盛んであった。また、宇山村境の標高 96m の殿土居と呼ばれる尾根の「古城」は炬口城跡で、永正 2 年（1505）に安宅監物秀興により築かれたとされる[70]。

宇山村の北部は標高 60 ～ 240m の武山山地で、東の谷にある三蔵池、西の谷にある砂池・広松池や、三原郡下加茂村境の谷にある根来大池・羽惣田池は谷水を集めて、下流部には棚田が分布する。陀仏川筋には山神・大師堂（共に 2 社）と、炬口浦の八幡宮西隣には常願寺が見える。山麓西側には鳥町大明神や、風呂谷口には禅林寺・愛宕社・庚申がある。洲本川左岸の自然堤防上には 12 棟の屋並が連なる街村が形成され、寛政（1789 ～ 1801）以降に洲本川に架けられた高屋橋（板橋）が描かれる。また、絵図にはないが、千草川合流付近には三合橋が架けられていた。根来谷山麓の棚田の高台は現在、兵庫県立洲本実業高校敷地となっている。また、塩屋村から宇山村の洲本川右岸の大道は福良と岩屋に至る街道で、根来谷筋の標高 120m の根来峠を超え、津名郡中川原村からは岩屋に至る道筋である。

第12節　津名郡大川村平林村分間絵図・田面図と野島断層の景観

　1995年（平成7年）1月17日の兵庫県南部地震でその存在が知られるようになった野島断層は、淡路島北東部の明石海峡に面する江崎灯台から富島（現淡路市）に至る北東－南西方向の約10kmの活断層である。天保5年（1834）の「津名郡大川村分間絵図平林村分間絵図（控）」（図21-14-1）[71]は野島断層の中央部にあたる。播磨灘に面して西浦街道が走り、海岸沿いの斜面に集落と田畑が立地する。本図には2寸（6.06cm）の方眼が絵図の余白部分に施されている。縮尺1万分の1の北淡町全図によれば、大川村の田畑・集落は、標高10～180mで平均傾斜は約22度、平林村は10～200m、約19度である。平林村の標高90～200mの丘陵地は、ポートアイランド・六甲アイランド・神戸空

図21-14-1　天保5年（1834）津名郡大川村平林村分間絵図（控）（103×151cm、北淡町歴史民俗資料館蔵）

港の埋立用の土取場となり、現在は神戸市の会社が設置した広大な太陽光発電地となっている。また、標高210m付近の小無僧池と慶応池は、棚田が消滅したため利用されず放置・廃止されている。

　大川村の南隣にある轟村境には大川・古屋谷が流れ、絵図には標高140mにある大川新池は上方の標高240mにある古屋池・古屋上池・古財池の水が流下している。また、200mの轟新池は南の轟村に流下する。さらに、大石谷と西ノ谷にも溜池が築造されている。平林村境には林ノ谷・大石谷が流れて、権現社・明神社・観音堂が祀られており、高松・平畠・松ノ本等の小字がみえる。

　平林村の大林村境に鎮座する産土神の貴船社は、雷神・風神・水神を祀る。平林村の中央を流れる野腹川の上流では西ノ谷・東ノ谷・ミカネ谷に分かれ、荒神・愛宕社・地神が祀られる。北に接する江崎村の境の谷にも溜池が3ヶ所みえる。

　図21-14-2は「平林村田面図」[72]で、同村分間絵図と同時期に作製されたと推定でき、縮尺は約600分の1で、実測図と考えられる。1筆ごとに地目・等級・面積を記しているが、名負（請）・石高はない。田畑ともに薄鼠、山は黄、社地は白（貴船社は198番、観音堂は57番）、濃鼠は「木有畠」と記され、山畑と推定できる約18筆がある。また、大川村境の201番は「埋葬場」（墓地）と記されるが、約30年前までは北淡町一帯では土葬が行われていた。

図 21-14-2　津名郡平林村田図面（170 × 185cm、北淡町歴史民俗資料館蔵）

　本図にはすべての筆に地番が付されるが、線朱線で囲まれた墨書きの地番を付している。また、野腹川最上流の「イノチ谷」の地番 146 は 22 分筆からなりすべて田で、分筆地境は破線をし、墨線で囲った地番を付している。分間絵図の総筆数は約 320 であったが、田面図は約 510 であり、分間絵図は田面図の約 63％しか表現していないが、これは田面図の縮尺 600 分に 1 に対し、分間絵図が 1,800 分の 1 によるものと考えられる。分間絵図では西浦街道沿いには家屋と畑が卓越するが、田面図ではすべて田で表現れされている。また、村南部の大川村境の山地に 26 ヶ所に下畑・下々畑と記されており、これは田面図作製以後に山地を畑に変換する予定地（切添開墾）を意味するのとも推定できる。

第 13 節　津名郡長畠村分間絵図と「百枚田」景観

　野島断層の南端に位置する長畠村は、東西約 1,000m、南北約 2,500m の細長い村で、南端は津名丘陵の標高約 240m から北は「小倉の浜」と呼ばれ、播磨灘に面する。村の北部を小倉川が、中央部に鶴見川が流れ、「長畠の百枚田」と呼ばれる棚田景観が発達する。天保 6 年（1823）の「津名郡長畠村分間絵図（控）」（口絵 15）[73]を示したが、きわめて美麗で精緻な表現である。本図に描かれる田畑数は約 1,690 枚、溜池は 30 ヶ所で、大部分を棚田が占める。本村の棚田は総じて緩傾斜に発達するので、実数でも 1,700 〜 1,800 枚程度と推定できる。また、ヘラ谷・コボシ・大坂・川合・牛ノ子谷・ビロノ木・伊勢ノ森の谷筋には、多数の棚田景観が描かれ、畑はきわめて少ない。谷筋に造築された溜池群で棚田を潤している見事な景観が展開する。

　絵図のほぼ中央部には、小倉川上流に位置する標高約 130m の峠下池と、同 140m の峠上池の重ね池がみえる。峠上下池（平成 7 年の灌漑面積 10.3ha、灌漑戸数 23 戸）へは標高約 200m にある仁井村の一ッ橋池と、太郎谷池の水を「男井毛」（三原郡の「男溝」にあたる）で流下させて小倉谷川沿いの棚田を潤している。平成 7 年の阪神淡路大震災では峠上下池の石積の堤が崩壊し、応急の復旧工事が行われた。

　また、小戸・西谷・一本松・清水の後・浅腹・東山・赤土・薬師堂・天王社・長谷・弥蔵谷・落合・鈴ノ木・観音堂・庚申・荒神・大石・流ノ畠等の小字や小祠が見える。さらに、標高 50m 付近の小倉川下流部には 9 ヶ所の斜面崩壊地が描かれている。

第 14 節　津名郡斗ノ内村・斗ノ内浦分間絵図と検地帳

　斗ノ内村と斗ノ内浦は花崗岩からなる常山寺山（標高 515m）系の山地が播磨灘まで迫り、集落・

田畑部分は標高 220 ～ 250 m の斗ノ内村と、20 m 以下の斗ノ内浦に分かれ、海岸沿いには岩屋に至る西浦街道が走る。北の浅野村境には千谷川が、南の育波村境には斗ノ内川とその支流である精田川が流れ、集落部分の平均傾斜は約 10 度である。正保 3 年（1647）の「淡路国絵図」[74]には計ノ内浦とみえ村高 249 石余とあるが、『天保郷帳』には計ノ内村と記され、村高 545 石余とある。しかし、明治 10 年頃には斗ノ内村と斗ノ内浦が合併し、斗ノ内村となった。

　天保 7 年（1836）「津名郡斗ノ内村・斗ノ内浦分間絵図（控）」（口絵 18）[75] では、標高 30 ～ 40 m の台地上に「土居」「五反地」の小字が記されるが、ここに「古城跡」とある。これは文明年中（1469 ～ 87）に海上警備のため細川光隆が築いた「斗ノ内城」[76] で、近くに真言宗大覚寺派妙応寺がある。また、絵図には行者堂があり、その上方の北谷沿いには阿弥陀堂・荒神と産土神川上明神があり、「延喜式」神名帳にみえる津名郡川上神社に同明神を比定する説もある。標高約 100 m 付近には斗ノ内大池があり、同池の付近には弁財天・薬師堂・妙王寺・観音堂が、集落上方の標高 200 m 付近のナキノ谷・山田原・桑坂・斧田（絵図記載地名）には山神・観音堂・荒神・ションダワセ・地神等の小祠が絵図にみえる（図 21-15-1 の空中写真、図 21-15-2（斗ノ内村里・上分）、図 21-15-3（斗ノ内浦分）、図 21-15-4 のグーグル・アース衛星写真、図 21-15-5 の淡路市北淡町全図参照）。

　斗ノ内村の土地に関する検地帳・新開検地帳・川成帳等の古文書約 33 点は、淡路市教育委員会

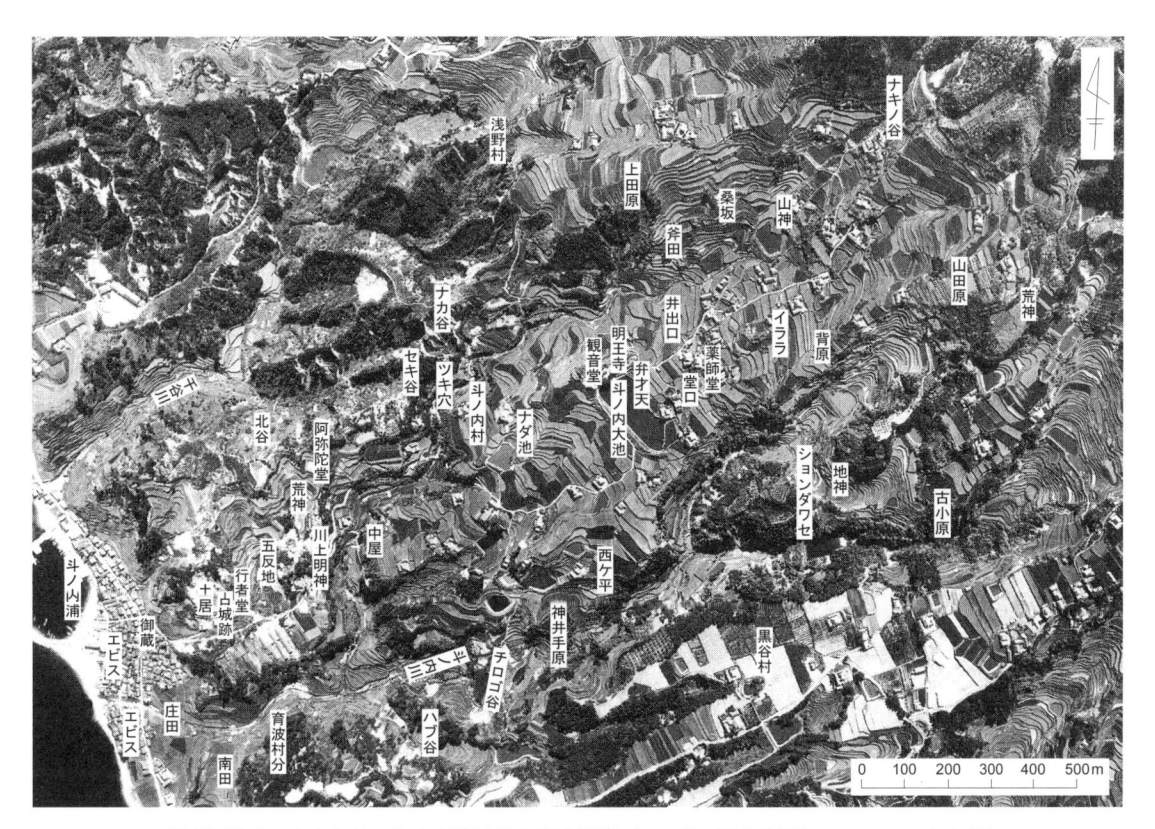

図 21-15-1　斗ノ内村・斗ノ内浦付近の空中写真（1963 年、国土地理院 KK-63-5 C6-5 に加筆）
図中の地名・小社等は天保 4 年津名郡斗ノ内村・斗ノ内浦分間絵図による。

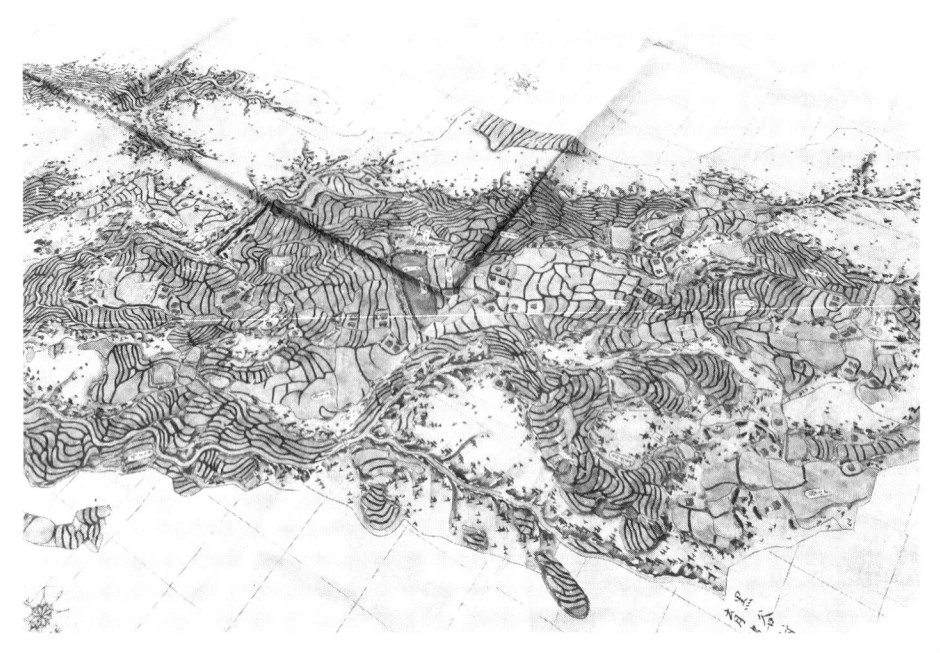

図 21-15-2　天保 4 年（1833）津名郡斗ノ内村斗ノ内浦分間絵図（控）（斗ノ内村里分・上分、北淡町歴史民俗資料館蔵）

図 21-15-3　天保 4 年（1833）津名郡斗ノ内村斗ノ内浦分間絵図（控）（斗ノ内浦分、179 × 163cm、北淡町歴史民俗資料館蔵）

図 21-15-4　斗ノ内村斗ノ内浦付近の衛星写真（2018 年、Google Earth）

が所蔵する。検地帳をみると斗ノ内村は上分・中分からなる里傍示からなり、斗ノ内浦（浜分）は別冊になっていたようである。例えば、①宝永 4 年（1707）10 月の「津名郡斗之内村里傍示田分御検地御帳写」[77] では、田数 14 町 7 反 8 畝 3 歩、高 265 石 1 斗 8 升 2 合、47 軒とみえ、畑分はなく、上分・中分の田面積・高のみを記している。また、宝暦 8 年（1758）6 月の「斗之内村中傍示検地帳」[78] で　は、田数 10 町 1 反 3 畝 24 歩、高 197 石 5 斗 8 升 6 合、畑数 5 町 2 畝 15 歩、高 43 石 4 斗 8 合、田畑合 15 町 1 反 6 畝 9 歩、高合 240 石 9 斗 9 升 4 合で、上分の田畑面積・高は記されていない。里傍示の田分と上分の畑分を除く田畑の合計は、607 筆、19 町 8 反 0 畝 18 歩、308 石 5 斗 9 升になる。一方、『天保郷帳』[79] では、反別 36 町 8 反余、高 545 石余とあり、宝永・宝暦検地帳の面積は、『天保郷帳』の 40.2%、高は 48.7% である。いずれにしても、上分の畑と浜分の田畑面積・高を欠いている数字である。

　次に、資料的な制約があるが、宝永 4 年と宝暦 8 年の検地帳から、名負人（57 人）に所有面積（19町 6 反 2 畝 22 歩・607 筆）と石高（257.827 石）をみよう。石高による階層構成では、上層の 10 石以上が 9 人、中層の 5 〜 10 石未満が 12 人、下層の 3 〜 5 石未満 5 人、1 〜 3 石未満 10 人、0.5 〜 1石未満 10 人、0.5 石南未 7 人である。上層の 10 石以上が 151.287 石で総石高の 58.7% を占める。特に、最上層の善左衛門が、3 町 6 反 6 畝 7 歩（84 筆）/ 46.788 石で、圧倒的な地位を占めるが、2 位の妙応寺（明王寺）（7 反 9 畝 8 歩 / 11.691 石）が注目される。善左衛門と妙応寺を除く 5 反以上・10

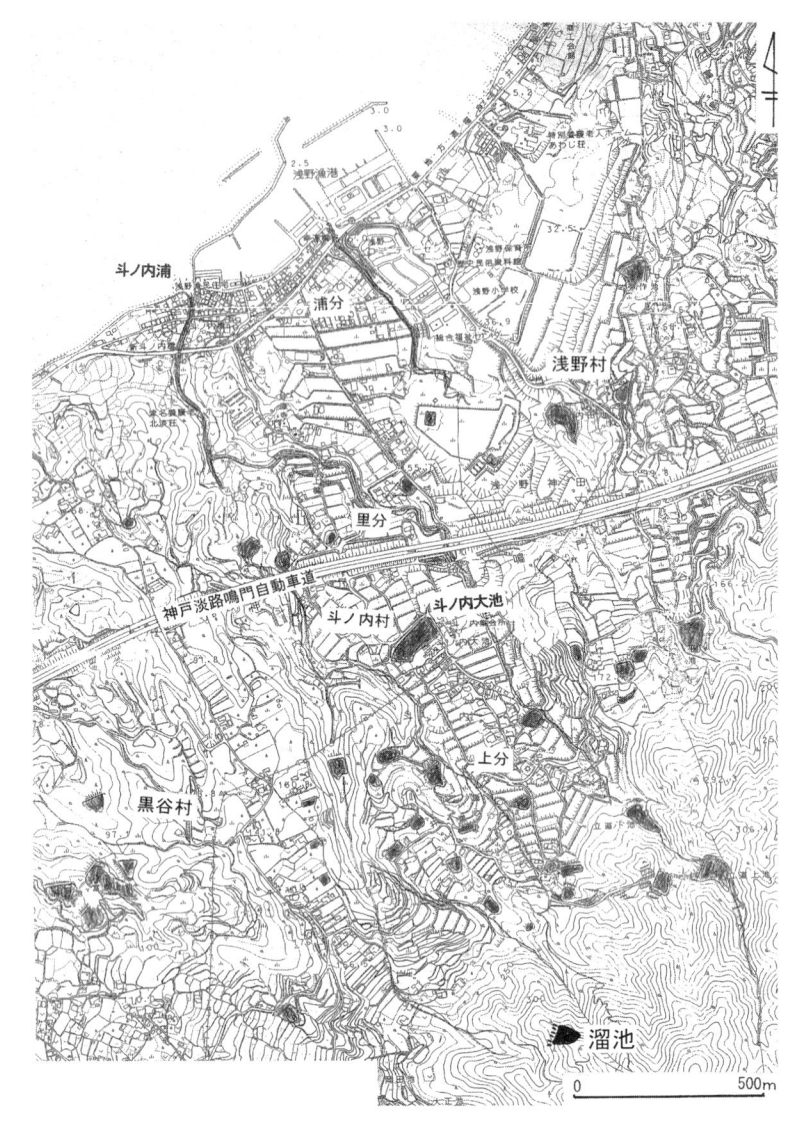

図 21-15-5　北淡町全図（部分、縮尺 10,000 分の 1 に加筆）

石以上は七右衛門・五郎兵衛・太右衛門・久八郎・久太夫・六右衛門・久三郎の 7 人である。

　次に、斗ノ内村における正保 4 年（1647）～文化 7 年（1810）に至る新開状況をみると（表 21-3）、合わせて 5 町 8 反 6 畝 3 歩 / 40.251 石の新開[80) が行われている。宝永・宝暦検地帳記載の面積で 29.9%、石高の 15.6% にあたり、近世を通じて新開が行われた。新開の中心は正保 4 年と延宝 4 年（1776）の近世前期で、2 町 6 反 7 畝 15 歩 / 10.145 石で、中期の安永 2・3 年（1773・74）は 1 町 5 反 3 畝 1 歩 / 10.875 石である。後期は寛政 11・12 年（1779・1800）と文化 7 年（1810）の 1 町 5 反 5 畝 23 歩 / 14.839 石である。さらに、享保 20 年（1735）の「斗ノ内村田畠成帳」[81) によれば、斗ノ内浦で用水溝破損により 2 反 1 畝 26 歩（11 筆）/ 4.686 石が田から畠に転換されている。また、延享 3 年（1746）[82) には斗ノ内村で藪開きがあり、1 反 2 畝 27 歩 / 0.882 石が畠成りになっている。

表 21-3　津名郡斗ノ内村の新開面積・石高

年　代	面　積	石　高
正保 4 年（1647）	7 反 2 畝 18 歩	3 石 0 斗 4 升 7 合
延宝 4 年（1676）	1 町 3 反 4 畝 27 歩	7 石 0 斗 9 升 8 合
天和 2 年（1682）	1 反 3 畝 15 歩	1 石 0 斗 4 升 2 合
貞享 2 年（1685）	2 反 3 畝 27 歩	1 石 7 斗 0 升 7 合
宝永 2 年（1705）	3 反 0 畝 21 歩	1 石 5 斗 6 升 1 合
明和元年（1764）	1 畝 21 歩	8 升 2 合
安永 2 年（1773）	7 反 4 畝 00 歩	5 石 7 斗 1 升 1 合
安永 3 年（1774）	7 反 9 畝 01 歩	5 石 1 斗 6 升 4 合
寛政 11 年（1779）	6 反 3 畝 21 歩	6 石 5 斗 3 升 4 合
寛政 12 年（1800）	4 反 3 畝 21 歩	6 石 5 斗 3 升 6 合
文化 7 年（1810）	4 反 8 畝 11 歩	1 石 7 斗 6 升 9 合
計	5 町 8 反 6 畝 03 歩	40 石 2 斗 5 升 1 合

各年次新開検地帳（淡路市教育委員会蔵）による。

　また、貞享 3 年（1686）には斗ノ内村の字かん原で、田 2 反 6 畝 23 歩（10 筆）/ 4.729 石が川成りになり、同年から御年貢引になっている [83]。さらに、安永 2 年（1773）には浦分・中分・上分を合わせて 3 反 5 畝 6 歩（27 筆）/ 3.597 石が川成りに [84]、明和元年（1774）には中分・上分と浦分を合わせて 1 反 4 畝 8 歩 / 1.65 石が川成りになり、翌安永 4 年（1775）から御年貢引きとなっている [85]。

　次に、嘉永 6 年斗ノ内村神田原検地図（図 21-15-6）[86] をみよう。神田原（かんたはら）は斗ノ内川の支流精田川上流で、斗ノ内大池の南東斜面にある標高約 100 〜 200m の田畑である。斗ノ内川より西側の神田原における川成と川成りを免れた生地（いきち）の田畑 122 株（筆）を、1 株毎に地目、等級、面積、高（一部は付記）を記した絵図で、中央の青線は斗ノ内川を示している。津名郡代配下の検見役人 7 人の連署印があり、添書きには「先年川成床此度御帳明ニ基生地合帳面相渡御帳右帳面通読合置候、為後證此侭相顕置者也」と記される。また、「先引ョリ東一円神田原入ニ被仰付、此度遂御検地候ニ付其侭記置者也、慶応四年御検地」とあり、検見役人が藩に報告した絵図である。また、絵図にみえる 122 株は、元禄 14 年（1701）の検地 81 株、宝暦 3 年（1753）の検地 4 株、安 3 永 4 年（1774・75）の検地 5 株、寛政元年（1789）の検地 5 株、嘉永 5 年（1852）の仮検地 25 株、嘉永 6 年（1853）の空地開 1 株、鈴木民之助拝領地 1 株である。元禄 14 年頃には大きな川成があったことが推定できる。また朱書イからヒと墨書番号が付され、川成を意味すると推定される株には「水越」と記される。例えば、「水越、仮御検地、下々下田、三畝、半兵衛」、「サ、七十六、中上田、四畝二十七歩、八斗八升二合、斗ノ内浦、五右衛門」、「宝暦三午年御検地、中下一畝六歩、二斗五升六合、斗ノ内浦、増右衛門」とあり、1 株毎の状況を記している。

　また、斗ノ内大池の集水面積は 9.48ha、耕地面積 4.52ha、山地 1.89ha、宅地・池面積 3.07ha（淡路溜池保全サポートセンターの資料）である。水利組合（斗ノ内田主）の灌漑面積は 16ha、灌漑戸数は 46 戸で、大池の上下方の棚田一帯は、平成 4・5 年頃（1992 〜 93）に圃場整備事業が実施され、他の田主区域と比較しても耕作放棄は少ない。また、大池の上方の標高 250m 付近まで立道上池・立道下

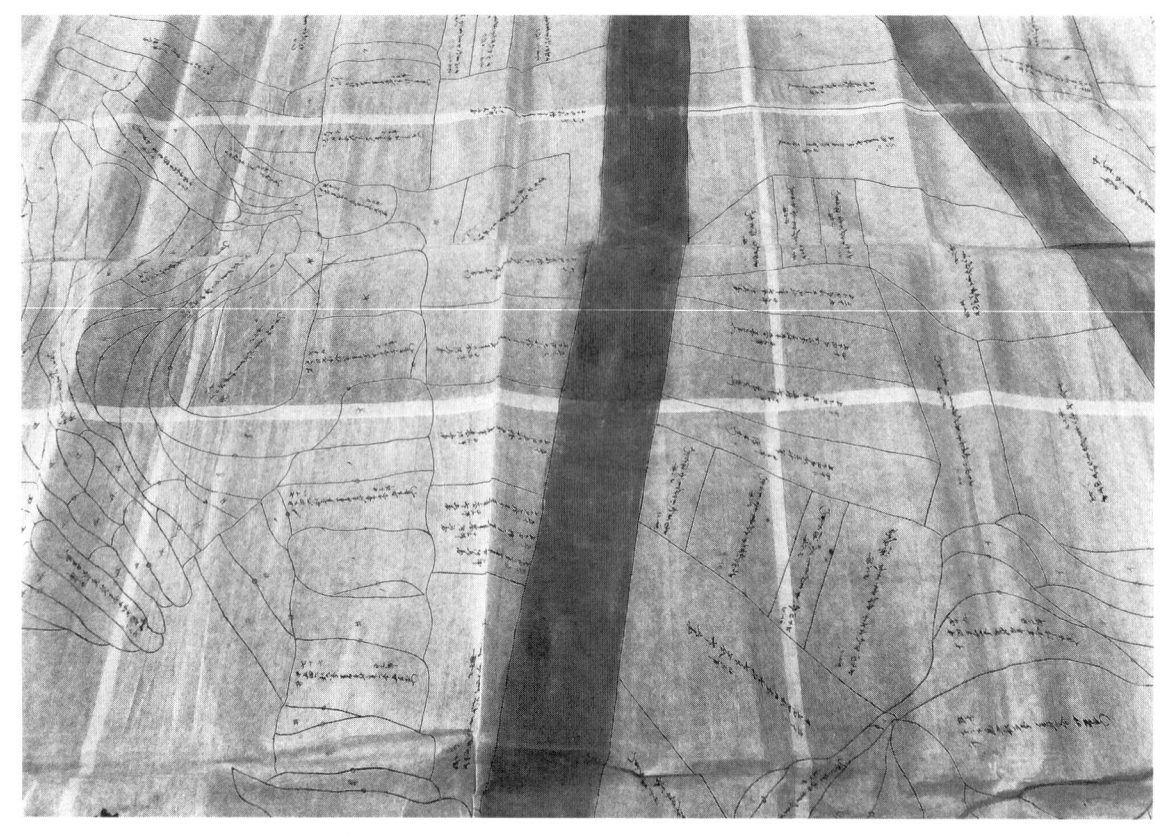

図 21-15-6　嘉永 6 年（1853）津名郡斗ノ内村神田原検地図（部分）（130 × 230cm、淡路市教育委員会蔵）

池・砂池・針ノ池等約 20 ヶ所の大小溜池が造築されている。この溜池群は常に水不足状態であるので、平成 7 年の大震災以前から、大池の南堤下に深井戸を掘り、ポンプアップにより給水している[87]。

　次に、昭和 38 年（1963）撮影の空中写真（図 21-15-1）[88]と分間村絵図を比較すると、斗ノ内村南隣の黒谷村の末切地区は、棚田の圃場整備事業が行われているが、斗ノ内では未実施である。さらに、斗ノ内大池から南斜面のナダ池にいたる棚田数は、絵図では約 17 枚であるが、空中写真では約 19 枚を確認できるので、絵図棚田表現はほぼ正確である。しかし、大池から上方の棚田数は絵図 17 枚に対し、空中写真は約 30 枚である。このことは、大池上方の急傾斜地では 1 枚の棚田が狭小であるので、縮尺 1,800 分の 1 の分間絵図では、技術的に正確な表現が困難であることが理解できる。さらに、1968 年と 2018 年撮影の衛星写真（図 21-15-4）[89]と比較すると、ナダ池までの下方の 17 枚が 5 枚に、上方の 30 枚は約 15 枚になっており、圃場整備事業が行われたことがわかる。

　次に絵図で斗ノ内浦（浜）（図 21-15-3）の表現内容をみよう。斗ノ内川挟んで西には 30 棟の民家（内瓦葺 5 棟）と西の蛭子社、東には 89 棟の民家（内瓦葺 11 棟）と東の蛭子社、御蔵・地蔵がみえる。延宝期（1673 〜 80）の斗ノ内浦の加子役は 11 人役で銀 220 匁、近世後期は銀 291 匁、肴運上は銀 150 匁であった。また、近世末には二枚帆十五石積（2.25 トン）〜十三反帆一八〇石積（27 トン）まで 9 艘があった[90]。

小　括

　淡路国内における分間村絵図は 68 ヶ村に係る 72 点が現存しており、洲本市立淡路文化史料館・淡路市教育委員会（北淡町歴史民俗資料館）・南あわじ市淡路人形浄瑠璃資料館等で収蔵されている。全図に凡例があり、阿波国では控図・写図等が中心であったが、淡路では全て控図である。淡路における分間村絵図の測量・作製年代は、阿波国の文化 3 年（1806）〜文政 6 年（1823）頃に対し、文政 11 年（1828）が初見で、岡崎家 5 代三蔵宜平らを中心に阿波国終了後の約 5 年後に着手し、天保 12 年（1841）頃に終了したと考えられる。また、津名・三原両郡の分間郡図作製は嘉永 2 年（1849）で、阿波国より約 33 年遅く、天保 12 年以降に郡図の作製に着手したと推定できる。

　淡路国の分間村絵図・郡図の景観上の最大の特徴は、島内に約 25,000 ヶ所の溜池が存在し、郡図では主要な溜池が、村絵図では全溜池が描かれていることである。淡路の河川は延長距離が短く、集水面積が小さいため、島内水田面責の約 76％が溜池灌漑に依存している。このため、淡路独特の水利組織である「田主」が存在し、地主層が水利権を握る水利システムが戦前まで存在した。淡路の分間村絵図を分析する上で「田主」との関連は不可欠である。このため、三原平野（扇状地）東部の天保 2 年（1831）大久保村分間絵図では成相川筋の「門前田主」、同年馬廻村分間絵図では「大池田主」との関係から分析した。

　また、淡路国府比定地に関して、三原郡市村・善光寺村絵図と、空中写真や現地調査を踏まえて分析した。三原平野中央部の小榎列村・大榎列村絵図では、北 30 度東方位を示す三原郡条里との関連がみられる。さらに、淡路で聖なる山である先山（千光寺）を仰ぎ見る三原郡上内膳村・下内膳村や、下灘十二ヶ村の三原郡山本村・城方村と断層景観を、洲本城下西に隣接する津名郡下物部・上物部村絵図を接合させて、現存する津名三原両郡境石を示した。また、津名郡北部の野島断層にある大川村分間絵図と、同村田面図から 1 筆単位で断層景観と土地利用を復原した。また、津名郡長畠村分間絵図では「百枚田」と呼ばれ、谷筋の重ね池、1,690 枚の田畑と 30 ヶ所の溜池、民家、小社等がなる村落景観を復原した。

　最後に津名郡斗ノ内村・斗ノ内浦分間絵図と、淡路市教育委員会が所蔵する約 33 点の検地帳・新開検地帳・川成帳とのクロス分析を行い、空間・社会構造を復原した。

［註］

1）日本地質学会編」（2009）：『日本地方地質誌　5　近畿地方』162 〜 164，229 〜 232 頁。
2）北淡町誌編纂委員会編（1975）：『北淡町誌』427 頁。
3）兵庫県農林水産部農地整備課編（1984）：『兵庫のため池誌』19 頁。
4）前掲 3），7 頁。
5）淡路島溜池保全サポートセンターの資料による。
6）天保 7 年「津名郡机畑村分間絵図控」淡路市教育委員会蔵，152 × 148cm。
7）天保 6 年「津名郡長畠村分間絵図」淡路市教育委員会蔵，179 × 150cm。
8）天保 2 年「津名郡机南村分間絵図控」淡路市教育委員会蔵，232 × 150cm。

9）前掲 3），515 頁。

10）京都農地事務局編（1963）：『淡路島における「田主」の水利慣行調査－兵庫県三原郡三原町の事例－』。

11）兵庫県農林水産部農地整備課編（1990）：『兵庫の土地改良史』。

12）前掲 10），8 ～ 9 頁。

13）南あわじ市農地整備課、特定溜池は県の条例による基準として、異常なし、要保全、改修溜池の 3 種に分類されている。

14）前掲 10），10 頁の付表「三原郡田主地区調査」による。

15）前掲 10），8 ～ 9 頁。

16）嘉永 2 年（明治 7 年写）の実測分間郡図（縮尺 18,000 分の 1，151 × 149cm，新見紘一氏蔵，洲本市立淡路文化史料館寄託）。

17）三原郡史編纂委員会編（1979）：『三原郡史』805 ～ 807 頁。

18）天保 2 年「三原郡大久保村分間絵図控」南あわじ市淡路人形浄瑠璃資料館蔵，147 × 96cm。

19）前掲 10），17 ～ 18 頁。

20）前掲 10），20 ～ 21 頁。

21）前掲 10），21 ～ 22 頁。

22）前掲 10），15 ～ 16 頁。

23）前掲 10），17 ～ 18 頁。

24）天保 2 年「三原郡鳥井村分間絵図（控）」南あわじ市淡路人形浄瑠璃資料館蔵，75 × 69cm。

25）天保 2 年「三原郡立石村分間絵図（控）」南あわじ市淡路人形浄瑠璃資料館蔵，76 × 111cm。

26）前掲 11），1005 頁。

27）天保 2 年「三原郡馬廻村分間絵図（控）」南あわじ市淡路人形浄瑠璃資料館蔵，225 × 167cm。

28）前掲 10），42 ～ 43 頁。

29）前掲 11），1003 ～ 04 頁。

30）前掲 10），38 頁。

31）前掲 10），37 頁。

32）平凡社編（1985）：『国史大辞典　第 5 巻』「耕地整理」446 ～ 447 頁。（1987）：『同　第 8 巻』「水利組合」「水利権」31 ～ 32 頁。（1988）：『同　第 9 巻』「溜池」306 頁。大塚史学会編（1969）：『新版　郷土史事典』180 ～ 181，421 頁。

33）前掲 10），33 ～ 34 頁。

34）前掲 10），47 頁の分水割一覧表

35）前掲 10），38 ～ 39 頁。

36）天保 2 年「三原郡市村善光寺村小井村分間絵図（控）」南あわじ市淡路人形浄瑠璃資料館蔵，155 × 113cm。

37）国土地理院（MSI-68-4Y C17-5，1968 撮影）。

38）前掲『三原郡史』804 ～ 807 頁。仲野安雄著（1998）：『重修　淡路常磐草』臨川書店，「市村，国府　国府館址」266 頁。『味地草　第三冊』706，727 頁。兵庫県史編集専門委員会編（1974）：『兵庫県史　第一巻』523 頁。

39）小西友直・錦江編（1972）：『味地草　第三冊』685，697 ～ 699 頁。

40）藤岡謙二郎：『新版　国府』吉川弘文館 227 ～ 229 頁。

41）「三原郡小榎並画図」個人蔵，彩色・見取り図，享和元年改正，文化 7 年写正，慶応 2 年写之。

42）天保 6 年「三原郡小榎分間絵図西川村分間絵図（控）」南あわじ市淡路人形浄瑠璃資料館蔵，157 × 120cm。

43）平凡社編（1999）:『日本歴史地名体系第 29 巻　兵庫県の地名』1092 頁。前掲 38）『重修　淡路常磐草』小榎並村，264 頁。

44）前掲 41）。

45）前掲 42）。

46）天保 6 年「三原郡大榎村分間絵図控」南あわじ市淡路人形浄瑠璃資料館蔵，126 × 149cm。

47）前掲 43），1092・93 頁。前掲 38）『淡路常磐草』「屯倉故址」262 ～ 263 頁。

48）文政 12 年「三原郡上内膳村分間絵図下内膳村分間絵図（控）」正井家保管文書（分間絵図），洲本市立淡路文化史料館蔵，171 × 202cm。

49）前掲 43），1136 頁。

50）黒板勝美・国史大系編集会編（1965）:『第二六巻　延喜式神名帳』吉川弘文館，307 頁。

51）前掲 43），1135 頁。

52）前掲 38）『淡路常磐草』「先山」「千光寺」360 ～ 364 頁。

53）前掲 43），1135 頁。

54）正保 3 年「阿波淡路国絵図（淡路国）」国文学研究資料館蔵（蜂須賀家文書 1196 − 3），276 × 186cm。

55）天保 9 年「三原郡山本村分間絵図城方村分間絵図（控）」正井家保管文書（分間絵図）洲本市立淡路文化史料館蔵，149 × 105cm。

56）『味地草　第三冊』787 ～ 786 頁。

57）前掲 43）1112 頁。

58）文政 11 年「津名郡分間絵図ノ内，下物部村，上物部村」収蔵史料目録第 5 集，新見貫次氏収集文書，地図（1）1 − 2，1 − 3，洲本市立淡路文化史料館蔵。

59）前掲 43），1124 頁。

60）前掲 43），1124 頁。

61）前掲 43），1124 頁。

62）前掲 43），1124 頁

63）文政 11 年「津名郡分間絵図ノ内，塩屋村炬口浦宇山村絵図（控）」収蔵史料目録第 5 集，新見貫次氏収集文書，地図（1）1 − 7，洲本市立淡路文化史料館蔵。

64）徳島県史編さん委員会編（1964）:『徳島県史料　第一巻　阿淡年表秘録』享保 16 年 8 月 18 日の項。

65）国立国文学研究史料館蔵、蜂須賀家文書（717・718）。

66）前掲 43），1125 頁。

67）前掲 43），1125 頁。

68）『味地草　第一冊』221 ～ 223 頁。

69）前掲 68）。

70）前掲 43）1125 頁。

71）天保 5 年「津名郡大川村分間絵図平林村分間絵図控」北淡町歴史民俗資料館蔵，103 × 151cm。

72）「津名郡平林村田面図」北淡町歴史民俗資料館蔵，170 × 185cm。

73）天保 6 年「津名郡長畠村分間絵図（控）」北淡町歴史民俗資料館蔵，179 × 185cm。

74）前掲 54）正保 3 年「淡路国図」。

75）天保 7 年「津名郡斗ノ内村分間絵図・斗ノ内浦分間絵図（控）」北淡町歴史民俗資料館蔵，179 × 163cm。『味地草　第二冊』斗之内村 16 ～ 18 頁。

76）北淡町発行（1975）:『北淡町誌』152 頁。

77）宝永 4 年 10 月「津名郡斗之内村里傍示田分御検地御帳写」北淡町歴史民俗資料館蔵。

78）宝暦 8 年 6 月「斗之内村中傍示（御検地帳）」北淡町歴史民俗資料館蔵。

79）前掲 43）1046 頁。

80）正保 4 年斗之内村新開御検地帳、延宝 4 年津名郡斗之内村新開御検地帳、天和 2 年津名郡斗之内村新開御検地帳、貞享 2 年斗之内村新開御検地帳、宝永 2 年津名郡斗之内村新開御検地帳、明和元年津名郡斗之内村新開御検地帳、安永 2 年津名郡斗之内村新開御検地帳、安永 3 年津名郡斗之内村上・中・浦傍示新開御検地帳、寛政 11 年津名郡斗之内村上分・中分田分新開御検地帳、文化 7 年津名郡斗之内村新開御検地御帳写（全て淡路市教育委員会蔵）。

81）享保 20 年津名郡斗之内村田畠成改帳（同上）。

82）延享 3 年津名郡斗之内村藪開御検地帳（同上）。

83）貞享 3 年津名郡斗之内村永川成改引證（同上）。

84）安永 2 年津名郡斗之内村畠川成引帳（同上）。

85）明和元年津名郡斗之内村池床引帳（同上）。

86）嘉永 6 年津名郡斗之内村神田原検地図，淡路市教育委員会蔵，130 × 230 cm。

87）淡路島溜池保全サポートセンターにおける聞き取り調査による。

88）国土地理院空中写真（KK-63-5 C6-5，1963 撮影）。

89）Google　Earth（2018 年）と，淡路市都市計画課の空中写真（1/10,000）。

90）前掲 43），1046 頁。

終　章

　本書で論じた内容を要約し、残された課題を記す。

　徳島藩では享和～嘉永期（1801 ～ 1853）の約 50 年間をかけて、藩天文方（絵図方）の岡崎三蔵父子を中心に阿淡両国を対象に、実測に基づく極めて精度の高い分間村絵図・郡図・両国図を作製した。徳島藩における分間絵図作製事業は藩挙げての事業であるが、佐賀・萩・鳥取・金沢藩のように、藩政や地方改革の一環としたものではなく、その政治的目的を明確にすることはできない。まず、徳島藩の分間絵図作製のプロセスとして、縮尺 1,800 分の 1 の実測分間村絵図を作製し、村絵図から編集して縮尺 18,000 分に 1 の郡図、45,000 分の 1 と 90,000 分の 1 の国図を作製する作製手順を踏んでいる。このため、阿淡両国約 860 ヶ村の測量と、村絵図の作製プロセスを経なければ、郡図と国図は完成しない。著者の 2018 年までの所在調査では、阿淡両国村の内の約 17％にあたる約 148 ヶ村（171 点）の分間村絵図と、12 郡の内の 10 郡の郡図（17 点）と両国図（少なくとも 12 点）の現存が確認できる。また、測量と分間絵図製作に関しては、岡崎家では 4 代三蔵宜陳（1742 ～ 1822）と 5 代宜平夫左衛門（1774 ～ 1832）が中心を担った。

　岡崎家の事績を記録した稿本『岡崎家文書集　全』（日本学士院蔵、以下『文書』とする）は、明治末～大正期に筆写されたもので、事実関係等で信憑性に疑問がある箇所が見られ、取り扱いに注意を要する。まず、紀州和歌山の人で岡崎家の開祖とされる初代岡崎治兵衛顕祖は、長崎で樋口権右衛門に師事して天文学を伝授されたが、同宿していた徳島藩家老長谷川越前の知遇で、正保 3 年（1646）2 月に来徳し、長谷川から客分として百石を宛がわれとされる。しかし、長谷川が 2 代藩主忠英のブレーンの 1 人で、藩政を揺るがした益田豊後事件の渦中にあり、長谷川の長崎遊学はあり得ない。また、『阿淡両国絵図面』（呉郷文庫稿本、徳島県立図書館蔵、以下『絵図面』）よれば、寛政 9 年（1797）8 月に長谷川家客分より、「五人扶持方支配 十三石」の無足藩士に取り立てられたとあるが、藩政文書の『蜂須賀革・家臣成立書幷系図』『藩幹譜』『賞罰帳』『忠英公草案』にはその記録がない。しかし、藩が長谷川の家臣または無足クラスの藩士を長崎に遊学させた可能性はあるが、その記録は存在しない。しかし、誰かの知遇で来徳したことは確かであるが、その間の経緯は不明である。また、『絵図面』には寛政 9 年より 5 年後の享和 2 年（1802）7 月に「阿波国御絵図御用」を命ぜられ、同年 8 月より撫養地方より測量を始めたとあるので、三蔵宜陳が藩絵図御用（絵図方）役を拝命しており、阿淡両国の分間絵図作製事業の中心を担ったのは事実と考えられる。

　岡崎三蔵の測量術に関しては、稿本『南阿測地法　巻之一』（以下『測地法』）の「序」には紅毛流と大島流の影響を受けたと記されるが、『測地法』の測量術を示した付図は、享保 18 年（1733）に村

井昌弘が編んだ『量地指南、前編』の「量盤術<ruby>術<rt>けんばん</rt></ruby>」に似ており、清水流とともに、『測地法　全七巻』は村井の影響があることを感じる。大島流は樋口権左衛門を祖とする平板を用いる測量法で、村井昌弘や清水貞徳を祖とする清水流・橋本流・中西流ともほぼ同じ流れにある。大島流の稿本には享保9年（1724）の『遠候書　乾・坤』（日本学士院蔵）が、清水流の稿本には『清水流規矩術町間　本伝春、別伝夏上、別伝図解夏下、国図枢要・秋、国図要録・冬』（日本学士院蔵）等があるが、その内容は岡崎の『測地法』とほぼ同じである。

　享和2年（1802）～文化9年（1812）頃に岡崎三蔵宜陳が編んだとされる測量術書（稿本）『測地法　全七巻』と『南阿量地法国図附録　全』は、石黒信由が測量術書（稿本）『測遠要術　巻之一～五』を享和2年に著したのとほぼ同時期にあたる。大島流の稿本を著したのは享保9年（1724）、村井の『量地指南』が享保18年（1733）であることを考慮すれば、岡崎三蔵宜陳は約70～80年前に刊本された測量術書を参考にして『測地法』を編んだのではないか。また、『測地法　巻之一』に図示される測量器具は、甲斐駒蔵の『量地図説　下』掲載のそれと比較すると、岡崎の方位を測る方位盤・方針桁・大丸は、甲斐の小・中・大放儀・大放儀台に比べて見劣りがする。岡崎の小丸は円周を120度で表し、1支30度を10等分して1分を3度としており、村井・甲斐と同じ精度であるが、伊能忠敬が文化8年（1811）以降に1分1度の円周360度目盛りの強盗式磁石台<ruby>台<rt>がんとうしき</rt></ruby>を使用したことと比較すると、方位の精度で見劣りする。

　『測地法　巻之二』の「見盤術」では、磁石で方位を測ることはせず、盤（板）上に本座・開地・目的を見通し、現地と相似する三角形を作り、辺長を測り、距離・高低を求める法である。『巻之三』の「方針術（盤針術）」は、本座・開地に大丸・小丸と称される磁石で方位を測る法である。『巻之四』の「根発術」は、コンパスで距離を測る法で、遠近・広狭・高低等の概略を敏速に得るには便利で、広域の絵図作製に使われた。『巻之五』の「武器町見」は、戦場において鉄炮・弓等を鉄炮盤・弓盤・矢倉を用いて敵城・船までの距離・高低・方位を測る法である。『巻之六』の「民間町見」は、山林・原野・田畑等の勧農普請事業において民間で使われた技術で、川筋の高低・川幅・土地の水平を測り、道や堤の内外の高低を測る法である。『巻之七』の「国図用法」は、国の広域・村域絵図作製に関する実用的な法を記したもので、分間・測量に要する人数・馬数・役割・行程・案内・料紙・測量器具・村触等を具体的に記している。

　前述の『図解　南阿量地法国図附録　全』には、享和2年から文化5年頃には郡代名の布達（村触）として村役人に命じ、人夫・送夫14人や馬等の徴発が記される。また、村明細帳と同じ「絵図御用指出帳」の事前提出を命じている。その内容は田畑畝数・家数・身分・隣村との境・河川・寺社・小祠等で、阿波国内の22ヶ村分が現存する。岡崎は測量の現場で得た数値で、導線法で使う距離、方位やランドマークとなる道の辻・集落・民家・森・橋・堂社・大岩・大木・浜・田畑等を、野帳に記したが、現存していない。この点に関して、文化期の藩撰地誌である『阿波志』の郡別の調査項目の「山川」に自然・土木的景観、「佛利」に寺院、「古蹟」「塚墓」、宗教的景観としての「祠廟」がある。「祠廟」をみると、名東郡49ヶ所、名西郡30ヶ所、板野郡124ヶ所が記載される。しかし、代表的な神社や民間信仰が中心で、麻植郡木屋平村分間絵図にみえる118ヶ所、阿波郡伊沢村同図の124ヶ所と比較すると、『阿波志』のそれは厳選されているようである。

　測量隊の編成は頭役・針見役・画師・盤持・人夫・村役人等13人で、1日の行程距離は3～4里、

山地では 2 里内外、障害物が少ない平地では 5 ～ 6 里であった。『測地法　巻之七』では 1 日の測地点は約 30 ヶ所、その内の 2 ヶ所の測地点で、近隣村との望的と再望をして方位を交叉させることにより、現位置との誤差が出ないようにした。1 日の平均測量距離は約 9,000 m で、方位・距離や左右の景観・ランドマーク等を野帳に記録した。阿波国では急峻な山地が多いため、図取りの方法は山地・高山・河谷や山谷を隔てての絵図作製と、谷合地点の測量には様々な工夫をしている。また、絵図凡例には村の外周と、山地や平地ではランドマークとなる山の直立高を、測地点からの高度差として 1 間単位で記している。

　阿淡両国の分間村絵図は、阿波国で現存する約 78 ヶ村のうち作製年紀が記される 46 ヶ村をみると、文化 3 年（1806）の麻植郡山崎村から文政 6 年（1823）の三好郡中庄村で、同じく分間郡図は、文化 9 年（1812）名西郡分間郡図から文久 2 年（1862）麻植郡全図である。さらに、文政 11 年（1828）の年紀がみられる 9 万分の 1 の阿波国図があり、明治 3 年（1870）作製の 4.5 万分の 1 の木版国図が複数現存する。

　淡路国分の分間村絵図では、70 ヶ村にかかる 77 点が現存するが、津名郡 27 点、三原郡 50 点である。淡路国分は全てに年紀記載があり、両郡とも文政 11 年から天保 12 年（1841）である。阿波国内分間村絵図よりも約 33 ～ 37 年遅く、阿波国分終了後の文政 11 年から測量製図を開始し、天保 12 年頃に終了したと推定される。津名・三原郡図は、嘉永 2 年（1849、明治 7 年＜ 1874 ＞写）、淡路国図は嘉永 2 年と明治 3 年の木版図が現存するが、阿波国より約 20 年遅い。

　次に、徳島藩分間絵図の特徴と資料的意義をみると、伊能図は海岸線と主要街道筋の線的実測図で、内陸部は空白である。石黒信由は海岸線と街道筋の測量から郡図を作製し、郡図→国図→加賀・越中・能登三州図を作製しているが、郡内の村の郷・庄・保別や、十組別区分を中心とする街道筋にある藩政村を線的に繋ぎ、村の境はなく、行政基本図に特徴がある。これに対し、徳島藩では面的な実測分間村絵図から郡図を編集し、さらに国図を編集するというプロセスを経て作製している点に最大の特徴がある。まず、村の境を確定し、廻り検地で外周の測地点から次の測地点への距離・方位を計測し、村の外周里程とランドマークとなる山の直立高を記す。

　さらに、地形区分として山地と平地を色分けして平面的に区分し、山麓線・谷線・河川・川原・段丘崖・海岸線・護岸・荒地・溜池・沿岸洲・ラグーン等の自然地形と、土木的景観を表現する。土地利用は地類界で区分し、田・地面畠（宅地と畑）・竹薮（水害防止林）・堤・水制・荒地・雑木林・松林・屋敷林（垣根）・石垣・用水路等の土木的景観を精密に表現する。民家は瓦葺・萱（藁）葺・土蔵・長屋門等と棟の向きを 1 棟ごとに表示する。宗教的景観である寺社・山神・野神・水神・権現・阿弥陀堂・薬師堂・若宮・エビス・庚申等の小祠と、一里松・制札場・木橋・街道・里道・畔畔等を描く。その緻密な表現内容から、近世後期の村落景観のミクロな復原が可能である。さらに、隣村分間絵図とのほぼ完全な接続が可能である。

　第 II 部で論じた熊本・佐賀・萩・鳥取・金沢藩と、徳島藩における実測図絵図作製に関しては終表で概要をまとめる。まず、伊能忠敬測量隊への対応が藩により異なることが注目される。佐賀藩・萩藩・鳥取藩では絵図方が接触せず、本陣大庄屋・郡代・町年寄・郷役人等が接遇している。ただ、鳥取藩では文化 2 年（1805）に伊能測量隊が鳥取城下に来ているが、絵図作製事業は文化 10 年（1813）に開始しているので 8 年ほどのタイムラグがある。また、金沢藩では石黒信由は、享和 3 年（1803）

に放生津宿で伊能と面会しているとしているが、伊能の『測量日記』ではその記載がない。熊本藩では天文方池部長十郎・啓太父子が藩領での全行程に同道している。

　測量と絵図作製の開始年代は萩藩が享保12年（1727）と最も早く、鳥取藩が文化10年と最も遅いが、概ね享和～天保・嘉永期（1801～53）に集中している。また、鳥取藩では近世後期になると前期作製の土地台帳である「水帳」と村域や、小字筆単位に関して原状との乖離が著しいために、文化10～天保15年ごろに「地改」を行った。田畑・藪・道筋・畔・綿井戸・筆境・道筋等を、大庄屋と郡役人・在方役人・村役人を立ち会わせて徹底的に調査して、絵図面・諸帳簿を提出させ、字ごとに「田畑字地続帳」→「田畑地続字限り絵図」→「田畑地続全図」を完成させ、年貢徴収の基礎としている。

終表　徳島・熊本・佐賀・萩・鳥取・金沢藩の実測絵図作製状況

	徳島藩	熊本藩	佐賀藩	萩藩	鳥取藩	金沢藩
1.　測量家・絵図作製関係者	○絵図方岡崎三蔵宜陳・夫左衛門宜平○天保4年（1833）以後麻植郡桑村森清助・山崎村妹尾又三郎・板野郡黒崎村山瀬佐蔵・田野新兵衛助手として参加	○天文方：池部長十郎・啓太父子	○不詳	○絵図方井上武兵衛・平田仁左衛門・四郎左衛門○地理図師有馬喜惣太	○両国絵図御用懸礒岩文次郎○御用人郡代加藤主馬○郡代野間鹿蔵○新田方手伝増井清三・北沢直次郎	○越中国射水郡高木村肝入十村縄張人石黒信由○加賀国御供村十村庄屋土屋又三郎
2.　絵図作製年代	○享和2年～嘉永2年（1802～49）	○文化7～安政6年（1810～59）	○天明～安政期（1781～59）	○享保12～宝暦4年（1727～54）	○文化10～弘化2年（1813～45）	○寛政～天保期（1789～1843）
3.　縮尺	○分間村絵図1/1,800○郡図1/18,000○国図1/45,000・1/90,000	○領内街道海辺測量分見地図1/36,000○飽田郡池田手永図1/10,800	○郷図1/1,800○村絵図1/1,200○明治14年基津郡図1/3,600	○一村限明細絵図（地下上申絵図）1/3,600○三郡仕立1/51,840	○田畑地続全1/600○因伯両国14郡図1/3,150→明治20年縮図1/12,600	○加賀越中能登三州図1/360,000、国図1/72,000、加越能12郡図1/36,000○検地絵図・内検地領絵図1/1,200○石川郡村々組分絵図1/2,800
4.　凡例	○6尺1間竿、50町1里（5,450m）、村郡境・水・山・道・田・地面畠（畑・宅地）・堤・小社寺院○外周積数、山直立高（一部）	○高札・郷郡手永村境・番所・社・街道・古城跡・町・寺院・石垣・巌岩・在町	○郷図：東西南北方位・道・堀江湖・屋敷畠・田・山土居畔堤・墓地・社地・寺地・津内・境筋○大小配分・家老知行	○安永4年（1775）大島郡小泊村地所絵図：川湊流境・給領・道・土手・上地所・御預畠・山・上地家・給地家来家	○田畑地続全図：1間1歩・道・川井手・山大岸・畔形・持人境・筆境・字境・畑田成・家形・地番	○文化6年射水郡一町一分分間絵図：村数合315ヶ村・郷2・庄9・保1の色分○村・駅・家町立之所・無家村・他郷村・村架かる橋・城跡・館屋敷跡・神社・仏閣・御蔵・高札・往還・川潟堤海・山・婦負郡飛地・郡境

5.　分析主要絵図	○勝浦郡八重地村市宇村分間村絵図○名東・名西・板野・勝浦郡・那賀郡○麻植郡木屋平村・名西郡神領村○撫養分間図○川田村・伊沢村・中庄村○和田津新田・笹木野新田絵図	○御領内街道海辺測量分見地図←伊能中図の影響○八代郡測量分見図○飽田郡池田手永図○菊池川全図	○佐賀藩1～20ヶ村地域→「郷」→「郷図」○小城郡山内郷図○古場村、杵島郡須古郷図○松浦郡有田郷図	○熊毛郡樋口村絵図・田布施村地下図○浜島宰判見島明細図○美祢郡大田村清図○三田尻惣絵図・三田尻宰判大浜開作絵図○吉敷郡小郡新開作絵図○富浦海ハッ崎開作図	○天保14年気多郡湯村田畑地続全図○天保13年会見郡和田村田畑地続全図○伯耆国会見郡全図	○「高樹文庫」絵図：享和2年射水郡下余川村内検地領絵図○上同下余川村目谷前・古戸前川絵図○文政6年射水郡一町一分分間絵図
6.　作製目的・表現内容、藩政改革との関係	○行政基本図○地形表現平面的（山地・平地）○土木的景観○宗教的景観○ミクロな村郡国景観○精密な民家表現○山村：棚田・段々畑○淡路：精密な溜池表現	○藩領内主要街道・海岸・干拓地○手永○実測河川絵図○八代郡測量分見図→八代町・干拓地新地・球磨川筋のみの表現でそれ以外は空白→伊能図の影響か	○明和4年(1767)「御仕組八箇条」→竈帳・郷絵図の作製→蔵入地・小配分地対象→大配分地（重臣）を除外	○享保12～宝暦3年(1727～53)「防長地下上申」○天保13～弘化期(1842～47)「防長風土注進案」と対応して一村限明細絵図・地下図作製	○元和4～寛永10年(1618～33)作製の「水帳」→村での乖離著しい→地方改革の一環→因伯両州絵図作製事業○「在方諸事控」→「地所大改」地形・藪間・田畑・畔の境・町村境	○金沢藩実測絵図作製事業→加越能三州図・国図・郡図・内検地領絵図○川除図・普請所絵図・山野新開所切分領絵図・往還見取絵図・潟絵図・往還道筋見取絵図等の作製○行政図と主題図
7.　絵図精度（誤差）	○分間村絵図距離1～10%、方位2°～5°○郡国距離0.1～6%○精度極めて高い	○菊池川全図・緑川絵図等の精度は高い	○太俣郷図距離誤差0.2～3%、方位1°○精度極めて高い	○一村限明細絵図：距離誤差7～20%、方位16°～31°○精度やや低い	○会見郡図：距離誤差2～4.0%、方位2°～3°→精度高い	○享和2年下余川村内検地領絵図の南北距離誤差2～9%、方位7°～18°○文政6年射水郡一町一分分間絵図の距離誤差小(0.2～6%)
8.　伊能忠敬測量隊との接触、『測量日記』と影響	○文化5年(1808)3月～4月第6次測量→夫左衛門宜平測量隊に潜入○測量技術→岡崎と同レベル○器具・小放儀・磁石台→高レベル（岡崎1分3度、伊能1分1度）	○文化7年(1810)11月・9年2月伊能九州第1・2次測量隊に池部長十郎・啓太父子同道『測量日記』	○文化9年(1812)8～9月、伊能第8次測量→本陣大庄屋・下役宿組頭等の対応→天文方等は対応せず	○文化3年(1806)4～6月第5次測量、8年10月～9年2月、文化10年(1813)10～11月○対応→郡代大庄屋町奉行代官等→絵図方等は対応せず	○第5次測量(山陰)文化2年(1805)8月～15日○対応→藩士・町年寄郷役人→藩絵図方接遇せず○絵図作製開始文化10年→伊能文化2年でタイムラグあり	○「高樹文書」石黒信由享和3年(1803)8月3日法生津町宿で伊能忠敬と面会→伊能『測量日記』には記述なし○氷見村宿・十村大庄屋・畠山宿十村庄屋が接遇○金沢藩・越中藩忠敬の測量を国内視察・情報収集を警戒→藩役人との接触避ける

　第Ⅲ部で分間絵図を地形・土地利用表現という土木的景観と、神と仏に囲まれている村人の生活空間である宗教的景観からみるため、分間絵図を棚田・段々畑・吉野川の川中島・条里地割・新田・塩田・離島・境内・溜池絵図という視点から分類し、重層的・歴史地誌的視点から分析することを試みた。まず、山村の分間絵図は水害史（川成）との関係から分析することが重要である。例えば、勝浦川上流の瀬津村に立地する標高 250 〜 550m の府殿谷川の斜面にある棚田景観をみると、安定的な耕地空間ではないことがわかる。明治 25 年に生実村村長が県知事に出した「荒地免租附與願」によれば、中心集落である府殿の耕地 3 町 3 反 8 畝 21 歩の約 39％にあたる 1 町 3 反 1 畝 1 歩が、陥落・岸崩・崩壊・川欠・亀裂等の大きな被害を受けて、5 〜 12 ヶ年の鍬下免租願いを出している。

　さらに、山村の分間絵図で描かれる棚田と段々畑は 1 枚ごとに描かれてものではない。縮尺 600 分の 1 の地籍図ではそれが可能であるが、1,800 分の 1 の分間絵図で表現することには無理がある。例えば、同じ勝浦川上流山村の樫原村の棚田群は、2010 年に文化庁の重要文化的景観に選定されている。樫原村分間絵図に描かれる集落部分の棚田は、624 枚、段々畑は 154 枚であるが、明治 13 年の「地籍帳」では、棚田は 332 筆 / 1,364 枚、段々畑は 195 筆 / 650 枚で構成され、棚田枚数で 2.2 倍、段々畑で 4.2 倍、また、字白鶴 1 番田 4 畝 9 歩は、19 枚の棚田群で構成されている。

　また、勝浦川最上流の八重地村における在所（集落）・耕地・里山・奥山の景観をみると、在所は長楽寺・鎮守・八幡社の宗教的核を中心に、山神・埜神・地神・権現・水神・弁才天・六地蔵・薬師・天神等の小祠に取り囲まれている。在所周辺の里山では焼畑と牛の放牧が、その外縁部の奥山には八重地・市宇・瀬津村の入会共有山が配置されている。八重地村分間絵図のみをみるのではなく、絵図の背景にある村人の生活・生業を復原するために地方文書とのクロス分析が極めて有効であると考える。

　また、「岡崎三蔵殿改」の銘が記される文化・文政期頃の那賀郡和田津新田絵図をみる場合、本図だけでなく、栗本家文書に収蔵される新田の見取絵図から、成立過程を明らかにするには、絵図群と栗本家文書と時系列的なクロス分析が必要である。すなわち、干拓初期の元禄期頃の絵図→享保 10 年（1725）頃の紀伊国屋茂兵新田絵図→明和 2 年（1765）頃の元開絵図→嘉永元年（1848）新田用水絵図→和田津新田絵図→安政南海大地震による護岸崩壊記録等を時系列的に復原することが重要である。

　さらに、郷町景観をミクロに描いた文政元年（1818）美馬郡脇町分間絵図の南町部分は、1988 年に重要伝統的建造物群保存地区に選定されたが、吉野川の河岸、石垣護岸と「うだつの町並」を形成する町屋・土蔵・寺社・小祠・制札等の景観がリアルにわかる。延享元年（1744）の「間口畝高御改帳」からは 168 軒の表口や裏貸家と家主がわかる。これに、明暦・延宝・明和度の棟付帳等と比較分析をすると、脇郷町の業職・身分構成・出身地の社会構造が判明する。

　塩田絵図の場合、塩田（塩浜）部分のみをみるのではなく、塩田と集落・田畑・山地とを複合的にとらえなければならない。例えば、安政 3 年（1856）頃の那賀郡答島塩田絵図には答島浜八浜のうち、長浜・西浜二浜の 508 筆が一筆毎に描かれるが、面責比は塩浜約 59％、畑約 21％、田約 17％、山約 2％である。塩浜を中心とする村落景観全体をみるべきであろう。さらに、安政元年（1854）の南海大地震で甚大な被害を受けたため、海部郡代・勧農奉行宛に提出した安政 3 年「答嶋村塩濱納銀請免幷鍬下帳」には、68 浜ごとの名負人・面積沼井数・納銀・請免（匁）が記されており、塩田絵図と本帳とのクロス分析が欠かせない。

　天保 11 年（1840）の「吉野川絵図」（実測図、縮尺 1/6,000）には、宝暦 2 年（1752）に構築された第十堰（溢流固定堰）や、沿川の水害防止の竹・柳林、集落等の土木的景観が描かれている。また、両国内の河川景観は河川絵図だけでなく、分間村絵図・郡図・国図からも復原できる。離島絵図として淡路三原郡の沼島(ぬしま)をみたが、正保 3 年の幕府撰淡路国絵図には海底地形、卓越風と船懸かりが記されている。嘉永 2 年（1849）三原郡図には、番所と集落・段々畑・沼島八幡がみえる。特に重要なのは藩から広大な鱧(はも)漁域を認められており、和田島村の森家文書によれば鱧漁をめぐり、沼島・泉州佐野と和田島村との争いが度々惹起されていたことに留意すべきであろう。

　淡路国内の分間村絵図は、阿波国内が終了した文政 11 年（1828）が初見で、天保 12 年（1841）頃に終了し、郡図は嘉永 2 年で阿波より約 33 年遅い。淡路では 5 代岡崎夫左衛門宜平を中心に測量・作図が行われた。淡路では特に溜池景観に留意すべきである。近年のデータでは 22,792 ヶ所の溜池が存在するが、水利組合（「田主(たず)」）が管理する面責 0.5 ha 以上の特定溜池は 1,969 ヶ所（8.6%）に過ぎなく、残りの約 91% は個人持か小人数所有である。三原郡では戦前には地主層が水利権を支配する水利組織である「田主」が溜池を管理しており、水利権（株）の所有、用水路の分木割矩帳等にも注意すべきであろう。また、分間村絵図では 0.5 ha 未満の溜池まで描いており、三原平野東部の成相川筋を描いた天保 2 年（1831）大久保村分間絵図では、門前池・佐尾池・鳥ヶ池・甚太池等が川筋に構築されている景観がわかる。

　以上、阿波の測量家岡崎三蔵の測量術の近世諸流派の中での位置付けと、分間絵図の表現内容・精度や絵図史に占める資料的意義を考察した。さらに、近世の実測絵図作製の先進藩である熊本・佐賀・萩・鳥取・金沢藩の状況と、伊能忠敬測量隊の接触とその影響をみた。また、阿波国内の分間村絵図では土木・宗教的景観と、棚田・段々畑・水害史・焼畑・条里地割・水害防備林・新田・郷町・離島河川・塩田・離島および、淡路国では溜池景観を地方文書等の摺り合わせから、空間・時間・歴史軸との複合的分析から明らかにした。

　最後に、残された課題と今後の展望をみよう。まず、第 I 部では岡崎三蔵の稿本著書と、他流派の翻刻書等との比較分析から、彼の測量術の実像と全国的な位置付けを明らかにしようとした。越中の石黒信由の場合は、豊富な著書・測量記録等は高樹文庫として国の重要文化財に指定され、射水市新湊博物館で展示されている。これに対し、岡崎三蔵の場合は、数冊の稿本著書以外には、関係する藩政文書・地方文書等が残されていないため、平井松午（2014）と著者（2018）の研究以外はほとんど解明されていない。ただ、著者の能力不足もあり、岡崎に影響を与えたとされる大島流の『遠候書』や、『清水流規矩術町間』をはじめ、近世中期の代表的な測量術書である村井昌弘の『量地指南』、甲斐駒蔵の『量地図説』等の近世測量術書の実像を理解するのに苦労した。また、第 I 部で論述した内容が岡崎の測量術を十分に咀嚼したものなのかという不安が残る。ただ、言えることは近世後期の測量術は流派による違いはあるが、本質的にはオランダ流の測量術である量盤術である平板測量と、これに磁石を併用した盤針術（盤鍼(ばんしん)術）に基づくものであり、ほぼ同一であると著者は理解している。

　さらに、平井松午（2014）も指摘しているように、徳島藩では享和～嘉永期の約 50 年間をかけて精度の極めて高い阿淡両国約 870 ヶ村の分間村絵図、12 郡の郡図、両国図を作製する大事業を展開している。これに対応するため、岡崎三蔵宜陳は「御国絵図御用」を拝命しており、郡代より事前の村触や、村明細帳にあたる村指出帳の提出が命令されている点などを考慮すれば、藩体勢を挙げてい

ることが理解される。藩政文書や地方文書にその記録が残っていてもおかしくはない。しかし、これらの記録文書類がほとんど現存していないので、一部に信憑性に疑問があるが、岡崎の事績と測量術、絵図仕立法を著した稿本著書から、その内容を考察する以外に方法はなく、分間絵図に表現された内容による景観復原や精度を様々な視角から分析してきた。また、精度の検証としては、GISによる位置情報ではなく、絵図の主要ポイントと地形図・都市計画図・空中写真等との南北・東西・対角線の距離および方位による比較を行った。

　おわりに、著者が最も重視することは、絵図は景観復原のための単なるツールではなく、藩政文書・地方文書・役場文書・地籍図等の歴史資料さらに、現地調査・空中写真等と空間軸・時間軸・歴史軸を複合させた重層的なクロス分析から、近世の歴史的地域における空間・社会構造と地域像を解明することにある。

（付記）

　本書執筆するにあたり全体構成や目次等に関して、山口大学名誉教授川村博忠先生と、立命館大学名誉教授日下雅義先生から貴重なご助言をいただきましたことに、深甚の謝意を申しあげます。

　また、下記機関からは諸資料の提供、現地調査や絵図原本とその高精細画像等の閲覧・プリント・撮影等で大変お世話になりましたことに厚くお礼申しあげます。

　熊本県立図書館・佐賀県立図書館・山口県立図書館・山口県文書館・鳥取県立図書館・鳥取県立博物館・米子市立山陰歴史館・富山県立図書館・射水市立新湊博物館・日本学士院・国立国会図書館・国立国文学研究資料館・金沢市立玉川図書館・明治大学博物館・洲本市立淡路文化史料館・洲本市役所・淡路市役所・淡路市教育委員会・北淡歴史民俗資料館・南あわじ市役所・南あわじ市淡路人形浄瑠璃資料館・南あわじ市沼島支所・徳島大学附属図書館・鳴門教育大学附属図書館・四国大学附属図書館・徳島県立文書館・徳島県立博物館・徳島市立徳島城博物館・徳島市教育委員会・鳴門市教育委員会・鳴門市立図書館・吉野川市役所・吉野川市教育委員会・阿南市史編纂室・公益社団法人三木文庫・松茂町歴史民俗資料館・人形浄瑠璃芝居資料館・藍住町教育委員会・石井町教育委員会・三好市教育委員会・東みよし町立歴史民俗資料館・美馬市教育委員会・美馬市役所木屋平総合支所・つるぎ町役場一宇総合支所・上勝町役場・神山町役場・神山町教育委員会・小松島市教育委員会・海陽町教育委員会。

あとがき

　本書の所収論考の内、新稿のものを除いて、以下の学会誌や学会等で発表したものである。

序章：大部分は新稿であるが、概要は歴史地理学会第248回例会（2018年、東京学芸大学報告「阿
　　波の測量家岡崎三蔵と分間絵図」）と「歴史地理学」第58-3号で報告した。

第1章：前同。

第2章：前同。拙稿（1993）：「徳島藩の分間村絵図・郡図について」徳島地理学会論文集第1集。

第3章：前同。

第4章：前同。

第5章：前同。拙稿（1978）：「近世の阿波山村における耕地の復原的考察－勝浦郡八重地村の場合－」
　　藤岡謙二朗先生退官記念事業会編『歴史地理研究と都市地理研究・上』大明堂。拙稿（2011）：「近
　　世阿波の実測分間村絵図と山村景観」徳島地理学会論文集第12集。2015年歴史地理学会第238回
　　例会報告「徳島藩領淡路国における実測分間村絵図・郡図・国図について－阿波国との比較を中心
　　に－」、「歴史地理学」第56-3号。

第6章：新稿。

第7章：前掲2015年人文地理学会大会報告。拙著（2015）：『知行絵図と村落空間－徳島・佐賀・萩・
　　尾張藩と河内国古市郡の比較研究』古今書院。

第8章：前同。拙稿（2012）：「佐賀藩の郷村絵図と地方知行制」徳島地方史研究会史窓第42号。

第9章：「近世後期における諸藩作成測量郡図の比較分析」2015年度人文地理学会大会報告・同予稿集。
　　拙稿（2013）：「萩藩領の地下上申絵図・一郷一村知行所絵図と村落景観」史窓第43号。

第10章：拙稿（2017）：「鳥取藩の土地把握と田畑地続全図」2017年度人文地理学会大会報告・同予稿集。

第11章：前掲「近世後期における諸藩作成測量郡図の比較研究」

第12章：拙著（1980）：『山村地域の史的展開－徳島県勝浦郡上勝町－』教育出版センター。拙稿（1975）：
　　「畑作村における耕地の歴史地理学的考察」地理科学第23号。拙稿（1980）：「八重地村の歴史的背
　　景と民俗」徳島市立高校紀要第14号。拙稿（1978）：「徳島藩殿河内御林の変容過程」地理科学第30号。
　　拙稿（1979）：「近世阿波山村の村落構造－勝浦郡瀬津村の貢租を中心として－」徳島市立高校研究
　　紀要第13号。拙稿（1980）：「勝浦奥山における民間信仰の地域的展開」史窓第10号。拙稿（1981）：
　　「近世前期の野尻村における耕地の存在形態」歴史地理学紀要第23号。拙稿（1984）：「焼畑と山村
　　－八重地村の焼畑と山神・野神－」『南海道の景観と変貌』古今書院。

第13章：拙稿（2008）：「文化9年分間村絵図からみた美馬市木屋平の集落・宗教景観」阿波学会紀
　　要第54号。拙稿（2011）：「旧一宇村大野における集落景観の変容過程」阿波学会紀要第57号。拙
　　稿（2019）「徳島藩の分間村絵図と土木・宗教的景観」徳島地方史50周年記念論文集所収。

第 14 章：拙稿（2010）：「近世絵図でみる阿波郡と伊沢村の歴史的景観」阿波学会紀要第 56 号。拙稿（2012）：「麻植郡川田村・瀬詰村分間絵図と村落景観」阿波学会紀要第 58 号。拙稿（2017）：「大塚家文書にみる近世後期の舞中島村」『美馬市民双書・第 3 巻』。

第 15 章：拙稿（2013）：「東みよし町旧中庄村絵図と条里地割」阿波学会紀要第 59 号。拙稿（2017）：「板野郡姫田村検地絵図と堀江文書の比較分析」阿波学会紀要第 61 号。

第 16 章：拙稿（2019）：「和田津新田・金磯新田絵図と土木的景観」平井松午先生退官記念・徳島地理学会 30 周年記念論文集第 15 号。

第 17 章：拙稿（2005）：「郷町脇町の形成過程」『脇町史・下巻』。

第 18 章：拙稿（1980）：「あばれ川・四国三郎－吉野川流域の歴史と風土－」農山漁村文化協会編『日本農業全書・第 10 巻月報』。拙稿（1987）：「吉野川河谷の自然史と社会史」「地理」23 巻 12 号。拙稿（2000）：「徳島藩の河川絵図について」吉野川第 3 号。拙稿（2008）：「阿波国名東郡鮎喰川下流における堤普請と堤外地の開墾につて」徳島地理学会論文集第 11 集。拙稿（2009）：「名東郡早渕村組頭庄屋後藤家文書中の地方絵図について」史窓第 39 号。

第 19 章：拙稿（2015）：「那賀郡答島村塩田絵図と安政南海地震」阿波学会紀要第 60 号。

第 20 章：新稿。

第 21 章：前掲拙稿（2015）：「徳島藩淡路国の実測分間村絵図・郡図・国図について－阿波国との比較を中心に－」、歴史地理学 56-3 号。

終章：新稿。

　著者は長らく徳島県の公立高校で地理・歴史教育を担当してきた在野の老地理学徒である。退職して 19 年目を迎え、傘寿を目前にしている。前半の 38 年間は教職と地域研究の二足の草鞋の生活であったが、定年後の 18 年間は地域研究と絵図研究に専念できるようになった。著者は大学や研究機関等に所属する研究者ではないので、自我流のスタンスで愚直に研究を積み重ねてきた。自我流のアナログ地理学そのもので、グローバル化、細分化、GIS・IT や、定量データを重視する最近の地理学のデジタル化した研究方法とは縁遠い者である。

　著者が 2015 年に『知行絵図と村落空間－徳島・佐賀・萩・尾張藩と河内国古市郡の比較研究－』（古今書院）を上梓してから 4 年になる。この度の執筆は約 45 年前、著者が『上勝町誌』編纂に携わった際に、町役場で縮尺 1,800 分の 1 の極めて精密な岡崎三蔵系の実測分間村絵図に初めて接した時の強烈な印象に端を発している。近世後期の阿波山村の景観が手に取るようによみがえる分間村絵図群と、阿淡領国をくまなく測量して、精密な村絵図・郡図・両国図を作製した岡崎三蔵父子の姿を、伊能忠敬に重ねてみるようになった。それ以来、1960 年代に徳島県史編纂事業で作製された「徳島県庶民史料所在目録」をもとに、県内外の公的機関や旧家で所蔵される近世・近代の絵図・地図の所在調査と原図の写真撮影をはじめた。その際に、絵図とともに歴史資料である地方文書の撮影も行い、特に、興味を引かれる絵図のトレース図化に努めた。そのことが著者の基本スタンスである絵図と歴史資料をクロス分析して、絵図の背景にある近世村における武士・農民の身分秩序に基づく土地の支配・所有・利用・移動等を一筆ごとに把握する作業から、村の空間構造や社会構造を解明することに中心をおいた。

　次に、著者が教えを受け、直接に影響を受けた先生方を挙げておこう。多くの先生方は鬼籍に入られているが、今日、著者が歴史地理学の研究ができるのも、ご指導をいただいた先生方の学恩のおかげと感謝しており、人との出会いの大切さを実感している。

　まず、村落社会地理とメキシコがご専門の徳島大学名誉教授の故高木秀樹先生は学部〜教職時にわたりご指導を受けた恩師である。徳島市立高校では近世村落史がご専門の鳴門教育大学元学長・名誉教授の高橋　啓先生は、徳島藩の棟付帳の研究をされており、先生からよく「壱家」「小家」と農民の夫役の話を聞く機会が多く、耳学問で勉強させていただいた。また、高橋先生からは著者が石井町の藍商高橋家の経営資料の解読で御指導をうけた恩師である。さらに、徳島地方史研究会元代表で「藍の館」館長で著名な郷土史家で文学博士の三好昭一郎先生からは地方文書の分析視点についてご指導をいただいた。当時、先生は徳島藩政史と百姓一揆のご研究に没頭しておられた。また、元徳島地方史研究会代表で幕末維新期の研究家である松本　博先生と、元徳島県立図書館副館長の故藤丸　昭先生からは上勝町の古文書の解読指導をしていただき、今日、著者が古文書を読めるようになったのは両先生のおかげである。さらに、著者の50数年来の畏友で、元徳島県立文書館長である逢坂俊男君から受けた影響は量りしれないものがある。彼は広島大学で西洋哲学を専攻しており、イタリア語が堪能であった。また、元小松島高校副校長で故槙本五郎先生は広島大学で地質学を専攻されており、美馬郡の中央構造線の活断層のご研究をされていた。著者は地理授業の実践で大先輩である槙本先生から多くのことを学んだ。

　次に、著者にとって大きな転機となった事は、1971年10月から72年3月まで半年間、徳島大学教授（滋賀大学名誉教授）の故井戸庄三先生のお世話により、徳島市教育委員会の内地研修員として京都大学教養部の故藤岡謙二朗教授（同大学名誉教授）の研究室で、歴史地理学の研修ができたことである。藤岡教授をはじめ京都大学名誉教授の故浮田展良先生、滋賀大学名誉教授の故小林健太郎先生、京都大学名誉教授の故足利健亮先生、和歌山大学名誉教授の水田義一先生から受けた教えやモチベーションは貴重であった。私には初めて大学の研究室の知的な雰囲気に触れることができた。藤岡先生からは阿波の守護町である勝瑞の研究をせよといわれ、「守護町勝瑞の復原的考察」のタイトルで報告書を提出したら、珍しく少し褒めてくれた思い出がある。また、立命館大学名誉教授の日下雅義先生は『上勝町誌』執筆時からご指導をいただき、本書の構成についてご助言を賜った。さらに、山口大学名誉教授の川村博忠先生からは前著の『知行絵図と村落空間』以来、本書の内容・構成で貴重なご助言をいただいた。また、徳島県立文書館長の徳野　隆先生と、同館課長の金原祐樹氏からは同館撮影の貴重な高精密画像の提供をいただき、絵図に関する所在情報を教えていただいた。さらに、同館古文書指導員の谷　恵子氏からは著者が読めない古文書のご指導をいただいたことは研究に大きな助けとなった。また、徳島大学名誉教授で元総合科学部部長の平井松午先生のご研究の姿勢から多くのことを学ぶことができ、絵図研究に関して長期にわたり様々なご指摘・助言をいただいたことに感謝を申しあげたい。

　次に、大きな転機となったことは、1968年頃、郷土史家であり徳島県史の監修者であられた故金澤　治先生からは、今日、葉っぱビジネス「彩り」で全国的にも有名な勝浦郡『上勝町誌』の執筆を依頼されたことである。初めは近現代だけの担当であったが、ついでに、近世もやってくれといわれびっくりした。古文書が読めないので固辞したが、教えてやるから自宅に来なさいと云われて、崩し

字の読み方を教えてもらった思い出がある。さらに、撮影した上勝の古文書をノートの上段に貼り付け、下段に著者が解読した文章を書き、故藤丸昭・松本博両先生からその誤りを直してもらった。このようにして、著者なりの古文書演習ノートが 10 冊ほどできた。また、著者は『上勝町誌』を執筆する上で、「名」と呼ばれる近世集落に保存される古文書や、勝浦奥山を統轄する組頭庄屋である美馬家文書、さらに、田野々村の旭文書や藤川支所で保管していた明治以降の役場文書等を 2 年間ほどかけて整理し、目録を作成した。この地味な作業から山村社会の歴史の実像に触れることができ、貴重な経験から多くのことを学び、今日の著者の糧となっている。

　現在はデジタルカメラによる史資料の撮影と、パソコンによるデータ収集・処理、検索、作図等が中心で、歴史 GIS を駆使した 3D・4D 的な数理空間モデルの研究が盛んである。しかし、ロットリングを使った手作業によるアナログ的な絵図のトレース図作製から多くのことを学ぶことができるのではないか。著者は古文書の読み込みや、村絵図・検地帳・棟付帳・新開帳・畑田成帳・山論文書等の解読の内容を、レポート用紙に写し取る過程で、内容の相互関係から判明したポイントを箇条書きにして、レポート用紙の余白に書き込み、それを材料にして本文作成に役立てている。著者が地味な史資料の整理・分類作業から思ったことは、社会科学分野ではできるだけ広角的な視野を持つことと、できるだけ原本である一次史料に接することの重要性を認識したことである。

　次に、著者の長年の絵図研究の契機となったことは、1973 年頃に『上勝町誌』の執筆で、文化 10 年（1813）作製の岡崎三蔵系の精密な実測分間村絵図群を熟覧する機会を得たことである。上勝町役場には八重地村市宇村・樫原村・田野々村・野尻村久保村・福原村（在所・山分）・瀬津村（在所・山分）の 8 点が収蔵されており、藩に上納した清図の控図である。絵図では山地と平地を平面的に表現しており、一枚ごとの棚田と段々畑（地面畠）、一棟ごとの民家、里道、用水路、寺社、鎮守、山神、野神、権現、水神、舟戸、阿弥陀堂、六地蔵等の神や仏である民間信仰が手に取れるように精密に描かれている。絵図から近世後期の土木的景観と、宗教的景観を精密に復原できることができることに驚いた。村絵図をトレース図化して、検地帳や新開検地帳、上毛帳、開墾願いの下札帳、川成癒え上りの仮検地絵図や、用水絵図と明治初期の地籍図、地租改正期の地面明細図帳等の歴史資料、昭和 30 年代の空中写真、フィールド調査を踏まえて、空間軸と時間軸・歴史軸との重層的な比較分析から藩政村の空間・社会構造を解明しようと試みてきた。

　著者はここ 30 年間、徳島藩特有の知行絵図と村落の空間・社会構造や、世界農業遺産に登録された西阿波の傾斜地山村である麻植郡木屋平村・一宇村、三好郡三名村、美馬郡半田奥山、名西郡神領村等をフールドとしてきた。さらに、吉野川平地の藍作地帯、川中島の舞中島村、美馬郡郡里村、条里景観が残る三好郡中庄村、麻植郡川田村、阿波郡伊沢村、那賀郡答島塩田、板野郡姫田村、鮎喰川下流の流作場や、淡路島津名郡三原郡の分間村絵図と溜池景観等を、絵図と絡ませての研究に集中してきた。

　また、地域研究には歴史地理学と歴史学との境界がないというのが著者の基本的スタンスで、研究対象地のフィールド調査を絡ませることが不可欠であると考える。歴史地理学は大地で生きてきた人々の生活や生業、共同体の存在を空間的に復原することが重要であるが、あまりにも、空間的なものだけにとらわれると、歴史的地域の社会構造や歴史構造、地域像、地域史との関係等を見失うことになりはしないかと危惧する。絵図研究では絵図に表現される属地・属人的情報や、定量的データだ

けでなく、定性的情報、文書資料を中心とする歴史資料との重層的なクロス分析が極めて重要であと著者は考える。

　おわりに、学ぶことは楽しい。学ぶことに年齢は関係ない。総じて著者の教職と地域研究の人生は幸せであった。人との出会いの大切さを痛感している。著者に残された時間は少ない。

　本書の上梓にあたり、多大のお世話になった株式会社古今書院社長の橋本寿資氏と編集部の原　光一氏に深甚の感謝を申しあげる。

　わがまま著者を長年にわたり支えてくれた妻政代に感謝する。

2019 年 4 月 1 日

羽山　久男

カバー・口絵・絵図・図版・表一覧

表紙カバー

表紙カバー表：文化 5 年（1808）阿波郡伊沢村分間絵図（控）

表紙カバー裏：文化 10 年（1813）勝浦郡八重地村市宇村分間絵図（控）

口絵

絵図・図版

第 2 章

第 3 章

第 14 章

第 15 章

表

第 5 章

第 9 章

第 12 章

第 13 章

第 19 章

第 21 章

終章

索　引

著　者：羽山 久男（は やま ひさ お）

＜略歴＞

1940 年　　徳島市に生まれる

1963 年　　徳島大学学芸学部卒

1963 年 10 月　　徳島大学学芸学部非常勤講師（地理学、1965 年 3 月まで）

1963 ～ 86 年　　徳島県立徳島農業高校・徳島市立高校・県立冨岡西高校教諭

1971 年 10 月　　京都大学教養部人文地理学教室研修員（藤岡謙二朗教授のもとで研修、72 年 3 月まで）

1987 ～ 92 年　　徳島県教育員会文化課社会教育主事・課長補佐

1993 ～ 97 年　　徳島県立阿南工業高校・城北高校教頭

1998 ～ 2000 年　　徳島県立日和佐高校校長

1998 年 4 月　　徳島県高等学校教育研究会地歴学会会長（2001 年 3 月まで）

2001 年 4 月　　徳島県立文書館文化推進員（2012 年 9 月まで）

2005 年 6 月　　徳島地理学会会長（2010 年 6 月まで）

（単著）『山村地域の史的展開－徳島県勝浦郡上勝町－』教育出版センター（1980）

『知行絵図と村落空間－徳島・佐賀・萩・尾張藩と河内国古市郡の比較研究－』古今書院（2015）

（共著）山口恵一郎他編『日本図誌大系　四国』朝倉書店」（1975）。藤岡謙二朗編『古代日本の交通路　Ⅲ』大明堂（1978）。石踊胤央・高橋啓編『徳島の研究　第 5 巻　近世・近代編』清文堂（1983）。服部・井戸・大脇編『南海道の景観と変貌』古今書院（1984）。『上勝町誌』（1979）。徳島新聞社編『徳島県百科事典』（1981）。藤岡謙二朗編『日本歴史地理用語辞典』柏書房（1981）。『穴吹町誌』（1987）。角川書店編『日本地名大辞典　徳島県の地名』(1986)。平凡社編『日本歴史地名大系　徳島県の地名』(2000)。『脇町史・下巻』(2005)。『美馬市民双書・第 2・3 巻』(2013・17)。

（論文）「吉野川下流平野における藍作と地主制」徳島市立高校研究紀要 8 号（1974）。「畑作村における耕地の歴史地理学的研究－徳島県名西郡高原村池北の事例－」地理科学 32 号（1975）。「徳島県殿河内御林の変容過程」地理科学 30 号。「近世前期の阿波国野尻村における耕地の存在形態」歴史地理学紀要 23 号。「江戸時代阿波国図の歴史地理学的研究」史窓 34 号。「近世阿波の実測分間村絵図と山村景観」徳島地理学会論文集 12 集。「阿波の測量家岡崎三蔵と分間絵図」歴史地理学 57-3。

書　名	**徳島藩分間絵図の研究**
コード	ISBN978-4-7722-5330-7 C3021
発行日	2019 年 12 月 2 日　第 1 刷発行
著　者	羽 山 久 男 Copyright ©2019 HAYAMA Hisao
発行者	株式会社古今書院　橋本寿資
印刷所	三美印刷株式会社
製本所	渡邉製本株式会社
発行所	株式会社古今書院 〒 113-0021 東京都文京区本駒込 5-16-3
電　話	03-5834-2874
ＦＡＸ	03-5834-2875
振　替	00100-8-35340
ホームページ	http://www.kokon.co.jp
	検印省略・Printed in Japan

知行絵図と村落空間

－徳島・佐賀・萩・尾張藩と河内国古市郡の比較研究－

羽山久男　著　　　　　　　　　　　　　　　　2015年発行

Ｂ５判　264頁　2015年発行
ISBN978-4-7722-5279-9　C3021

定価　本体8,500円（税別）

★村絵図に秘められた江戸時代の土地・農民の支配構造を、読み解く！

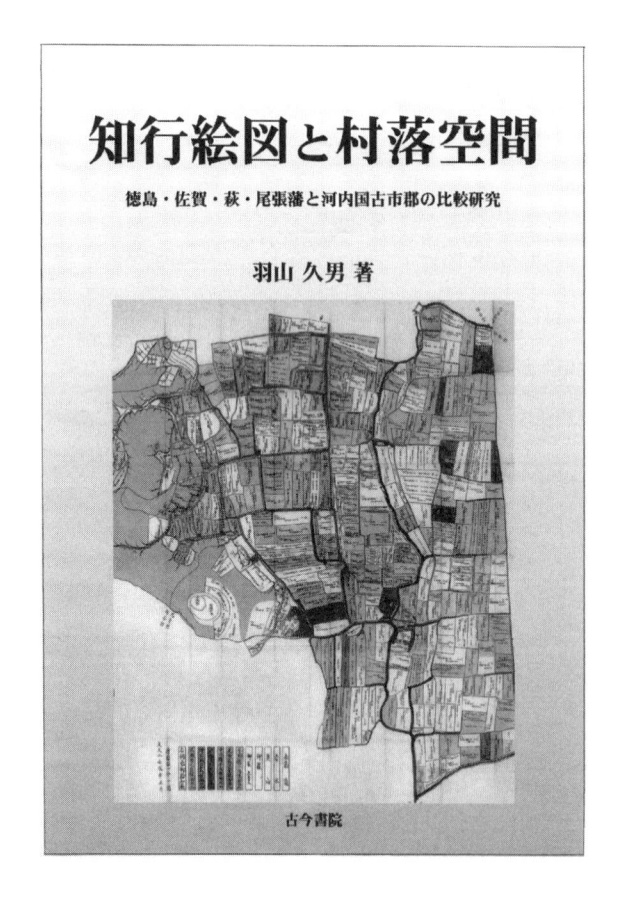

内容・構成

家臣に土地・農民の支配権を与えた知行地と藩領の蔵入地について、領主・農民の個人的情報を表現した村絵図と地方文書の比較分析によって、支配の実態、村々の空間・社会構造を解明。

［主な内容］序章（村絵図研究史）、I部 徳島藩の知行絵図と村落空間（地方知行制の展開過程と地域構造、阿波・淡路国における地方知行制、阿波国内の知行絵図、名西郡白鳥村の知行絵図、名東郡観音寺村絵図、名東郡日開村限絵図、美馬郡郡里村絵図他）、II部 佐賀・萩・尾張藩と河内国古市郡の知行絵図（佐賀藩の郷村絵図、萩藩の地下上申絵図・一郷一村知行所絵図、尾張藩の知行絵図、「非領国」の河内国古市郡蔵之内村絵図他）

113-0021　東京都文京区本駒込5-16-3　（株）古今書院　電話03-5834-2874　FAX03-5834-2875